밀 교
진언수행
이 야 기

밀교
진언수행
이야기

육자진언 옴마니반메훔 수행

최종웅 惠淨 지음

들어가며

　　세상에는 비밀은 없다. 비밀이란 중생이 생각으로 만든 것이다. 불교 역시 비밀은 없다. 중생의 번뇌 때문에 무명에 가리어서 비밀이라 하는 것이다. 이제 비밀불교는 본래 없는 비밀을 밝혀 비밀이 아님을 알게 하는 가르침으로 경과 율과 논을 보는 지혜의 눈을 얻게 하는 것이다. 즉 비밀이 아닌 진실을 확인하는 불교가 비밀불교이며, 진실을 밝히는 불교가 밀교의 진언수행이다.

　　나는 누구보다도 부처님의 은혜를 많이 받았다. 부처님의 가르침이 아니었으면 오늘의 내가 없었을 것이다. 부모님의 은혜를 알게 하고 스승의 은혜를 알게 하였으며, 국가와 중생의 은혜를 알게 하였으니, 이 보다 더한 자비가 또 어디 있겠는가? 소중한 것이 무엇인지 알게 하였으며, 선악을 알았고, 선후를 알았으며, 시비를 알았고, 본말을 알게 한 것은 모두 부처님 가르침 중에 육자진언이다. 진언수행으로 삼세의 은원과보를 알고 참회로써 해탈의 법을 받았다. 이제 큰 은혜를 보답하기 위하여 부족한 것이지만 공덕을 나누고자 글을 쓴다. 진언수행이 아직은 부족하지만 문자의 힘을 빌려 진리와 자연과 부처와 중생 그리고 삼라만상이 가지고 있는 비밀을 이야기하려 한다. 같은 뿌리에서 나와 같은 공간에 살고 같이 움직이면서도 무명이라는 어두움에 덮여 부처와 중생으로 나누어지고 선지식과 악지식으로 나누어진다. 나누어지지 않는 본래의 자리로 돌아가자. 돌아가는 길은 천 갈래 만 갈래이다. 그중에 진언의 길로 돌아가게 하고자 얄팍한 지식을 펼쳐본다.

내용은 밀교 전반에 대한 것이 아니라, 지난날 불교방송을 통하여 밀교, 진언, 만다라, 소의경전,《보리심론》,《실행론》 등을 강의하였다. 이 가운데 40여 회 강의한 진언수행 부분만을 문자화하여 36강으로 나누어 이야기체로 엮은 것이다. 내용은 강의 전체가 연결되는 것이 아니라, 1강의마다 전체 부분들이 담겨 있다.

서울에서 수행의 본분을 잊고 현실적 업무에 많은 시간을 보냈다. 그런 내가 부산 해운대로 내려오게 되었다. 종단의 뜻이 깊은 분의 배려 덕분이었다. 지금 생각하면 참으로 고마운 일이다. 이런 기회가 없었다면 자신의 승직 생활을 돌아볼 기회가 없었을 것이다. 참회하고 정진하면서 옛 서류를 정리하다가 방송 녹음 테이프를 처음 문자화한 이은주, 김백진 전수님과 문장틀로 엮어준 김미정 선생님이 생각나서 컴퓨터를 켜고 그 글을 다시 읽었다. '두서없는 말을 글로 엮어내느라 얼마나 고생하였을까' 하는 생각이 들었다. '정말 수고하셨다'고, 다시 이 글을 통하여 감사의 말씀을 남긴다.

부처님의 은혜를 가장 많이 입은 자신, 큰 스승님의 배려로 쉽게 보낸 시간들, 지금 생각하면 하나같이 참회거리뿐이다. 천일참회 불공을 마치고 다시 은혜를 갚기 위한 100일 불공 중에 이 글을 정리하였다. 밀교수행 이야기 36강을 총강으로 하고, 진각종의 삼밀수행에 관한 것은 제37강으로 대강이라고 생각하면 된다. 《밀교 진언수행 이야기》를 총 37강으로 한 것은 금강계 37존의 가지관정을 의미하면서 엮었기 때문이다.

참회와 은혜와 배려로 이 책이 만들어진다는 생각을 하니 모든 것이 고마울 뿐이다. 다시 한번 더 감사의 말씀을 전한다. 제일 힘들었을 분은 녹음 테이프를 문자화한 전수님과 선생님! 고맙습니다. 자신을 돌아보고 정리할 기회를 준 종단의 스승님들 고맙습니다. 뛰어나지 못한 글을 책으로 엮어준 출판사 올리브그린 오종욱 대표님 고맙습니다. 그리고 미리 인사드립니다. 저의 이 글을 읽으실 분들 고맙습니다. 끝으로 저의 아버님과 얼굴도 기억 못하는 어머님의 은혜를 다 갚지 못한 것에 대하여 참회하면서 이 책을 바칩니다. 글을 보시다가 잘못 된 부분이 있으면 탁마하는 정으로 받아주시기를 바랍니다.

2018(진기 72)년 가장 더운 여름
해운대 지륜에서 **최종웅**(혜정) 합장

# 목차

들어가며 • 5

제 1 강 밀교란 무엇인가 • 11
제 2 강 밀교수행의 첫 걸음 • 29
제 3강 우리는 왜 수행을 하는가 • 45
제 4 강 불교, 생활 속에 가르침이 있다 • 61
제 5 강 밀교의 육바라밀 수행법 • 77
제 6 강 밀교의 체·상·용 • 91
제 7 강 육자진언 '옴마니반메훔' • 107
제 8 강 육자진언 수행은 어떻게 하는가 • 127
제 9 강 육자진언의 공덕 • 145
제 10 강 염혜력의 신통함 • 161
제 11 강 삼륜신의 세 가지 법문 • 175
제 12 강 마장, 또 하나의 법문 • 187
제 13 강 올바른 서원을 세우는 길 • 209
제 14 강 자성 찾음은 풍요로운 삶의 길 • 229
제 15 강 생활 속의 밀교수행 • 245
제 16 강 참회, 중생심에서 불성을 되찾다 • 257
제 17 강 즉신성불을 위한 중생의 자세 • 279
제 18 강 부처처럼 사는 길 • 295

제 19 강 복문 열면, 화문 닫힌다 • 315
제 20 강 정에서 벗어나 성품으로 살라 • 329
제 21 강 삼라만상이 삶의 선지식 • 343
제 22 강 고생과 고행 그리고 수행 • 363
제 23 강 네팔의 밀교와 육자진언 • 383
제 24 강 항송법, 일상생활 속의 진언수행 • 397
제 25 강 사대은혜, 그 지중함을 알다 • 417
제 26 강 안을 닦지 아니하고 어찌 밖을 보호하랴 • 437
제 27 강 우리 삶의 모습이 곧 밀교수행 • 445
제 28 강 인과법칙설 • 459
제 29 강 밀교의 상호공양과 수행 • 477
제 30 강 선과 악, 무엇이 다른가 • 489
제 31 강 밀교에서 보는 탐·진·치 • 505
제 32 강 서원, 몸과 마음이 합일을 이루다 • 521
제 33 강 자비행, 일체중생을 위한 베풂 • 539
제 34 강 니르바나행, 열반으로 나아가다 • 555
제 35 강 부처의 법은 어디쯤 왔는가 • 571
제 36 강 밀교 시선으로 본 회향의 의미 • 589
제 37 강 삼밀수행의 법 • 597

제1장
밀교란 무엇인가

밀교라고 하면 다들 어렵게 생각하거나 신비롭게 생각하는 경향이 있다. 특히 밀교를 말할 때는 일본이나 티베트를 생각하여 외국에서 들어온 것으로 생각하는 경향이 있다. 그러나 알고 보면 밀교는 어려운 것도 비밀스러운 것도 아니다. 일상생활 속에 묻혀 있는 모든 현상이 밀교이기 때문이다.

눈에 보이지 않는 진리, 법신비로자나불

"불佛에는 법신불과 보신불과 화신불이 있고 교敎에는 현교[顯露佛敎]와 밀교[秘密佛敎]가 있다."

진리는 언제나 무형한 가운데 작용하고 있으며, 그 활동은 육안으로 볼 수 없는 까닭에 비밀이라 한다. 이 비밀의 진리를 체득하려는 불교를 밀교密敎라 한다. 밀교란 용어가 언제부터 사용했는지 궁금하게 생각하는 사람들이 많다. 세계적인 종교 중의 하나가 불교인데, 대부분의 사람은 불교를 석가모니불의 가르침 정도로만 알고 있다. 그러나 불교란 용어를 좀 더 깊이 분석해보면 불佛은 부처님, 교敎는 가르침으로 나누어 설명할 수 있다. 여기서 부처님이란 법신法身부처님과 보신報身부처님, 화신化身부처님으로 삼신불로 나누어지며, 교는 부처님의 가르침으로 현교顯敎와 밀교密敎로 나누어진다. 석가모니불의 가르침을 말이나 글로 명확히 설시說示하여 드러낸 현로불교顯露佛敎를 현교라 하고, 법신비로자나부처님의 보이지 아니하는 가르침인 비밀불교秘密佛敎를 밀교라 한다.

　　　　법신불은 비로자나불, 보신불은 아미타불, 화신불은 석가모니불을 가리킨다. 법신불은 자성이 청정하여 안과 밖이 밝아서 모든 법에 자재한 성품의 본체이다. 이를 자성청정법신이라 한다. 보신불은 자성이 지닌 미래의 생각이 착하므로 이것을 자성보신이라 하며, 화신불은 자성은 비어 고요하지만, 그 가운데 변화가 무상함을 진리로 하여 이를 자성화신이라 한다. 법신불은 절대적 지혜, 즉 진리 자체를 가리키는 것으로 형상이 없으며, 빛으로 존재한다. 보신불은 한량없는 노력과 정진의 결과로 깨달음에 이른 부처님을 말한다. 화신불은 중생을 교화하기 위하여 법신불이 지상에 다양한 모습으로 나타난 분을 말한다. 화신불을 응신불 또는 응화불이라 하며, 현실에 부처, 보살, 명왕, 천신 등 그림, 연꽃처럼 꾸밈없는 사물 그 자체로 나타나기도 한다. 교 중에 현교는 석가모니불의 가르침, 밀교는 법신비로자나부처님의 가르침이다. 따라서 현교의 교주는 석가모니불이며, 밀교의 교주는 비로자나불이다. 석가모니불과 비로자나불은 원래 한 몸으로 불이신不二身이다. 석가모니불이 세상에 나타난 것은 보신報身인 중생을 구제하기 위하여 비로자나불이 화현하신 것이다. 보신이란 인과에 의해 과보로 받은 몸을 말한다. 보신이 깨달음을 얻으면 보신불이 된다. 깨닫지 못하면 그냥 보신으로서 모든 중생이 보신이다.

　　　　석가모니불을 천백억화신이라고 하는 것은 법신비로자나불이 중생의 근기에 따르고 원에 따라 여러 가지 현상으로 몸을 나타나기 때문이다. 법신불과 화신불을 비유하면, 법신불은 허공의 태양에 비유하고 화신불은 강물에 비치는 달과 같은 것이다. 모든 사람들이 각각의 그릇을 가져와서 각기 강물을 담으면 모든 사람 수효대로 그릇 가운데에 달 하나씩 있을 것이다. 그 많은 달이 허공 중에 존재하는 달그림자임을 알아야 한다[千江有水千江月]. 이것이 그릇과 강물과 공중달의 삼연이 합하여 나타난 현상이다. 그릇은 비록 다르지만 달은 다르지 않는 것과 같이 일체 유정의 업력과 개성은 각각 다를지라도 하나 법신은 다르지 않다. 그러므로 하나가 무량이 되고 무량이 하나 되는 것이다. 이것이 곧 하나의 법신불에서 천백억의 화신불이 탄생하는 이치이다. 중생들의 원과 근기가 천백억이기 때문에 그것을 모두 응하여 출생하기 때문에 천백억화신이 된다.

　　　　진리로만 존재하는 법신비로자나불은 그 어떤 이름이나 형상으로도 표현할 수 없다. 우주, 자연, 삼라만상이 지닌 보이지 않는 마음을 비로자나불로 표현하기 때문이다. 비로자나불은 이 세상에 나타날 수 없지만, 만약 나타난다면 '빛'으로 표현할 수 있다. 삼라만상은 모두 각각의 빛이 있다. 하늘이 하늘의 빛이 있다면 땅은 땅의 빛이 있으며, 산은 산의 빛이 있으며, 물은 물의 빛이 있다. 그 빛을 어떤 모양으로 그리며, 무엇이라 이름 붙이겠는가? 그냥 빛이라고 할 뿐이다. 그것조차도 인간 세상에서 하는 말일 뿐 우주, 자연, 법계에서는 빛이라는 말조차 쓸 수 없다. 그냥 진리일 뿐이다. 진리 역시 뭐라 표현할 수 있는 것은 아니다. 법신부처님은 눈에 보이지 않는 진리, 그러면서도 만물 그 자체에 있는 빛이므로 이 빛을 에너지라 한다. 에너지 또한 눈에 보이지 않고 손에 잡히지 않으므로 뭐라 표현할 수 없다. 빛이든 에너지든 그 어떤 법칙에 따라 나타나기 때문에 법신이라 하며, 부처님으로 표기하여 법신불이라 한다.

윤회, 깨달음에 이를 때까지 계속하여 태어난다

중생은 부처를 이룰 수 있는 보신이다. 우리는 모두 과거 무시광대겁으로부터 사람으로 태어났다. 긴 세월을 보내면서 몇 번이나 나고 죽고 하면서 각각 다른 업을 지니고 태어난 것이다. 쌍둥이라 하여도 똑같지 않고 다 다르게 태어난다. 누가 어떻게 만들었기에 이처럼 같은 몸이 하나도 없을까? 키도 다양하고 몸무게도 천차만별이다. 지구촌에 사는 많은 사람, 그중에서도 8천만 민족이 사는 대한민국에서 엄지손가락의 지문이 같은 사람은 단 한 명도 없다. 가로세로 1.5㎝도 되지 않는 엄지손가락의 지문만 보더라도 같은 사람이 단 하나도 없다는 것, 실로 대단한 일이다. 어찌 8천만 명뿐이랴. 지난 5,000년 동안 대한민국에서 산 사람을 모두 합친다 하여도 같은 지문이 없다는 것은 정말 대단한 일이 아닐 수 없다. 만약 신이 있어 사람을 만들었다면 같은 모양도 있을 것이다. 그러나 사람은 신이 만들지 않았기 때문에 어느 누구도 같을 수가 없다. 그렇다면 사람은 누가 만들었을까?

나는 누가 만들었을까? 언뜻 생각하면 내 몸을 낳아주신 아버지와 어머니가 만들었다고 대답할 수 있다. 물론 내 몸을 만드는데 부모님이 몇 퍼센트의 도움을 주었을 수는 있지만, 그다지 많은 도움을 주지는 않았다. 우리는 과거 숙세宿世를 흘러오면서 많은 업을 지었고,

우리의 부모는 우리가 지은 업주머니를 받아 조합하는 역할만 했을 뿐이다. 즉 우리 몸은 곡식을 담는 가마니 역할을 했다고 할 수 있다. 우리가 농사를 지어 수확물을 얻었다면 그것을 한 알, 두 알 모은 가마니의 물건을 이와 같은 '몸'이라는 결정체로 만든 것이다. 그러므로 부처님의 능력 자체가 대단한 기술이라 할 수 있다. 똑같은 것이 둘이 없으므로 그것을 인因이라 하고 업業이라 하며, 보이지 않는 인과 업에 의해 만들어진 업신業身이다. 예를 들어 '나는 어떤 인을 지어서 얼굴 모양을 저렇게 만들겠다.' 원을 세우면 그렇게 된다. 누가 시켜서가 아니라 나 스스로 그렇게 만들 수 있다. 이처럼 눈에 보이는 것뿐 아니라 눈에 보이지 않는 화禍와 복福도 나 자신의 업주머니에 의하여 만들어진 것이다.

도자기 만드는 것을 보면, 도공은 흙과 물과 불을 만들지는 못한다. 흙은 원래 있는 것이고, 물과 불 또한 그러하다. 도공은 원래 있는 흙을 부드럽게 빻고 갈아 물과 섞어서 어떤 형태로 만들 뿐이다. 도공은 불 또한 만들지 못한다. 불은 원래 이 세상에 존재한다. 존재하는 그 불을 도공이 잠시 빌려와 가마 속의 장작불로 도자기를 구워낸다. 도공은 흙과 물과 불을 빌려와 도자기 형태를 만들어낸다. 흙의 질에 따라 도기도 되고 자기도 된다. 도자기와 도공의 인연은 그뿐이다. 사람 또한 이와 마찬가지이다. 과거 숙세로부터 지어온 선의 업, 악의 업, 부귀영화의 업, 빈천의 업 같은 것들을 우리 스스로 만들었다. 부모는 이것을 조합할 뿐이다. 세상에 모든 부모는 자기 자식을 아름답고 준수하게, 복스럽게 만들고 싶을 것이다. 하지만 우리가 업을 잘못 지으면 복스러움은커녕 재앙을 안고 태어나기도 한다. 부모가 아무리 막아주려고 한들 인연따라 온 것을 어찌할 수 없다. 예를 들어 키 작은 사람이 있다. 그 사람이 숙세에 키 큰 업을 지었더라면 좀 더 키 큰 사람으로 태어났을 텐데, 그렇지 못했기에 키 작은 사람으로 태어났다. 이와 같은 인연을 누가 만들었다고 생각하는가? 바로 우리 스스로 만들었다. 수없이 많은 세월을 내려오면서 업에 따라 태어나고 죽고 태어나고 죽는 생사를 반복하여 이루어진 마지막 결정체가 현재의 우리 몸이다.

　　　　사람이 죽으면 끝인 듯하지만. 그러하지 않은 것은 윤회輪廻 때문이다. 윤회란 깨달음의 경지 또는 구원의 경지에 이르지 못한 사람이 그곳에 도달할 때까지 계속 탄생한다는 의미이다. 우리가 윤회하는 이유는 금생今生, 즉 이승에서 쓰고도 남은 것이 있기 때문이다. 밥 짓는 일을 예로 들어보자. 창고에 쌀이 한 가마니 있다 하여도 그 쌀을 다 씻어 밥을 짓지는 않는다. '오늘은 열 명이 밥을 먹을 것이다' 하면, 창고 안에서 열 명이 먹을 쌀만 가져와서 밥을 짓는다. 오늘 열 명이 먹을 밥이나 창고 안의 쌀이나 다 내 것이지만 오늘은 이만큼만 밥을 짓겠다는 것이다. 냉장고 안의 음식물 또한 마찬가지이다. 냉장고 안에 수많은 반찬거리가 있어도 오늘 먹을 반찬 재료만 꺼내고 나머지는 그대로 놓아둔다. 그래도 냉장고 안의 음식물은 내 것이고, 오늘 먹은 반찬도 내 것이다. 우리는 숙세에 많은 업을 지어 그 업이 태산처럼 모여 있다. 그런데 인간 세상에 올 때는 창고 안의 쌀 중에서 밥을 지을 만큼만 꺼내오듯이, 냉장고 안의 먹을거리 중에서 오늘 먹을 반찬만 꺼내오듯이 일부만 가져온 것이다. 이때 좋은 것은 좀 더 많이 가져오고, 나쁜 것은 그대로 두어도 좋겠지만 우리는 이것을 제대로 판별할 수 없다. 그래서 무명중생이라 한다. 우리들의 삶은 금생에 끝나는 것이 아니다. 금생의 것은 한 끼의 밥과 같은 것으로 창고 안에 얼마나 많은 쌀이 쌓여 있는지 알 수 없다. 그것이 다 사라질 때까지 끝없는 윤회가 이어진다. 우리에게 분별력이 있다면 먹고 싶은 음식은 냉장고에서 꺼내 빨리 먹고, 먹기 싫은 음식은 그대로 두었다가 썩혀버리면 된다. 시장에 가서도 필요한 것만 사면된다. 이러한 일들이 욕심 때문에 그게 쉽지 않다. 무엇이 필요한 것인지 아는 것, 무엇이 욕심인지 아는 것, 이것을 알려주는 분이 법신비로자나불이다.

창고 안에는 쌀이 남아 있듯이 냉장고 안에 다양한 반찬거리가 준비되어 있듯이 여전히 남아 있는 우리의 업 때문에 윤회의 끈이 계속 이어지고 있다. 설령 창고 안이 비고, 냉장고 안이 빈다 하여도 우리에게 익힌 습習이 남아있어 또 채워 넣을 것이다. 그렇다면 다음에는 좀 더 부드러운 것, 좀 더 신선한 것을 가져와서 창고와 냉장고 안을 채워 넣으면 어떨까? 그러나 누군들 신선한 음식을 먹고 싶지 않으며, 화사한 옷을 입고 싶지 않겠는가. 아무나 그렇게 하지 못하는 것은 보이지 않는 업 때문이다. 그리고 그것을 운행하는 것은 바로 진리이다. 현실로는 무엇이든 다 할 것 같은데, 보이지 않는 법신불의 진리가 있기 때문에 업의 흐름을 이길 수 없다. 법신불의 가르침에 따른다면, 인과를 깨닫게 되어 지금 받는 업이 언제 끝날지 알게 될 것이다.

석가모니불은 역사적 부처님,
법신비로자나불은 진리적 부처님

　　　　사람의 몸을 비유하면 우리 몸은 역사적 몸이다. 아버지 어머니에 의하여, 가문에 의하여 형상을 받는다. 세상에 태어나자마자 어느 집 가문의 후손이라는 것과 함께 이름이나 생년월일 모두 기록된다. 이 기록이 곧 역사가 된다. 이와 같이 외관상으로 조상을 닮고 부모를 닮은 눈, 코, 귀, 입으로 기록되지만 마음은 기록되지 않는다. 비로자나부처님이 중생을 교화하기 위하여 화신석가모니불로 탄생하였다. 석가모니불은 역사적인 부처님이다. 법신비로자나불은 부처 몸으로만 나타나는 것이 아니다. 역사적인 석가모니불 외에 진리적으로 나타난다. 때로는 보살의 몸, 때로는 명왕의 몸으로 나타나며, 삼라만상으로도 나타나 중생을 교화한다. 비로자나불이 여러 가지 모습으로 나타난다는 것은 비로자나불이 지닌 자성불을 일체 만물도 지니고 있기 때문이다. 모든 만물이 자성을 지니고 있으면서도 무명중생으로 살아가는 것을 보고 안타까운 마음에 자비를 베풀어 제도코자 화현하는 것이다. 만일 만물이 자성을 지니고 있지 않다면 비로자나불은 화현하지 않을 것이다.

　　　　현교는 관세음보살, 문수보살, 지장보살, 대세지보살 등 중생을 교화하기 위하여 화현하고, 명왕이나 팔부신중은 불법을 외호하기 위하여 화현한다고 말한다. 밀교는 불보살, 명왕 등 모든 화현신은 모두 중생을 제도하는 법문을 베풀기 위하여 화현하는 것이다. 또한 삼라만상으로도 나타나 가르침을 펴고 있다. 모두 법신비로자나불의 진리의 몸이다. 중생의 근기가 각각 다르기 때문에 화현의 모습이 다르다. 그러므로 특정한 불보살이 없고 중생을 위해 가르침을 내리기 위하여 그 무엇으로도 나타나는 것이다. 이 이치로 진각밀교는 법당[心印堂]에 특별한 불상을 모시지 않고 마음과 마음으로 진리법을 주고받는다는 의미로 육자진언을 모신 것이다. 법당에서 금강합장하는 것은 부처님의 마음 문을 열기 위한 귀명합장이며, 금강권과 금강지권인은 부처님과의 대화이다. 대화의 내용은 마음이며 소리는 육자진언이다. 삼밀수행은 수행자와 부처가 서로 묻고 답하는 모습이다.

법신비로자나불은 이름도, 형상도, 그 어떤 것으로도 표현할 수 없다. 빛이고 진리이기 때문에 보이지 않고 나타내지도 못하는 것이다. 어리석은 중생에게 알려주고 싶고, 가르쳐주고 싶지만 그럴 수가 없다. 중생은 눈에 보이지 않는 것은 믿지 않는다. 그러므로 법신비로자나불은 적절한 방편方便을 쓸 수밖에 없다. 법신불은 다양한 모습으로 우리 앞에 나타난다. 때로는 우리가 좋아하는 위대한 모습으로 나타나기도 하고, 때로는 우리를 억누르는 위압적인 모습으로 나타나기도 한다. 마음이 고운 사람에게는 아름다운 모습으로 나타나고, 사악한 사람에게는 무서운 모습으로 나타난다. 부드럽기도 하고 선하기도 하고, 무섭기도 하고 억압적이기도 하여 모든 것을 완벽하게 갖추었으므로 부처이다. 그 가운데 한 분이 견물생심見物生心 하는 세상에 나오신 화신 석가모니불이다. 불佛자를 보면, 사람 인人자에 아닐 불弗자를 합한 것(亻+弗)으로서 사람인데 사람이 아니라는 뜻이다. 부처님은 사람의 모습을 지니고 있으나 사람의 능력을 뛰어넘은 사람이다. 법신비로자나불이 우리를 위하여 우리 모습을 닮은 사람으로 나타난 분이 2,600여 년 전에 인도 카필라국의 태자로 태어난 싯다르타이다. 부처님이 사람의 능력을 뛰어넘은 표시로 32상三十二相과 80종호八十種好를 갖추고 있다. 사람 모습으로 나타난 법신불은 수많은 사람의 근기와 능력을 모두 갖추었기에 우리처럼 평범한 중생과는 다르다. 자애로운 부처님이지만 우리들이 어떤 마음으로 보느냐에 따라 부처님의 모습은 다르게 보인다. 그리고 부처님은 자비심이 본성이기 때문에 자신을 위하여 살지는 않는다. 오로지 중생들을 위해 이 세상에 존재한다.

자비심, 좋은 것도 나쁜 것도 모두 포용하는 것

법신비로자나불은 근본신이지만 보신인 우리를 위하여 몸을 드러낸 싯다르타는 우리와 똑같은 모습으로 출가해 수행하였다. 설산과 정글 속에서 온갖 고난을 겪으면서 수행을 다하였다. 부처님은 자비로운 분이어서 싸움을 싫어하는데, 마왕파순에게는 싸움을 걸기도 한다. 싯다르타는 마지막 깨달음의 단계에서 잠자는 마왕 파순이를 깨웠다. 중생들은 험상궂은 사람이 잠자고 있으면 그 사람이 깰까봐 발소리를 죽여 살금살금 피해갈 것이다. 그러나 싯다르타는 그러하지 않았다. 달콤한 잠에 취해 있던 마왕파순은 눈을 부스스 뜨고 의아한 표정으로 싯다르타를 바라본다.

싯다르타는 말한다.

"내일 새벽이면 나는 부처를 이루오. 그런데 당신은 그것도 모르고 잠만 자고 있구려. 내가 성불하면 당신의 국토는 다 부서지게 될 것이며, 이 세상 중생은 아무도 당신을 도와 국토를 건설하지 않을 것이오. 왜 그런지 아시오? 내가 성불하면 사람들이 나를 도와 불국토를 건설하는 데 동참하기 때문에 당신을 도와 악의 세계를 동조하거나 고통의 세계를 만들지는 않는다는 것이오. 그러면 당신은 설 땅조차 없을 것이오. 그런데도 세상모르고 잠만 자고 있으니 하도 답답하여 당신을 깨우는 것이오."

싯다르타의 말에 마왕 파순은 깜짝 놀라서 말한다.

"대체 이게 무슨 일입니까? 나 몰래 성불하여 내 국토를 부수면 그만이지, 잠든 나를 깨워 굳이 그 사실을 알려주는 이유가 뭡니까? 아무튼 이제 나도 알았으니 당신에게 대항하여 그 자리에서 성불하지 못하게 하겠소. 지금 당장 그 자리에서 내려오시오!"

이것이 싯다르타가 마왕 파순에게 싸움을 거는 장면이다. 그러나 불교 경전 어디에도 부처님이 먼저 싸움을 걸었다는 이야기는 나오지 않는다. 이 부분이 현교와 밀교의 다른 점이다. 밀교에서는 잠든 마왕을 깨워서 부처님을 옹호하도록 한다고 가르친다. 이 세상 어떤 것도 부처님의 적이 될 수는 없다. 자비란 좋은 것도 나쁜 것도 모두 포용하고 포섭하기 때문이다. 연인끼리 알콩달콩 사귀는 것을 사랑이라 한다면 부처님의 자비는 부모와 자식 간의 정이라 할 수 있다. 연인 사이에는 혈육의 정이 없다. 등 돌리면 남이다. 사랑할 때는 무엇이든 다 줄 듯하다가 뜻에 맞지 않아 돌아서면 뒤도 돌아보지 않는 것이 정이요 사랑이다. 반면에 부모와 자식 간에는 미워도 고와도, 아파도 건강해도, 싫어도 좋아도 끊을래야 끊을 수 없는 혈육의 정이 있다. 싯다르타는 이러한 자비심을 지녔기에 마왕 파순의 잠을 깨운 것이다. 파순 역시 법신비로자나불의 아들딸이다. 형제와 같은 사이이므로 깨워서 같이 성불하기를 바라는 마음에서 가능한 일이다.

참 지혜, 금생에 지은 업을 두 번 다시 짓지 않는 것

불교는 자비심이 넘친다. 바깥에서 다른 종교가 유입되어도 불교는 배척하지 않는다. 자식을 바라보는 부모의 마음이 이와 같다고 나 할까. 부모는 자식이 나쁜 짓을 하여도 외면할 수 없다. 가진 것을 다 내놓으라 하면 몽땅 내주고 싶은 것이 부모 마음이다. 부처님의 자비가 넓고 크고 높고 위대함은 자식을 향한 부모 마음과 같기 때문이다. 불교는 전쟁을 하지 않는다. 불교가 전쟁을 한다면 부모가 자식을 해치는 것과 같고, 자식이 부모를 해치는 것과 같다. 형이 아우를 해치는 것과 같으며, 아우가 형을 해치는 것과 같다. 특히 불교에서는 살생을 엄격히 금하고 있다. 윤회를 거듭하다 보면, 가벼운 살생이 곧 살인이 될 수도 있기 때문이다. 금생에는 사람으로 태어났으나 과거 숙세에는 축생이었을 수도 있고, 아귀 몸을 받았을 때도 있었으며, 지옥에도 태어났을 것이며, 천상에도 태어났을 것이다. 인연 관계가 얽히고설켜 있어 모두 부모나 형제일 수 있다. 이렇게 육도를 윤회하다가 이제 다시 사람으로 태어났지만 금생에 지은 업으로 인하여 다음 생에는 축생으로 태어날지도 모르는 일이다. 그러므로 절대 살생을 하여서는 안 된다.

다음 생에 또다시 사람으로 태어나는 것이 쉬운 일은 아니다. 앞서 말했듯이 창고 안에 쌓인 것을 다 가져온 것이 아니므로, 금생에 필요한 것만 가지고 왔으므로 지금 모습이 마음에 들지 않을 수도 있다. 그러므로 다음 생에 몸을 바꿔 태어날 때는 이것저것 아무거나 집어올 것이 아니라 꼭 필요한 것만 골라 가져오는 지혜가 있어야겠다. 필요 없는 것까지 욕심으로 뭉텅 가져올 것이 아니라 필요 없으면 창고 안에서 썩게 놓아두는 것이 지혜이다. 그러면 다음 생에는 아름다운 모습으로 권력가나 재벌이 될 수도 있다. 다음 생에 원하는 모습으로 태어나려면 부처님의 뜻을 헤아려 지혜를 밝혀야 한다. 부처님이 왜 이 땅에 오셨을까? 보신인 우리를 위하여, 어리석음을 떨쳐내고 마음의 눈을 뜨도록 이 땅에 오신 것이다. 그러므로 우리는 지금부터라도 악인惡因을 짓지 말고 선인善因을 지어 다음 생의 인연 있는 부모에게 갈 때는 좋은 인因만 가져가야 할 것이다. 그래야 부모도 제대로 된 내 몸을 만들어줄 수도 있다. 지금 내 몸에 만족하지 못한다면 그것은 나의 탓이다. 자기가 쓸데없는 것을 부모에게 가져다주었으므로 부모 역시 부족한 몸을 만들어줄 수밖에 없었을 것이다. 가져온 것으로 몸을 만들어졌으면 마음은 그 속에 생김새대로 담긴다. 우리의 모습이 천차만별인 것은 바로 우리 자신이 지은 업 때문이다. 중생이 업을 짓고도 지은 줄 몰라 법신비로자나불이 방편으로 화신이 되어 태어나 우리와 똑같은 행동, 똑같은 생활, 똑같이 일하면서 우리들의 실체를 알게 하는 것이다. 부처님이 우리와 다른 것이 있다면 모든 행동과 생활을 통하여 고행하여 깨달음을 얻은 후 남을 위해 베풀었다는 것이다.

    부처님이 보여 준 열반의 모습을 가볍게 생각하지 말라. 자기만을 위하여 살아가는 우리들이 오늘 열반할지, 내일 열반할지, 모레 열반할지 아무도 모르므로 정신 차려 수행해야 할 것이다. 중생은 틈만 나면 번뇌에 싸잡혀 정신줄을 놓고 윤회의 업을 쌓고 있다. 이 소중한 삶에서 선지식을 찾고, 그리고 불법을 접한지 얼마나 되었는가? 금생뿐 아니라 과거생에도 불법을 만났을 것이다. 불법을 많이 접했다면 스승이 될테고, 그렇지 못했다면 무명중생이 될 것이다. 그러나 무명이라 하여도 다 같은 무명이 아니다. 어떤 사람은 불법을 한 번만 듣고도 깨우침이 오는데, 어떤 사람은 아무리 들어도 무슨 뜻인지 모른다. 무명중에서 불법을 금세 깨우치는 사람은 과거생에도 여러 번 불법을 접한 사람일 것이다. 반면에 아무리 불법을 들어도 쉽게 깨우치지 못하는 사람은 과거생은커녕 금생에도 불법을 접하지 못한 사람이다. 친구도 자주 만나야 대화가 많아지고 친해지듯이 자주 만나지 않으면 함께 할 대화도 줄어들고 이내 서먹서먹해진다. 그러므로 부지런히 선지식을 찾아 법을 묻고 배워야 한다. 그래야 창고 안에 태산같이 모아둔 업보따리 중에서 좋은 것만 고를 수 있는 지혜가 생길 것이다.

진정한 참회를 통하여 버릴 수 있는 습관

불법 문중에는 사람이 죽으면 49일 불공을 한다. 이것이 사십구재이다. 49일 불공을 드리는 이유는 창고 안에 태산같이 모아둔 내 업보따리 중에서 좋은 것을 골라 챙겨서 다음 생으로 가져가는 준비를 하는 기간이다. 49일 불공 동안 죽은 사람은 자신의 업의 창고로 가서 물건을 챙긴 뒤 보이지 않는 업의 걸망을 메고 다음 생에 나를 만들어 줄 부모를 찾아 나선다. 이때 챙긴 것이 다행히도 사람이면 내 눈에 사람이 보인다. 그런데 이때 챙긴 것이 소처럼 생겼다면 내 눈에 암소가 보일 것이다. 만약 이때 챙긴 것이 뱀처럼 생겼다면 내 눈에 뱀만 보여 뱀으로 태어나게 된다. 사람이 보이지 않기 때문에 사람으로 태어나지 못하는 것이다.

누군들 사람으로 태어나고 싶지, 소나 뱀으로 태어나고 싶겠는가? 그러나 중생은 지혜가 어두운 무명이기 때문에 좋은 업이 보이지 않으니까, 잘 챙겼다고 챙겼지만 축생업이 높아 어쩔 수 없이 소나 뱀을 선택할 수밖에 없다. 49일 동안 중음의 시간을 보내고 환생할 장소로 찾아가야 하므로 시간이 없다. 급히 걸망 속에 집어넣고 다음 생의 부모를 찾아 나서는데, 이게 사람인지 축생인지 아귀인지 천상인지 수라인지 좋고 나쁨을 분별할 수 없어 인연따라 업따라 흘러 들어가는 것이다.

밀교수행은 금생의 삶이 윤택해져서 해탈하는 것이 기본이다. 이 기본에서 다음 생을 보는 지혜문을 얻게 된다. 이 지혜문을 얻었을 때 자신의 원에 따라 모든 것이 이루어진다. 진언수행은 자신의 현실적인 바람을 구하는 것이 아니고, 자성의 근본을 깨달을 수 있다. 이때 나의 자성에 무엇이 잘못되었는지 깨치고 참회하는 것이다. 나의 과거를 되돌아보니 내 창고 안에는 못된 것만 가득함을 알고 버릴 것을 생각하는 것이다. 창고 안의 쓰레기가 그냥 버려지는 것은 아니다. 진정한 참회를 통해야만 버릴 수 있다. 밀교에서 참회를 중시하는 것은 참회로 악업을 버릴 수 있기 때문이다. 참회는 습관을 바꾸는 것이다. 습

習은 언제 나타날지 모른다. 생활에 저절로 나타난다. 선습善習이든 악습惡習이든 습이 나타나지 않도록 익힌 습을 빨리 버려야 비로소 자성自性을 찾을 수 있으며, 나 자신의 삼세업을 관조할 수 있다. 자성, 나만의 독자적인 본성을 찾아내어 관조하면 무엇을 알 수 있을까? 눈에 보이는 내 모습이 바로 업신業身이며, 인과업보를 통하여 얻은 보신임을 알 수 있다. 한량없는 노력과 정진을 통하여 진리를 깨닫는 데서 기쁨을 얻는 보신이다. 그러므로 지금부터라도 자성, 즉 영원히 변치 않는 나만의 존재성을 찾기 위해 끊임없는 참회수행을 해야 할 것이다.

제2강

밀교수행의 첫 걸음

밀교가 우리 몸 또는 현상세계와 어떤 관련이 있는지 알아보고, 어떠한 마음가짐으로 밀교수행에 임해야 하는지 함께 생각해 보는 장이다.

비로자나불의 이야기가 곧 밀교의 가르침

"일체세간 그 현상을 곧 그대로 보는 고로 세간 만약 더러우면 이를 정화하는 것이 무릇 불교 본지이다."

진각밀교는 비로자나불의 가르침을 근본으로 실천수행하는 종파이다. 비로자나불은 형상을 구체적으로 갖추지는 않는다. 삼라만상이 비로자나부처님의 몸으로 계시기 때문이다. 물론 비로자나불이 실제로 삼라만상일 수는 없다. 하지만 삼라만상이 가지고 있는 빛 때문에 삼라만상이 곧 비로자나불이 되는 것이다. 부처를 그린 불화佛畵나 조각한 불상佛像을 보면, 머리 부분 주위와 몸 뒤에서 은은히 드러나는 빛을 둥글게 표현하는 것을 볼 수 있다. 이 신령스러운 빛을 후광後光 또는 광배光背라 한다. 중생도 머리나 몸통 부분에 빛이 있다. 세속적 삶을 살면서 악업을 쌓다 보니 그 빛이 미미하여 잘 보이지 않을 뿐이다. 빛에는 여러 가지 색상이 있다. 법신비로자나불이나, 화신불을 비롯하여 수많은 보살에게서 나는 빛은 황금색이나 백색으로 빛나고 있다. 반면에 악업을 쌓은 중생의 몸에서는 검은빛, 어둠침침한 빛이 나와 주변을 어둡게 한다. 이와 같이 빛은 사람뿐 아니라 삼라만상에도 나름대로 빛이 있다. 우리 본체의 빛의 작용이 없으면 태양이 비쳐도 빛나지 않는다. 본체의 빛이 있어 태양광선의 빛을 받을 때 빛이 발산한다. 본체의 빛이 어두우면 태양이 아무리 밝게 비쳐도 어둡게 보인다. 선한 사람, 수행을 많이 한 사람 그리고 성인일수록 밝고 맑은 빛이 발산하지만 악업을 많이 지은 사람에는 검고 어두운 빛이 발산한다.

세상의 빛은 삼원색이 근본이다. 삼원색에는 만물의 삼원색과 빛의 삼원색 두 종류가 있다. 만물의 삼원색인 빨강, 파랑, 노랑을 합치면 회색의 검은 빛이 난다. 빛의 삼원색은 빨강, 노랑, 초록을 합치면 흰색이 된다. 도로에 설치한 교통신호 표지판색이 빛의 삼원색을 따르고 있다. 빛은 모으면 모을수록, 합하면 합할수록 밝은 색을 띤다. 빛이 밝게 빛날수록[功德] 더욱 환한 색으로 드러난다. 빛난다는 것은 모든 것이 맑아졌다는 뜻이고, 빛이 모인다[智慧]는 것은 더욱 밝아졌다는 의미이다. 그러므로 모든 빛은 구경에는 흰색이 된다. 흰색이 법신비로자나불의 색이다. 우리 몸 또한 맑아지면 맑아질수록 흰빛을 발산한다. 우리 몸이 밝으면 우리가 입은 옷은 물론 반지, 목걸이, 팔찌까지 윤기가 흐르면서 밝은 빛을 띠게 된다. 그러나 우리 마음이 어두워지면 옷과 장신구들도 어두워진다. 이것은 우리 몸에서 반사하여 전달되는 빛이 어둡기 때문이다. 선한 사람이 초록색 옷을 입었다면 밝은 초록색, 검은색 옷을 입었다면 밝은 검은색으로 변하는 것이다.

빛이 몸 밖으로 발산한다 하여 사라지는 것은 아니다. 빛은 영원하므로 절대 사라지지 않는다. 사람은 저마다 고유의 빛을 가지고 있다. 그 빛을 밀교에서 자성自性 또는 마음이라 한다. 사람에게만 고유의 빛이 있는 것은 아니다. 삼라만상도 저마다 자신의 빛을 지니고 있다. 이를 심心이라 한다. 몸의 중심에서 발산한다 하여 심心이라 하는 것이다. 빛 가운데 삼라만상의 모든 빛을 가장 원만하게 갖춘 자가 부처이다. 중생의 몸에서 나오는 빛도 부처가 지닌 빛과 같이 영원하지만, 무명번뇌에 가리어서 밝기가 옅고 미미하여 이리저리 옮겨 다닐 뿐이다. 법신비로자나불의 이름인 바이로자나가 빛을 나타내듯이 아미타불의 몸에서 나오는 빛은 그 밝기가 한량없어 무량광無量光, 그 수명이 끝이 없어 무량수無量壽라 이름 붙인 것이다. 법신과 화신불이 아닌 아미타불을 무량수 무량광이라 하는 것은 법장비구로 있으면서 일체중생을 구하기 위하여 사십팔원四十八願을 세워 한량없는 노력과 정진의 결과 깨달음을 얻어 보신불이 되었기 때문이다. 사람마다 자신의 빛이 있으므로 수행공덕을 쌓아 제 빛을 밝히고자 노력하면 해탈할 것인데 미혹한 중생이라 그렇지 못하다. 중생들은 상대성의 비교하는 마음을 가졌기 때문에 내 빛이 밝다, 네 빛이 밝다 하여 서로 할퀴며 싸운다. 자기보다 밝은 빛을 내는 사람을 시기하며 질투하여 가만히 내버려 두지 않는다. 인간 세상에서 분쟁과 다툼이 끊이지 않는 이유도 상대의 빛을 인정하지 않는 탐욕 때문이다.

빛은 삶과 죽음의 에너지

　　　　빛에는 삶의 빛이 있고 죽음의 빛이 있다. 부처님은 죽음의 빛을 삶의 빛으로, 사악한 빛을 선한 빛으로 바꿀 수 있는 분이다. 그렇다면 삶의 빛은 무엇이고, 죽음의 빛은 무엇일까? 갓 태어난 아이는 가장 맑고 선명하며 강렬한 빛을 발산한다. 이 빛으로 인하여 실제 생긴 모습과 상관없이 모두 귀여워하고 사랑스럽게 생각한다. 아이의 얼굴이 잘나서 예쁘고 사랑스러워 보이는 것이 아니다. 아이의 몸에서 풍기는 빛의 힘, 에너지가 보는 이의 마음을 긍정적으로 바꾸니 못생긴 아이도 예뻐 보일 수밖에 없다.

　　　　중생의 몸에서 나오는 빛을 자세히 살펴보면, 갓 태어난 어린아이는 몸 둘레에서 10cm가량 두텁고 맑고 밝은 강렬한 빛을 발산한다. 그러면서 차츰 성장하여 성인이 되면 자기 고유의 빛을 발산한다. 그 빛에는 저마다의 색상이 있다. 두 빛이 합쳐지면 아름다운 조화를 이룬다. 내 몸의 빛이 황금색이라 할 때 붉은색을 띤 사람이 다가오면 어떻게 될까? 황금색과 붉은색이 합치면 주황색이 된다. 이는 조화로운 색이다. 그래서 황금색을 가진 사람과 붉은색을 가진 사람이 만나면 좋은 관계를 맺게 된다. 반면에 내 몸의 빛이 황금색인데 검은색을 띤 사람이 다가오면 어떨까? 황금색은 검게 되어 기분이 나빠지고, 검은색은 밝게 되어 기분이 좋아진다. 한쪽은 좋으나 다른 한쪽은 좋지 않다. 빛에도 그림자가 생긴다. 손과 손을 잡았을 때 양손이 만나기도 전에 그림자가 먼저 만나는 현상을 볼 수 있다. 빛이 먼저 만났기에 그림자가 겹쳐지는 것이다. 이것이 빛의 잡아당기는 작용이자 에너지의 힘이다.

몸을 감싼 빛이 강한 쪽으로 쏠리는 현상을 볼 수 있다.

진언수행으로 빛의 흐름을 볼 수 있다. 밀교는 비로자나불의 가르침을 받기에 빛의 흐름을 깨닫게 되는 것이다. 몸의 빛으로 상태를 알 수 있다. 죽음을 직접 체험할 수 없지만 빛의 상황으로 알 수 있다. 자성自性의 눈으로 내 몸을 관해보면, 활기찰 때는 피부도 윤택하고 사회활동도 왕성하다. 그러나 죽음의 빛이 다가오면 윤택한 피부는 차츰 그 빛을 잃고 왕성한 사회활동도 서서히 줄어든다. 삶의 빛이 비쳐야 땀도 나고 피부도 윤택해진다. 삶의 빛이 사라지고 죽음의 빛이 그 자리를 차지하면 수분이 메말라 피부도 윤기 없이 거칠어진다. 나이가 들면 손에 수분이 없어 종이 한 장도 제대로 넘기지 못한다. 아직까지 침 한 번 묻히지 않고 종이 100장을 거뜬히 센다면 매우 건강한 사람이라 할 수 있다. 나이가 들면 수분이 마른다고 하는데, 사실 수분이 마르는 것이 아니고 삶의 빛이 흐려진 것이다. 우리 몸이 죽음을 약 6개월 앞두고 있다면 피부에서 15~20cm 정도 발산하던 빛이 피부의 결과 1~2cm 정도나 혹은 동일하게 된다. 즉 내 몸을 둘러싼 빛이 더 이상 발산하지 않는 것이다. 이는 내 몸에서 빛이 1cm라도 발산된다면 살 수 있는 날이 최소한 6개월보다는 길다는 의미이다. 그러다가 죽음을 약 3개월 앞두면 내 몸의 빛이 피부면과 동일하거나 몸속으로 들어간다. 이때는 피부도 거칠어지고 본색으로 돌아가 버린다. 내 몸에서 발산하던 빛은 이제 피부 안쪽에 머물게 된다. 죽음을 약 7~10일 앞두면 그 빛은 피부 안쪽에서도 머물지 못하고 5장과 6부로 숨어든다. 그러다가 죽음을 3~4일 정도 앞두면 오장에 있던 빛이 심장으로 모이기 시작한다. 젊었을 때는 몸 둘레에서 약 20cm까지 주변을 환히 비추던 빛이 죽음을 3~4

일 앞두면 심장만 간신히 밝힐 정도로 사그라진다. 이윽고 죽음에 다다르면 그 빛은 더는 발산하지 않고 심장을 이탈하여 밖으로 나온다. 이것은 모든 것이 중단된 죽음의 모습이다. 즉 빛의 활동이 중단된 것이다.

사람은 언젠가는 죽는다. 사람이 죽으면 심장을 밝히던 마지막 빛마저 몸 밖으로 빠져나온다. 혼불은 사람의 혼을 이루는 바탕으로, 그 크기가 종발만 하고 맑고 푸르스름한 빛을 띠어 보통사람의 눈에는 잘 보이지 않는다. 눈 밝은 사람만이 볼 수 있다. 몸에서 혼불이 떠났을 때 우리는 비로소 '사람이 죽었다' 표현한다. 죽음을 3~4일 앞둔 상황에서는 옅은 빛이 나마 심장을 감싸므로 몸에서 미미한 온기라도 느낄 수 있다. 그러나 그 빛이 심장을 떠나는 순간, 사람의 몸은 시신이 된다. 시신은 더는 사람이 아니다. 지수화풍地水火風이 모인 자연의 한 조각일 뿐이다. 몸 밖으로 빠져나온 빛에는 사람이 이승에서 지은 업이 모두 담겨 있다. 빛에 좋은 업이 담겨 있으면 좋은 곳으로 갈 것이며, 빛에 나쁜 업이 담겨 있으면 나쁜 곳으로 가게 된다. 그래서 빛은 다음 생으로 옮겨 가는 에너지이자 힘이다. 좋은 업을 지으면 좋은 색을 띠고 나쁜 업을 지으면 나쁜 색을 띤다. 이왕이면 좋은 업을 지어 황금색, 붉은색, 흰색을 띠면 좋을 텐데 그렇지 못한 경우가 더 많다. 나쁜 업을 지어 검은색이나 보라색이 되면 그 빛은 악한 쪽으로만 가게 된다. 자석처럼 이끌려 다음 생으로 옮겨 나쁜 업을 짓게 된다. 이처럼 혼불이 악한 쪽으로 가는 것을 막기 위하여 꾸준한 수행이 필요하다.

구렁이가 되었다가
큰 스님으로 거듭 태어난 일화

　　　　　옛날에 어느 스님이 수행하다가 죽음을 맞이했다. 그런데 잘못된 수행을 하여 욕심만 가득 품은 채 죽어서 구렁이가 되었다. 생전에 스님에게 수행만 하는 성실한 제자가 있었다. 제자는 스승 곁을 떠나 선지식을 만나 깨달음을 얻었다. 사물을 꿰뚫어 보는 통찰력을 지닌 제자의 혜안慧眼에는 열반한 스승의 앞날이 훤히 보였다. 제자는 스승의 은혜에 보답하고자 사찰로 내려와 49재 동안 공양주 소임을 하면서 스승님이 좀 더 나은 모습으로 환생하도록 서원하였다. 제자는 열반하신 스승의 49재 회향일 정성으로 흰죽을 끓여 부처님 단상 아래 올렸다. 그리고는 "스님, 어서 나와 공양하세요." 제자의 이 말에 부처님 탁자 아래에서 커다란 구렁이가 나와 흰죽을 먹었다. 스님의 죽음과 동시에 빠져나온 혼불이 산속에서 죽어가는 구렁이의 몸속으로 들어갔던 것이다. 스승은 구렁이로 화생化生한 것이다. 중생은 전생의 업에 따라 육도六道의 미계迷界에서 생사를 되풀이한다. 이때 중생이 태어나는 양상으로 태생胎生, 난생卵生, 습생濕生, 화생化生의 4가지가 있는데 이를 사생이라 한다. 구렁이의 혼불이 빠져나가는 순간, 스님의 혼불이 들어와 구렁이가 된 것은 화생의 업 때문이다. 이 업 때문에 스님의 영혼이 죽어가는 구렁이의 몸속으로 들어간 것이다. 이렇게 구렁이가 된 스님은 주지 소임을 살면서 모아둔 사찰의 재산에 미련을 버리지 못하여 법당 탁자 밑에 머물러 있었던 것이다. 이제 눈 밝은 제자의 부름을 듣고 밖으로 나와 죽을 먹고 있었다. 제자는 구렁이가 죽을 다 먹자, 손에 쥔 지팡이로 구렁이의 머리를 '탁' 쳤다. 그러자 구렁이의 몸에서 혼불이 빠져나와 법당 안에 있던 파랑새의 몸속으로 들어갔다.

"스님, 저와 함께 세상 밖으로 나가봅시다."

제자는 파랑새가 된 스승과 함께 절을 나섰다. 길을 걷고 또 걸어도 날짐승, 들짐승만 보일 뿐 사람이 눈에 띄지 않았다. 파랑새가 된 스님은 과거에 지은 업 때문에 짐승과 사람을 구분하는 지혜가 없었다. 그래서 축생의 몸, 벌레, 물고기 몸속으로 들어가려 했으나 제자가 이를 말렸다. 스승이 환생할 몸을 찾아 북쪽으로 올라가는 중에 강원도의 어느 외딴집 앞에서 걸음을 멈추었다.

"여기서는 사람으로 환생할 수 있겠군. 스님, 어서 들어가 보세요."

제자의 말이 끝나기가 무섭게 파랑새는 축생만 보이던 눈에 사람을 보게 되어 외딴집을 향하여 날아갔다. 얼마나 시간이 흘렀을까. 한참 동안 집 밖에서 서성이던 제자는 헛기침으로 자신의 존재를 알리며 뒷마당 안으로 들어섰다. 그러자 방 안에 있던 젊은 부부가 허겁지겁 옷을 챙겨 입으면서 밖으로 나와 스님을 맞았다.

"얼마 있으면 두 사람 사이에 아들이 태어날 것이니 그 애를 잘 키우시오. 그 아이는 당신네 아이가 아니오. 5년 뒤에 다시 찾아오겠소. 그때 아이를 내게 맡겨주면 좋은 일이 있을 것이오."

젊은 부부는 벌겋게 달아오른 얼굴로 안절부절못했다. 대낮에 이상한 짓을 하다가 스님에게 들켰으니 어찌 부끄럽지 않으랴. 당황한 부부는 고개를 조아리며 그렇게 하겠다고 대답했다. 약속대로 제자는 5년 뒤에 부부를 찾아가 아들을 절로 데려왔다. 그러고는 오랜 수행

끝에 아이는 인과를 깨달아 큰 스님이 되었다. 스승은 제자의 덕분으로 해탈하였으며 제자 또한 은혜를 갚은 것이다.

밝은 빛을 살리는 것이 곧 밀교수행

중생들은 자신만의 빛이 있어 주변을 밝힌다. 주변을 밝힌다는 것은 주변을 살핀다는 말이기도 하다. 마음의 창으로 좋은 것만 보고 좋은 생각만 하고 좋은 행동만 하면 될 것인데, 또 다른 창인 안이비설신의眼耳鼻舌身意로 인하여 원하든 원하지 않든 이런저런 업을 짓게 된다. 눈眼으로 아름다움을 봄으로써 욕심이 생기고, 귀耳로 욕하는 소리를 들음으로써 분노가 치솟고, 코鼻로 냄새를 맡음으로써 식욕이 발동하고, 혀舌로 맛을 앎으로써 차별심이 생기고, 몸身으로 부드러움을 접함으로써 게으름이 생기고, 뜻意으로 생각거리를 접함으로써 온갖 잡념이 일어난다. 좋은 업을 지어야 고유의 밝은 빛이 더욱 빛날 텐데, 나쁜 업을 짓다 보니 빛이 점점 흐릿하여 혼을 잃어버릴 수도 있다. 혼을 잃는다는 것은 곧 정신을 잃는다는 것으로 마음에 오류가 생겼다는 뜻이다. 마음에 오류가 생기면 치매에 걸리기 쉽다. 이렇게 되지 않으려면 끊임없는 수행으로 우리가 지닌 고유의 빛을 잘 보관해야 한다.

사람이나 삼라만상에 빛이 있다는 것은 성품이 있다는 뜻이다. 소나무도 성품의 빛이 있고 돌멩이도 성품의 빛이 있다. 신토불이身土不二라, 몸과 땅은 둘이 아닌 하나이다. 사계절이 분명한 곳에 있는 돌과 추운 겨울만 있는 남극과 북극의 돌, 뜨거운 여름만 있는 적도의 돌은 서로 다르다. 사계절이 뚜렷한 곳에서는 봄에는 봄옷, 여름에는 여름옷, 가을에는 가을옷, 겨울에는 겨울옷을 입어야 한다. 이에 비해 겨울만 있는 남극과 북극에서는 겨울옷만 필요하고, 여름만 계속되는 적도에서는 여름옷만 필요하다. 사계절 옷을 갖춰 입어야 하는 곳의 사람이 남극이나 북극, 적도에 사는 민족보다 부지런하며 준비성이 강하다. 준비성이 강한 민족은 국가의 위난이나 위기가 닥쳐도 속히 극복하여 일어설 수 있는 능력이 있다. 이 땅에 있는 돌도 마찬가지다. 사계절을 버텨내야 하는 돌의 입장에서는 물을 머금었다가 뱉어내고 머금었다가 뱉어내는 작업을 반복한다. 그러다 보니 사계절이 있는 곳의 돌은 여름만, 혹은 겨울만 있는 곳의 돌보다 단단해지지 않을 수가 없다. 봄이 되면 돌은 빛의 능력을 빌려 물을 빨아들인다. 물을 머금은 돌이라서 여름에는 시원하다. 가을이 되면 돌은 물을 내뿜는다. 겨울에 얼지 않으려면 봄 여름 동안 안에 머금은 물을 모두 뿜어내야 한다.

나무도 마찬가지다. 사계절이 없는 열대지방에서 자란 나무는 여리고 힘이 없다. 나무도 봄에는 물을 잔뜩 빨아들였다가 가을이 되면 말끔히 내보낸다. 만약 나무가 게으름을 피워 가을에 물을 내보내지 않으면 겨울에 물이 있는 부분이 얼어서 봄바람에 부러지고 말 것이다. 어떻게 보면 2월에 부는 봄바람이 세찬 이유도 얼은 나뭇가지를 없애기 위한 자연의 섭리라 할 수 있다. 가을에 물을 미처 내보내지 못하여 겨울에 얼어버린 나뭇가지를 떨어내기 위한 것이다. 사계절이 분명한 곳이 가장 살기 좋은 땅이다. 이러한 땅에 사는 사람은 준비성 때문에 부지런하다. 이 땅에 뿌리를 내린 나무도, 굴러다니는 돌멩이도 모두 부지런하다. 부지런히 몸을 굴리니 단단해질 수밖에 없다. 이와 같은 작용을 하는 힘이 사람뿐 아니라 나무나 돌 등 삼라만상에도 있다. 그러므로 삼라만상도 비로자나부처님의 빛을 지닌 몸이다. 우리는 빛의 작용을 원만하게 하도록 본심을 찾는다. 빛은 눈으로 보는 것이 아니라 마음으로 그 빛의 힘을 느껴야 한다. 활발히 활동하는 빛이 우리 몸 둘레에서 환한 빛을 발산할 때 고통이 없는 보다 좋은 삶을 살 것이며, 이것이 해탈의 첫 단계에 들어가는 경지이다.

부처님의 설법차제

부처님은 중생에게 법을 전할 때 3단계의 차제로 설하였다. 먼저 이야기요, 다음은 게송이며, 끝으로 진언으로 말씀하셨다. 부처님의 8만4천 말씀은 어려운 말씀이 아니다. 중생들이 쉽게 알아들을 수 있도록 근기에 맞추어 말씀하셨다. 첫 번째 이야기식의 말씀이다. 마주 앉아서 평범한 이야기로 일상생활에서 일어나는 선악에 관한 것으로 바른 삶을 살도록 하면서 상대방에게 피해를 주지 않는 법을 설하였다. 그러는 가운데 자신의 본성을 찾아 몸과 마음이 편안한지? 배고픔은 없는지? 살피는 마음으로 자연스럽게 윤회의 고통을 벗어나 해탈하는 법을 설하였다. 이해하기 쉽도록 비유법과 과거에 일어난 일들을 알려 주었다. 그리고 어렵고 알 수 없는 일들을 묻도록 기회를 주었다. 제자들은 물음에 부처님의 말씀은 매우 간결하다. 체하지 않으려면 밥을 천천히 먹고, 넘어지지 않으려면 조심히 걷는다. 이 얼마나 쉬운 가르침인가. 선악을 구분하는 마음이 원만해질 때 다음 단계로 일상생활에서 잃어버린 자성을 찾도록 게송偈頌을 설하였다. 중생이 기억하기 쉽도록 운율에 맞춰 노래처럼 만들어 놓은 부처님의 가르침이다. 게송을 익혀 근기根機가 높아지면 비로소 본래 하고자 하는 말씀을 하였다. 이것이 진언이며 범어로 다라니라고 한다. 부처님의 참다운 진리의 말씀이 진언이다. 진언은 중생이 마음만이 부처의 마음을 찾을 수 있도록 한 설법이다. 마음을 설명하는 것은 이야기도 아니고 게송도 아니다. 진언의 종류로는 8만4천 가지나 된다. 모두 불보살의 마음을 설명하였다. 그중에서 특히 본심진언本心眞言 옴마니반메훔은 관세음보살의 진언이면서 법신비로자나불의 마음을 나타낸 것이다. 비로자나불의 마음이 중생의 마음이며, 보살의 마음이다.

    관세음보살은 세상에 소리를 관觀하는 보살을 말한다. 소리를 관한다는 것은 소리가 지니고 있는 본래의 뜻을 깨닫는다는 것이다. 육도六道윤회를 벗어난 첫 번째 세계가 성문의 세계이다. 사성四聖 중에 성문聲聞의 경지가 소리의 참뜻을 깨달은 경지이다. 소리는 곧 부처님이 마음을 담은 진언을 말한다. 그 가운데 대표격인 진언이 육자진언이다. 이 진언 통하여 진실한 말을 찾았을 때 비로소 깨달음을 얻어 성문이 될 수 있다. 성문의 자리가 응화법신의 경지로 즉신성불이라고도 한다. 부처가 부처를 다스리고 보살이 보살을 다스린다. 보살이 보살을 다스리므로 부처는 중생을 교화할 수 없고 보살만이 중생을 교화할 수 있다. 아미타불이 법장비구로 있을 때는 중생을 교화할 수 있지만 아미타불이 되고 나면 그럴 수 없다. 중생을 교화하기 위하여 아미타불이 보살로 화현해야 한다. 화현한 보살 중에 한 분이 관세음보살이다. 이와 같이 중생을 다스리기 위하여 수많은 부처님이 보살의 모습으로 나타난다. 대표적인 보살이 관세음보살, 문수보살, 보현보살, 지장보살 등이다. 이렇게 화현한 보살들은 구경에는 법신비로자나불의 마음을 전하게 된다. 2,600년 전 석가모니불도 열반한 뒤에야 부처님이 되었다. 인간 세상에 있을 때는 보살이었다. 석가모니불은 보드가야에서 성불한 뒤 곧바로 열반에 들려고 했다. 부처님이 깨달은 법은 중생은 알아듣지 못한다. 그러나 깨달음을 얻은 예전의 모든 부처님은 중생이 알아듣도록 수준을 낮추어 교화했다는 천신들의 권유에 마음을 바꾸었다. 7.7일 동안 보드가야에 머물면서 3.7일 동안 화엄삼매에 들어 중생 근기에 맞는 3단계 낮은 법을 준비하여 바라나시에서 5비구에게 법을 전하였다. 3단계 낮추었다는 것은 부처의 경지와 보살의 경지가 아닌 아라한 성문승의 경지를 말씀하였다. 석가모니불 이후에 많은 사람이 부처님의 가르침대로 수행하였으나 부처가 된 사람은 아무도 없었다. 가섭, 용수, 달마 같은 이들도 결국 부처가 되지는 못했다. 많은 제자들도 아라한인 성문일뿐 부처는 아니다. 8만4천의 장경은 모두 보살경지에서 성문승이 위한 가르침이기 때문이다.

밀교는 보살의 경지를 뛰어넘는 본심의 가르침을 깨닫기 위하여 수행한다. 진실한 본심의 가르침인 진언수행으로 깨달음을 얻도록 하는 것이 법신비로자나불이다. 마음이 마음을 찾듯이 마음속 깊숙이 자리잡은 빛의 본심을 비로자나불의 진언으로 불러내는 것이다. 법신비로자나불의 마음이요, 아축불의 마음이며, 보생불의 마음이요, 아미타불의 마음이며, 불공성취불의 마음이요, 모든 보살의 마음이다. 내

안에 있는 빛의 마음, 나 자신의 마음 그리고 중생의 마음이다. 이 모든 마음을 함축하고 있는 진언이 옴마니반메훔이다. 중생의 마음은 견물생심見物生心이라, 어떤 실물을 보면 그 물건에 대하여 집착하는 마음을 일으킨다. 이것이 중생심이다. 인간 세상은 견물생심 때문에 악업을 쉽게 짓는다. 자성은 곧 마음의 빛이다. 삼밀수행으로 중생의 견물생심의 빛을 비로자나불의 빛으로 바꾸는 것이다. 중생은 견물생심의 빛에 머물러 무한한 고통을 받는다. 이제 고통을 멈추게 하려면 비로자나불의 빛을 되찾는 노력이 필요하다. 옴마니반메훔은 부처님의 본심과 중생의 본심과 하나가 되는 수행이다. 부처님 마음과 나의 마음이 일치하게 되면 자연과도 일치하게 된다. 이와 같이 세상 모든 것과 일치할 때 우리는 세상 운행의 이치를 알게 된다. 세상 운행의 이치를 아는 사람은 고통의 길로 빠져들지 않는다. 저 물건이 내 손에 들어오면 고통스럽다는 것을 아는데 어느 누가 욕심을 부리겠는가? 세상 운행의 이치를 모르기 때문에 견물생심이 생겨 덥석 쥐었는데, 그 속에 우환과 질병이 들어 있어 고통스러운 것이다. 세상 운행의 이치를 모르면 그것을 정화하는 방법도 모른다. 고통에서 벗어나는 것, 악업의 연결고리를 끊어내는 방법이 육저진언 염송이다. 일상생활에서 오늘의 첫 시작 아침에 눈을 떴을 때 먼저 육자진언을 부르는 습관을 길러야 한다. 하루 시작의 첫 말이 '옴마니반메훔' 하는 것은 부처님 마음으로 오늘을 시작한다는 것이며, 오늘 하루를 보내고 마지막 잠자리에 들 때 다시 육자진언을 부른다면 부처님처럼 살았다는 것으로 해탈 경지에 쉽게 오르는 인이 된다.

제3강

우리는 왜 수행을 하는가

불교는 성불을 목적으로 수행한다. 모든 것이 수행으로 이루어지는 것이 불교이다. 수행은 불교의 시작이면서 목적이며 회향이다. 이 장은 수행을 왜 하여야 하는지, 수행하는 이유를 알아본다.

수행의 목적은 성불이다

"비로자나부처님은 시방삼세 하나이라. 온 우주에 충만하여 없는 곳이 없으므로 가까이 곧 내 마음에 있는 것을 먼저 알라."

성불은 현생에서도 할 수 있고 내생에서도 할 수 있다. 그리고 과거생에도 성불하였을 것이다. 그러다가 자비의 마음을 일으켜 중생을 제도하고자 이 땅에 돌아와서 그 원력을 이룩하기 전에 그만 성불의 본래 길을 잃었다. 그러는 중에 많은 겁을 지나면서 중생업을 지어 이제는 성불의 기억조차 잊고 살고 있다. 다시 마음을 일으켜 성불의 길을 찾아 나섰지만 가는 길이 순탄한 길만은 아니다. 그러므로 많은 사람들이 금생의 성불을 버리고 내생의 성불을 추구하고 있다. 이를 왕생성불往生成佛이라 한다. 그러나 우리가 사는 현 생활이 더욱 중요하다. 그것은 지금의 생활에서 다음 생을 결정하기 때문이다. 밀교는 이것을 즉신성불이라 하였다. 즉신성불은 곧 중생들 일상생활 그 자체에서 이루어지는 것을 말한다. 즉신성불은 법신비로자나불의 성불이 아니다. 화신석가모니불은 즉신성불의 모습을 바르게 가르쳐 주었다. 그러나 수행자들이 부처님의 가르침을 바르게 이해하지 못하고 오히려 어렵게 만든 경향이 있다. 즉 성불의 세계가 저 멀리 따로 있다고 생각하는 것이다. 물론 성불의 세계는 중생 세계와는 다르지만 실지로 성불의 경지에 오르고 보면 부처님의 세계가 곧 중생의 세계이며 중생의 세계가 곧 부처님의 세상과 같다는 것을 알게 될 것이다.

부처님의 가르침은 말로써 얻는 것이 아니라 수행을 통하여 직접 체험함으로써 깨닫는다. 아는 것과 깨닫는 것과는 큰 차이가 있다. 책을 많이 읽어 학문을 익히는 공부를 하면 현실적으로 많은 것을 알게 된다. 그러나 진리는 수행을 하지 않고서는 깨달음을 얻을 수 없다. 불교를 수행의 종단宗團이라 하는 것도 깨달음이 목적이기 때문이다. 사람은 누구나 두 개의 눈을 가지고 있다. 진리를 깨달으려면 또 하나의 눈을 가져야 한다. 진리를 보는 수직의 눈을 가지기 위하여 수행한다. 또 하나의 눈을 찾아내는 것이 자성을 찾는 일이다. 두 개의 눈은 수평으로 되어 있다. 수평으로 된 두 눈 때문에 결국 어떤 것과 또 다른 것을 비교할 수밖에 없다. 우리 몸의 구조를 볼 때 두 눈뿐 아니라 귀나 코도 마찬가지다. 귀도 두 개이므로 나와 상대의 어떤 소리를 듣고 비교하게 되고, 콧구멍 역시 두 개라 모든 냄새를 다른 냄새와 비교하게 되며, 입 또한 마찬가지다. 우리가 보기에 입은 하나지만 둘이다. 하나는 말하는 입이요, 다른 하나는 먹는 입이다. 과거생에 지은 인因과 이생에서 지은 습쬅 때문에 수평의 눈, 수평의 귀, 수평의 코, 수평의 입이 모두 둘로 만들어졌다. 둘이라는 것은 상대성을 띠고 있어 늘 비교하기 마련이다. 현실은 항상 상대와 비교하며 살고 있다. 내가 가진 물질과 상대가 가진 물질을 비교하고, 내가 누리는 행복과 상대가 누리는 행복을 비교한다. 혼자서는 행복하지만 상대와 비교함으로써 불행을 느끼게 된다. 상대와 비교하지 않으면 현재 주어진 입장에서 얼마든지 행복할 수 있다. 그러나 상대가 나타남으로서 물질, 명예, 인물, 학력 따위를 비교하게 되고 좌절감과 박탈감을 느끼면서 불행해진다.

비교하는 마음은 악업을 짓도록 하는 마음이다. 나와 상대를 비교하는 것, 이것을 파괴하는 것이 불교수행이다. 파괴한다 하여 완전히 없앤다는 의미는 아니다. 나와 상대를 비교하지 않고 다스릴 수 있는 법을 알아야 한다. 또 하나의 눈, 또 하나의 귀, 또 하나의 코, 또 하나의 입, 또 하나의 몸을 가져야 한다. 두 손과 두 발을 다스릴 수직의 또 하나의 손과 발이 필요하다. 인과의 이치를 깨달을 때 비로소 비교하는 마음을 버릴 수 있다. 자녀 교육에 있어서도 마찬가지다. 세상을 살아갈 때 자기 이름이나 편지글 정도는 쓸 수 있고, 물건을 사고팔 때 계산 정도는 할 수 있고, 다른 사람 앞에서 예의범절을 지킬 수 있을 정도로 자녀를 교육시킨다면 아무런 문제도 없다. 그런데 상대의 자식과 내 자식을 비교할 때 문제는 심각하여진다. 내 자녀는 실력이 없는데도 상대와 비교를 하다 보니 더 높은 것, 더 좋은 것, 더 화려한 것, 더 아름다운 것을 추구하게 된다. 여기에서 욕심이 생기기 시작한다.

사물의 본질을 꿰뚫어 보는 것이 제3의 눈

티베트 불교에서 조성한 탑을 보면, 수평의 두 눈 한가운데 수직으로 된 또 하나의 눈이 새겨진 것을 볼 수 있다. 이것이 제3의 눈을 표현한다. 이 수직의 눈은 수평의 비교심을 다스리는 눈이다. 육안으로 볼 수 없는 세계와 모든 사물의 본질을 꿰뚫어 볼 수 있는 제3의 눈을 상징한다. 부처님은 32상 중에 미간백호상眉間白毫相이 있다. 눈썹 사이에 있는 가는 털로써 펼치면 삼천대천세계를 덮고도 남는다. 그곳에서 삼세를 볼 수 있는 밝은 빛의 공능을 드러낼 수 있다.

중생은 비교하는 두 눈의 집착을 버려야 한다. 그러나 그것이 쉬운 일은 아니다. 두 눈으로 사물을 보면 비교하지 않으려 하여도 자연적으로 비교하게 되는 것이 중생의 업이기 때문이다. 상대성의 비교에서 벗어나 집착하지 않는 눈을 얻었을 때 귀도 코도 몸도 제3의 것을 가지게 된다. 이것이 완성될 때 중생의 마음이 아닌 부처님 마음이 나타나게 된다. 자성을 찾은 것이다. 이것이 제3의 마음이다. 제3의 마음은 부처님 마음으로 실체가 없어 중생들은 보지 못한다. 제3의 눈, 제3의 코, 제3의 입도 실체가 없어 눈에 보이지 않지만 작용하는 능력은 별도로 있음을 느낄 수 있다. 사람의 몸은 물질로 구성되어 있기 때문에 눈에 보이는 것만 인정하고 눈에 보이지 않는 세계는 잘 알지 못할 뿐 아니라 쉽게 인정하지도 않는다. 그러나 세상은 눈에 보이지 않는 그 무엇이 지배하고 있다. 몸도 결국 눈에 보이지 않는 마음의 지배를 받고 있다. 삼라만상도 마찬가지이다. 삼라만상을 지배하는 것도 보이지 않는 진리이다. 봄이 가고 여름이 오며, 여름이 가고 가을이 온다. 가을이 가고 겨울이 오면 삼라만상은 변하게 되어 있다. 이와 같은 변화에는 질서가 있고 규칙이 있다. 이것이 눈에 보이지 않는 진리이다. 이러한 진리는 멀리 있지 않고 내 마음속에 있다. 그리고 에너지를 지니고 있다. 이 에너지가 바로 빛의 에너지이다.

　　　　병고, 가난, 불화不和의 고통에서 벗어나야 해탈할 수 있다. 해탈을 위하여 노력하는 것이 밀교의 첫 번째 수행이다. 두 번째는 열반이며, 성불은 세 번째 단계이다. 전생의 업으로 받은 이 몸은 우선 건강하게 살아야 한다. 건강을 바탕으로 복을 받아 가난하지 않아야 한다. 그리고 난 다음 세상 만물과 화합하는 화엄법계에서 살아야 한다. 이것이 3고를 벗어난 해탈의 경지라 한다. 화합에는 부모와 자식 간의 화합, 부부간의 화합, 형제나 이웃 간의 화합도 중요하지만, 자연과 내가 하나가 되는 것이 더욱 중요하다. 자연의 수명이 1,000만 년이라 할 때 사람은 아무리 장수한다 하여도 현재의 몸으로는 100년을 살 뿐이다. 그러나 자연과 사람이 화합할 경우 비록 육신은 지수화풍으로 돌아가지만 빛은 1,000만 년을 자연과 하나가 된다. 육체의 몸을 벗어나 1,000만 년 동안 살아 있는 자연과 하나가 되는 것, 더는 윤회하지 않는 것을 열반涅槃이라 한다. 일반적으로 사람의 육체가 수명을 다했을 때 '열반에 드셨다'는 표현을 한다. 그러나 진정한 의미의 열반이란 진리를 증득하여 미혹과 집착을 끊고 일체의 속박에서 해탈한 최고의 경지, 윤회의 늪에서 벗어나 자연과 하나가 되는 것을 말한다. 누구나 열반하기를 소망하지만, 중생은 윤회의 업에서 쉽게 벗어날 수 없다. 이를 벗어나려면 지금 당장 제3의 눈, 제3의 귀, 제3의 코, 제3의 입, 제3의 손, 제3의 발을 찾아내야 한다. 제3의 것은 눈에 보이지 않아 쉽게 찾을 수 없지만 결코 없는 것이 아니다. 그것을 입증하기 위하여 이 땅에 나타난 것이 1천 개의 손과 눈이 있어 무한한 자비를 베푼다는 천수천안관자재보살千手千眼觀自在菩薩이다.

해탈과 열반 그리고 성불

우리가 부처님을 믿는다면 부처님의 가르침대로 실천하여야 한다. 부처님의 가르침대로 실천한다는 것은 곧 수행한다는 의미이다. 성불은 모든 중생이 염원하지만, 중생은 성불할 수 없다. 석가모니불 이후 지금까지 팔만사천 경전을 모두 암송하고 그 뜻을 분석하고 재해석하는 등 온갖 노력을 다했으나 아무도 성불하지 못했다. 금생에 성불하지 못했으니 다음 생은 어떨까 하고 조심스럽게 기대해보지만, 그역시 모르는 일이다. 성불은 모든 중생이 마지막으로 바라는 궁극의 목적일 뿐이다. 성불하려면 우선 해탈과 열반이라는 두 단계를 거쳐야 한다. 해탈하지 못하면 열반에 들지 못하고, 열반에 들지 못하면 성불할수 없기 때문이다. 참된 자기 성품을 보아 부처가 되었지만, 이것 역시해탈과 열반의 경지일 뿐이다. 2,600년 전 이 땅에 오신 싯다르타 외에어느 누구도 부처를 이루지 못했다. 아무리 훌륭한 인품을 가졌고 높은학문을 쌓았다 하여도 고승이고 보살일 뿐이며, 대사이고 종사이며 존자일 뿐이다. 이들은 성불하지 않았으므로 부처라 할 수 없다. 여래의십호 중에 어느 한 분야만 성취한 것이다. 싯다르타는 보드가야에서 깨달음을 얻은 뒤 부처가 되었다. 싯다르타만이 여래 응공 정변지 명행족 선서 세간혜 조어장부 무상사 천인사 불세존이 된다. 부처님이 자신이 깨달은 법을 돌이켜보니 현세 중생은 도저히 따를 수 없는 법이라는 것을 알고 일불승법을 삼승법으로 바꾸어 해탈법을 설하시고, 중생들로 하여금 법기가 익을 때를 기다려 쿠시나가라에서 최후에 일승법인 불승법을 설하고 열반에 들었다. 석가모니불이 45년 동안 이 땅에서 설한 모든 법은 삼승법을 설하시면서 일승법을 스스로 찾도록 한 것이다. 그리고 열반에 드실 때는 나는 한 법을 설한 적이 없다. 이것은 석가모니불은 이 땅에서 삼승법만을 설했을 뿐 불승법을 설한 적은 단 한 번도 없었다는 것을 말씀하신 것이다.

   부처님이 설법하신 팔만사천 경전은 해탈의 법이요, 보살의 법일 뿐 성불의 법은 아니다. 팔만사천 경전으로 수행할 경우 십지보살十地菩薩의 단계까지는 올라설 수 있다. 십지란 윤회를 벗어나고 성문聲聞과 연각緣覺의 단계를 지난 보살 위를 말한다. 이 경지가 해탈의 경지에서 열반에 오른 경지이다. 성불의 법은 어느 누가 설명하는 것이 아니다. 중생은 상상근기上上根機라 하여도 부처님의 법을 온전히 이해하지 못한다. 중생으로서의 상상근기이지, 부처님으로서의 상상근기는 아니기 때문이다. 세속에서 가끔 "내가 부처님이다!" 하면 부처를 죽이는 말이요, "내가 조사다!" 하면 조사를 죽이는 말이다. 조사는 1종 1파를 세운 승려를 일컫는 말일 뿐 부처를 가리키는 말은 아니다. 진정한 조사요, 진정한 깨달음을 얻었다면 그런 말을 할 리가 없다. 밀교는 해탈법을 가르치고 성불법을 가르치는 것이 아님을 알 수 있다. 밀교에서 즉신성불卽身成佛을 말한다. 이것 역시 해탈의 경지를 뜻하는 말이다.

성불은 자연의 법리 속에서 스스로 이루어내는 것이다. 싯다르타도 6년 동안 설산으로 선지식을 찾아 법을 배웠지만, 그곳에서 부처가 되지 못한다는 것을 알고 보리수 아래에서 모든 스승의 말을 물리치고, 모든 경계를 물리치고 비로소 대오각성大悟覺醒하게 된다. 스승 없이 스스로 도를 깨우쳐 부처가 된 것이다[無師得悟]. 학문을 배우거나 수행하는 방법을 배울 어떤 경지에 이를 때까지는 이끌어줄 스승이 필요하지만, 마지막 단계에서는 스승이 필요 없다. 성불 단계에 스승이 필요하다면 싯다르타 앞에 나타나 가르침을 주었을 것이다. 그러나 싯다르타는 현실적인 모든 진리, 현실적인 모든 학문, 현실적인 모든 수행방법만을 배웠을 뿐 성불의 길은 누구에게서도 배우지 못했다. 부처의 법은 부처만이 설할 수 있고, 중생의 법은 중생만이 설할 수 있다는 진리를 알아야 한다. 이 때문에 싯다르타도 무사득오無師得悟할 수밖에 없었다. 이러한 관계로 밀교는 중생의 몸으로 태어났으나 성불을 구하는 것보다 해탈을 먼저 얻도록 가르친다. 부처님의 말씀에 사람은 근본팔고根本八苦를 타고났다고 한다. 기본적인 생로병사生老病死의 4고와 사랑하는 것과 헤어지는 고통[愛別離苦], 싫어하는 것과 만나는 고통[怨憎會苦], 구하여도 얻지 못하는 고통[求不得苦], 오음五陰에 대한 집착에서 생기는 고통[五陰盛苦]이다. 성불에 앞서 근본팔고를 벗어나 해탈을 얻는 것이 밀교수행이다.

밀교수행의 기본은 3고 해탈이다

근본고통인 생과 사를 접어두고 이 몸에 나타나는 고통이 무엇인가? 첫째 병고病苦로서 우리 몸이 영원하지 않음으로서 생기는 고통이다. 사람이 살아간다는 것 자체는 수많은 세포가 나고 죽는 연속에서 일어나는 결과물일 뿐이다. 사람의 몸을 빌려 태어나는 순간, 우리는 죽음의 길을 향하여 한 걸음 한 걸음 나아간다. 어린아이는 살아나는 세포가 죽어가는 세포보다 좀 더 많을 뿐 계속 죽어간다. 나이가 50대, 60대에 들어서면 살아나는 세포가 죽어가는 세포보다 적어져 점점 늙어가는 것이다. 죽은 세포는 대소변이나 땀, 몸의 때가 되어 몸 밖으로 나온다. 우리 몸이 멀쩡한 것 같은데 자꾸 문지르면 때가 나오는 것도 수많은 세포가 죽어서 때로 밀려 나오기 때문이다. 소나무 껍질과 같다. 소나무 껍질은 소나무가 자라도 껍질은 일회성 세포로서 늘어나지 않기 때문에 나무가 굵어지면 껍질이 떨어져 나간다. 일회성이 아닌 세포를 지닌 나무는 성장과 함께 껍질도 늘어난다. 뱀의 살결도 일회성이다. 몸이 성장하면 눈꺼풀까지 허물을 벗는다. 이렇게 몸이 자랄 때마다 계속 허물을 벗는다. 사람의 몸에서 세포가 더는 늘어나지 않으면 서서히 마모가 시작된다. 늘어났던 것이 다시는 오므라들 수 없으니까 주름살이 생기는 것이다. 주름살이 늘어날수록 사람의 몸에서 새어나오던 빛도 서서히 사라지기 시작한다. 이 모든 것이 자연의 원리이자 진리이다. 그러므로 사람의 첫 번째 고통은 몸에 찾아오는 병고이다. 육자진언六字眞言을 염송하면 가장 먼저 해탈하는 것은 병고이다. 재물을 얻고 명예를 얻기를 서원하여도 건강이라는 그릇이 채워져야 다음 그릇을 채울 수 있다.

　　　　사람이 병고에서 벗어난 연후에 두 번째 고통인 가난에서 벗어나는 기회가 주어진다. 사람이 살아가는 데는 많은 것이 필요하다. 그때그때 필요한 것이 없거나 있어도 모자란다면 이것이 가난이다. 가난 때문에 생겨나는 것이 탐심이다. 탐심에는 크게 다섯이 있다. 재물, 색욕, 명예, 먹는 것, 잠자는 것, 즉 부자가 되고 싶은 마음, 아름다워지고 싶은 마음, 명예를 얻으려는 마음, 맛있는 음식을 배불리 먹고 싶어 하는 마음, 잠자고자 하는 마음이다. 사람은 가난을 이야기할 때 재물 중심으로 이야기한다. 재물이 없다는 것은 가난의 일부일 뿐인데 모든 기준을 물질에 맞추다 보니 세상에서 가장 필요한 것이 재물이 된다. 가난을 세분하면, 재물이 없다고 가난한 것이 아니다. 학문이 없어도 가난한 것이며, 인물이 없어도 가난한 것이다. 세상을 살아가는데 어떤 요소가 부족하다면 그것이 가난한 것이다. 다른 사람의 얼굴에 비하여 나의 모습이 미워 보인다면 인물이 가난한 것이며, 안경을 써야 사물을 볼 수 있다면 눈이 가난한 것이며, 대중 앞에서 말을 잘못한다면 언어가 가난한 것이다. 사람의 두 눈은 늘 상대와 비교하기 때문에 가난의 고통은 더욱 심하게 느껴지는 것이다. 비교만 하지 않으면 얼굴이 어떻게 생겼든 말을 잘하든 못하든 상관없다. 그러나 현실의 사람들은 늘 상대성 원리에서 살아가므로 비교하지 않을 수가 없다. 나와 남을 비교하는 상대성을 타파하려면 제삼의 눈, 제삼의 손, 제삼의 발, 제삼의 귀를 가져야 한다. 중생 세계는 오욕칠정五慾七情을 버리고는 살 수 없다. 현재 자신에게 주어진 것에서 만족함을 알고 절제하는 법을 배워 오욕의 노예가 되지 않기를 바라는 것이다.

세 번째 고통은 불화不和이다. 조화와 화합을 이루어 불화에서 벗어나는 것이 해탈의 세 번째 목적이다. 우리 몸은 지수화풍공식의 육대六大로 이루어졌다. 지地는 고체의 물질, 수水는 액체 상태의 물질, 화火는 따뜻한 것으로 에너지, 풍風은 움직이는 상태, 공空은 비어 있는 공간, 식識은 인식하는 마음心을 가리킨다. 지수풍地水風의 물질과 화火의 에너지는 상호변화가 가능하여 둘이 아니라 하나이다. 공空의 우주 공간에 물질과 에너지가 조화를 이루면서 식識의 마음이 머물러 시시각각 변화한다. 이것이 몸이다. 자연도 이와 같다. 지수화풍공의 5대 색色과 식의 마음心이 하나로 조화와 화합을 이루어 생성하는 것이다. 조화와 화합이 원만하게 이루어지지 않는 것이 불화이다. 불화는 물질뿐 아니다. 사람이 비록 두 눈을 가졌으나 따로따로 보지 않고 하나로 봐야 사물이 제대로 보인다. 두 귀가 있으나 따로따로 듣지 않고 같이 들어야 뇌에 같은 소리를 전할 수 있다. 오른쪽 귀와 왼쪽 귀가 서로 다른 소리를 뇌에 전달한다면 혼돈만 일으킬 것이다. 손과 발이 두 개로 나누어져 있지만, 손은 손대로, 발은 발대로 화합하여야 제대로 손을 쓸 수 있고 제대로 걸어다닐 수 있다. 병고 해탈, 가난 해탈, 불화에서 해탈은 하나이다. 몸이 아프면 화합할 수 없고 가난하면 화합할 수 없다. 내 몸이 아픈데 아무리 맛있는 음식이 있다 한들, 아무리 아름다운 사람이 있다 한들, 아무리 좋은 옷이 있다 한들 눈에 들어오겠는가? 또한 내게 재물도 없고 지식도 없고 명예도 없어 가난하다면 사람들 앞에 나설 수 있겠는가? 자격지심 때문에 도망칠 것이다. 그러므로 병고와 가난이 소멸해야 비로소 진정한 화합이 이루어진다.

당연히 해야 할 일을 하는 것이 바로 화합

"우린 돈 따위는 필요 없어요. 사랑만 있으면 된다." 사랑에 빠진 남녀가 하는 말 중의 하나이다. 그러나 남녀 간의 사랑만큼 부질없는 것도 없다. 아무리 뜨거운 사랑에 빠졌다 하여도 가난하다면 그 사랑이 며칠이나 갈지 몇 달이나 갈지 아무도 모른다. 그러므로 사랑이 식기 전에, 사랑이 깨지기 전에 속히 가난에서 벗어나야 한다. 예를 들어 자동차에 40km 갈 만큼의 기름을 넣었다고 하자. 그렇다면 40km를 다 가기 전에 다시 기름을 넣어야 한다. 사랑 역시 마찬가지다. 사랑이 식기 전에 가난에서 벗어나야 한다. 그래야 사랑만 갖고도 살 수 있다는 말을 자신 있게 할 수 있다.

"긴 병에 효자 없다."는 말이 있다. 아픈 부모를 정성스레 모시는 효자가 나타나면 효자상을 주면서 세상이 떠들썩하게 소란을 피운다. 자식이라면 부모를 잘 모시는 것이 당연한 일인데, 왜 효자상까지 주면서 난리를 피우는지 알 수 없는 일이다. 그보다는 차라리 불효자상을 만드는 것이 좋을지도 모른다. 자식으로서 부모를 봉양하는 일이 당당한 것인데도 그 의무를 행하지 않고 불효를 저질렀으니 얼마나 대단한 일인가. "이 사람은 천하에 불효를 저지른 위대한 분이다."라는 내용의 비석이라도 세워야 할 판이다. 당연히 해야 할 일을 하지 않았으니 참으로 간이 큰 사람이다. 사람으로 태어나 어떻게 불효를 저지를 수 있는지 모를 일이다. 간이 크지 않고서야 어찌 감히 불효를 할 수 있겠는가? 부모는 죽을 때까지 자식 걱정하는 것을 지극히 당연한 일로 생각한다. 자식은 부모에게 효도하는 일은 지극히 당연한 일인데도 그 일을 하지 않는다.

　　화합이라 하여 따로 있는 것이 아니다. 당연히 해야 할 일을 하는 것, 그것이 화합이다. 남남끼리 만나 부부가 되는데, 여자들은 정말 대단하다는 생각이 든다. 처녀 시절 부모와 함께 살다가 남자 하나만 믿고 낯선 집으로 시집와 사는 것을 보면 참 대단한 배짱을 가졌구나 싶다. 그 대단한 마음에 화합하는 마음을 가르치기 위하여 귀머거리로 3년, 소경으로 3년, 벙어리로 3년의 시집살이를 해야 한다고 하였다. 듣고, 보고, 말하는 것을 조심하고 삼가면 화합이라는 행복의 원천이 자연히 생기기 때문이다.

　　목수가 집을 지으려면 먼저 짓고자 하는 집에 맞는 재료를 구입하고 그 재료를 조화롭게 배합하여야 튼튼하고 아름답고 편리한 집을 지을 것이다. 여인이 다른 가문에 시집와서 살림을 살아갈 때 내가 준비한 것이 아닌 이미 준비된 것으로 조화롭게 배치하고 사용하여야 제대로 된 살림살이가 되어 온 집안이 편안한 삶을 살 수 있을 것이다. 가족이 화합하지 못하면 가족끼리 서로 부딪치는 불행한 삶을 살게 된다. 이와 같은 일을 남자가 아닌 여자가 하여야 하니, 여인이라는 존재는 참으로 대단하다. 화합된 부부 사이에 훌륭한 자식이 태어난다. 부부의 화합이 약하면 자식이 제대로 생겨날 수 없다. 몸도 학문도 두뇌도 부족한 자식이 태어날 것이다. 성장하여도 사회적으로 성공하기 어려운 삶을 살게 된다. 화합이 이루어지지 아니한 상태에서 태어난 자식에게 훌륭하게 되라고 강요하니, 진실로 어리석은 중생이다. 불화한 가정에서 태어난 자녀들이 훌륭하게 되기를 바라는 것은 인과 이치를 모르는 어리석은 중생이다. 걸음도 제대로 못 걷는 아이에게 100m를 15

초에 달리라면 어찌 되겠는가? 이것이 부모의 허물인가? 자녀의 허물인가? 잘못은 화합심이 없는 부모의 허물이다. 자신의 화합과 가정의 화합과 사회의 화합은 중요하다. 안락과 평화의 근본이 화합에 있기 때문이다.

내가 먼저 몸과 마음이 화합하여야 한다. 다음으로 가족 간의 화합이 이루어지고, 나아가서는 사회 구성원이 모두 화합하여야 한다. 그 방법을 어렵게 생각하고 미리 포기하면 안 된다. 우리는 매일 좋은 일과 나쁜 일을 만난다. 좋은 일이 생기거나 나쁜 일이 생겼을 때 '모든 것이 내 업보다' 생각하고 나쁜 부분에 대한 참회가 저절로 나올 때 모든 고통은 사라지고 좋은 일로 바뀌게 된다. 참회 중에 제일 좋은 참회는 자비를 베풀지 못한 마음의 참회이다. 몸과 마음의 균형이 맞지 않을 때 생기는 참회야말로 진정한 의미의 참회이다. 내 마음은 편안하게 있고 싶은데 몸이 사치스러울 때가 있다. 내 마음은 부지런해지고 싶은데 몸이 게으를 때가 있다. 내 마음은 참고 싶은데 입이 방정맞을 때가 있다. 내 마음은 참고 싶은데 주먹과 발길질이 먼저 나갈 때가 있다. 그러고 나면 마음이 얼마나 후회하는지 모른다. 그러나 눈코입귀는 절대 후회하지 않는다. 입은 제가 후회할 것 같으면 입을 다물고 말하지 않는다. 눈은 제가 후회할 것 같으면 아예 보지를 않는다. 이처럼 안이비설신의眼耳鼻舌身意는 후회할 줄 모른다. 안이비설신의가 저지른 일을 후회하는 것은 마음이다. 마찬가지로 자연은 절대 후회하지 않으며, 후회하는 것은 인간뿐이다. 즉 자연은 부처이며, 안이비설신의 또한 부처이다. 따라서 우리에게 잘못된 것이 무엇인지 가르쳐줄 뿐 그것에 대하여 이러쿵저러쿵하지 않는다. 몸이 고통을 받아도 아무 말 하지 않는다. 눈이 아파도, 귀가 아파도 절대 후회하지 않는다. 마음이 후회할 뿐이다. 비슷한 예로 여우 이야기가 있다. 여우가 사냥꾼에게 들켜서 도망을 쳤다. 사냥꾼에게 잡히지 않기 위하여 이 산과 저 산을 넘고 넘어 마침내 외진 굴속에 몸을 숨겼다. 사냥꾼이 보이지 않자 여우는 안심이 되어 자기 몸을 구석구석 살피게 되었다.

"눈아, 너는 사냥꾼이 오는지 살폈으니 눈 값을 했구나. 다리는 여기까지 달려오느라 다리 값을 했군. 귀도 사냥꾼이 어느 쪽으로 오는지 쫑긋거렸으니 귀 값을 한 거야. 그런데 꼬리, 너는 대체 무슨 일을 했지? 꼬리 값도 하지 않고 내 뒤에 붙어 나를 힘들게 하였구나. 너는 쓸모없는 귀찮은 물건이다."

여우는 꼬리가 보기 싫어 굴 밖으로 내놓았다. 이때 뒤늦게 쫓아온 사냥꾼이 꼬리를 발견하고 여우를 잡았다는 이야기가 있다. 이처럼 눈코입귀는 아무것도 모르는데 마음이 죄를 짓게 된다. 여우의 마음이 죄를 지어 꼬리를 내놓았으나 결국 몸 전체가 붙잡히는 불행을 당하게 된 것이다.

우리가 지금 이러한 어리석음을 저지르고 있다. 부처님은 법문으로만 보라고 하는데, 우리는 현실적인 것만 바라면서 부유하게 잘 살기를 원하고 높은 명예를 얻기 원한다. 부처님 앞에서 서원할 때도 현실적으로 잘되기만을 빌 뿐 마음 밝히고 잘못을 고치는 일은 하지 않는다. '발등에 불이 떨어졌는데 마음 닦을 여유가 어디 있냐?' 오히려 반박한다. 발등에 불이 떨어진 이유가 결국 마음을 잘못 사용해 안이비설신의를 혹사시켜 생긴 일인데, 우매한 중생은 그것을 모른다. 우리가 이 점을 알게 될 때 부처님의 가르침 또한 진정으로 배우게 될 것이다.

제4장

불교, 생활 속에 가르침이 있다

부처님의 가르침은 일상생활에 있어 눈 밝은 사람이라면 누구나 알 수 있다. 이 장에서는 생활에서 배어 있는 불교의 가르침을 어떻게 깨달아야 하는지 알아보기로 한다.

진정한 해탈은 내 마음을 닦는 것

"내 마음이 어두우면 내 마음이 귀신 되고 내 마음이 밝게 되면 내 마음이 정신 된다."

중생 세계에서 부처님의 가르침은 성불이 아닌 해탈에 목적이 있다. 그러므로 부처님의 가르침은 삼라만상에 있다. 봄과 여름, 가을과 겨울의 변화에서 부처님의 가르침이 녹아 있다. 평범한 일상과 자연에서 있다. 부처님의 가르침을 특별한 것에서 특별한 그 무언가를 찾으려 한다면 수만 년을 찾아도 찾지 못할 것이다. 자연의 주인공은 누구인가. 나무, 돌 따위도 자연의 일부이나 주인공은 아니다. 자연에서 가장 소중한 것은 사람이다. 여기서 사람이란 육체를 가리키는 것이 아니라 마음을 가리킨다. 내 마음을 다스리려면 상대의 허물을 보고 깨우쳐야 한다. 상대라고 하면 남편은 부인, 부인은 남편, 부모는 자식, 자식은 부모, 형은 아우, 아우는 형으로만 생각하는데 이는 두 번째 상대이다. 첫째 상대는 몸과 마음이다. 마음이 나의 주인공이요 몸은 나의 상대이며 객이다. 객인 몸의 허물을 통하여 마음을 다스려야 한다. 그러나 현실 속의 우리는 마음이 객이고 몸이 주인처럼 행세한다. 그래서 좋은 옷과 화장으로 몸만 가꾸고, 마음은 그다지 가꾸려 하지 않는다. 진각성존은 마음부터 챙기게 하려고 아침에 일어나자마자 정송定誦하기를 권한다. 세수하고 화장하지 않아도 염송부터 하라는 말씀이다. 이는 몸보다 먼저 마음을 가꾸라는 의미이다. 뱃속에는 냄새나는 배설물을 잔뜩 넣고 다니면서 겉모습만 화려하게 치장한다고 무엇이 달라지겠는가? 그런데도 진한 화장과 좋은 옷으로 외양만 가꾸는 사람을 보면 실로 어리석다 하지 않을 수 없다.

중생은 남이 가지 않는 곳, 남이 하지 않는 일, 남이 갖지 않은 것을 갖고 싶어 하는 욕망이 있다. 나만이 특별한 그 무엇인가를 보고, 가지며, 소유하고자 하는 것이다. 물론 이것이 인류 발전의 원동력이 되기도 한다. 남에게는 없는 특별한 것을 내가 만들어야겠다. 그리하여 과학이 발전하는 것이며, 남보다 더 많은 것을 지녀야 한다는 것 때문에 경제가 발전하는 것인지도 모른다. 그러나 이런 과정에서 다른 사람의 마음을 아프게 하여 괴로움을 준다면 이것은 큰 문제이다. 새로운 것을 만들면서 일체중생들에게 이익과 안락을 주고자 한다면 이것이 극락세계로 가는 지름길이다. 그런데 상대를 생각하는 마음 수양은 접어두고 오로지 물질로만 특별한 것을 추구한다면 세상은 멸망의 길로 갈 수밖에 없다. 우리는 자연환경을 보호하자는 운동을 한다. 자연을 자연이 아닌 사람이 보호하여야 한다고 감히 주장하는 것이다. 그러나 엄밀히 말하여 중생은 자연을 보호할 자격이 없다. 자연은 그냥 자연 그대로 내버려 둘 때 가장 자연스러우며 아름답다. 자연을 있는 그대로 두지 않고 개발이라는 명목으로 파괴한 뒤 뒤늦게 자연을 보호하자고 유난을 떠니 자연이 반가워할리 없다. 자연의 입장에서 본다면 나는 그냥 놔두고 너나 제대로 보호하라! 반박할지도 모른다.

예를 들면, 사람 남녀 각각 10명과 동물 암수 각각 10쌍을 선발하여 사람은 동쪽 산기슭에 살게 하고 동물은 서쪽 산기슭에 10년 동안 서로 침범하지 않고 살게 한다면 어떻게 될까? 10년 뒤 동물들이 사는 서쪽 산기슭은 숲이 우거져 발 디딜 수조차 어려울 것이요, 사람이 사는 동쪽 산기슭은 황망한 산으로 바뀌어 있을 것이다. 사람들은 식생활과 편리함만을 좇아 개발이라는 명목 아래 자연을 훼손시킬 것이다. 사람은 사람 스스로 보호하고, 자연은 자연 스스로 보호하면 되는 것이다. 중생이 사람을 보호하면서 외관상의 눈, 코, 입, 귀를 보호하는 것과 같다. 우리가 보호해야 할 것은 눈코입귀가 아니라 마음이다. 그러나 중생은 눈을 아끼고 코를 아끼면서 예쁘고 아름답게 꾸미는 데 온 정성을 다 쏟는다. 정작 마음을 아름답게 가꾸는 일에는 게으름을 피운다. 지금부터라도 자연을 보호하기에 앞서 자신의 마음을 보호하여야 할 것이다. 진정으로 우리 자신을 보호하는 길이 마음을 닦는 것이다.

내 삶의 주인공은 바로 나

내 삶의 주인공은 바로 자신이다. 이 국토는 태어나는 나를 맞이하기 위하여 지금까지 기다려왔다. 싯다르타도 말하지 않았던가. "천상천하유아독존天上天下唯我獨尊"이라 하였다. 이 선언이 무엇을 뜻하는가? 육지의 어느 분이 울릉군수로 발령을 받고 섬에 도착하여 섬을 밟으면서 첫말이 "울릉도야, 잘 있었느냐? 내가 올 때까지 긴 세월 기다려 줘서 고맙다!" 자신의 삶의 주인공은 바로 자신임을 알았기에 이와 같이 말하였다. 그렇다고 자만해서는 안 된다. 내 삶의 주인공은 나이지만 내가 몸담을 자연은 곧 부처이기 때문이다. 그것이 자연의 가르침이고 부처의 가르침이다. 나를 기다려준 자연, 부처에게 고개를 숙이고 고마워하여야 한다. 부모는 나보다 먼저 태어나 나를 맞을 때까지 많은 준비를 하였다. 내가 태어나기를 기다려 농사짓고, 옷 만들고, 집을 짓고 기다렸다. 작은 행사를 개최하는 데도 이런저런 준비가 필요한데, 나의 아버지 어머니는 자식인 나를 맞이하기 위하여 얼마나 오랫동안 준비하였겠는가? 나와 맞는 음식, 나와 맞는 집, 나와 맞는 옷, 나와 맞는 교육 등 모든 것이 나를 위하여 만들어졌으니, 진정으로 고마워하여야 할 일이다. 나와 맞지 않으면 내가 지금 이곳에 태어나지도 않았을 것이다. 이 땅에 태어나 한글을 사용하도록 600여 년 전에 세종대왕이 한글을 만들어 남겼으니, 얼마나 고마운지 모른다. 이처럼 매사에 고마워하면 나와 인연된 것들이 좋게만 보일 것이다. 반면에 나쁜 인연을 만나면 나의 업보라 생각하고 해탈하도록 노력하여야 한다. 일체중생이 병을 앓는 모습을 보고 고통스러워한다면 그 모습이 바로 내 모습이다. 이때 나는 어떻게 할 것인가. 내가 주인공이므로 책임지고 병고와 싸우는 사람들을 해탈시켜야 한다. 그것이 이 국토에 태어난 나의 사명이다.

부처님의 가르침은 어려운 것이 아닌 자연에서 있다는 것을 말씀하였다. 자연은 곧 우리들의 마음이다. 부처님은 물질이 풍부하고 과학이 발달하여 살기는 좋은데 마음이 황폐하여졌을 때 이 세상에 나타난다. 자연이 제 모습을 찾아 아름답고 사람들 사이에 분쟁이 없어 마음이 평온할 때는 굳이 부처님이 나설 이유가 없다. 물질적으로 부족함이 없고 문명이 발달하여 생활이 편리할 때 상대적으로 마음은 거칠고 황폐하여지므로 부처님이 나타나는 것이다. 2,600년 전 인도 사람들은 경제적으로 풍요롭고 과학적으로 편리한 삶을 누렸다. 자연과 더불어 살며, 사람과 사람 사이의 문화가 발달하여 잘 살았다. 그럴수록 사람의 마음은 점점 황폐하였다. 부처님의 가르침에는 자연을 개발하라거나 자연을 아름답게 가꾸라고 말씀하지는 않는다. 다만 자연을 거슬러 살다가 황폐해진 마음의 주인공을 찾아 잘 다스려 나가라고 충고할 뿐이다. 지금 우리는 어떤 세상에서 살고 있는가? 아직은 부드러운 마음을 지녔고, 흉악한 범죄가 적고, 사악한 사람이 적어 살만한 세상이라고 생각하는가? 만약 그렇게 생각하는 사람이 있다면 더없이 다행스러운 일이다. 그러나 우리가 사는 세상은 물질이 풍부한 만큼 빈부격차가 심하게 되고, 인간의 도를 넘어서는 악랄한 범죄자가 양산되며, 천륜을 저버린 흉악범죄가 곳곳에서 일어나고 있다. 이와 같은 일들이 벌어지는 것은 먹고 살기가 어려워서라기보다 우리 마음이 점점 삭막해지고 황폐해지기 때문이다. 이 모두가 누구의 허물이냐? 인과를 깨닫지 못한 나의 허물이다. 남을 탓할 필요가 없다. 부처님은 이러한 세상을 다스리기 위하여 중생들의 삶 자체가 인과를 깨닫지 못하면 모두가 고통의 근원이 될 수밖에 없다는 것을 가르치면서 사성제법을 설하여 해탈의 길로 나아가게 하였다. 사성제의 첫째는 고성제苦聖諦로서 태어나는 것, 늙는 것, 병드는 것, 죽는 것, 싫어하는 사람과 만나는 것, 좋아하는 사람과 헤어지는 것, 바라는 것을 얻지 못하는 것 등을 포함하여 존재 자체가 괴로움이라고 말하였다. 둘째는 집성제集聖諦로서 사람의 괴로움에는 원인이 있다. 즐거움을 탐하고 추구하는 갈애渴愛, 살아남으려고 하는 갈애, 삶에서 떠나고자 하는 갈애 등이 그 원인이라고 하였다. 셋째는 멸성제滅聖諦로서 괴로움은 완전히 멸할 수 있으며 괴로움을 없앤 상태가 해탈이라고 하였다. 넷째는 도성제道聖諦로서 괴로움을 멸하기 위한 8가지의 바른길을 제시하였다. 즉 8정도를 설명하신 것이다. 사성제를 통하여 해탈과 열반에 이르는 수행 방법을 설함으로써 부처님은 물질로 황폐해진 마음을 다스리고자 하였던 것이다. 진각성존은 대중강도大衆講度를 통하여 이와 같은 법을 알기 쉽게 설하였다. 내가 만약 한 가정을 책임진 사람이라면 자녀들이 있을 것이다. 제비 새끼가 어미가 물어다 주는 먹이를 기다리듯 어린 자녀들이, 아직은 어려서 혼자서는 아무 일도 하지 못하는 자녀들이 부모의 보호를 바라고 있다. 가정을 꾸렸다면 책임을 다하여야 할 것이다. 이왕 책임질 바에야 어쭙잖게 흉내만 낼 것이 아니라 화끈하게 책임져야 한다. 그러기 위하여 화끈하게 책임질 수 있는 능력을 갖추어야 한다. 우리가 수행하는 이유도 이러한 능력을 갖추기 위함이다. 내가 자연의 주인공이므로 이웃의 몸은 내 몸이고 이웃의 아픔은 내 아픔이다. 따라서 이웃의 아픔을 없애려면 내가 먼저 바른길을 찾아 그들을 해탈시켜야 한다. 바른 삶의 길은 다른 곳에서 찾지 말고 자연에서 찾아야 한다. 그것이 자연이 들려주는 당체법문이다.

당체법문, 자연이 들려주는 설법

모든 것의 근본은 마음에 있다. 자연을 보호하거나 훼손하는 것도 결국 내 마음이 시켜서 하는 일이다. 나의 안이비설신의眼耳鼻舌身意와 오장육부를 보호하거나 망가뜨리는 일도 곧 마음이 하는 일이다. 자연이 훼손되거나 눈코입귀가 말을 듣지 않거나 내장기관에 탈이 나면 마음을 다스려야 바로잡을 수 있다. 어려운 경전을 암송하는 것이 불교가 아니다. 중생심을 다스리는 법을 배우는 것이 진언수행이다. 우리들이 알고 있는 자연이나 진리나 부처나 중생이나 삼라만상은 하나의 작은 부분일 것이다. 이 다섯이 지니고 있는 비밀 아닌 비밀을 말하고자 한다. 그 속을 들여다보면 모든 것은 인연 결과로 운행된다. 그러므로 이름만 다르지 같은 원리를 지닌 동체인 것이다. 물을 이야기하자면 세상의 모든 만물은 빛도 공기도 공간도 필요하다. 그중에 하나가 물이다. 물은 산소와 수소로 병합하여 이루어진다. 처음 이루어질 때의 모습은 습이다. 다음으로 액체가 되고 열을 가하면 기체가 되고 온도를 낮추면 고체의 얼음이 된다. 우리가 알고 있는 것은 여기까지이다. 그런데 물을 씨앗이 흡수하면 잎, 줄기, 꽃, 열매로 형성되며, 사람이 마시면 오장육부가 형성된다. 자연이 흡수하면 윤기를 낸다. 모든 업무가 끝나면 도로 물로 돌아가고 구경에는 산소와 수소로 분해된다. 물의 변화가 무궁하다. 이러한 변화는 일정한 규칙과 법이 있다. 이것이 물의 윤회법칙이다. 중생, 자연, 부처, 진리 삼라만상도 모두 윤회의 법칙이 있다. 이것이 중생이 볼 때는 모두 비밀스러운 것이다. 이 원리를 깨달았기에 부처가 되었고, 자연도 이 원리를 알았기에 자연이 되었으며, 진리도 이것을 알았기에 진리이며, 삼라만상도 이치를 알았기에 삼라만상이라 한다. 중생도 이 이치를 알고 있다. 다만 자기 마음대로 하려는 경향 때문에 무명에 가리어 있을 뿐이다.

거울에 비치는 얼굴을 보면 무슨 생각이 드는가? 예쁘고 미움을 떠나서 눈과 코, 입과 귀는 이렇게 생겼구나. 이것이 나의 환경이구나. 생각하고 환경오염이 되었는지 안 되었는지를 따져보라. 만약 오염되었다면 그것은 외부의 어떤 것이 아닌 바로 나 자신의 마음이 시킨 것이다. 금생뿐 아니라 과거 숙세로부터 지은 업이 나를 이렇게 만든 것이다. 짝눈인 것도 나의 업이요, 단추 구멍 눈을 가진 것도 나의 업이다. 키 큰 것도, 키 작은 것도 모두 나의 업이다. 과학적으로 설명하여 유전적인 영향을 입었다 하여도 남의 핑계로 돌리면 안 된다. 내가 지은 업으로 말미암아 내 몸속에 그런 유전인자적인 것이 들어온 것이다. 자연을 내 몸에 비유하지 않고 바깥으로 눈을 돌려보면 어떨까. 그러면 자연은 세 가지로 구성되어 있음을 알 수 있다. 첫째는 눈에 보이는 물체, 둘째는 물체가 지닌 소리, 셋째는 물체가 지닌 마음이다. 다시 말하여 자연을 축소하여 새라 할 때 첫째는 새의 몸이요, 둘째는 새의 소리요, 셋째는 새의 마음이라 할 수 있다. 사람에게 비유하면 몸과 언어, 생각으로 이루어져 있다. 유유상종類類相從처럼 자연과 사람과 만물은 몸과 소리 그리고 생각을 가지고 있다. 서로 같은 공통점을 가지고 있기 때문에 더불어 살아간다. 내 몸과 언어와 생각이 이 땅에 살 수 있도록 맞추어져 있다. 내 몸과 언어와 생각을 불보살과 같이 맞춰놓으면 불보살의 세계에 태어날 것이다. 우리는 이 땅에서 생활하기 좋은 모습 언어 생각이 맞추어 태어났다.

나는 자연과 땅과 하나의 동일체이다. 금수강산에 태어난 것은 금수강산에 살 수 있도록 맞추어져 있기 때문이다. 김치와 된장을 먹는 나라에 태어났기에 버터를 먹는 데서는 오래 살 수 없다. 버터 먹는 곳에서 며칠만 지나도 김치 생각이 날 것이다. 우리 몸은 이미 김치와 된장에 중독되었기 때문이다. 그런데 어느 누구도 밥에 중독되었다거나 김치, 된장에 중독되었다는 생각은 하지 않는다. 철새가 따로 있는 것이 아니다. 우리가 업에 따라 태어나는 철새와 같다. 이와 같이 나의 지금 상태는 숙세로부터 업을 지은 탓이다. 피할 생각 말고 고스란히 받아들여야 한다. 받아야 소멸이 되지, 받지 않으면 영원히 소멸되지 않는다. 가난한 것, 병든 것, 불안한 것, 못난 것, 부모나 자식 덕 없는 것 등 모든 것을 감수하고 받아들여야 한다. 못난 자식을 두어도 어쩔 수 없고, 잘난 남편을 만나도 내 복이려니 하고 받아들여야 한다. 모든 것이 내가 지은 업인 줄을 알아야 한다. 만일 지금의 삶이 싫으면 그 업을 소멸시켜야 한다. 중생의 삶이 싫으면 불보살의 삶으로 바꾸는 것이 업장을 녹이는 마음공부이다. 업장을 녹이는 마음공부를 할 때 스승이 따로 있는 것이 아니라 자연이 곧 나의 스승이다. 《실행론》에

"시방삼세 나타나는 일체 모든 사실들과
내가 체험하고 있는 좋고 나쁜 모든 일은
법신불의 당체로서 활동하는 설법이다."

이것이 당체법문當體法門으로 자연이 나에게 주는 설법이다. 이 땅의 자연이 이 땅에 사는 사람에 맞도록 스스로 드러내 보여주는 것이다. 부

처가 부처의 말을 알아듣고 보살은 보살의 말을 알아듣고 중생은 중생의 말을 알아들어 소통이 가능하듯이 당체법문을 의지하여 자연의 가르침을 배울 수 있다. 나는 이 땅에 살기 때문에 이 땅에 생산되는 모든 것이 내 입에 들어와도 모두 소화할 수 있다. 만일 맞지 않고 합일이 되지 않으면 소화시키지 못할 것이다. 과일로 말하면 내 몸에 가장 좋은 것은 이 땅에 나는 제철의 과일이다. 봄에는 봄기운을 입은 과일, 여름에는 여름의 기운을 받은 과일과 채소, 가을에는 가을의 기운을 머금은 잘 익은 과일과 곡식이다. 생활공간인 집도 마찬가지이다. 내가 살아갈 수 있도록 만들어진 환경, 이 환경은 나의 그림자로서 나와 닮아 있다. 내가 만약 강을 등지고 살 몸이라면 강남에 살 것이요, 강을 안고 살 팔자라면 강북에 살 것이다. 강을 등지고 살 팔자가 어찌 강북에 살 수 있으며, 강을 안고 살 팔자가 어찌 강남에 살 수 있겠는가? 강남에서 배울 것이 있고 강북에서 배울 것이 있기 때문에 그곳이 좋아 각각 살고 있는 것이다. 이와 같이 자연을 거스르지 말고 그 가르침대로 살면서 선과 악을 선택하는 수행으로 좋은 인을 지으면 된다. 중생의 세계나 불보살의 세계는 모두 내가 지은 업이니, 이제부터라도 원망이나 싫어하지 말고 좋은 마음으로 받아들여 좋은 인을 짓기를 바라는 것이 자연이 내게 주는 법문이다.

　　　　당체법문은 예로부터 전해 내려온 이야기이다. 이를 진각성존은 새롭게 해석하여 설법하였다. 옛날 어른들은 아침에 일어나 동쪽 나뭇가지에서 까치가 울면 좋은 소식이나 반가운 손님이 온다는 것을 알았다. 또한 저녁 늦게 까마귀가 울면서 지나가면 "동네에 초상이 나려나보다." 하고 미리 준비를 했다고 한다. 이처럼 미리 알려주는 것,

이것이 바로 당체법문이다. 까치나 까마귀의 울음소리만 듣고도 앞일을 예측하였는데, 굳이 염송을 권하는 이유는 무엇일까? 당체법문을 보다 구체적으로 아는 지혜를 얻기 위하여 진언염송을 하는 것이다. 진언염송하면 좋은 일인지 나쁜 일인지 알 수 있고, 좋은 일이라면 소식인지 손님인지도 알 수 있다. 손님이라면 남자인지 여자인지 알 수 있고, 오전에 온다는 것인지 오후에 온다는 것인지 시간도 알 수 있고 어디서 오는지도 알 수 있다. 그것이 바로 생활에서 깨달음이다. 깨달음을 얻는 순간, 올바른 판단으로 기다리기만 하면 된다. 깨달음이 없으면 판단할 지혜조차 얻지 못한다. 까치가 울어서 좋은 일이 있을 것 같은데, 그것이 소식인지 손님인지 알 수 없다. 만일 손님이라 하여도 언제 올지 알지 못하면 하루 종일 기다려야 한다. 막상 손님이 찾아왔는데 반가운 이가 아닐 수도 있다. 내가 자연의 주인공이요, 자연이 곧 부처라면, 자연이 설명한 법을 확실히 읽을 수 있어야 한다. 소식인지, 사람인지, 남자인지, 여자인지, 아침인지, 저녁인지, 좋은 일인지, 나쁜 일인지 주인인 내가 읽지 못하고 알지 못하는 것은 탐진치 무명에 물들은 탓이다. 자연의 설법을 제대로 읽기 위하여 탐진치 무명을 제거하는 마음공부를 해야 한다.

부처님 문중은 자비문중 慈悲門衆

불교는 생활에서 그 가르침이 있다. 아침에 일어나 잠자리에 들 때까지 주변에서 일어나는 일들을 무심히 지나치지 말고 잘 살펴야 한다. 그래야 자연이 주는 가르침을 제대로 배울 수 있다. 자연에서 있는 모든 것은 나와 끊임없이 무언가를 주고받으며 살아가는 동반자이다. 동반자로서 인因과 과果를 주고받는다. 내가 누구인지 알고 싶다면 거울을 볼 것이 아니라 자연으로 들어가야 한다. 거울을 아무리 들여다봐도 눈·귀·코·입은 달라지지 않는다. 잠자리에서 눈을 비비고 일어나 밖으로 나갔을 때 들려오는 새소리, 물소리, 바람소리가 곧 나의 모습이다. 이러한 모습을 보고 떠오르는 생각들이 지금 나의 상황을 가장 정확히 알려주는 법문이다. 자연과 마주하는 순간, 기쁜 마음이 들면 "오늘 일은 잘 풀리겠구나." 생각하고 순리대로 생활하면 된다. 신발장에서 신발을 꺼내다가 뒤집어졌다면 "오늘은 행동을 조심해야겠구나." 생각하면 된다. 어느 구름 속에 비가 들어있는지 모르므로 발걸음을 줄이면서 생각하여야 한다. 이런저런 고민 끝에 밖에 나가는 일이 마음에 내키지 않으면 외출을 멈추어야 한다. 이와 같이 나의 주변에서 일어나는 크고 작은 일들은 곧 자연의 설법이다. 자연의 몸과 언어, 생각이 곧 나의 몸과 언어, 생각이기 때문이다. 마음의 문이 열린 자는 자연이 설하는 법을 알 수 있지만 무명에 가린 자는 알지 못한다. 나는 왜 옴마니반메훔을 부르는가? 자연이 나에게 알리는 설법을 알아들을 수 있는 지혜를 얻기 위하여 부르는 것이다. 알고 난 다음 문제가 생겼을 때는 풀어나갈 내면의 힘이 필요하다. 그런데 과거에 지은 악업 때문에 자신의 힘으로는 도저히 막아낼 수 없을 경우가 생긴다. 이때 힘을 얻기 위하여 진언을 다시 외우는 것이다. 불가항력의 일이 벌어졌을 경우 진언을 통하여 힘을 키우면 모든 일이 순조롭게 풀린다.

내가 몸담은 이 자연의 내가 주인공이기 때문에 내가 사는 나라와 내 주위는 평온하여야 한다. 부처님이 이 세상에 태어난 순간부터 모든 사람이 평온하여지기 시작했다. 이것이 2,600년 전 우리에게 보여주고 열반하였다. 가르침대로 먼저 마음을 청정하게 해야 한다. 내 마음속에 적이 있으므로 적이 생기는 것이다. 스스로 수원심을 풀어야 한다. 나는 이 자연의 주인공이다. 그러므로 먹은 마음 없이 베풀어야 한다. 부처님 문중은 자비문중이다. 자비는 부모가 자식을 생각하는 것과 같아서 아무리 끊으려 하여도 끊을 수가 없다. 남녀의 사랑이 충만한 이 땅에서 이혼율이 점점 높아지고 있다. 하늘의 인연으로 정하여진 천륜이라는 부모자식 간의 관계도 인과를 모르기 때문에 위태로워지고 있다. 그래서 나이든 부모를 양로원에 모시면서 같이 살지 않아 편하다고 말들을 한다. 시부모와 며느리가 같이 살면 예전에는 며느리가 불편하다고 했는데 요즘은 시부모가 더 불편해한다. 시절이 참 많이도 변했다. 부모와 자식이 함께 사는 데 왜 불편하다는 말이 나오는지 이해할 수 없다. 이 모든 상황을 우리가 만들었다. 부모자식 관계가 불편할 정도의 환경을 만든 것은 우리 자신이다. 어찌하다 이런 상황이 되고 말았을까? 선도자 역할을 해야 할 불교가 지나치게 어려운 용어를 쓰다 보니, 생활에서 그 가르침이 있는 불교를 제대로 인식시키고 가르치지 않았기 때문이다. 도덕성이 없고 애착과 집착으로 가르친 자녀들이 제멋대로 사랑만 받고 자란 횡포가 환경을 이렇게 바꿔놓은 것은 아닐까? 지금부터라도 우리는 환경을 바꾸어야 한다. 이제 자기만을 생각하는 사랑을 버리고 이웃과 남을 생각하는 자비를 택하여 마음의 안정을 얻을 수 있도록 해야 한다. 주변의 슬픔을 내 것으로 알고 마음의 문을 열어 감싸고 보호하면서 인과 이치를 가르치는 것이 비로소 자비문으로 들어섰다고 할 것이다.

부처님이 따로 있지 않고 만물이 곧 부처

자연 속의 삼라만상은 죄가 무엇인지조차 모른다. 그래서 죄를 지어도 지은 줄 모른다. 자연의 주인공인 나는 나무를 이곳저곳으로 옮겨심기도 하고, 꽃을 꺾어 꽃병에 꽂고 혼자 만족스러워한다. 그렇게 제멋대로 자연을 흩트려 놓고는 뒤늦게 자연보호다 뭐다 하여 소란을 피운다. 누가 살아 있는 꽃을 꺾어다 꽃병에 꽂아놓았는가? 자연 상태 그대로 보고 즐기면 되는데 굳이 꽃병에 꽂아두고 혼자만 즐기는 것은 탐심이며 아집일 뿐이다. 꽃병 속의 꽃은 오늘이야 윤기가 흐르고 아름답지만 내일이면 시들어 버린다. 그러므로 꽃병 속의 꽃을 보고 즐길 것이 아니라, 시드는 꽃을 보고 병들어 간다는 것을 느낄 때 비로소 진정한 참회를 할 수 있다. 이런 마음가짐으로 생활할 때 내 마음은 곧 부처 마음이 된다. 석가모니불이 이 땅에 태어난 후부터 불교가 존재하는 것은 아니다. 인류가 있고 만물이 있다면 불교 또한 있었다. 만물이 성장하고 시드는 것이 부처님의 가르침 때문이다. 사람이 죽는 것을 보면, 생명의 소중함을 알아야 한다. 한 번이라도 더 눈길을 주고 손길이 간 꽃은 그냥 내버려 둔 꽃보다 아름다울 것이다. 거름을 주고 잘 가꾼 곡식은 게으르게 방치한 곡식보다 한층 더 충실할 것이다. 사람의 마음도 마찬가지다. 마음을 잘 가꾸면 삶이 윤택하고 풍요로울 것이다. 그렇게 금생을 마치고 나면 다음 생은 해탈과 열반의 경지에 들어서기가 쉬울 것이며, 속히 성불의 길에 이를 것이다.

제5장
밀교의 육바라밀 수행법

육바라밀은 대승불교의 가장 뛰어난 수행 덕목 중의 하나이다. 사바세계에서 열반으로 가기 위한 보살의 여섯 가지 수행을 말한다. 이 장은 육바라밀을 통하여 밀교수행은 어떻게 하는지 알아보기로 한다.

혼탁해진 부처님 말씀을 되돌리는 것이 곧 밀교운동

"좋은 결과 되는 육행, 단시불공 정계불공 안인불공 정진불공 정려불공 지혜불공 이 육행을 실천하여 저 안락에 이르도다."

실천이 없는 지식은 꽃은 피되 열매를 맺지 않는다는 말이 있다. 아무리 심오한 이론이라도 실천되지 않는 이론은 생명력이 없다. 어떠한 종교이든 간에 종교에는 이론교리와 실천수행을 함께 설하기 마련이다. 교리는 수행의 바탕이 되고 수행은 교리를 살아 움직이게 한다. 교리가 빠진 종교적 수행은 맹신에 빠지기 쉽고 수행이 따르지 않는 교리는 공허한 것이다. 따라서 불교에서는 아는 눈과 걷는 발知目行足이 함께 있어야 됨을 가르치고, 교리와 실천은 나누면 둘이지만 결국은 하나라고 설한다. 즉 교리가 꽃이라면 실천은 열매이다. 교리는 수행의 처음과 끝이다. 일상생활에서 실천할 수 있는 것이 육행이다.

바라밀은 산스크리트어 파라미타paramita를 음에 따라 번역한 것으로 완전한 상태, 구극究極의 상태, 최고의 상태를 뜻한다. 이처럼 뜻을 알고 나면 이해하기가 쉽지만 바라밀이란 단어를 처음 대하는 사람들은 고개를 갸웃거리며 어렵게만 느낀다. 진각성존은 육바라밀을 육행六行이라 하여 우리 생활에서 쉽게 쓰는 용어로 풀어 말씀하였다. 여기서 행은 원만하고 완전한 곳으로 나아가는 행을 말하는 것으로 곧 진언수행을 의미한다. 육바라밀수행은 부처님의 말씀을 이치로 따지고 학문적으로 분석하라는 뜻이 아니다. 부처님의 교리를 암기하는 것이 아니라, 가르침대로 실천함으로써 몸과 마음을 완전한 경지에 이르도록 수행하라는 것이다. 불교가 인도에서 중국으로, 중국에서 한국으로, 전해지는 과정에서 지나치게 교리만 해석하는 경향이 생겨났다. 세월이 많이 지나다 보니 부처님의 모습을 뵌 지가 오래되고, 부처님의 삶이라고 전해 들은 이야기 또한 근거가 불확실하게 되었기 때문에 수행에 대한 믿음이 희미해지면서 복만 바라는 맹신자만 늘어났다. 부처님의 모습인 32상과 80종호는 중생들과는 너무나 거리가 먼 모습이다. 3천 위의와 8만세행도 우리의 행동과 전혀 다른 모습들이다. 2,600여 년 전에 부처님을 친근한 제자들은 어떠한 모습으로 설법하여도 모두 이해하지만 부처님의 모습이 사라진 열반 이후의 지금은 오로지 가르침에만 의존하다 보니 법이 전해지는 과정에서 32상, 80종호, 3,000위의, 80,000세행이 사람이 아닌 신격화시켜 중생과의 차이를 하늘과 땅 차이로 만들었다. 부처님 당시에는 생전의 모습과 행동이 자연그대로 숭고하여 귀의를 하였지만, 열반 후 후세사람들은 부처님의 위대한 모습과 위의를 믿지 않고 남긴 말씀까지도 의심하는 일들이 종종 벌어졌다.

이에 부처님의 중생교화를 깨달은 제자들이 부처님의 모습과 말씀을 후세에 보다 정확히 전하는 작업이 필요함을 알고 결집을 행하였다. 외우는 것으로 이루어진 제1 결집에는 큰 문제가 없었으나 문자화하는 결집 이후로는 오히려 부작용이 더 많이 일어날 수 있었던 것이다.

문자결집에서 교리나 학문으로 정리하는 과정에서 문자에 의존하여 수행 부분은 기록할 수 있으나 깨달음의 부분은 제대로 표현할 수가 없었다. 깨달음이란 마음과 마음으로 전해지는 것이기 때문에 깨달음을 문자화하는 불사에 난해한 문장들이 등장하게 되면서 수행이 아닌 연구중심의 불교로 바뀌게 되었다. 깨달음을 얻는 자는 적고 연구자가 많아지면서 연구자의 목소리가 크게 되고 수행 실천한 분의 말씀은 뒤로 빠지는 경향이 생겨 자연 깨달음에 관한 부분은 실지와는 다른 것으로 나타나면서 불교 본래의 가르침이 사라지게 되었다. 깨달음의 부분을 글로 옮길 수 있는 분은 깨달음을 얻은 자만이 바로 전할 수 있다. 내용면으로 깨달음의 진의는 관심이 없고 삼보 중에 법보로서 귀명처가 되었다. 보존성으로도 조각가나 글씨 쓰는 사람, 명필가나 학문하는 분들에 의하여 서술되면서 팔만대장경으로 어느 나라에 전파되어도 똑같이 전해지게 된 것은 이 분들의 공덕이다. 사실 최초로 전해진 부처님의 말씀은 우리가 일상생활에서 쓰는 쉬운 용어를 사용하였다. 그런데 글을 쓰는 분들이 길게 늘어진 이야기를 간단명료하게 서술하고 깨달음의 부분을 문장화하면서 함축된 용어를 쓰게 된 것이다. 이와 같이 간단한 문장으로 표현한 것까지는 좋았는데 그것이 다른 나라에 전할 때 문제가 생긴 것이다. 함축시킨 사람이 직접 전한다면 정확한 풀이가 가능할 것이다. 그것은 나라마다 국민의 성격따라 풀이하다 보니 부처님의 가르침이 서로 다른 내용으로 전해지게 되었다. 이것을 다시 본래의 것으로 돌려놓는 운동 중의 하나가 화신의 방편의 가르침이 아닌 법신불의 진실 가르침으로 돌아가는 밀교운동이다.

기복으로 흐르는 마음을 바꾸자

기복불교祈福佛敎, 모든 종교는 기복이다. 종교가 기복이 아니면 이루어지지 않을 것이다. 두려움에서 벗어나고 고통에서 벗어나기를 바라는 그 자체가 기복에서 이루어지는 것이다. 일반적으로는 기복이란 말을 좋은 말로 승화시켜 소원이라 하고 불교에서는 서원이라 한다. 서원이란 용어를 사용하면서 자기를 위한 것이 아닌 일체중생을 위하도록 법을 설한다. 그 법을 듣고 기복이 아닌 것으로 보일지는 모르지만 그것 역시 기복인 것이다. 그러므로 기복을 배제하는 것이 아니라, 내용을 어떻게 하느냐가 중요한 것이다. 자기 자신, 자기 가족, 자기 명예, 자기 이익만을 추구한다면 좋은 기복이 아니다. 부처님은, 진각성존은 그것을 버리라는 것이지 기복을 하지 말라는 것은 아니다. 현교에는 4홍서원이 있고 밀교에는 5대서원이 있다. 특히 밀교의 5대서원의 두 번째가 복지구족하기를 서원하는 것이다. 이것이 무엇을 뜻하는 것인가? 일체중생의 복지구족을 뜻하는 것이지, 개인의 복지구족을 뜻하는 것은 아닐 것이다. 그런데 수행자나 부처님을 믿는 자가 원을 세울 때 무슨 원을 세우고 있는가에 따라 버려야 할 기복과 장려해야 할 기복이 있을 것이다. 버려야 할 기복을 행하지 말라는 것이 성인들의 말씀이다.

불교는 각 나라의 전래 과정에서 그 민족이 원래 가지고 있던 토속신앙을 접하게 되었고, 이를 통하여 그 민족에게 맞는 불교로 바뀌었다. 우리나라 불교도 마찬가지이다. 지금 사찰의 구성을 보면, 불당과 법당과 승당 외에 칠성각, 산신각, 용왕당, 조왕신竈王神 등을 볼 수 있다. 이것은 토속신앙을 불교가 흡수하였다는 증거들이다. 불교의 원래 목적은 자성自性을 밝히는 마음 수행인데, 이와 같이 토속신앙과 불가분의 관계를 맺은 것은 불교를 전하기 위한 하나의 방편이었다. 그러나 이 방편이 언제부터인가 부처님의 중심사상이 개인의 복을 빌거나 무병장수를 갈구하는 방향으로 믿음이 바뀌게 되었던 것이다. 세상을 살다 보면 자기 뜻대로 안 되는 것이 많을 뿐 아니라, 우환과 질병이 생기기도 한다. 이러한 것에서 벗어나려는 마음이 선악을 가리는 것보다 더 중요하게 생각하였다. 이러한 흐름이 짙어질 때 밀교수행법으로 기복祈福으로 흐르지 않도록 경계하면서 자성만을 찾도록 하였다.

부처님의 가르침이 마음 닦는 법에서 기복신앙으로 흐른 것은 전래과정에서만 생긴 것이 아니다. 전래과정은 오히려 지엽적인 문제이다. 부처님의 가르침이 문자화하면서 어렵게 변한 것이 더 큰 영향으로 미치게 되었다. 석가모니불도 법신비로자나불의 중생의 원력에 따라 태어나신 분이므로 옳은 설법을 하였지만, 오랜 세월이 흐르는 중에 그것이 다른 방향으로 희석될까 염려하여 부처님이 열반에 들자 곧바로 기사굴산의 밀교결집이 이루어지게 되었다. 그러나 밀교결집은 묻히고 역사상으로 열반 100일 뒤 가섭존자를 상수로 결집한 현교의 결집만 전해지고 있는 그때 이미 많은 사람이 이 점을 지적하고 잘못된 것이라 주장하였으나 그것마저 무시되었던 것이다. 이와 같은 사실이 제대로 밝혀진 것은 부처님 열반 700년이 지난 뒤의 일이다. 당시의 용수보살龍樹菩薩, 용지보살龍智菩薩 같은 뛰어난 분들이 나타났기 때문이다. 이런 분들의 노력으로 부처님의 가르침이 점점 구체화되었고, 경전으로 유포되게 되었다. 그런데 실지로는 이것보다 500여 년 앞선 부처님 열반 200여 년이 지날 때 집사자국에서 대중부의 승려들이 중심이 되어 대승경전과 밀교경전이 구체적으로 결집이 되었다. 이때의 대중부 승려들은 제1 결집에서 필발라굴에 동참하지 않은 700여 명의 상수 제자들의 법을 이은 제자들이다. 그 후 다시 200여 년이 지난 후에 집사자국의 상좌부의 부활로 대승경전과 밀교경전이 불태워지면서 일부의 승려들이 배를 타고 남인도로 피신하게 된다. 남인도 나가르주나 깊숙한 곳으로 피신하여 다시 대승경전과 밀교경전이 세상에 나오게 되었다. 이것이 남인도 용수로부터 전래되는 대승경의 《화엄경華嚴經》, 밀교경전 《대비로자나성불신변가지경大毘盧遮那成佛神變加持經》, 《금강정경金剛頂經》이 연이어 나오게 되었다.

인간세계와 축생세계는 육도를 윤회하는 환승장

육도는 천상, 수라, 인간, 축생, 아귀, 지옥세계를 말한다. 육도에 태어나는 중생들은 입어야 하고 먹어야 하고 잠자는 것을 소중하게 생각하기 때문에 의식주를 중심으로 나누어진다. 우리는 일상생활에서 무엇인가 추구하면서 살아가고 있다. 명예, 물질, 아름다움, 지식을 추구하든 그 목적은 결국 입고 먹고 쉴 곳을 구하기 위한 것이다. 중생은 바라는 것이 있으면 이와 반대로 멀리하려는 것도 있다. 아귀와 지옥세계는 사람이 멀리하려는 곳이고, 천상세계는 바라는 곳이라 할 수 있다. 태난습화胎卵濕化가 있는 세상은 인간세계와 축생세계뿐이다. 육도 가운데 인간세계만이 먹고 입고 쉬는 것이 완전하게 갖추어진 곳이다. 먹을거리와 입을 옷이 필요 없다. 오로지 쉴 곳만 구하는 것이 지옥세계이다. 지옥세계는 또한 부모와 자식의 인연 관계가 없다. 만약 지옥에 부모가 있다면 그 부모는 자식을 생산하기 위한 즐거움을 잠깐이라도 누려야 한다. 만일 즐거움을 누린다면 그것이 어찌 지옥이겠는가? 지옥은 부모가 없기 때문에 업풍業風에 의하여 태어나고 업풍에 의하여 죽을 뿐이다. 몸뚱이는 업풍만 불면 뼈마디에 살이 붙고 기름이 끓는 가마솥에 넣으면 녹아내린다. 이를 건져내면 다시 업풍에 의하여 뼈마디에 살이 붙는다. 그러므로 지옥세계에서는 오로지 쉴 곳만 있으면 된다. 아귀세계도 지옥과 마찬가지로 부모가 없다. 입을 것도 쉴 곳도 없이 오로지 먹을 것만 찾는 세계가 아귀餓鬼세계이다. 그런데 먹을 것만 찾는 갈증이 심한 아귀는 먹지를 못한다. 음식이 입으로 들어가는 순간 불꽃으로 변한다. 수행자의 발우 씻은 청정수만이 아귀의 갈증을 면하게 할 수 있다. 그것도 배만 불룩해질 뿐, 소화기관이나 배설기관이 없어 소화시키지 못한다. 비유하면 소 몸에 붙어 있는 진드기와 같다. 진드기는 소화기관이나 배설기능이 없다. 피를 빨아먹어도 위와 창자가 없기 때문에 소화를 시키지 못한다. 그러므로 손발은 있되 자라지를 않는다. 소의 피를 빨아먹어 배가 부르게 되면 더는 잡을 수가 없어 땅에 떨어지게 된다. 결국 소발에 밟혀 죽음을 맞이하게 되는 것이다. 결국 욕심 때문에 아귀 몸을 받는 아귀의 세계에 태어나는 것이다.

과거생에 먹을 것 제대로 안 만들고 입을 것 제대로 안 만들고 쉴 곳 제대로 안 만들었다면 축생이나 아귀나 지옥에 태어났을 텐데 사람으로 태어난 것이 천만다행이다. 인간세계와 가장 가까운 업을 지은 세계가 축생세계이다. 수라와 천상과 지옥이나 아귀의 세계는 육안으로 볼 수 없는 세계이다. 인간과 비슷한 인을 지은 축생세계만 보일 뿐이다. 축생세계는 먹을 것이 있고 쉴 곳도 있지만 입을 것이 없다. 과거생에 입을 것을 만들지 않았기 때문에 축생의 몸으로 태어나게 된다. 축생세계는 아귀세계와 지옥세계와는 다르게 부모가 있을 수 있다. 요즘 사람들은 애완견에게 옷을 입혀주기도 하지만, 그 옷은 애완견 자기 옷이 아니다. 입을 것을 만들지 못하여 축생이 되었는데 옷을 입었으니 애완견에게는 다음 생에 받아야 할 빚이 될 뿐이다. 천상세계는 원하는 대로 갖추어져 있으므로 매우 좋은 곳이다. 천상에서는 더 이상 노력할 필요가 없다. 생각만 있으면 무엇이든 얻을 수 있기 때문이다. 천상, 수라, 지옥, 아귀는 지은 업을 받기만 할뿐 새로운 업을 짓지 못한다. 인간계만이 지은 업을 받으면서 새로운 업을 지을 수 있다. 그러므로 인간세계가 육도를 윤회하는 환승장이 되는 곳이다. 육도윤회는 인간세계가 중심이기에 천상세계에서 곧바로 지옥이나 아귀나 축생이나 수라세계로 갈 수도 없다. 수라세계나 아귀세계나 지옥세계도 마찬가지이다. 직접 다른 세계로 갈 수 없다. 다른 세상에 갈 때는 반드시 인간세계에 태어나야 한다. 혹 축생계에서 다른 세계로 갈 수 있지만 드문 일이다.

업을 바꿀 수 있는 세계는 인간세계뿐이다. 그러므로 불보살이나 선각자들이 "인생난득人生難得이라." 하였다. 지금 사람으로 태어났으면 의식주를 걱정할 필요가 없다. 100년을 살든 200년을 살든 사람으로 태어나면 목숨이 다할 동안 평생 입을 옷이 있고 평생 먹을 음식과 평생 살 집이 있다. 사람은 자신이 지은 업에 따라 깊거나 얕거나 두껍거나 얇거나, 복되거나 복되지 않거나 지은 업에 따라 의식주를 받아 이 땅에 태어난다. 그런데 우리 주위에는 의식주를 걱정하는 사람들이 있다. 뒤주에 쌀이 없다 보니 아침 먹고 나면 점심 걱정을 하고, 저녁이 되면 또 걱정한다. 쉴 곳도 마찬가지이다. 내 집이 없어 남의 집에 새들어 사는 사람이 있다. 대체 왜 이런 일이 생길까? 그것은 업 때문이다. 예를 들면, 어떤 사람이 80 평생을 보리밥만 먹을 인因을 짓고 태어났다면 평생 보리밥 정도만 먹어야 된다. 그런데 전생에서 지은 업이 한 가지만 있는 것이 아니므로 또 다른 업에 의하여 부유한 부모를 만나 어릴 때 부모 복으로 쌀밥을 먹게 되었다. 이것이 빚이 된 것이다. 성장하여 가정을 이루어 자기 복에 살게 될 때, 부모 슬하에서 먹은 쌀밥의 가치를 제하면 보리밥조차 먹기 힘들 것이다. 집은 또 어떠한가? 30평정도 집에서 살 사람이 부모를 잘 만나 80평집에서 살았다면 이것 역시 빚진 것이 된다. 30세에 가정을 이룬다면, 30년 동안 부모슬하에서 살은 50평을 제하면 몇 평이나 남겠는가? 내 집이 없이 남의 집으로 전전하면서 살아가야 한다. 이런 인과 이치를 많은 사람들이 모르고 있다. 그러므로 내가 받을 복이 무엇인지 모르기 때문에 부모 슬하에 있을 때부터 좋은 인因을 지어야 한다.

의식주 해결한 뒤 마음을 닦는 것이 곧 '육행'

출가승은 출가 자체만으로 의식주가 갖추어진다. 재가인은 육행을 실천하기 위하여 먼저 의식주가 갖추어야 한다. 의식주가 갖추어져야 마음 닦을 여유도 생기는 법이다. 의식주가 부족한 상태에서 마음을 닦는 것은 상근기 중생이다. 마음을 닦게 하는 것은 어렵다. 마음이 기복 쪽으로 쏠려 있기 때문이다. 이것이 불보살의 세계와 중생세계가 다른 점이며 상근기와 하근기 중생의 차이점이다. 세상살이가 어려울수록 불교의 가르침은 기복으로 떨어지게 되기 쉽다. 춥고 배고프고 아픈 자가 열심히 수행하지 않는 것에 대하여 나무랄 수도 없다. 진각밀교는 자성을 찾게 하면서 우선으로 가르치는 것이 해탈법이다. 가난 해탈하라, 병고 해탈하라, 불화한 것 해탈하라고 가르친다. 깨달음을 얻기 위하여 찾아온 사람들에게 가난 해탈법, 병고 해탈법을 설한다. 그것이 갖추어지지 않으면 마음 수행을 제대로 할 수 없기 때문이다. 만약 그것을 초월했다면 이 분이 진정한 출가자이다. 출가란 단순히 머리카락만 깎는다 하여 출가가 아니다. 의식주를 초월하는 것이야말로 진정한 의미의 출가이다. 마음을 닦고 성불하기 위하여 출가하였다면 의식주에 무관할 뿐 아니라 초연해야 할 것이다. 이런 출가자에게는 해탈법을 설하지 않고 곧바로 열반과 성불의 법을 설할 것이다.

진각성존은 속세에 사는 사람은 어느 누구도 의식주와 무관할 수 없음을 말씀하면서 만일 의식주가 부족하다면 지금부터라도 좋은 인을 지어 의식주에 근심이 없게 하자. 아니면 의식주에서 초월한 진정한 출가자가 되라 하였다. 의식주를 구하는 방법이 육행이다. 출가

인의 육행은 보살도이지만 재가인의 육행은 의식주를 원만하게 한 다음 보살도의 육행을 실천하게 하였다. 중생이 가진 8만4천 가지 마음 중에 누구나 다 가지고 있는 나쁜 마음을 여섯으로 구분하였다. 첫 번째 간탐하는 마음이다. 간탐심이 나쁜 것만은 아니다. 간탐하는 마음이 있어야 경제가 일어나 삶이 편리하면서 윤택하게 되는 것이다. 그러나 중생은 재물을 갖게 되면 고맙게 받아들이면 아무 문제도 없을 텐데, 좀 더 좀 더 하면서 욕심을 내다보니 간탐하는 마음이 악이 되는 것이다. 두 번째 악독스러운 마음이다. 이것은 남이 잘되는 것을 싫어하기 때문에 생기는 마음이다. 사촌이 논을 사면 배가 아프다는 말이 있는데, 요즘은 멀리 사는 사촌까지 갈 것도 없다. 동생이나 형이 나보다 하나라도 더 가지면 마음이 불편해진다. 나를 제외한 남이 잘되는 것을 보고 시기 질투하는 악독한 마음을 어쩌면 좋겠는가? 세 번째 성내는 마음이다. 상대가 조금만 잘못하여도 성을 내고 상대가 잘해도 성내는 사람들이 있다. 좋은 장소, 좋은 일을 하면서도 성난 얼굴을 하는 사람들이 있다. 마음속에 성난 것이 있으니, 표정에서 고스란히 드러나는 것이다. 개인의 성내는 마음 때문에 주위의 사람들까지 불안하게 된다. 이것이 악이 된다. 네 번째 게으른 마음이다. 편안하게 쉬는 것이 아니라 마냥 게으름을 부린다. 일하더라도 쉬운 일만 하려 한다. 직장을 구할 때도 편한 직장만 찾아다닌다. 취업하여도 어려운 일을 하지 않기 위하여 꾀를 부린다. 직업에 귀천이 없다 하면서 3D니 3F로 직장을 구분하는 자체가 게으름에서 나오는 것이다. 이것이 악이 되는 것이다. 다섯 번째 어지러운 마음이다. 마음속에 헛된 꿈을 꾸는 번뇌가 자리잡고 있다. 마음속이 어지러우면 자기 분수를 모르고 삶의 중심을 잡지 못한다. 중심이 없으므로 변화가 심하다. 배신과 배반을 밥 먹듯 하며 강자에 고개 숙이고 약자에게 큰소리치는 것이다. 허황된 꿈을 꾸면서 번뇌를 일으키고 주위 사람까지도 그것에 물들게 하여 불안하게 하는 것, 이것이 악이 되는 것이다. 여섯 번째 어리석은 마음이다. 어리석음이란 자기만 옳다고 주장하고 인과 이치를 믿지 않은 것을 말한다. 이것이 최고로 어리석은 마음이다. 내가 하는 일이나 생각이나 말이 옳고 남이 하는 것은 무조건 잘못된 것으로 생각하면서 인과를 믿지 않는 것이다.

이와 같이 여섯 가지 나쁜 마음을 먼저 파악한 다음, 나쁜 마음을 가지면 의식주가 제대로 갖추어지지 아니한다는 것을 깨달아야 한다. 이 여섯 가지 나쁜 마음을 어떻게 바꾸어야 할까? 우선 간탐하는 마음을 베푸는 마음으로, 악독한 마음은 청정한 마음으로, 성내는 마음은 편안한 마음으로, 게으른 마음은 부지런한 마음으로, 헛된 꿈을 꾸는 어지러운 마음은 진실한 마음으로, 어리석은 마음은 현명한 마음으로 바꾸어야 한다. 이렇게 마음이 악에서 선으로 바뀌었을 때 의식주는 자연히 원만하게 되고 자성을 밝히고자 수행하는 틈도 쉽게 생기는 것이다. 이러한 이치를 모르는 사람이 의식주도 미처 해결하지 못한 상태에서 깨달음을 얻고자 하는 것은 어리석은 것이다. 비유하면, 1, 2층도 짓지 않고 3층 누각을 짓는 것과 같다. 중생의 마음은 변화무상하다. 눈으로 보면서 변하고 귀로 들으면서 변하며 시간마다 변한다. 얼마나 자주 변하면 밥상 들고 문지방 건너는 사이에 마음이 열두 번도 더 변한다고 옛날 어른들이 말했겠는가? 변화무상한 마음을 다잡기 위하여 이렇게 하지 마라, 저렇게 하지 마라 일일이 지적할 수도 없는 일이다. 사람 마음은 선과 악이 반반씩 공존한다고 하지만 선은 행하기 어렵고 악은 행하기 쉬운 법이다. 어찌 보면 참으로 희한한 것이 사람 몸이라 할 수 있다. 같은 행동이라도 나쁜 행동을 할 때는 편하고, 좋은 행동을 할 때는 불편하게 되어 있는 것이 우리 몸이다. 예를 들어 점잖게 양반다리를 하고 앉아 한 시간 동안 수행하라고 하면 몸을 비비 꼬며 힘들어 하지만 고스톱을 칠 때는 밤을 꼬박 지내도 피곤하다고 생각하지 않는다. 몸만 이런 것이 아니라 마음조차 선심을 쓰는 것보다 악심을 쓰는 것이 훨씬 더 쉽다. 이제 이러한 중생심을 불심으로 바꾸는 기본법이 육행실천법이다. 환승장인 인간세계에서 해탈과 열반과 성불을 이루지 못하면 어느 세계에서 그 뜻을 이루겠는가? 인간 세상에 태어나는 좋은 기회를 놓치지 말아야 할 것이다.

제6강

밀교의 체·상·용

사람 마음을 세 가지로 나누면, 마음의 본체本體와 마음의 양상樣相, 마음의 활용活用이다. 본체, 양상, 활용을 삼대三大라 하고 근본이라 한다. 어찌 마음뿐이겠는가? 세상의 모든 것이 체상용 삼대로 이루어져 있다. 이 장에서 체상용體相用 삼대를 밀교의 수행 차원에서 설명하고자 한다.

우주의 자연법칙 속에도 존재하는 체·상·용

"육대 사만 삼밀 우주 본체인 지수화풍공식 육대를 체로 하고 대만다라, 삼매야만다라, 법만다라, 갈마만다라 사만을 상으로 하고 신어의 삼밀을 용으로 하여"

이것은 체體와 상相과 용用을 설명한 것이다. 진각성존이 10세에 지은 "심일당천만 질백화단청心一當千萬 質白畵丹靑" 법구가 있다. 심일당천만이란 나를 중심으로 한 말이요, 질백화단청은 자연을 중심으로 한 말씀이다. 심일과 질백은 체體요, 당當과 화畵는 용用이며, 천만과 단청은 상相을 나타내는 것으로 나와 자연의 대구對句이다. 하나의 마음[心一]과 진리의 체體로서 청정성을 밝힌 것이다. 상대한다는 당當과 그린다는 화畵는 용대用大로서 청정하고 깨끗한 하나의 청정성을 바탕으로 변화무상한 작용을 표현하는 것이며, 천만의 삼라만상과 붉고 푸른 단청은 만다라 세계의 모양을 말한 것이다. 자연과 법계와 진리와 내 마음이 일여一如가 된 연후에 수행한다면 해탈과 열반과 성불의 변화를 얻듯이 자연의 바탕을 먼저 흰빛으로 만든 연후에 붉고 파랑을 그려야 원하는 색상이 제대로 나타나게 만들 수 있다. 체상용을 사람 몸에 비유하면 좀 더 쉽게 이해할 수 있을 것이다. 사람의 몸은 누가 만들었고 어떤 모양이며 어떻게 쓸 것인가를 알아보는 것이다. 우리들 업의 몸은 보이지 않는 마음이 체가 되어 만들었다. 이렇게 만들어진 몸은 천만 가지의 다양한 모양을 가지고 있다. 이를 상相이라 한다. 모양따라 작용이 있다. 이 작용이 용用이다. 밀교수행은 작용의 과정에서 좋은 방향으로 작용하도록 하여 모양을 좋아지게 한다.

《대승기신론》에서 마음을 설하는 것으로 중심사상은 일심一心 이문二門 삼대三大로 설명하고 있다. 하나의 마음을 진여문眞如門과 생멸문生滅門으로 나누고 다시 체상용體相用 삼대로 설명하였다. 마음 하나에 중생심과 불심이 합쳐져 있음을 밝히고 그 작용의 모습을 설하기 위하여 체와 상과 용이 있음을 설명하는 것이지만 실상은 일심을 체상용으로 설명하고자 설정하는 것이다. 일심도 체상용으로 나누고 이문도 체상용으로 구분하였다. 진여문은 법신불로서 체體를 의미하며, 생멸문은 보신불과 화신불을 가리키면서 보신불은 상相을, 화신불은 용用을 의미한다. 이와 같이 체상용 삼대는 다시 하나의 마음一心을 중심작용으로 하는 중생심이다. 이를 사람에게 적용하면 중생심이고 자연에 적용하면 진리가 된다. 자연에서는 진리라 하고 중생에게는 마음이다. 자연에는 삼라만상이 있고 중생에게는 안이비설신의와 오장육부가 있으며, 이것이 체體이다. 자연에는 물질의 모양이 있고, 사람에게는 생로병사가 있고, 변화를 일으키는 작용用이 있다. 따라서 중생도 자연도 체상용의 원리로 존재하는 것이다.

　　　　사람을 소우주라 할 때 자연은 대우주이다. 사람 쪽에서는 자연을 생각하고 자연 쪽에서는 사람을 생각하면 된다. 수행을 할 때 사람에게는 자연이 설법이 되고 자연에게는 사람이 설법이 된다. 사람 입장에서 볼 때 삼라만상이 비로자나불이고 삼라만상 입장에서 볼 때 사람이 비로자나불이다. 자연에는 눈에 보이는 자연과 눈에 보이지 않는 자연이 있다. 사람에게도 눈에 보이는 안이비설신의와 오장육부가 있고 눈에 보이지 않는 마음이 있다. 몸 밖에 있는 안이비설신의나 몸속에 있는 오장육부의 작용은 똑같다. 육자진언 염송할 때 몸속의 오장五臟을 손으로 차례차례 기수를 펼치면서 안이비설신眼耳鼻舌身 또한 비로자나불 옴, 아축불 마, 보생불 니, 아미타불 반, 불공성취불 메를 가리킨다. 마지막으로 몸 전체를 가리키는 것으로 육부六腑와 의意로서 금강보살 훔을 가리킨다. 이처럼 사람 몸속에 있는 오장육부나 몸 밖에 있는 안이비설신의는 똑같이 중생심의 상과 작용이다. 우리는 어떻게 태어났는가? 본래의 우리는 지은 업으로 태어났기 때문에 수행을 어떤 식으로 하든지 의식주를 어떤 방법으로 구하든지 간섭할 필요가 없다. 그냥 각자가 알아서 구하고 받으면 그뿐이다. 같은 업을 짓고 같은 땅에 살면서 같은 진언을 외우고 같이 수행하는 마당에 누가 누구에게 무엇을 하라, 하지 말라 하겠는가? 물의 따뜻하고 찬 것은 남이 백번 설명하는 것보다 자기가 한 모금 마셔보면 알게 되는 것 같이 밀교수행으로 체상용의 원리를 스스로 알아야 할 것이다.

3분의 1만 내가 만든다

　　　　우리의 몸은 업신이다. 과거 업을 통하여 지어온 업의 몸뚱이가 지금 몸이다. 업신을 혼자 만든 것이라 생각하면 어리석은 것이다. 나 역시 과거 누생의 업을 통하여 지금의 모습으로 태어나 작은 키에 머리카락은 적고 눈은 나빠 안경을 쓰고 있다. 이러한 몸을 받기 위하여 무시광겁을 보내면서 얼마나 많이 태어나고 다시 태어날지 모른다. 참 많이도 태어나서 오늘 여기까지 오게 되었다. 업을 좀 더 잘 지었으면 지금과는 다른 모습이었을지도 모른다. 마음에 만족하지 않는 몸이지만 모두가 내가 지은 업인데 누구를 원망하겠는가. 그러나 이와 같은 업을 나 혼자 지은 것이 아니다. 이러한 업을 짓도록 보태준 그 무엇이 있었다. 그것이 바로 인연이다. 여기에서 인연을 알아보자. 나는 어떠한 인연으로 얽혀서 지금의 내가 되었는가? 한 번을 스치거나 백 번을 스치면, 아니 천 번을 스치거나 만 번을 스치면 뭔가 된다고 한다. 우리들이 지금까지 옷깃을 몇 번이나 스쳤는지 모른다. 형제가 되고 부모가 되고 부부가 되는 것은 더욱 많은 인연의 옷깃 스침이 있었기 때문이다. 스치는 인연들이 좋은 인연으로 스치는 것과 나쁜 인연으로 스치는 것에 만남의 차등이 생긴다. 서로가 인을 잘 지어서 부부가 되면 좋은 인연으로 살아갈 것이지만, 좋지 못한 인을 지으면 사이가 나쁜 부부로 만날 것이다. 이와 같이 무시광대겁으로부터 옷깃을 스치고 스쳐서 오늘의 만남이 이루어진 것이다. 진각성존은 우리들이 과거생에 지은 업은 이 몸을 만드는데 ⅓밖에 해당되지 않는다고 하였다. 이것이 육도를 윤회하는 업신이다. 성문, 연각, 보살, 부처가 되어야 모든 업을 내가 짓고 내 마음대로 할 수 있는 자유인이 되는 것이다. 육도를 윤회하는 동안에는 나 자신의 업은 내가 내 몸을 만드는데 ⅓ 역할만 하기 때문에 무슨 일이든 내 마음대로 할 수 없다. 내가 아무리 행복하고 넉넉하게 되고 싶어도 ⅓ 역할밖에 못한다. 온전한 것을 누리려면 나와 인연 있는 중생들이 함께 좋은 인을 지어야 한다.

　　　　오랜 시간을 지나면서 지금의 내 몸이 만들어졌다 하여도 내가 지은 인은 고작 ⅓만 작용했을 뿐이다. 화생化生과 습생濕生은 다르다. 나머지 ⅔는 나와 인연 있는 그 누군가의 업에 의하여 만들어진다. 이 세상에서 인연 없이는 어느 누구도 만날 수 없으며 혼자서 살 수도 없다. 생명 있는 모든 존재는 동업중생同業衆生이라 한다. 이런 상황에서는 어느 누구도 함부로 미워할 수 없다. 지금은 그 사람이 누군지도 모르지만 과거로부터 지금의 내 몸을 만들 때까지 어떤 역할을 한 사람이라면 어떻게 미워할 수 있겠는가? 우리는 한 세상을 살면서 지은 자비와 살생의 인因이 다음 생에 태어날 나의 업의 ⅓에 해당된다. 나머지 ⅔ 중에서 ⅓은 과거생에 내가 남겨놓은 권속이 만들어준다. 권속에는 피를 나눈 권속과 알음알이로 아는 권속도 있다. 우리가 죽으면 다음 생에 태어날 곳을 찾기 위하여 49일 동안 중음의 세계에 머무르고 있다. 이때 49일만 되는 것은 아니다. 3일에 환생할 수도 있고 100일에 환생할 수도 있고 또는 1년, 2년, 3년에 환생할 수도 있다. 아니면 무한한 시간 동안 중음신으로 묶기기도 한다. 대부분 49일 동안 중음의 세계에 머무는 것이다. 이때 나의 권속들이 나를 위하여 지어주는 자비와 살생의 업이 ⅓이 된다. 이처럼 내가 만든 ⅓과 나의 권속들이 만들어준 ⅓이 합쳐져 ⅔의 영혼의 빛이 다음 생의 부모를 찾게 된다. ⅔지은 업이 축생의 업이 많으면 축생들이 노는 것만 보일 것이며, 사람의 업이 많으면 사람들이 노는 것만 보일 것이다. 같은 사람의 업이라도 그 인 지음에 따라 부모가 될 사람이 보이게 된다. 부자 인을 지었다면 부자들이 노는 모습만 보일 것이며, 부족한 인을 지었으면 가난한 집 부부가 노는 모습만 눈에 보일 것이다. 잘못하면 여왕개미가 노는 데에 들어갈 수도 있고 뱀들이 엉켜 있는 데에 들어갈 수도 있다. 이와 같이 ⅔의 업이 뭉친 품격만 보이고 다른 것은 보이지 않는 것이다. 한 생 동안 지은 나의 업은 지금에 와서 어찌할 수 없지만 열반 후 남긴 권속들은 슬퍼만 하지 말고 진정으로 망인을 위한다면 선업을 짓고 복업을 지어주어야 한다. 이렇게 지은 ⅔의 영혼의 빛이 사람으로 태어날 인이라면 모든 것을 뿌리치고 사람의 태를 찾아 환생의 길을 떠나는 것이다. ⅔의 업의 빛으로 만난 부모가 태중의 열 달 동안 자비와 살생의 업이 나머지 ⅓의 업이 되어 완전한 나의 모습이 된다. 내 삶의 ⅓을 차지할 만큼 부모의 태교는 매우 중요하다. 태중에 아이를 품었거든 열 달 동안은 살생을 금하고 항상 웃는 얼굴로 자비를 베풀어야 한다. 하나의 마음이 중심이 되고 신구의의 바른 모습으로 6가지 좋은 행동, 즉 육행을 통하여 좋은 인因을 지으면 내가 지은 ⅓ 업이 부족하더라도 나머지 ⅔인 나의 권속이 좋은 업을 짓고 나의 부모가 태교를 잘하면 그 부족함이 채워진다. 원만하게 된 나의 몸과 마음은 은혜를 갚을 능력이 생겨 그 은혜를 갚게 된다. 과거의 나는 체가 되고 남겨둔 권속은 용이 되며, 금생부모는 상이 된다. 나의 모습과 생각이 다를 수 있는 것은 과거의 권속과 금생의 부모가 다르기 때문이다. 생각과 작용에 관하여는 남겨둔 권속들의 영향이 크게 작용한다. 그러므로 권속은 좋은 생각으로 좋은 업을 지어주어야 한다. 과거생에 남겨놓은 권속들에게도 은혜를 갚게 되고 금생의 부모에게도 평생 그 은혜를 갚을 수 있다. 이 몸은 나만의 것이 아닌 동업의 몸이다. 은혜와 수원심을 동시에 지닌 몸이다. 이제 그 은혜와 수원심이 모두 사라져 성불의 길로 나아가기를 바란다.

　　　　나의 몸은 과거생에 내가 지은 업과 내가 남겨놓은 권속들이 49일 동안 지은 업과 금생에 부모의 태중에 지은 업으로 이루어진다. 나의 주위에 있는 많은 분들, 지금은 남이 되어 있지만 과거생에는 나의 권속이거나 부모일 수 있다. 어느 누구든 나무라거나 원망할 수가 없다. 지금 눈앞에 있는 사람이 과거의 부모형제는 아닌지 알 수가 없는 상황이기 때문이다. 지금 태어난 어린아이 또한 과거 내가 죽을 때 남겨놓은 권속 중에 한 분인지 어찌 알겠는가? 유유상종이라 했으니 멀리 가지도 않는다. 바로 내 주위에서 태어나 함께 살고 있다. 원수는 외나무다리에서 만나듯이 주변 사람들은 모두 나와 인연을 맺은 사람들이다. 원수라 하여 하루아침에 생기는 것이 아니라 숙세의 업을 통하여 인연이 맺어진다. 지금 나에게 손해를 끼치는 사람도 아무런 이유 없이 손해를 끼치는 것이 아니다. 모두 과거의 업에 의한 것이므로 감수하고 받아들여야 한다. 선업이야 좋게 받겠지만 악업이라도 감수해야 한다. 감수甘受란 무엇인가. 달게 받는다는 뜻이다. 좋은 것을 받으면 고맙게 생각하고 나쁜 것을 받으면 그것조차 달게 생각하고 받아야 한다. 그래야 악업을 짓지 아니하고 더더욱 좋은 인因을 짓게 될 것이다.

타고난 대로 산다면 종교가 무슨 필요 있으랴

부모님 돌아가셨을 때 다음 생에 부모가 태어나는 작용의 ⅓을 내 손에 쥐어졌다고 할 수 있다. 자신이 좋은 업을 지어 총명하게 태어났다 하여도 권속이 나쁜 업을 지으면 그 총명함을 사용하지 못하므로 아무 일도 할 수 없다. 아무리 원하는 대학교를 나와도 무능한 사람이 되는 것이다. 열반49재를 올리는 것은 마음작용을 원만하게 하기 위함이니, 어찌 소중한 불공이 아니겠는가? 발복發福한다는 말이 곧 죽음의 길에 남겨둔 권속들의 인의 작용이기 때문에 나의 죽은 시신을 좋은 곳에 묻으려는 것도 이러한 이치에서 생겨난 풍습이다. 밀교의 49일 추복불사는 발복이 아닌 업의 작용을 통째로 바꿀 힘이 있다. 좋은 모습, 복된 상을 만들 수 있기 때문이다. 왜 자녀들이 부모를 닮을까? 태교가 아니면 상相을 만들 수 없기 때문이다.

성형수술로 얼굴 모양이 바뀌어도 업의 과보는 바꿀 수 없다. 사람들의 혈액형을 O형에서 A형이나 B형으로 바꿀 수 없는 것과 같다. 체體나 상相은 내 힘으로 바꿀 수 있지만 용用은 마음대로 바꿀 수 없다. 용을 바꿀 수 없다면 종교 또한 필요 없을 것이다. 염송할 필요가 있겠는가? 용을 바꿀 수 있는 길이 삼밀수행이다. 과거에 비록 내가 남겨놓은 권속들이 나를 위하여 불공하지 않아 제대로 된 발복의 작용을 하지 않았다 하더라도 나는 금생에 와서 불법을 만나고 정법을 만나 몸身과 입語과 뜻意으로 좋은 작용을 한다면 모양을 바꾸지 않고 선업의 인을 짓는 수행을 통하여 바꿀 수 있다. 만일 나쁜 습관이나 나쁜 기질이 있다면 사용을 중단하고 삼밀관행의 수행을 함으로써 인과를 알게 되어 좋은 습관의 인을 짓게 되면 자연스럽게 악이 사라지게 된다. 습관을 바꾸지 못하는 염송은 기복밖에 되지 않는다. 가난하던 삶이 부유한 삶으로 만들고 병든 삶이 건강한 삶으로 만드는 것은 그것을 바꿀 수 있기 때문이다. 이와 같은 이치를 깨치지 못한 채 모습만 바꾸기 위하여 성형하는 사람들을 보면 마음이 아프다. 부모로부터 물려받은 몸은 모두 내가 과거생에 지은 업으로 인한 것이다. 이것을 마음에 만족하지 못하다 하여 내 마음대로 내 모습을 바꾸는 것은 불경죄에 해당한다. 내 모양은 내가 살아가기 좋게끔 진리적으로 만들어진 결과물이다. 성형을 한다는 것은 진리에 대한 불경죄가 되는 것이다.

내 몸의 모양에 대하여 알아보면, 공기가 맑은 데서 산다면 콧구멍이 작을 것이요, 공기가 탁한 곳에 산다면 콧구멍이 클 것이다. 자기가 사는 곳에 적당한 크기로 콧구멍이 만들어졌기 때문이다. 어떤 지역은 올해도 수해를 당하고 작년에도 수해를 당하고 재작년에도 수해를 당했는데도 그곳에 사는 사람들이 이사를 하지 않는다. 매번 당하면서도 그곳을 떠나지 못한다. 그것은 그곳에서 살아야 할 업이 있기 때문에 바꿔야 할 생각을 하지 못한다. 잘못 바꾸었다가는 재산뿐 아니라 사람을 잃을 수도 있기 때문이다. 차라리 1년에 한 번씩 수해를 당하는 것이 좋을지 모른다. 이와 같이 모은 재산을 물에 유실하는 것은 그것을 지닐만한 그릇이 없기 때문이다. 이 이치를 안다면 재물이 복그릇보다 넘칠 때 미리 복그릇을 키우면 된다. 그런데 우리는 욕심 때문에 그러지도 못한다. 자연법계는 우리에게 항상 법을 설한다. 분수에 맞지 않으면 가질 수 없다는 법문을 한다. 10ℓ를 담을 수 있는 그릇에 20ℓ의 물을 담는다면 어떻게 되겠는가? 아무리 부어도 10ℓ 이상은 담을 수 없다. 이때 많은 양을 담으려면 그릇을 넓혀야 한다. 부처님께 공양하는 것은 나의 법 그릇을 키우기 위함이다. 그 가운데 가장 빠른 공양이 삼밀수행이다. 중생들이 이 법을 실천하지 못하는 것은 의식주에 대한 집착의 욕심 때문이다.

좋은 길로 인도하는 말을 들을 때는 고개를 끄덕이며 수긍하지만 막상 어떤 일에 부닥치면 스승의 말씀은 까맣게 잊고 자기 생각대로 한다. 이것은 그 사람의 본질 때문이다. 본질이 그렇기 때문에 바꿀 수가 없다. 본질을 만드는데는 삼아승지겁을 소모하였다. 무시광대겁이 걸려서 본질이 만들어졌다. 본질따라 모양이 형성된다. 이때의 모양이란 겉모습을 말하는데, 얼굴이 예쁘면 보기에는 좋을 것이다. 하지만 예쁜 얼굴이란 처녀 총각이 선볼 때나 필요하다. 그다음에는 마음만 예쁘면 된다. 공부 또한 마찬가지다. 머리가 좋고 학력이 높아도 사회 응용이나 적응능력이 없다면 쓸모가 없다. 공부한 만큼 써먹지도 못한다. 대학을 나왔다 하여도 책 한 권 제대로 쓰는 사람이 없다. 초등학교 1학년부터 지금까지 수백 권을 배웠는데도 책 한 권 못 써낼 만큼 엉터리로 투자를 하였던 것이다. 그렇다고 많이 배워서 마음이 바르게 되었느냐 하면 그것도 아니다. 많이 배웠으면 그만큼 남을 이해하는 폭이 넓어야 한다. 많이 배웠으면 그만큼 세상을 아름답게 할 것이다. 아름다운 시를 많이 외운다 한들 행동이 개차반이라면 무슨 소용 있겠는가. 이렇듯 부모가 내 상相을 좋게 만들어도 무시광대겁으로부터 내가 지은 업이 좋지 못하면 어쩔 수 없이 불행한 삶을 살아야 한다. 부모라 하여도 자식이 지은 업이 없으면 좋은 모습을 주지는 못한다. 지금의 나의 모습이 비록 원만하지 못하여도 부모님께 감사하게 생각하여야 새롭게 좋은 인을 만들어갈 수 있다. 면접에서 모습으로 인하여 불이익을 받았다 하여도 원망하면 아니 된다. 남 탓을 한다면 이것 역시 좋은 인을 짓는 것이 아니다. 다음을 위하여 내일을 위하여 자비로운 마음으로 넓은 마음을 가져야 할 것이다.

어제보다 중요한 것은 오늘, 지금 이 순간!

지금까지 살아왔던 것은 별로 중요하지 않다. 지금 이 순간까지 살아온 것은 체상용의 업 때문이다. 이 사실은 버릴 수도 없고 원망할 수도 없다. 이보다 더 중요한 것은 지금보다 앞으로 남은 시간이 더 많고 더 소중하다는 사실이다. 80세를 살고 내일 죽는다 하여도 하루가 남아 있고, 이 하루에 지난 80년 동안 잘못한 일을 막을 수 있다. 지금까지 이렇게 살아왔는데 이제 와서 무엇을 고치겠냐고 생각할 수도 있으나 그렇지 않다. 지난 일은 이미 끝난 것이므로 아무것도 고칠 수 없지만 이 순간부터 무엇이든지 고쳐갈 수가 있다. 지난 일에 대하여 잘살았다, 못살았다, 행복했다, 불행했다. 자랑하거나 고통스러워하는 것은 모두 헛일이다. 자랑스러워한들 누가 알아주며, 고통스러워한들 누가 알아주겠는가? 중요한 것은 지금부터이다. 《아미타경》에 사람이 임종 직전에 '나무아미타불' 한 번만 불러도 극락정토에 태어난다 하였다. 지금의 마음가짐만으로도 극락과 지옥을 결정할 수 있다는 뜻이다.

즉신성불卽身成佛은 이 몸 이대로 부처가 될 수 있다는 것이다. 과거의 잘못된 습관을 지금부터 참회로 바꾸면 된다. 그러나 과거 것만 참회하고 지금 잘못을 고치지 않는다면 참회한들 무슨 소용 있겠는가. 이미 받을 것 다 받고, 만들 것 다 만들어졌다면 참회하여도 소용 없는 일이다. 참회한다 하여 과거를 참회하라는 말이 아니다. 지금 탐진치에 빠지지는 않았는가. 부모님에게 잘하는가? 지금 부부간에 유순하게 대하는가? 지금 가정을 화목하게 이끄는가를 묻고는 이에 대하여 참회하여야 한다. 지은 업이 한번 업 창고에 돌아가면 내 마음대로 빼낼 수가 없다. 그러므로 지금부터라도 제대로 된 선업으로 채우자는 것이다. 지금까지 지은 선악의 업은 모두 기록되어 있다. 영원히 지워지지 않는 잉크로 기록되어 있다. 지금까지 말한 것을 정리해보면 우리 몸은 체상용으로 되어 있음을 알 수 있다. 몸體은 내가 숙세를 통하여 지은 업 덩어리이다. 모양相은 부모가 나에게 준 것이며, 작용用은 과거의 권속이 내게 준 것으로 돌이킬 수가 없다. 그 업에 의하여 깰 것 다 깨고, 부술 것 다 부수고, 할 것 다 하였다. 젊음 또한 다 가고 이미 늙음으로 접어들어 무엇을 할 것인가? 그래도 정법을 만났으니 얼마나 다행인지 모른다. 지금부터라도 새로운 업을 짓고 습관을 바꾸어야 한다. 참회정진으로 바꿔야 한다. 그렇다면 무엇을 참회할 것인가? 지금도 나쁜 습관이 있거든 참회하라. 지금도 나쁜 생각을 지녔거든 참회하라. 지금도 나쁜 언어를 구사했거든 참회하라. 이 시간 이후부터는 나쁜 말을 하지 않고, 나쁜 행동을 하지 않고, 나쁜 생각을 하지 않겠다고 참회하는 것이 밀교의 체상용 참회 수행법이다.

석가모니불의 수행과 즉신성불

　　　　　석가모니불도 중생들에게 즉신성불의 법을 일생 동안 가르쳤다. 성불은 수행을 한 결과이다. 싯다르타가 세상에 태어나 일곱 걸음을 걷기까지가 수행이요, '天上天下唯我獨尊'을 부르짖음이 인간 세상에서의 첫 번째 즉신성불이다. 자라나면서 무예와 학문을 익혀 어느 누구와도 견줄 수 없는 성취도를 보여 사촌 형제인 제바달다와 경쟁하는 것이 수행이요, 경쟁에서 가장 아름다운 야소다라 공주를 얻어 결혼하는 것이 두 번째 즉신성불이다. 왕자의 생활 속에서 권농일에 땅에서 나오는 벌레를 잡아먹는 새를 볼 때나 동서남북 사대문을 나가서 생로병사의 중생고통을 보는 것이 수행이요, 아들을 버리고 부인과 이별하면서 왕좌까지 버린 후 밤중에 성을 넘어 출가하는 것이 세 번째 즉신성불이다. 설산의 수행으로 선지식을 만나는 것이 네 번째 즉신성불이다. 설산에서 내려와 정글의 정각산에 이르러 육신의 집착을 끊는 고행이 수행이요, 니련선하강가에서 지친 몸을 씻고 목우녀로부터 우미죽을 받아먹은 다음 건강을 회복하는 것이 다섯 번째 즉신성불이다. 5비구로부터 파계하였다는 소리를 듣고 강을 건너 보리수 아래에서 원숭이로부터 공양을 받으면서 정진하는 것이 수행이요, 마군을 항복시키고 새벽 동녘에 남은 별을 바라보면서 깨달음을 얻은 것이 성문의 경지에 오른 것이다. 이것이 여섯 번째 즉신성불이다. 다시 보리수 아래에서 보임하는 중에 동서남북 사방으로 보행하는 것이 수행이요, 3칠일 동안 정에 들은 자수법락으로《화엄경》을 설하는 것이 일곱 번째 즉신성불이다. 보리수 아래를 떠나 바라나시에 이르는 긴 여정이 곧 수행이요, 5비구에게 4성제법을 설하고 다시 중생들의 근기가 익음을 보고 12인연법을 설하는 것이 여덟 번째 즉신성불이다. 이것이 성문승과 연각승의 경지이다. 자기만을 위한 성문승과 연각승의 설법을 끝으로 중생들에게 베푸는 육바라밀법을 설하는 보살의 경지로서 아홉 번째 즉신성불이다. 왕사성에서의 법화의 말씀과 쿠시나가라에서 최후의 말씀을 남기고 열반의 부촉법을 설하는 것이 최후의 수행이요, 사라쌍수 아래에서 보인 열반상이 반열반으로 열 번째 최후의 즉신성불이다. 이로써 싯다르타는 비로자나불과 합일하여 자연법계로 돌아가면서 진신사리를 남겨 세세생생 중생들로 하여금 즉신성불의 삶을 살도록 하는 귀명의 즉신성불을 보인 것이다. 이로부터 비로자나불의 마음의 즉신성불을 말하는《대비로자나성불경》의 유통과 비로자나불의 말씀과 행동을 보이시는《금강정경》의 유통회향으로 대비로자나불의 경지인 밀교의 즉신성불을 보이신 것이다. 싯다르타가 화신석가모니불이요, 싯다르타가 곧 법신비로자나불이다.

제7강
육자진언 '옴마니반메훔'

불교에서 신비하고 영적인 능력을 지녔다고 생각되는 신성한 말이 진언眞言이다. 세상에는 실로 다양한 진언이 있다. 모든 의미를 아우르는 것이 육자진언 옴마니반메훔이다. 부처의 본심이자 일체중생의 본심이다. 이 장에서는 많은 진언 중에 육자진언이 무엇인지 알아보고 그 의미를 살펴보기로 한다.

부처님의 가르침을 전하는 네 가지 방편

"옴은 비로자나불, 마는 아축불, 니는 보생불, 반은 아미타불, 메는 불공성취불, 훔은 금강보살. 이 육자의 다라니는 부처와 및 제보살과 중생들의 본심이라."

중생은 부처님의 가르침으로 자연의 진리를 깨달아 일상생활에 필요한 지혜를 얻는다. 부처님은 자신의 이야기를 중생들이 쉽게 이해하고 받아들일 수 있도록 그때그때 상황에 따라 방편方便을 사용하여 설법함으로써 많은 사람을 피안의 세계로 인도하였다. 가장 쉬운 방편은 부처님과 중생이 마주 앉아 이야기하는 식의 설법이다. 이는 현실 생활에서 일어나는 일들을 예로 들어 알아듣기 쉽게 이야기함으로써 사람들이 부처님의 말씀을 친근감 있게 받아들일 수 있다. 《아함경》에 나오는 대부분의 내용이 이야기식의 말씀이다. 이야기식의 설법을 통하여 중생의 근기根機가 조금 높아지면 두 번째 방편으로 게송체의 설법을 한다. 이것은 어떤 경전의 테마를 설정하고 일상생활 하는 동안 외우거나 좌우명을 세워두고 그대로 실천에 옮기도록 하는 법문이다. 부처님말씀을 한 구절 한 구절 외워 가슴속에 새겨 일상생활에 활용하는 것이다. 경전을 보면, 4언절구 또는 5언절구의 게송체로 되어 있다. 또한 설법 마지막 유통과정에서 지금까지 설한 전체부분을 집합하여 경의 제목으로 삼도록 하였다. 그러므로 경전의 제목만으로 부처님이 전하고자 하는 내용을 알 수 있다. 예를 들어 《나무묘법연화경》의 경제는 세상은 연꽃과 같고 중생은 연꽃 같은 삶을 살면서 한 알의 연밥이 되어 움직인다는 내용으로 되어 있다. 여기서 연밥이란 연의 열매이므로 중생도 연의 열매처럼 부처님이 될 수 있는 씨앗을 품고 있다는 뜻으로 미래 세상에 반드시 부처가 될 것이라는 수기를 내리는 경임을 알 수 있다.

세 번째 방편은 자연의 이치를 설하면서 부처마음을 전하는 것이다. 이야기도 떠나고 경전도 떠나 오로지 눈빛만 보고도 알 수 있는 경지를 경절문徑截門이라 한다. 이는 말을 여의고 알음알이를 제거하고 오로지 참선의 경지로 들어가는 선법을 의미한다. 참선하는 사람들은 경전의 어떤 구절을 외우는 것이 아니라 자신이 처한 상황에서 일어나는 일들을 생각하며, 그때그때 수행한다. 이러한 방편법이 가장 왕성하게 일어난 곳이 중국 선종의 화두話頭탐구법이다. 화두란 말머리로서 군소리를 뺀 본질의 의미를 지닌 말을 뜻한다. 참선으로 얻은 깨달음의 경지를 견성성불見性成佛이라 한다. 네 번째 방편이 진언眞言이다. 진언 수행은 부처님과 나의 마음이 동일체임을 알게 하며, 자연과 내가 하나가 되도록 하는 것이다. 진언은 산스크리트어 곧 범어로 되어 있으며,

부처의 본심이자 삼라만상이 지닌 본뜻이 동시에 모든 보살과 명왕들 그리고 일체중생의 본심도 진언 한마디에 모두 들어 있다.

옴과 훔의 출생을 의미

"옴자 뜻은 본연각성本然覺性 정법신政法身을 표시하며
또한 항사恒沙 일체묘의一切妙義 출생하는 뜻이니라."

옴AUM이란 한마디로 근본을 가리킨다. 근본은 진리를 의미하며, 진리는 곧 하늘을 의미한다. 그리고 하늘 아래의 삼라만상은 물을 의미한다. 어렵게 생각하지 말고 쉽게 생각해 보자. 본연각성의 출생은 근본을 출생한다는 의미이다. 근본은 본체本體를 의미하는 것으로 하늘로 보면 하늘이 근본이고 땅으로 보면 땅이 근본이다. 사람에 있으면 안이비설신의眼耳鼻舌身意와 오장육부요, 삼라만상森羅萬象에 있으면 산천초목이다. 본래는 육대인 지수화풍공식이 근본이지만 각성覺性의 근본은 만물이 출생된 본체를 말한다. 그러므로 이 본체는 자성신이 아닌 정법신이다. 자성신은 형상이 없는 것으로 마음, 진리이지만 정법신은 만들어진 형상을 말한다.

자성의 체 가운데 중생의 몸을 보면 삶의 근원이요, 뭇 생명의 근원은 물이다. 우리가 마시는 물이 모든 것의 근본이라 할 수 있다. 물은 원래 없는 것이다. 허공에는 산소와 수소만 있을 뿐 비어 있다. 아무엇도 없는 허공에서 비가 내리고 나무는 그 비를 맞으면서 자란다. 사람 또한 물을 마시면서 살아간다. 물이 없다면 사람들은 며칠 견디지 못하고 다 죽을 것이다. 따라서 천지의 근본은 물이다. 지구의 무게가 일정한 상태를 유지하는 것은 물의 양이 한결같기 때문이다. 물이 나무에 들어가고 꽃에 들어가고 사람에 들어가면서 작용을 하다가 다시 옮겨갈 뿐 그 양은 똑같아서 지구가 같은 무게를 유지하는 것이다. 물을 대체할 만한 물건은 아직 없으므로 물은 곧 진리인 셈이다.

그 물이 사람을 비롯한 삼라만상의 생명을 살려내는 것이다. 세상 천지에 어떤 생명체도 물 없이는 살 수 없다. 물은 소중한 것이다. 탁하게 사용하면 안 된다. 만일 탁하게 사용하였으면 정화시켜야 한다. 정화는 자연이 시킨다. 자연의 윤회에서 시킨다. 이것이 출생의 옴이다.

"훔자 뜻은 종종묘의種種妙義 출생하는 것이 되며
제불호법諸佛護法 성신대중聖神大衆 옹호하는 뜻이 되며
악마사신惡魔邪神 항복받고 재앙소멸 함이니라."

옴은 일체묘의를 출생하고, 훔은 종종묘의를 출생한다. 옴과 훔이 똑같이 출생의 의미를 지니고 있다. 옴이 진리·근본·본연·자성의 출생을 가리킨다면 훔의 출생은 작용으로서 중생들의 삶에 필요한 명예·건강의 출생을 의미한다. 훔은 잘살고 못사는 것, 오래 살고 일찍 죽는 것, 많이 갖고 적게 갖는 것을 모두 포함한다. 진리적인 옴의 출생한 만물은 각각의 작용을 지니고 있다. 물로써 세상을 만들어가고 내 몸을 만들어가면서 빛나고 화려하고 평안하고 아름답고 보기 좋게 하는 것이 훔의 출생이라 할 수 있다. 진언 속에 이처럼 미묘하고 불가사의한 묘리가 담겨 있기 때문에 옴마니반메훔을 염송을 하면 자연이 내게로 물이 내게로 오면서 나를 존재케 하면서 동시에 소중함을 느끼게 한다. 그 존재성의 소중함으로 얻어진 명예와 물질, 건강과 장수 그리고 화합을 함부로 사용하지 않고 일체중생과 만물을 위하여 사용하게 된다. 이 것이 자비행이다. 보이지 않는 육대에서 보이는 상의 정법신 본체를 옴이 출생하고, 그 작용으로 훔이 출생하여 법계를 비로자나불의 만다라 세계가 이루어진다. 이러한 옴과 훔이 출생시킨 일체 종종묘의, 이보다 더 좋은 진리가 어디 있겠는가?

옴은 우주 자연의 섭리를 의미하고, 훔은 안이비설신의와 오장육부로써 내 몸의 작용을 가리킨다. 이렇게 자연에서 내 몸을 받아들여 내가 살아가는 원리를 옴마니반메훔에 담겨 있음을 깨달은 분이 진각성존이다. '옴'과 '훔'의 가운데 있는 '마니'와 '반메'는 종종묘의 목적이다. 중생이 세상에 살아가는데 가장 큰 목적은 복지구족福智俱足하기를 바라는 마음이다. '마니'는 여의주를 가리키며 서원誓願대로 되지 아니하는 것이 없음을 의미한다. '반메'는 지혜로써 혹업惑業을 끊고 대원만족大願滿足하게 해준다는 의미이다. '옴'과 '훔'이 출생의 의미라면 마니와 반메는 복지구족의 삶을 지탱시키는 것을 의미이다. '옴'이라는 자연출생의 근본을 받아서 내 몸을 형성하면 물로 형성된 나의 몸속에서 다시 명예와 건강, 행복을 출생시키는 것이 '훔'이라 할 수 있다. '옴'은 중앙에 위치하므로 변함이 없고 '마니'와 '반메'는 동서남북에 위치한다. 그러므로 윤원구족을 뜻한다. '훔'은 간방을 의미하므로 온 천지라 할 수 있다. '옴'이 중앙, '훔'이 간방이라 할 때 '마니'와 '반메'는 사다리 역할을 한다. 이러한 원리가 담긴 육자진언의 의미와 불가사의한 묘득을 어찌 말로 다 설명할 수 있겠는가?

다양한 형태로 나타나는 진언

다라니陀羅尼, 명주明呪라고도 한다. 부처님의 진실한 경지를 나타내는 말이라는 뜻에서 진언眞言이라 하고, 이것은 어리석음無明의 어두움을 비추어 파괴하는 것이므로 명주明呪라 하며, 이것을 염송念誦함으로써 마음을 통일하고 여기에 무한한 의미가 포함[總持]되어 있다는 뜻에서 다라니陀羅尼라 한다. 말에는 사물현상에 응해서 하는 말과 선천적으로 하는 무의미한 말이 있으나, 진언은 범부의 말이 아니고 깨달은 자의 진실한 말이다. 즉 인간의 의사전달의 표현 약속인 말이 아니고 본래있는 절대적 진실한 말이다. 이 진언은 심비적, 정신적 내용을 단적으로 상징하고 있으므로, 이것을 반복 염송念誦함으로써 깊이 그 내용에 들어가고 그 의미를 파악할 수 있는 것이다.

중생교화하는 방편 중에서 가장 마지막으로 사용한 것이 진언의 가르침이다. 후대로 내려오면서 사람들 사이에 수많은 종류의 진언이 전해지고 있지만 마음과 마음을 전하는 법문이다. 모든 불사는 진언으로 시작하고 진언에서 마친다하여도 틀린 말이 아니다. 예불을 할 때도 가장 먼저 정구업진언淨口業眞言을 한다. 이것은 입을 먼저 깨끗한 연후에 불보살을 청한다. 석가모니불의 진언은 '아라바자나'이며, 법신비로자나불의 진언이 '옴밤남한캄'이다. 비로자나불의 명호를 부르지 않고 진언을 외움으로써 비로자나불의 마음을 불러내는 것이다. 대부분 예경할 때 불보살의 명호를 부르면서 귀명례를 한다. 다음으로 살생, 투도偸盜, 망어妄語의 참회진언을 외운다. 짧은 진언에서 나의 잘못된 행위를 담아 참회한다. 그리고 공양 올린다. 이때도 보공양진언普供養眞言을 한다. 각각의 다른 진언을 불러서 진언공양을 한다는 것은 서원의 의미가 다르다. 그 속에는 참회도 있고 회향도 있으며, 선망조상先亡祖上을 위한 왕생서원도 있다. 또한 살아 있는 부모의 은혜를 갚는 진언도 있다. 중생의 원에 따라 진언 한마디로 업장이 소멸되거나 왕생극락의 서원이 이루어지고, 때로는 부모가 베풀어준 하늘같은 은공도 모두 갚을 수 있다고 한다. 하지만 대부분의 사람은 일상생활에서 진언을 잘 외우지 않으므로 아직까지 그러한 단계는 접하지 못하고 있다.

여러 유형의 진언이 있으나 그중에서도 옴마니반메훔은 진언 가운데 으뜸가는 진언이다. 이 진언을 가장 크고 밝으며 으뜸가는 대명왕진언이라 한다. 대명왕이라 하여 특정한 어떤 왕을 가리키는 것은 아니다. 대大는 가장 크다는 의미이며, 명明은 가장 밝다는 뜻이요, 왕王은 으뜸이라는 의미이다. '마하'의 의미와 같다. 마하는 번역할 수 없지만 억지로 번역한다면 대大·다多·승勝의 세 가지로 풀이할 수 있다. 크다, 많다, 수승殊勝하여 가장 뛰어나다는 의미를 가지고 있다. 대명왕의 뜻도 마하가 지닌 의미와 같은 것이다. 중생은 많은 것을 요구하며, 지혜만을 요구하고, 가장 뛰어나기를 바란다. 비로자나불이 중생의 이 뜻에 맞추기 위하여 육자진언의 공능을 그렇게 만든 것이다. 이와 같이 육자진언보다 더 좋은 진언은 이 세상에 없다. 팔만사천의 진언 중에서 가장 밝은 진언이며 진언 중에서 가장 으뜸가는 진언이다.

옴마니반메훔은 모든 부처와 중생의 본심

진언은 이야기식의 설법보다, 게송체의 설법보다, 화두를 쥐고 행하는 참선보다 뛰어난 수행법이다. 중생의 번뇌가 8만4천이면 부처님의 법도 8만4천이요 진언도 8만4천이다. 하나의 진언에 하나의 원이 있어 결인과 수행법이 각각 다르다. 진언수행이 복잡하여 밀교아사리가 아니면 수행할 수 없다. 진각성존은 이러한 문제를 풀기 위하여 모든 것이 포함되어 있는 진언과 결인을 택하였다. 그것이 옴마니반메훔과 비로자나불의 금강지권이다.

육자진언이 지니고 있는 공능으로 은혜불공, 서원불공, 천도불공, 참회불공, 해탈불공, 열반불공 등 일상생활의 서원을 모두 할 수 있다. 이와 같이 육자진언이 모든 진언이 가지고 있는 공능을 모두 지니고 있다는 것을 깨달은 사람은 많지 않다. 용성스님이 육자진언공덕을 소개하였다. 육자진언이 수록된 경전은 《대승장엄보왕경》이다. 경전성립 배경은 인도 남쪽에 있는 섬나라 집사자국이다. 이곳을 옛 이름으로 승가라국이며 이웃에 나찰국이 있다. 인도 상인들이 바다로 나아가 무역활동을 하는 중에 바람을 잘 만나면 승가라국에 당도하고 바람을 잘 못 만나면 나찰국으로 들어간다. 나찰국은 사람을 잡아먹는 식인종들이 살고 있는 나라이다. 어느 날 500명의 상인이 무역길에서 바람을 잘못 만나 나찰국으로 들어가게 되었다. 그 곳에 도착한 상인들이 탈출하는 길을 찾는 중에 성마왕을 만나게 된다. 성마왕의 도움으로 나찰국을 탈출할 때 성마왕이 일러주는 진언이 옴마니반메훔이다. 성마왕의 등에 올라 진언을 염송함으로써 나찰들이 부르는 소리를 듣지 않고 무사히 바다를 건너 육지에 도착하게 된다. 이곳에서 구원의 손길을 내린 성마왕은 관세음보살이며, 나찰의 유혹적인 말을 듣지 못하게 내린 진언이 육자진언인 옴마니반메훔이다. 그러므로 관세음보살이 머물고 있는 보타락가산이 있는 승가라국이 곧 집사자국이다. 관세음보살은 아미타불의 화신이며, 아미타불은 중생을 교화하기 위하여 이 세상에 온 법신비로자나불의 화신이기도 하다. 따라서 옴마니반메훔은 관세음보살 본심진언이면서 아미타불의 본심이 되고 법신비로자나불의 본심도 된다. 부처와 중생이 하나이기 때문에 우리들의 본심도 된다. 진각성존은 육자진언을 염송하는 것은 불보살의 본심과 중생의 본심이 일치하게 되어 중생이 원하는 모든 원을 성취하게 된다고 설하였다.

이와 같은 이치로 진언은 진언자마다 제불과 제보살의 본심임을 알게 하였다. 옴은 비로자나불의 본심, 마는 아축불의 본심, 니는 보생불의 본심, 반은 아미타불의 본심, 메는 불공성취불의 본심, 훔은 금강을 손에 쥔 모든 보살의 본심이다. 공능으로는 '옴'은 비로자나불의 본심이면서 오불五佛과 제보살諸菩薩을 출생하는 것으로 이는 진리를 출생한다는 뜻이다. '훔' 비로자나불의 본심이면서 삼라만상의 현상과 중생이 바라는 것을 출생한다는 의미를 지니고 있다. '마니'는 복덕과 공덕을 의미하고 '반메'는 지혜와 수행을 의미한다. 삼십칠존 중에 십육대보살의 보리심과 공덕취보살은 마니에 속하고, 지혜문과 대정진

보살은 반메에 속한다. 공덕취 앞에 보리심이 나오는 것은 공덕을 얻기 위하여 먼저 발심을 하여야 한다는 것이며, 지혜 뒤에 정진이 나오는 것은 지혜는 정진을 통해야만 얻을 수 있다는 표현이다. 오로지 육자진언만을 외우게 하는 것은 중생들이 원하는 모든 것을 성취하여 복지가 원만한 연후에 해탈과 열반의 길로 나아갈 수 있기 때문이다.

어린아이가 울음으로써 의사소통을 하는 것이 바로 진언과 같다. 아린아이의 울음소리를 들어보면 세 가지 뜻이 담겨 있다. 의식주를 요구하는 울음이다. 첫째, 배고픔을 알리는 울음소리며[食], 둘째, 잠이 옴을 알리는 울음소리요[住], 셋째, 기저귀를 갈아 달라는 울음소리이다[衣]. 이와 같이 어린아이의 울음 속에는 어린아이의 본심이 내포되어 있다. 일반 사람들은 아이가 울어도 왜 우는지 그 이유를 잘 알지 못한다. 아이의 울음소리를 듣고 무엇이 필요한 것인지 어머니는 알 수 있다. 그것은 아이와 어머니의 마음이 동일체로 서로의 뜻을 전하기 때문이다. 아이의 간곡한 울음소리가 어머니의 젖을 돌게 하기 때문이다. 이와 마찬가지로 육자진언을 간곡히 외우면 오불과 모든 집금강보살의 마음을 부르는 것과 같아서 불보살이 맡은 바 임무에 따라 나타나 원을 성취시켜준다. 진언에는 업장 소멸하고 은혜를 갚고 회향하고, 참회하는 마음도 있다. 또한 의식으로는 향을 뿌리고 공양을 올리는 진언 등의 행위도 포함되어 있어 일일이 현실적으로 향 피우고 촛불을 켜지 않아도 된다. 마음속에 공양의 뜻을 가지면 그 뜻이 부처님과 통하게 되어 있다. 다시 말하면, 어떤 서원을 가지고 육자진언을 염송하면 자연스럽게 내가 가진 서원이 법신비로자나불로부터 화현한 불보살이나 천룡팔부가 능력에 맞추어 나타나 그 서원을 성취하도록 도움을 준다. 현교는 서원마다 수행법과 불공법이 다르지만, 밀교의 가르침인 육자진언은 한 가지 진언으로도 모든 원이 충분하게 전달되어 부처님의 가르침을 받아 성취되기 때문 더 이상의 다른 진언이 필요없는 것이다. 문수보살의 명호를 부르면 지혜문만 열리고, 관세음보살의 명호를 부르면 현세의 복덕만 열린다. 이것은 관세음은 현세의 소리를 관하는 분이므로 미래는 해당되지 않기 때문이다. 반면에 미래의 극락세계를 바란다면 아미타불을 불러야 한다. 돌아가신 조상이 고통 받지 않기를 바란다면 지장보살을 불러야 하고, 자식을 원한다면 철원성군의 명호를 불러야 한다. 이와 같이 일반 진언이나 명호는 원하는 것이 다를 경우 일일이 답할 수 없으므로 이 모든 것을 함축하여 지닌 진언이 육자진언이다.

같지만 서로 다른 옴마니반메훔

육자진언은 진각밀교에만 있는 것이 아니다. 불교 속에는 이미 존재한 것으로 진각성존이 처음 창안했거나 만들어낸 것이 아니다. 집사자국에서 결집한 《대승장엄보왕경》에서 처음 나타나면서 관세음보살의 본심진언으로 전래되었다. 지금까지 변함없이 전래 된 곳이 티베트의 불교이다. 우리나라에도 신라시대나 고려시대에 건립한 사찰의 벽화나 단청 속에 진언이 배어 있으며, 오늘날까지 불상, 불탑, 법당에 진언의 흔적이 남아 있다. 최근 들어서는 불교계 전반적으로 육자진언을 호신용으로 각광을 받고 있다. 이러한 육자진언이 진각밀교의 육자진언과는 그 전래과정에서 약간의 차이가 있다. 그렇다하여 육자진언의 본래의 의미가 다른 것은 아니다. 관세음보살의 본심진언으로 보는 것과 비로자나불을 포함하여 제보살 제중생의 본심진언으로 보는 관점이 다르다는 것이다. 티베트의 정신적 지도자 달라이라마의 옴마니반메훔은 티베트 민족의 옴마니반메훔이며, 전국 사찰의 주련이나 단청 속에 아름답게 새겨져 있는 것은 현교 사찰의 옴마니반메훔일뿐 진각밀교의 육자진언이 아니다. 친구의 아버지 어머니를 보고 '아버지 어머니' 하고 부를 수 있지만 나의 친아버지 친어머니는 아닌 것처럼, 다양한 옴마니반메훔이 있지만 수행부분과 깨달음의 부분이 다르다. 팔만사천의 진언 가운데 오로지 옴마니반메훔만을 본존으로 하고 수많은 의식이 있으나, 삼밀관행으로 수행의 기본을 삼으면서 자성을 찾고 삼세인과이치를 깨달아 현실생활에서 해탈과 열반을 증득하는 법이 진각밀교의 육자진언인 것이다.

불교의 수행에는 많은 유형이 있다. 절을 하는 것도, 경전을 독송하는 것도, 사경寫經도 수행이다. 또한 화두를 참구하며 참선하는 것도 수행이다. 묵묵히 걷는 수행도 있다. 걸으면서 소리를 듣는 것, 내 소리를 듣는 것이 아니라 자연의 소리를 들으며 마음을 가라앉히는 것도 수행의 하나이다. 진각밀교는 일반적인 불교에서 행하지 않는 수행법이 있어 보는 사람에 따라 생소한 느낌을 갖기도 한다. 육자진언을 수행본존으로 봉안하고 있다. 불상이 없으므로 향과 초를 공양하지도 않는다. 정화수를 공양하거나 재齋를 올리기 위해 음식을 장만하지도 않는다. 심인당은 실천 수행도량으로, 마음 닦는 일을 근본으로 하는 도량이다.

　　　　석가모니불의 설법 속에는 수행방법이 간단하다. 명상수행으로 일상생활을 하면서 바르게 살도록 실천하는 것이다. 지극히 소박한 방법으로 불교의 가르침을 전하고 있다. 인도에서 시작된 불교가 북방과 남방 그리고 동방으로 흘러들면서 여러 나라에 방편법이 첨가되어 전해지게 되었다. 각 나라가 지닌 독특한 민족성과 고유한 풍속에 따라 불교의 모습도 변한 것이다. 상황에 따라 절을 하기도 하고 경을 독송하기도 하고 향을 피워 예를 갖추기도 했다. 석가모니불이 열반 1천여 년이 지난 뒤, 화두話頭를 탐구하는 선종禪宗이 생겨났다. 보리수 아래에서 깨달음을 얻었을 때 이미 부처의 자리에 올랐으나 부처의 경지로는 어떠한 설법을 해도 중생이 알아들을 수 없었다. 그래서 싯다르타는 3단계 낮추어 중생을 교화하기 시작했다. 이를 퇴설삼승退設三乘이라 한다. 삼승법은 성문聲聞·연각緣覺·보살菩薩을 가르치는 교법敎法을 의미한다. 싯다르타는 성문에게 사성제와 팔정도를, 연각에게 십이인연을, 보살에게 육바라밀을 가르침으로써 이들이 각각 윤회의 세계에서 벗어나도록 방편법을 설하신 것이다.

　　　　석가모니불을 거룩하다 칭송하는 이유는 중생을 괴로움의 윤회세계에서 밖으로 이끌어내는데 그치지 않고 일불승一佛乘으로 인도하여 부처가 되게 해주기 때문이다. 다시 말해 삼승법은 중생이 일불승에 들게 하여 성불成佛할 것을 전제로 한 방편인 것이다. 석가모니불은 쿠시나가라에서 열반에 든 뒤 비로소 법신비로자나불의 경지에 오르게 된다. 석가모니불이 깨달음을 얻고 나서 열반에 들기 전까지 45년 동안은 보살의 모습으로 법을 설했다. 이것은 어리석은 중생은 부처의 말씀을 알아듣지 못하므로 보살로서 설법을 한 것이다. 그러므로 팔만 사천 장경 속에는 보살의 경지에 오를 수 있는 법만 있을 뿐 성불에 이르는 길은 없다. 그래서 석가모니불이 열반함으로 비로소 부처님이 되었기 때문에 열반한 해를 불기佛紀 원년으로 삼는 것이다.

오관五官의 으뜸은 소리

　　　　진언행자는 언어를 조심하고 진실한 말만 하도록 해야 할 것이다. 진실한 말을 할 수 없거든 차라리 침묵하는 편이 좋을 것이다. 물론 가만히 있어도 눈으로 말을 할 수 있다. 눈으로 거짓말도 하고 참말도 하고 사기도 칠 수 있다. 웃는 눈으로 감정을 표현할 수 있다. 같은 웃음이라 해도 비웃음이 있는가 하면 정말 좋아서 웃는 함박웃음도 있다. 입에서 나오는 것만 말이 아니다. 안眼·이耳·비鼻·설舌·신身·의意도 모두 말이다. 눈이라 하여 보기만 하는 것이 아니고, 입이라 하여 먹기만 하는 것도 아니다. 입도 보고 눈도 먹을 수 있다. 귀만 듣는 것이 아니라 눈도 듣고 입도 들을 수 있다. 귀는 듣는 일만 하지 않고 먹는 일도 한다. 예를 들어 전쟁에 참가한 병사가 배고프고 목마를 때 누군가 "저 언덕만 넘어가면 매실 밭이 나온다. 거기 가면 매실을 실컷 먹을 수 있다."라고 하였다.

　　　　병사의 귀가 이 말을 듣는 순간, 입에서 침이 고이기 시작한다. 귀가 매실을 먹었기 때문이다. 그러니까 입으로만 먹는 것이 아니라 귀로도 먹을 수 있다는 말이다. 다섯 개의 감각기관인 오관은 따로 움직이지 않고 같이 행동한다. 눈은 눈의 할일만 하는 것이 아니고, 귀는 귀의 할일만 하는 것이 아니다. 눈도 오관이 할일을 다 하고, 귀도 오관이 할일을 다한다. 다섯 기관이 보고 듣고 냄새 맡고 맛보고 말하는 일을 다하는데, 그중에서 으뜸은 소리이다. 소리에는 들리는 소리와 들리지 않는 소리가 있다. 귀와 눈, 코와 혀의 소리는 들리지 않는다. 우리는 입의 소리만 들을 수 있다. 우리가 들을 수 있는 소리가 ⅕이라면 듣지 못하는 소리는 ⅘로, 들리지 않는 소리가 훨씬 큰 비중을 차지한다. 진리도 보이는 세계가 ⅕이요, 보이지 않는 세계가 ⅘이다. 생애를 통틀어 내 능력과 내 실력과 내 기술로 이루어지는 것은 ⅕밖에 되지 않는다. 나머지 ⅘는 나 아닌 다른 이들의 은혜를 받아야 이룰 수 있다. 그 첫 번째가 조상이나 부모의 은혜이다. 이를 음덕陰德이라 한다. 두 번째가 중생의 은혜이다. 이를 인덕人德이라 한다. 사람들의 도움을 받으니까 인덕이라 하는 것이다. 세 번째가 국가의 은혜이다. 이를 일덕이라 한다. 국가가 내게 일을 시키고 급여를 주니까 일덕이라 하는 것이다. 네 번째가 불·법·승 삼보의 은혜로, 이를 불덕佛德이다. 부처님의 은혜를 말하는 것이다. 이렇게 볼 때 자신의 능력은 ⅕뿐이고, 나머지 ⅘는 외부의 도움을 받으면서 살아간다 할 수 있다.

    육자진언 속에는 근본 5음이 있다. 태어날 때 자세히 들어보면 근본 5음 중에 한 가지 소리를 한다. 이 소리 속에는 성품이 내포되어 있다. "A" 소리가 강한 것은 마치 어린 염소양이 어미를 부르는 듯한 소리로써 삶에 있어서 정확성을 지닌 성품이 강한 사람이요[法官], "I" 소리가 강한 것은 마치 어미 돼지가 새끼를 업고 꿀꿀거리는 듯한 소리로써 삶에 있어서 남을 가르치는 성품이 강한 사람이요[敎育], "U" 소리가 강한 것은 마치 천리 준마가 평원광야를 어흥 소리치며 달리는 듯한 소리로써 삶에 있어서 명령하는 성품이 강한 사람이요[軍部], "E" 소리가 강하게 들이는 것은 마치 수탉이 주둥이로 나무를 쪼는 듯한 소리로써 삶에 있어서 물질을 생각하는 성품이 강한 사람이요[財政], "O" 소리가 강하게 들리는 것은 마치 황소가 굴속에서 우렁차게 우는 듯한 소리로써 삶에 있어서 군왕의 성품이 강한 사람이다[國王]. 이와 같이 삼밀관觀을 하는 데는 소리를 무시할 수가 없다. 관의 상태가 아닌 염송은 주문呪文을 외우는 주력呪力이 될 뿐이다. 그리고 이것은 의타력依他力 염송이다. 자주력의 힘을 얻는 염송이 참 염송법이다. 관은 마음을 모으는 것이요, 마음을 찾는 것이며, 마음을 밝히는 것이다. 자기 자성을 찾아 본성을 들여다보는 관법으로 이것을 자주력 진언염송법이다. 진언수행자는 자주력의 염송이 되도록 항상 마음을 관하는 울림의 소리로 염송하여야 한다.

즉신성불은 부처님과 내가 일심동체 되는 것

밀교에 금강계삼십칠존三十七尊의 제존만다라가 있다. 여기서 삼십칠존이란 비로자나불이 가진 공능을 각각 하나씩 지닌 불보살을 말한다. 이들은 재앙을 소멸하는 능력이 있는가 하면 복업을 짓는 능력도 있다. 직업을 구하는 사람에게 취업을 시켜주는 능력이 있으며,

병고해탈의 능력도 지녔다. 내 마음을 모아 하나의 원願을 가슴에 새긴 뒤 육자진언을 간곡히 부르면 불보살, 천룡팔부가 제 모습을 드러내어 수행자의 원하는 것을 들어주게 되어 있다. 일상생활에서 가장 쉽게 행할 수 있는 것이 진언수행이다.

　　　　모든 원이 함축되어 있는 육자진언은 진실로 참된 진언이며 매우 간단한 진언이다. 본래는 "옴"이라는 한마디로 충분하다. 그러나 그것은 상상근기의 사람만 가능하다. 중생은 아직 상근기가 아니므로 그 뜻을 나누어지닌 가장 축소된 육자진언을 염송하는 것이다. 사대진언 중에 육자진언이 수승하다거나 능엄주가 뛰어나다거나 신묘장구대다라니가 최고라고 말할 수는 없다. 부처님의 말씀은 모두 평등하여 어느 말씀이 더 뛰어나다거나 열악하다고 평할 수 없기 때문에 신묘장구대다라니는 관세음보살이 지닌 수많은 능력과 공덕을 표현한다. 그러므로 관세음보살의 공능만을 얻을 수 있을 뿐이다. 이 진언에는 지혜와 공덕, 복덕, 병고 해탈 등의 공능이 완벽하게 갖추어있지는 않다. 진언이 지나치게 길 경우 아무리 많은 공덕을 갖추었다하여도 사람들이 어려워하여 염송을 제대로 할 수 없다. 그러나 옴마니반메훔은 짧은 진언이다. 언제 어디서든 항송恒頌할 수 있는 진언이다. 티베트에서는 육자진언을 십만 독讀씩 염송하고 미얀마나 부탄에서는 1억 독씩 염송한다. 육자진언을 염송할 때는 간곡한 마음을 가졌다 하여도 번뇌가 깊으면 그 뜻이 통하지 못하기 때문에 먼저 번뇌를 제거하는 염송을 한다. 그러나 별도로 번뇌를 제거하는 염송을 할 필요는 없다. 염송하는 중에 어느 염송에서 마음이 모여 부처님과 통할 수 있을 것이다. 이때 번뇌는 자연히 사라지게 된다.

어린아이는 울음으로 어머니와 소통한다. 어머니가 가까이 있다면 아이의 울음소리를 듣고 금세 달려올 것이다. 그러나 어머니가 멀리 있다면 아이의 울음소리가 연줄연줄 엮여서 어머니의 마음에 닿아야 달려올 수 있다. 중생과 부처의 사이도 이와 같다. 선업을 많이 지으면 부처님과 거리도 가까워져 한두 번의 염송을 하여도 부처님 마음과 쉽게 통할 수 있다. 그러나 악업을 많이 지은 사람은 부처와의 거리가 멀어 오랫동안 간곡히 불러야 비로소 부처의 마음에 도달할 수 있다. 똑같은 시간에 똑같은 장소에서 진언을 불렀다 하여도 공덕을 입는 형태가 다른 것은 선업과 악업의 차이 때문이다. 과거부터 지금까지 얼마만한 선업을 지었느냐, 얼마만한 악업을 지었느냐에 따라 부처님의 공덕을 입는 데도 차이가 있다. 어떤 사람은 일곱 번의 염송만으로 묘득을 보지만 어떤 사람은 7일 동안 염송을 하여도 아무런 공덕이 일어나지 않기도 한다. 단 일곱 번의 염송으로 묘득을 보는 사람은 아무런 장애 없이 묘득을 보지만, 몇 달이 걸려야 묘득을 본다면 그 몇 달 사이에 마음번뇌가 일어나 얼마나 바뀔지 모르는 일이다. 마음의 변덕이 심한 것은 선업보다 악업을 많이 지었다는 의미이다.

선업을 많이 지은 사람일수록 변덕심이 없고 마음이 항상 종요롭다. 늘 선한 표정으로 선한 행동을 하며 사용하는 언어도 선하기만 하다. 이와 같은 이치로 생각한다면 육자진언 염송도 중요하지만 평소 생활에서 잘못된 행동이나 언어, 생각을 빨리 바꾸어야 한다. 때로는 진언을 외우려고 마음만 먹어도 공덕이 일어날 수 있다. 원래는 옴마니반메훔을 불러야 부처님이 알아듣지만 평소에 선업을 많이 쌓아두면 부처님과 이미 한 몸이므로 굳이 염송까지 하여 부처님을 불러낼 필요가 없다. 내 생각 그대로가 곧 부처님의 생각이기 때문이다. 곧바로 즉신성불의 경지에 오를 수 있다.

제8강

육자진언 수행은 어떻게 하는가

우리는 윤회하는 중생세계에 살고 있다. 윤회에서 벗어나 해탈하고, 해탈하여 열반의 경지에 도달하며 궁극적으로 구경성불究竟成佛하기 위하여 진언수행을 하는 것이다. 이 장에서는 진언수행이 어렵지 않음을 이야기하고, 육자진언 수행법은 어떻게 하여야 하는지 그 방법을 알아보기로 한다.

의식주의 구속에서 벗어나는 것이 곧 해탈, 열반, 성불

"육자진언 염송하면 비로자나부처님이 항상 비밀한 가운데 모든 법을 설하여서 무량하고 미묘한 뜻 자증自證하게 함이니라."

우리는 무엇 때문에 육자진언 수행을 하는가? 첫째 부처님과 가까워지기 위한 수행이 있다. 이것은 신앙자로 남는 것을 말하며, 둘째 부처님처럼 살기위한 수행이 있다. 이것은 복지 구족한 삶을 얻음을 말하는 것이며, 셋째 부처가 되기 위한 수행이 있다. 이것은 즉신성불을 이루는 것을 말한다. 목적은 부처가 되기 위함이다. 그런데 부처의 자리가 쉬운 자리가 아니다. 부처가 되기 전에 성취해야 할 것이 해탈이다. 해탈만으로 끝나는 것이 아니다. 모든 집착을 여읜 열반의 경지에 올라야 한다. 의식주의 구속에서 벗어나면 해탈의 경지에 오른 것이다. 지금도 우리는 해탈의 문을 향하여 끝없이 가고 있을 뿐이다. 부족함이 많기 때문에 해탈을 구하는 것이고, 부족함이 완전히 채워졌을 때 비로소 해탈의 경지를 벗어나 열반의 세계에서 자수법락自受法樂을 누릴 수 있다. 열반의 경지는 성문과 연각의 경지를 말한다. 열반의 경지는 다만 윤회가 없고 의식주에 연연하지 않을 뿐 수행을 계속하여야 한다. 열반의 세계에서 수행이란 일체중생과 동체대비가 되는 것이다. 중생과 동체, 일체만물과 동체가 된다. 이러한 수행을 끝낸 뒤에 비로소 성불하는 것이다. 싯다르타가 성불 이후 행한 중생교화의 모습은 해탈을 보여주는 열반의 삶이었다.

경에서 말하는 즉신성불, 견성성불, 왕생성불 등은 실질적인 성불이 아니라, 모든 고통에서 벗어나는 해탈이며, 열반의 단계일 뿐이다. 즉 성문의 경지나 아라한의 경지에 오른 것이다. 열반의 세계에서 자비의 전법활동하는 것이 성불의 자리로 들어가는 과정이다. 중생은 아직 열반의 삶을 살지 못하고 희망사항으로서 육신을 버리는 것을 열반이라 한다. 윤회하는 중생세계에 사는 우리가 실제로 바라는 것은 열반보다는 해탈의 경지이다. 해탈은 집착에서 벗어나 지족하는 마음이 생겨야 가능하다. 그러기 위하여 초연한 마음으로 명예도 물질도 몸의 애착도 가족에 대한 집착도 다 버려야 한다. 그러나 지금 이 순간에도 우리는 일상생활을 걱정한다. 중생은 의식주가 근본이므로 의식주에 초연하면 그것이 곧 해탈이다. 그러나 의식주에서 초연할 수 없는 것이 또한 중생이다. 항상 무엇을 먹을 것이며 무엇을 입을 것이며 어디에 머물 것인가를 고민한다. 이 세 가지를 위하여 평생을 손과 발을 괴롭히고 있다. 결국 의식주 때문에 신구의身口意의 삼업을 짓는다. 수행승들이 삼의일발三衣一鉢을 주장하는 것도 의식주에 연연하지 말라는 의미에서 생겨난 계율이다.

　　　　　진언수행은 해탈을 구하기 위한 육자진언 수행이다. 열반의 경지에 오르거나 구경성불을 얻을 때도 육자진언 수행이 제일이다. 진언수행이 제일인 것은 일상생활 중에 가장 실천하기 쉽기 때문이다. 육자진언 수행에도 여러 가지 문제점이 있고 여러 가지 장애가 있다. 그러나 해탈을 먼저 얻기 때문에 어떠한 어려움과 장애됨이 있다하여도 쉽게 이겨낼 수 있는 힘이 생긴다. 이것은 진언수행의 두가지 공덕 때문이다. 첫째 수행자의 마음의 문이 열린다. 아직도 우리는 마음의 문을 닫고 살아간다. 간혹 나는 마음의 문을 열고 산다면서 자부하는 사람이 있지만, 그것도 실상은 자신만을 생각하는 문일 뿐 그 문안에 갇혀 벗어나지 못하고 있다. 조금 벗어났다하여도 자기가 아닌 가족을 생각하는 문에 갇혀 있다. 그것에서 좀 더 벗어났다하여도 이웃을 생각하는 문에서 벗어나지는 못한다. 물질과 명예에서 벗어나지 못하는 마음은 또 어찌할 것인가? 육자진언을 염송하여 마음의 문이 열렸을 때 자비심이 생긴다. 자비심이란 자기만을 생각하지 않고 남을 먼저 배려하는 마음이다. 자비의 문이 열리므로 해탈을 얻게 되는 것이다. 둘째, 비로자나불과 하나가 된다. 내가 마음의 문을 열 때 비로소 비로자나불도 마음의 문을 연다. 법신비로자나불은 이름도 형상도 없지만 중생을 위하여 우리들이 원하는 모습으로 세상에 나타나 법을 설하여 우리를 해탈과 열반과 성불의 길로 나아가게 한다. 내가 마음의 문을 여는 순간, 삼라만상도 마음의 문을 연다. 그러면 열린 내 마음으로 열린 삼라만상을 보게 된다. 바로 그때 삼세를 관통하는 지혜문이 열린다. 그 순간 나는 과거에 무엇을 했고 현재 무엇을 하고 있으며, 미래에 무엇을 하게 될지 알게 된다. 자비의 문과 지혜의 문이 합하여진 것이 통합력이다. 법계의 통합력을 얻었을 때 비로소 해탈 열반 성불의 길에 들어가는 것이다.

부처님의 수인手印, 중생의 결인結印

중생이 삼라만상과 한 몸이 되는 단계까지 올라가기가 쉬운 일은 아니다. 부처님은 중생들을 해탈과 열반과 성불의 경지에 오르게 하기 위하여 다양한 방편법을 사용하였다. 그것을 밀교에서는 자字, 인印, 형形의 세 가지 방편법이라 한다. 첫째, 자字는 다라니 즉 진언이다. 후세로 내려오면서 말씀을 결집하여 경전으로 8만장경을 가리키는 말이다. 둘째, 수인手印 즉 결인結印을 말한다. 손 또는 몸의 동작으로 사실의 의미를 나타내는 것을 인계라 한다. 이 중에서 특히 손으로 나타내는 것을 수인手印이라 하고 특수한 문자나 물건, 또는 형상形象으로 나타내는 것을 계인契印이라 한다. 그리고 인계의 형상을 가리켜서 형인形印, 이 형상이 뜻하는 의미를 이인理印이라 한다. 인계는 처음에는 자연적인 동작을 묘사하여 이루어졌으나, 후에는 인공적으로 특수한 인계를 조작하고 특별한 의미를 상징하여 이루어졌다. 특히 손으로 인계를 결하는 것은 손은 인간의 창조적인 본질을 가장 선두에서 직접 연출하여 내는 것이기 때문이다. 따라서 이 손의 영묘靈妙한 활동을 상징하는 것이 수인手印이다. 밀교의 결인은 부처와 중생사이의 대화이다. 부처님의 수인은 무엇을 설명하려는 것을 손동작으로 보여주는 전법傳法의 내용을 표현하는 것이다. 결인은 서원이며 염송은 정진이다. 부처님의 형상을 조성할 때 수인手印을 어떻게 하느냐에 따라 설법의 내용과 서원이 달라진다. 부처님은 8만4천 가지 행동으로 중생들에게 설법하였다. 이 가운데 가장 중심되는 것이 오불의 결인이다. 오른 손은 부처님, 왼손은 중생을 가리킨다. 중생을 의미하는 왼손은 단전에 고정시켜 두고, 부처를 상징하는 오른손을 움직여 법을 전한다. 크게 다섯 가지 수인을 나타낸다.

첫째, 항마촉지인降魔觸地印이다. 결가부좌한 자세에서 왼손은 오른편 발위 단전부위에 가볍게 올려놓은 모습이다. 오른손은 손바닥을 아래로 펴 오른편 무릎위에 손바닥을 올려 땅을 향하게 하여 드리우는 결인結印이다. 석가모니불이 보리수 아래에서 성불하기 직전에 마왕 파순이를 항복시키고 깨달음을 얻은 수인이다. 중생에게 항마의 인을 보이는 것은 마음의 번뇌를 항복시켜 용맹심을 세우라는 법문을 설하시는 모습이다. 둘째, 여원인與願印이다. 왼손은 촉지인과 같다. 오른손은 편 모양에서 엄지손가락을 장지와 연결하는 듯하여 오른편 무릎위에 하늘을 향하여 가볍게 올려놓은 모습이다. 이 결인은 중생이 원하는 것은 무엇이든 다 들어준다는 의미의 설법모습이다. 셋째, 무외인無畏印 또는 시무외인施無畏印이다. 왼손은 촉지인과 같다. 오른손을 여원인모양과 같이 하여 가슴부위 정도의 위치에서 중생을 향하여 손바닥을 보이신 모양이다. 이 결인은 부처님이 중생으로 하여금 두려움을 막아준다는 의미의 설법모습이다. 넷째, 법계정인法界定印이다. 왼손과 오른손이 모두 오른발 위에 올려놓으면서 왼손 위에 오른손을 올리고 두 엄지손가락을 서로 만나도록 하면서 둥근 원圓의 모습으로 보이는 수인이다. 이 결인은 아미타불인阿彌陀佛印이기도 하다. 다섯째, 금강지권인金剛智拳印이다. 비로자나불의 결인으로 우주 삼라만상과 동일체의 형상이다. 왼손 검지를 오른손으로 감싸 쥐는 모양으로 부처와 중생이 둘이 아니며 일체라는 의미의 구경성불의 모습을 보이신 것이다. 이와 같은 다섯 가지 수인이 부처님의 무드라mudra요, 모든 인印의 중심이 되는 결정체이다. 많은 결인 중에 위의 다섯 결인이 중생에게 내리는 근본결인이다. 이 다섯 중에도 법신불의 금강지권이 또한 근본 중에 근본결인이다. 부처님이 다섯가지 결인을 결할 때 먼저 하는 결인이 전법륜인이다. 다섯 가지 손동작을 그냥 취하는 것이 아니라 순서에 따라 하나씩 하나씩 움직여나간다. 우리의 행동 또한 순차적으로 연결되어 있어 어느 것 하나 건너뛸 수가 없다. 진각밀교의 기본결인은 금강합장, 금강지권金剛智拳이다. 금강합장은 양 손의 손가락이 깍지를 끼듯이 손바닥을 합한 합장이다. 금강권은 오른손 엄지를 손바닥 쪽으로 굽히고 네 손가락으로 감싸쥐는 형상이다.

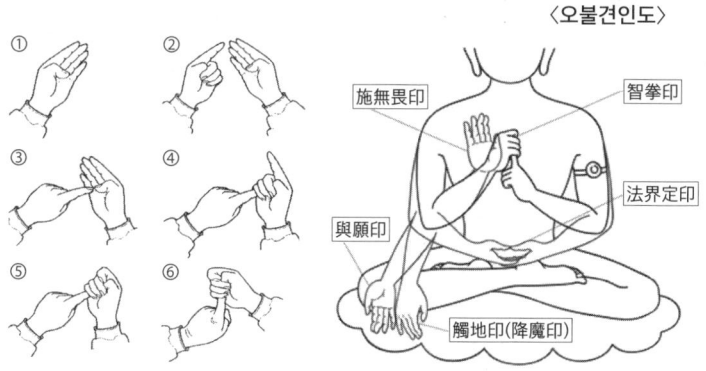

셋째, 형形이다. 형은 형상이다. 2,600여 년 전 카필라국에 태어난 싯다르타가 출가, 고행, 수행, 성불, 설법, 전법, 열반의 모습을 보여준 것이 형의 방편법이다.

석가모니불의 3종성취

싯다르타 태자의 일생에 삼종성취가 있다. 싯다르타 태자가 인간의 오욕칠정五慾七情을 버리고 성城을 넘어 출가한 것은 승보성취僧寶成就가 되는 것이다. 보리수하에서 마원魔寃을 항복받고 성도한 것은 불보성취佛寶成就가 되는 것이다. 녹야원에서 기존의 사상을 타파하는 전법활동을 시작한 것은 법보성취法寶成就가 되는 것이다. 육자진언 신앙에도 삼종성취가 있다. 즉 지성취智成就와 비성취悲成就와 용성취勇成就이다. 이것을 싯다르타 태자의 3종 성취에 배대하면, 유성출가遊城出家는 용성취勇成就이며, 수하성도樹下成道후 3칠일 동안 입정入定은 지성취智成就며 법신성취法身成就이며, 녹원전법鹿苑傳法을 비성취悲成就며 화신성취化身成就로 보았다. 팔상성도八相成道란 석가모니불의 일생을 여덟 가지 테마로 나누어 극적인 장면을 그림으로 표현한 것이다. 첫 번째 그림은 도솔내의상兜率來儀相으로, 석가모니불이 탄생을 위해 흰 코끼리를 타고 도솔천을 떠나 북인도의 카필라궁으로 향하는 모습이다. 이는 석가모니불이 어떤 인연으로 이 세상에 오게 되었는지 설명하고 있다. 두 번째 그림은 비람강생상毘藍降生相으로, 마야 부인이 해산을 하기 위해 친정으로 가던 도중 룸비니 동산에서 석가모니불을 낳는 모습이다. 이때 석가모니불은 마야 부인의 오른쪽 옆구리에서 태어난다. 싯다르타로 이 세상에 오신 것이다. 세 번째 그림은 사문유관상四門遊觀相으로, 성 밖으로 나간 싯다르타가 노인과 병자 그리고 장례장으로 가는 시체를 본 뒤 사문沙門을 만나 출가를 결심하는 모습이다. 네 번째 그림은 유성출가상踰城出家相으로, 싯다르타는 사랑하는 아내와 자식 그리고 계승할 왕위를 버리고 성을 떠나 출가하는 모습이다. 다섯 번째 그림은 설산수도상雪山修道相으로, 6년 동안 갖은 고생을 하며 스승을 찾아다니다가 선정에 들어가는 모습이다. 여섯 번째 그림은 수하항마상樹下降魔相으로, 설산고행과 정글속 고행을 지나 귀신이 나온다는 숲으로 들어간다. 이곳에서 수행은 곧 자신의 내면세계와의 싸움임을 깨닫고 용맹 정진함으로써 내면세계에서 일어나고 있는 마군의 항복을 받고 깨달음을 얻는 모습이다. 일곱 번째 그림은 녹야전법상鹿苑轉法相으로, 크게 깨우친 석가모니불이 녹야원에서 5명의 수행자에게 처음으로 사성제법을 설하여 그들을 귀화하게 하는 모습이다. 마지막 여덟 번째 그림은 쌍림열반상雙林涅槃相으로, 석가모니불이 45년간 법을 전한 뒤 제행무상諸行無常의 이치를 설하고 용맹 정진할 것을 당부하며 쿠시나가라에서 열반에 드는 모습이다. 이처럼 팔상성도를 보면 석가모니불의 생애를 한 눈에 알 수 있다. 진각성존 또한 울릉도 금강원에서 태어나 오랜 고행 끝에 성서농림촌에서 육자진언의 묘리를 깨달은 후 계전 이송정에서 참회문으로 전법하면서 진각종이 창종되며, 그 후 17년 동안 교화에 힘쓰다가 미처 이루지 못한 것은 후학에게 부촉하고 대구 불승에서 열반에 드셨다. 석가모니불의 일대사인연은 불교 전체를 말하는 것이며, 진각성존의 일대사인연은 비로자나불의 진언법을 전하는 밀교적 일대사인연이다.

법신비로자나불이 중생의 원에 따라 모습을 보여주는 것이다. 석가모니불은 자인형字印形을 바탕으로 이야기, 게송, 진언으로 해탈의 길로 이끌었다. 그러나 마냥 사바세계에 머무를 수 없어 "법으로써 스승을 삼고 스스로를 법의 등불로 삼아라."라는 열반게송을 남기고 본래의 자리인 법신불로 환원하였다. 중생은 부처님이 영원히 계실 것으로 알고 안일한 생각을 가질 수 있으므로 이제 열반의 모습을 보이었다. 현교는 자인형의 구분이 없다. 밀교에서 자인형으로 가르친다. 중생은 자字와 인印의 가르침보다 형상의 가르침을 좋아하였다. 시간이 지나면서 부처님의 모습을 그리워하게 되었다. 곳곳에서 부처님의 형상을 조성하여 공양하는 사상이 생겼다. 이것이 형形의 불교로 흐르게 된 동기이다. 불상과 탑에 자字와 인印을 새겨 보일 뿐이다. 형상의 불교로 발전하면서 보살, 나한, 사천왕, 명왕, 천신, 지신, 수신, 풍신, 목신, 신장神將 등이 도입되어 부처님의 권속으로 공양하게 되었다. 중생이 의식주의 집착에서 벗어나 해탈의 경지에 오를 수 있도록 가르친 부처님의 말씀의 속뜻을 알아듣지 못한 채 잘살기만을 원하는 의뢰불교, 기복불교로 흘러갔다. 부처님은 중생의 청을 들어주는 존재가 아니다. 마음의 문을 열고 자연의 문을 열게 하여 자연과 내가 하나가 되도록 가르침을 주는 것이 부처님의 가르침의 목적이다. 그 목적을 달성하기 위하여 자字, 인印, 형形의 모습으로 가르침을 베푸는 것이다. 그래도 중생은 여전히 의식주의 집착에서 벗어나지 못하고 있다. 문제는 탐욕과 집착에 있다. 좀 더 좋은 옷, 좀 더 기름진 음식, 좀 더 근사한 집을 욕심내는 데서 문제가 발생하였다. 이러한 욕심은 자신에게 그치지 않고 2세에게까지 물려주려는 것에 더 큰 허물이 생긴다. 형상으로 흐르는 중생심을 다시 본심을 찾도록 방향을 제시하면서 불보살의 모든 권속들을 한 울타리로 받아들여 모두 불성을 가졌다는 것을 알게 하는 만다라세계를 보이는 방편법을 사용하였다. 점과 선으로 구성되는 만다라세상을 비로자나불의 가르침을 근본으로 하여 문자만다라, 형상만다라, 자인만다라 등의 도상만다라로 표현하면서 중생들의 원하는 본존으로 가지가정하여 수행케 한다. 사람이 지닌 무한한 능력과 생명의 신비를 실현하여 몸과 입과 뜻으로 행하는 세 가지 활동으로 부처의 삶과 같도록 하는 것이 밀교의 삼밀관행三密觀行이다.

자연도 삼밀관행을 한다

삼밀은 사람만 행하는 것이 아니다. 자연도 삼밀을 한다. 나무는 나무대로 삼밀을 하고, 꽃은 꽃대로 삼밀을 한다. 봄이 되면 꽃은 제 향기로 나비와 벌을 불러들인다. 나비와 벌에게 꿀과 향을 제공한다. 이것이 신밀이다. 수술의 꽃가루를 암술의 씨방 안에 옮겨줌으로써 종족을 번식할 수 있다. 이것이 의밀이다. 이와 같은 행위를 통하여 꽃은 자연스럽게 열반의 목적을 달성한다. 나무도 마찬가지다. 씨앗에 물을 주면 물을 머금고 싹을 내어 줄기와 잎사귀를 만든다. 이것이 신밀이다. 열매를 맺어 사회에 환원한다. 이것이 어밀이다. 줄기와 잎사귀에 스며든 물은 가을이 되면 땅속으로 돌려보낸다. 이것이 의밀로써 다시 윤회의 삼밀작용을 한다. 이처럼 나무는 물을 빨아들여 꽃을 피우고 열매를 맺었다하여도 겨울이 오기 전에 모두 돌려준다. 나뭇가지가 물에 미련이 있어 제 속에 품고 있으면 겨울을 지나는 동안 얼어 죽을 것이다. 겨울이 지나 2월이 되면 거센 바람이 불어 얼어 죽은 나무 가지를 제거한다. 이것이 베풀 것은 다 베풀면서도 상대를 해치지도, 다치게 하지도 않으면서 상대가 하는 일에 도움을 주는 것이 자연의 삼밀이다. 자연과 달리 사람들은 자신의 이익만을 위하여 상대를 해치거나 방해하면서 악업을 쌓는다. 자연의 삼밀은 자연을 이롭게 하는 삼밀이라면 중생삼밀은 무시광대겁으로부터 익힌 습관習慣을 버리는 수행이다.

자연이 삼밀행을 행하는데, 어찌 사람으로서 삼밀행을 행하지 않겠는가? 삼밀은 간단히 말하여 소리로, 몸으로, 생각으로 행하는 것이다. 그것도 아주 비밀스럽게 행하는 것이다. 나뭇가지에 꽃이 피는 것을 보고 한 동자는 나무속을 아무리 보아도 꽃이 없다. 꽃이 없는데도 촉이 나서 꽃이 핀다. 동자는 이것에서 자연의 비밀을 알게 되었다. 동자는 다시 물을 생각하였다. 물속에는 꽃만 있는 것이 아니라 잎사귀도 있고 가지도 있다. 그런데 물속에 그런 것들을 지니고 있다는 사실을 아무도 모른다. 그 물을 나무가 빨아들이니까 줄기가 되고 잎이 되고 꽃이 되고 열매가 된다. 그것이 나중에 다시 사라지면 물로 돌아간다. 물로만 돌아가는 것이 아니라 썩어서 흙으로 돌아간다. 물만 그런 것이 아니다. 빛, 공기도 그 속에 모든 것이 들어있음을 알았다. 모두 삼밀작용에 의하여 변화하다가 모두 본래의 자리로 돌아간다. 지구상에 있는 만물 중에 나무를 보면, 봄부터 시작하여 잎이 피고 꽃이 피고 열매를 맺지만 지구는 더 무거워지지도, 더 가벼워지지도 않는다. 이것이 《반야심경》에서 말하는 부증불감不增不減이다. 모든 존재의 참모습은 늘 어나지도 줄지도 아니하여 공空이라 한다. 또 하나 많은 중생들이 평생을 먹고 살다가 지구상에서 사라지지만 이 지구는 더러워지지도, 깨끗해지지도 않는다. 항상 똑같다. 이것이 불구부정不垢不淨이다. 더럽지도 깨끗하지도 않으니 다시 공이다. 수억만 년 동안 지구는 이런 모습으로 스스로를 지켜왔다. 중생들도 이와 같다. 하지만 중생은 불구부정, 부증불감의 상태로 세상을 살 수가 없다. 살아가는 동안 괴로워하며 고통을 받는다. 부처님이 볼 때 사람이나 자연이나 같이 입고 같이 먹고 같이 머무는 존재일 뿐이다. 그러므로 나무처럼 꽃잎처럼 물처럼 바람처럼 살아가면 될텐데, 만물의 영장이라는 사람만이 유독 애욕과 탐심으로 즐거움을 멀리한채 괴로워하고 고통스러워하는 것이다. 중생도 본래는 모두 부처였다. 그러나 보살로, 연각으로, 성문으로, 육도중생으로 화현하는 것이다. 언젠가는 모두 부처로 돌아갈 것이다.

중생의 일상생활이 곧 삼밀행

손으로 결인하고 입으로 염송하고 뜻으로 부처를 관하는 것만이 삼밀관행은 아니다. 일상생활에서 손과 발을 움직이는 것이 결인이요, 평소에 하는 말들이 진언이다. 손짓이나 발짓, 눈짓도 무언의 언어이다. 다만 그 속에 악업이 있어 고통받는 것이 문제일 뿐이다. 선업의 언어로 부처님의 말씀을 따라 자연의 마음에 수순하고자 삼밀행을 행하는 것이다. 우리의 마음이 자연에 순응하고 모든 중생을 자비심으로 대한다면 굳이 육자진언을 염송하지 않아도 된다. 중생은 애착심 때문에 그렇지 못하므로 육자진언을 염송하게 하여 불세계로 나아가게 한다. 현실의 그 어떠한 언어도 마음자리의 본자리를 찾을 수 없지만, 육자진언만이 진실하게 그 자리를 찾을 힘을 가지고 있다.

중생들의 일상생활은 즐거움보다 괴로움이 더 많다. 많은 생을 윤회하면서 괴로움에 익숙해져서 괴로워도 괴로운 줄 모르고 살아갈 뿐이다. 이미 우리는 괴로움에 중독된 존재이다. 괴로움에 중독되어 약간의 즐거움만 찾아와도 지금까지 괴로웠던 일은 모두 잊어버린다. 비유하면, 한 시간 동안 치통을 앓다가 단 1분간 치통이 멈추면 살 것 같다고 안도의 숨을 내쉬는 것이 중생이다. 단 1분 동안에 한 시간의 치통을 잊는 것이다. 이와 같이 살아가는 동안 괴로움이 많지만 한순간의 즐거움 때문에 모든 시름을 잊을 수 있다. 중생이 괴로움의 중독에서 벗어나려면 해탈의 경지를 찾아야 한다. 해탈하는 방법은 남이 가르쳐줄 수 있는 것이 아니다. 스스로 찾아야 한다. 부부의 연을 맺어 살아가는데 어느 날 남편이 병이 들었다. 아내가 남편의 병고해탈을 위하여 정진하기로 했다. 아내가 간절한 마음으로 정진한다 하여도 남편의 병이 더 이상 확대되지 않고 멈추게 할 수 있을 뿐이다. 그러므로 병이 완전히 나으려면 남편이 직접 정진하여야 한다. 부인의 정진은 밥을 지어 남편에게 올리는 것과 같다. 배고픈 사람이 밥을 먹어야 허기를 채울 수 있다. 내가 아무리 밥을 먹어도 상대의 배를 부르게 할 수는 없는 일이다. 다만 마음으로 위로는 해줄 수 있지만 이것이 근본 해결책이 아니다. 근본적인 해결책은 배고픈 이가 직접 밥을 먹는 것이다. 육자진언은 법신의 경지에서 모든 중생을 위하여 대자비로 설한 경經이므로 부처와 중생의 본심이라 할 수 있다. 따라서 육자진언을 염송하면 법신의 설법을 통하여 번뇌를 소멸하고 본심이 일어나 부처님의 경지에 들게 되어 비로소 큰 안락을 얻는다. 이 땅의 모든 중생이 진언수행법을 익혀 고통의 늪에서 벗어나기를 간절히 기원한다. 육자진언의 수행법에는 두 가지가 있다. 첫째, 진언을 항송恒誦한다. 아침에 눈 떠서 저녁에 잠자리에 들어갈 때까지 육자진언을 염송한다. 항송하는 것은 묘덕을 쌓는 것이다. 둘째, 어떤 문제가 생겼을 때는 나름의 규칙이나 규범을 정하여 잠시만 육자진언을 염송한다. 그러면 지금까지 항송으로 쌓아놓은 공덕이 나타나 해탈하며, 문제를 해결할 수 있다. 이러한 염송이 매일 매번 반복되어 공덕이 일어나면 자연히 중생의 마음과 부처마음과 삼라만상의 마음이 합일됨으로 해탈하고 열반의 경지에 오르며, 구경에는 성불 하게 되는 것이다.

모으는 참선, 버리는 진언수행

참선과 진언수행에는 차이점이 있다. 참선이 의심의 뭉치를 모으는 것이라면 진언수행은 집착과 번뇌를 버리는 것이다. 참선이란 의심의 뭉치를 모으고, 모으고 모아 풍선 속에 바람을 불어넣듯 의심덩어리를 자꾸 불어넣다보면 어느 순간 터지게 되어 있다. 의심덩어리가 터지는 순간 깨달음을 얻게 된다. 이것이 참선함으로써 얻는 깨달음이다. 진언수행은 우리가 가진 것들을 버리고, 버리고 버리는 것이다. 중생들은 세상을 살면서 자꾸 모으려는 마음이 생기는 것은 탐심 때문이다. 탐심에서 생겨난 업에 집착함으로써 생기는 병이 번뇌라 할 수 있다. 예를 들어 한 시간 동안 염송을 한다면 오로지 비우는 데만 몰두한다. 이것도 비우고 저것도 비우다보면 어느새 한 시간이 훌쩍 가버린다. 물론 말끔히 비울 수는 없지만 한 시간의 염송을 마침으로써 비우는 습관을 익힌 것이다. 비록 오늘은 깨달음을 얻지 못했으나 그만큼 연습으로 공을 쌓은 셈이다. 그렇게 시간을 늘려 두 시간, 세 시간씩 염송을 하면서 비우는 습관을 익히다보면 언젠가는 완전하게 비우는 날이 올 것이다. 그런 식으로 꾸준히 염송을 하다보면 어느 날 5분 만에 모든 것을 비우고 깨달음을 얻는 순간이 온다. 옴마니반메훔을 불렀을 때 막혀 있고 가득하던 것이 사라질 때 천지가 밝아지면서 마침내 진리를 깨닫는 순간이 찾아올 것이다.

    어떤 사람은 잘 비움으로써 짧은 순간 깨달음을 얻지만 또 어떤 사람은 오랫동안 비워내야 깨달음을 얻을 수 있다. 진언염송으로 비움이 어느 정도 이루어지면 집이 없어도 괜찮고 돈이 없어도 괜찮다. 가진 것이 별로 없으면서도 굳이 갖고 싶은 것도 없다. 요즘은 자격증 시대라 하여 사람들이 자격증 따기에 혈안이 되어 있다. 그러나 나는 아무런 자격증이 없다. 하다못해 운전면허증도 없다. 가진 것이라곤 대한민국 국민임을 증명하는 주민등록증이 전부이다. 그래도 사는 데 아무런 지장이 없다. 모든 것을 버리고 비워내니 옴마니반메훔의 불가사의한 묘득이 주변을 꽉 채운다. 다 비우고 난 뒤에야 오히려 충만함을 느낄 수 있다. 하고 싶은 대로 하되 하고 싶지 않거나 못하는 일이 있을 때는 그 곳에 멈추어야 한다. 가지고 싶은 것이 있으나 가지지 못하게 될 때, 그것이 진리의 가르침인줄을 알고 연연하지 말아야 한다. 내가 가져봤자 무용지물이기 때문에 나 보다 더 필요한 사람에게 돌아가도록 하는 것이다. 무슨 일이든 억지로 해서는 절대 안 된다. 그러다 보면 목숨을 잃을 수도 있다는 점을 명심해야 할 것이다.

빚지는 불공은 없다

진언수행의 방법 중에 시간을 정하여 정진하는 방법이 있다. 불공하는 날을 정해두면 죽음도 마음대로 할 수 없다. 따라서 오래 살고 싶은 사람은 시간을 정하여 불공을 꾸준히 하면 된다. 형식적인 불공이 아닌 참정진의 불공을 하면 된다. 세상 사람들은 변화의 주기를 10년씩 터울을 준다. 그래서 10대, 20대, 30대, 40대 등으로 기간을 정해 10년 단위로 삶을 정리한다. "10년이면 강산도 변한다." 하는 시절의 이야기다. 요즘 세상은 하루가 다르게 변하니까 10년 세월은 지나치게 길다 할 수 있다. 시간정진이란 터울을 짧게 잡아서 생활하라는 가르침이다. 어떠한 불공이든 빚지는 불공은 없다. 살다보니 주위에 나쁜 사람들이 많아서 고통스러울 때도 있다. 진언수행으로 자비심이 일어나면 일체중생들이 모든 고통에서 해탈할 것이다.

육자진언의 묘리를 알고 싶다면, 인시寅時에 진언을 부르면 된다. 한번의 인시정진으로 된다는 것은 아니다. 많은 공력을 쌓아야 묘리를 증득할 수 있다. 새벽 닭울음소리를 듣고 일어나 수행하는 것을 계명정진鷄鳴精進이라 한다. 이것이 정신세계를 다스리는 최고의 인시정진이다. 언제 잠자리에 들었든 그것은 어제 일이다. 어제 일을 굳이 오늘까지 끌고 올 것은 없다. 어제 일을 오늘까지 끌고 오면 집착이 된다. 그러므로 어제 몇 시에 잤든 인시가 되면 일어나야 한다. 어제의 일에 집착하지 않고 초연하게 생각하는 것이 마음수행이다. 새벽염송 계명정진을 강조하는 것은 오늘의 시작을 중요하게 생각하면서 새로운 날을 맞도록 하기 위함이다. 결승점에 일찍 도착하려면 출발점에서부터 서둘러야 한다. 서둘러도 뒤쳐지기 일쑤인데, 어찌 게으름을 피울 수 있겠는가. 우리는 무심코 걷지만 걷는 모습을 유심히 살펴보라. 오른발을 딛고 한 걸음 나아가려면 왼발은 땅에서 떨어져야 한다. 그러고 나서 왼발을 내디디려면 오른발이 땅에서 떨어져야 한다. 한 걸음 나아가기 위해서는 디딘 땅을 그만큼 버려야 한다. 버리지 않고서는 단 한 걸음도 앞으로 나아갈 수 없다. 과감하게 버려야 앞으로 나아갈 수 있다. 제자리걸음으로는 전진할 수 없다. 집착을 버림으로써 나아가는 힘을 얻는다.

제9장

육자진언의 공덕

육자진언을 염송하면 과거생과 현재생에 지은 업장이 소멸되고, 선업이 증장하게 되면서 미래에 선업을 짓기에 편리한 몸과 입과 생각의 구조가 바뀌게 되는 것이다. 이 장에서는 진언수행을 통하여 나타나는 공덕에는 어떠한 것들이 있는지 구체적으로 살펴보기로 한다.

바른 행동, 바른 말, 바른 생각의 걸림돌은 숙세의 업

"옴은 단시, 마는 지계, 니는 인욕, 반은 정진, 훔은 지혜, 이 육행을 관행하면 생노병사 받지 않고 잊지 말고 외우며는 천재 만액 소멸된다."

불교에서는 생명 있는 모든 체體를 중생이라 한다. 중생이 지은 업業은 부처가 되려는 노력보다 무겁다. 보살이 성불하기 위하여 수행하는 것보다 중생이 알게 모르게 짓는 업이 더 강하다는 뜻이다. 중생의 업에 비하면 부처가 되기 위한 수행은 오히려 쉬운 것인지도 모른다. 선업을 짓느냐 악업을 짓느냐의 차이가 있을 뿐이지, 우리 중생이 짓는 업의 힘은 강하고도 무겁다. 중생이 업을 짓는 강한 힘은 성불하는 데 장점이 될 수도 있다. 업 짓는 힘이 약하다면 수행도 제대로 할 수 없기 때문이다. 이제 중생의 업 짓는 장점을 선업을 짓는 방향으로 바꾸고자 진언수행을 하는 것이다.

우리는 지금 이 순간에도 많은 업을 지으면서 살고 있다. 자리에 가만히 앉아 있다하여 업을 짓지 않는 것은 아니다. 몸으로 직접 업을 짓지는 않지만 마음속의 수만 가지 생각을 통하여 온갖 업을 짓고 있다. 이렇게 짓는 업이 다 좋은 것이면 다행이지만 그렇지 못한 것이 문제이다. 중생은 숙세에 지은 업 때문에 올바른 생각보다 그릇된 생각을 더 많이 한다. 물론 특별한 장소에서는 마음을 조복調伏하고 주위 환경에 위압당하여 선업을 짓고자 할 것이다. 그러나 홀로 독방에 있거나 자유로운 상태에서는 그러지 못하다. 평소 익힌 습관習慣 때문에 선업 짓는 것보다 악업 짓는 일을 쉽게 행하기 때문이다. 말도 그렇다. 어른 앞이거나 조용한 곳이거나 문제를 제시할 때는 조심스럽게 한다. 앞뒤 상황을 따져 분위기에 맞추어서 말을 하지만, 이곳을 벗어나면 주위를 살피지 않고 생각나는 대로 말한다. 그러다 보니 일상에서도 제멋대로 하는 시간이 악업의 인을 더 많이 짓게 된다. 이것이 중생의 언어습관이다. 행동 또한 마찬가지다. 사람이 많은 자리에서는 옆 사람에 방해가 되지 않도록 행동을 조심하고, 어른 앞에서는 들고 날 때 소리가 나지 않도록 조용히 행동한다. 그러나 이렇게 조심하는 행동은 아주 짧은 시간일 뿐 대부분의 일상에서는 자유롭게 행동한다. 자유분방한 가운데 좋은 행동, 착한 행동을 하면 얼마나 좋겠는가? 허물 많은 중생은 행동 또한 그렇지 못하다. 그동안 쌓아온 습관 때문에 무심코 하는 행동조차 선한 쪽보다는 악한 쪽이 더 많다.

무심결에 하는 말, 무심결에 행하는 행동을 살피는 것이 진언수행이다. 진신眞身이나 진의眞意는 진언眞言을 통하여 나오게 마련이다. 어떤 사람의 말을 들으면 그 말속에 생각이나 행동이 고스란히 배어 있음을 알 수 있다. 진언수행, 진신수행, 진의수행을 함으로써 평소의 나쁜 악의 습관이 사라지고 선의 습관이 완성되는 것이다. 진실한 말을 통하여 진실한 행동과 진실한 생각이 드러나는 것이 진언수행의 공덕이다. 사람의 행동이나 생각을 자제하는 것은 쉬운 일이 아니다. 행동이나 생각을 다스리는 것보다 언어수행을 먼저 함으로 행동이나 생각을 쉽게 다스릴 수 있다. 말과 행동이 일치하고 말과 생각이 일치하여야 올바른 진언수행이 된다.

진언수행을 통한 여섯 가지 공덕

　　　　육자진언을 수행하면 가장 먼저 숙세宿世의 업장이 소멸된다. 숙세는 과거생을 말한다. 진언수행하면 숙세의 악업장이 소멸되고, 망언을 행하면 선업장이 소멸되어 악업의 고통을 받게 된다. 이것이 진언수행의 첫 번째 공덕이다. 열과 성을 다하여 염송한다 하여 지금 당장 서원이 이루어지는 것은 아니다. 숙세에 지은 악업이 없어질 때 서원이 성취된다. 허물이 있으면 해탈은 어렵다. 물론 악업이 말끔히 없어져야 공덕이 일어나는 것은 아니다. 내가 열 번의 진언을 외운다면 그 중 여덟은 숙세의 악업을 소멸하는데 쓰이고, 나머지 둘이 원에 해당되기 때문에 악업이 말끔히 소멸될 때까지 진언염송하면서 기다려야 할 것이다.

　　　　진언수행하면 과거에 지어놓은 선업장이 증장한다. 이것이 두 번째 공덕이다. 과거에 지은 열 개의 업 가운데 아홉은 악업이요, 하나가 선업이었다면 진언염송을 하면 아홉의 악업장이 소멸하면서 생기는 빈자리를 선업장이 채워지게 된다. 단순히 착한 일을 했다 하여 숙세의 악업장이 소멸되는 것은 아니다. 악업장은 선업의 공덕이 끝날 때 반드시 나타나 고통을 받게 한다. 《일체유부경》에

"설사 백천 겁의 오랜 세월 동안 지은 바 업은 없어지지 아니하여 인연이 되어 만날 때는 그 과보가 스스로 돌아와 받게 된다. 假使百千劫 所作業不忘 因緣會遇時 果報還自受"

하였다. 진언수행의 좋은 점은 선업의 공덕 받는 만큼 악업장이 소멸되기 때문에 받아야 할 악업이 없어져서 고통을 받지 않는다. 이것이 진언수행과 일반적 수행의 과보 받는 차이점이다. 그러므로 진언염송은 두 가지 공덕을 한꺼번에 얻을 수 있다. 악업이 없어지면서 그 자리에 선업이 채워진다. 육자진언을 수행하면 금생에 지은 악업장이 소멸된다. 이때 진언수행자는 법신불의 가르침을 듣고 진정한 참회가 따라야 한다. 과거에 지은 악업은 참회하려 하여도 내용을 모르기 때문에 잘되지 않는다. 그러나 금생에 지은 죄는 머릿속에 남아있어 쉽게 참회할 수 있다. 진언염송으로 금생의 악업이 참회될때 금생의 업과 똑같은 과거생의 지은 악업장이 소멸된다. 이것이 세 번째 공덕이다. 진언수행하면 금생에 지은 선업장이 증장한다. 염송을 통하여 악업장이 소멸될 경우 빈자리는 선업장으로 채워진다. 이것이 네 번째 공덕이다. 32상 중에 8상이 성취된다. 진언수행의 다섯 번째 공덕은 미래에 지을 악업의

근본덩어리가 사라져 습관을 바뀌게 한다. 지금까지는 과거생에 익혀온 습관으로 인하여 특별한 장소나 특별한 시간 외에는 나도 모르게 무방비 상태에서 악업을 지어왔다. 그러나 진언을 염송하면 미래의 악을 지으려는 여건이 사라지게 된다. 악업을 짓기에 편리한 몸의 구조가 선업을 짓기에 편리한 몸의 구조로 바뀐다. 이때 32상 중에 16상이 구족하게 된다. 진언수행의 여섯 번째 공덕이 습관이 바뀌면 행동 자체가 선업으로 가기 때문에 어떤 행동을 하더라도 악업의 행동이 아닌 선업의 행동이 자연스럽게 배어나오게 된다. 육자진언을 염송하면 몸과 입과 생각의 구조가 바뀌어서 태어나면서부터 상호자체가 32상으로 갖추어지게 된다. 이제 습관자체가 사라지고 원만한 상이 갖추어지면 굳이 진언을 염송하지 않아도 삶 자체가 수행이 되기 때문에 자연적으로 성불을 향한 행위만을 하게 되니 밝은 미래를 마음 놓고 살아갈 수 있게 된다. 이렇게 6가지 공덕이 성취되어 해탈의 경지에 오르면서 악업도 선업도 모두 사라지게 된다. 윤회의 근본업이 사리지게 되며, 남은 일은 성불뿐이다. 이때 인간세계에 출현하여 출가, 수행, 성불, 전법, 열반의 상을 보이게 되는 것이다.

우리에게 찾아오는 일곱 번의 사춘기

중생은 한번의 진언염송으로 몸과 입과 생각의 구조가 바뀌는 것은 아니다. 진언염송으로 단계별의 공덕을 얻은 연후에 성불하기 좋도록 바뀌지는 것이다. 진언수행자는 구경에는 성불하지만 그 먼 길을 가기 전에 인간세상에서 먼저 숙세의 악업을 선업으로 바꾸어 좋은 삶을 살고자 하는 것이다. 중생생활에서 익힌 습관은 진언수행과 관계없이 변한다. 변화에 대하여 알아보면, 부모에게서 물려받은 몸은 그대로 있지 않고 시간의 흐름과 함께 성장하면서 변화한다. 변화하는 데는 일정한 주기가 있다. 대나무의 마디가 생기는 것과 같다. 자연 또한 마찬가지다. 봄이 가면 여름이 오고, 여름이 가면 가을이 온다. 그리고 가을이 가면 겨울이 오고, 겨울이 가면 또다시 봄이 온다. 이때의 봄은 지난해의 봄과 다르다. 새로운 봄이다. 봄의 변화, 여름의 변화, 가을의 변화, 겨울의 변화가 각각 다르다. 사람도 철마다 해마다 변한다. 소년, 소녀에서 어른으로 바뀌는 시절이 사춘기, 사하기, 사추기, 사동기이다. 이것을 통히 사춘기思春期라 한다. 사람은 일생을 통하여 일곱 번의 사춘기를 겪는다. 일반적으로 사춘기라 하면 2차 성장이 나타나는 14~16세를 가리키지만 이는 두 번째 사춘기에 해당한다. 가장 먼저 찾아오는 사춘기는 미운 일곱 살로 불리는 시기이다. 아이가 일곱 살이 되면 단순히 어른 말을 듣지 않는 것이 아니라 실제로 이전과는 다른 변화가 찾아온다. 자기주장이 뚜렷해지면서 싫고 좋음이 분명해지는 시기이다. 물론 어린아이가 태어난 뒤 백일 이전과 백일 이후는 확실히 다르다. 예를 들면, 백일 전에는 자주 울던 아이가 울음을 멈추기도 하고, 낮잠만 자던 아이가 밤잠을 자곤 한다. 반면에 잘 울지 않던 아이가 백일 이후에 울음이 많아지기도 하고, 밤잠만 자던 아이가 낮잠을 자기도 한다. 옛 어른들은 그것을 알기에 백일 전에 아이에게서 어떤 문제가 나타나면 '백일만 넘기면 다 괜찮아진다'고 충고를 했다. 별 사고 없이 백

일을 잘 넘기면 백일잔치를 베푸는 것도 이 때문이다. 하지만 백일 이전과 이후의 변화는 첫 번째 사춘기 안에 속하는 작은 변화일 뿐이다. 보다 큰 변화는 일곱 살 정도에서 나타난다. 일곱 살 이전까지 숙세의 업을 통하여 움직였다면 일곱 살 이후부터는 금생의 업을 짓기 시작하는 시기이다. 14~16세가 되면 2차 성장이 나타나면서 몸의 구조가 바뀌어 남자는 더욱 남자다워지고 여자는 더욱 여자다워진다. 이때를 두 번째 사춘기이다. 21~22세가 되면 세 번째 사춘기가 찾아오는데, 이때는 여자보다 남자에게서 더 큰 변화가 일어난다. 이 시기에 한국의 남자는 군대에 입대하는 시기이다. 흔히들 남자가 군생활을 하고 오면 많은 것이 변한다고 한다. 망나니 같이 지내던 사람도 점잖은 사람으로 변하고, 자기만 알던 철부지도 부모와 가족을 생각하는 속 깊은 사람이 된다고 한다. 이와 같은 변화는 군생활에서 변한 것이 아니라 세 번째 사춘기의 영향이다. 이 사춘기 때는 경쟁과 시기, 질투 같은 감정이 강하게 나타나는 시기이므로 특히 마음을 잘 다스려야 한다. 네 번째 사춘기는 28~30세에 찾아온다. 이때는 대부분의 남녀가 결혼하는 시기이므로 지금과는 전혀 다른 삶을 경험하게 된다. 인생의 중요한 반환점이 되는 시기이기도 하다. 40대에 다섯 번째 사춘기를 맞는다. 사람은 또 한 번의 혹독한 변화를 겪으며 성장한다. 49~50세에 맞이하는 여섯 번째 사춘기는 남성은 여성스러워지고 여성은 남성화로 변화를 시작하는 시기이다. 60세에 일곱 번째 사춘기가 찾아온다. 이 시기는 개인적 생각이 강해지는 시기이다. 어린아이의 7세 되기 이전의 생각과 같다. 7세 이전은 과거생의 영향을 받은 개인적이라면, 7번째 사춘기에는 금생에 쌓은 경험의 개인적이다. 과거생과 현재생만 다를 뿐 모든 것이 비슷한 개인적 생각으로 돌아가는 시기이다. 일곱 번째 사춘기를 성숙하게 극복하여야 편안한 노후를 맞을 수 있다. 이처럼 사람은 일생 동안 일곱 번의 사춘기를 맞이하는데, 이때 새로운 삶을 살면 새로운 세계가 열린다. 사춘기가 들 때마다 진언수행을 하면 바람직한 모습으로 바뀔 수 있다. 나이가 들면서 외모에 변화가 오듯이 내면세계도 선하게 바뀌거나 악하게 바뀐다. 어차피 바뀌는 것이 마음이지만 가능하면 선하게 바꾸고자 노력해야 한다. 이것이 눈앞의 복을 염원하는 기복신앙과는 확실히 다른 진언수행이다.

육자진언 수행의 묘미

진언수행으로 자연과 내가 한 몸이 될 때 그 공능으로 가뭄이 계속될 때 비를 내리게 하고, 장마가 계속될 때 비를 그치게 할 수도 있다. 이것이 진언수행의 묘미이다. 진각밀교는 매월 첫 월요일부터 7일 동안 월초불공을 한다. 이를 칠일정진, 칠일불공이라 한다. 일주일은 해와 달 그리고 오행五行이 한번 회전하는 시간이다. 오행이란 우주 만물을 이루는 다섯 가지 원소로, 화火·수水·목木·금金=風·토土이다. 이 오원소와 일日과 월月이 조화를 이루는 시간이 일주일 주기이다. 이 기간 동안 진언수행을 하는 것은 진언수행자와 우주법계가 동일체同一體임을 알게 하는 수행이다. 1주간 진언수행 중에 세 번째 날[水]과 네 번째 날[木]이면 법신비로자나불로부터 가장 많은 가르침을 받게 된다. 이 가르침을 당체법문이라 한다. 이날은 수와 목에 해당하는 것으로 둘이 합쳤을 때 변화가 가장 많으므로 수행도 그것을 잘 활용하라는 의미이다. 물이 액체에서 고체로, 고체의 얼음이 기체의 수증기로 액체의 물로 변한다. 나무 역시 마찬가지이다. 줄기에서 잎으로, 잎에서 꽃으로, 꽃에서 열매로, 열매에서 다시 흙으로 변화한다. 당체법문當體法門은 법신비로자나불이 중생이 원하는 모습으로 나타나 모든 원이 성취하도록 설법하는 것을 말한다. 당체법문을 통하여 진실한 자연과 하나가 되었을 때 심성에서 숨은 진리인 선악의 원인과 결과를 깨닫게 된다. 인과이치를 깨달은 바른 삶이 즉신성불即身成佛이라 한다. 7일정진 중에는 3~4일의 법문, 물[水]에 의하여 나무[木]가 성장하듯 진언수행의 공덕도 3~4일의 고개법문을 잘 넘겨야 한다. 7개월정진 중에는 3~4월의 법문, 평생의 정진 중에는 3~4년의 법문이 나타난다. 이것을 불공의 고개라 하여 수행자의 용맹심을 시험하는 기간이다. 이 고개를 이기지 못하면 어떠한 것도 성취할 수 없다. 고개를 알고 잘 넘길 때 나와 자연이 동일체가 되는 법을 깨닫게 되는 것이다. 일상생활에서 나쁜 습관이 좋은 습관이 바뀌면 물이 필요할 때 물이 저절로 생길 것이며, 불이 필요할 때 불이 저절로 생길 것이다. 또한 나무가 필요하면 나무가 생길 것이며, 햇볕에 있다면 숲이 생겨서 그늘을 만들어 줄 것이다. 진언수행으로 당체법문을 깨달으면 현실적으로는 아픈 몸이 건강한 몸으로, 가난함이 부한 것으로, 불화가 화합으로, 고통이 즐거움으로 바뀌는 삶을 살게 된다. 진리적으로는 중생에서 아라한으로, 아라한에서 성문 연각승으로, 성문연각에서 불보살로 변한다.

　　자연과 사람이 함께 변하는 것이 진리이다. 자연은 자연대로, 사람은 사람대로 다르게 변한다면 이것은 진리가 아니다. 진리는 나와 자연이 합일함으로써 만들어지고 변화하게 된다. 물이 흐를 때 내가 합일이 되어야 하고, 불이 탈 때 내가 합일이 되어야 하며, 바람이 불 때 내가 합일이 되어야 만물이 생성하고 조락한다. 우리는 진언수행의 묘미를 모르기 때문에 명호정진에서 얻는 공덕, 경전을 읽어서 얻는 공덕, 참선을 통하여 얻는 공덕만 생각한다. 내 몸속에, 내 생활에서, 자연에서, 나고 죽는 그 속에 진언의 공덕이 숨어 있음을 알지 못한다. 7년마다 일어나는 일곱 번의 사춘기나, 해와 달과 5원소의 움직임이 회전하는 7일정진에 일어나는 당체법문을 겪으면서 우리 몸이 자연스럽게 변하는 시간 속에서 깨달을 수 있는 수행이다.

싯다르타 태자의 당체법문

싯다르타가 깨달음을 얻고 난 뒤 7일을 기준으로 7번 보림한 것도 그 이치가 자연의 1순회일[週間]의 진리에 수순하는 보림이었다. 7.7일 동안 붓다가야에 머물 때의 일이다. 싯다르타는 7일을 약속하고 남쪽 풀밭 한가운데 앉아 있었다. 그런데 3일이 지난 뒤 비가 쏟아져 싯다르타가 앉은 자리는 물구덩이가 되었다. 싯다르타는 법계와 약속한 7일 동안 움직이지 않고 제자리를 지켰다. 이때 숲속에 사는 코브라가 나타나 싯다르타가 앉은 좌대 밑으로 들어가 똬리 모양을 틀어 방석을 만들어 물에 뜨는 자세를 취하므로 비가 아무리 쏟아져도 부처님은 물에 잠기지 않았다. 코브라는 싯다르타가 한 방울의 빗물이라도 맞을 세라 자기 몸을 싯다르타의 등 쪽으로 틀어 올리더니 우산처럼 목 부위를 최대한 크게 벌려 싯다르타의 머리카락이 젖지 않도록 했다. 코브라로서는 제 몸을 최대한 사용하여 비에 젖는 것을 막았으므로 최상의 보시를 한 셈이다. 만일 1주일 약속을 깨고 3.4일 경에 그 자리에서 일어났다면 이러한 묘덕은 보지 못했을 뿐 아니라, 바라나시에서도 초전법문은 성공하지 못했을 것이다. 5비구 중에 교진여의 깨달음이 당체법문의 공덕이다. 왜 하필이면 5비구였을까? 5비구는 현상세계의 5대원소이며, 깨달음을 얻은 싯다르타는 화신[月]이요, 근본은 비로자나불[日]이다. 이것이 일월화수목금토의 법계1순회법칙이다. 육자진언수행의 공덕은 말과 생각, 행동의 나쁜 점을 고치고 나면 굳이 뭔가를 서원할 필요가 없다. 그때그때 필요한 것이 있을 때마다 부족하지 않을 만큼 자연으로부터, 법계로부터 받게 된다. 공덕을 받는 과정에서 자기가 수행한 정도만큼 얻을 수 있다. 그러므로 진정 더 큰 것을 바라고, 더 좋은 것을 원한다면 좀 더 용맹을 세우고 정진하여야 한다. 용맹정진을 쉬지 않으면 궁극적으로 해탈과 열반을 지나 부처가 되는 경지에까지 이르게 될 것이다.

염송으로 체험하는 육자진언의 공덕

　　　　　육자진언 속에는 미묘하고 불가사의한 진리가 담겨 있다. 진언수행으로 전생과 금생 그리고 내생의 업을 닦는 것은 물론 현세에서 바라는 물질이나 명예, 건강을 모두 취할 수 있다. 불교를 믿는 분들은 진언수행에 관하여 많은 의문을 품고 있다. 진언이 좋은 것은 사실이지만 팔만사천 종의 진언이 각기 다른 묘득을 지니고 있다. 진각밀교는 육자진언 하나만으로 교화를 펼치는 것을 이해할 수 없다고 고개를 갸웃거린다. 물론 그런 의문을 가질 만도 하다. 새벽에 일어나 잠자리에 들 때까지 오로지 육자진언만을 염송하기 때문이다. 특별히 경전 독송을 한다든지 공양물을 차려 올리는 것도 아니다. 또한 정화수를 떠서 정성을 다해 빈다든지 몸을 움직여 백팔배를 하는 것도 아니다. 행주좌와어묵동정行住坐臥語默動靜의 일상적인 움직임 속에서 진언수행을 할 경우 바라는 팔만사천의 모든 원이 이루어진다고 가르친다. 그러므로 육자진언이 지닌 묘리가 얼마나 미묘하고 불가사의한지 의혹을 품은 사람들이 많을 것이다. 중생세계에서는 육자진언의 묘리와 지닌 공덕을 수천만 번 이야기한다 해도 다할 수 없다. 물의 따뜻하고 차가움은 마셔본 사람만이 알 수 있듯이 육자진언 수행의 공덕을 알지 못하는 사람에게 무엇이라 전할 말이 없다. 스스로 염송을 해보면 무슨 의미인지 알 것이다. 관세음보살 명호수행은 현세의 바람만 이룰 수 있다. 육자진언수행의 공덕은 삼세를 관통하는 모든 바람이 이루어진다.

　　　　　진언염송의 공덕 중에 첫 번째가 건강하게 살 수 있다는 것이다. 몸도 마음도 건강하게 되는 것이다. 중생의 업이 있으므로 봄이 되면 봄을 타고 여름이 되면 여름을 탄다. 가을이 되면 가을도 타고 겨울이 되면 겨울도 탄다. 또한 혼자 있으면 외로움도 타고 둘이 있으면 시끄러움도 탄다. 봄을 탈 때 육자진언을 부르면 생동감을 느껴 활기

찬 생활을 하게 된다. 여름을 탈 때 육자진언을 부르면 에어컨을 켠 것처럼 시원함을 느낀다. 가을을 탈 때도, 겨울을 탈 때도 육자진언을 염송하면 모든 번뇌가 일순간에 사라진다. 사람들이 종종 감기에 걸리듯이 감기에 시달릴 때가 있다. 감기에 걸렸을 때 약을 먹으면 일주일 만에 낫고 가만히 있으면 7일 만에 낫는다는 말이 있다. 사람들이 어느 방법을 택하든 상관없다. 주사를 맞고 약을 먹어서 일주일이면 완쾌되고, 호되게 앓다가 7일 만에 툭툭 털고 일어나게 된다. 중생은 저마다의 업이 있으므로 아플 때는 아플 수밖에 없다. 어느 누구도 아픈 것을 거부하지는 못한다. 아프되 약을 먹고 나을 것인지, 약을 먹지 않은 채 나을 것인지? 스스로 선택할 수 있다. 육자진언염송이 명약인 것이다.

진언수행의 놀라운 공덕을 체험하다

예전부터 밀가루 음식을 좋아하면서도 마음 놓고 잘 먹지 못했다. 정 먹고 싶을 때는 아침이나 점심은 피하고 저녁때 조금씩 먹곤 했다. 국수를 먹든 부침개를 먹든 밀가루로 된 음식만 먹으면 배탈이 나서 네 방구석을 헤매며 고통을 겪어야 했다. 스승님 밑에서 수행을 하던 어느 날, 그날도 밀가루 음식이 자꾸 입에 당겼다. 밀가루의 유혹을 못 이겨 결국 저녁식사로 국수를 먹고 말았다. 전수님은 걱정스러운 눈길로 바라보면서도 굳이 말리지는 않으셨다. 잠자리에 들 무렵, 결국 사단이 나고 말았다. 배를 쥐어짜는 듯한 통증이 몰려와 도저히 잠을 이룰 수가 없었다. 아픈 배를 움켜쥐고 방안 구석구석을 헤매는데, 신음소리를 들었는지 옆방에서 주무시던 전수님이 달려왔다. 그러나 아픈 나에게 아무것도 해 줄 수가 없었다. 평소에도 밀가루음식을 먹고 아파하는 것을 많이 보았다. 그때도 손을 쓸 수 없이 그냥 지켜만 볼 뿐이다. 그런데 오늘은 좀 심하게 괴로워하는 것을 본 것이다. 전수님은 진언염송으로 고통을 사라지게 하고자 마음으로 결정하였다. 어릴 때부터 긴 세월 동안 받는 고통을 잠시 잠간으로 해탈할 수는 없다는 것을 알고 7시간 정진을 생각하였다. 그러나 그것 역시 7시간 동안 고통을 받아야한다는 것을 알고 단축시키는 방법을 택하였다. 7시간정진을 7회 배희사 염송법을 세운 것이다. 7시간을 70분으로 축소하고 그 대신 10분마다 희사를 배로 하는 법을 정한 것이다. 첫 번째 희사를 하고 10분 동안 육자진언 염송했다. 참회를 하고 두 번째는 첫 번째의 희사금의 두 배를 희사하고 10분 염송하고 참회하였다. 세 번째는 두 번째의 희사금의 두 배를 희사하고 10분 염송하고 참회하였다. 이런 원리로 7번 희사하고 7번 10분 염송하고 참회하는 법이다. 7번 마지막 염송이 끝나기 전에 나는 고통을 멈추고 곤히 잠을 잤다. 그날 이후로는 밀가루 음식을 아무리 먹어도 탈이 나지 않았다. 그때 나 홀로 진언염송을 했다면 간간이 배가 아팠을지도 모른다. 하지만 수행을 많이 한 스승님의 수행공덕이 나에게로 회향되었기에 그날 이후로 단 한 번도 아프지 않았다. 이처럼 회향이란 수행을 통해 많은 공덕을 쌓으면 그 공덕이 나뿐 아니라 다른 이에게도 되돌아감을 의미한다.

제 10강

염혜력의 신통함

육자진언을 염송하면 염혜력念慧力을 갖게 된다. 염혜력은 우리 마음에 새긴 지혜, 통찰의 힘을 가리키는 것이다. 진언수행으로만이 얻을 수 있다. 이 장에서는 염혜력이 무엇인지 알아보기로 한다.

염혜력이 무엇인가?

"다라니의 염혜력은 듣는 바를 잊지 않고, 염혜력은 익힘 없는 무량경전 뜻을 알며, 염혜력은 일찍 듣지 못한 바를 들어 알며, 염혜력은 보지 못한 때와 곳의 일을 알며, 염혜력은 소리 듣고 본과 말을 분별하여 그 실상을 관하므로 그의 생멸 알게 되며, 염혜력은 총지하여 흩고 잊지 않는 고로 모든 법에 거의 없되 묻는 바를 답하여 주고, 뭇 가운데 있더라도 두려운 바 하나 없이 사자 같고 우레같이 변재낙설 연설한다."

부처님의 법을 수행하는 자는 처음부터 올바른 수행법을 찾아야 한다. 올바른 수행법만이 구경성불을 이루게 될 것이다. 올바른 수행은 어디에서든지 공덕이 있다. 비유하면, 마을입구에 수백 년 동안 내려오면서 길손들이 쌓아올린 서낭당의 돌무더기에도 공덕이 있다. 그곳에 나아가 서원을 빌면 여행길에 무사할 수 있다. 그것은 쌓은 자들의 염원이 깃들어 있기 때문이다. 그러나 공원이나 정원 등에 쌓아 올린 돌무더기는 공능이 없다. 다만 주위와 조화를 이루는 아름다움만 있을 뿐이다. 비유하면, 조각가가 불상과 탑을 조각하지만 그 물건에는 공이 없다. 덕 높은 선지식의 관정灌頂으로 염혜력念慧力을 가지加持하여야 비로소 불상과 탑은 공능을 발휘할 수 있다. 물질을 생각하고 만든 것과 탐진치貪嗔癡를 비운 수행으로 얻어진 염혜력으로 관정한 것과 그 공이 같을 수 있겠는가?

일반적인 염력念力은 생각을 한 곳에 모아 초능력을 발휘하는 힘을 말한다. 염력에 의하여 멀쩡한 숟가락을 휘게 하고 고장난 라디오를 고치기도 한다. 염력은 특별한 사람만 가질 수 있으며, 특정 장소에서 어떤 계기가 있을 때 생긴다. 이러한 염력은 어느 한 시기에 나타났다가 사라지므로 오래가지 않는다. 그러나 염혜력은 타고난 것이 아니다. 진언수행으로 누구나 얻을 수 있다. 한번 얻은 염혜력은 영원히 없어지지 않는다. 과거의 행동을 발바닥에 기록을 남기지만 미래에 할 일은 손금에 나타난다. 손금에 나타나기 전에 먼저 기록되는 것이 염혜력이다. 염혜력을 얻으려는 이유는 앞으로 일어날 길흉화복을 판단할 수 있는 능력을 갖고자 한다. 어리석은 중생은 좋고 나쁨을 분별하기가 쉽지 않으므로 행동을 했을 때 옳은 행동인지 옳지 않은 행동인지 판단할 지혜가 없다. 그것을 판단하는 힘이 염혜력이다. 염혜력이 일상생활에 나타날 때까지는 상당한 기간 동안 진언수행을 해야 한다. 일반적으로 중생의 말이나 생각, 행동들은 모두 뇌세포 속에 기록되어 있어 염송을 하지 않거나 수행정진을 하지 않을 경우 기록된 것들이 제멋대로 튀어나온다. 선악을 구별하지 못한 채 순서 없이 제멋대로 나온다. 이때 필요한 것이 염혜력이다. 염혜력이 생기면 말이나 생각, 행동을 할 때 가려하게 된다. 선악 중에서 선을 가려 행하므로 나쁜 말이나 생각, 행동이 튀어나오려 하면 그것을 제압하는 힘이 곧 염혜력이다.

염혜력과 육신통

육신통은 천안통天眼通, 천이통天耳通, 신족통神足通, 타심통他心通, 숙명통宿命通, 누진통漏盡通이다. 육신통六神通은 중생이 지닌 분별의 벽을 넘어 해탈지解脫智로 들어설 때 생기는 초능력을 일컫는다. 육자진언을 염송하면 일어나는 공덕 중에 하나가 염혜력이다. 염혜력의 능력 중에 육신통이 있다. 첫 번째 천안통天眼通으로써 보지 못한 때와 곳의 일을 알 수 있는 능력이다. 사람이 죽으면 금생에 행한 모든 것이 없어질 줄 알지만 그렇지 않다. 육신은 사라진다 하여도 그동안 지은 업주머니는 다음 생으로 가져간다. 보지 못한 때와 곳의 일을 안다는 것은 무시광대겁에 지은 모든 일이 업주머니에 저장되어 있기 때문에 천안통을 얻으면 전생 일을 모두 알게 된다. 예를 들면 금생에 남자로 태어나 출산의 고통을 알지 못하는 사람도 염혜력을 얻으면 그 고통을 알게 된다. 이것은 몇 생을 돌면서 여자로 태어난 때가 있었기 때문이다. 또한 정치나 문화나 경제에 대하여도 마찬가지이다. 윤회하는 중에 어느 생에서는 왕으로, 어느 생에서는 신하로, 어느 생에서는 사업가로, 어느 생에서는 예술가로 태어났기 때문에 염혜력을 얻으면 모든 분야에 모르는 것이 없게 된다. 중생이 금생에 태어나 한 평생을 산다 하여도 업주머니 속에 담긴 이와 같은 능력을 1만분의 1도 채 쓰지 못하고 생을 마감한다. 다만 필요할 때마다 필요한 것만 가져다 사용할 뿐이다. 악이 필요하면 악을 사용하고 선이 필요하면 선을 사용했을 뿐이다. 업주머니가 지니고 있는 양이 불가사의하여 끝을 알 수가 없다. 업주머니의 것을 1만분의 1도 쓰지 못하지만 사람은 스스로 숨도 쉬고 눈도 깜빡이고 양팔도 마음대로 휘두를 수 있다. 업주머니 속의 모든 능력을 내어 사용한다면 허공을 날아다니는 것은 물론, 죽었다 살아나는 것쯤은 자유자재로 할 것이다. 또한 천리를 오가는 일 따위는 매우 쉬울 것이며, 상대의 마음속을 들락날락하며 들여다볼 수도 있다. 생명 있는 것 중에서 특히 사람이 최고라 한다. 그러므로 사람을 만물의 영장이라 하는 것이다. 사람은 말로써 의사소통을 할 뿐 아니라 문자를 만들어 모든 것을 기록할 줄 안다. 또한 과학을 발달시켜 배나 비행기를 발명함으로써 하늘과 바다를 마음껏 활보하기도 한다. 이 모든 것이 사람의 머리에서 나왔으며, 이와 같은 힘은 사람이 가진 능력에 비유하면 1만분의 1도 되지 않는다. 이처럼 불가사의한 힘을 가졌으면서도 탐진치貪瞋癡에 집착하고 무명에 가리워서 알지 못하는 삶을 살고 있다.

  어려서부터 절에서 생활하던 동자승이 있었다. 절에는 큰 스님과 동자승 둘밖에 없었으므로 동자승은 심심하면 법당 안에서 놀았다. 법당에 모신 관세음보살 상을 보고 어머니라, 혼잣말을 하며 시간을 보냈다. 그렇게 한 달이 지나고 1년이 흘렀다. 관세음보살은 온화한 미소를 띤 채 동자승에게 말을 건네지도 않고 놀아주지도 않았다.

  동자승은 큰 스님에게 투덜거렸다. "큰 스님, 심심하여 못살

겠어요. 관세음보살님은 저랑 놀아주지를 않아요." 그러자 큰 스님이 웃으면서 말했다. "그럼 너랑 놀아줄 황소 한 마리를 선물하마. 타고 다니든 몰고 다니든 마음대로 하렴." 동자승은 심심하던 차에 잘됐다 싶어 빨리 달라고 큰 스님에게 졸랐다.

"이렇게 떠들고 큰소리치면 황소는 오지 않는다. 내가 미달이문의 창호지에 구멍을 내주마. 이 구멍을 통하여 바깥쪽을 내다보면 황소가 한 마리 나타날 거다. 그때 황소를 잡아서 친구 삼아 놀아라." 다시 큰 스님은 "다시 말하지만, 네가 밖에 있으면 황소가 오지 않는다. 꼭 이 방에서 살펴야 한다."고 하였다.

동자승은 법당에 가서 관세음보살하고 노는 것도 재미가 없으므로 큰 스님이 시키는 대로 하였다. 방안에 앉은 채 뚫린 창호지 구멍으로 바깥쪽을 내다보는 동안 하루가 가고 한 달이 가고 두 달이 갔다. 석 달이 지난 뒤 동자승이 방문을 활짝 열면서 소리를 쳤다. "황소가 나타났다! 황소가 나타났어!"

그러나 실제로 황소가 나타난 것은 아니었다. 동자승이 깨달음을 얻어 염혜력에 관통함으로써 벌어진 일이었다. 이날 이후로 동자승은 더 이상 심심하지 않았다고 한다.

흔히들 스님이 되면 고기도 못 먹고 놀지도 못하니 매우 심심할 거라 생각한다. 그러나 고기를 먹으면 얼마나 먹겠으며, 놀면 몇 년이나 놀겠는가? 세상사람 가운데 일에 억눌린 사람이 잠 한번 실컷 자보는 것이 소원이라는 사람도 많은데, 잠을 잔들 또 몇 시간 며칠이나 자겠는가? 깨달음을 얻은 사람은 쉬려면 쉬고, 먹으려면 먹고, 놀려면 놀고 자유자재로 할 수 있다. 하지만 어리석은 중생은 그 생각을 하지 못한다. 황소도 보지 못하는 바늘구멍만한 지식으로 자기가 앉아 있는 자리가 세상의 전부인양 생각하며 평생을 살아간다. 이렇게 100년을 살기도 어려운데 1,000년을 살 것 같이 준비한다. 또한 눈으로 세상을 바라보지만 손가락 마디 하나로 눈을 가리면 아무것도 보지 못한다. 세상은커녕 손가락 하나도 제대로 볼 수 없다. 반면에 염혜력의 공덕을 얻으면 보지 못한 때와 곳의 일을 알 수 있다. 육안으로 보는 것이 아니라 천안天眼이 열리기 때문이다. 천안이 열리면 무시광대겁 동안 내가 행한 모든 일이 바깥에 있지 않고 내 몸의 업주머니 속에 들어 있음을 알게 될 것이다. 누군들 업주머니 속에서 나쁜 것을 끄집어내고 싶겠는가? 좋은 것, 자비로운 것만 꺼내 써도 다 사용하지 못할 터인데 굳이 나쁜 것을 꺼내 쓰고 싶겠는가. 그러나 염혜력의 공덕을 얻지 못하면 업주머니에서 아무거나 꺼내게 된다. 염혜력이 없으면 업주머니에서 좋은 것이 나와도 불안하고 나쁜 것이 나와도 불안하다. 무엇이 좋은지 무엇이 나쁜지 판단할 수 없어 더욱 불안감을 느끼게 된다. 좋은 일이 생기면 이 일이 얼마나 지속될지 불안하고, 나쁜 일이 생기면 얼마나 지속될지 알 수 없어 다급하고 불안해 한다.

    집에 손님이 온다고 했을 때 다섯 명이 올지 스무 명이 올지 모른 채 열 명이 먹을 음식을 장만했다면 어찌 되겠는가? 손님이 다섯 명만 온다면 음식이 남을 것이며, 스무 명이 온다면 음식은 턱없이 부족할 것이다. 이런 경우 염혜력을 터득한 사람이라면 손님이 오는 수만큼 좋아하는 음식을 장만한다면 수월하게 대접할 수도 있다. 밥을 지을 때도 마찬가지다. 한평생 밥을 지어도 항상 다른 밥이다. 죽밥이 되거나 된밥이 되거나 태운 밥이 되거나 설익은 밥이 된다. 장작불로 밥을 짓던 시절에는 영혼이 맑고 지혜가 있어 물을 대충 맞춰도 맛있는 밥을 지었으나 지금은 그렇지 않다. 전기밥솥에 코드만 연결하면 밥이 만들어지는 세상에 살면서도 맛있는 밥을 제대로 짓지 못한다. 재물을 중시하는 시대에 살다보니 모든 생각이 재물에 집착하여 삶의 지혜가 발휘되지 않는다. 염혜력의 공덕이 빛을 잃은 것이다.

염혜력이 생기면 두 번째 능력인 천이통天耳通을 얻게 된다. 염혜력이 생기면 어떤 소리만 듣고도 그 일의 본本과 말末을 알 수 있다. 일의 본本을 안다는 것은 과거를 아는 것이요, 말末을 안다는 것은 현재와 미래까지 알 수 있다는 것이다. 진각밀교는 진신眞身·진언眞言·진의眞意 중에서 특히 진언을 앞세운다. 사람의 신체 중에서 마음의 변화를 가장 심하게 일으키게 하는 것은 귀이다. 그래서 눈으로 보는 것보다 소리를 들을 때 마음이 더 많이 움직인다. 눈으로는 후면까지 볼 수 없다. 눈이 보는 각도는 정면이 120도, 측면이 75도 정도이므로 시야를 확보할 수 있는 각도는 정면과 양쪽 측면을 합쳐 270도 정도이다. 하지만 귀는 사방과 상하에 통하기 때문에 전후좌우에서 나는 소리를 전부 들을 수 있다. 귀로 듣는 소리에는 과거 소리, 현재 소리, 미래 소리가 있다. 그 소리의 실상을 통달한 것이 천이통이다. 천이통은 천리밖에서 나는 소리까지도 마음만 먹으면 모두 들을 수 있다. 그리고 과거에 들었던 것도 모두 기억한다. 업주머니 속에 과거에 들은 모든 소리가 담겨져 있기 때문이다. 그러나 염혜력의 공덕을 얻지 못한 중생들은 금생에 들은 것도 얼마 전에 들은 것도 쉽게 잊곤 한다. 선생님이 가르쳐주었는데도 시험을 치면 만점이 나오지 않는 것도 다 이런 이치이다. 이미 다 들었으나 잊어버리고 알지 못하는 것이 중생의 숙명이다. 중생의 속성이 이러한데 어찌 숙세의 업을 기억하여 지혜를 얻겠는가? 가부좌하고 조용하게 생각을 정리하면 찰나 찰나에 속세에서 들은 모든 것들이 기억날 것이다. 그것을 얻기 위하여 정진하는 것이다.

염혜력으로 얻은 세 번째 신족통神足通이다. 신족통은 순간적으로 천리만리를 다녀올 수 있고, 물속이든 불속이든 진흙이든 어디를 가더라도 빠지거나 태워지거나 더러워지지 않는다. 가리어진 벽도 통과할 수 있다. 움직임만 그런 것이 아니다. 모든 행위에도 통하는 행동을 할 수 있다. 부처님의 발바닥에 지난 일들이 기록되어 있듯이 중생의 업주머니 속에는 여러 생에 걸쳐 몸을 바꾸어도 그동안 행한 일들이 모두 담겨 있다. 따라서 신족통의 지혜를 얻은 사람은 과거 발자취를 통하여 무엇이든지 할 수 있는 능력을 가지고 있다. 공부를 하면 뛰어난 실력이 나타나고, 사업을 하면 성공할 것이며, 물건을 만들면 가장 훌륭한 물건을 만들 것이며, 정치를 하면 성군이 될 것이다. 글을 쓰면 누구나 다 즐거워하는 작품이 나올 것이다. 이러한 모든 것은 과거 생에 익힌 것 가운데 좋고 나쁜 것을 알아 좋은 것만을 사용할 수 있기 때문이다. 실수하고 실패하지 않는다면 금생에 두 번 다시 잘못을 행하지 않을 것이다. 그러나 중생은 몸의 애착 때문에 정진하지 않아 신족통을 얻지 못한다. 그 때문에 아직도 실수와 실패를 거듭하고 있다.

염혜력으로 얻어지는 네 번째 능력이 타심통이다. 이것은 다른 사람의 마음을 꿰뚫어 보는 능력이다. 사람뿐 아니라 자연법계와 삼라만상의 마음까지도 알 수 있다. 밀교에서 타심통이란 자연의 섭리를 깨닫는 것을 의미한다. 따라서 석가모니불의 타심통은 상대방의 마음을 읽는 것이요, 비로자나불의 타심통은 자연의 마음을 읽는다. 이때 자연의 이치란 과거가 아닌 현재를 의미한다. 염혜력이 생기면 누가 무엇을 물어도 능히 답해줄 수 있다. 계획적으로 하는 것이 아니라 질문과 동시에 즉석에서 답이 나온다. 이는 자연의 이치와 하나가 되었기에 가능한 일이다. 앞서 말한 신족통이 과거의 족적을 가리킨다면 타심통은 현재를 이야기하는 것이다. 지금 내 앞에서 어떤 상황이 벌어지는지? 그 일에 대하여 능히 대처해 가는 능력이 곧 타심통이다. 선종에서 선문답으로 만들어진 것이 화두이다. 화두가 형성되는 과정이 타심통의 이치에서 생길 수도 있다.

　　염혜력으로 얻어지는 다섯 번째 능력은 숙명통이다. 숙명통은 삼세의 인과를 아는 지혜의 능력이다. 금생에는 경전을 읽지 않았다 하여도 과거에 읽은 경험이 있기에 8만4천 경전의 이치를 깨닫는다. 이것이 염혜력을 터득한 사람만이 가질 수 있는 지혜이다. 예를 들면, 시골의 한적한 마을을 지나다보면 금생에 한 번도 와본 일이 없는데 왠지 익숙한 느낌이 들 때가 있다. 그렇다면 전생의 어느 시기에 그 마을을 다녀간 적이 있는 것이 분명하다. 사람으로, 축생으로 왔다갔거나 아니면 그 주위에 살았을 수도 있다. 악업을 지은 뱀이나 빚을 갚으려고 온 소나 개로 그곳에 온 적이 있었을 것이다. 사람으로 왔다갔으면 천만다행이지만 개미로 태어나 그곳에 개미굴을 파고 살았는지도 모를 일이다. 어쩌면 호박덩굴이 있는 그곳에 벌이 되어 왔다갔을 수도 있다. 숙명통을 얻지 못하여 전생의 일을 알지 못할 뿐이다.

　　염혜력을 얻으면 여섯 번째 얻어지는 능력이 누진통이다. 누진통은 번뇌를 모두 끊어 대자유를 얻어 미혹의 세계에 두 번 다시 태어나지 않는 경지를 말한다. 누진통은 천안통·천이통·신족통·타심통

·숙명통을 깨친 뒤 마지막으로 얻게 되는 것으로, 내가 가진 업주머니 속의 나쁜 것이든 좋은 것이든 모두 소멸시키는 능력을 가진다. 보살이 되려면 오신통만 얻으면 되지만, 부처가 되려면 누진통까지 완성하여야 한다. '뭇 가운데 있더라도 두려운 바 하나 없이 사자 같고 우레같이 변재낙설 연설한다.' 이것이 누진통의 경지에서 즐기는 법력이다. 말씨는 당당하여 거침이 없고 행동 또한 당당할 것이다. 사자처럼 당당할 수 있는 것은 티끌만한 잘못도 없기 때문에 자신감이 넘친다. 허물이 있는 사람은 말뿐 아니라 생각도 자유롭지 못하고 행동 또한 당당할 수 없으며, 매사에 조심하고 조심하는 소극적인 자세를 취할 것이다. 부처님의 말씀을 사자후獅子吼라 표현하는 것도 이런 이유에서이다. 사자의 울부짖음에 모든 짐승이 두려움에 떨듯이 부처님의 위엄 있는 설법을 사자후에 비유한다. 진언수행으로 삼세의 업장이 사라지고 부처의 진리업장이 새롭게 쌓이도록 한다. 이것이 육신통을 깨달아 얻은 염혜력이다.

염불과 염송

　　　　　일상생활에서 옴마니반메훔을 염송하면 그 속에 삼밀행이 이루어진다. 염불念佛은 생각을 의미하고 염송念誦은 말을 의미한다. 똑같은 불교이지만 염불은 현교에서 흔히 하는 수행법이고 염송은 밀교에서 행하는 수행법이다. 염송하면서 부처를 생각하면 된다. 스스로는 지금까지의 생활습관이 좋은지 나쁜지 잘 알지 못한다. 다만, 지금까지의 삶이 행복했다면 그 습관習慣을 그대로 가져가도 좋다. 지금까지의 삶이 불행했다면 그 습관은 버려야 한다. 그 습관 때문에 불행한 삶을 살았기 때문이다. 잘못된 것이 있으면 고쳐야 한다. 그러기 위하여 선지식을 찾는다. 선지식 가운데 가장 훌륭한 선지식은 부처님이다. 나쁜 모든 것을 변화할 수 있도록 부처님은 팔만사천 말씀을 하였다.

구멍 뚫린 그릇에 물을 담지 못하듯이 법이란 것도 이치에 맞아야 한다. 마찬가지로 종교 또한 그 지역의 풍토성風土性과 그곳에서 생활하는 사람들의 혈지성血智性에 맞아야 공감을 얻고 소통할 수 있다. 구멍 뚫린 그릇은 필요한 사람에게 주면 된다. 이것이 서로를 좋게 하는 이타利他행이다. 상대에게 필요한 구멍 뚫린 그릇을 줌으로 인하여 내게 필요한 구멍 막힌 그릇으로 바꾸는 것이다. 내 것도 내 것, 네 것도 내 것이라는 욕심 많은 중생이 하는 일의 대부분은 이타를 가장하여 자기 이익을 지키는 것이다. 이와 같이 이타는 결국 자리가 된다. 아내는 남편을 위하고 남편은 아내를 위한다지만 결국 자신을 위해 부부 관계를 유지하는 것이다. 부처님의 눈으로 볼 때 어느 누구도 원만하거나 부족함이 많고 잘못함이 많은 중생이기에 따라서 수행을 하거나 삼밀행을 할 때 참회를 우선으로 하고 마지막으로 구경성불究竟成佛을 맹세하는 것이다. 구경성불의 길은 멀고도 멀 뿐이다. 지난 2,500여 년 동안 석가모니불을 제외하고는 단 한 분의 부처님도 태어나지 않았다. 그냥 훌륭한 선지식善知識이고 보살이고 대선사요 조사祖師요 존자尊者일 뿐이다. 그러므로 구경성불의 길은 먼 미래에 맡겨두고 금생에는 참회하면서 바른 마음으로 살도록 애써야 할 것이다. 이러한 해탈의 경지를 지나야 비로소 열반의 경지에 갈 수 있고, 열반의 경지를 얻은 연후에 성불할 수 있다. 이것이 밀교의 구경성불이 되는 것이다.

늘 새롭게 시작하라

계명정진이 얼마나 좋은지는 직접 해봐야 알 수 있다. 몸이 아무리 피곤해도 그것은 어제 일이다. 어제 일을 핑계로 게으름을 피워서는 안 된다. 어제야 어떠했든 새로운 오늘을 시작하는 인시寅時에 일어나 새로운 하루를 부처님과 함께 시작하는 습관을 길러야 한다. 집착이 많은 중생이므로 어제 일을 쉽게 버리지 못한다. 특히 자신의 이익과 손해부분에 강한 집착을 갖고 있다. 예를 들면, 남의 돈을 빌려 쓸 때는 갚을 날자를 기억을 하지 않고, 남에게 빌려준 것은 받을 날을 절대로 잊지 않는다. 어디든 쫓아가 기어이 그 돈을 받아내야 한다. 이렇듯 중생은 자기에게 좋은 일은 금세 잊어버리고, 자기에게 나쁜 일은 절대 잊지 않고 집착을 한다. 이 모든 것이 어리석음으로 빚어진 일들이다.

수행법 중에 걷는 수행이 있다. 이것은 집착을 버리기 위한 수행법이다. 한발 옮길 때 반드시 다른 한 발을 땅에서 떼야 한다. 그때마다 집착을 하나씩 버리는 것이다. 한걸음, 한걸음 걸으면서 생각을 비우면서 자연과 하나 되는 수행을 한다. 중생들은 모든 생각을 머리로 한다. 머리가 얼마나 복잡하겠는가? 그 복잡한 머리를 아래로, 아래로 내려서 생각을 발바닥까지 내려오게 한다. 중생은 아무리 머리를 써도 탐진치만의貪瞋癡慢疑를 떠날 수 없다. 이러한 머리는 사용하지 않을수록 덕이 쌓인다. 그러므로 머리의 생각을 발바닥으로 내려 보내는 것이다. 참회와 염송을 통한 증득證得의 길로써 옴마니반메훔의 오묘한 원리를 알고 싶다면 번뇌의 뿌리가 뽑힐 때까지 염송해야 한다. 비우는 염송의 제1단계가 어떤 일에도 연연하지 말라는 것이다. 앞으로 나아갈 길도 바쁜데 과거 핑계를 대면서 시간을 낭비하려 하는가. 지금 이 순간부터 다시 시작하면 된다. 이것이 정신세계를 다스리는 최고의 계명정진이다. 지금 이 순간부터라도 다시 한 번 마음을 가다듬고 염송을 통해 육자진언의 묘리를 스스로 깨우치기 바란다.

제11장
삼륜신의 세 가지 법문

밀교는 자성륜신自性輪身, 정법륜신正法輪身, 교령륜신敎領輪身의 삼륜신을 말한다. 자성륜신은 지혜와 자비를 갖춘 법신비로자나불을 의미하며, 정법륜신은 법신비로자나불을 제외한 일체의 불보살을 가리키며, 자비로써 법을 전한다. 교령륜신은 명왕을 가리키며 지혜로써 일체의 악마를 굴복시킨다. 이 장에서는 부처님이 중생에게 세 번의 기회를 준다는 것에 대하여 알아보기로 한다.

자성륜신·정법륜신·교령륜신

"밀교에는 본래부터 삼륜신三輪身이 있는지라.
자성신自性身은 부처위라 지비智悲이덕 갖췄으며,
정법신正法身은 보살위라 자비慈悲로써 섭수攝受하며,
교령신敎令身은 명왕위라 대지大智로써 절복折伏한다."

삼륜신은 밀교에서 법신불이 중생들을 위하여 방편법으로 나타나는 륜신輪身으로서 중생으로 하여금 깨달음으로 들어가게 하기 위한 당체설법이다. 수행자가 삼륜신의 법을 통하여 당체법문을 깨닫게 되면, 타고난 한정된 수명 동안에 인과의 이치를 깨달아 금생의 살림살이만 윤택하게 할 뿐 아니라 나아가서는 성불의 자리까지 이르게 될 것이다. 법신부처님이 법을 설하기 위하여 모습을 나타낼 때는 아무런 근거가 없이 나타나는 것이 아니다. 반드시 수행자가 원願하는 모습으로 나타나서 수행자로 하여금 쉽게 알아듣고 실천할 수 있도록 법을 설한다고 되어 있다. 이것은 자비로운 법신불이 수행자들이 인因 지음이 각각 다르고 근기根機가 다르며 원願 또한 다르기 때문에 그것에 맞추어서 나타나는 것이다. 륜신이라는 것은 한 곳에만 고정되어 있는 것이 아니라 바퀴돌 듯이 세 분이 돌아가면서 법을 전하기 때문이다. 상근기는 자성륜신으로부터 법을 받고 중근기는 정법륜신으로부터 법을 받고 하근기는 교령륜신으로부터 법을 받는다. 교령륜신의 법을 받기 전에 정법륜신의 법 받기를 서원해야 하며, 정법륜신의 법을 받기 전에 자성륜신의 법 받기를 서원해야 한다. 우리가 마음의 눈을 뜬다면 자성륜신의 법을 보는 혜안이 생겨 모든 고통을 미리 막을 수 있다. 이러한 법을 얻으려면 자성을 밝히는 마음공부를 해야 한다. 모두 법신비로자나불의 응용방편이다. 본래부터 중생세계에는 삼륜신의 법이 있었다. 법계에 나타나는 본래의 법이다. 현교에서는 법신·보신·화신의 삼신三神으로 나타나 근기설법하지만 밀교의 교주인 법신비로자나불은 중생을 위하여 법신으로 나타나 당체법을 설한다. 다만 중생들이 그 뜻을 모르고 있을 뿐이다. 중생들을 위하여 설법하실 때는 아무런 근거 없이 나타나는 것은 아니다. 비로자나불이 법신이 중생이 원하는 모습으로 나타나 중생이 알아들을 수 있게 설법하는 것이 당체설법이다. 중생이 바라는 원願이 너무 많으나 세 가지 유형으로만 나타나기에 삼륜신이라 한다. 중생은 지난 세월 동안 지은 업業에 따라 살아가며, 업의 기준은 인과법칙이다. 인과법칙으로 선과 악의 업보가 나타나는데, 그 업보가 나타나기 전에 미리 그 조짐을 알려주는 것이 삼륜신의 법문이다. 삼륜신의 법을 듣고 당체법문當體法門의 이치를 터득하면 고와 낙의 받음을 알게 되면서 세상을 살아가는 인과의 법칙, 선악이치를 깨닫게 된다. 인과이치를 깨달은 그 자리가 즉신성불卽身成佛의 자리이다.

부처님이 베푸는 첫 번째 기회

　　　　　비로자나불이 자성법신이다. 자성법신의 가르침은 곧 마음의 가르침이다. 지금 이 순간 자리에 가만히 앉아 있어도 마음으로 계획하고, 마음으로 설계를 하고, 마음으로 뭔가를 한다. 이와 같은 모든 것이 부처님의 가르침이다. 마음자세에 따라 모든 것이 달라진다. 웃는 모습이나 성내는 모습 또한 우리 마음에 따라 표현된다. 우리들이 세상을 살다보면 이런저런 업을 짓기 마련이다. 업을 지으면서 즐거운 일도 겪고 고통스러운 일도 겪는다. 중생은 인과법대로 사는 것이 당연하다. 그러나 인과법을 바꿔나가거나 고쳐가는 것이 종교의 힘이다. 과거에 악업의 인因을 지어 금생에 고통을 받는다 하여도 그것을 바꿀 수 있는 것은 염송의 힘이다. 우주 속의 자연과 진리가 인과법대로만 진행된다면 사람의 힘으로는 영원히 바꿀 수 없다. 그렇다면 이 세상에는 종교가 필요 없을 것이다. 그렇다 하여 인과법칙을 저버리는 것은 아니다. 부처님의 가르침에 따른다 하여도 인과는 받아야 한다. 그럼에도 불구하고 종교가 필요한 이유는 인과를 받되 증장할 것은 증장시키고 소멸할 것은 소멸할 수 있기 때문이다. 부처님의 가르침을 통하여 우리가 받은 고통은 하나 둘 소멸해가고, 이익되고 즐거운 일은 점점 증장해가야 한다. 그러나 지혜가 밝지 않으면 무엇이 이익이고 무엇이 악인지 알 수 없어 무엇을 증장시키고 무엇을 소멸하여야 할지 판단할 수 없다. 이때 필요한 것이 불보살과 명왕이 보여주는 법문이다. 한 분뿐인 자성법신비로자나불이 중생에게 주는 3번의 기회로 법문 지은 업의 근본을 알 수 있게 한다. 근본을 알면 고칠 것은 고치고, 증장시킬 것은 증장시키고 소멸할 것은 소멸하는 지혜가 생기게 된다.

삼륜신의 첫째는 자성륜신이다. 자성륜신은 부처님으로 지혜와 자비를 갖추고 있다. 자성自性이란 중생의 본성 또는 법신불의 본성이자 모든 불보살의 본성을 가리킨다. 번뇌의 때가 전혀 묻지 않았으며, 어떠한 행위도 하지 않은 본래의 모습이다. 법은 상근기가 아니면 받을 수 없다. 일반인이 받았다 하여도 소화시키지 못한다. 부처님과 중생이 이심전심의 경지에서 자성륜신의 법을 받는다. 자성륜신의 법을 받는 상황은 염송 중에 아무런 고통도 없다. 진언수행을 함으로써 지혜가 일어나 법문을 듣게 된다. 그로부터 본심本心의 문이 열려 눈물을 흘리기도 하고 환희한 마음이 생기기도 하며, 또한 보리菩提를 얻고자 하는 발심發心까지도 일어나게 되는 것이다. 이것이 부처님과 수행자가 유가상응瑜伽相應의 경지에서 이심전심以心傳心으로 법을 전수전법傳授傳法하는 당체설법이다. 이때는 숙세宿世의 악업이 있다 하여도 고통 없이 참회懺悔로 소멸하게 되는 것이다. 과거 지은 업에 의하여 고苦를 받든 낙樂을 받든 갑자기 당하는 일은 없다. 먼저 그 조짐이 나타난다. 그 조짐을 알게하는 것이 삼륜신이 알려주는 세 번의 기회이다. 첫 번째 기회는 자성륜신의 법문으로써 진언염송하는 중생의 마음속에 나타나 고락의 감화를 불러일으킨다. 염송하는 수행자는 잘못은 참회하고 좋은 것은 증장시키는 마음의 문이 열려 환희심으로 과보를 조절한다. 이때 자성륜신의 법문을 받게 된다. 아침에 일어났을 때 날씨도 쾌청하고 주위 여건들이 밝게 보이거나 몸에 지닌 반지, 목걸이가 다른 날보다 유난히 빛을 발하고 있기도 하고, 반대로 아침에 일어났을 때 마음이 산란하거나 지닌 물건이 빛을 잃은 것을 발견할 때도 있다. 이것이 오늘 일어날 일들을 마음이 먼저 알아 좋고 나쁨의 법문을 보여주는 것이다. 마음은 눈으로 직접 볼 수 없으므로 내 몸에 가장 가까이 접하여 있는 물건에 의하여 나타나게 된다. 그런데 중생은 자성륜신의 마음으로 전하는 법문을 잘 느끼지 못한다. 좋은 일이 생길 때는 별다른 준비 없이 맞으면 되지만, 나쁜 일이 생길 때는 미리 막을 수 있는 방편을 써야 할 것이다. 나쁜 일의 법문을 보았다면 누군가와의 약속이 있다면 그 약속을 미루고, 어쩔 수 없이 만나야 할 상황이면 큰 문제를 논하지 말고 가벼운 만남으로 마무리하여 다음 약속을 잡는 등의 지혜가 필요하다. 지금까지 지어놓은 악업의 싹이 나지 않도록 하는 방법이다. 악의 씨앗은 일단 싹을 틔우면 줄기가 나고 잎이 나고 열매를 맺으며, 어쩔 수 없이 추수하여야 한다. 악업의 싹이 나지 않도록 미리 방편을 세운다면 고통 받을 일은 없을 것이다. 진실한 마음으로 염송하면 오늘을 내다보는 지혜를 얻을 수 있다. 이것이 자성륜신의 가르침이다.

  중생이 자성륜신의 법을 알아듣지 못할 경우 정법륜신으로 법을 전한다. 이것이 부처님이 중생에게 베푸는 두 번째 기회이다. 정법륜신의 전법과정을 살펴보면, 법신을 제외한 모든 불보살이 정법륜신이다. 정법륜신은 보살로서 자비로 법을 보여준다. 자성륜신의 법을 알아듣지 못하는 근기 낮은 중생들은 부처로서는 중생에게 법을 전할 수 없음을 알고 보살이나 동등한 모습으로 나타나서 법을 전하게 되는 것이다. 보살은 다양한 모습으로 세상에 나타나므로 삼라만상이 다 보살이고 모든 중생이 보살이라 할 수 있다. 정법륜신이 나타날 때는 지금에 받는 업業의 원인과 결과를 쉽게 알 수 있는 혜안慧眼이 열리게 된다. 이때 숙세宿世의 지은 악업이 있다 하여도 직접적으로 받는 것이 아니라 상대성相對性에 의하여 간접적으로 마음의 고통이나 물질적物質的 고통을 받게 되고 육체적인 고통은 없다. 이것은 부처님의 가르침이 국토國土를 논하면 곧 마음을 논하는 것이 되고, 마음을 논하는 것은 곧 국토를 논하는 것이 되며, 부처를 말하는 것이 곧 중생을 말하는 것이며, 중생을 말하는 것은 곧 부처를 말하는 것이 된다. 언제나 하나를 이야기하면 상대성이 있다는 것을 알고 법을 보아야 법을 제대로 보는 눈을 가지게 될 것이다. 중생의 잘잘못을 하나하나 구체적으로 설명하기 위함이다. 정법륜신의 법을 받았을 때는 약간의 손해와 고통이 따른다. 부처님의 설법이라 하여 문자나 언어로만 하는 것이 아니라, 중생이 살아가면서 겪는 모든 일이 법신불의 당체로써 활동하는 설법이다. 세상을 살면서 기분이 좋을 때도 있고 나쁠 때도 있다. 그리고 몸에 지닌 물건이 빛을 발한다거나 빛을 잃을 때도 있다. 이러한 모든 현상들은 우연하게 일어나는 것이 아니다. 뉴스에서나 신문지상에서, 또는 주위사람들의 대화에서 길흉상사吉凶喪事를 듣는 것도 우연이 아니다. 모두가 필연이다. 내가 뉴스와 신문과 주위에 대화하는 그 시간과 그 물건과 그 장소에 없을 수도 있다. 만일 그 자리에 없었다면 듣지도 보지도 않았기 때문에 나와는 상관없는 일이다. 중생세계는 유유상종類類相從이다. 사람, 물건, 시간, 장소도 모두 끼리끼리 만나는 것이다. 모든 상황들이 나와의 인연관계가 있기 때문에 그 말을 듣고 만나고 접하고 보이는 것이다. 이것은 우연의 일이 아니다. 그러기 때문에 법문이라는 것이다. 자성륜신의 법문은 직접적인 이익과 손해가 없지만 정법륜신의 법문에서는 이익과 손해가 간접적으로 나타난다. 자성륜신의 법은 진행되기 이전의 법이라면 정법륜신의 법이 진행되는 과정에서 보는 것이다. 나쁜 것을 알면 좋은 방향으로 바꿀 수가 있는 기회이다. 정법륜신의 법은 어떤 일이 생기기 직전 또는 진행초기 상황을 보여준다. 중생이 과거에 지은 업 때문에 어려움을 당할 경우 본인이 그 과보를 받기 직전에 이와 같은 똑같은 사실을 제3자나 삼라만상을 통하여 알려준다. '제3자와 삼라만상에서 보여지는 길흉화복이 나에게 보여주기 위한 것이다' 생각하며 나쁜 것은 미리 끊게 하고, 좋은 것은 더욱 장원하도록 좋은 인因을 짓는다. 이러한 현상은 예로부터 지금까지 있어왔지만 그것을 구체화하지는 못했다. 현상세계에 나타나는 일들을 보면 그리 어려운 것도 아니다. 조금만 마음을 모으고 현실을 직시하면 그 원인과 결과를 쉽게 알 수 있는 혜안이 열린다. 바람이 심하게 불어 나무의 흔들림이 남다르거나 구름에 태양이 가리는 현상이 나타날 경우 또는 멀리 사는 친구가 당한 불행을 전하여 들었을 경우 이는 정법륜신의 가르침이라 할 수 있다. 옛날에는 새벽 동틀 무렵 동쪽 나뭇가지에서 까치가 울면 반가운 손님이 오거나 좋은 소식이 온다고 믿었다. 반면, 까마귀 울음소리를 들으면 누군가 죽거나 나쁜 소식이 온다하여 행동에 신중을 기했다. 오늘날에는 까치나 까마귀 울음소리를 들을 수 없으므로 아침 출근길에 앰뷸런스를 본다거나 상여차를 보면서 하루 일을 짐작할 수 있다. 참회할 것은 참회하고 장려할 것은 장려하면서 신중한 마음가짐으로 준비하고 기다려야 한다. 준비한다는 것은 고통으로 나갈 것을 미리 복 짓는 방향으로 내 보내고, 큰 공덕이 일어날 법문이면 은혜의 복을 지으면 된다. 이것이 막고 여는 방편법이다. 이렇게 자상한 가르침조차 중생이 알아듣지 못할 경우 정법륜신이 물러나고 교령륜신이 분노한 모습으로 나타나 법을 받아야 할 것이다.

　　　　　세 번째 기회는 교령륜신으로부터 법을 받는다. 교령륜신은 명왕이다. 부처님의 지혜로써 중생에게 법을 보인다. 명왕은 중생의 악업장惡業障과 번뇌煩惱를 절복折伏시키는 것을 말한다. 명왕의 몸으로 나타나 분노하는 모습으로 명령하여 다스리므로 법을 받았을 때 많은 고통이 따른다. 자성륜신이나 정법륜신과 다르게 교령륜신은 직접 모습을 드러내어 칠 것은 치고 어루만질 것은 어루만지면서 법을 보여준다. 어리석은 중생이 정법륜신의 자비로운 가르침에서 법을 깨닫지 못하므로 교령륜신이 내리는 고통의 법문을 받게 되는 것이다. 교령륜신은 지혜로 법문을 보여주기 때문에 고통을 100% 다 받게 하는 것은 아니다. 10~20% 정도로 그 업을 소멸할 수 있도록 한다. 정법륜신의 법과 교령륜신의 법을 비교하면, 정법륜신이 나뭇가지의 흔들림을 보여줌으로써 우리 마음이 흔들리는 것을 알게 한다면 교령륜신은 마음을 직접 흔들어 보여준다. 또한 정법륜신은 꽃이 꺾이는 모습을 보여줌으로써 우리 몸의 일부분이 다치게 된다는 사실을 알려주지만 교령륜신은 내 몸의 다쳐야 할 부분을 10%정도 다치게 함을 보이어서 과거에 잘못한 원인을 찾아내어 참회할 수 있게 하는 것이다. 그렇다고 하여 교령륜신의 법을 벌 받는 것으로 생각하면 안 된다. 이것은 과거에 내가 지은 악업의 과보를 받는 것이다. 교령륜신은 온전히 받을 과보를 조금 받으면서 참회할 기회를 주어 받을 악업 전체를 소멸할 수 있는 길을 알려준다.

교령륜신의 법에서도 깨닫지 못하면 과거의 업보를 고스란히 받아야 한다. 자성륜신의 법을 받았을 때는 아무런 노력 없이 마음자세만 바꾸어도 큰 공덕을 맛볼 수 있다. 정법륜신의 법을 받았을 때는 지혜롭게 행동하면 된다. 교령륜신의 법을 받았을 때는 참회와 정진이 필요하다.

자성륜신의 법을 받으면 과거에 지은 선악의 인과因果를 알 수 있고, 정법륜신의 법을 받으면 주변에 일어나는 모든 일에서 과거에 지은 선악을 간파할 수 있고, 교령륜신의 법을 받으면 악업장이 모두 소멸된다. 자성륜신의 법을 알지 못하는 것은 어리석음 때문이며, 정법륜신의 법을 알지 못하는 것은 욕심이 많기 때문이며, 교령륜신의 법을 실천하지 않는 사람은 진심嗔心이 많기 때문이다. 자성륜신의 법은 많이 받을수록 좋은데, 중생은 이 법을 번번이 놓치고 만다. 어리석어서 그렇고, 현실적으로 아는 것이 지나치게 많아서 그렇다. 학문을 많이 한 사람이 이 말을 들으면 이상하게 생각할지 모르지만, 지나치게 많이 알아도 탈이다. 차라리 모르는 게 좋을 때가 더 많다. 아무것도 모르면 부처님의 가르침대로 믿고 실천할 텐데, 지나치게 똑똑하면 계산하고 분석하게 된다. 그러면 될 일도 안 된다. 지금까지 아는 것을 말끔히 버리고 진정한 마음 닦는 수행을 해야 한다. 형제나 자매는 비슷한 업을 지니고 태어난다. 형이나 언니들이 보통으로 살아간다면 동생들도 보통으로 살기 마련이다. 형제자매 가운데 뛰어난 삶을 사는 사람이 있다면 그는 별업別業을 지은 것이다. 이와 같이 삼륜신의 법은 탐진치의 삼독三毒을 다스리게 하는 법이다. 현실적 지혜만 가졌다면 오히려 식자우환識者憂患으로 화를 불러올 수 있다. 아는 것이 병이라는 속담이 괜히 나온 말이 아니다. 진리적 지혜를 가지면 아는 것이 힘이 된다. 똑같이 안다 하여도 현실적 지혜가 있는 사람에게는 우환이 되고 진리적 지혜가 있는 사람에게는 힘이 된다는 뜻이다. 현실적 지혜만 있는 사람은 똑똑한 것이 탈이 되므로 진리적으로 슬기로워야 할 것이다. 현실적 지혜를 버린다하여 그 자리가 비는 것은 아니다. 진리적 슬기로움이 그 자리를 채워지게 될 것이다.

부처님이란 벌을 주거나 상을 주는 분이 아니다. 이것이 불교가 다른 종교와 다른 점이다. 부처님의 가르침은 철저한 인과법칙의 설명이므로 인因이 없으면 과果 또한 없다. 인과법칙에 따르므로 다른 사람이 대신 짓는 인이나 다른 사람이 대신 받는 과보 또한 없다. 모든 것은 인을 지은 자가 받게 되어 있다. 부처님은 복의 길, 죄의 길, 선의 길, 악의 길이 어떠한지 가르쳐줄 뿐 우리에게 직접 주는 것은 아무것도 없다. 수행 방법을 가르쳐주고 수행하는 모습을 보여주면서 해탈의 길로 인도할 뿐이다. 부처님 가르침대로 배우고 실천하는 것은 중생의 몫이다. 이는 마부가 말을 끌고 개울가로 가는 것과 같다. 말이 물을 먹거나 먹지 않는 것은 마부의 잘못이 아니다. 약도 마찬가지다. 의사가 처방을 내리고 약사가 약은 지어줄 수는 있지만 그 약을 먹고 안 먹고는 환자에 달려 있다. 아무리 좋은 약도 환자가 먹지 않으면 그만이다. 진언수행자는 꾸준히 정진할 뿐 부처님의 묘덕을 보지 못했다 하여 부처님을 탓하거나 법이 잘못되었다거나 법을 전하는 사람이 틀렸다고 말하면 안 된다. 비로자나불은 삼륜신을 통하여 부처님의 법을 알려주면서 중생에게 세 번의 기회를 제공한다. 중생은 과거에 지은 선업과 악업의 과보를 금생에 받기 마련인데, 이를 곧바로 받지 않고 자성륜신·정법륜신·교령륜신이 법문을 보여서 소멸과 증장을 할 수 있도록 세 번의 기회를 주었다. 부처님의 법에 따라 실천할 경우 우리 삶을 나쁜 삶에서 좋은 삶으로 얼마든지 바꿀 수 있는 법이다. 지혜문을 열어 바른 판단으로 두 번 다시 악업의 인을 짓지 않기를 바란다. 중생이 악인을 짓지 않는다면 삼륜신의 법문은 없을 것이다. 자연의 현상들은 중생들이 보기에는 비밀스런 베일에 싸여 있는 것 같으나, 사실은 모두가 공개된 현상들이다. 우리의 눈앞에 전개되고 있는 모든 현상세계는 부처님의 진리의 세계를 그대로 나타나 보이는 모습들이다. 부처님의 세계가 중생들의 세계와 크게 다를 것이 없다. 현상세계 이대로가 부처님의 법과 일치한 것이며, 그러므로 나 자신이 체득體得하는 모든 현상의 법이 곧 부처님의 체득법과 같은 것이다. 이 세계 이대로가 곧 부처님의 법이요, 곧 나의 법이 되는 것이다. 법신불은 지금 이 순간에도 삼륜신을 통하여 법을 체험의 당체법문으로 내리고 있다.

제12강

마장, 또 하나의 법문

진언수행에는 법문法門과 마장魔障이 있다. 법문이란 중생이 열반에 들어설 수 있도록 도와주는 가르침이며, 마장은 불도를 닦는 수행자의 노력을 재촉하는 것을 말한다. 이와 같이 진각밀교는 법문과 마장, 마장과 법문을 달리 생각하지 않고 하나로 본다. 이 장에서는 삼라만상의 가르침을 마장이 아닌 법문으로 보는 이유가 무엇인지 살펴보기로 한다.

법문과 마장을 포함한 삼라만상의 가르침

"불공 중에 마장 옴은 공덕성취 근본이라
그를 걱정하지 말고 육행으로 막을지라.
만약 말로 변명하고 현실로써 막는다면
그 일 점점 번거롭고 마장은 곧 크게 된다."

법문은 8만장경만을 가리키는 것이 아니다. 일체의 모든 나타나는 현상들이 모두 법문이다. 마장도 이와 같다. 마왕파순이도 장애도 성불의 징검다리이다. 진각밀교는 법문과 마장을 둘이 아닌 하나로 본다. 생각에 따라 법문이 되기도 하고 생각에 따라 마장이 되기도 한다. 어떤 일을 겪었을 때 공덕이 되려면 법문으로 보이고, 업보를 받으려면 마장으로 보인다. 법문과 마장은 중생으로 하여금 해탈의 길로 나아가도록 인도하기 위함이다. 밀교에서는 수행하는 자신에게 돌아오는 모든 일을 마장이 아닌 법문으로 보고 자연의 가르침대로 따를 것을 권한다. 현교에서 볼 때 좋은 말씀을 전하는 분은 부처님일 수도 있고 고승일 수도 있다. 그런데 밀교에서는 사람은 물론 나무나 돌, 물, 불같은 자연이 지금 이 순간 내 앞에 나타나 무엇인가를 알려준다. 그러므로 법문은 부처님만 설하는 것이 아니라, 자연에 존재하는 삼라만상은 모두 선지식이 주는 법문으로 보아야 한다.

법문과 마장을 보다 쉽게 설명하면, 이 땅의 자연이 기다려 준 만큼 훌륭한 모습으로 태어나지는 않지만 그래도 지수화풍地水火風은 나의 이러한 몸을 이 땅에서 살아가는 동안 잘 보살펴주겠다고 무언의 약속을 한다. 주변에서 불어오는 바람이 나를 지켜주고, 길을 걸을 때는 흙과 돌이 묵묵히 내 몸을 받혀 준다. 있는 듯 없는 듯 바라보다가 혹 돌부리에 걸려 넘어지기라도 하면 달려와 손을 잡아줄 것이다. 어려움에 처했을 때도 도움을 준다. 이것이 자연과 삼라만상이 내게 주는 법문이다. 부모가 자식을 생각하는 것과 같다. 부모는 자식이 출생시켜 자립할 때까지 책임을 져야 한다. 혼자서는 먹을 수도 없는 아이를 외면하면 어찌하겠는가? 자식을 세상에 태어나게 했다면 스스로 살아갈 힘을 키울 때까지 부모의 도리를 다해야 할 것이다. 부모는 아이가 자립할 때까지만 책임지면 된다. 이것이 법문이다. 성인이 된 자식을 계속하여 돌보는 것은 집착 병으로 자식을 괴롭히는 것이 된다. 다만 애착과 집착으로 자식과의 아름다운 인연이 고통스럽게 변하여 자식으로 인하여 악업만 짓게 하는 경우가 허다하다. 이것이 마장이다. 자연과 삼라만상을 우리가 살아가는데 모두 법문이 되지만 부모나 친척이나 중생은 위한다는 것이 법문이 되는 것이 아니라 도리어 장애로운 마장이 되는 것이다.

마장을 법문으로 바꾸려면, 자식이 성인이 되어 자립할 힘이 생기면 그때부터 부모는 애정적인 인연을 끊어야 한다. 그렇지 못할 경우 선업보다 악업을 더 많이 쌓게 된다. 자식도 부모에게 의존하려는 마음을 끊어야 한다. 부모가 자식에 대한 애착심, 자식이 부모에 대한 의존심을 끊어내야 서로의 길을 갈 수 있다. 아무리 부모자식 관계라 하여도 서로가 갈 길은 다른 법이다. 그렇다고 효孝를 저버리는 것은 아니다. 항상 부모님의 은혜를 갚고자 하는 마음으로 정직하게 사는 것이 효순의 길이다. 자연 또한 마찬가지다. 사람의 수명을 100살이라 가정할 때 자연은 100년 동안 나를 위하여 책임을 다할 것이다. 100년이 지나면 땅과 물과 바람과 작별하여야 한다. 내가 살아가는 동안 책임져주었으므로 나 또한 이 땅에 보상을 하여야 한다. 그동안 이 땅에서 잘살 수 있도록 도와주었으니 자연에게 고마운 마음을 표현하여야 할 것이다. 100년 동안 사용한 나의 몸 중에 단단한 부분은 흙으로 돌려주고, 습기는 물에게 돌려준다. 움직이는 힘은 바람에게 돌려주고, 따뜻한 기운은 불에게 돌려준다. 그동안 잘 사용하였으니 그 보답으로 깨끗한 그 자체로 자연에게 고스란히 돌려주는 것이 해탈의 길이다. 살아 있는 생명들의 도움만을 은혜로 알지 말고 자연의 도움도 은혜로 알아야 한다. 그런데 대부분의 중생은 이런 생각을 하지 못한다. 자연이 나를 위하여 기다려준 생각도 못하고, 살아가는 동안 삼라만상이 나의 삶을 책임졌다는 생각도 못한다. 자연이 내가 태어나기를 기다려주고 살아가는 동안 모든 것을 책임져준 것을 알게 하는 것이 밀교의 가르침이며, 이같은 가르침을 자연 현상으로 직접 보여주는 것이 당체법문이다. 그러므로 중생은 자연에서 일어나는 모든 일을 법문으로 받아들이고 그 속에서 삶의 지혜를 얻어야 할 것이다. 싯다르타도 설산과 정글, 니련선하강, 필발라수, 마왕파순이와 그 권속의 고난과 방해로움이 마장이 아닌 법문으로서 성불의 대선지식이 된 것이다. 마장이 곧 법문임을 깨닫는다면 내가 어떤 삶을 살아야 이 땅을 불국토로 만들 수 있는가? 또한 자연은 나에게 어떤 인연을 제공하는가? 땅은 나와 어떤 관계이고 물은 내게 무엇이며 불은 내게 어떤 영향을 주는가? 이러한 의문에 답을 줄 수 있는 종교는 불교밖에 없다. 인과법에 따라 내가 지금 받아야 할 선악의 과보를 미리 알려주는 분, 중생에게 미리 알려서 대처할 수 있도록 기회를 주는 분, 그러므로 중생은 악업장을 받아도 이를 감수하고, 선업장을 받을 때도 또한 고맙게 생각하여야 한다. 자연이 주는 당체법문에 의하여 깨우침을 받을 때 선업이든 악업이든 모두 내가 지은 업이므로 해탈과 성불의 길에 밑거름이 되는 것이다.

중생과의 거리감을 없앤 부처님의 삶

싯다르타는 깨달음을 얻어 부처가 되어 석가모니불로서 생활에서의 수행을 강조하며 몸소 실천하였다. 부처는 잠을 자지도 않고 밥을 먹지도 않으며 늘 변함이 없는 존재이다. 그래도 신이 아닌 사람의 모습을 보여주기 위하여 먹고 자고 마시면서 중생과 똑같은 삶을 살았다. 만일 부처가 신처럼 완벽한 존재라면 중생이 그 뒤를 따르지 않았을 것이다. 예를 들면, 어떤 친구가 나보다 하나쯤 잘한다면 그 친구를 따라잡으려고 애쓸 것이다. 나보다 하나쯤 잘하니까 나도 그 정도는 할 수 있지 않을까 하는 자신감으로 경쟁할 의욕이 생긴다. 그러나 친구가 나보다 열 개를 잘한다면 노력할 마음조차 먹지 않고 포기하는 경우가 있다. 석가모니불과 진각성존은 중생의 이런 마음을 잘 아는 분이다. 100m만 앞서가도 중생은 포기하고 주저앉을 것이다. 그러나 부처는 우리보다 한 걸음 앞서가면서 뒤 따르는 자로 하여금 포기하지 않고 뒤따르게 한다. 물론 부처와 중생이 지닌 마음의 경계는 하늘과 땅의 차이만큼 차이가 있지만 부처는 신의 자리를 포기한 채 가장 사람다운 모습을 보이었다. 중생과의 지나치게 거리감이 생기면 중생이 포기할 것을 알고 항상 중생들과 같은 행동을 하신 것이다. 한 걸음만 앞서 걸으며 우리 가까이 머물었던 것이다.

부처님의 수행 장소는 마을에서 멀리 떨어지지 않은 곳이었다. 새벽에 닭 울음소리가 들리지 않을 정도의 거리, 문 여는 소리가 들리지 않을 정도의 거리, 가래침 내뱉는 소리가 들리지 않을 정도의 거리의 숲이 부처님이 머무는 장소였다. 부처님은 이곳에서 매일 아침 발우를 들고 1,250명의 대중과 함께 마을로 걸어갔다. 산만하지 아니하고 일렬로 줄을 서서 조용히 걷는 모습 자체가 일종의 수행이다. 마을로 걸어가는 동안 부처님은 사색에 잠긴다. 하늘을 생각하고 땅을 생각하고 중생을 생각하면서 천천히 걸음을 옮긴다. 걷는 동안 불살생不殺生을 생각하고 불투도不偸盜를 생각하고 불사음不邪淫을 생각한다. 때로는 주장자로 소리를 내면서 벌레들이 피하도록 하였다. 이처럼 길을 걸을 때도 수행한다는 마음가짐으로 걷기 때문에 잡스럽지 않고 산란하지 않게 움직인다. 코끼리가 발자국을 떼어 놓듯이 천천히 묵묵히 걷는다. 맨

발로 천천히 걸으면서 발바닥에 와닿는 땅의 감촉을 느끼며 생각한다. 발바닥에 밟히는 그것이 지수화풍地水火風 중의 하나임을 깨달으면서 고마움을 느낀다. 땅이 나를 받쳐줘서 고맙고, 바람이 이마의 땀을 식혀줘서 고맙다. 이 모든 것을 느끼면서 걷는 것 자체가 수행이다. 부처님의 걸음걸이를 가장 실천한 제자는 5비구 중에 한사람인 마승비구이다. 마승비구의 위의에 의하여 사명외도를 따르던 사리불과 목건련이 부처님의 제자가 된 것이다.

발우를 들고 마을로 들어선 부처님 일행은 공양에 앞서 규칙이 있다. 앞 선 사람이 첫 번째 집을 들어가면 일곱 집을 지나 여덟 번째 집을 다음 사람이 들어간다. 그리고 다음 사람은 다시 일곱 집을 지나 그다음 집으로 들어간다. 이렇게 하여 부처님을 비롯한 1,250명의 대중이 마을의 골목골목을 누비며 일곱 집의 공양만 받았다. 사람은 많지만 규칙을 정하여 움직이므로 혼란스럽지 않다. 공양하는 사람 입장에서는 내 집 문을 두드리는 한 사람에게만 보시를 하고, 공양 받는 사람 입장에서는 일곱 집의 문만 두드리면 된다. 발우 공양 받기가 끝나면 1,250명의 대중이 부처님 뒤를 따라 숲속으로 돌아와 공양한다. 한 사람당 일곱 집을 순회하므로 발우 속의 사정은 각각 다르다. 어떤 집에 들어가면 "아직 밥을 짓지 못했습니다. 우리 집은 이미 아침식사를 끝냈습니다." 등 일곱 집을 다 다녀도 빈 발우를 들고 돌아올 수도 있다. 이런 사람은 빈 발우의 공양을 한다. 음식은 많고 적고를 논하지 않으며, 종류 또한 논하지 않고 받은 대로 함께 공양을 한다. 오늘 일곱 집을 찾아갔으면 그 집에서 밥을 받았던 빈손으로 왔던 그 집에 공덕을 베풀어야 한다. 그 집 문턱을 넘어선 자체가 이미 수행이고, 공양을 받아 은혜를 입은 것이며, 문턱을 넘어섰으므로 그 집을 위하여 공덕을 베풀어야 한다. 받아야만, 먹어야만, 가져야만 베푸는 것이 아니다. 내가 찾아간 일곱 집을 위하여 오늘 하루 동안 공덕을 베풀어줌으로써 수행자는 보은의 인을 지은 것이다. 발우공양에 대한 수행이 되지 않았기에 적다, 맛있다 맛없다, 슬프다 기쁘다, 멀다 가깝다 하고 말이 많은 것이다. 제대로 수행한 사람이라면 배가 고프든 부르든 상관없다. 입은 옷이 비단이거나 삼베거나 아무 상관없다. 수행자들의 음식에 대한 금기는 중국으로 전래되면서 육식과 술, 오신채五辛菜를 먹지 않았다. 진각성존은 그 법을 알기에 무슨 음식이든 마음에 집착하지 않고 시은施恩을 생각하면서 소화시킬 수 있으면 먹어도 괜찮다 하였다. 이것은 곧 정신이 산란한 것을 막기 위하여 술을 마시지 말라 하였고, 남에게 악취를 풍길까 싶어 담배를 피우지 못하게 한 것이다. 술을 마시고도 정신이 맑아질 자신이 있으면 마셔도 상관없다. 담배를 피워도 악취를 뿜지 않을 자신이 있으면 피워도 상관없다. 모두 정신과 상대방을 배려하는 마음과 자신의 청정성을 유지하려는 것에서 생겨난 금기법이다.

부처님과 중생과의 거리는 한 걸음 차이

자연이 나에게 내리는 법문이라는 말을 처음 들을지도 모른다. 똑같은 눈과 귀를 가졌는데, 어떤 사람은 말하고 어떤 사람은 들을 뿐이다. 같은 땅에서 같은 시간대에 살아가는데도 생각하는 것은 서로 다르다. 법문이라 하여 모든 사람의 눈에 보이는 것은 아니다. 대학원을 나왔다하여 누구나 석사, 박사가 되는 것은 아니다. 석사와 박사가 되려면 우선 논문을 써야 한다. 물론 논문을 썼다하여 누구나 석사 또는 박사가 되는 것은 아니다. 심사를 거쳐야 비로소 석사가 되고 박사가 되는 것이다. 밀교의 진언염송도 마찬가지이다. 마음의 눈을 뜨고 진리를 보는가? 보지 못하는가에 따라 다르다. 잘난 사람이든 못난 사람이든 자연은 묵묵히 기다려왔다. 오랜 세월 기다려왔으므로 이 땅에서 사는 동안 평생을 책임지고 보호하고 도움을 준다. 이러한 세상 원리를 어떤 사람은 알고 어떤 사람은 모른다. 이러한 자연의 도움이 있다는 것을 깨달은 자가 선지식이다. 이를 불교의 관점에서 본다면 어떤 사람은 깨달음을 얻었고, 어떤 사람은 깨달음을 얻지 못했다고 표현할 것이다. 우리는 누구나 다 깨달을 수 있는 불성을 지녔다. 다만 무명의 커텐에 가리어 못 볼 뿐이다. 선지식을 찾아 법을 묻고 실천한다면 깨달음을 얻어 성불할 것이고 그렇지 못하다면 또다시 윤회의 세상에 태어나게 될 것이다.

해탈의 길로, 열반의 길로, 성불의 길로 인도하는 스승은 제자와 가까이 있어야 한다. 몸만 가까운 것이 아니라 가르침의 수준도 가까워야 한다. 싯다르타가 부처를 이룬 뒤 중생을 제도하기 위하여 삼승법으로 낮춘 것이 이러한 의미이다. 스승이 제자를 지도하는 과정에서 지나치게 거리를 두면 안된다. 스승과 교도敎徒의 차이 또한 가까워야 한다. 스승은 일반 교도보다 한 걸음만 앞서 나가면 된다. 스승이 두 걸음만 앞서도 제자는 따라오지 않는다. 한 걸음 이상 앞서 간다면 평범한 우리와는 다르다는 생각을 가지게 되어 뒤따르지 않을 것이다. 딱

한 걸음만 앞서 간다면 제자들은 조금만 노력하면 따라잡을 수 있다는 생각에 포기하지 않고 따를 것이다. 부처님은 마을에서 멀리 머물지 않고 1아란야 떨어진 숲속에 머물면서 아침마다 발우를 들고 마을로 사람들을 찾아 나섰다. 제자들과 함께 마을의 골목골목을 누비며 걸식수행하는 부처님의 모습에서 사람들은 친근감을 느껴 발심發心하였던 것이다. 부처님이 성불만을 목적으로 삼았다면 인간세상이 아닌 불보살의 세상으로 떠났을 것이며, 인간 세상에 계신다 하여도 사람들이 사는 곳에서 멀리 떨어져 은둔생활을 했을 것이다. 사람들이 부담 없이 찾아올 만한 거리, 어떤 격식을 차리지 않고 편한 마음으로 와서 설법을 듣고 갈 만한 거리, 걸식수행을 통하여 사람들과 소통할 수 있는 거리에 부처님은 항상 머물러 계셨다. 대문 하나를 사이에 두고 안쪽에 중생이 산다면 바깥쪽에는 부처님이 계신다. 그 거리가 두세 걸음도 아닌 한 걸음에 불과하다. 부처님이 수행자의 모습으로 발우를 들고 걸식하는 이유는 그 한 걸음의 차이를 보여준 것이 인류의 최고의 스승이라는 존경을 받는 것이다. 위대하면서도 우리와 같이 보이는 그 모습이 진정한 스승의 상이다. 딱 한걸음 앞서 가시는 분, 덕이 높으신 데도 한걸음만 앞 서 가시는 분, 우리는 어떠한가? 조금만 깨달아도 하늘과 땅 만큼이나 벌어진 것처럼 무시하고 교만하고 아상이 하늘을 찌를 듯이 높게 존경 받기를 바라지는 않은지? 선후배의 관계도 만났을 때 인사하지 않는다고 유난하게 꾸짖는 선배가 과연 옳은 선배인가? 이런 사람이 진정한 스승의 자질이 있는 분인가? 생각해봐야 할 일이다. 세상에 진리는 하나뿐이다. 마음도 하나이다. 법계도 하나이다. 이것을 수평의 일직선인 일一로 표현하고 있다. 모든 사람은 수평의 일직선인 진리를 세우려고 한다. 이러한 이치를 중국의 창힐이 문자로 표현한 것이 인人이다. 사람[人]이 진리를 세우는 과정에서 진리를 세우지 못하고 사람 자신이 먼저 바로 서게 된다. 이 형상이 인亻의 모습으로 표현하였다. 자신이 먼저 바로섰기[亻] 때문에 사람은 사람인데 일반사람과 다르다[弗]는 표현으로 불[亻+弗]이다. 또한 사람이지만 사람의 도리[亻]를 남보다 먼저 깨달은 자曾를 승[亻+曾]이라고 하는 것도 마찬가지이다. 불佛과 승僧은 모두 일체중생들 보다 한걸음 앞서 간다는 의미이다. 하나[一]진리를 세우고자[亻] 노력하는 사람은 누구나 앞서가는 사람이다. 그러므로 인류의 스승이 되는 것이다. 법계에는 부처도 한 분, 진리도 하나, 사람의 마음도 하나이다. 세 가지가 서로 어우러져 삼라만상을 운영하면서 세상을 살아간다. 여기서 만들어진 것이 부처님의 말씀으로는 팔만사천 경전이요, 세상의 물건으로는 삼라만상이며, 모습으로는 과거 천불, 현재 천불, 미래 천불 및 모든 불보살이다. 이 모든 것이 결국 내 마음에서 나온 것이다. 마음 하나를 찾으면 마음 그릇을 알게 되고, 마음 그릇을 안다는 자체가 곧 인과에 의하여 만들어진 자신의 그릇을 안다는 의미이다. 지금까지 나쁜 인 지음이 있다면 참회하고 이제부터라도 해탈의 인, 열반의 인, 성불의 인을 지어야 한다. 흐트러진 마음을 찾아 정갈히 하고 마음 그릇을 넓혀놓으면 부처님의 공덕으로 모든 법이 저절로 채워질 것이다. 어느 날 나의 업주머니를 열었을 때 악업은 가득하고 선업이 비어 있는 것을 본다면 마음이 얼마나 아프고 슬프겠는가? 이제부터 해탈의 원력을 세운 뒤 마음 그릇 크게 키워야 할 것이다.

스승의 역할은 중생의 마음을 편안하게 하는 것

사람이란 혼자 살아갈 수 없는 존재이다. 어린아이는 부모의 보호를 받아야 하고 부부는 서로의 보호를 받아야 한다. 부모가 나이 들어 힘이 없어지면 자식의 보호를 받아야 한다. 그런데 사람과 사람사이의 보살핌은 일시적이며 한정적이다. 사람이 태어나서 죽을 때까지 보살피고 책임을 져주는 것은 자연뿐이다. 이와 같은 자연의 보살핌을 받으면서도 사람들은 그 고마움을 모른다. 자연이 우리에게 얼마나 많은 것을 베풀어주는지 알지 못한다. 이것이 어리석음의 극치이다. 이제부터라도 어리석음에서 벗어나려면 진리 속에 들어와 자연의 가르침을 배우고자 끊임없이 노력하여야 한다. 노력 없이는 아무것도 이룰 수 없다. 자연이 베푸는 진리를 깨치고자 노력한 결과 마장은 무엇이고 법문은 무엇인지 알게 될 것이다. 8만4천 경전만 법문이 아니요, 생활 속의 가르침이 곧 법문임을 깨닫게 되며 마장 또한 법문의 하나임을 알게 될 것이다.

자연에서 생활하면서 법문과 마장을 알게 될 때 2,600년 전 이 땅에 화현한 싯다르타는 무슨 목적으로 부처를 이루고 무엇을 위하여 무슨 법을 설하였는지를 알게 될 것이다. 부처님이 전하고자 하는 내용은 간단하다. 태어나면서 목적을 모두 밝혔다. 한 손으로 하늘을 가리키고 다른 한 손으로 땅을 가리키며 '천상천하유아독존 삼계개고아당안지三界皆苦 我當安之'이다. 양손으로 하늘과 땅을 가리킨다는 것은 곧 자연을 의미하며, 자연의 이치를 몰라 많은 고통을 받고 있는 중생들을 내가 모두 편안하게 하리라 다짐한다. 이와 같은 가르침이 어찌 이렇게 어렵고 복잡하게 되었는지 모르겠다. 우리와 가장 가까이에 있는 자연, 우리와 함께 생활하신 부처님, 중생들이 가장 쉽게 알아들을 수 있는 해탈의 삼승법, 이 법을 깨달았다면 이제 할 일은 자연과 부처님과 중생들의 은혜 갚을 일만 남을 것이다. 생각한 것은 모든 사람들의 마음을 편안하게 하는 것이다. 내 비록 부처처럼 위대한 인물은 아니지만, 나와 인연 있는 모든 사람들의 마음의 편안함을 얻을 수 있는 길을 가르쳐줌으로써 그들의 마음을 깨우쳐주고 싶다. 그것이 금생에 스승으로서 사람들을 교화하는 목적이기도 하다.

세상의 주인공은 바로 나!

나는 이 땅에 태어났다. 나 하나를 맞이하기 위하여 광활한 우주 속에 지구라는 행성이 존재하고, 나 하나를 맞이하기 위하여 지구 속의 작은 나라 대한민국이 존재한다. 대한민국이 숱한 고난을 겪으며 5,000년 동안 역사를 이어온 것은 바로 나 때문이다. 그러므로 나는 세상의 주인공이다. 오랜 세월을 묵묵히 기다려주었으므로 땅도 고맙고 하늘도 고맙고 나를 태어나게 한 부모님도 고맙다. 이렇게 기다려준 땅과 하늘, 바람과 물 그리고 주변 사람들이 나를 나쁜 길로 인도할리는 없다. 아무렇게나 살다 가라고 대한민국이 지난 5,000년 동안 나를 기다려주지는 않았을 것이다. 이런저런 인연속에 이 땅에 태어났으니, 편안하게 살다 가라고 자연이 모든 것을 제공하여준다. 그런데 나는 어떻게 살면 편안하게 사는지를 알지 못한다. 과거 많은 생을 통하여 몇 번이고 이 땅에 태어났지만 금생에 태어나면서 과거생의 행적을 모두 잊어버렸기 때문에 또다시 새롭게 시작해야 한다. 200년 전, 500년 전, 1,000년 전에도 이 땅에 왔다갔을 것이다. 올 때마다 과거를 잊어버린 것이다. 잊어버린 나의 과거를 태양, 달, 땅, 불, 물과 같은 자연이 나의 과거생을 알려주기 위하여 지금까지 기다려온 것이다. 자연이 나에게 가르침을 줄 때 내가 받아들일 수 있는 만큼만 가르칠 것이다. 그리고 내가 원하는 방향으로 가르칠 것이다. 과거에 할 일을 거울삼아 고통을 줄때는 고통을 주고 즐거움을 줄때는 즐거움을 주면서 가르칠 것이다. 자연의 가르침 중에는 내가 행해보지 못한 것을 가르치지 않는다. 내가 지은 업대로 가르친다. 선업이면 법문으로 악업이면 마장으로 나타날 것이다.

      내가 금생에 이 땅으로 오기 이전에도 수생 동안 여러 번을 태어나면서 지어놓은 업이 있을 것이다. 태어날 때마다 몸은 바꿨지만 마음은 수천 년 동안 변함없이 그 마음 그대로이다. 금생에는 이런 몸을 가졌으나 이 생에서 이 몸을 버리면 다음 생에는 또 다른 몸을 가질 것이다. 사람의 몸을 가질 수도 있고, 축생의 몸을 가질 수도 있다. 이 세상이 아닌 천상세계에 태어날 수도 있다. 그때마다 살아 있을 때 지어놓은 업에 따라 몸도 바뀔 것이다. 대부분의 중생은 많은 허물을 갖고 태어나기 마련이다. 허물이 많은 중생이지만 그래도 자연은 오랜 기다림 끝에 맞이하므로 넉넉한 마음으로 우리들을 품는다. 금생에는 부족하게 태어났지만 지금 삶이라도 잘살게 하여 다음 생에는 제대로 태어나도록 하여야 한다. 그와 같이 되라고 땅이 도와주고, 하늘이 도와

주고, 물과 불이 도와주려고 법문하는 것이다.

시인 서정주의 〈국화 옆에서〉를 보면 한 송이 꽃을 피우는 데도 수많은 인연이 필요함을 알 수 있다. 소쩍새의 울음, 천둥소리, 가을날 무서리, 불면의 밤이 필요하다. 사소한 자연 현상이라 할 수 있는 국화의 개화에도 수많은 인연이 필요함을 역설했으므로 이 시의 바탕에서 불교의 연기설을 보는 듯하다. 이처럼 한 송이 꽃이 피어나는 데도 많은 인연이 필요한데, 하물며 사람이 태어나기까지 얼마나 많은 인연을 맺어야 하겠는가. 김씨 문중이든 이씨 문중이든 어느 집안의 아들딸로 태어난다. 우리를 태어나도록 조상들이 지금까지 존재했던 것이다. 나 하나를 만들어내기 위하여 우리 조상들은 긴 시간 동안 많은 업을 지었을 것이다. 이제 내가 보은할 차례이다. 그분들을 해탈시키는 것이 나의 할 일이요, 그것이 바로 천도불공이자 강도불공이다. 먼저 조상강도를 하여 은혜에 보은하는 길을 가야한다. 이전에 조상님은 내가 한번도 만난 적은 없지만 그분들이 나의 뿌리이다. 그분들로 인하여 태어났고 그분들의 보살핌으로 세상을 살아가기 때문이다. 내가 태어나려면 두 분의 부모가 있어야 한다. 나의 부모는 1대 조상이다. 지금의 어머니가 아니었다면 나는 이런 모습으로 태어나지 않았을 것이다. 이 두 분의 부모가 있으려면 그 위로 네 분의 부모가 필요하다. 이 분들이 나의 2대 조상으로서 지금의 할아버지와 할머니, 외할아버지와 외할머니가 없었다면 나의 부모도 지금 모습과는 달랐을 것이다. 네 분의 부모가 태어나기 위하여 그 위로 3대조상인 여덟 분의 부모가 있어야 한다. 이렇게 위로 거슬러 올라가 10대 조상까지만 1,000명이 넘는다. 20대까지 올라가면 100만, 30대로 넘어가면 1억의 조상이 나와 인연이 맺어져 있다. 어느 가문의 30대 후손이라 할 경우 1억 명의 설계도에 의하여 내가 태어난 것이다. 그중에 한 분만 바뀌어도 지금의 나는 다른 모습으로 태어났다. 이렇게 생각하면 '나'라는 존재가 얼마나 소중한지 실감할 수 있을 것이다.

사대은혜四大恩惠를 강조하는 것도 같은 맥락이다. 나를 가르쳐준 스승, 나를 보호하는 국가, 내 주변에 있는 이웃과 자연이 나를 보호하고 내가 죽을 때까지 책임을 져준다고 생각하면 자신감이 생길 것이다. 자연의 보살핌을 받는 사람으로서 이왕이면 자연을 파손하는 악업은 피하고 선업을 쌓고자 노력하여야 할 것이다. 설령 나쁜 일을 겪었다하여 자연이 나를 방해한다하여 마장이 왔다고 생각하면 안 된다. 우리 모두는 자연의 베풂에 감사하고 부모의 은혜에 엎드려 절하고 주변 사람들의 도움에 고마워할 줄 알아야 한다. 그렇게 함으로써 내가 얼마나 행복한 사람인지 깨닫게 되고 천상천하유아독존의 진정한 의미를 깨칠 수 있다. 이러한 이치를 알기 위하여 진언수행이 필요한 것이다.

불공 중에 마장 옴은 육행六行으로 막을지라

자연의 입장에서는 좋은 것만 주고 싶은데 그렇지 못한 것은 중생이 과거생에 지은 업 때문이다. 선업에는 선업의 대가가 따르고 악업에는 악업의 대가가 따르기 마련이다. 중생이 과거생에 지은 선업으로 복을 받았다면 악업으로 인한 결과도 마땅히 감수하여야 한다. 원인 없는 결과는 없기 때문이다. 자신이 전생에 지은 죄값이므로 악업에 따른 과보果報를 금생에 치러야 한다. 중생이 죄값을 고스란히 치르기 전에 자연은 자비한 마음으로 미리 알려주려고 애쓴다. 과거에 지은 악업은 금생에 그 과보를 다 받아야 하는데, 땅과 물과 바람이 이를 지켜보기가 안쓰러워 미리 막는 법을 알려준다. 자연의 법문으로 알려주는 방법은 자연의 삼라만상들이다. 이 삼라만상이 자연의 당체이기 때문에 이 법문을 당체법문當體法門이라 한다. 당체법문은 곧 비로자나불의 가르침이다. 살아가는 동안 좋은 일이 생기면 고맙게 생각하고 자만하지 않도록 조심하여야 한다. 반면에 나쁜 일이 생겨 고통 받을 경우 남을 탓한다거나 원망하지 말고 기꺼이 받아들여 이를 헤쳐 나가야 한다. 좋은 일도 나쁜 일도 나로 인하여 생긴 것이다. 나쁜 업 때문에 장애가 생기더라도 남의 탓이 아니기 때문에 마장을 법문으로 받아들여 참회할 것은 참회하며 고통을 받지 않도록 수행해야할 것이다. 그 막는 방법에 6가지가 있다. 이것이 육행이다.

육행을 실천하는 자체도 당체법문을 깨닫기 위하여 몸과 마음을 청정하게 하는 수행이다. 법문을 깨닫고 마장을 막는다는 것은 법문 중에 물질이 들어오거나 나가는 것과 손해와 이익이 보일 때는 육행六行 중에 자비심으로 정법을 베푸는 단시檀施법을 실천하고, 주위에서 악업 짓는 것이 보일 때는 청정한 계행淨戒을 실천할 것을 생각할 것이며, 성내는 일을 보거나 성낼 일이 생기면 참아내는 안인安忍법을 실천할 것이요, 게으름이 생기고 하는 일들이 성취되지 않는 법문이 보일 때는 몸을 깨끗이 하고 마음을 가다듬는 정진법을 실천할 것이며, 산란한 마음과 허망된 생각이 일어나고 주위가 시끄러운 법문이 보일 때는 고요한 마음으로 사색에 잠기는 정려靜慮바라밀로써 막을 것이요, 어리석은 일들이 나타나거나 자신이 일을 할 때 실수하는 일이 나타나 보일 때는 슬기로움과 밝은 생각의 지혜智慧를 닦고자 하여야 할 것이다. 육행 중에서 어느 하나만 행하여도 일상생활이나 정진 중에 마장 들어오는 것을 막을 수 있다. 중생이 정성을 다하여 본심진언을 염송하면 제3의 눈이 생겨 앞날을 예측할 수 있는 지혜문이 열린다. 특히 정진 중에 내 주위에서 일어나는 좋고 나쁜 모든 일을 마장으로 생각하지 않고 당체법문으로 생각한다면, 마장은 자연히 물러가 받아야할 고통이 사라지게 된다. 이것이 해탈이다.

선악의 업은 인因 지은 대로 받기 마련

과거생에 선업을 지었다면 금생에는 좋은 과업을 받을 것이며, 과거생에 악업을 지었다면 악업의 과보를 금생에 받게 될 것이다. 같은 시간에 선업과 악업을 지으면 받는 것은 선업을 먼저 받는다. 약한 중생이 만일 악업부터 받으면 그 악업을 감당하기가 어렵기 때문에 법계는 선업을 받으면서 악업을 받도록 자비를 베풀고 있다. 그러므로 호사다마好事多魔라 하여 좋은 일 뒤에는 반드시 나쁜 일이 오는 것이다. 그러므로 좋은 일이 있을 때는 삼가는 마음과 지족하는 마음과 참회하며 달게 받아들이는 자세가 필요하다. 그렇게 함으로써 전생과 금생에 동시에 지은 선악의 업 중에 악업장 하나가 소멸되는 것이다. 인과의 진리는 변함이 없으며, 빈틈이 없으며, 차별없이 평등하다. 평등한 진리에 의하여 선업이든 악업이든 지은 대로 반드시 받게 되는 것이다.

우리는 뜻밖에 찾아오는 좋은 일들을 행운이라 하고 요행僥倖이라 한다. 그런데 세상에는 행운이나 요행은 없다. 예를 들면, 운전 중에 앞차에 사고가 나는 것을 보고 핸들을 돌려 사고를 모면했다. 스스로 안도의 한숨을 내쉬게 된다. 이것 역시 인연법에서 보면, 피할 수 있는 업이 있었기 때문에 그 순간 사고를 면한 것이다. 나도 모르게 핸들로 방향을 바꾼 노력에 의한 것이지, 요행이란 있을 수 없다. 이와 반대로 앞의 차가 사고 내는 것을 보고 조심한다는 것이 잘못 밟아 속력을 가중시켜 사고를 크게 만들 수도 있다. 이때는 재수가 없어서 사고 날 차를 뒤따르다 나까지 사고를 냈다고 화를 낸다. 이것 또한 깨닫고 보면, 지은 업이 있어서 당하는 일이다. 어리석은 중생이 이러한 진리를 알지 못하고 나쁜 일을 겪지 않게 되었을 때 요행이다 다행이다 생각하면서 좋은 일은 자기의 공이요, 나쁜 일을 겪게 되면 남의 탓을 하면서 운이 없어서, 재수가 없어서 하고 핑계를 하는 것이다. 운이라는 것을 자기 편리한대로 해석한다. 이러한 일들은 운이 아니다. 악업장을 녹이기 위하여 선업을 행한 것이 분명 있었을 것이며, 또한 악업을 받을 업이 분명하게 있었을 것이다. 어느 때인지는 모르지만 사람들이 여가를 즐기며 자유분방하게 놀 때 자신은 그 시간을 할애하여 염송하였을 것이며, 먹고 입는 데 경비를 절약하여 일체중생에게 베풀고 부처님에게 공양을 올렸기 때문에 나쁜 일을 겪을 때 피해가는 공덕이 일어난 것이다. 이처럼 미리 보시로써 대가를 치렀으므로 일어난 공덕이지 요행이 아닌 것이다.

　　　　권력이 있다하여 나쁜 일이 비켜가고, 인물이 잘났다하여 불행이 돌아가고, 머리가 영리하다하여 손해를 보지 않는 일은 없다. 현실적으로 안이비설신의眼耳鼻舌身意를 지닌 몸이 영리하고 똑똑한 것이지, 마음속의 간직하고 있는 업주머니는 그것과 아무런 관계가 없다. 금생에서 일시적으로 영리할 뿐이고 일시적으로 잘났을 뿐이다. 다음 생에는 어떠할지 아무도 알 수 없다. 다음 생이 어찌될지 모르는 것은 물론 금생에서도 어제와 오늘이 다르고, 1년 후와 10년 후가 다르다. 똑같은 얼굴이지만 보는 사람에 따라 매우 슬퍼 보이는 얼굴로 안타까워 하기도 하고 예쁜 얼굴에 칭찬하기도 한다. 같은 사람의 얼굴이지만 시간따라 장소따라 달라 보이는 것도 그 사람의 업의 작용으로 나타나는 현상이라 할 수 있다. 얼굴조차 이러한데 일생을 통하여 얼마나 많은 것들이 다르게 나타나겠는가. 그런데 어리석은 중생은 우리 몸이 한번 받은 좋은 모습과 영리함이 영원하게 지니는 것으로 착각한다. 끝까지 가는 것은 아무것도 없다. 마음 외에는 아무것도 끝까지 가지 않는다.

불교의 생활화, 생활의 불교화

　　　　진각밀교의 수행도량인 심인당心印堂이 마을 한가운데 위치하고 있다. 일반 사찰이 숲속 깊은 곳에 자리잡은 것에 비하여 심인당은 마을 가까운데 있어 누구나 쉽게 찾아올 수 있도록 위치하고 있다.

마을에서 멀리 떨어져 있으면 특별한 날만 찾을 것이다. 담장 너머에 심인당이 있으니 아무 때나 올 수 있다. 문 하나를 사이하여 속세俗世와 극락세계가 있는 셈이다. 이러한 혁신적 사상은 여기서 멈추지 않는다. 마을 한가운데 자리잡은 심인당 안에 들어서면 불상이 없다. 불상을 없앰으로써 기존 불교의 예배공경하는 벽을 허물고 수행처로 만든 것이다. 일반 사찰의 법당 안에 들어섰을 때 거대한 불상은 지나치게 근엄해 보이고 위압감을 준다. 그래서 남모를 죄를 지은 사람에게는 두려움의 대상이기도 하다. 죄지은 사람이 가장 무서워하는 것은 상대방의 귀도 아니고 코도 아니고 입도 아니다. 나의 죄를 지켜보는 듯한 눈을 가장 두려워한다. 나 아닌 다른 사람의 눈도 이렇게 무서운데, 죄지은 사람 입장에서 부처의 눈과 마주한다는 것은 그야말로 오금이 저릴 것이다. 우선 눈으로부터 오는 두려움을 없애고 자기 집처럼 가까이하여 친숙하여질 수 있도록 불상을 모시지 않았다. 불상이 없는 무상불無像佛은 죄지은 사람의 두려움을 없애기 위한 하나의 배려이다. 심인당만이 수행처가 아니다. 가정집 어디든 수행처가 된다. 37존의 해인海印과 희사고를 각 가정에 비치하여 언제든지 진언수행을 할 수 있도록 하였다. 이렇게 함으로써 '불교의 생활화 생활의 불교화'로 언제 어디서든 누구나 생활에서 쉽게 부처님의 가르침에 다가갈 수 있도록 하였다. 부처님을 믿는 많은 사람들의 생각은 절에 갈 때는 특별한 날을 택하여 몸가짐을 가다듬고 정성으로 공양미를 마련해야 한다는 것이 기본생각이었다. 이에 비하여 진각밀교는 생활 속 불교를 중시하므로 특별한 예의를 갖추라고 강요하지 않는다. 이른 아침 잠자리에서 일어나면 '옴마니반메훔'을 염송하라고 가르친다. 겉치레보다 중요한 것은 마음이다. 잠이 깨면 어디서든 염송할 수 있는 마음가짐이 중요하다. 이러한 일상생활이 습관이 되면 자연스럽게 언제 어디서나 청정하고 예의 바른 몸가짐을 가지게 될 것이다.

제 13강

올바른 서원을 세우는 길

서원誓願이란 어떤 원願을 세우고 그것을 이루고자 맹세하는 것을 의미한다. 부처님은 모든 것을 완벽히 갖추었으므로 아무런 서원이 없다. 중생은 부족한 것이 많을수록 바라는 것 또한 많다. 서원을 세움으로써 생기는 원력願力이라 한다. 자신의 이익[自利]과 중생의 이익[利他]을 동시에 추구하여야 비로소 원력이 작용한다. 이 장에서는 올바른 서원이란 어떤 것인지 알아보고자 한다.

부처님의 원願, 중생의 원願

"육자대명왕진언은 여의주와 같아서
 원대로 되지 않음이 없으며,
 모든 부처와 호법성신 대중이 옹호하여
 종종 재앙을 소멸하며 악마사신을 항복 받는다."

 부처님의 원은 단순하다. 이미 모든 것을 다 가져 더 이상의 원이 없으므로 단순하다. 부처님은 일체중생을 해탈시키는 것이 원이다. 중생을 자기와 똑같은 위치에 올려놓고 함께 놀기를 원한다. 부처님은 한 분밖에 없으므로 외로운 존재이다. 외로움을 아는 사람은 자기와 같은 위치의 사람을 만났을 때 얼마나 반갑겠는가? 중생의 원은 너무 많다. 모두 자신만을 위하는 원이다. 그것은 모든 것이 부족하기 때문이다. 그 가운데 외로움을 말하면, 사람은 많은 사람과 더불어 살기에 서로의 외로움을 모른다. 그래서 고마움도 느끼지 못한다. 나와 같은 생각을 가진 사람이 나를 이해하고 다독여준다면 얼마나 고마운 일인가?

우리 주변에는 많은 생명체가 존재하고 있다. 가깝든 가깝지 않든 이런저런 인연을 맺으며 살아간다. 사람들과 함께 생활하면서 그들에게서 고마움을 느낀다는 것이 매우 어려운 일이다. 고마움을 느끼는 사람일수록 원이 적고, 고마움을 느끼지 못하는 사람일수록 바라는 것은 많다. 그리고 마음이 넉넉한 사람은 원이 없다. 부부가 서로를 신뢰하며 원만한 관계를 유지한다면 더 이상 무슨 원이 있겠는가? 부모와 자식 사이도 마찬가지다. 자식이 건강하게 잘 자라고 부모의 말씀을 잘 따르며 효심 또한 지극하다면 부모로서 무엇을 원하겠는가? 물질 면에서도 그러하다. 재물이 넉넉하여 풍요로운 생활을 하는 사람에게 더 이상 물질에 대한 원이 없을 것이다. 명예를 추구하는 사람 역시 마찬가지다. 어느 정도의 실력을 바탕으로 자신이 원하는 위치에 올랐다면 무엇을 더 바라겠는가? 혹 그 자리에 영원히 있기를 바란다면 그것이 욕심이다.

원이 많은 사람일수록 스스로를 불행하다고 생각한다. 지금 생활이 행복하다고 느끼는 사람은 원이 없다. 아침에 일어나 잠잘 때까지 얼마나 많은 원을 하는지 스스로 점검해보라. 나는 무엇을 가지려 하고, 어디로 가려하고, 무엇을 입으려 하고, 무엇을 먹으려 하는가? 이 모든 것이 원이다. 어떻게 하면 편안하게 쉴 것인가? 어떻게 하면 행복할 것인가? 어떻게 하면 사람들로부터 존경을 받을 것인가? 어떻게 하면 내게 주어진 일을 완벽하게 할 것인가? 중생은 이런저런 생각들이 많다. 중생의 몸은 조금만 더우면 땀이 나고 조금만 추우면 피부 색깔이 새파랗게 변한다. 중생들의 원은 거창한 것만 있는 것이 아니다. 구체적으로 무엇을 하고 싶다는 바람만 원이 아니다. 남들보다 땀을 많이 흘리는 사람은 땀을 흘리지 않았으면 좋겠다. 생각할 것이다. 길을 가다가 예쁜 사람이 지나가면 한 번 더 돌아볼 것이다. 예쁘다는 말만하여도 그 자체가 원이다. 그 말 속에는 '나도 저 사람처럼 예뻤으면 좋겠다.'는 바람이 들어 있기 때문이다. 등산을 할 때도 그러하다. 다른 사람은 산을 잘도 올라가는데 나는 숨이 차서 못 올라간다고 생각할 때, 그것이 바로 원이다. 내가 숨이 차다고 느끼는 것 자체가 원이다. 이러한 것들이 모두 일상의 원들이다.

　　　　복이 많은 사람은 굳이 서원할 것도 없다. 복이 없으므로 서원할 것이 많다. 불심이 깊은 보살을 예로 들어보자. 주변 사람들이 아들을 취직하기를 서원하기에 나도 서원을 세워볼까 싶어 아들들을 살펴보니, 다들 좋은 직장에 다니고 있었다. 어떤 사람이 집을 가졌으면 서원하기에 나도 서원을 하려고 돌아보니, 나는 이미 좋은 집을 가졌다. 어떤 사람이 눈물을 흘리면서 건강을 달라고 서원하고 있었다. 나도 서원을 세워보자 싶어 염송을 하려고 자리에 앉아보니, 나만큼 건강한 사람이 없다. 어떤 사람이 부부간에 정이 없다면서 가정적인 남편이 되기를 서원하고 있었다. 나도 서원해볼까 하여 남편을 떠올려보니, 가정적으로나 사회적으로나 매우 성실한 남편이라 더 이상 바랄 것이 없었다. 그제야 보살은 자신이 부처임을 깨닫고 서원을 접어두고 마음공부를 열심히 했다고 한다.

　　　　서원이 많을수록 고통 또한 많은 법이다. 지금부터라도 서원을 줄이는 연습을 하자. 부족함이 있더라도 서원을 끊어버리고 지나치게 챙기려 하지 말아야 한다. 서원이 줄어들수록 부처와 가까워짐을 느낄 것이다. 물론 쉽지 않은 일이다. 만약 부처님이 나타나 오늘 강도용지에 쓰는 서원은 모두 이루어주겠다고 약속한다면 용지가 모자랄 정도로 많은 서원을 적을 것이다. 그 사람들은 불행한 삶을 살고 있다는 증거이다. 하고 싶은 일이 많고, 먹고 싶은 것이 많고, 갖고 싶은 것이 많다면 행복할 수가 없다. '이 정도면 됐어요, 충분히 먹었어요, 이제 난 그만 가질게요.' 이렇게 말할 수 있다면 현재 자신이 당한 것이나 가진 것에서 지족을 아는 사람이다. 이 사람이 탐욕을 뛰어넘는 진정 행복한 사람들이다. 갖고 싶은 대로 가질 수 있다면야 누군들 천석꾼이 되고 싶지 않으며, 만석지기가 되고 싶지 않겠는가. 천석 가지면 만석 갖기를 바라고, 만석 가지면 죽을 때까지 지키기를 바란다. 그것을 지키려고 절대 나눠주지 않을 것이다. 어디까지 가면 그만 둘 것인가? 사람의 욕심이란 끝이 없어 만족할 줄을 모른다. 우리 이웃에 어떤 이는 길거리에 버려져 헤매는 아이들을 데려다가 먹여주고 재워주고 공부까지 시켜주고 있다. 직장에서 보통의 월급을 받는 사람이다. 처음에는 집 없이 돌아다니는 애들이 안쓰러워 시작한 일인데, 한 명씩 두 명씩 애들이 늘어난 지금은 열다섯 명이나 된다. 넉넉한 형편도 아니면서 애들과 함께 씩씩하게 살아가는 그를 보면 정말 부처님이 따로 없구나! 저 사람이 부처님이다. 내가 이 땅에서 오래오래 보고 싶은 부처님의 모습이 저 모습일 것이다.

32상 80종호를 갖춘 부처님

부처님은 몸에 32상의 길상吉相을 갖추고 있다. 이것은 우연히 이루어진 것이 아니다. 전생의 여러 겁에 걸쳐 쌓은 선근과 보살행의 결과이다. 32상의 길상을 갖춘 이는 세속에 있으면 위대한 전륜성왕이 되고 출가하면 부처가 된다. 32상 하나하나에 중생이 원하는 모습을 다 가지고 있다. 머리에서 발끝까지 32가지의 생김새가 모두 원만하므로 중생세계에서 무엇이든 될 수 있고 무엇이든 가질 수 있고 무엇이든 할 수 있는 몸이다. 부처님은 32상 뿐 아니라, 아름답고 훌륭한 80가지 좋은 모양을 가지고 계신다. 부처님의 80가지 모습 속에 육안으로 확인할 수 없는 부분도 포함된다. 우리는 몸 밖에 오관이 있듯이 몸 안에는 오장이 있다. 그리고 오관과 오장이 서로 연결되어 있다. 오관의 변화에 따라 오장 상태를 짐작할 수 있다. 몸 밖에 있는 오관만 원만하면 몸 안의 오장도 아무런 결함이 없다. 부처의 몸은 눈에 보이는 오관과 눈에 보이지 않는 오장 또한 완벽하다. 예를 들면, 간이 나쁘면 눈, 심장이 나쁘면 혀, 비장이 나쁘면 입 또는 입술, 폐가 나쁘면 코, 신장이 나쁘면 귀에 그 증상이 나타난다. 그러므로 사람들은 오관의 상태를 보고 오장을 치료할 수도 있다. 부처님은 또한 3,000가지의 위의가 있다. 평범한 사람들은 손톱이나 발톱을 수시로 깎아야 하지만 부처님은 늘 정갈하여 그럴 필요가 없다. 피부 또한 윤택하여 굳이 가꿀 필요가 없다. 눈썹은 있을 만큼 있으므로 빠져서 없어질까 걱정하며 새로이 그릴 필요도 없다. 부처님은 비가 오든 눈이 오든, 아침이든 저녁이든 한결같아 변동이 없다. 부처의 몸은 비가 오면 오는 대로 맞추어지고, 눈이 오면 눈

오는 대로 맞추어지고, 더우면 더운 대로 맞추어진다. 이것이 3,000가지의 위의이다. 부처님은 32상 80종호 3,000위의가 완벽하게 갖추어져 있다. 이 모든 것은 과거 수행자시절에 모든 원을 성취한 결과이다.

올바른 서원이란 악습惡習을 바꾸는 것

중생의 원은 끝이 없다. 부처님 앞에 섰을 때만 원을 말한다든가 집안에 어려운 일이 벌어졌을 때 원을 세우는 것은 평소에 바라는 원의 1만분의 1도 되지 않는다. 특정한 일이 생겼을 때 원을 세우는 것은 오히려 가식일 수 있다. 중생은 일상생활을 하는 그 자체가 원덩어리이다. 일상생활에서 뭔가를 이루어야겠다는 원이 생기면 하루아침에 그 원을 이루고자하는 욕심을 버려야 한다. 10년을 작정하고 기다리는 마음이 있어야 한다. 그래도 안 되면 또다시 10년, 또다시 10년을 버텨야 한다. 평생을 작정하고 그날그날의 행동이나 말, 생각을 바르게 고쳐가며 살아가야 한다. 그래야 바라는 원을 이룰 수 있다. 이 말을 듣고 60세나 70세 된 어른들은 '나는 이미 늦었구나' 하는 마음이 생길지도 모른다. 그런데 정말 아이때부터 이 사실을 알았다면 일찍이 원을 세워 바르게 살았을까? 지금까지의 삶을 돌이켜보면 꼭 그렇지만도 않을 것이다. 시계를 되돌려 어린 시절로 돌아간다 하여도 제대로 살 사람은 그리 많지 않다. 올바른 서원을 세워 반듯하게 사는 것이 그렇게 쉽다면 온 천지에 부처 아닌 사람이 없을 것이요, 진리를 깨치지 않은 사람이 없을 것이다. 모두가 바라는 원을 이루어 불행하게 사는 사람은 아무도 없을 것이다.

　　　　어느 수행자가 몸이 몹시 아파서 더 이상의 수행을 할 수 없게 되었다. 자리에 앉기조차 힘이 들었다. 우선 아픈 몸을 고쳐야겠다고 생각하고 약을 구하려 하였으나 약을 구입할 돈이 없었다. 궁리 끝에 몇 푼 되지 않는 것으로 복권을 구입하였다. 그리고 대웅전 노전스님을 찾아가 일주일 동안 기도할 수 있도록 배려해줄 것을 청하였다. 노전스님의 허락으로 7일간 기도정진하기로 하였다. 구입한 복권을 부처님 좌복 아래 넣고 기도하였다. 마침내 일주일이 되자 수행자는 복권을 꺼내 숫자를 맞혀보았다. 당첨되지 않았다. 수행자의 복권이 당첨되지 않은 것은 당연한 결과이다. 기도하여 복권에 당첨된다면 당첨 안 될 사람이 어디 있겠는가? 속세에 사는 중생에게는 필요한 것이 아주 많다. 무언가 필요할 때마다 기도로써 다 이룰 수 있다면 그렇게 하지 않을 사람이 어디 있겠는가? 그러나 이것은 올바른 서원이 아니다. 복권에 당첨되게 바라는 수행자의 원은 고작 일주일에 불과했다. 그 이전에 수행자가 자신도 모르게 세운 원 중에 몸이 아프기를 바라는 원이 있었을 것이다. 그러나 수행자가 이 말을 들으면 내가 언제 내 몸 아프기를 바라는 원을 세웠냐? 반박할 것이다. 수행자는 평소 살아오면서 자신의 몸을 아프게 할 인因을 지었기 때문이다. 수행자 자신도 모르는 사이에 일상생활에서 무심코 했던 행동身이나 말語 그리고 생각意에서 제 몸을 아프게 할 인을 지었으므로 몸이 아픈 것이다. 나도 모르게 다른 생명을 소중하게 생각하지 않았으며 원망과 비방으로 세상을 살았다면 그 자체가 모두 원으로 나타나 쌓이고 쌓여 몸이 아픈 것이다. 그동안 몸이 아프도록 행동하고 몸이 아프도록 말하고 몸이 아프도록 생각하여 온 나쁜 습習이 일주일 기도로 없어지겠는가? 일주일 동안 복권 당첨의 원을 세웠다 하여 30, 40년 동안 쌓아둔 습이 사라지지는 않는다. 나쁜 습을 그대로 둔 채 새로운 원을 세웠다 하여 서원이 성취되는 것은 아니다. 수행자는 복권에 당첨되기를 바라는 것보다 병을 낫게 해달라는 원을 먼저 세웠어야 했다. 그러면 병의 원인이 된 행위와 습관을 알게 되면서 고쳐지게 될 것이다. 30, 40년 동안 지은 인 때문에 몸이 아팠으므로 그것을 먼저 치료해야 했다. 나쁜 습을 없애는 것이 우선이었는데, 복권에 당첨되기를 빌었으니 얼마나 어리석은 행동이었는가? 세상살이가 그렇게 만만하지 않은 것이다.

어른들 말씀에 "어릴 때부터 질맷가지는 휘어져 있다." 하였다. '질맷가지'는 '길맛가지'의 사투리인데, 소의 등에 안장처럼 얹는 말굽 모양의 구부러진 나뭇가지를 이르는 말이다. 길마를 만들 때는 원래 휘어진 나뭇가지를 써야 한다. 휘어지지 않은 나뭇가지는 길마로 쓸 수 없고, 억지로 구부려서 쓴다 하여도 오래가지 않는다. 따라서 길마에는 반드시 길맛가지가 필요하다. 우리가 어린 시절에 가지고 놀던 새총 또한 마찬가지다. 새총을 만들 때는 속이 단단하고 탄력 있는 노간주나무나 산수유나무, 단풍나무, 탱자나무 중에서 Y자 모양의 가지를 골라야 한다. 일직선 모양의 가지로는 새총을 만들기도 어렵고, 애써 만들어봤자 몇 번 쏘지도 못한 채 금세 부러질 것이다. 사람 또한 마찬가지다. 지금 늦었다하여 10년 전으로 되돌아간들 달라지겠는가? 오히려 늦었다고 생각하는 지금이 10년 뒤 그때 후회할 일을 하지 않는 빠른 10년이 될 것이다. 아침 일찍 일어나 새벽정송을 한다. 이는 늦게 일어나는 예전의 습관을 바꾸기 위함이다. 오늘 하루 염송한다하여 무슨 원이 이루어지겠는가? 한 번의 굿으로 아픈 사람의 병을 낫게 한다고 떠들어대면 그것은 사이비 종교이다. 그렇게 하여 병이 낫는다면 세상 천지에 아픈 사람이 단 한 명도 없을 것이다. 부처님의 원은 중생이 일상생활하는 동안 행동身을 바꾸고 말語을 고치고 생각意을 제대로 하는 것이다. 신어의身語意 삼밀로 신구의 업을 정화함으로써 업장을 소멸하는 것이 삼밀관행三密觀行이요, 삼밀관행이 곧 불작불행佛作佛行이다. 부처님의 행동, 부처님의 말, 부처님의 생각을 그대로 따르는 것을 말한다. 그러는 동안 우리의 원 또한 자연스럽게 이루어질 것이다.

잘못된 원인을 찾는 것이 염송이다

세간에서 말하는 불공은 가난한 사람이 재물을 구하기를 바라고, 헐벗은 자가 옷을 구하기를 바라고, 건강과 명예를 구하기를 바라는 것이다. 이러한 것에는 아무런 답이 없고 오로지 마음 고치는 것이 진언을 부르는 수행이고 정진이고 불공이라고 한다면 이것은 무슨 뜻인가? 또한 이것이 성취되지 아니한다면 구태여 '옴마니반메훔'을 부를 필요가 없지 않느냐? 즉 불공할 필요가 없지 않느냐? 이렇게 반문할 수도 있을 것이다. 진실로 불공은 마음공부하는 것이다. 먼저 올바른 마음공부를 하려면, 우선 가난함이 없어야 하며, 몸이 건강하여 병이 없어야 하며, 가정의 불화가 없어서 모든 고통스러운 것이 없어야 한다. 중생들이 바라는 것은 마음 고칠 여유가 있는 시간이 아니라 차라리 가난함이 해결되기를 바라며, 병고가 해결되기를 바라며, 불화가 해결되기를 바라는 것이다. 그러나 위의 세 가지를 얻기 위하여 기도를 하지 않고 오로지 마음 고치는 노력만 하여도 그 속에 이 모든 것을 해결하는 길을 발견할 수 있다. 우리가 가난하게 사는 것과 병들어 사는 것과 가정이 화합하지 못하는 데에는 반드시 그 원인이 있을 것이다. 그 원인이 어디에 있을까? 물질적으로 가난한 것은 과거에 가난한 인을 지어서 그것이 습관이 된 상태에서 금생의 몸을 받아왔기 때문이다. 그러면 금생의 이 몸은 그 습관이 배여 있어서 항상 화합하지 못하는 가난한 행동을 하고 가난한 말을 하고 가난한 생각을 할 것이다. 이것이 곧 금생을 불화하고 가난하게 하는 원인이 되었던 것이다. 명예를 얻기를 바라면서도 쉽게 얻지 못하는 것도 이와 같다. 명예를 얻지 못하는 원인이 이미 습관화되어 있기 때문에 명예를 얻을 좋은 기회를 만나도 그 앞에 가기만 하면 실수를 범하고 마는 것이다. 병도 마찬가지이다. 어느 날 갑자기 병이 찾아오는 것은 아니다. 병이 들 수밖에 없는 어떤 행동을 긴 시간 동안 해왔던 것이다. 그 행동은 이미 습관화되어 있었던 것이다. 결국 가난한 것도 병이 든 것도 그 원인은 모두 내가 가지고 있다는 것이다. 곧 내 마음에 있다는 것이다. 이제부터 가난한 원인이 되는 행동을 버리고, 병이 드는 원인의 행동을 버린다면 바라는 것이 성취될 것이다. 수행자는 원을 이루려고만 마음 쓰지 말고 근본 마음을 다스리는 법에 뜻을 두고 수행해야 모든 것이 쉽게 이루어질 것이다.

원력願力, 소박한 꿈을 이루게 하는 사람들의 힘

어린아이들은 사람의 축복을 받으며 태어난다. 처음 세상에 태어난 아이는 높은 산 정상에 올라선 사람과 같다. 벙긋 웃는 아이 모습에 다들 예뻐하고 사랑한다. 그 아이는 세상에 부러울 것이 없다. 세상 모든 것이 내 것이라고 믿는 아이는 차츰 말을 배우면서 "나는 커서 대통령이 될 거야!" 큰소리친다. 어린아이 눈에 비친 대통령은 최고의 위치에 있는 사람으로 보인 것이다. 부모의 바람에 의하여 대통령이 무엇인지도 모르면서 그냥 그렇게 말할 뿐이다. 그런데 차츰 시간이 흐르면서 산꼭대기에 올랐던 아이는 한 발짝, 한 발짝 산 아래로 내려온다. 정상에서 조금 내려오면 앞을 막고 있는 앞산이 보이고, 지나온 뒷산이 보인다. 그래도 팔부능선쯤 내려왔으므로 산 밑은 아직 까마득하다. 이때 아이는 자기의 서원을 바꾼다. 부모의 권유에 의하여 세웠던 대통령이 되겠다는 꿈을 내려놓고 스스로의 원으로 장관이 되겠다든가 장군이 되겠다든가 재벌이 되겠다고 말할 것이다. 팔부능선에서 볼 때 아래가 만만하게 보일 것이다. 이제 아이는 좀 더 자라서 초등학교에 가게 되었다. 아이가 보기에 학교에서 가장 높은 사람은 선생님이고, 집에서 제일 높은 사람은 회사를 운영하는 아버지이다. 초등학교 다니는 아이의 장래 꿈은 선생님으로 바뀌거나 아버지처럼 회사를 운영하는 사장님으로 바뀐다. 시간이 흐르면서 아이의 꿈은 점점 사그라져 대학을 졸업할 무렵에는 취직이나 되었으면 좋겠다는 원으로 바뀐다. 산의 정상에서 내려온 지는 한참 되었고 주변을 둘러보니 온통 숲이다. 그 숲을 헤쳐 나가려면 힘이 필요하고, 그 힘을 얻기 위하여 당장 취직을 하여야 한다. 대통령이 되겠다는 아이가 취직만 되었으면 좋겠다는 평범한 시민으로 돌아간다. 이처럼 아이의 원대한 꿈이 사라진 것은 자신이 세운 원을 지탱해나갈 원력願力이 부족했기 때문이다.

　　　　어머니의 간절한 원력이 자식을 세계적인 피아니스트로 만들기도 한다. 전쟁에서 남편을 잃고 홀로 자식 하나를 키웠다. 전쟁이 끝났을 때 어머니에게 남은 것은 피아노 한 대뿐이었다. 그것은 남편이 남긴 유품이기도 했다. 어머니는 셋방살이로 전전하면서도 피아노를 버리지 않았다. 어머니의 행동과 말, 생각 속에는 남편의 정이 묻은 피아노뿐이었다. 어머니에게 피아노는 곧 남편이었던 것이다. 자식은 어려서부터 피아노를 봐왔기에 낯설지 않았다. 피아노 옆에서 뒤뚱거리며 걸음마를 배웠고, 혼자 힘으로 피아노 의자에 앉을 무렵부터 건반을 두드렸다. 생전 처음 만져보는 건반에서 띵똥띵똥 울리는 피아노 소리가 그다지 싫지 않았다. 그때부터 자식은 밤을 낮 삼아 피아노를 쳤다. 손가락 끝에 피멍이 들 정도로 지독하게 연습했다. 피아노 소리가 시끄럽다고 주인집에서 쫓겨나는 일도 많았다. 셋방살이를 하면서도 연습을 게을리 하지 않았다. 어머니의 행동과 말, 생각 속에 피아노가 전부였다면 자식의 행동과 말, 생각 속에도 역시 피아노가 전부였다. 어머니의 삼밀관행과 딸의 삼밀관행이 서로 통하였던 것이다. 어머니의 간절한 서원이 자식의 간절한 서원과 맞아떨어졌다고나 할까. 어머니의 원력에 자식의 노력이 보답을 했다고나 할까. 자식은 세계적인 피아니스트가 되었다. 전 세계를 누비며 연주하는 피아니스트가 되어 사람들에게 감동적인 선율을 선물했다. 어머니의 원력이 자식을 훌륭한 피아니스트로 키워낸 일화이다.

부모의 원력은 평범한 자식을 세계적인 피아니스트로 만들기도 하고 한 나라를 책임지는 대통령으로 만들기도 한다. 대통령이 되겠다는 아이에게 부모가 "넌 대통령 감이야! 꼭 대통령이 될 거야!" 다독여주면 아이는 자신감을 갖게 된다. 부모의 다독임이 한두 번으로 끝나지 않고 밥을 차려줄 때도 "너는 대통령 감이야!", 책가방을 챙겨줄 때도 "너는 꼭 대통령이 될 거야!" 계속된다면 아이는 차츰 호기심이 생긴다. 대체 대통령은 무슨 일을 하는 사람인지, 대통령이 되려면 어떻게 하여야 하는지 관심을 갖게 된다. 그때부터 아이는 대통령이 나오는 텔레비전 뉴스를 유심히 보게 될 것이다. 대통령은 어떤 색의 넥타이를 하며, 사람들과 만났을 때는 어떤 식으로 악수를 하는지, 말은 어떤 식으로 하는지 관심 있게 지켜본다. 그리고 거울 앞에서 대통령처럼 웃기도 하고, 대통령처럼 걷기도 하고, 대통령처럼 밥을 먹기도 한다. 어린 시절에는 대통령의 겉모습만 보고 흉내를 내지만 차츰 나이가 들어 청소년이 되면 대통령은 어떤 책을 읽었는지 알아내어 그 책을 읽고, 대통령은 어떤 식으로 토론하는지 알아내어 친구들과 토론을 하여본다. 대학에 들어가서는 전 세계의 대통령 중에서 자기가 존경하는 대통령의 자서전을 읽기도 하고, 배낭여행을 하면서 세계 곳곳을 다니며 세상을 보는 안목을 키울 것이다. 원하는 동아리에 들어가 다양한 활동을 경험하기도 한다. 이렇게 소년은 대통령이 되기 위하여 한 걸음, 한 걸음씩 나아가는 것이다. 대학을 졸업하여 정당에 가입한다든지 시민운동을 하면서 적극적인 사회참여를 한다. 억울한 일을 당한 사람들을 찾아가 위로하면서 해결책을 찾아본다. 소외계층에게 도움이 될 만한 일이 무엇인지 알아보고 그대로 실천한다. 일이 잘 풀리지 않으면 멘토를 찾아가 조언을 듣기도 한다. 그렇게 10년, 20년을 성실히 살다보면 어느새 아이는 한 나라의 최고 통수권자인 대통령이 되어 있을지도 모른다. "너는 대통령 감이야! 너는 반드시 대통령이 될 거야!" 부모의 원력이 오랫동안 지속되면서 평범한 아이를 대통령으로 만들 수도 있다는 말이다.

습관을 버리고 참회할 때 비로소 이루어지는 원

나는 불교 가정에서 태어났으나 부처님이 어떤 분인지 잘 몰랐고 불교가 왜 좋은지 알려 하지도 않았다. 그저 배불리 먹고 따뜻한 잠자리가 있으면 좋았다. 그것으로 만족했다. 먹고 사는 일에 급급하여 부처님에 대하여 생각할 여유가 없었다. 그런데 어느 순간 누군가의 원력 때문인지 부처님에 대하여 알고 싶었다. 불경을 읽다가 나는 실망했다. 부처님이 중생들에게 8만4천의 말씀을 남겼다. 말씀따라 출가하고 고행하였는데도 부처가 된 사람은 한 사람도 없었다. 부처가 된 사람은 없었으나 부처님과 함께 산 사람들은 많았다. 그들의 삶이 궁금하여 이 책 저 책 뒤져가며 찾아보았다. 부처님과 함께 산 사람들은 부처님의 경전을 읽거나 부처님이 가르침대로 수행을 했다. 그리고 부처님의 가르침대로 행동하고 말하고 생각하려고 노력하였다. 그것을 알게 된 뒤로는 그들처럼 살려고 노력하면서 부처님의 가르침대로 행동하고 말하고 생각했으며, 부처님의 뜻에 따라 열심히 수행했다. 그러는 동안

10년, 20년, 30년의 세월이 흘렀고 지금 이 자리까지 오게 되었다. 여기까지 온 것은 부처님을 따르겠다는 원을 세운 뒤 30여 년 동안 꾸준히 수행한 결과이다. 이렇게 불법과 인연이 되어서 수행정진한 것은 그 뒤에 부모님의 원력이 있었다는 것을 알았다. 내가 태어나기 전에 사찰이 없던 조그마한 섬에 들어온 비구니스님의 의해 원력으로 사찰을 건립하면서 재산을 희사한 부모님의 원력 때문이다. 그 원력의 힘에 의하여 발심하여 여기까지 왔음을 알았다. 앞으로도 이 길을 계속 가기 위하여 옆도 뒤도 돌아보지 않을 것이다. 때로는 부모를 버릴 수도 있고, 때로는 형제와 등을 돌릴 수도 있고, 때로는 친구와 이웃을 외면할 수도 있다. 부처님의 길을 가는 데 방해가 된다면 그럴 수밖에 없지 않겠는가. 하지만 부모와 형제, 친구와 이웃이 모두 부처님을 좋아하고 가르침대로 따르겠다면 누구보다 좋은 동반자가 될 것이다. 지금도 끊임없이 정진하고 수행하지만 여전히 부족한 점이 많다. 금생에는 이렇게 끝난다 하여도 다음 생에는 관세음보살, 문수보살처럼 훌륭한 보살이 되고 싶다. 열심히 정진하여 보살이 되기를 "나무성취보살" 하고 염송할 것이다.

　　　　자신이 그동안 어떻게 살아왔는지 궁금하면 거울을 들여다보라. 지금까지 행동하고 말하고 생각하며 살아온 자신의 진솔한 모습이 거울 속에 비칠 것이다. 그 모습이 마음에 들면 지금까지 살아온 그대로 살면 된다. 자신의 모습에 만족하지 못한다면 지금부터 삶의 길을 바꾸는 것이 좋다. 새로운 삶을 살기 위하여 지금까지 익혀온 습관을 말끔히 씻어내야 한다. 그것이 곧 참회이다. 진각밀교는 입문한 사람에게 먼저 참회를 시키는 것도 이 때문이다. 거울에 비친 자신을 보며 지금까지 잘못한 일들을 모두 참회하도록 한 것이다. 살생이나 도둑질만 참회할 일이 아니다. 생활 자체를 돌아보면, 잘 하는 것보다 못하는 일들이 너무 많다. 이러한 모든 것이 참회할 일들이다. 원만하지 못한 생각, 남의 마음을 생각하지 못한 것, 자기만을 위한 생각, 은혜도 모르고 원망만 했던 것들, 눈이 사납게 보이면 참회할 일이고, 얼굴을 찡그려도 참회할 일이다. 참회하고 난 다음 두 번 다시 같은 행동, 같은 말, 같은 생각을 하여도 안 된다. 참회 그 자체가 행복을 가져다주고 이익을 가져다주고 명예를 가져다주는 원이 될 것이다. 억지로 무엇인가를 찾아서 서원할 필요도 없다. 달라진 행동과 말과 생각으로 하루를 보내고, 한 달을 보내고, 1년을 보내면서 노력하면 모든 것이 저절로 원만하게 되어 원 없는 삶을 살 것이다. 설혹 금생에 이루어지지 않으면 다음 생에 이루어질 것이다. 내가 인因 지은 것이 다른 데로 가지는 않는다. 인과因果는 변함이 없으며 속이지 않는다. 내가 받은 과보果報 가운데 어느 것 하나 내가 짓지 않은 인이 없다. 내가 짓지 않은 인을 과보로 받는다면 우주 자체의 운행질서가 엉망이 될 것이다. 부모가 안이비설신의를 물려줄 때는 평생을 쓰고도 남을 만큼 물려주었는데, 몸을 함부로 사용하며 팔다리를 혹사하여 움직이지 못하게 된 것도 참회할 일이다. 쓸데없는 곳을 다니다가 팔을 못 쓰게 되고, 다리를 못 쓰게 되었으므로 내 잘못인 것이다. 걸음걸이가 조금 불편할 때 당체법문으로 알고 자신의 행동을 살펴보아야 하는데, 그러하지 못한 것은 나의 잘못이다. 부처님의 자비한 가르침인 당체법문을 잘 살펴서 참회하고 일상생활에 올바른 서원을 세워 정진하여야 할 것이다.

　　이 땅의 5,000여 년 역사가 나름대로 질서를 갖춘 것은 그 속에 우리가 알지 못하는 인과의 법칙이 수레바퀴 돌아가듯 돌아가고 있기 때문이다. 지구촌에 이렇게 많은 사람이 살아도 서로 부딪치지 않고, 끊어지지 않고 계속되는 것은 인과법칙에 따라 세상이 돌아가기 때문이다. 창고에 재산이 가득한 사람이 있다면 주머니가 텅 빈 사람도 있어야 한다. 높은 벼슬을 하는 사람이 있는가 하면 힘 드는 일을 하는 사람도 있어야 한다. 장수하는 사람이 있으면 단명하는 사람도 있어야 한다. 빈부귀천이 생기는 것도, 남녀노소가 구분되는 것도 우리의 행동이나 말, 생각 속에 그 원이 이루어지고 있다는 증거이다. 그러므로 지금 이 순간부터 원을 드러내는 방식, 원을 표현하는 방식을 바꾸어야 한다. 그 방법을 모르겠으면 스승을 찾고, 선지식을 찾아보라. 말을 어떻게 하면 좋게 고치고, 생각을 어떻게 하면 좋게 바꾸고, 마음을 어떻게 하면 좋게 할 수 있는지 묻고 좋은 방향으로 고쳐야 할 것이다. 우리들이 아무리 노력하여도 좀처럼 현재의 습관이 바꿔지지 않는 것은 무시광대겁으로부터 익혀온 습관 때문이다. 좋은 말만 하면서 잘 지내다가도 어느 순간 나쁜 말이 나온다. 점잖게 행동하다가도 어느 순간 경망스러운 행동이 나온다. 중생에게 좋은 것만 줄 생각을 하여야 하는데 어느 순간 나의 이익만을 생각하고, 나만 좋으면 된다는 생각을 하게 된다. 그러므로 매일 발심하고 매일 마음을 챙겨야 한다. 가진 것이 넉넉하면 굳이 자기 것만 더 챙기려 하지 말고 이웃에게 베푸는 삶을 산다면 얼마나 좋을까? 그렇지 못한 것이 사람이다. 정작 제 것도 아니고 금생에서 잠시 수용할 뿐인데도 어리석은 중생이 그것을 알지 못하고 영원히 가질 듯이 욕심낸다. 얼굴이 예쁘면 예쁜 값으로 좀 베풀면서 살아야 할 것이다. 예쁜 것을 박복으로 만들지 말고 베풀며 봉사하는 것으로 갚아야 한다. 그냥 이대로 살다가 죽으면 더 이상 고칠 기회가 없다. 나쁜 습관이 버려지지 않는 것도 병이다. 다음 생에 가서 후회하지 말고, 지금 이 순간 나쁜 것이 있으면 한 가지쯤은 참회하고 고쳐야 할 것이다.

제14강
자성 찾음은 풍요로운 삶의 길

삼고三苦는 중생이 받는 불행의 근본인 병고, 가난고, 불화고를 말한다. 중생은 삼고에서 벗어나 건강하고 넉넉하며 화목하게 살기를 원한다. 이와 같은 풍요로운 삶을 살기 위하여 자성自性을 찾는 공부를 하는 것이다. 이 장에서는 자성을 찾아 삶을 풍요롭게 사는 길을 말하고자 한다.

풍요로움을 원하는 중생 앞에 나타난 비로자나불

"깨쳐 참회 않는 자는 미래제에 이를수록
죄가 점점 지중하여 삼도고에 떨어진다."

예전에는 집집마다 아이들이 넘쳐나 형제자매끼리 싸우는 일이 허다했다. 아이들이 아파도 병원 문턱 한 번 넘지 못하고 목숨을 잃는 일이 많았다. 그 시절 아이를 키우는 부모의 간절한 원願은 애들이 아프지 않고 화목하게 지내면서 밥이나 굶지 않았으면 하는 것이었다. 병고, 불화고, 가난고의 삼고에서 해탈하는 것이 보통사람들의 바람이었다. 이와 같은 부모님들의 원력願力은 아무리 세월이 흘러도 변함없이 여전하다. 풍요롭게 살고 싶다는 마음은 중생의 진솔한 바람 중에 하나이다. 진각밀교는 세상의 진리를 하나로 보며, 부처님도 오로지 법신비로자나불만 존재한다고 주장한다. 그러나 풍요로움을 원하는 중생을 교화하기 위한 방편으로 나타난 분이 싯다르타이다. 이러한 모습은 사바세계에만 나타나신 것이 아니다. 32상의 원만상을 갖추기 위해 모든 법계에 나타나 고행하였다. 마지막으로 도솔천 호명보살로 수행하다가 인간계에 오셨다. 이 모든 출현은 법신비로자나불이 중생을 교화하기 위하여 수많은 생을 중생과 함께 살아가면서 부처 되는 길을 직접 보여준 방편의 모습들이다. 비유하면, 영화의 주인공과 같은 것이다. 배우는 감독의 지시에 따라 연기를 하는 것이며, 실제 자신의 삶을 살지는 않는다. 감독은 영화를 찍다가 시나리오가 관객의 마음에 들지 않는다고 생각되면 내용을 바꿀 수도 있고, 배우의 연기가 신통치 않으면 다른 배우로 교체할 수도 있다. 상황에 따라서는 찍던 영화를 뒤집어엎고 새롭게 시작할 수도 있다. 어떠한 경우에도 배우는 감독의 지시를 따라야 한다. 싯다르타 역시 비로자나불이 이끄는 대로 움직일 뿐이다. 언제 어디서든 변함없는 존재는 제작과 감독 역할을 하는 비로자나불이다.

　　　　법신비로자나불은 부처모습으로만 연기하시는 것이 아니다. 중생의 근기根機에 따라 다양한 모습으로 세상에 나타난다. 근기란 중생의 기질 또는 수양 정도를 의미한다. 비로자나불이 가장 뛰어난 모습으로 드러날 때가 부처이고, 그다음의 모습이 보살이다. 보살은 위로는 보리菩提를 구하고 아래로는 중생을 제도하여 자신이 쌓은 공덕을 중생에게 돌려줌으로써 자비를 실천하는 모습을 보이는 분이다. 세상에는 무수한 보살들이 등장한다. 관세음보살, 문수보살, 미륵보살, 대세지보살을 비롯하여 많은 보살이 있다. 관세음보살의 경우에도 성관음, 천수관음, 백의관음 등 33가지 모습으로 나타나며, 각각의 관음에 오백관음이 존재한다. 문수보살도 오백 문수동자가 있다. 또한 비로자나불은 명왕의 모습으로 나타나기도 한다. 명왕은 무서운 얼굴을 하고 악마를 굴복시켜 불법佛法을 수호하는 존재이다. 명왕도 오대명왕이 있다. 동서남북을 수호하는 사천왕이 있다. 수호신으로 천天·용·야차·건달바·아수라·가루라·마후라가·긴나라 등 팔부신중도 있다. 부처, 보살, 명왕, 천신, 수호신에 이어 삼라만상의 모습으로도 세상에 나타난다. 원래 비로자나불은 빛으로 존재할 뿐 이름도, 형상도 없다. 하지만 삼라만상과 함께하면서 언제 어디서든 친근한 모습으로 나타나 중생에게 가르침을 전한다. 법신비로자나불이 빛으로 나타나는 모습은 우리 주변에서 쉽게 접할 수 있다. 삼라만상은 모두 비로자나불의 빛의 몸이기 때문에 비로자나불은 마음만 먹으면 중생을 키울 수도, 죽일 수도 있고 선업을 쌓게 할 수도, 악업을 쌓게 할 수도 있다. 삼라만상은 중생에게 양날의 칼과 같은 존재이다. 요리를 한다거나 과일을 깎을 때는 더없이 유용한 칼이지만, 그 칼로 사람을 위협하거나 해칠 수도 있는 위험한 칼이 되기도 한다. 중생이 비로자나불의 빛의 가르침을 따라 성실히 살아갈 때는 바라는 원을 모두 이루어지지만, 반면 마왕파순이의 뜻에 따라 제멋대로 살아간다면 받을 것은 고통뿐이다.

밀교수행은 내 마음을 찾는 길

중생으로서 부처님의 가르침을 이해하려면 부처님의 마음을 알아야 한다. 서로의 마음을 알아야 제대로 통할 수 있다. 부처님의 마음과 통하려면 내 마음을 먼저 보여주어야 한다. 그러기 위하여 나에게 부처님과 같은 마음이 있는지 없는지 확인하여야 한다. 모든 중생은 마음이 있다. 어떤 마음이든 원래부터 있었다. 중생들은 어떤 물건을 보았을 때 갖고 싶다는 마음이 생긴다. 이것을 견물생심見物生心이라 한다. 견물생심의 견見과 물物은 곧 중衆이며, 생심生心과 합하여 중생심이 된다. 견물생심을 버리고 본래의 마음 찾는 공부를 자성 찾는 공부라 한다. 견물생심을 잘못 사용하였을 경우의 예를 들면, 돈 많은 부모를 둔 불효한 아들과 며느리, 딸과 사위의 잘못된 생각을 보면 '아버지 어머니가 일찍 돌아가셨으면 좋겠다'고 생각할 수 있다. 이러한 나쁜 마음을 가졌지만 드러내어 표현하지는 않는다. 부모가 이러한 속마음을 알면 재산을 물려주지 않을 수도 있기 때문이다. 모두 속내를 숨긴 채 부모 앞에서는 잘하는 시늉을 한다. 그러면 부모는 내 자식이 최고라 생각할 것이다. 그러는 중에 부모가 자녀들의 나쁜 마음을 알았다면 부모는 고민할 것이다. 그러나 부모는 자식과의 인연을 끊지 못하고 자식을 생각하는 마음 때문에 절약하고 절약한 재산으로 남기고 열반한다. 이 인연으로 재산을 상속 받은 자녀들의 삶은 평온하지 못하고 불행한 삶을 살게 되는 결과가 나타날 것이다.

불보살은 어떤 마음으로 중생을 제도하겠는가? 부처님은 검은 속마음을 숨긴 채 절하는 모습을 보고는 엷은 미소를 띨 것이다. 검은 마음을 숨긴 채 촛불을 켜고 공손히 절하지만 그 마음에는 진정성이 없는 마음이다. 그런 중생이 무슨 일을 한들 잘될리 없다. 그래도 부처님은 중생들이 고통 없이 생활했으면 하는 원력의 빛을 내려줄 뿐이다. 부모와 같은 마음이다. 다만 부처와 부모가 다른 것은 인과법칙을 가르쳐서 스스로 깨닫게 하는 것이다. 진언수행은 특별한 사람들이 특별한 일이 있을 때만 하는 것이 아니다. 배고프면 밥 먹고 추위와 더위에 따라 옷을 갈아입도록 하는 것이다. 하늘에서 내리는 비도 그릇 모양에 따라 담기듯이 사람마다 마음 그릇이 다르다. 마음 그릇에 따라 사람의 삶도 각각 다르다. 그것을 모르고 남의 삶을 쫓아다니며 흉내 내는 사람들이 있다. 돈을 쫓아다니면 돈의 노예, 명예를 쫓아다니면 명예의 노예, 건강을 쫓아다니면 건강의 노예가 될 뿐이다. 노예는 주인이 아니기 때문에 무엇이든지 마음대로 못한다. 부처님은 중생의 능력에 따른 법을 베풀고 보여준다. 이것이 자연의 빛이 주는 배려이다. 이러한 배려를 받으려면 자연의 빛을 내 것으로 만들어야 한다. 자연의 빛을 내 것으로 만들려면 자연의 빛이 지닌 속성을 알아야 한다. 그 속성을 알 때 자연의 빛이 운영하는 힘을 얻게 된다. 나 자신의 빛과 자연의 빛이 하나가 되는 수행이 진언수행이다.

자성 찾는 길 가운데 또 하나는 극복하고 인내하는 마음이다. 그리고 자주성을 키우는 마음이다. 진각성존은 약불단약藥不斷藥의 법을 전하면서 열반할 때까지 약을 먹지 않고 진언수행으로 몸을 다스렸다. 어떤 사람은 우스갯소리로 감기 걸렸을 때 주사를 맞으면 일주일 만에 낫고, 약을 먹으면 7일 만에 낫고 약을 먹지 않으면 이레 만에 낫는다고 한다. 일주일이나 7일이나 이레는 똑같다. 결국 가만히 있어도 낫는다는 것이다. 이것은 병이 몸 안에서 생겼다면 낫게 하는 힘도 몸 안에 있다는 것으로 외부의 힘을 빌리지 않고 제 스스로 해결하는 자주성을 말하는 것이다. 우리의 본마음인 불성은 천하의 악귀를 뿌리칠 힘이 있다. 평생을 써도 다 쓰지 못하는 힘을 부모로부터 물려받았다. 목숨이 다할 때쯤 그 힘이 사라질 것이다. 힘이 사라지는 것은 외부에 의한 것이 아니라, 내부에서 일어나는 의존하고자 하는 마음 때문이다. 비유하면, 사자獅子의 몸 안에 있는 벌레가 제 살을 먹어 스스로 죽어가듯이 사자가 목숨이 다할 때쯤 몸 안에 있는 생성의 세포가 활동을 멈추고 소멸의 세포가 작용하기 시작하여 모든 것이 사라지는 것이다. 길흉화복, 부귀영화가 모두 자성에 있는데 그 사용하는 방법을 바로 알지 못하고 껍질의 마음인 견물생심에 집착하여 고통의 구덩이로 들어간다. 육자진언 염송으로 자성을 찾아 병고·가난고·불화고의 원인을 깨달아 해탈의 경지에서 풍요로운 삶을 누려야 할 것이다.

삼간三間을 통과함으로써 부처님과 통하다

우리들의 마음속에는 누구나 다 불성佛性과 마성魔性이 있다. 이 가운데 어느 것을 사용하느냐에 따라 행과 불행이 나타난다. 불성으로 다스리는 세상은 극락이요 마성으로 다스리는 세상은 지옥이다. 나쁜 것을 섣불리 건드려 세상에 나오게 할 경우 큰 문제가 생길 수도 있다. 《아라비안나이트》 가운데 〈어부와 지니〉 이야기가 있다. 거인 지니가 호리병 속에 갇혔는데, 처음에는 자기를 구하는 사람을 부자로 만들어줄 생각이었다. 그러나 100년, 200년, 300년, 400년이 흘러도 구하는 사람이 없었다. 더 이상 견딜 수 없는 지경에 이르렀다. 화가 치민 지니는 이제부터 자기를 구하는 사람은 죽여버리겠다는 결심을 하게 된다. 이때 어부가 나타나 뒤늦게 지니를 구하였다. 지니는 마음의 결정한 대로 호리병에서 구해준 어부를 죽이고자 하였다. 목숨을 잃을 위기에 처한 어부는 꾀를 부려 지니를 다시 호리병 속으로 들어가게 하였다. 〈어부와 지니〉 이야기에서 알 수 있듯이 무슨 일을 도모할 때도 적당한 시기가 있는 법이다. 지니가 나쁜 마음을 먹기 전에 어부가 호리병 속에서 꺼내주었다면 어부는 위험한 일을 당하지 않았을 것이다. 그런데 이 시기를 놓치는 바람에 거인 지니를 구하고도 목숨을 잃을 수 있었다. 봄에 피어야 할 개나리가 겨울에 필 경우 얼어 죽기 십상이다. 겨울에는 동백꽃이 나올 시기이다. 봄에 필 개나리가 건방지게도 겨울에 꽃을 피웠으니 온전할 리 없다. 무슨 일이든 적당한 때가 있고 적당한 시간이 있는 법이다.

중생은 좋은 시간과 나쁜 시간이 언제인지 잘 모른다. 안다는 것은 해뜨고 해지고 달뜨고 달이지는 정도로만 시간의 흐름을 생각할 뿐이다. 진각성존은 매일 시간을 정하여 꾸준히 염송하라고 강조하는 것도 시간의 중요성을 알려주기 위함이다. 시간의 중요성을 알아야 시간을 이길 수 있고, 시간을 이겨야 삼간三間을 통과할 수 있다. 흔히들 우주는 시간·공간·인간의 삼간三間으로 구성되어 있다고 한다. 끝없는 시간과 무한한 공간의 총체를 우주라 할 때 이를 인식하는 주체가 바로 인간이다. 시간을 통과하고 공간을 통과하고 인간을 통과하여 삼간을 통과함으로써 우주 전체의 진리를 알 수 있는 것이다. 우리 속담에 '업은 아이 3년 찾는다'는 말이 있다. 이것은 가장 가까운 곳에 있는 것을 모르고 다른 곳에서 찾는다는 의미이다. 그런데 이 속담은 표현이 잘못되어 있다. '업은 아이 삼간 찾는다'는 말이 와전된 것이다. 아이를 업은 채 3년 동안 찾아다닌다니 말도 안 된다. 아무리 정신없이 아이를 찾아다닌다 하여도 잠은 자야 할 것 아닌가. 그러면 잠자기 위하여 눕다가도 등에 업은 아이를 발견할 것이다. 아이를 등에 업은 채 이 사람 저 사람에게 물어보고, 이 방문 저 방문 열어보면서 공간을 헤매 다니고, 시간이 흐르도록 찾아다닌다는 의미이다. 그런데 이 속담에 이의를 제기하는 사람은 아무도 없다. 3년이나 삼간이나 똑같은 의미라고 생각하는 것이다. 말로 짓는 업을 구업口業이라 한다. 일상에서 쓰는 말도 그 뜻을 잘 사용하여야 한다. 또 하나가 있다. '개천에서 용이 난다'는 속담이다. 한미한 집안에서 훌륭한 인물이 나오는 경우를 이르는 말이다. 미꾸라지도 살까 말까한 개천에서 어떻게 용이 나온다는 말인가? '개천의 물이 흘러 용소를 이루었고 그 용소에서 용이 태어난다'는 말의 중심부분을 빼버리고 앞말과 뒷말만으로 '개천에서 용 난다'고 한 것이다. 이와 같이 속담의 숨은 뜻을 알 듯이 중생은 불성佛性의 속내를 읽을 줄 알아야 한다. 불성의 속내를 알기 위해 수행이 필요한 것이다.

　　　　　인간은 시간과 공간 속에 살고 있다. 시간과 공간이 어우러져 인간의 삶이 존재한다. 시간이 맞지 않으면 시대가 달라지고, 공간이 맞지 않으면 세계가 달라진다. 결국 우리는 같은 시대, 같은 세계 속에서 살아가는 것이다. 너와 내가 함께 어우러져 사는 것, 즉 동업중생同業衆生으로 산다는 것은 같은 시간과 같은 공간에서 더불어 사는 것을 의미한다. 이는 시간과 공간 속에서 모든 존재가 연기緣起하는 것이다. 옛날 어느 마을에 욕심꾸러기 남자와 착한 남자가 농사를 지으며 살았다. 착한 남자는 그 해 농사가 잘되어 커다란 무를 추수하였다. 사람 몸 크기만한 무를 캔 농부는 이 고을 사또가 덕이 있어 농사가 풍년이 들어 큰 무를 추수하게 되었으니 보답해야겠다는 생각으로 사또에게 바치기로 했다. 큰 무를 받아든 사또는 기분이 좋아 답례를 하기로 하고 이방을 불렀다.

"이방, 지금 창고에 무엇이 있나?"

"다른 건 없고 황소 한 마리가 있습니다."

이방의 대답을 들은 사또는 미소 띤 얼굴로 다음과 같이 명했다.

"그거 잘된 일이군. 이 큰 무를 창고에 넣어두고 황소를 몰고 오게." 사또는 이방의 손에 끌려나온 황소를 착한 농부에게 넘겨주었다. 착한 농부가 사또로부터 황소를 받았다는 소문이 마을 전체에 퍼졌다. 욕심꾸러기 농부는 큰 무 대신 황소를 받았다는 말을 듣고는 꾀를 냈다. 사또님께 무를 선물하니 황소를 받았다잖아. 그럼 내가 황소를 선물하면 더 큰 걸 답례품으로 받겠군. 욕심꾸러기 농부는 집에서 여러 마리 소 가운데 가장 큰 황소를 끌고 사또를 찾아갔다.

"사또님, 집에서 키우던 황소인데 아주 실하게 자랐네요. 존경하는 사또님께 선물로 바치고 싶습니다." 사또는 존경한다는 말에 기분이 좋았다. 이방을 불러 물었다.

"지금 창고에 무엇이 있는가?"

"큰 무가 있습니다."

"그럼 이 황소를 창고에 넣어두고 무를 가져오게." 사또는 큰 무를 욕심꾸러기 농부에게 주라고 하였다. 사또로부터 큰 무를 받은 욕심꾸러기 농부는 사또 앞이라 아무 말도 못한 채 커다란 무를 들고 집으로 돌아갔다. 이 이야기를 보면 착한 농부는 무 대신 황소를 갖게 되었고, 욕심꾸러기 농부는 황소 대신 무를 갖게 되었다. 그러나 사또의 창고는 변한 것이 없다.

〈흥부와 놀부〉이야기도 같은 맥락에서 파악할 수 있다. 강남이라는 나라에 엄청난 보물이 있다. 제비는 이 보물을 흥부에게 가져다준다. 그리고 강남의 텅 빈 보물창고는 놀부의 재산으로 채워진다. 결국 강남 제비를 통하여 착한 흥부는 부자가 되었고, 욕심쟁이 놀부는 가난뱅이가 되었다. 중간에 제비가 없었다면 놀부는 흥부를 찾아가 멱살을 잡고 생떼를 썼을지도 모를 일이다. 제비 덕분에 흥부는 아무런 봉변도 당하지 않은 것이다. 사또의 창고나 강남의 보물에는 아무런 이상이 없다. 다만 선악에 의하여 농부들의 삶만 달라졌을 뿐이다. 이것이 삼간의 조화로운 법칙에서 일어나는 일들이다. 사람도 중요하고, 장소도 중요하고, 시간 역시 좋은 시간이어야 한다. 세상의 원리도 이와 같다. 어떤 사람이 나를 찾아와 자그마한 선물을 했을 경우 내 마음이 절대 편할 수 없다. 나 역시 무언가로 보답하여야 한다는 마음의 부담을 가질 것이다. 보답은 정진수행으로 갚아야 한다. 상대에게 부담을 주는 것도 결국 업을 짓는 일이다. 무언가를 선물하고 싶다면 부처님을 거쳐서 하면 된다. 넥타이 하나라도 스승에게 직접 주지 말고 부처님께 올린다는 마음으로 해야 한다. 스승은 그 넥타이를 부처님으로부터 받은 것으로 생각하고 열심히 정진하면 된다. 만일 보시한 사람이 보시한 물건에 대하여 집착하거나 상을 부려 "내가 선물한 넥타이를 스승님이 하고 있더라." 말한다면 그 사람에게 갈 복이 감하여질 것이다. 그런 식으로 하면 사또가 왜 필요하고 강남 제비가 왜 필요하겠는가? 내가 직접 주면 인정人情이 되고 사정事情이 되어 뇌물이 될 수도 있다. 그런 일이 벌어져서는 안 된다. 무슨 일이든 직접 주고받지 말고 진언염송으로 진리법에 의하여 공양하고 보시하여야 할 것이다.

부처님의 마음을 읽기 위하여 내 마음을 찾다

성존이 어느 심인당을 방문했을 때의 일이다. 심인당 주변을 청소하는 스승을 보고 말씀하였다.
"왜 스승님께서 직접 청소를 하십니까?"
"심인당 형편이 잘 돌아가지 않아 청소할 사람의 인건비를 지출할 수 없습니다. 그러니 제가 해야지요." 스승의 대답을 들은 성존은 다음과 같이 말하였다.
"교화자는 현실적으로 생각하지 말고 모든 것을 수행정진으로 불려 들여야 합니다. 이렇게 청소할 시간에 수행정진한다면 비로자나불은 그 일을 할 사람을 보내줄 것입니다. 사람이 나타나도록 원을 세워 염송하십시오." 스승은 성존의 말씀에 따라 현실적인 일을 하지 않고 그 시간에도 염송정진만 했다. 그 뒤 얼마 되지 않아 불심이 깊은 보살이 찾아와 법당 청소를 하는 공덕을 짓겠다면서 매일 청소를 하였다. 스승은 정진할 수 있어 좋고, 보살은 복지어서 좋고, 찾아오는 사람은 청정한 도량이라 환희심을 낼 것이니 이것이 삼간을 관통하는 법문이다. 이와 같이 진언수행을 통하여 부처님의 마음을 읽다보면 모든 것이 풍요로워질 것이다. 지금도 마당 곳곳에 잡풀이 자라고 있다. 심인당으로 들고 나면서 풀을 제거해야겠다는 생각을 하다가도 그때 그 말씀이 생각나서 염송정진하기로 하였다. 어느 날 정진을 마치고 심인당을 나오니 보살 한 분이 잡풀을 제거하고 있었다. 도량전체를 말끔하게 청소한 것이다. 사람은 본분에 따라 자기가 할 일을 먼저 진실되게 하면 모든 것은 자연히 이루어지는 것임을 새삼 깨달았다. 학생은 공부, 사업가는 사업, 발명가는 연구, 수행자는 수행을 하면 된다. 이것이 분권인과이다.

어느 사원에 큰 스님과 동자승이 있었다. 큰 스님은 동자승에게 가르쳤다.

"일체중생을 보거들랑 보리심을 일으키도록 하라."는 것이었다. 보리심이란 불도의 깨달음을 얻어 그 깨달음으로써 널리 중생을 교화하는 마음을 뜻한다. 동자승은 며칠 뒤 심부름차 마을로 내려오게 되었다. 길을 가던 동자승은 말뚝에 묶인 소를 보았다. 순간 스승의 가르침이 생각나서 소에게 말했다. "소야, 발보리심發菩提心하여라." 동자승의 말을 들은 소가 큰 눈을 끔뻑이며 한마디 했다. "너는 했느냐?" 소의 질문에 깜짝 놀란 동자승은 아무런 대꾸도 못했다고 한다. 부처님의 마음을 읽기 전에 내 마음을 먼저 읽어야 하는데, 그렇지 못하니까 자꾸 부처님께서 "네 마음은 아느냐?"고 물어오는 것 같다. "네 마음을 읽고 내 마음을 읽어야지, 네 마음도 읽지 못하면서 섣불리 내 마음을 읽으려 하느냐?" 부처님의 꾸짖음이 귀에 들리는 듯하다. 부처가 되려면 우선 천상에 태어나봐야 할 것이며, 성문승, 연각승도 되어 봐야 한다. 이 모든 세계를 거쳐 보살이 된 연후에 부처가 되어야할 것이다. 중생은 건방지게도 몇 단계나 그냥 뛰어넘어 부처가 되려고 하니 통이 크기도 하다. 욕심꾸러기 농부와 놀부와 무엇이 다르겠는가? 중생은 천상에 태어날 인因도 짓지 못하였으며, 인간세상에서 잘사는 인도 짓지 못한 처지에 감히 부처님의 마음을 읽으려 한 것이다. 잘 생각하고 수행해야 한다.

    마음공부에도 단계가 있다. 부처님의 마음을 읽기 전에 내 마음부터 먼저 읽어야 한다. 그런데 내 마음을 읽으려 하니 얼마나 포시러운지 모른다. 마음이 몸 안에 들어가 있으니 포시러운 것이다. 마음이 포시러우니 몸도 포시럽다. 마음이 귀찮으니 몸도 귀찮은 것이다. 마음이 귀찮지 않으면 몸은 절대 귀찮지 않다. 우리는 몸이 귀찮으니까 마음도 귀찮다고 한다. 이는 틀린 말이다. 사실은 마음이 게을러서 몸이 귀찮은 것이다. 마음을 찾으려면 몸이 좀 고생하여야 한다. 마음을 담고 있는 몸 때문에 자꾸 마음이 포시러워지는 것이다. 귀도 막고 눈도 막고 입도 막아야 한다. 그렇지 않으면 마음이 자꾸 그곳으로 쫓아간다. 견물생심이라 하지 않았는가. 그래야 마음을 볼 수 있으니까. 귀와 눈 그리고 입을 막는 것이 수행이다. 포시러운 몸을 다스리기 위하여 수행을 시작했다. 한때 위장胃腸을 다스리기 위하여 소금간이 들어 있지 않은 음식을 먹었다[無鹽食]. 3년쯤 그렇게 하니 위가 '항복!'을 선언했다. 그러나 얼마간의 시간이 흐른 뒤 또다시 위가 말썽을 부렸다. 이번에는 익은 음식을 먹지 않고 생식을 시작했다. 그러자 위가 정신을 차렸는지 '항복!'하여 고분고분 말을 잘 들었다. 좀 더 시간이 흐르자, 이번에는 몸이 게으름을 피우며 건방을 떨었다. 몸을 다스리고자 장좌불와長坐不臥 수행을 시작했다. 수행 중에 몸이 마음을 유혹하였다. 굴하지 않고 정진을 계속했다. 결국 몸이 '항복!'을 외치고는 휴식을 청했다.

그 뒤로도 몸을 다스리는 수행을 멈추지 않았다. 몸을 조복調伏하여 단속하지 않으면 마음을 이길 수 없다. 수행하는 사람들이 하루에 한 번만 먹는 일종식一種食을 감내하기도 하고 묵언정진도 마음을 억누르기 위함이다. 수행이란 편안함만을 추구하는 몸을 괴롭혀 참된 마음을 되찾음으로써 견물생심하지 않으려는 노력이다. 이러한 노력 없이는 마음을 제대로 읽어낼 수 없다. 참선하는 사람의 궁극적 목적은 견성성불見性成佛이다. 자성을 찾는 마음공부로 내 마음을 읽어 마음 그릇의 크기를 알게 된다. 마음 그릇의 크기를 알고 난 연후에 그 마음 그릇의 크기만큼 선의 열매를 담는다면 욕심이 일어나지 않을 것이다. 마음 그릇만 키워놓으면 무엇을 담아도 넘치지 않을 것이다. 넘치지 않는 것이 해탈이다. 넘친다는 것은 곧 괴로움의 고통이 되는 것이다. 내 마음 그릇만큼 부처님의 마음을 담을 수 있다.

제15강
생활 속의 밀교수행

밀교에서는 중생의 행동[身], 말[口], 생각[意]으로 행하는 삼밀三密을 부처님의 신비하고 미묘한 작용으로 보고 생활 속의 수행을 강조하였다. 진언수행과 일상생활이 둘이 아닌 하나로 알게 하는 것이 삼밀수행이다. 이 장에서는 일상 자체가 수행이 되려면 어떻게 생활하여야 하는지 알아보기로 한다.

진언염송은 하나의 방편, 실천이 곧 수행

"비로자나부처님은 당체로써 나타나니
모든 사실 설법이요 활동하는 경전이다."

불교는 경전으로 교리를 배우고 이해한다하여 알 수 있는 종교가 아니다. 교리를 아무리 많이 알아도 생활에서 실천하지 않으면 불교의 진실한 참맛을 알 수 없다. 부처님의 가르침을 바르게 깨우치려면 불교 교리를 공부하고 머릿속으로 이해하기 전에 생활에서 직접 실천하여 보아야 한다. 가을에 따놓은 감은 겨울에 홍시가 되었을 때 먹어야 제 맛이다. 이 말은 수없이 들어왔지만 겨울철에 홍시를 직접 먹어보지 않고는 그 맛을 확실히 알 수 없다. 부처님의 가르침을 완벽하게 알 수 있는 것은 생활을 통하여 직접 실천하는데 참된 부처님의 공덕을 얻을 수 있다. 그러므로 선지식은 실천을 강조하였다. 수행은 반가부좌 자세로 금강권이나 금강지권을 결하여 염송하는 것이며, 실천은 일상에서 부처님의 말씀과 같이 움직이는 것이라 하여 수행과 실천을 별개로 생각할 수 있다. 무슨 일을 하여도 마음을 조용하게 한 곳에 모으면서 하면 된다. 그런데 바쁜 일상에 쫓기다보면 마음을 가라앉혀 한 곳으로 모으는 일이 쉽지 않다. 이때는 입으로만 진언을 부르면 된다. 이것이 구밀口密수행이다. 평소에 구밀수행을 하기 위하여 새벽정진으로 10분 이상 금강권 또는 금강지권의 자세로 염송하는 법을 설하고 있다. 이것이 기초적 진언수행 방편인 것이다.

모든 사람은 삼밀활동을 하고 있다. 일상생활에서 비로자나불의 마음과 중생의 마음을 일치하게 하는 것이 삼밀활동이다. 신체[身]·정신[意]·언어[語] 활동을 자기창조를 위한 긍정적 입장으로 보아 삼밀로 규정하고, 이를 통하여 사람이 가진 무한한 능력과 생명의 신비를 알 수 있다. 사람의 몸과 입과 뜻으로 행하는 세 가지 활동을 전인적으로 유지하여 부처님을 닮아가는 연습을 함으로써 결국 부처님의 세계를 체험하게 되어 일상생활 그 자체가 부처님의 활동이 되도록 하는 것이다. 이것은 부처님의 삼밀과 중생들의 삼밀이 본래부터 같은 것이기 때문이다. 부처처럼 행동[身]하고 부처처럼 말[語]하고 부처처럼 생각[意]할 때까지 일상생활에서 옴마니반메훔을 염송하다 보면 어느새 나도 부처가 되어 있음을 깨닫게 될 것이다. 가정부가 가족을 위하여 식사를 준비할 때 부처님의 마음으로 상차림을 한다면 그 상을 받은 사람은 모두 부처가 되는 것이다. 수행하듯이 쌀을 씻고 수행하듯이 밥을 짓고 수행하듯이 반찬을 장만하며, 수행하듯이 밥상을 차렸을 때 그 밥상을 받는 사람은 부처가 될 것이다. 반면 할 짓[身] 다하고 할 말[語] 다하고 온갖 잡스러운 생각[意]을 다하면서 밥상을 차렸다면 그 밥을 먹는 사람은 배는 부를지 모르지만 큰 이익이 없다. 그렇게 성의 없는 밥상을 받은 사람은 출근하여도 회사에서 맡은 일을 제대로 할 수 없고, 승진도 제대로 될 리 없다. 이러한 마음가짐으로 살아가는 사람들에게는 아무런 공덕도 일어나지 않는다. 예를 들면, 대장장이가 악한 마음으로 칼을 만들었다면 그 칼은 도둑이나 깡패처럼 못된 마음을 가진 사람 손에 들어가 나쁜 일에 쓰일 것이다. 반면 부처와 같은 마음으로 칼을 만들었다면 그 칼은 착한 마음으로 음식을 만드는 사람, 나무 베는 사람, 조각하는 사람 손에 들어가 보람 있는 일에 사용하게 될 것이다. 이처럼 좋은 마음은 좋은 인을 짓게 하고, 나쁜 마음은 나쁜 인을 짓게 한다. 주부가 가족을 부처처럼 보고 상을 차리고, 학생이 선생님을 부처처럼 보고 공부하고, 아랫사람이 직장 상사를 부처처럼 보고 일한다면 상을 차리거나 공부를 하거나 일하는 것이 즐거운 수행이 된다. 수행하는 자체가 좋은 인因을 짓는 것이므로 좋은 결과를 가져올 것이다.

어리석은 중생은 베푸는 것보다 받는 것에 관심이 많다. 남에게 100원을 주고는 1,000원으로 돌아오기를 바란다. 한 시간 운동하고는 하루 종일 건강하기를 바란다. 일주일 불공하고는 한 달 내내 좋아지기를 바란다. 이는 욕심이나 집착에서 비롯된 기복祈福일 뿐 수행자로서의 올바른 태도가 아니다. 수행을 근본으로 삼는 수행자의 경우 해탈을 통하여 영원한 자유를 얻어야 한다. 욕심에 집착하여 어떤 대상에 의지한 채 복을 구한다면 이는 구걸 행위와 다를 바가 없다. 내가 곧 부처인데 누구에게 무엇을 받기를 바라겠는가? 만일 어떤 수행자가 부처를 향하여 '편한 일만 하게 해주세요. 맛있는 밥 주세요. 비단 옷 입게 해주세요'라고 하는 바람은 오욕칠정五慾七情의 어리석음에서 벗어나지 못한 중생의 기복일 뿐이다. 복을 구걸하는 거지의 삶에서 벗어나 베풀고 사는 부처님의 마음으로 살아야 할 것이다.

16대보살의 지혜를 통하여 현실에서 실천하다

법계의 주인공인 법신비로자나불의 만다라 중에 37존만다라가 있다. 금강계만다라로서 법신비로자나불의 윤원구족輪圓具足한 세계를 표현한 것이다. 37존은 오불, 사바라밀, 16대보살, 팔공양, 사섭의 불보살이다. 만다라의 37존는 자비와 지혜를 갖추고 있는 수행법을 말한다. 수행자 개개인은 37존 중에 한 분을 본존으로 받들 수 있다. 가지관정의 의식에 의하여 본존을 정한다. 37존 수행자와 가장 가까운 16대보살의 수행법을 보면, 크게 보리심, 공덕취, 지혜문, 대정진으로 나눈다.

첫째 보리심은 깨닫고자 하는 마음을 일으킨 수행자를 돕는 보살이다. 보리심의 4보살은 발심 수행의 네 단계의 차제를 가지관정하는 보살이다. 금강살타보살은 상수보살로서 모든 수행자가 금강살타의 가지관정을 받음으로써 굳건한 수행의 길을 갈 수 있다.

두 번째 공덕을 쌓기를 바라는 수행자를 돕는 보살이 공덕취보살이다. 공덕취 4보살의 가지를 관정받기 위하여 수행하면 복덕이 완성된다. 공덕이 성취된 부처님과 공덕을 성취할 수행자로 구분한다. 이 수행은 중생에게 이익과 안락을 주기 위한 수행법으로 일주일 동안 마음과 물질과 시간으로 중생을 이롭게 하도록 노력한다. 길을 걷다가 뒤에 오는 사람에게 양보할 일이 있으면 양보하고, 몸이 불편한 노인을 만나면 손 한 번 잡아주고, 우는 아이는 잘 달래준다. 일상생활의 모든 행위가 마음 수행으로 연결되는 것이다.

　　　　세 번째 지혜문으로 들어가면 무명번뇌를 제거하기 위하여 계법을 생각하고 잘못이 있으면 취모리검으로 잘라내어 두 번 다시 무명에 물들지 않도록 말씀에 따라 실천하면서 슬기로움과 지혜로움으로 일체중생을 수행의 길로 인도한다. 인과를 믿고 깨달음을 얻는 지혜를 부처님으로부터 가지관정을 받게 된다.

　　　　네 번째 대정진으로 들어가면 모든 일에 정성을 다하는 마음을 가지며 집착으로 일어나는 게으름을 버리고 찰나도 소중하게 생각하면서 부지런히 정진한다. 부처님의 가르침을 믿지 않는 자에게는 보리심보살이 본존이 되어 수행을 돕고, 부족함이 많은 수행자에게는 공덕취보살이 본존이 되어 중생살림살이가 넉넉하게 하여 일체의 고통이 사라지게 돕고, 인과를 믿지 않은 어리석은 수행자에게는 지혜문의 보살들이 본존이 되어 슬기로움으로 정법을 바로 깨닫도록 돕고, 게으른 수행자와 악업이 많은 수행자에게는 대정진보살이 본존이 되어 굳은 신심으로 대정진을 하여 일체고에서 벗어나 해탈하도록 도움을 준다. 이것이 16대보살이 중생들에게 전하는 수행법이다.

　　　　이와 같이 보리심, 공덕취, 지혜문, 대정진의 수행법은 모두 법신불의 응화한 가르침이다.

팔공양과 사섭을 통하여 현실에서 실천하다

팔공양보살은 금강희희嬉戱보살 금강만鬘보살 금강가歌보살 금강무舞보살의 내4공양보살과 금강분향焚香보살 금강화花보살 금강등燈보살 금강도향塗香보살의 외4공양보살이다. 8공양은 중생들에게 웃음과 아름다움과 노래와 춤과 향을 태우고 꽃을 올리고 등불을 밝히고 향을 뿌리면서 제도하는 보살이다. 8공양의 제도를 받는 수행자는 자신도 그와 같은 공양을 일체중생에게 베풀어야 한다. 이러한 베풂의 공양 중에 조심해야할 부분이 있다. 상대방을 생각하지 않는 베풂은 오히려 독약이 될 수 있다. 상대가 무엇을 필요로 하는지를 알고 베풀어야 한다. 노래를 좋아하지 않는 자에게 노래를 부르는 것은 독약과 같은 것이다. 원하는 자에게 음성공양을 할때도 잘 부르고 못 부르는 것이 중요하지 않다. 수행하는 마음으로 부처님의 법을 전하는 것이다. 노래방에서 마이크를 빼앗아들고 혼자만 부를 것이 아니라 다함께 흥겨울 수 있도록 분위기를 띄우는 것이 중요하다. 중생은 오욕칠정에 물들어 무엇이든 내가 해야 하고, 나만 가져야 하고, 다른 사람은 어떻게 되든 상관없다고 생각하는 사람을 아무도 좋아하지 않는다. 그러므로 8공양법을 실천하는 것은 상대의 마음을 내 마음처럼 읽는 공부이다. 이러한 공부가 되지 않은 사람은 공양을 하여도 제대로 된 공양이 되지 않는다. 일상생활에서 8공양법이 실천될 때 모든 서원이 이루어진다.

사섭법四攝法이란 중생을 교화하기 위한 적극적 행동의 네 가지 도道를 가리킨다. 첫째, 보시법布施法이다. 보시법에는 재물을 구하는 자에게 재물을 주는 재시財施, 법을 구하는 자에게 법을 베푸는 법시

法施가 있다. 둘째, 애어섭愛語攝이다. 사람을 대할 때 일체의 악한 말이나 거짓된 말을 하지 않고 항상 진실하고 좋은 말, 사랑스러운 말을 하여 불법문중으로 제도하는 것을 말한다. 셋째, 이행섭利行攝이다. 중생에게 이익되는 일을 하여 제도하는 것을 말한다. 넷째, 동사섭同事攝이다. 중생과 함께 화복禍福, 고락苦樂을 나눔으로써 그들을 제도하는 것을 말한다. 특히 중생과 함께 고락을 나누며 좋은 길로 이끌어가는 동사섭이 가장 좋은 방법이다. 이것은 개개보살이 개개인의 수행자에게 별도의 법을 전하여 제도하는 현교의 사섭법이다.

밀교의 사섭법은 네 분이 순차적으로 법을 보여 제도한다. 먼저 금강구鉤보살은 중생들이 좋아하는 것을 찾아 보여준[鉤] 연후에 금강색索보살이 그 좋아하는 것을 잡을 때 환희스러운 장소로 모시기 위하여 정법의 끈[索]으로 묶는다. 다음으로 금강쇄鎖보살이 다른 방향에 마음을 돌리지 못하도록 오로지 정도의 길로만 갈 수 있도록 경책의 의미로 발을 묶는다[鎖]. 그리고 금강령鈴보살이 부처님의 법음을 맑은 소리[鈴]로 들려주는 것이다. 한 사람의 수행자에게 4보살이 나타나 제도하는 것이다. 4섭보살의 가르침의 중심내용은 16대보살의 교화법으로 보리심으로 인도하여 공덕의 끈으로 묶고 외도의 길로 가지 않도록 바른 지혜를 제시하여 정도의 가르침대로 정진하게 하는 것이 교화방법이다.

현교의 4섭보살은 한 학생에게 교수 한 명이 지도하는 것과 같고, 밀교는 한 명의 학생에게 교수 4명이 지도하는 것과 같다. 4섭보살만 한 명의 수행자에게 법을 전하는 것은 아니다. 16대보살, 8공양, 4섭보살 즉 28존의 보살이 수행자 한 명에게 수시로 필요한 법을 주어

성불할 때까지 전하는 것이다. 밀교의식에 잘 나타나 있다. 의식의 중심이 5고령, 갈마저, 수인이다. 갈마저는 시작을 알리면서 마를 항복시키고 법석을 정화하는 37존의 상수보살인 금강살타보살의 모습이며, 5고령은 37존의 마지막보살인 금강령보살이며, 결인은 28존의 중앙에 있는 대정진의 금강권보살이다. 이 셋이 하나가 되어 해탈과 열반과 성불의 길로 인도하는 것이다. 이것이 37존 모두가 수행자 한 분에게 전법활동하는 의미를 지닌 만다라관정의식이다.

부처와 보살이 중생을 위하여 이토록 노력하는데도 어리석은 중생은 오욕칠정의 삶에서 쉽게 벗어나지 못한다. 남보다 많이 가진 사람이 없는 사람에게 베푸는 마음을 가진다면 얼마나 좋을까? 냉장고가 생긴 후 음식 나누어 먹는 마음이 사라졌다. 냉장고 안의 음식이 썩을 때까지 다른 사람과 나눌 줄을 모른다. 냉장고와 함께 욕심이 생긴 것이다. 장롱 속의 옷도 마찬가지이다. 사시사철 한 번도 입지 않은 옷을 장롱 속에 넣어둔 채 시간만 흘려보낸다. 한 해의 여름에 입지 않고 그 해의 겨울에 입지 않았으면 결국 입지 않는 옷인데도 다른 필요한 다른 사람에게 나누어주지 않는다. 과학이 발달되어 생활은 편리해졌지만 사람들의 마음은 더욱 욕심꾸러기로 만들어 이웃과의 소통을 끊고 살아가게 되었다. 이처럼 중생은 평소에는 이기적으로 생활하면서도 자신이 이기적이라는 것을 모르고 생활한다. 진언수행자는 16대보살, 8공양, 4섭보살의 가르침을 실천하기를 바랄 뿐이다.

부처님을 생각하는 일상생활이 곧 수행

진각밀교에서 창종 초기에는 금강권이나 금강지권의 결인을 하고 정진하지 않았다. 시간이나 모습에 구애받지 않는 항송恒誦법으로 시작하였다. 옴마니반메훔을 염송하면서 산란한 마음을 가라앉히고 새로운 번뇌를 일으키지 않도록 하게 하였다. 육자진언을 염송하다보면 없던 잡념도 생기게 되었다. 이것을 막기 위하여 빠르게 부르도록 하였다. 이것이 구밀의 염송이다. 항송이 습관이 되어 구밀이 이루어질 때 신밀의 염송법으로써 금강권과 금강지권을 결하고 염송하게 하였다. 다시 신밀이 성취된 이후에 의밀의 염송법인 5불관을 가르쳐 비로소 삼밀수행법이 정착한 것이다. 삼밀관행은 곧 법신불의 모습으로 삼밀관행의 수행법은 온 우주에 충만한 법신 비로자나부처님의 모습과 말씀과 뜻을, 수행자 자신 속에 있는 자성自性부처님의 모습과 말씀과 마음을 하나로 통일시켜 나가는 것이다. 이것이 육자관념도의 완성이다. 육자관념도는 옴마니반메훔의 여섯 자를 관행자의 몸에 배치[布字]하여 진언자를 입으로 송하며 자기 몸의 진언자를 우선회하면서 관하는 관법을 말한다. 이 관법은 자기 몸을 진리의 몸만다라으로 생각하여 진리의 세계부처님의 경지를 자신에게 실현하는 법이다. 중생은 육자진언을 행주좌와어묵동정에 쉼없이 염송해야 한다. 염송하면서 옴은 비로자나불, 마는 아축불, 니는 보생불, 반은 아미타불, 메는 불공성취불, 훔은 금강보살로서 육자진언과 불보살이 동체임을 생각하면서 수행한다. 육자관념도에 육자진언을 5불과 금강제보살에 배대하였다. 일상에서 행동[身]하고 말[語]하고 생각[意]할 때, 항상 부처와 함께한다는 것을 생각하면서 수행하라는 법이다. 길을 걷는 것도 수행이다. 그냥 걸어서는 안 된다. 부처를 생각하면서 길을 걸어야 수행이 된다. 부처를 생각하면서 길을 걷고, 부처를 생각하면서 밥을 먹고, 부처를 생각하면서 잠을 자는 것이다. 부처를 생각하면서 생활할 때 일상생활 자체가 밀교수행이 되는 것이다.

완전한 삼밀수행이 이루어지면서 매일 일정한 시간을 정하여 염송하는 정송법이 도입되었다. 정송법은 새벽정진하도록 강조하였다. 하루 시작의 첫말이 옴마니반메훔으로 시작하도록 가르친 법이다. 아침에 일어나 첫 마디가 육자진언으로 시작하지 않을 경우 다시 자리에 누워 1, 2분 지난 후 일어나면서 진언을 부르도록 하였다. 진각성존의 바람은 진언을 생활화하여 이 땅이 밀엄정토가 되기를 서원하였다. 이처럼 하루의 첫 소리를 진언으로 시작하도록 한 것은 의식적으로 수행하는 것보다 일상생활 자연 그대로 수행하도록 가르친다. 수행자에게 부처님의 결인인 금강권, 금강지권을 결하고 염송하게 한 것은 중생이 곧 부처라는 것을 인식하여 부처와 같이 행동하라는 의미이다. 금강지권을 결하고 매일 새벽에 10분이상 염송하게 하였다. 첫소리를 진언으로 하던 것이 10분으로 늘어난 것이다. 새벽정진 10분은 법신불과 약속이다. 그러므로 이 염송을 정송定誦이라 한다. 정송은 수행자가 평생을 통하여 꾸준히 하여야할 수행이다. 정송은 무리한 욕심으로 정진시간을 늘리면 안된는다. 평생을 할 정송인데 몸이 아플 때, 먼 여행을 할 때, 많은 사람들 속에서 생활할 때 10분은 긴 시간으로 느껴진다. 이 때 깜박 잊고 안할 수도 있으며, 시간이 없어 못할 때도 있다. 그러기에 긴 시간이 아닌 짧은 시간에 자성 챙기는 수행을 하도록 한다. 이렇게 정한 정송이 일평생 기본 수행법이다. 10분이 짧은 시간이지만 하루도 빠뜨리지 않고 한다면 자연히 습관이 되어 쉽게 깨달음의 경지를 맛볼 수 있기 때문이다. 깨달음은 많은 시간을 요하는 것이 아니라, 순간이기 때문이다. 정한 정송이외에는 마음이 일어나면 얼마든지 할 수 있다. 1시간 3시간 7시간 1일 3일 7일 21일 49일 100일 1,000일 10년 불공을 같은 량의 시간을 정한 시간까지 하는 것이 불공이다. 염송 중에 일체망상이 사라지고 오로지 부처만을 생각하게 되었다면 그때는 소리의 염송을 멈추고 마음으로 염송하면 된다. 이것이 삼마지염송법이다. 금강지권의 자세[身]로 육자진언을 부르며 부처를 생각[意]하는 삼밀관행을 함으로써 부처의 삶을 따르는 밀교수행이 이루어지는 것이다.

제 16강

참회, 중생심에서 불성을 되찾다

진언수행에 반드시 해야 하는 것이 참회이다. 참회로 시작하여 참회로 마치는 수행법이 참수행이다. 참회는 허물을 뉘우치고 두 번 다시 같은 잘못을 하지 않겠다고 맹세하고 일상생활에서 실천하는 것이다. 이 장에서는 진각밀교에서 가르치는 참회의 의미를 되새겨보기로 한다.

부처님 말씀을 바로 실천하는 길이 참회

"삼밀로써 내 마음에 항상 인을 새겨 가져
실상實相 같이 자심 알아 내 잘못을 깨달아서
지심으로 참회하고 실천함이 정도니라."

중생세계의 활동을 세 가지로 나누어 생각한다. 세 가지란, 신체상의 행위[身業], 언어상의 행위[口業], 정신상의 행위[意業]의 세 가지 행위가 삼업三業이다. 이것은 비단 인간뿐만 아니라, 인간을 포함한 우주의 활동도 이 세 가지에 의해서 이루어지고 있다. 우주적인 대 생명의 활동은 선악의 구별이 없는 진실한 활동으로 본래 청정하고 진실한 삼밀三密이다. 중생도 본질적인 면에서는 부처님의 활동과 동일한 그런 활동을 하고 있으므로, 중생의 본질적인 행위도 삼밀이다. 그래서 부처님이 하는 삼밀을 여래삼밀如來三密, 중생이 하는 삼밀을 중생삼밀衆生三密이라 한다. 삼밀수행에는 반드시 참회를 한다. 참회에는 크게 두

가지 뜻이 있다. 첫째는 과거 숙세로부터 오늘에 이르기까지 지은 잘못을 뉘우치는 것이고, 둘째는 이 시간 이후부터 잘못을 저지르지 않기 위하여 노력하는 것이다. 진각밀교 초기 교단의 명칭은 참회원懺悔園이었다. 일반 불교와 비교할 때 참회원에서는 불교개혁에 가까운 파격적인 신행이 이루어졌다. 창종의 중심사상은 형식 타파, 생활에서 이루어지는 수행, 복을 비는 의식이 아닌 마음을 밝히는 자각의 불교였다. 해방 직후의 혼란기에 기존의 불교로는 세상을 구제하기 어렵다는 뜻에서 새불교운동을 일으킨 것이다. 진각밀교에서 참회는 교리면으로 보거나 수행면으로 볼 때 참회는 버리려도 버릴 수 없고 떼려야 뗄 수 없는 용어이다. 그동안 교화면이나 수행면에서 어떠한 잘못이 있는지를 찾아 참회의 꽃을 다시 피워야할 것이다.

진각밀교의 불사의식에 교리참회, 회향참회, 실천참회 3가지 참회문이 있다. 교리참회는 우주법계진리를 설명하고 그 진리에 따라 수행자가 성불을 결심하는 참회이다. 회향참회는 삼보에 귀명하고 사대은혜에 보답하며 주위에서 일어나는 모든 잘못을 수행자의 것으로 보고 참회하는 것이며, 실천참회는 간탐심慳貪心을 없애고 진에瞋恚를 없애고 사견邪見을 없애겠다는 참회이다. 교리참회는 체요 회향참회는 상이며 실천참회는 용이다. 교리참회는 과거요 회향참회는 현재요 실천참회는 미래로 밀엄정토를 만들어 간다. 불교는 마음을 닦아 자성自性을 밝히는 종교이다. 수행하여도 쉽게 밝혀지지 않는 것은 숙세로부터 이어진 업의 번뇌 때문이다. 이 번뇌가 소멸되어야 자성을 쉽게 찾을 수 있다. 번뇌소멸이 먼저이기 때문에 참회수행을 하도록 하는 것이다.

진각밀교의 수행처인 심인당은 비로자나불의 금강법계궁전이다. 진각성존의 정전심인正傳心印 육자대명왕진언을 수행본존으로 모셔져 있다. 이것은 외관상으로 부처님을 섬기지 않는다는 뜻이다. 사람은 저마다 불성佛性을 가지고 있다. 불성을 가졌다는 것은 내가 곧 부처임을 의미한다. 내가 부처인데 누구에게 향을 피우며, 누구에게 마지를 올리겠는가? 다만 잃어버리고 가리워진 자성을 찾아 무명번뇌를 제거하기 위하여 참회수행하는 도량이다. 중생이 불성을 지녔음에도 부처처럼 살지 못하는 이유는 무시광대겁으로부터 윤회를 거듭하는 동안 오욕칠정五慾七情에 물들어 부처님의 본성을 잃었기 때문이다. 그러다보니 나만 생각하고 내 의견만 고집하고 내 이익만 추구하고 나를 남과 비교하면서 스스로를 괴롭히게 되었다. 긴 세월 동안 익힌 습관을 한 생에 바꾸고, 고치자니 얼마나 힘이 들겠는가? 참으로 긴세월 동안 중생의 습을 익힌 것이다. 무시광대겁의 시간이 어느 정도일까?

무시광대겁이란 스리랑카에서는 네 분의 화신불이 인간세계에 다녀간 시간을 의미한다. 우리는 지금 2,600년 전 석가모니불 한 분이 태어난 시간에 살고 있다. 이후에 미륵불이 올 것이며, 미륵불 다음에는 그분이 수기한 부처님이 올 것이며, 또 그 이후는 수기받은 부처님이 오신다. 이처럼 네 분의 부처님이 오는 세월을 무시광대 겁이라 한다. 스리랑카에는 지금까지 28분의 부처님이 출현하고 열반하였다 하여 일곱 번 무시광대겁이 지났으며, 다시 여덟 번째 무시광대겁으로 들어가는 첫 번째 부처가 석가모니불이다. 그러므로 옛 부터 석가모니불 외에 28불을 숭상하고 있다. 무시광대겁 사상은 밀교에서 비롯된 것으로서 부처님 열반 후 400년경에 성립된 사상이다. 육자진언이 처음으로 전래한 곳도 집사자국, 지금의 스리랑카이다. 그곳에서 이미 밀교사상이 정리되어 찬란한 꽃을 피웠는데, 중간에 밀교와 관련된 모든 경전을 불사르는 사건이 발생했다. 그 당시 불에 태우기 위하여 모아들인 경전이 10m 높이 쌓였다 하니 밀교문화가 얼마나 창성했는지 가히 짐작할 만하다. 밀교경전이 불사를 때 승려들도 5,6만 명이나 학살하는 악행도 뒤따랐다. 중국의 분서갱유焚書坑儒 사건과 똑같은 일을 겪은 스리랑카의 불교는 이후로 1,300~1,500년의 세월이 흐를 때까지 경전도 없이 싯다르타가 깨달을 때 함께한 보리수와 부처님이 열반하시고 남긴 사리만 의지한 채 근근이 명맥을 유지했다. 그러는 동안 찬란한 밀교문화도 사라지고 육자진언의 의미가 담긴 경전도 단 한 권만 남게 되었다. 그것이 《대승장엄보왕경》이다. 이처럼 중간에 맥이 끊기어 오늘날 밀교의 진언수행이 뛰어나지 못하고 돋보이지 못하게 된 것이다. 만일 부처님 열반 400년 후 당시의 밀교사상이 이어졌다면 밀교는 대단했을 것이다. 이곳에서 밀교가 찬란하게 빛났던 것은 석가모니불의 자비사상이 큰 역할을 한 것이다. 모든 가르침이 비로자나불의 가르침으로 시작되었으나, 그 중간 역할은 석가모니불의 자비사상이 뿌리가 된 것이다.

    석가모니불이 설법한 곳을 둘러보면서 그분의 업적이 얼마나 대단한지 느낄 수 있었다. 신의 자리가 아닌 인간의 위치에서 중생과 더불어 생활하며 법을 설하는 것은 아무나 할 수 있는 일이 아니다. 석가모니불은 참으로 대단한 분임을 알 수 있다. 대인간, 참인간, 대자유인으로 역사적 인물이 아닐 수 없다. 부처님의 말씀대로 살아가지 못하는 것에 대하여 고개 숙여 참회한다. 인도의 부처님성지를 순회하면서 30분씩 현장에서 법을 설할 기회가 있었다. 이 법회는 나 자신에게 하는 법회였다. 동참하신 분들은 나를 위하여 들러리를 서신 것이다. 법을 설할 그때마다 진각성존의 참회의 문에 비교하여 수행의 시간들을 돌이켜보았다. 참회한다는 것은 과거의 죄업장을 녹이는 것에만 집중하고 있다. 참회는 과거 잘못만 하는 것이 아니다. 지금 이 시간 이후부터 새롭게 발심發心하여 참회할 업을 만들지 말아야 할 것이다. 나 혼자라면 중생심으로 살다가도 되지만 나와 인연있는 권속들은 어떻게 할 것인가? 금생에 내가 지은 업을 씻지 못한다면 그 업이 인연 있는 권속들에게 고스란히 넘어가 미래의 나의 삶에 영향이 미치는 것이다. 이와 같은 사실을 알고 미래에 복이 되고 공덕이 되도록 참회하는 것이다.

어느 동네에 유명세를 탄 인물이 태어났다. 포장도 제대로 안 된 도로들이 울퉁불퉁 제멋대로이고 수돗물도 잘 나오지 않으며 가로등 하나 없이 생활하는 곳이었다. 그런 곳에서 장관이 배출되자 하루아침에 많은 것이 달라졌다. 사통팔달로 길이 정비되고 수도배관이 바뀌었으며, 곳곳마다 가로등이 설치되어 사방에 경비초소가 생기면서 잡상인들은 들어오지 못하며 대문을 활짝 열어놓고 생활하여도 도둑 드는 일이 없었다. 동네사람과 장관과는 친척도 아니며 아무런 관계가 없는 사람들이다. 그냥 한 동네에 살았다는 그 얇은 동업同業 하나로 마을 전체가 문명의 혜택을 보면서 생활하게 되었다. 마을에서 장관 한 명만 배출되어도 온 동네 사람들이 혜택을 받는데, 반대로 마을 사람 중에 살인자가 있다면 어떻겠는가? 본인뿐 아니라 부모와 자식을 포함한 그 집안사람 모두 살인자의 가족이라는 멍에를 짊어진 채 평생을 살아갈 것이다. 죽어서도 대대손손 살인자의 집안이라는 비난과 멸시의 손가락질에서 벗어나기 힘들다. 그리고 그 마을 사람들까지도 이웃이 의심의 눈총을 맞는다. 이것이 어찌 나 혼자만의 세상살이이겠는가? 동업을 지어왔기 때문에 받는 것이다.

올바른 삶이란 선도 악도 아닌 중도中道의 삶

부처의 눈으로 보면 선도 없고 악도 없다. 세상을 바라보는 편협한 시야 때문에 좋고 나쁨을 구별하고 옳고 그름을 따지고 선후본말先後本末을 논한다. 조금만 생각을 달리하면 중생심에서 벗어나 부처가 될 수 있는데 어리석은 중생이 그것을 못한다. 맹자孟子는 사람은 누구나 선한 본성을 타고났으므로 남의 불행을 차마 내버려두지 못한다 하여 성선설性善說을 주장했다. 누구나 선한 본성을 타고 났지만 모두가 선한 사람이 되지 못하는 것은 사람의 본성에 차별이 있어서가 아니라 선의 실마리를 힘껏 배양하고 확충하지 않은 결과라 보고, 이를 군자君子와 소인小人으로 구분하는 근거로 삼았다. 반면 순자荀子는 성악설性惡說을 주장했다. 사람의 타고난 본성은 이익을 좋아하고 손해를 싫어하며, 좋은 목소리와 예쁜 모습을 탐내는 경향이 있어 이러한 본성을 따른다면 다툼이 일어나고 사회질서가 혼란해진다고 보았다. 이처럼 사람의 본성은 원래 악하지만 후천적 노력에 의하여 선한 방향으로 바뀔 수 있다 하여 교육을 강조했다. 맹자 입장에서는 모든 중생이 착한 마음을 가졌고, 순자 입장에서는 모든 중생이 악한 마음을 가졌다. 그러나 부처는 선과 악의 양극단에서 벗어나 중도中道를 택함으로써 선도 악도 본래는 없다는 입장이다.

중생세계에서는 선악과 시비를 판가름할 수 없다. 살아가는 데 있어 어떤 하나를 절대적·실재적인 것으로 보지 않고 중도적 실천을 함으로써 복락을 누릴 수 있다고 설한다. 이와 같은 진리를 모르는 중생이 선과 악을 구분하여 분쟁거리를 만든다. 너는 욕을 잘하니까 악한 사람이고, 너는 잘 웃으니까 착한 사람이라 생각한다. 욕하는 뒤에 자비가 있고 웃음 뒤에 비수匕首가 있음을 모르는 것이 중생이다. 성선설에도 악이 있고 성악설에도 선이 있는 것이다. 시비是非는 또 어떠한가? 어제 옳다는 말이 오늘은 틀릴 수 있고, 오늘 옳다는 말이 내일이면 또 틀릴 수 있다. 따지고 보면 옳은 것도 그른 것도 없다.

수행자는 한평생을 살면서 지난날을 되돌아보면 참회할 일밖에 없을 것이다. 깨달음을 얻고 보아도 역시 참회로 이루어졌다는 것을 알게 된다. 깨닫지 못하면 무엇을 잘했는지, 무엇을 잘못했는지도 모른다. 깨달았기에 잘못을 아는 것이고, 잘못을 알았기에 참회하는 것이다. 참회수행하면 모두 내가 생각을 달리한 탓임을 알게 된다. 선先과 후後, 근본根本과 지말枝末도 구분할 필요도 없다. 닭이 먼저인지 달걀이 먼저인지 다툴 필요도 없다. 이 상대성 때문에 우리들은 많은 잘못을 짓고 있다.

다이어트 열풍이 한창인 요즘 뚱뚱한 사람에게 뚱뚱하다고 말하면 얼마나 마음 아프겠는가. 참 복스러워 보인다고 말하였다 하여 거짓이라 타박할 사람은 없다. 뚱뚱하다거나 날씬하다고 보는 기준도 주관적 판단일 뿐이다. 지극히 개인적인 생각을 전체의 생각인 양 착각한 것도 참회할 일이다. 그런 것을 따지기 이전에 둘로 나뉜 마음을 참회하고 중도의 길을 가야 한다.

좋아하여도 닮고 미워하여도 닮는다.

부처님이 잠시 어머님에게 법을 전하기 위하여 천상에 올라간 사이에 부처님을 그리워하는 불자들이 부처님의 형상을 만들어 공경예배 하였다. 이것이 불상조성의 시작이었다. 부처님 열반 후에는 정각을 이룬 붓다가야의 필발라수를 보리수로 공경하고 화장한 뼈는 사리로 받들어 탑을 조성하여 보리수와 함께 부처님을 친근하듯 예배공양 하였다. 그리고 부처님의 모습은 인도 전역에 조성하여 예배하였다. 인도에서 조성한 부처님은 석씨족을 닮은 모습으로 조성되었다. 인간 세계에서 가장 뛰어난 인물이며, 가장 원만한 복과 지혜를 가진 32상을 갖춘 모습으로 조성되었다. 불상조성이 다른 나라로 전래되면서 그 나라에서 가장 훌륭하고 복덕 구족한 모습으로 조성되었다. 불상을 조성할 당시의 가장 훌륭하고 복지구족한 사람이 누구이겠는가? 백성들은 당시의 국왕이나 왕비의 모습을 생각할 것이다. 왕보다 왕비보다 복 많은 사람은 없다. 복과 지혜가 일반백성보다 뛰어났기에 한 나라를 다스리는 최고의 자리에 오를 수 있다고 생각한 것이다. 중국에서 만든 부처님 모습은 중국 사람을 닮아 있다. 중국 허남성의 용문석굴을 참배한 적이 있다. 용문석굴은 중국의 불교문화뿐 아니라 빼어난 건축·조각 예술을 엿볼 수 있는 곳으로, 2,000년 유네스코 세계문화유산으로 지정된 곳이다. 강을 앞에 둔 장장 2㎞에 달하는 석벽에 2,300여 개의 석굴과 벽감이 조성되어 있다. 조각한 불상은 높이 2㎝의 작은 불상부터 약 17m 높이의 봉선사 대불大佛까지 10만 점이 넘는 석불이다. 북위北魏때부터 조성하기 시작하여 당나라 측천무후시대에 이르러 회향이 되면서 할아버지가 석불을 조성하였고 다시 그 아들이 망치를 들었으며, 또한 손자가 정을 들고 밤과 낮을 구별하지 않고 오로지 불심으로 대를 이어 오면서 조성된 석불들이다. 용문석굴의 백미白眉라 할 수 있는 봉선사 주존불은 노사나불이다. 법신·보신·응신 가운데 보신불에 해당한다. 봉선사 대불은 수려한 용모에 엷은 미소를 띠며, 생동감이 넘치면서 우아한 미를 발산한다. 중국 역사상 유일한 여성 황제 측천무후 모습을 닮았다고 한다. 측천무후의 지대한 관심과 물질적 후원으로 만들어진 봉선사 대불은 여황제의 모습을 본뜬 중국형 불상이다. 당시 중국인은 여성의 몸으로 강력한 리더십을 발휘하여 황제로서의 카리스마를 내뿜은 측천무후에 대한 두려움과 존경의 대상으로 조성하였을 것이다. 측천무후는 당나라의 정치 경제 문화 등 여러 분야에 기반을 탄탄하게 다져 통일제국을 확립했으며, 사회 안정과 경제 발전을 이룩하고 중국 문화를 풍성하게 꽃피운 탁월한 통치자이다. 정권을 잡기까지 반대파를 무자비하게 숙청함으로써 백성의 사랑은 받지 못했으나, 강력한 통치력으로 나라를 부강하게 했다는 점에서 많은 존경을 받았다.

　　　　한국의 불상을 보자. 신라시대의 불상은 누구를 닮았을까? 불상조성 당시 가장 뛰어난 인물, 그리고 복과 지혜가 가장 원만한 인물일 것이다. 신라는 박씨·석씨·김씨가 왕이 되었다. 그 중에 불법이 흥한 시기는 김씨 왕조시대다. 따라서 법흥왕 때 만든 불상은 법흥왕을 닮았을 것이며, 문무왕 때 조성한 불상은 문무왕을 닮았을 것이다. 이 분은 백성의 존경을 받은 분으로 불교전래와 삼국통일을 이룬 왕들이다. 고려시대 조성한 불상은 고려건국의 왕건과 그 후손들을 닮을 것이다. 조선왕조는 이성계와 그 후손을 닮았을 것이다. 모두 한국형 32상을 갖추었다고 생각한 것이다. 많은 보살상들도 왕손이나 왕후들을 닮은 아름다움과 자비한 모습으로 조성된 것이다. 이와 같이 신라시대의 불상은 신라인을 닮았고, 고려시대의 불상은 고려인을 닮았으며, 조선시대의 불상은 조선인을 닮았다. 태국은 태국의 위대한 국왕을 닮을 것이며, 스리랑카는 스리랑카의 위대한 국왕이나 왕비를 닮을 것이다. 당시 불상을 조각하던 목공이나 석공들은 자기가 존경하는 분의 모습을 마음으로 새기면서 불심을 나타내었기 때문이다.

　　　　불상이 나라마다 그 민족의 얼굴을 닮으면서 주로 왕이나 왕비를 택한 것은 가장 복이 많기 때문에 왕과 왕비가 되었다고 생각하기 때문이다. 싯다르타의 32상설과 전륜성왕의 32상설은 과거생으로부터 위대한 업적을 쌓아서 이룩한 몸이다. 그러므로 왕도 왕 나름이다. 왕 중에는 폭군도 있고, 전쟁을 일삼는 왕도 있고, 자기만을 생각하는 왕도 있고, 주색에 빠진 왕도 있었다. 부처님의 모습은 그런 왕의 모습이 아니다. 국토를 불국토로 만들고 백성들의 삶을 윤택하게 하면서 평화로운 시대를 만든 왕을 뜻하는 것이다. 불상뿐 아니라, 부부간에 태어나는 자녀들도 누군가를 닮는다. 예뻐하고 미워하는 강한 마음이 얼굴을 닮는다. 흔히들 시누이를 미워하면 아이는 시누이를 닮고 시동생을 미워하면 아이는 시동생을 닮는다고 한다. 아내가 남편을 끔찍이도 존경하면 아이들이 아버지를 닮고, 남편이 아내를 진심으로 예뻐하면 자녀들이 다 어머니를 닮을 것이다. 반면에 아내가 남편을 미워하면 애들이 아버지를 닮고, 남편이 아내를 미워하면 애들이 어머니를 닮는다. 이와 같이 모습을 닮는 데는 두 가지 경우 중 하나이다. 지독히 좋아하여 닮든지 아니면 끔찍이 미워하여 닮는 것이다. 좋아하여 닮으면 그 자녀들은 사람들의 사랑을 받아 성공할 것이고, 미워하여 닮으면 그 자녀들은 복도 없고 성공도 못하고 추하게 고통스러운 삶을 살아갈 것이다. 잠시 마음을 가다듬고 자신의 모습을 생각해 보자.

참회하고 또 참회하자

진언수행법은 불공도 정진도 모두 마음을 고치는데 그 목적이 있다. 마음을 고치려면 먼저 그 잘못이 무엇인지를 알아야 한다. 알고 난 다음 고치는 방법을 익히고 그 방법대로 실천만 하면 마음은 곧 고쳐지게 되는 것이다. 나의 허물을 고치는 법 중에 참회하는 법이 있다. 참회는 대중 앞에 공개적으로 하는 것보다 마음으로 하는 참회가 제일 좋다. 이것을 자성참회라 한다. 나의 허물을 나만이 알듯이 참회도 법신불 전에 나만이 하는 것이다. 만일 대중 앞에 공개를 하여 "내가 무엇 무엇이 잘못되어서 이렇게 살았습니다." 하고 참회를 하면 참회를 받아들였을 때는 "참 잘한다."라고 할지 모르지만 나중에 어떤 문제가 생겨서 다시 그 사람과 만났을 때 상대방의 마음속에는 나의 과거의 허물이 눈에 보일 것이다. 이러한 문제 때문에 우리들의 잘못을 법신부처님으로부터 비밀스럽게 들었으면, 고치는 과정도 비밀스럽게 해야 한다. 중생세계에서 참회할 근본대상은 욕심과 성냄과 어리석음의 허물이다. 법신불이 설혹 나에게 잘못을 말씀하지 않았더라도 우리는 세상의 모든 일이 제대로 움직이지 않을 때는 모두 탐진치 때문인 것으로 알아야 한다. 그리고 그에 대한, 즉 삼독三毒을 만들어내는 세 가지 행위를 하지 않을 것을 맹세하면서 마음을 닦으면 된다. 그러면 법신불로부터 법을 듣지 않고도 또한 마음의 잘못이 고쳐지게 되는 것이다.

우리의 근대사에 나라를 빼앗긴 설움에서 해방이 되어 잘사는가 싶더니, 나라 전체가 좌익과 우익으로 나뉘어 하루도 조용할 날이 없었다. 정치는 불안정하고 사회는 혼란기에 접어들어 일자리도 없고 먹을거리도 없었다. 다른 나라의 원조를 받으면서도 국민 모두가 가난을 등에 짊어지고 살았다. 그 업보가 어디 있는가? 위정자를 탓할 수도, 침략한 나라를 꾸짖을 수도, 강대국을 나무랄 수도 원망할 수도 없다. 잘못은 온전히 우리에게 있었다. 이 나라 국민 모두가 잘살려면 개개인의 지은 악업에 대하여 참회부터 시작해야 할 것이다. 싯다르타도 카필라국이 코살라국에 의하여 사리지고 석씨족들이 참살을 당하는데도 부처님은 어찌하지 못하였다. 이것은 금생의 업이 아닌 숙세의 업이기 때문이다. 이것이 석씨집안이 무수겁으로부터 지은 허물이다.

참회공덕은 두 가지다. 악업을 소멸하는 것이 첫 번째이며, 악업을 짓지 않겠다는 결의決意가 두 번째다. 나의 한 번 참회는 본인뿐 아니라 주변 사람에게도 영향을 미친다. 한 사람이 참회의 인을 지으면 주변 사람에게 참회할 계기를 마련하여줄 뿐 아니라, 악업장이 소멸되고 새로이 선업을 쌓을 기회가 생기는 등 불가사의한 공덕이 연달아 일어날 것이다. 한 번의 참회가 이토록 많은 공덕을 일으킨다. 이와 같은 이치를 알면서도 여전히 참회를 미룬다면 실로 어리석은 중생이다. 오늘이나 내일 받지 않는다고 영원히 안 받는 것은 아니다. 금생에 받기도 하고 다음 생에 받기도 한다. 내가 받기도 하고 자녀들과 권속들이 받기도 한다. 음으로 받기도 하고 양으로 받기도 한다. 음식에서 받기도 하고 옷에서 받기도 하며, 병으로 받기도 한다. 내가 지은 인의 과보를 받는 방법은 이처럼 다양하다. 인 지으면 과를 받는다고 생각하면 두려운 마음이 생기기도 한다. 설령 내가 옳은 말을 했다하여도 내 말을 들은 사람이 다른 사람들에게 잘못 옮길 경우 이 또한 간접적인 죄를 짓는 것이 되어 과보가 따른다. 내가 직접 하지도 않은 말 때문에 악업을 짓게 되었지만 이것 역시 참회하여야 한다. 그러니 말 한마디, 행동 하나에도 조심하지 않을 수 없다. 이렇게 보면 세상에서 죄를 짓지 않은 사람은 아무도 없다. 중생세계에서는 내가 옳은 말을 하여도 그 말을 들은 사람이 틀렸다 하면 내 뜻을 제대로 전달하지 못했으므로 죄업이 쌓인다. 그러므로 중생이 모여 사는 세상에서는 어떤 식으로든 죄를 짓게 되어 있다. 항상 몸과 입과 생각을 풍요롭게 가져 부처처럼 생활하려고 노력해야 할 것이다.

　　　　　덕이 높은 승려가 불상과 불탑을 점안할 때 수행공덕을 불러 넣어야 한다. 덕이 없는 수행자가 불상과 불탑을 점안하거나 가지관정을 한다면 그 불상은 한 덩어리의 돌이며, 한 뭉치의 흙이며, 한 토막의 나무에 지나지 않을 것이다. 그러기에 덕 높은 예술가나 조각가에게 불상 탑 탱화를 조상하게 하고 여러 대덕승들을 초청하여 점안법회를 개최하는 것이다. 지금 생각해보면, 전계아사리로 전법아사리로 증명아사리로 활동하면서 전법계를 내리고 보살십선계를 내리고 진언본존을 가지관정을 한 지난날을 참회한다. 덕도 없고 지혜도 없으면서 그리고 가장 중요한 깨달음을 얻지도 못한 위치에서 행한 불사들이다. 참으로 어리석은 일들이었다. 차후로는 그런 일을 하지 않을 것이다. 덕이 없는 사람이 높은 지위에 오르면 나라는 패망하고 단체는 사라지고 가정은 패가가 될 것이다. 이렇게 인을 짓는 줄도 모르고 명예를 쫓았으니 참으로 후회스럽고 진실로 참회해야할 일이다. 이제 남은 생을 참회한들 그 업이 다 소멸되겠는가? 은혜를 생각하는 마음을 보태어 함께 참회할 뿐이다.

하나의 인因이 무량수의 과果가 되는 이유

인과법이란 한 치의 오차도 없이 정확하다. 하나 더하기 하나는 둘이다. 그런데 나의 어떤 행동이 주변에 영향을 미쳤을 때 하나 더하기 하나는 없을 수도 있고 셋이 되기도 무량수가 되기도 한다. 이와 같은 변화의 가능성을 확신한다면 동참으로 좀 더 많은 공덕을 쌓도록 노력하여야 할 것이다. 부처님의 공덕을 무량하다 하는 것은 한 분의 부처님이 쌓은 공덕이 수많은 중생을 안락하게 하고 이롭게 하기 때문이다. 좋아하거나 미워하는 마음이 인과의 연쇄관계에 놓이듯이 잠시 스쳐가는 인연이라 하여도 인因이 있으면 과果가 있기 마련이다. 어떤 인을 짓든 참회할 거리를 만들지 않아야 한다. 사람 사는 일이 그리 가볍지 않다. 물론 내가 지은 인의 과보果報를 나만 받는다면 뭐라 할 말이 없다. 그런데 나로 인하여 내 가족이, 내 후손이 고통의 과보를 함께 받는다면 모두가 고통스러운 일이다. 나로 인하여 내 친구가, 내 이웃이, 내 나라가 악행의 과보를 받는다면 그 죄를 어찌 감당할 것인가? 하나의 인을 지으면 하나의 과만 받으면 될 텐데 이처럼 열, 스물의 과보를 감수하여야 하는 이유는 무엇인가? 원래 인은 하나 지으면 하나의 과보를 받게 되어 있다. 이것이 정인정과正因正果이다. 그런데 내가 지은 인이 가족과 친척, 이웃은 물론 조상과 후손에까지 전파되어 영향이 미치게 되기 때문에 수많은 과보를 얻게 되는 것이다. 예를 들면 씨앗을 하나 뿌리면 싹도 하나만 나야 한다. 그런데 실제로는 하나의 씨앗에 여러 개의 싹이 나온다. 그 이유는 동업의 인을 보태기 때문이다. 주변에 있는 빛, 공기, 물 따위의 도움을 받기 때문이다. 도움의 인을 받아 열 개의 싹이 나고 백 개의 열매를 맺는다. 이런 경우 하나의 인을 지어 열 개, 백 개의 과보를 얻게 된다. 이와 같이 하나의 선업이 주변에 영향을 미침으로써 열 배, 백 배의 결과로 나타나게 되는 것이다. 현재 지구촌 인구가 70억이다. 70억의 사람에게 이익을 주는 하나의 선업을 행한다면 70억의 공덕이 쌓이는 것이다. 반면, 70억의 인구에게 불편함을 주는 하나의 악업을 행한다면 그에 따른 과보 또한 최소 70억이 될 것이다. 한 번 지은 인이 최소 70억의 결과로 나타나므로 실제 영향력은 무량수라 할 것이다.

제2일로 접어든 한국불교

　　　　1,700여 년 전 이 땅에 들어온 불교는 신라말 무렵 밀교화되어 화엄밀교華嚴密教로 자리잡는다. 밀교는 고려시대로 넘어와 의식분야 등 모든 분야에서 발전하게 된다. 화엄밀교라는 별다른 이름이 있는 것은 아니다. 《화엄경》의 교주가 비로자나불이다. 비로자나불은 한 마디의 말씀도 하지 않고 오직 금강지권을 결한 모습으로 삼라만상과 일체중생들에게 무언無言의 설법을 하는 것이다. 《화엄경》은 현교경전과 밀교경전의 중간 역할을 하는 것으로 두 가지 뜻을 모두 지니고 있다. 그러므로 신라의 화엄밀교는 현교와 밀교의 의미를 동시에 지니고 발전한 불교로써 현실적이고 실천적인 면을 강조한 경이다. 불교를 국교로 숭앙하던 고려시대에는 밀교수행 또한 활발하여 500여 년의 긴 세월 동안 이어져왔다. 그러나 숭유억불 정책을 펼친 조선시대에는 밀교뿐 아니라 불교 자체가 유교사상에 떠밀려 산속으로 들어가게 되었다. 이때부터 불교는 부처님의 가르침과 달리 현실과 동떨어진 산중불교로 간신히 명맥만 유지하게 되었다. 불교의 쇠퇴와 더불어 밀교 역시 사람들에게서 자연스레 멀어졌다.

　　　　불교가 한반도에 들어온 이후 흥하기도 하고 쇠퇴하기도 했다. 흥망성쇠를 거듭하는 동안 오늘에 이르게 된 것이다. 지난 1,700여 년을 한국불교를 하루로 본다면 말법으로 넘어오는 지금부터 한국불교의 제2일이라 할 수 있다. 제2일을 맞은 것이 밀교의 중흥으로 진각종 창종으로 밀교의 새로운 역사를 쓰게 되었다. 이제 한국불교의 첫날을 현교로써 빛을 내다가 막을 내리고 제2일은 밀교로 이어갈 것이다. 한국불교의 제1일을 보면, 처음 불교가 전래된 삼국시대, 동해에서 해가 솟아오르듯[海東] 불교의 새벽이 열렸다[元曉]. 이것이 신라의 불교이다. 제1의 통일의 전승기를 지나 다시 제2의 통일로 고려가 건국되면서 태양이 한낮이 되어[佛日] 온 국토를 두루 비추었다[普照]. 이것이 찬란하고 따사로운 햇빛처럼 고려의 불교문화는 최고조로 발달한 시기이다. 이러한 햇빛은 조선조에 들어오면서 서산으로 넘어간다[西山]. 하루종일 일을 한 사람들은 저녁이면 일터에서 집으로 돌아와 쉬었다[休靜]. 이것이 조선의 불교로써 발전을 멈추고 지키기만 하는 시절이다. 한밤을 보내면서 하늘에는 둥근 달이[月面] 허공 가득히 채우고 있다[滿空]. 이것이 조선이 끝나고 근대로 넘어온 시기이다. 이렇게 하루를 보내고 세상은 일원군주시대가 지나고 다시 이원자주시대로 접어들면서 새로운 하루를 맞이하게 되었다. 다시 제2일을 알리는 태양이 동해바다 가운데 성인봉에서 솟아올랐다.[東海] 새로운 날의 시작을 알리는 법신의 태양이다. 지난 1,700년의 집 밖으로만 나돌면서 나타내 보인[顯敎] 하루였다. 이 하루의 불법흐름을 살펴보면, 순수한 가르침이 기복의 가르침으로 변하면서 그 속을 들여다보면, 잘한 것보다는 잘못한 일들이 많다. 이제 그 일들에 대하여 모든 불자들은 출입을 삼가고 집안에 머물면서 지난날의 숨겨진 잘못[密敎]을 살피고 참회를 해야 할 것이다. 그것도 조용한 집안에서[心印堂] 머리 숙여 참회를 해야 한다.[悔堂] 이제 참회법으로써 제2일의 불교를 시작하는 것이다. 참회는 지난날의 잘못뿐 아니라 2원자주시대가 되면 또다시 새로운 악을 짓기가 쉽기 때문이다. 이러한 시절을 온전하게 살아가려면 참회가 우선이 되어야 한다. 이것이 현교시대의 1일을 보내고 제2일의 밀교시대를 맞이하는 참회수행의 길임을 알리는 것이다. 우리들은 누구나 다 한 해 두 해 나이를 먹을수록 사람들의 눈과 입을 의식하게 된다. 남들에게서 어떤 사람으로 평가받을지 걱정도 되고 두렵기도 하다. 이러한 두려움이나 걱정거리를 없애는 방법은 수행을 통하여 참회하고 새로운 삶을 시작하는 것이다. 지금의 나 자신에 대하여 되돌아보자. 부처님의 본의대로 실천 수행했는가? 참회꺼리를 만들지는 않았는지? 나만의 공덕이 아닌 일체중생을 위한 공덕으로 회향하였는지? 알아야할 것이다. 우리가 현교의 하루를 거울삼아 새로운 밀교흐름에 동참하여 수행정진한다면, 언젠가는 비로자나불로부터 성불수기를 받을 날이 있을 것이다.

관세음보살의 천수천안千手千眼

중생의 어리석은 습관 중 하나가 비교를 하는 것이다. 나와 남을 비교하고 이것과 저것을 비교하고 여기와 저기를 비교한다. 이러한 못된 습성이 어디서부터 비롯되었는지 모르지만 두 개로 이루어진 귀와 눈, 손과 발 따위와도 관련 있을 것이다. 눈이 하나면 좋을 텐데, 두 개이다 보니 서로 비교하게 된다. 귀도 하나만 있으면 잘 들을 텐데, 두 개가 있어 옳다 그르다 판단하게 된다. 콧구멍도 하나면 숨쉬기에 충분한데, 두 개가 있어 번거로움을 준다. 그리고 두 개의 능력은 각각 다르다. 눈과 귀는 물론 콧구멍도 두 개이고, 손과 발 또한 두 개이다 보니 늘 비교하게 된다. 조선시대 황희 정승에 관련된 일화가 있다. 젊은 시절 시골길을 가던 황희는 나무 그늘에 앉아 잠시 쉬기로 했다. 들판에서 한 농부가 검은 소와 흰 소 두 마리로 밭을 갈고 있었다. 황희는 심심하던 차에 궁금증이 생겨 농부를 향하여 소리쳤다.

"여보시오. 검은 소와 흰 소 가운데 어느 소가 힘이 센가요?" 낯선 목소리에 놀란 농부는 주위를 두리번거리다가 나무그늘에 있는 황희를 발견하고는 밭을 갈던 쟁기를 바닥에 꽂아놓고 이쪽으로 걸어왔다. 그러고는 황희의 귀에 대고 어느 쪽 소가 더 힘이 세다고 알려주었다.

"아니, 그런 얘기를 그 곳에서 하면 되지. 여기까지 와서 귀에 속삭이는 이유가 무엇이요?" 황희의 물음에 농부가 대답했다.

"제가 큰소리로 말하면 양쪽 소 모두 알아들을 것 아닙니까? 그럼 저는 일을 할 수가 없어요. 힘이 세다고 알게 된 소는 뻐기느라 일을 하지 않을 것이고, 힘이 없다고 알려진 소는 기분 나빠서 일을 하지 않을 것이며, 그렇다고 둘이 힘이 같다고 하면 거짓을 말한 것이 될 것이니 그래서 검은 소나 흰 소의 귀에 들리지 않도록 당신만 알도록 속삭인 것이오." 이 말을 들은 황희는 농부의 지혜에 감탄하며 사례하고 그 곳을 떠났다. 황희는 이후부터 이것을 좌우명으로 삼고 비교하는 행위를 하지 않았다. 농부의 말에 사람이든 짐승이든 남과 비교하는데 모두 불편해할 것이다. 그러나 눈과 귀가 두 개씩 있기에, 손과 발이 두 개씩 있기에 서로를 비교하지 않을 수 없다. 이런 경우 수행을 하고 참회를 하면 두 가지 해결책이 생긴다.

첫째는 두 눈이 하나가 되거나 두 귀가 한 귀가 되거나 두 콧구멍이 하나가 되거나 두 팔이 한 팔이 되거나 두 다리가 한 다리로 된다. 이는 실제로 그렇게 되는 것이 아니라 용도가 그렇게 바뀌었으면 하는 바람이다. 둘째는 제3의 눈, 제3의 손, 제3의 발, 제3의 귀, 제3의 코, 제3의 입을 갖는 것이다. 제3의 것은 보이지 않는 진리를 볼 수 있는 공능功能이다. 이것 역시 실제로 그렇게 되는 것이 아니라, 상대성을 뛰어 넘는 그런 마음으로 사용하면 좋겠다는 의미이다. 개인적으로도 둘보다 제3의 어떤 것이 생겼으면 하는 바람이 있다. 눈에 보이지 않는 제3의 눈이 있으면 얼마나 좋겠는가? 눈에 보이지 않는 제3의 귀가 있으면 좋겠다. 비밀스런 진리의 소리를 듣고 진리의 형체를 보고 진리의 맛을 알고 진리의 가르침대로 움직이고 진리를 만들어내는 또 하나의 손과 발, 귀와 눈이 생기기를 서원하는 것이다.

관세음보살은 천수천안千手千眼을 가졌다. '천'은 무량함을 뜻한다. 천수千手는 자비의 광대함을, 천안千眼은 지혜의 원만·자재함을 의미한다. 관세음보살이 천수천안을 가지는 이유는 중생들이 바라는 원이 많기 때문이다. 그 많은 바램을 성취시키기 위하여 보여주는 공능이다. 그러므로 천수천안이란 1천 개의 손바닥 하나하나에 눈이 있어 중생의 괴로움을 그 눈으로 보고, 그 손으로 구제하고자 하는 염원을 가지고 있다. 나는 관세음보살의 천수천안은 바라지도 않는다. 그저 하나만 더 생겼으면 좋겠다. 내게 손 하나와 눈 하나가 더 생기고 내 설법을 들은 사람들에게 손 하나, 눈 하나가 더 생긴다면 아마 1천 개도 넘을 것이다. 내가 지은 인으로 사람들에게 제3의 손이 생기고 제3의 눈이 생겼으니 내 것이나 다를 바가 없다. 그러면 나 또한 천수천안을 가진 것과 같을 것이다. 무슨 일이든 혼자 힘으로는 안 되는 법이다. 많은 것으로부터 도움을 받아야 한다. 그런데 나에게는 눈이 둘만 있는 것이 아니다. 손이 둘인데 눈은 10개이다. 손가락 끝마다 눈이 있다. 주머니 속에 손을 넣고 물건을 집어내는 것을 보아도 알 것이다. 용케도 찾고자 하는 물건을 집는 것이다. 조금은 미숙한 눈이지만 확실하게 눈의 역할을 하고 있다. 중생들의 원을 가장 잘 들어주는 관세음보살의 천수천안을 가진다면 얼마나 좋겠는가? 자유자재로 일체중생에게 나누어 줄 수 있는 공능을 갖추어서 자비와 지혜를 마음대로 베풀 수 있을 것이며, 이로 인하여 해탈과 열반과 성불의 길을 쉽게 나아갈 것이다.

제17장

즉신성불을 위한 중생의 자세

불성佛性이 중생 생활 중에 혼탁한 마음으로 변하였다. 탐진치만의貪嗔痴慢疑라는 5독五毒으로 불성을 잃고 고통스런 삶을 살아간다. 이것은 금생에만 받는 것이 아니다. 윤회하는 동안에는 벗어나지 못한다. 이 장에서는 윤회의 근본인 욕심·분노·어리석음·교만·의심을 없애고 부처님처럼 사는 방법을 알아보기로 한다.

5독과 동업의 인因

"물질시대 모든 중생 동업지어 왔으므로
빈부 물론 누구라도 옳게 쓰면 해탈한다."

사람은 불성을 갖고 태어났으므로 부처처럼 행동身하고, 부처처럼 말語하고, 부처처럼 생각意할 수 있다. 그런데 우리는 온갖 고통을 겪으며 세상을 살아간다. 고통스런 삶이 계속되는 것은 불성을 잃고 중생심으로 살아가기 때문이다. 사람이 중생심으로 살아가는 이유를 찾아보면 팔만사천 가지나 되지만, 근본적인 이유는 5독五毒 때문이다. 5독이란 욕심·분노·어리석음·교만·의심을 가리킨다. 욕심이 많고, 성을 잘 내고, 어리석고, 교만심 때문에 잘난 척을 하고, 의심이 많아 사람을 믿지 못하기 때문에 우리는 불성을 지녔으면서도 고통 받는 중생으로 삶을 사는 것이다.

첫 번째 독은 탐貪으로 지나친 욕심이다. 상대방이 욕심을 낼 때 나도 욕심내는 마음이 생긴다. 그리고 상대방이 욕심을 낼 때 그것에 동조하여 박수를 쳤다면 그것이 바로 동업이다. 두 번째 독은 진嗔으로, 분노이자 성내는 것이다. 상대방이 성낼 때 그 모습을 보고 나도 성을 낸다. 그리고 상대방이 성낼 때 박수를 쳤다면 동업이다. 나와 아무런 관련도 없는 사람인데, 성내는 모습을 보고 미워하는 마음을 가지게 되는 것도 동업의 인이 된다. 상대가 성낸 것에 대한 과보를 받을 때 나도 똑같은 과보果報를 받게 된다. 예를 들어 어느 마을에 성을 전혀 내지 않는 사람이 있다. 이런 사람도 상대방이 성을 낼 때 미워하는 마음을 가졌거나 방관했을 경우에도 같이 산다는 것만으로도 그 과보를 함께 받게 된다. 상대방이 성내지 않도록 만류하지 않았거나 상대방이 성낼 만한 원인을 제공했기에 그에 따른 똑같은 과보를 받는 것이다. 이와 같이 웃고 사는 사람이라도 성낸 사람의 과보를 받을 수 있다. 그것이 바로 동업이다. 상대야 지옥을 가든 말든 나만 아니면 된다는 생각, 그 자체가 이미 상대방과 동업의 인因을 짓는 것과 같다. 그러므로 주변에 성내는 사람이 있으면 적극적으로 말리는 인을 지어야 한다. 그래야 좋은 동업중생이 되어 함께 해탈하는 것이다.

　　　　세 번째 독은 치痴로서 어리석음이다. 동업중생은 동업의 과를 받는다는 것도 알아야 한다. 세상에서 제일 어리석은 것은 인과를 믿지 않고 부정하는 것이다. 상대방이 어리석은 생각을 하거나 이치에 맞지 않는 행동을 할 때 환희심을 갖거나 비웃어도 어리석은 상대와 똑같은 과果를 받게 된다. 예를 들면, 학생들이 같은 반에서 공부하는 것이 동업이다. 시험점수가 0점과 만점의 친구도 동업이다. 둘만 있는 교실에서 만점 맞은 학생에게 "네 친구가 누구냐?" 물으면 0점 맞은 학생을 가리킬 것이다. 마찬가지로 0점 맞은 학생에게 "네 친구가 누구냐?" 물으면 만점 맞은 학생을 돌아본다. 이것이 둘만이 존재하는 동업의 친구이기 때문이다. 상대의 어리석음을 깨우쳐주지 않고 내버려둔 그 어리석은 사람이 어리석지 않으려면 모든 중생들이 인과법을 믿고 실천하도록 하는 것이다.

　　　　네 번째 독은 만慢으로, 만은 교만이며 잘난 척하는 것을 말한다. 사람은 어떤 일을 완성했을 때 누군가에게서 칭찬받기를 바란다. 직장에서도 맡은 일을 무사히 끝냈는데 윗사람이 잘했다고 한 마디 하지 않으면 왠지 서운하다. 어떻게 보면 칭찬받기 위하여 일하는 것 같기도 하다. 칭찬도 복인데, 자주 칭찬을 들으면 쌓일 복이 없다. 어느 마을에 마음씨 좋은 총각이 살았다. 어려움에 처한 이웃이 있으면 한걸음에 달려가 도와주고 동네 궂은 일은 혼자 다 맡아서 처리했다. 마을 사람들은 모였다 하면 총각 이야기를 하면서 칭찬을 아끼지 않았다. 법 없이도 살 사람이라며 너도나도 총각의 선행을 이야기했다. 마을 사람들의 칭찬을 한 몸에 받았으나 정작 청년은 가난하게 살고 있었다. 재물을 모을 복까지 칭찬의 복으로 소멸되었기 때문이다. 그러므로 진각성존은 보시할 때 오른손이 한 일을 왼손이 몰라야 한다고 했다. 내가 착한 일을 했을 때 남이 알면 칭찬할 것이고, 칭찬을 받으면 나도 모르게 어깨를 으쓱거리며 교만하기 쉽다. 교만 또한 사람의 마음을 병들게 하는 독이므로 내가 한 일을 떠벌려 자랑할 필요도 없고 남들에게 칭찬받으려 애써도 안 될 것이다. 아이들이 칭찬받기를 좋아한다. 조금만 추어올리면 기고만장하여 잘난 척을 한다. 어쩌다 노래를 잘한다고 칭찬하면 남이야 듣기 싫든 말든 개의치 않고 계속 노래를 부를 것이다. 칭찬듣기를 좋아하는 마음은 어린아이나 어른이나 똑같다. 중생과 부처의 차이는 별것 아니다. 칭찬을 받아야 잘한다면 중생심이요, 꾸짖음을 들었을 때 더 잘한다면 부처님의 마음이다. 상대가 나의 허물을 들추어 내 꾸짖을 때 더 잘해야겠다는 마음을 가지면 부처요, 상대가 꾸짖을 때 교만이 발동하여 '너나 잘해' 한다면 이 사람은 악의 과보가 더욱 무거워지는 것이다.

다섯 번째 독은 의疑로서 의심이다. 지위가 높을수록, 재산이 많을수록 의심이 많다. 왕은 지위가 높아 의심이 많고 부자는 물질 때문에 의심이 많다. 재산이 많으면 도둑이 들까 싶어 전전긍긍한다. 대문을 잠가도 불안하고 안방 문을 잠가도 불안하다. 아무도 모르는 곳에 비밀금고를 마련하여 꼭꼭 숨겨두어도 누군가 훔쳐갈까 밤잠을 설친다. 이처럼 물질이 지나치게 많아도 사람을 믿지 못한다. 왕이나 부자와 달리 하루하루를 마음 편히 살아가는 사람은 어느 누구도 의심하지 않는다. 의심할 필요가 없다. 내 것도 네 것도 없으니 지킬 것도 없고 의심할 것도 없다. 의심하는 이치를 알고 권력자나 부자가 의심하지 않을 수 있다면 이것이 군자君子의 삶을 사는 길이 될 것이다. 냉장고가 생긴 이후로 우리들의 인심이 변했다. 나누어 먹는 인심이 변한 것이다. 옛날에는 새로운 음식을 만들다가 넉넉해지면 곧바로 이웃과 나누어 먹었다. 과학의 발달로 냉장고가 생겨 생활에 편리한 것은 사실이다. 그러나 냉장고는 탐심과 게으름의 주범이다. 욕심 많고 성 잘내고 어리석고 교만하고 의심 많은 것이 오늘날 우리 중생이 앓는 마음의 병이다. 이처럼 중생의 마음을 혼탁하게 하는 5독을 없애야 불성을 되찾아 부처처럼 살 수 있을 것이다.

가난을 판 부부

　　　　어느 날 아침 가섭존자는 부처와 여러 대중들과 함께 아침 공양 길에 올랐다. 법도에 따라 일곱 집을 도는 중에 한 집도 공양을 받지 못하였다. 마지막으로 들어간 집이 부잣집 헛간으로 들어간 것이다. 마침 그곳에는 거지부부가 이제 막 공양 받아온 쌀 씻은 물을 놓고 서로 먹으라고 양보하고 있었다. 부부는 재산이라고는 때 묻은 담요 한 장뿐이었다. 한 사람이 동냥을 나갈 때는 남아 있는 사람은 발가벗은 채 벽을 향해 앉아있어야 했다. 오늘은 남편이 구걸하였다. 그런데 음식을 얻지 못하여 쌀 씻은 물을 가져온 것이다. 한 그릇의 쌀 씻은 물을 두고 서로 양보하면서 먹기를 권하는 중에 가섭이 공양을 청한 것이다. 부부는 서로 눈을 마주보다가 이것이라도 받으려면 가져가라는 것이다. 가섭은 말없이 쌀 씻은 물을 그 자리에서 마시고는 거지부부에게 말하였다.

　　　　"왜 가난을 팔지 않습니까?"

　　　　"가난을 어찌 팔 수 있습니까? 뉘가 가난을 사겠습니까?"

　　　　"실지로 가난을 보시로써 팔 수 있습니다."

　　　　"우리는 재산이라고는 담요 한 장 뿐입니다. 이것조차 없으면 동냥하려 나가지 못합니다."

　　　　"담요는 두 부부의 소중한 재산이라. 그것을 보시하여 금생의 가난한 과보를 파십시오."

　　　　"낡고 냄새나는 담요를 뉘가 사겠습니까?"

　　　　"보시로써 파십시오." 두 부부는 의논하였다. 금생에 담요한 장으로 지내는 것보다 차라리 이것을 보시하여 다음 생을 기약하는 것이 좋겠다 생각하고 담요를 보시하고 벽을 향해 돌아앉았다. 가섭존자는 낡고 냄새나는 담요를 보시 받아 18변천을 나투어 공양을 찬탄하고 가사위에 덮어 수하고는 부처님처소로 돌아갔다. 조금 늦게 도착한 가섭은 대중들의 앞으로 들어갔다. 대중들은 가섭이 지나갈 때 고약한 냄새로 모두 코를 막았다. 이 모습을 바라본 부처님은 가섭에게 그 사연을 물었다. 가섭은 거지부부로부터 담요를 보시 받은 내력을 말씀드렸다. 법석에 함께 앉아있던 그 나라 국왕이 가섭존자의 말을 듣고 곧바로 신하를 시켜 거지노부부를 궁으로 모셔 목욕시키고 새 옷을 입혀 평생을 궁에 살게 하였다. 이것이 냄새나는 담요지만 거지부부에게는 둘도 없는 소중한 재산을 보시한 공덕이다.

인간 석가의 삶과 열반 뒤 굳건하여진 중생의 믿음

석가모니불은 신이 아니라 사람이다. 하늘에서 내려오거나 땅에서 솟아오른 신이 아니라, 우리와 똑같이 어머니의 몸에서 태어난 사람이다. 사람이지만 스스로 진리를 찾아 나섬으로써 상상도 못할 고행을 했다. 그분은 진리를 깨닫기 위하여 왕위도 버리고 아름다운 부인도 버리고 사랑스러운 자식도 버렸다. 왕으로서 누려온 호화로운 삶도 버리고 명예도 버리고 재물도 버렸다. 싯다르타는 왜 모든 것을 버리고 출가하였는가? 권력의 자리 왕위, 아름다운 부인, 사랑스런 아들, 호화로운 삶 모두가 아깝고도 아까운 것들이다. 그러나 이러한 것들이 젊음으로만 한정되어 있고 금생에만 한정된 것임을 알았을 때 실망하였다. 세세생생 영원히 지닐 수 있는 길을 찾아 출가한 것이다. 중생들의 입장에서 보면 버린 것 같지만 영원한 길을 찾아 잠시 버렸을 뿐이다. 이렇게 모든 것을 다 버리고 허허로운 정글 속으로 들어가 앉은 채 때로는 굶고 때로는 독충에 물리면서 수행을 계속했다. 파키스탄의 라호르 박물관에 피골이 상접한 석가모니불의 고행상이 있다. 몸은 야윌 대로 야위어 갈비뼈가 앙상하게 드러나고 그 위로 도드라진 힘줄 하나하나에는 긴장감이 배어나온다. 얼마나 말랐는지 뱃가죽은 등에 달라붙고 눈은 휑하니 쑥 들어가 있다. 그러면서도 석가모니불의 자세는 꼿꼿하고 눈의 광채도 예리하게 살아 있어 육체와 감각의 구속에 맞서 싸우는 영웅을 보는 듯하다. 죽음과도 같은 고행을 끝내고 마침내 보리수아래에서 정각正覺을 얻어 부처가 된 다음 인도 전역에 자신이 깨달은 법을 설했다. 당시 인도는 전통 브라만교의 권위가 무너지고 혁신적인 종교와 철학, 사상이 난립하는 시기였다. 육사외도六師外道라 하여 이교도의 시달림을 받는 계기가 되기도 하였지만 이런 분위기는 오히려 불교가 인도사회에 보다 쉽게 뿌리내리는 사회적·문화적 토양이 되어주었던 것이다.

　　　　부처님은 인도 곳곳을 다니며 설법할 때마다 6사외도를 중심으로 100여명의 외도 집단은 부처님의 뒤를 쫓아다니며 설법을 방해하고 괴롭혔다. 당시에는 석가모니불을 존경하며 그 뒤를 따르는 제자들도 많았으나 육사외도를 비롯한 반대파 역시 만만치 않았다. 석가모니불은 법신으로 환원한 뒤에야 위대한 지혜의 소유자이며, 위대한 자비의 실천자이며 모든 것을 누리는 자로서 더욱 더 많은 존경과 사랑을 받게 된다. 석가모니불은 열반한 일주일 만에 화장하여 나온 사리를 포함한 유물은 인도의 여러 왕국이 서로 갖겠다면서 다툼이 일어날 정도였다. 결국 합의를 통하여 부처님의 사리와 유물은 8등분되었고, 인도 각국의 왕들은 자국으로 돌아가 석가모니불을 경모하는 구조물을 세운 뒤 그 안에 사리와 유물을 안치했다. 또한 석가모니불의 육신뿐 아니라, 깨달음을 얻은 자리에 있었던 보리수도 부처님을 대하듯 소중히 모셨다. 세월이 흐를수록 부처님을 그리는 마음은 더욱더 커져 부처님의 형상을 조성하게 되었다. 부처님은 매우 뛰어나고 고귀한 분인데 나무가 고귀할 수 없고, 돌이 고귀할 수 없고, 흙이 고귀할 수 없으므로 불상에 금칠을 했다. 얼마나 그립고, 얼마나 존경스럽고, 얼마나 의심 없이 믿으면 이렇게까지 하겠는가. 부처님은 설법할 때도 많은 존경을 받았지만, 열반하고 2,500여 년이 지난 오늘날에도 변함없이 전 세계 사람들이 보은의 나눔으로 믿고 따르면서 그의 모습에 경애를 올리고 있다.

사성제와 팔정도

부처님의 가르침은 특별하지 않다. 중생은 고통 속에 사는 사람들이므로 안이비설신의眼耳鼻舌身意가 모두 고苦로 뭉쳐 있다. 그 고통을 멸하는 방법으로 바르게 사는 길을 가르친 것이다. 바르게 살기 위하여 8가지 방법을 말씀하였다. 이것이 8정도이다. 8정도를 행함으로써 비로소 좋은 인을 짓게 된다. 이러한 삶은 12인연에 어긋나지 않아 윤회하는 일도 없다. 따라서 무상정등정각無上正等正覺을 이루게 된다. 이것이 최고로 바르고 원만한 부처님의 마음과 지혜를 얻게 된다. 부처님의 지혜를 얻은 후 일체중생을 위하여 영원히 윤회에서 벗어나게 하기 위하여 보살수행법인 육바라밀을 실천하는 것이다. 부처님이 계실 때는 이와 같은 가르침을 귀로 직접 듣고 궁금한 점이 있으면 그때그때 질문하여 이해하므로 전혀 어렵지 않았다. 그러나 부처님이 열반한 뒤 제자들이 집필한 경전이 점점 어려워져 사람들이 불교를 멀리하게 되었다.

부처님 말씀 중에 가장 쉬운 가르침인 사성제四聖諦는 고苦·집集·멸滅·도道의 4가지 법이다. 제諦는 한자로 진리 체, 살필 체인데 여기서는 체관諦觀한다는 의미이다. 사물의 참다운 실상을 살펴 꿰뚫어본다는 뜻이다. 첫째 고성제苦聖諦는 사람이 사는 세상에서 피할 수 없는 고통으로 4고四苦와 8고八苦가 있다. 4고는 생로병사生老病死의 근본고와 생활적인 고인 구부득고求不得苦·애별이고愛別離苦·원증회고怨憎會苦·오음성고五陰盛苦를 합쳐 8고라 한다. 두 번째 집성제集聖諦는 사람의 고통과 괴로움에는 반드시 원인이 있다. 원인은 사람의 번뇌에서 비롯된다. 안이비설신의를 통하여 탐貪·진嗔·치痴의 3독이 생기며, 3독심에서 번뇌가 일어나 수만 가지의 고통이 쌓이므로 이를 집제集諦라 한다. 세 번째 멸성제滅聖諦는 고뇌에서 해탈하는 깨달음과 열반의 세계를 말한다. 열반의 경지는 고苦의 근본이라 할 수 있는 무명과 탐·진·치가 멸하고 일체의 번뇌가 사라진 세계를 의미한다. 네 번째 도성제道聖諦는 열반의 세계로 가는 길 곧 멸제滅諦에 이르는 방법을 의미한다. 부처님은 열반에 도달하는 방법으로 8가지 바른 길인 팔정도八正道를 제시하였다. 팔정도는 올바른 견해正見·올바른 사유正思惟·올바른 말正語·올바른 직업正業·올바른 삶正命·올바른 노력正精進·올바른 기억과 신념正念·마음의 안정과 정신적 집중正定을 가리킨다. 팔정도는 중도의 길을 말한다. 고행과 쾌락의 어디에도 치우치거나 빠지지 않는 중도의 길을 말한다. 팔정도에서 특히 중요한 것은 정견과 정정진이다. 이는 사성제의 도리를 바로 보고 분명히 인식하라는 의미이다. 알고서 행하지 않으면 효과가 없으므로 인연을 바로 인식하고 살려는 노력이 필요하다. 이것이 정정진正精進이다. 사성제와 인연법의 진리를 올바로 인식하고 깨달음의 멸제에 이르도록 부단히 노력하고 정진할 때 고뇌를 멸하고 열반의 도에 들게 될 것이다.

12인연과 육바라밀

12인연설은 창조설을 부정하는 말씀이다. 12연기十二緣起의 인연설이 있기에 중생도 부처가 될 수 있는 것이다. 중생이 불성을 망각하고 현실의 고통 속에서 헤매는 원인과 그 결과를 12가지 단계로 설명하는 법이다. 중생세계의 윤회하는 법으로 일체 만상은 실체가 없고 서로 인연따라 일어나고 의지하는 관계임을 설명한다. 첫째, 무명無明은 어리석음의 근원인 무지를 의미한다. 진리를 알지 못하여 사물의 도리를 옳게 판단하지 못하는 일념一念이 번뇌와 악업을 쌓아 고苦라는 결과를 낳는다. 그러므로 무명은 번뇌의 근본이자 악업의 시초이며, 중생을 만드는 원인이 된다. 둘째, 행行은 무명이 일으키는 작용이다. 셋째, 식識은 행의 결과 얻은 분별을 의미한다. 현재의 몸을 조직하는 중심체이며, 성격을 형성하는 모체가 된다. 욕심·분노·어리석음이라는 3독을 만들어내고, 여기에 교만·의심을 더하여 5독이 생긴다. 식은 무엇을 보고 느끼는 인식이기도 하다. 인식이 성립하려면 인식할 수 있는 감각기관과 인식 대상이 있어야 하는데, 이것이 12인연 중의 네 번째인 명색이다. 명색名色은 명칭과 형태로, 인식 대상을 가리킨다. 앞의 무명과 행과 식은 형상이 없다. 이 세 가지가 모여 작용하므로 형상이 생긴다. 이것이 최초의 형색이다. 명색은 물질적인 것과 정신적인 것으로 색色·수受·상相·행行·식識의 오온五蘊 중에서 마음의 작용인 수·상·행·식의 무형체를 명이라 하고, 물질인 지수화풍地水火風의 유형체를 색이라 한다. 다섯째, 육입六入은 명색에서 구체적인 형상을 만들고자 어머니 몸에서 만들어진 안眼·이耳·비鼻·설舌·신身·의意의 육근六根과 육근이 받아들이는 색色·성聲·향香·미味·촉觸·법法의 육경六境을 말한다. 여섯째, 촉觸은 육입으로 형성된 형상에 정신적 감지단계를 말한다. 명색과 육입이 만나 일어나는 인식작용을 말한다. 일곱째, 수受는 고통과 즐거움을 느끼는 단계로, 외계에서 받아들이는 고苦와 낙樂의 감각을 말한다. 여덟째, 애愛는 윤회의 업을 짓는 가장 근본적인 탐욕으로, 즐거움을 구하는 단계이다. 이해득실의 욕망 또는 모든 것을 욕구하여 만족을 얻으려는 본능적 욕심을 의미한다. 아홉째, 취取는 집착의 단계로, 자기가 사랑하는 바를 놓치지 않으려는 아집을 말한다. 열째, 유有는 존재성을 얻는 것이다. 애愛와 취取로 말미암아 미래의 결과를 있게 하므로 새로운 것을 만들어 낸다는 의미로 유有라 한다. 열한째, 생生은 애愛와 취取에 의하여 과果를 받음으로서 세상에 출생하는 찰나를 말한다. 열두째, 노사老死는 문자 그대로 늙음에서 죽음에 이르는 것을 말한다. 노사는 또한 다음 생으로 이어지는 필연적 결과로서 삼세를 윤회하게 된다. 이와 같은 12인연법은 번뇌가 번뇌를 낳는 순환과정이다. 여기서 벗어나려면 번뇌의 원인이 되는 무명을 제거하는 순환과정을 역으로 향하면 해탈의 깨달음을 얻어 영원히 윤회하지 않게 된다.

육바라밀六波羅蜜이란 무엇인가? 육바라밀은 생사의 고통에서 벗어나 이상의 경지인 열반에 이르는 6가지 보살수행법을 말한다. 일체의 탐욕을 떠나 희생과 봉사, 헌신의 마음으로 베푸는 보시바라밀布施波羅蜜, 계율을 지켜 타인에게 즐거움을 줄지언정 피해를 주지 말며, 후회하는 일을 하지 않는 정계바라밀淨戒波羅蜜, 몸과 입과 뜻에서 일어나는 모든 악한 행동을 참고 이기며, 오로지 자비로운 마음으로 모든 일을 이룩하는 안인바라밀安忍波羅蜜, 일체의 부정, 불법에 관여하지 말며, 바른 일을 위하여 끈기 있게 노력하는 정진바라밀精進波羅蜜, 번뇌와 망상을 버리고 티없이 깨끗한 마음으로 삼매三昧에 들도록 노력하는 정려바라밀靜慮波羅蜜, 부처님의 법과 자비에 입각하여 미련하고 어두운 마음을 밝게 하는 지혜를 갖는 것이다. 무상정등정각의 지혜를 갖는 반야바라밀般若波羅蜜을 말한다.

사성제와 팔정도, 12인연과 육바라밀의 가르침은 일상생활에서 실천할 수 있는 법이다. 불교를 대하는 중생의 마음은 지극히 소박하다. 청순한 불제자를 위하여 쉽게 이해하고 실천하여 일상생활에서 공덕을 얻어 부처처럼 살게 하면 좋을 것이다. 그런데 시간이 흐르면서 가르침의 말씀이 점점 어렵게 전해지고 있었다. 부처님 열반 이후 수많은 학자와 고승들이 부처님의 말씀을 나름대로 연구, 분석하고 경전을 정리하여 편집하였다. 편집과정에서 변화가 생겼다. 보다 진취적이고 현실에 맞는 말씀으로 바꾼다는 것이 오히려 어려운 용어로 결집이 되었기 때문이다. 깨달음을 얻은 부처님과 깨달음을 얻지 못한 학문적 이해자가 같을 수는 없다. 차라리 모르는 부분이 나오면 한자도 고치거나 바꾸지 말고 그대로 두었다면 후대에 법을 깨달은 자가 바르게 가르침을 펼 것인데 다른 방향으로 번역하고 해석하여 고정화 시켜 그것이 옳다고 주장하면 오히려 깨달은 자의 말이 헛말이 되는 것이다. 연구자는 많고 깨달은 자는 적어 편 가르기에 들어가면 당연히 연구자가 주장하는 것이 옳은 것이 되는 것이다. 어찌 이것뿐이겠는가? 자신이 해석하고 번역한 부분이 모두 옳다고만 주장하는 아집까지 가지고 있었으니, 이것은 순전히 후학들이 받아야 할 고통이 된 것이다. 부처님의 본마음을 아는 자는 깨달음을 얻은 자이며, 교리를 이해하고 해석하는 자는 연구자일 뿐이다. 진각밀교는 복잡하고 어려운 불교교리를 하나로 아우르는 육자진언 염송법을 전하고 있다. 육자진언수행으로 인과이치를 깨닫고 윤회의 굴레에서 벗어나 부처가 되라는 가르침을 설한다. 어려워 이해하지 못하는 문자에 매이지 말고 스스로 본심을 찾는 진언수행을 하도록 한 것이다. 수행자는 스스로 마음을 점검해 본다. 몸속 깊이 묻어둔 욕심과 노여움, 어리석음, 교만함, 의심의 5독을 얼마나 변화시켜 욕심을 베풂으로, 노여움을 웃음으로, 어리석음을 지혜로, 교만심을 하심으로, 의심을 믿음으로 바꿨는가를 살펴보는 것이다. 바꿔진 만큼 우리는 부처가 된 것이다. 걸음걸이도 부처요, 웃는 것도 부처요, 말하는 것도 부처요, 졸고 있는 모습도 부처이다. 진언의 이치를 깨닫고 보면, 일체가 다 부처이다. 부처 아닌 것이 없는 세계가 사바세계이다.

제 18강
부처처럼 사는 길

자성自性 찾았을 때 모든 삶은 부처의 삶과 같게 되는 것이다. 자성을 찾지 못한 삶에서 원하는 것이 있고, 원하는 것이 많을수록 고통 또한 크고 깊어 중생심에서 벗어날 수 없다. 이 장에서는 어떻게 하면 부처처럼 살 수 있는지 알아보기로 한다.

서원이 없으면 부처님, 서원이 많으면 중생

"누구라도 악한 일을 안하려고 작정하면
능지능차 다라니는 능히 악을 막아 낸다."

밀교수행을 어떻게 해야 하는지 대중 앞에서 수없이 설하였으나 그것은 결국 나 자신을 경책警責하는 말이었다. 불성을 지니고 태어났으나 부처로 살지 못하는 자신을 생각하면 가엾기도 하여 안타까울 뿐이다. 내가 부처가 되면 이 법을 들은 사람들도 부처가 될 것이다. 그리고 이 땅은 불국토가 될 것이다. 교화자가 중생들에게 전하는 법 가운데 가장 많이 전하는 법이 탐진치로서, 욕심 내지 말라, 성내지 말라, 인과를 믿어라, 남을 의심하지 말라, 교만하지 말라는 것이다. 자신의 실천 없이 말씀으로만 이해하고 전한다면 교화자도 이해만 할뿐 실천하지 않은 것이다. 그러므로 나부터 일상생활에서 욕심을 버리고 성내는 마음을 멈춰야 하며, 어리석은 생각을 바꾸어 슬기롭게 대처하여야 할 것이다. 칭찬 받으면 우쭐하지 말고 고개를 더 깊이 숙이며, 모든 것에서 긍정하는 마음을 가져야 할 것이다. 우리는 세상을 대할 때 긍정적으로 보는 마음보다 부정적으로 보는 마음이 앞선다. 상대의 말을 있는 그대로 받아들이려 하지 않는다. 색안경을 낀 채 받아들일 때가 많다. 상상하지 말고 있는 그대로 받아들이면 된다. 스스로는 자기 자신이 똑똑하다고 생각하고 있다. 그리하여 상대의 말을 제멋대로 상상하고 자기 식으로 해석하면서 듣고 있다. 상대가 무슨 말을 할 때, 저 말 속에 뭐가 있겠지? 캐내려는 습관習慣은 좋은 습관이 아니다. 기본방침이 이렇다 하면 그렇게 믿고, 저렇다 하면 또 그렇게 믿으면 된다. 그러한 마음가짐이 부처처럼 사는 길이다. 상대를 있는 그대로 받아들이지 못하고 의혹의 눈길로 이런저런 생각을 하는 자체가 중생심이다.

자성을 밝히면 그림자처럼 따라오는 복

싯다르타가 깨달음을 얻은 뒤 인연 있는 곳을 찾아 행보하였다. 정하여진 곳은 아무데도 없었다. 다만 인연의 법칙에 수순할 뿐이다. 가는 길에 작은 벌레라도 밟힐까 조심하여 걸었다. 걷다가 다리가 아프면 그늘에 앉아 쉬고, 쉬는 중에 사람이 찾아와 질문하면 답하고, 해가 지면 하룻밤 쉴 곳을 찾아 몸을 뉘었다. 물론 우리는 부처님이 아니기에 이렇게는 살 수 없다. 중생에게 이러한 부처님의 삶을 강요할 수도 없다. 다만, 우리가 할 수 있는 일을 할 뿐이다. 우선 우리가 지닌 마음, 심보를 고쳐야 할 것이다. 다른 것은 다 젖혀두더라도 심보를 제일 먼저 고쳐야 한다. 그러기 위하여 불성 찾는 공부를 한다. 자성 찾는 공부는 복잡하지 않고 매우 단순하다. 자신의 행동과 언어를 되새겨보면 그 속에서 마음공부를 왜하는지 알 수 있을 것이다. 그렇게 쉬운 말로 일러주었건만 중생은 제대로 알아듣지 못한다. 지금도 어느 곳 어느 사원 불상 앞에서 무릎 꿇고 절하면서 남편 사업, 아들 승진, 복을 구걸하는 불자가 있을 것이다. 기복祈福으로 이루어지는 일은 아무것도 없다. 부처님과 진각성존은 중생의 원을 들어주겠다고 약속하지 않았다. 그런데도 찾아오는 많은 사람들은 오로지 서원만 가지고 모여든다. 뉘가 이렇게 가르쳤는가? 이곳을 찾으면 한 가지 소원은 반드시 이루어진다는 사원도 있다. 이것이 누구의 허물인가? 전법자의 허물이다. 왜 부처님의 말씀이 아닌, 없는 말씀을 전하였을까? 전법자 자신이 수행이 부족한 탓으로 볼 수밖에 없다. 중생들의 현실적 바람은 마음을 닦고 자성을 찾아 잘못 익힌 습관이 바르게 되면 그림자처럼 따라오는 것이 복과 공덕이다.

어느 보살은 심인당에 가서 자성 찾는 수행을 하고 집에 오니, 아들이 취직했다는 소식을 전하였다. 원을 세운 것도 아니고 그저 내 허물을 찾고 잘못을 참회하며 마음을 닦았을 뿐인데 아들이 취직했다는 것이다. 어느 보살은 아들이 못된 친구를 사귀어서 방황하는 것을 보고 속이 상했다. 아들이 실망스럽기도 하고 자꾸 미워하는 마음이 들었다. 그 마음을 다스리고자 심인당에서 열심히 염송했다. 바람 없이 육자진언을 염송하며 내 허물을 찾아 마음을 모았다. 나에게 어떠한 허물이 있는지를 찾아 매일 같이 염송하였다. 얼마 지나지 않아 놀라운 일이 벌어졌다. 아들의 못된 친구가 마음을 바꾼 것이다. 그 친구는 아들에게 "너 때문에 내가 마음을 고쳐먹었다." 하면서 고마워했다고 한다. 보살이 마음에 허물을 찾는 공부를 한 덕에 못된 친구와 헤어지는 것이 아니다. 그 친구가 선한 마음을 갖게 되었고, 아들 또한 선한 친구와 사귀게 되었으니 두 가지 복을 한꺼번에 받은 셈이다. 한 사람이라도 자기 자성을 찾아 알지 못하고 지은 악업을 참회한다면 그 원력으로 주위에서 일어나는 악업의 인들이 사라지게 되는 것이다. 지금 이 순간에도 나와 인연 있는 사람들이 어떤 어려움에 처하게 될지 아무도 모르는 일이다. 어려운 일이 생길 때마다 일일이 막아달라고 청할 수도 없고, 어려운 일을 피해가도록 빌 수도 없다. 그렇게 한다 하여도 그것은 소극적인 서원일 뿐이다. 중생은 부족한 것이 많고, 부족한 것이 많으므로 바라는 것 또한 많다. 자신의 부족함은 청정한 자성을 잃었기 때문임을 알고 오로지 자성 찾는 수행정진을 할 뿐이다.

　　　　큰 스승으로부터 법을 듣고 나니 눈이 나쁜 사람 눈 좋아지고, 허리 꼬부라진 사람 허리가 펴진다는 식으로 떠들고 다니면 안 된다. 설법하는 스승은 그러한 능력이 없다. 머리 아픈 사람 머리를 한번 쓰다듬어주고 "이제 아픈 부위가 낳았다." 말하는 종교인들도 문제가 많다. 이들은 사이비 종교인이다. 고장난 시계는 시계수리점으로 보내야 한다. 수행정진이란 멈춘 시계를 보고 건전지 부족인지, 기계고장인지 정도만 알 뿐이다. 당체법문을 본다는 것은 어느 부분인지를 알고 바른길로 인도하는 것이다. 몸이 아프다하여 불공에 의지하고, 스승에 의지할 생각은 버려야 한다. 육자진언을 염송하여 자성을 찾다보면 잘못된 원인을 깨닫게 되어 그 잘못된 원인을 고치게 된다. 그 원인이 사라질 때 내 몸이 언제 아팠나 싶을 만큼 편안해짐을 느낄 것이다. 아픔도 슬픔도 고통도 원인을 깨쳐 그렇게 스스로 치료해야 한다. 병도 집착에서 비롯되므로 우선 집착에서 벗어나도록 마음을 닦아야 한다.

비유하면, 눈병이 나서 쩔쩔매던 사람이 안과병원을 찾았다. 의사는 눈병이 난 사람의 얼굴을 가만히 쳐다보더니 한숨을 길게 내쉬었다.

"이거 큰일 났습니다. 지금 눈병이 문제가 아니네요. 당신 목숨이 왔다 갔다 한단 말입니다." 의사의 말을 들은 환자는 깜짝 놀랐다. 그저 눈이 아파서 왔을 뿐인데, 죽을지도 모른다는 말을 들으니 머릿속이 텅 비고 아득한 느낌이었다.

"선생님, 저는 눈이 아파서 온 것입니다. 나이도 아직 40대인데 이렇게 멀쩡한 제가 죽다니요?"

"당신은 지금 몸에 이상이 있어 보통사람과 다르게 밑(항문)이 빠지면 그날로 죽을 것입니다." 이 말을 들은 환자는 급하게 말했다.

"선생님! 죽는 길을 알고 계시니 사는 방법도 알 것 아닙니까. 그 방법을 가르쳐 주세요" 의사는 묵묵히 한참을 지난 뒤 간곡하게 사정하는 환자에게 말했다.

"이 말은 누구에게도 말하면 안 됩니다. 꼭 당신만 알고 지켜야 합니다." 환자는 의사선생님의 말에 그렇게 하겠다고 약속하였다.

"지금부터 밑이 빠지지 않도록 두 손으로 엉덩이를 받치고 생활하면서 조심하여야 합니다. 절대 힘을 쓰면 안 됩니다. 화장실 갈 때도 조심하면서 보통때도 엉덩이에서 손을 떼지 마세요, 어느 순간에 내려올지 모르니까. 두 손으로 어려우면 한 손으로도 받쳐서 항상 밑을 보호하여야 합니다. 잠잘 때는 두 손으로 받치고 주무시고요. 그렇게 일주일만 잘 넘기면 무사할 것입니다. 그때까지만 조심하십시오."

환자는 눈병 치료하는 일도 잊고 집에 돌아왔다. 그나마 다행이라는 생각이 들었다. 아무것도 모른 채 갑자기 밑이 빠지면 그냥 죽었을 것이다. 그래도 훌륭한 의사를 만나 좋은 처방을 받아 조심할 수 있었기 때문이다. 그날 이후로 환자는 늘 손으로 밑을 받치고 생활했다. 잠잘 때는 양손으로, 일할 때는 한 손으로 반드시 밑을 받치고 있었다. 그렇게 하루가 가고 이틀이 가고 일주일이 지났다. 환자는 그때까지 살아 있는 자신을 보고 안심했다. 그러고는 고마운 마음을 표현하기 위하여 의사를 찾아갔다.

"선생님! 말씀대로 일주일 내내 밑을 받치고 생활했어요. 두 손이든 한 손이든 한 번도 밑에서 손을 떼지 않았습니다. 이제 죽지 않겠지요?" 의사는 환자의 말은 듣는 둥 마는 둥 하면서 환자의 눈을 유심히 살폈다.

"이제 눈이 다 나았군요." 의사의 말을 들은 남자는 어리둥절한 표정을 지었다. 일주일 내내 밑을 받쳐야 한다는 생각에 눈병이 난 것도 깜빡 잊었던 것이다. 의사는 미소를 띤 채 입을 열었다.

"제가 안과의사인데 밑이 빠지는지 어쩌는지 어찌 알겠습니까? 다만 눈병에 마음이 집착하여 손으로 눈을 비비기를 잠시도 쉬지 않으니까 눈이 더욱 아프고 낫지 않을 것이니, 눈에 손대지 않는 방법을 얘기한 것뿐입니다." 남자는 죽을지도 모른다는 의사의 말에 눈에는 신경도 쓰지 못했다. 그러다 보니 눈이 가렵다는 것도 느끼지 못한 채 그냥 손을 대지 않았기에 눈병은 자연스럽게 나은 것이다. 눈에 집착하

부처처럼 사는 길 • 301

여 자꾸 비비면 눈병이 낫지 않을 것이다. 무슨 일이든 지나치게 집착하면 탈이 나는 법이다.

사람의 마음이 어디에 있는가? 멀리서 찾을 필요가 없다. 아픈 곳에 있다. 아프다는 그 자체에 마음이 머물고 있다. 이 마음 때문에 병균이 자기를 좋아하는 줄 알고 머물면서 괴롭히고 있다. 이제 그 아픔의 마음을 밑(항문)으로 보낸 것이다. 그러나 아픔은 이제 아픔이 아닌 생사가 달린 마음으로 바뀌었다. 그리고 살아야겠다는 마음으로 바뀐 것이다. 눈이든 밑이든 아픔은 어디로 가고 없고 오직 살겠다는 마음으로 밤낮을 가리지 않고 밑을 받치고 있었던 것이다. 이것이 아픔에 대한 집착이 아닌 삶의 대한 집착으로 살아야한다는 간곡한 마음으로 바뀐 것이다. 아픔은 병균을 부르고 머물게 하지만 살아야겠다는 마음은 모든 것을 잊게 하여 집착과 애착까지도 버리게 한 것이다. 우리 모두 자신의 마음이 어디에 있는지 찾아보자.

인간세계 통장과 법계통장

집착한다고 안 되던 일이 이루어지지 않듯이 물질 또한 마찬가지다. 물질이 있으면 있는 대로, 없으면 없는 대로 다 살기 마련이다. 사람으로 태어난 이상 의식주를 걱정할 필요는 없다. 육도를 윤회하는 중생들은 아무런 준비 없이 사람으로 태어나지는 않았기 때문이다. 그런데도 의식주 걱정을 하는 것은 이러한 이치를 모르기 때문이다. 사람으로서 살아가는 최소한의 기본이 의식주이다. 많고 크고 좋고 나쁘고를 떠나 각각의 인 지음에 의하여 평생 받을 수 있는 것이다. 의식주가 부족한 사람은 주어진 것에 비하여 젊었을 때 많이 사용하였기 때문이다. 지나치게 펑펑 쓰는 바람에 평생 입을 옷이 없고 평생 먹을거리가 부족하며 평생 살 집을 마련하지 못하는 것이다. 좀 아끼면서 살고 남으면 저축도 하면 얼마나 좋겠는가. 불교에서 저축이란 보시布施를 의미한다. 불교가 세상에 나올 당시에는 은행이 없어 저축으로 보시의 의미를 설명할 길이 없었다. 이제 저축과 같은 보시공덕을 설명하는 것이다. 속세의 저축, 오늘 은행에 맡겼다가 내일 찾기도 하고 1년 뒤에 찾기도 하며, 3년 뒤에 찾기도 하고 10년 뒤에 찾기도 한다. 오늘 보시하면 그 공덕을 내일 받을 수도 있고 한 달 뒤에 받을 수도 있으며, 금생을 지나 내생에 받을 수도 있다. 똑같은 개념인데 사람들은 저축 이야기를 하면 잘 알아듣고 보시 이야기를 하면 제대로 알아듣지 못한다. 그것은 저축은 보이는 이익을 얻고 보시는 보이지 않는 공덕을 얻기 때문에 보이는 통장에는 그때그때 금액이 표시되고 약속된 이자 또한 미리 정하여 기록되기 때문에 사람들이 눈에 보이는 대로 이해하고 믿는다. 그런데 보시를 기록하는 법계통장은 눈에 보이지도 않고 이자 또한 무량수라 책정할 수 없으므로 사람들이 이해하지도 못하고 믿지도 않는다. 인간계 통장에는 한정된 이익을 얻지만 법계통장은 보시를 할수록 복이 많아지게 된다. 보시가 입금이라면 정성과 복 짓는 것은 이자라 할 수 있다. 법계통장은 입금도 마음대로 하지만 찾아다 쓰는 것도 자유롭다. 통장 잔고가 무량수이므로 필요한 대로 가져다 쓰면 된다. 인간세계 통장처럼 입금한 만큼 찾을 수 있지만 법계통장은 필요한 만큼 쓴다. 이와 같이 인간세계 통장보다 이자도 많고 편리한데도 중생인지라 눈에 보이지 않는 법계통장을 믿지 못하므로 보시를 꺼린다. 사람들이 이렇게 된 데는 스승의 책임이 크다. 이것이 저들의 허물이 아닌 나의 허물인 것이다. 내가 불법을 제대로 가르치지 못하여 사람들이 잘못 배운 것이다. 그러므로 참회하고 허물이 없도록 노력하여야 할 것이다.

내가 법을 설한다고 법보시가 되는 것이 아니다. 오히려 나의 법을 들어주는 사람들이 내게 법보시하는 것이다. 내 법을 들은 사람들이 실천할 때 비로소 나 또한 보시한 것이 되고, 그때 비로소 보시공덕이 생긴다. 그러므로 사람들이 내 법을 듣게 되면 혼자만 보시공덕을 받는 것이 아니라, 법에 따라 실천함으로써 설법자에게도 보시공덕이 쌓이게 된다. 그런데 어리석은 중생이라 이 진리를 이해하지 못한다. 내가 스승이라 법을 설하므로 보시를 많이 하는 것이지만, 듣는 자는 아무런 보시도 하지 않는다고 생각한다. 인도인들의 보시를 보면 알 수 있다. 배고프고 헐벗은 자들이 억지로 구걸을 하지 않는다. 그냥 여유 있는 표정으로 가만히 앉아 있으면 사람들이 그 앞에 돈을 놓고 간다. 돈을 받았으면 고맙다는 말 한 마디쯤 하여야 할 것 같은데, 받는 자는 아무른 대꾸를 하지 않는다. 나 때문에 복을 지었으므로 오히려 고마워해야 할 자는 보시자이다. 왜 내가 고마워해야 하느냐는 것이다. 나같이 받아주는 사람이 있으니까 착한 일 할 기회도 있다. 이와 같이 떳떳이 구걸하는 곳이 인도이다. 도움을 주는 사람들이 오히려 제발 제돈을 받아서 사용하십시오. 제가 준 음식을 먹어달라고 사정해야 할 판이다. 받는 사람이 있어서 복을 지을 수 있는 것이다. 받아 주는 사람이 얼마나 고마운 일인가?

어떤 교도는 '내가 희사를 많이 했기에 진각종이 발전하고 불교가 흥왕하게 되며 심인당이 운영되고, 스승들도 살아가는 것이다'라고 생각하는 사람이 있다. 이런 생각을 한 번이라도 했다면 잘못을 참회해야 할 것이다. 심인당과 스승님이 계시니까 법을 들을 수 있고 복도 지을 수 있는 것이다. 스승은 그 법을 실천함으로써 또한 복이 된다. 이것이 지은知恩·보은報恩·시은施恩이다. 지은이란 은혜를 아는 것이고 보은이란 은혜에 보답하는 것이며, 시은이란 은혜를 베푸는 것이다. 이와 같은 3은三恩이 합일함으로써 비로소 부처처럼 살 수 있는 기회가 주어진다. 자기 욕심으로 서원만 잔뜩 늘어놓는다면 중생의 살림살이는 넉넉한 살림살이가 못된다. 이것은 부처처럼 살 수 있는 좋은 기회를 제 발로 걷어차는 어리석은 행위이다.

탐욕, 부처의 길을 방해하는 걸림돌

어떻게 하면 부처처럼 베풀면서 살 수 있을까? 누구나 한 번쯤 고민한 일이지만 아무나 할 수 있는 일은 아니다. 부처처럼 살려면 우선 '나는 누구인가' 질문을 스스로에게 던져보아야 한다. 먼저 진언염송을 통하여 자신을 돌아보고 자성을 찾아야 한다. 그 속에서 부처처럼 베풀면서 사는 방법을 알게 될 것이다. 옛날에 물건을 등에 지고 이 마을 저 마을 돌아다니면서 장사를 하는 등짐장수가 있었다. 하루는 등짐을 지고 산을 넘는데, 산중턱쯤 왔을 때 갑자기 용변이 보고 싶었다.

등짐을 바위 옆에 벗어놓고 인적이 드문 곳을 찾아 볼일을 보고 있었다. 그 때 낯선 남자가 바위 옆으로 다가오더니 등짐장수의 등짐을 어깨에 둘러메고 달아났다. 볼일을 보던 등짐장수는 깜짝 놀라 소리쳤다.

"아무도 없어요? 도둑이 내 짐을 훔쳐가요! 도둑 잡아라!" 마침 그곳을 지나던 젊은이가 등짐장수의 고함소리를 듣고 도둑을 쫓아갔다. 등짐장수는 볼일을 보면서 '저 젊은이가 등짐을 찾아주기만 하면 등짐의 절반을 나눠줘야지' 생각하였다. 도둑과 젊은이는 한동안 엎치락뒤치락하며 몸싸움을 했다. 마침내 도둑이 힘에 부쳤는지 등짐을 내던지고는 허겁지겁 달아났다. 젊은이는 등짐을 가져와 등짐장수에게 건넸다.

"아이고, 젊은이! 정말 고맙네. 자네가 짐을 찾아주지 않았다면 우리 식구는 입에 풀칠하기도 힘들었을 걸세. 자, 날도 어두웠으니 산 아래로 내려가 주막에서 묵고 가세." 젊은이와 산을 내려오면서 등짐장수는 생각에 잠겼다. '젊은이에게 절반을 떼어주겠다고 섣불리 말하지 않은 건 참 다행이야. 장사할 밑천은 남겨둬야 하잖아. 같이 저녁이나 먹고 숙박비나 내면 되겠지' 등짐장수는 이렇게 마음을 정하고 젊은이와 주막을 찾았다. 함께 저녁을 먹고 잠자리에서 젊은이는 깊은 잠에 들었으나 등짐장수의 생각이 또 바뀌었다. '거참, 숙박비도 수월찮겠군. 내가 먹은 밥값 내기도 어려운 형편에 아무래도 숙박비는 무리인 것 같아. 아침에 밥이나 한 끼 사주고 말아야겠어.' 이윽고 아침이 되어 두 사람은 아침상을 받았다. 밥을 먹으면서 등짐장수는 또 머릿속이 복잡하여졌다. '이 사람은 아직 젊잖아. 제 밥벌이는 충분히 하는 것 같은데 굳이 내가 아침을 사줘야 하나?' 속으로 이 궁리 저 궁리를 하는데,

젊은이가 주막을 나설 채비를 마치고는 등짐장수에게 꾸뻑 절을 했다.

"참 소중한 인연이었습니다. 숙박비와 밥값은 제가 계산하고 갈 테니, 천천히 나오세요." 젊은이는 이렇게 말하고는 길을 떠났다. 등짐장수는 잃어버린 등짐을 찾았으면서도 결국 젊은이에게 아무것도 해주지 않았다. 오히려 숙박비와 밥값까지 도움을 받았다. 부처의 마음이 아닌 중생심을 가졌기에 이렇게 행동한 것이다. 처음에 마음먹은 대로 찾은 물건의 절반을 떼어주었다면 홀가분했을 것이다. 욕심 때문에 그렇게 하지 못했다.

"젊은이, 정말 고맙네. 자네 덕분에 등짐을 찾았으니 절반을 가져가게. 하마터면 다 잃어버렸을 텐데, 나도 반이나 가져갈 수 있어 얼마나 다행인지 모른다네." 등짐장수가 이렇게 말했다하여 젊은이가 그것을 덥석 받지는 않았을 것이다.

"아니요, 무슨 말씀이세요? 대가를 받으려고 도와드린 것 아닙니다. 돈 많이 벌어서 점포라도 하나 장만하세요. 그래야 떠돌이 생활을 청산하고 가족과 함께 사실 수 있잖아요." 등짐장수가 처음에 마음먹은 대로 행했다면 말로나마 빚을 갚을 수 있었다. 그런데 그것도 하지 못했다. 등짐장수는 이러한 인색함 때문에 평생을 등짐에서 벗어나지 못할 것이다. 해탈을 못해 다음 생에도 빚을 갚으면서 고단한 삶을 살아야할 것이다. 이 모든 것이 욕심을 버리지 못한 탓이다.

《화엄경》에 "초발심시변성정각初發心時便成正覺"이라는 경구가 있다. 처음 발심한 그대로 정각을 이룬다는 의미로, 처음 깨친 그 마음이 전부라는 말이다. 처음 마음이 일어났을 때 그 마음을 끝까지 가져가면 좋을 것이다. 그 일이 쉽지 않은 것은 중생마음이다. 일주일 정진이나 49일 정진 중에 희사법문이나 염송법문이 왔거든 미루지 말고 해야 한다. 이런 핑계 저런 핑계로 희사하는 것이 아까워하고 정진하는 것에 게으름을 피우면서 미적거린다. 있음도 없음도 모두 인과인데 물질보시가 쉬운 것은 아니다. 하루 세 끼가 뭐 그리 무섭다고 자꾸 망설이는지 모를 일이다. 법문이 오면 앞도 뒤도 볼 것 없이 법문의 가르침대로 실천하면 된다. 공덕은 법 실천하는데 있다. 나는 지금까지 어떤 법문이 오더라도 놓치지 않으려 애썼다. 문제가 생기고 어떤 법이 마음 속에 들어오는 순간, 모든 것을 놓아버리고 그것을 잡았다. 어쩌다 기회를 놓쳐서 그냥 흘려버릴 때는 안타까운 마음 금할 길이 없다. 평생을 정진수행하여도 법문이 오는 기회가 그리 많은 것도 아니다. 그 하나하나를 채우면 열이 되고 백이 되고 천이 된다. 그렇게 한 계단 한 계단 밟아서 54계단 가운데 10계단을 뛰어넘고, 20계단을 뛰어넘고, 30계단을 뛰어넘고, 40계단을 뛰어넘으면 한 계단이 되고 두 계단이 되어 나중에 보살이 되고 부처가 된다. 그런데 그 계단을 못 넘어서 한 발 올라갔다가 두 발 내려오고, 한 발 올렸다가 두 발 미끄러지면 어떡하겠는가? 그래도 용기를 내어 한 발 미끄러지더라도 두 발 디뎌 올라가고, 또 한 발 미끄러지더라도 두 발 디뎌 올라가면 좋을 것이다. 그것이 만만한 일이 아니다. 탐진치로 가득 찬 중생으로서는 그리 녹록한 일이 아니다. 앞의 등짐장수의 초발심, 즉 순수한 마음이 자꾸 퇴색하여 결국 젊은이에게 아무것도 베풀지 못한 채 마음의 빚만 잔뜩 지게 된 것과 같은 것이다. 등짐장수의 마음가짐으로 살면 남들 다 추수하고 간 뒤 이삭 주우면서 살게 되어 있다. 어린 시절 시골에 살았다면 들판에 떨어진 이삭을 주우러 다닌 경험들이 있을 것이다. 나는 어린 나이에도 이삭 줍는 일이 정말 싫었다. 새들이 먹어야 할 식량이요, 짐승들이 먹어야 할 식량이다. 자연이 먹어야할 것들을 사람이 그것마저 빼앗는다면 정말 매정한 것이다. 가난한 시절에 어쩔 수 없이 했던 일이라 하여도 이삭 주우러 다닌 사람들은 지금 이 순간 참회해야 할 것이다.

들판에 떨어진 곡식 한 톨, 그 아까운 것을 왜 버리느냐는 곡식의 소중함을 가르치기 위하여 이삭을 주워왔지만 자연의 섭리 속으로 들어가 보면 날짐승이 먹을거리, 기는 짐승이 먹을거리를 빼앗아온 것이다. 이런 이치를 알고 했든 모르고 했든 남의 것을 가져온 결과이다. 감자를 캐더라도 더러는 들판에 두고 올 일이다. 땅속의 버러지도 먹고 살아야 하지 않겠는가. 옛날 어른들이 감을 수확할 때도 높은 가지에 있는 몇 개의 감은 그대로 둔다. 까치밥이라 하여 따지 않고 그냥 두었다. 옛 어른들은 슬기로움이 많다. 자연을 생각하는 혜안을 가졌다. 우리 집 마당의 감나무라 하여도 햇볕과 비와 바람의 도움을 받아 열매를 맺었으니, 자연과 더불어 혜택을 나누자는 넉넉한 마음으로 까치밥을 남긴 것이다. 까치밥은 나 아닌 남을 배려하는 조상의 지혜라 할 수 있다. 얼마나 배불리 먹겠다고 까치밥조차 남기지 않고 말끔히 추수하는가? 요즈음 마을로 산에 사는 동물들이 내려와 시민들을 놀라게 하는 일이 종종 있다. 산속에 먹이가 넉넉하지 못한 탓이다. 자연을 훼손하여 먹이의 생성이 어렵기 때문이다. 우리들이 자초한 일이다. 수청무어水淸無魚라 하여 지나치게 맑은 물에는 물고기가 없다고 했다. 이끼도 끼고 풀도 좀 나서 그늘을 만들어주어야 물고기가 숨 쉬며 살지 않겠는가. 그러니 부처님의 마음으로 마음만이라도 넉넉하게 베풀며 살라는 말이다. 이 모든 일이 지나친 욕심 때문에 상대를 배려하는 마음이 부족하여 메마른 상태로 사는 것을 삼가야 한다.

우리가 사는 이곳을 극락세계로 만들자

세계 여러 나라를 다녀보면 우리나라처럼 산수山水 좋은 곳도 드물다. 그런데도 이곳에 사는 사람들은 고마운 줄 모른다. 물이 맑은 곳에 살면서도 건강을 생각한다면서 생수를 구입하여 마신다. 그런 사람들이 병원은 제 집처럼 드나들면서 더 많이 아픈 것 같다. 자연에 맞서 싸우려 하지 말고 자연스럽게 녹아들어 친구처럼 지내도록 수행하라. 자연과 더불어 사는 것도 부처처럼 사는 수행길이다. 약을 먹는다고 병이 낫는 것도 아니다. 진각성존은 병에 약이 없다고 했다. 나 역시 병원을 멀리하고 아무런 약도 먹지 않고 지낸 지 40여 년이 되었다. 그래도 아직까지 멀쩡하게 잘살고 있다. 한편으로 나 같은 사람만 있으면 의사나 제약회사 직원들이 월급이나 제대로 받을지 모르겠다는 걱정이 들기도 한다. 하지만 성실하면 어떻게든 살아갈 수 있다. 월급이 적으면 적은 대로 허튼 데 쓰지 않고 검소하게 생활하면 된다. 월급이 많으면 많은 대로 복 지으면서 살면 되는 것이다. 진각성존은 누군가 밥을 얻으러 오면 그냥 주지 말라. 꼭 베풀고자 하면 빗자루를 쥐어주고 마당이라도 쓸게 한 뒤에 주라하였다. 우리는 지금까지 그렇게 하지 않았다. 말없이 밥 한 사발을 내주거나 남은 밥이 없다고 그냥 돌려보냈다. 중생이어서, 법을 몰라서 그렇게 한 것이다. 이제 부처가 되는 수행법을 알았으니 그대로 실천하면 된다.

　　　　어느 나라인지 잘 기억은 나지 않지만 고속버스를 탔을 때의 일이다. 톨게이트에 접어들어 운전사가 표를 샀는데, 5m쯤 가니 그 표를 보자는 사람이 있었다. 다시 3m쯤 더 가자 표를 달라는 사람이 있었다. 고속도로를 진입하는데 표 파는 사람, 표 조사하는 사람, 표 돌려받는 사람 등 세 명이 그 일을 하였다. 그 나라는 그만큼 실업자가 줄어들었다. 이런 상황은 빨리빨리 문화에 젖어든 우리나라에서는 어림도 없는 일이다. 하이패스만 있으면 고속도로 톨게이트를 서지 않고 지나간다. 하이패스 장치가 없는 고속도로에서는 바쁜데 이런 설치도 아니하였다고 오히려 화를 내면서 불평한다. 물론 혼잡한 곳에서는 어쩔 수 없지만, 한적한 데까지 굳이 하이패스를 설치하여야 하는지 의문이다. 노동의 힘을 빌린다면 일자리도 그만큼 늘어나지 않겠는가? 무엇이든 내가 다 하려하고 또한 빨리하려니까 문제가 생기는 법이다. 약간의 자비심만 가져도 서로 양보하고 다독거리면서 얼마든지 화기애애하게 살아갈 수 있다. 극락이 따로 있는 것이 아니라 이런 세계가 바로 극락이다. 죽어서 극락에 갈 생각하지 말고 내가 사는 세상을 극락으로 만들면 된다.

산은 산이요, 물은 물이로다

　　　　부처님의 법을 만나고 진각밀교를 만난 인연으로 복 짓는 법을 알게 되었다. 이러한 삼보의 은혜를 갚는 길은 내가 입은 은혜만큼 그분에게 복 짓는 사람을 만들어주는 것이다. 부처님으로부터 은혜를 한 번 입었으면 중생은 열 명에게 전하여야 하고, 열 번 입었으면 백 명에게 전하여야 하고, 백 번 입었으면 천 명에게 전하여야 한다. 은혜를 백 번 입었는데 백 명에게만 전한다면 본전일 뿐이다.

진언수행자가 하루 세 끼의 밥을 먹으면 서른 명을 제도하여야 할 것이다. 10년 동안 먹었으면 서른 명을 10년 동안 제도하여야 한다. 이것은 성불할 때까지, 도반이 되어서 함께 갈 것을 서원하여야 한다. 중생을 제도하는 과정은 성불의 도반을 만드는 것이다. 마음을 산란하게 움직여 행동을 경망스럽게 하거나 외관상만 보고 얼굴이 예쁘다고 더 챙기고 밉다고 돌려보내서도 안 될 것이다. 모두 평등하게 대해야 한다. 이런 마음가짐이 부처처럼 사는 삶이다. 법당에서 단상 위에 가만히 앉아 있는 정체된 부처님의 삶은 재미가 없다. 우리는 살아 움직이는 부처가 되어야 한다. 진실한 진언수행자는 현실적인 서원을 하지 않는다. 마음을 찾고 닦으며 밝히는 법만 세우면서 육자진언을 염송한다. 마음을 닦지 않는 서원은 곧 욕심이다. 수행법을 배우는 사람들은 먼저 스승의 가르침을 부정하지 않고, 반대하지 않고, 색안경 끼고 보지 않고 있는 그대로 보고 행한다. 스승이 검은 것을 가리키면서 "이건 빨갛다." 하면 "네, 빨갛습니다." 스승이 콩을 쥐고 "팥은 이렇게 생겼느니라." 하면 "네, 팥은 그렇게 생겼습니다." 믿고 따를 때 수순하는 묘덕은 배가 될 것이다. 이런 마음가짐으로 살아야 부처가 될 수 있다. 요즈음 사람들은 현실적으로 너무 밝아서 "스승님, 요즘은 옛날처럼 주먹구구식으로 설법하면 안 돼요. 그냥 콩은 콩이라 하고 팥은 팥이라 하세요."라고 반기를 드는 사람들도 있다. 이 사람은 석사가 되고 박사는 되지만 깨달음을 얻는 스승은 되지 못할 것이다. 섣부른 충고에 성철 큰스님이 오죽 답답하면 "산은 산이요, 물은 물이로다."라고 했겠는가. 언제 내가 산더러 물이라 했으며, 물더러 산이라 했느냐는 뜻이다. 산을 산이라 하고 물을 물이라 했는데, 어리석은 중생이 못 알아들으니까 다시 한 번 강조한 것이다. 매사를 부정적으로 보지 말고 긍정적으로 보도록 한다. 스승의 말씀을 상상하지 말고 있는 그대로 알아듣는다. 아무 욕심 내지 말고 자성 찾는 쪽으로만 염송을 한다. 이것이 부처처럼 사는 수행이 될 것이다.

제19강

복문 열면, 화문 닫힌다

일상생활 가운데 복의 문이 따로 열리는 것은 아니다. 사람으로 태어났다는 자체가 이미 첫 번째 복의 문을 연 것이요. 두 번째 복의 문은 부처님의 법을 만난 것이며, 세 번째 복의 문은 부처님 법대로 생활하는 것이다. 이 장에서는 '복문 열면 화문 닫힌다'는 《실행론》 내용을 중심으로 밀교수행 방법을 알아보기로 한다.

불교, 복의 문으로 들어가는 방법

"현시대는 물질이라 만약 재물 옳게 쓰면
복의 문이 열리므로 일체 재난 소멸되고
무량한 복 오게 되며, 만약 재물 잘못 쓰면
화의 문이 열리므로 길상선신 물러가고
일체 재난 모든 환난 번갈아서 드느니라.
화복 두 문 한꺼번에 열려지지 않으므로
정한 단시 간귈間闕없이 복문 항상 굳게 열면
재화문災禍門은 제 스스로 닫혀지게 되느니라."

중생세계에는 여러 가지 문이 있다. 이 모든 문을 중생의 지혜로는 모두 통과할 수는 없다. 수천 개의 문이 있더라도 내가 들어갈 수 있는 문은 하나뿐이다. 동시에 두 문으로 들어갈 수 없다. 몸이 하나이기 때문이다. 수백, 수천 개의 문을 통과할 수는 있지만 일단 들어가는 순간의 문은 항상 하나이다. 우리의 상대성을 띤 두 개의 문 앞에서 늘 고민한다. 이것은 한 문만을 통과할 수 있기 때문이다. 상대성의 문 가운데 한 문을 통과한 뒤 나머지 한 문은 반드시 들어가야 하는 것은 아니다. 들어갈지 들어가지 않을지 선택하는 권한은 온전히 자신의 몫이다. 굳이 들어가지 않아도 된다. 그러니까 수백, 수천 개의 문이 있더라도 한 문만 들어가고 나머지 문은 들어가지 않아도 된다는 것이다. 착한 문이 있는가 하면 나쁜 문이 있고, 옳은 문이 있는가 하면 그릇된 문도 있다. 지식의 문이 있으면 무명의 문도 있고, 선후를 따져야 하는 문도 있다. 이처럼 다양한 문이 있으나 오늘은 일상생활에서 흔히 맞닥뜨리는 복의 문과 화의 문에 관련된 이야기를 하고자 한다. 누구나 복의 문으로 들어가기를 바란다. 이것은 재난과 고난을 받지 않고 살기를 원하기 때문이다. 상대성의 두 문은 밖에서는 볼 때는 꼭 같기 때문에 구분할 수 없다. 그래서 많은 고민 끝에 선택하고 들어간다. 들어간 후에 후회를 많이 한다. 어느 누구든 하나의 문을 선택하여 들어갈 수 있으나 막상 들어가면 복의 문임을 확인하고 좋아하는 사람이 있는가 하면 악의 문에 들어서서 후회하는 사람도 있을 것이다. 먼저 선택하기 전에 어떤 문이 화의 문이고 어떤 문이 복의 문인지 아는 방법은 없을까? 원래는 아무것도 모른 채 선택할 수밖에 없지만 미리 가르쳐주는 법이 있다. 종교 외에는 눈앞의 문이 어떤 문인지 알려주지 않는다. 진언수행으로 우리는 선과 악을 구분하고, 해야 할 일과 해서는 안 될 일을 가려낼 수 있다.

"비로자나부처님은 시방삼세 하나이라

온 우주에 충만하여 없는 곳이 없으므로
가까이 곧 내 마음에 있는 것을 먼저 알라."

이는 내 마음이 곧 부처의 성품이고, 내 마음이 곧 부처라는 의미이다. 그런데 이 구절을 다음과 같이 바꾸어 생각할 수도 있다.

"마왕파순은 시방삼세 하나이라
온 우주에 충만하여 없는 곳이 없으므로
가까이 곧 내 마음에 있는 것을 먼저 알라."

마왕파순도 비로자나불과 같이 시방삼세의 하나이다. 마왕파순 또한 온 우주에 충만하여 없는 곳이 없으며, 가까이 곧 내 마음이 마왕파순이라 설명할 수 있다. 이처럼 비로자나불과 마왕파순을 동일하게 설명할 수 있다. 이것은 빛과 그림자의 원리이다. 태양은 빛만 있는 것은 아니다. 태양은 빛으로 밝음을 상징하지만 태양이 빛을 발할 때 그 빛을 받는 이면에는 어둠의 그림자가 드리워진다. 빛을 받는 만큼 그림자도 생긴다. 그러므로 태양이 떠오르면 온 천지가 빛만 가득한 것이 아니라 그림자도 가득함을 알아야 한다. 빛으로만 가득하다고 생각하면 틀린 것이다. 그렇지만 태양을 보면서 어둠을 보는 사람은 아무도 없다. 물론 깜깜한 밤의 달이나 별을 볼 때는 어둠을 생각하고 태양의 밝음을 생각하지 않는다. 그러나 대낮에 환히 빛나는 태양을 보면서 누가 어둠을 떠올리겠는가? 아무도 그런 생각을 하지 않지만 불교를 믿는 우리는 빛과 동시에 어둠 또한 있다는 것을 알아야 한다. 이와 같이 우리의 마음속에 부처님뿐 아니라 마왕파순도 함께 자리잡고 있다는 사실을 인정하여야 한다. 이는 선과 악이 우리 몸속에 공존한다는 의미이기도 하다. 나의 양손은 착한 일을 할 수도 있고 가장 악랄한 악을 지을 수도 있다. 나의 입은 한평생 좋은 말만하여도 다 못하지만 나쁜 말 또한 평생을 하여도 다하지 못할 것이다. 내 자랑을 시작하면 끝도 없이 이어지고 상대의 허물을 꼬집는 말 또한 꼬리에 꼬리를 물고 계속된다. 나는 어찌 그리도 잘함이 많고, 상대는 어찌 그리도 못함이 많은지 모를 일이다. 이처럼 우리 앞에는 항상 두 가지 문이 동시에 있다. 그러므로 무엇이든 될 수 있다. 어떤 선택을 하느냐에 따라 얼마든지 좋게 살아갈 수도 있고, 나쁘게 살아갈 수도 있다. 어떤 삶을 살았느냐에 따라 지극한 깨달음을 얻어 부처가 될 수도 있고, 한 겁 동안 끊임없이 고통을 받는다는 무간지옥無間地獄에 떨어질 수도 있다. 이렇게 보면 중생으로 태어난 것이, 중생 가운데 특히 사람으로 태어난 것이 다행이라는 생각이 든다. 사람으로 태어나 부처님의 법을 만났다는 것이 또한 얼마나 다행인지 모르겠다.

인간세계에 태어난 것이 첫 번째 복의 문

복의 문은 따로 열리는 것이 아니다. 사람으로 태어난 자체가 이미 첫 번째 복의 문을 열었다고 할 수 있다. 사람으로 태어났으므로 지옥에 가지 않은 것이다. 사람으로 태어났기에 아귀나 축생의 업을 벗어난 것이다. 사람으로 태어남으로써 천상에 가지 않은 것 또한 복이라 할 수 있다. 천상에 태어나면 좋을 것 같지만 그렇지도 않다. 천상에는 전생에 지은 선업을 받아 즐겁게 살기만 하는 곳이다. 선업이든 악업이든 지을 수 있는 곳이 아니다. 지옥에 태어나면 복이 없을 것 같지만 그렇지도 않다. 지옥에서는 더 이상 죄를 짓지 않아도 된다. 지옥이란 전생에 지은 악업에 따라 과보를 받는 곳이다. 그 속에서 다시 죄를 짓지는 않는다. 과보를 받기에도 바빠 새로운 죄를 지을 여유가 없는 곳이 지옥이다.

　　　　선업이든 악업이든 무언가를 지어야 좋은 쪽이든 나쁜 쪽이든 바꿀 수 있는 기회가 주어지는 법이다. 짓기도 하고 받기도하여 부처도 될 수 있고 마왕파순도 될 수 있다. 그런데 천상에는 오로지 즐거움만 있고 지옥에는 오로지 고통만 있으므로 선택의 여지가 없다. 즐거움만 있는 천상에 태어나면 천상 신으로 살아야 하고, 고통만 있는 지옥에 태어나면 지옥 중생으로 살아야 한다. 그런데 사람은 두 가지를 동시에 쥐고 태어나 자신의 선택에 따라 즐거울 수도 있고 고통스러울 수도 있다. 선업이든 악업이든 마음먹은 대로 지을 수도 있다. 이와 같이 많은 가능성이 있으므로 사람으로 태어난 자체만으로도 첫 번째 복의 문을 연 셈이다. 그 복의 문을 열어준 사람은 부모이다. 그러므로 부모는 가장 복된 분들이다. 이보다 더 좋은 복된 문이 어디 있으랴. 부모 자체가 복의 문이다. 부모가 없으면 우리는 태어나지 못한다. 그러므로 첫 번째 복의 문은 부모라 할 수 있다. 부모가 첫 번째 복의 문이므로 우리가 부모에게 행하는 모든 것은 복된 업이다. 그런데도 사람들은 그 복을 짓지 않는다. 사람들이 당연히 행해야할 효를 행하지 않고 불효를 행하고 있다. 국가나 지역사회가 효를 장려하려고 효자·효부상을 제정하여 행하고 있다. 참으로 안타까운 일이 아닐 수 없다. 자기를 길러준 부모에게 잘하는 것은 지극히 당연한 일인데, 왜 나라에서 효자상을 주는지 모를 일이다. 부모를 지극정성으로 모시는 사람들에게 효자상을 줄 것이 아니라 불효자에게 줘야 한다. 자식으로서 당연하게 해야 할 부모 섬김을 하지 않는 것은 마음이 대단한 사람이다. 간이 큰 사람이다. 얼굴에 철판이라 비난의 눈총이 두렵지 않은 사람이다. 이러한 사람에게 온 세상이 알도록 상을 주어야 한다. 상을 받은 불효자는 무슨 생각을 하겠는가? 자신이 부모에게 했던 지난 일들을 떠올리며 뜨거운 참회의 눈물을 흘릴지도 모를 일이다. 바로 그 순간, 그 사람은 첫 번째 복의 문이 열리는 과정을 알게 될 것이다.

옛날에 시어머니를 학대하는 며느리가 있었다. 남편은 부인의 행동이 못마땅하지만 밖으로 내색도 못하고 지냈다. 어느 날 부인과 대화 중에 다음과 같이 말했다.

"사람은 생밤을 보늬 채 한 달 정도 먹으면 몸이 부어 죽기도 한다는데, 세상 사람들은 밤을 먹어 몸이 건강한 것만 알고 밤독에 의하여 죽는다는 것은 아무도 모른다고 하더군." 부인은 남편의 이 말을 듣고 마음으로 회심의 미소를 지었다. 그러던 어느 날 남편은 객지로 장사를 떠나면서 "이번에 나가면 한 달 정도 걸릴 것이다."고 말하였다. 부인이 남편이 없는 사이에 매일 아침·점심·저녁으로 생밤 7개씩을 밥상 앞에서 직접 껍질을 벗겨 보늬 채 드렸다. 혹 시어머님이 비밀을 알고 먹지 않을까 염려하여 밥을 드시고 나면 곧바로 드시도록 상을 물리기전에 올린 것이다. 아무것도 모르는 시어머님은 며느리가 고맙기도 하고 사랑스럽기도 하였다. 이렇게 한 달이 가까워져 오니 시어머님의 몸은 살이 올라 보기가 좋았다. 동네사람들은 남편 없는 사이에 시어머님을 잘 공경하여 건강하신 몸이 되었다고 효부라며 칭찬이 자자하였다. 한 달이 지난 어느 날 밥상 앞에서 밤 껍질을 벗기다 시어머님의 얼굴을 보는 순간 눈물이 솟았다. 남편이 없는 호젓한 집안에 단 둘이 생활하면서 아침·점심·저녁으로 밤 껍질을 벗기면서 나눈 이런 저런 대화 속에서 두 사람 사이에 정감이 솟았던 것이다. 장삿길에서 돌아온 남편은 건강한 어머님의 모습을 보면서 부인에게 "나 없는 사이에 당신이 어머님 공양을 잘해서 건강한 모습이 되었구려."라고 칭찬하였다.

부인은 저녁에 남편에게 사실대로 말하였다. "생밤을 보늬를 벗기지 않은 채 한 달간만 먹으면 죽는다는 말을 듣고 당신이 없는 사이에 어머님에게 밤을 드려서 저렇게 몸이 부어 언제 돌아가실지 모른다. 어떻게 하면 어머님을 원래대로 돌리고 오래 살 수 있도록 할 수 있겠습니까?" 부인은 울면서 남편에게 속죄를 하였다. 남편이 지나가는 말을 한 것을 부인이 듣고 실천한 것이다. 남편은 부인의 진정성을 보고 "여보 걱정하지 마세요. 지금부터라도 생밤을 중단하고 밥과 함께 익혀 먹으면 밤의 독이 빠져 원상태로 될 것입니다. 아직 돌아가신 것은 아니지 않습니까?"라고 말하였다. 부인은 남편 말에 안도의 숨을 쉬면서 그대로 하였다. 시어머님은 원래의 몸으로 돌아가고 며느리는 효성을 다하는 며느리가 된 것이다. 남편의 방편법이 성공한 것이다. 밤을 먹는다하여 독성이 생기는 것은 아니다. 오히려 허기진 위를 채우고 건강해지는 것이다. 사람은 슬기로워야 한다. 불효를 효로 바꿀 수 있는 것도 슬기로움 때문이다.

불법佛法을 만난 것이 두 번째 복의 문

　　　　　두 번째 복의 문은 정법正法을 가르치는 부처와의 만남이다. 부처님의 가르침은 과거를 알려주고 미래를 알 수 있게 하며, 금생의 내 모습을 돌아보게 한다. 불교의 고승들은 인생난득人生難得이요, 불법난봉佛法難逢이라 하여 사람으로 태어나기가 어렵고 이보다 더 어려운 일은 부처님의 법을 만나는 일이라 했다. 우리가 사람 몸을 하고 있어 쉽게 생각하지만 부처님의 말씀에 의하면 사람 몸을 받는다는 것은 하늘나라에서 바늘을 하나 떨어뜨려 땅위에 있는 겨자씨를 맞추는 만큼 어렵다고 한다.

　　　　　불법을 만난다는 것도 마찬가지이다. 세상의 많고 많은 종교 중에 부처님 법을 만나는 일이 어찌 쉽겠는가. 불법도 제대로 된 불법을 만나야 한다. 바르게 믿고 가르치는 불법을 만나야 정법의 소중한 인연을 이어갈 수 있다. 어떤 종교는 과거를 이야기하지 않고 현재만을 가르친다. 또 어떤 종교는 현재와 미래만을 이야기한다. 과거의 경험과 현재의 일, 미래에 닥칠 일들을 모두 이야기하는 것은 불교뿐이다. 그러면서도 위압적이지 않으며, 종속적인 관계를 원치도 않는다. 신과 내가 수직적인 관계로 오로지 섬기기만 하는 것이 아니다. 수평적인 관계로, 평등사상으로 진리를 전하는 것이 불교이다. 우리가 부처님의 가르침을 믿듯이 다른 종교인 또한 믿는 신이 있을 것이다. 그런데 불교를 제외한 다른 종교는 신을 믿되 신이 되지는 못한다. 불교만이 부처님의 가르침을 믿고 따르면서 누구나 부처가 될 수 있다고 가르친다. 사람은 태어날 때 이미 불성佛性을 지니고 있다. 그러므로 불성을 잘 닦아 깨우침을 얻으면 모두 부처가 될 수 있다.

우리는 불법을 만나 두 번째 복의 문을 열었으니 복이 많은 사람들이다. 설법을 하는 사람이나 그 설법을 듣는 사람이나 유유상종類類相從이다. 어쩌다 보니 나는 법을 전하는 입장이고, 여러분은 내가 전하는 법을 듣는 입장이 되었을 뿐 우리는 같은 또래집단의 한 사람이다. 그런데 듣는 사람은 편하게 앉아 듣기만 하여도 되지만 말하는 사람은 상대의 마음을 움직여 깨닫도록 함으로 여간 힘드는 일이 아니다. 그러므로 설법을 듣는 사람들이 설하는 사람보다 복이 더 많다고 할 수 있다. 법을 전하는 것은 복을 만드는 입장이니, 노동자인 셈이고 설법을 듣는 사람은 복을 받는 입장이니, 수혜자인 셈이다. 내가 법을 전한다 하여 복을 주는 것이 아님을 확실히 하여두고 싶다. 복은 남이 주는 것이 아니라 스스로 만드는 것이기 때문이다. 법을 설하는 일은 복의 문에 들어가기 위한 세 가지 실천 중 하나를 행하는 것이다. 밀교수행은 몸으로 행하는 신밀身密과 입으로 행하는 어밀語密, 생각으로 행하는 의밀意密이다. 나는 지금 말로 법을 설함으로써 어밀을 행하는 중이다. 그리고 설법을 듣는 사람들은 의밀의 문에 들어와 있는 것으로 세 번째 관문에 다다른 것이다. 세 번째 문을 열고서도 그 복을 가져가지 못하면 이 또한 어리석은 사람이라 할 것이다.

화禍의 문을 닫는 것이 세 번째 복의 문

사람으로 태어난 것이 첫 번째 복의 문으로 들어선 것이다. 우리는 부모의 헌신적인 사랑과 살뜰한 보살핌을 받으며 이만큼 성장했다. 두 번째 복의 문으로 들어서면서 불법을 만나 부처님의 가르침을 접하게 되었으니, 이 또한 얼마나 큰 복인지 모른다. 이제 세 번째 관문에서는 돌아오는 화禍의 문을 봉하는 것이다. 설법을 듣는 지금 화의 문을 봉하는 법을 배우는 시간이다. 첫 번째, 두 번째 문에서는 주로 복을 받는 입장이었다면 세 번째 관문에서는 복의 문을 열고 난 다음에 닥쳐오는 화의 문을 닫아야 할 입장이다. 지금까지 살아오면서 깨달은 것은 중생들의 삶은 즐거움보다 고통이 더 많다는 것이다. 중생세계는 사실 행복한 일보다 불행한 일들이 많다. 그래도 사람들은 고苦와 낙樂이 반반이라 생각하며 위로하면서 살고 있다. 하루는 24시간인데 절반이 행복하고 절반이 불행하다면 12시간은 행복해야 한다. 그런데 12시간 중 잠자는 시간이 이미 8시간을 차지한다. 사실 잠자는 시간, 자성을 잃어버린 시간이 즐거운지 불행한지는 나도 잘 모르겠다. 하지만 잠자는 시간을 행복한 일에 억지로 붙여놓았으니, 이 시간을 제외하면 하루 중 4시간만이 행복을 찾으면 반이 되는 것이다. 어느 하루는 8시간 즐겁고 행복할 수도 있다. 어떤 날은 하루 종일 행복할 수도 있다. 또 어떤 날은 종일토록 불행할 수도 있다. 이것을 일주일, 한 달, 1년 동안 평균을 내보면 행복한 날보다 불행한 날들이 더 많았음을 알 수 있다. 그래서 인생을 고해苦海라 했고, 중생에게는 기쁜 일보다 괴로운 일이 더 많다고 한 것이다.

숱한 괴로움 중에서 무엇보다 큰 괴로움은 부모의 은공을 갚지 못한 것이다. 첫 번째 복문으로 들어섰으나 복지구족福智俱足하게 살지 못함으로서 부모의 은혜를 갚지 못했다. 부모가 나의 첫 번째 복문을 열어준 분들인데, 부모님이 바라는 만큼 살지를 못한다면 그 은공을 다 갚지 못한 것이다. 부모님이 열반한 후 해마다 참회하는 마음으로 제사를 지내면서 부모의 뜻을 거스르고 부모가 원하는 대로 살지 못하여 아무런 복도 짓지 못한 것을 생각하는 것이다. 부모가 바라는 것은 아주 단순하다. 죄짓지 말고 착하게만 살아달라는 것이다. 몸 건강하고 가족이 화목하게 살기를 바랄뿐이다. 이와 같은 쉬운 일도 제대로 못하여 부모를 실망시키는 자식들이 세상에는 너무 많다. 주변을 둘러보면 하루 세 끼 밥조차 제때 해결하지 못하는 사람들이 있다. 이것이 부모의 은공을 갚지 않고 배은背恩의 행동이다. 많은 생을 윤회하면서 부모에게 효를 다하지 않았기에 첫 번째 복이 없어지고 화의 문이 열리게 되는 것이다. 효를 행하고 정법을 수행하면서 화의 문이 닫히도록 하는 것이 밀교수행법이다.

진각성존은 본래 가졌던 복을 되찾기 위하여 근본부터 바로잡기를 권한다. 근본이 잘못되었기에 삶이 고달프다. 근본을 바로 잡는 법 중에 제일 좋은 법이 참회다. 지금까지 살아오면서 살생한 일 없고 거짓말한 적 없으며, 음탕한 일 없고 도둑질한 적 없는데, 밤낮으로 참회할 일이 뭐 그리 있겠냐고 반문하는 사람들도 있다. 차라리 살인을 하고, 도둑질을 하고, 사음邪淫을 행하고, 망어妄語를 한 것을 참회하는 것은 쉬운 일이다. 잘못을 행했으면 참회하는 것이 원칙이지만, 잘못을 밥 먹듯이하여 참회할 정도는 아니다. 그런데도 항상 참회부터 하라고 권한다.

　　　　참회의 내용은 첫 번째 문에 들어와 부모의 바람이 어긋나고, 두 번째 문에 들어와 부처님 법을 왜곡하는 잘못을 저질렀기에 참회하는 것이다. 불법을 왜곡했다는 것은 마음 깨치는 불교를 기복불교祈福佛敎로 알고 수행을 쌓는 대신 복만 구한 죄를 가리킨다. 석가모니불은 법신비로자나불의 화신이다. 비로자나불은 자연의 법칙으로 계시는 부처님, 빛으로 남아 있는 부처님, 어디서든 우리와 함께 하는 부처님이다. 부처님이 전하고자 하는 것이 무엇이겠는가? 부처와 중생이 같은 빛을 지니고 있다. 자신이 곧 빛이고, 자신이 곧 자연이고, 자신이 곧 진리이고, 자신이 곧 비로자나불이다. 이와 같은 부처가 복을 빌지는 않는다. 서원이 있다면 이 모두 윤회에서 벗어나 해탈하기를 바라는 것뿐이다. 우리의 서원도 부처와 같아야 한다. 나타나는 공덕도 부처와 같다. 왜? 같은 빛, 진리, 자연을 가졌기 때문이다. 자연이 나와 부처와 진리와 같다면 우리는 어느 곳에서 무엇을 하여도 모두 불공이다. 이를 처처불공處處佛供 시시불공時時佛供이라 한다. 이러한 불공으로 부처와 자연과 진리와 내가 동일임을 알게 된다. 세 번째 복의 문을 열어 재화災禍의 문을 닫히게 되는 것이다.

　　　　비로자나불의 명호를 부르는 것은 부모님의 이름을 부르는 것과 같다. 진언을 부르는 것은 마음을 부르는 것과 같다. 부모님과 조상님이 남기신 음덕은 육체에 남아 있지 않고 정신 속에 남아 있다. 그 정신은 마음으로 존경하고 마음으로 남겨놓은 말씀이 본심진언이다. 본심진언을 부르는 그 속에 자연스럽게 부모님과 조상님의 음덕을 부르는 것이 된다. 본심이란 빛의 본심이요, 법의 본심이며, 진리의 본심이요, 불보살과 중생들의 본심이다. 이러한 모든 본심을 담은 우주 자연의 소리가 옴마니반메훔이다. 옴마니반메훔의 첫소리가 '옴'이요 만물의 첫소리인 '아'이다. 이 소리는 또한 모든 생명체가 부르는 첫소리이다. 모든 법계는 사람이 중심이다. 자연의 첫소리가 'A'에서 사람을 표현하는 'MAN'의 'M'을 합친 소리가 '옴AUM'이다. 그리고 살아가는 중에 필요한 것이 복과 지혜이다. 복을 의미하는 '마니MANI'와 지혜를 가리키는 '반메BHANME'와 생명의 호흡작용의 소리 훔HUM을 합친 소리이다. 훔HUM은 호흡의 표시 'H'와 사람[MAN]이 합성한 소리이다. '옴'은 우주 자연의 소리이며, '마니반메'는 사람들의 바람이며, '훔'은 사람이 살았다는 것으로 생명을 불어넣은 상태를 말한다. 그러므로 옴마니반메훔이 모든 자연과 사람과 생명의 본심을 나타내는 진언인 것이다. 다시 말하면, '옴'이란 우주 자연에서 나오는 진리의 소리이자 출생의 소리이고 '훔'이란 불성을 지닌 나의 소리로 중생의 출생을 의미한다. 옴마니반메훔의 진언 속에는 법계진리가 나의 모든 원이 포함되어 있다. 그러므로 별도로 서원할 필요가 없다. 옴마니반메훔만 염송하면 나의 서원이 그 속에서 이루어지게 될 것이다.

제 20 강

정에서 벗어나
성품으로 살라

인간세계와 축생세계에만 존재하는 것이 정情이다. 정은 대가를 바라기 때문에 윤회의 틀 속으로 들어간다. 성품性品은 대가를 바라지 않으므로 해탈과 열반의 근원이 된다. 이 장에서는 정과 성품이 무엇인지 구체적으로 살펴보고 성품으로 살아가는 길을 알아보기로 한다.

불교에서 말하는 열 가지 세계

"인정人情이 곧 사정私情되고 사정이 곧 외도外道되어
널리 중생 사랑하는 그 성품性品에 도적이라.
정情이 발달하게 되면 모든 사私가 일어나고
성품性品 발달하게 되면 공의公義가 곧 일어난다."

정과 성품은 같은 뿌리에서 나왔지만 그 사용처가 다르다. 그리고 사용한 뒤에 돌아오는 결과 또한 다르다. 정으로 다스리면 고통이 그림자처럼 따르고 성품은 찾을수록 마음이 넓어지고 지혜가 열린다. 사사로운 정에 얽매이지 말고 성품으로 살도록 애써야 할 것이다. 불교에는 모든 세계를 십법계十法界로 나누었다. 지옥, 아귀, 축생, 인간, 수라, 천상의 6도 세계와 성문聲聞·연각緣覺·보살·부처세계의 사성계를 합쳐 10법계라 한다. 윤회하는 6범부의 세계에서 가장 좋은 곳이 천상세계이다. 인간과 축생을 제외하고는 인지음을 받기만 하는 세계이다.

축생과 인간세계는 인 지은 것을 받기도 하지만 새로운 인을 지을 수도 있다. 그 중에 특히 인간세계는 10법계의 환승장과 같은 곳이다. 악업을 많이 지으면 아귀로 태어나거나 지옥의 나락에 떨어질 수도 있다. 물론 선업을 지어 천상세계에 태어난다면 더없이 좋은 일이다. 비록 천상세계에 태어난다 하여도 그곳은 영원한 곳이 아니다. 인간세계와 천상세계 사이에 있는 수라세계는 늘 시시비비是是非非가 끊이지 않는다. 수라세계에 태어나면 밤낮으로 시비를 가려야 하므로 아수라장이 된다. 아수라는 원래 얼굴이 셋이고 팔이 여섯 개인 악신인데, 사람들이 악행을 일삼으면 불의가 승리하여 아수라의 힘이 강해진다고 한다.

사람과 축생은 서로 지은 업이 비슷하여 같은 공간에 존재한다. 축생이 사람보다 못한 점은 옷 입을 인因을 짓지 못했다는 것이다. 사람은 의식주의 세 가지 인을 다 지었기에 사람으로 태어났다는 자체가 죽을 때까지 입을 옷이 있고 죽을 때까지 먹을 음식이 있으며, 죽을 때까지 기거할 집이 있다는 것이다. 이렇게 다 주어졌지만 헐벗은 사람도 배고픈 사람도 많으며, 집 없는 사람들 또한 많다. 그 이유는 정으로 살았기 때문이다. 성품으로 살았다면 태어날 주어진 의식주를 끝까지 받을텐데, 인정으로 살았기에 옷과 음식 그리고 집을 쓸데없이 낭비하여 나이가 먹을수록 가난한 삶을 살게 된다. 이것이 사사로운 정 때문에 타고난 의식주를 지키지 못한 탓이다.

선업을 쌓을 때는 정으로 베풀 것이 아니라 마음으로 베풀어야 한다. 그래야 금생에 주어진 의식주를 죽을 때까지 사용하여도 모자람이 없다. 인정人情으로, 사정私情으로, 객정客情으로 베풀다보면 노후에 입을 옷과 먹을 음식과 머물 집이 없어진다. 그래도 인간세계나 축생세계는 누릴 정이나마 있어 다행이라 할 것이다. 지나치게 인정, 사정, 객정을 부리다보면 정을 남용하여 다음 생에는 정조차 없는 세상에 태어난다. 즉 복을 지으면서도 정이 없으면 천상세계에 태어난다. 천상은 정이 없는 곳이다. 복을 짓지 않았으면서 정도 없으면 지옥이나 아귀 세계에 태어난다. 지옥세계도 정이 없고 아귀세계도 정이 없는 곳이다. 이에 비하여 인간세계에는 온전한 정이 있고, 축생세계도 적당한 정이 있다. 어떻게 생각하면 적당한 정을 가진 축생세계가 인간세계보다 좋을 때가 있다. 다만, 한 가지 좋지 않다면 불법佛法을 만나지 못하여 업을 바꿀 수 없다는 점이다. 묵은 빚을 갚고 사람의 형상을 갖춘다 하여도 축생세계에 태어났다는 나쁜 업연業緣 때문에 바른 법을 듣지 못하고 고통스런 윤회를 계속하여야 한다는 점이 안타까울 뿐이다. 축생세계는 정해진 정만 쓸 수 있고, 인간세계는 얼마든지 남용하면서 엉뚱한 곳에 사용할 수도 있다. 다정다감하게 정을 나누면서 살면 좋을 것 같지만, 베풀수록 대가를 바라는 마음에 옹졸해질 수 있기 때문이다. 그러나 성품은 베풀수록 그 은혜가 더욱 두터워진다. 남에게 한 그릇의 밥을 권하더라도 정으로 베풀지 말고 본성을 찾아 성품으로 베풀어야 한다.

성품, 악연에게도 선업을 행하는 것

　　　　　　정으로 베풀면 대가를 바라게 마련이다. 예를 들어 누군가에게 옷을 한 벌 주었다. 당시에는 말로는 아무런 대가도 바라지 않고 마음으로 베풀었다. 그러나 몇 년이 지난 뒤 그 사람을 길에서 만났는데 못본 척하고 그냥 지나친다.

'옛정도 모르고 그냥 지나치다니 몹쓸 사람이군' 이런 생각이 든다면 상대에게 정으로 준 것이다. 정으로 베풀었기에 섭섭하고 화가 난다. 그래서 저도 모르게 "옛정도 모르고…."라는 말을 하게 된다. 내가 도움을 준 상대에게서 아무것도 받지 않았으나, 이미 선업의 과보果報를 진리적으로 받았으므로 섭섭하게 생각하면 안 된다. 내가 옷을 준 사람이 몇 년 뒤 외면한다 하여도 이미 나와는 무관한 일이다. 나를 알아달라고 한 일이 아니기 때문이다. 인정으로 베푸는 것과 성품으로 베푸는 것은 이렇게 차이가 있다. 진정으로 아무런 바람 없이 상대에게 베풀었다면 대가성에 대하여는 평가하지 말아야 한다. 무엇인가? 베푼 뒤 시간이 흐르고 난 다음 상대를 다시 만났을 때, 설령 그가 욕을 하며 지나친다 해도 평정심을 유지할 수 있다면 진정 성품으로 베푼 것이다. 그러나 만약 상대의 태도에 화가 나거나 섭섭한 마음이 생긴다면 인정으로 베풀었음을 깨닫고 참회하여야 할 것이다. 흔히들 "머리 검은 짐승은 거두지 말라."고 한다. 이것이 보은은커녕 배신이나 안 하면 다행이다. 이것 역시 정으로 베풀었기에 나오는 푸념일 뿐이다. 사사로운 정은 수행의 방해가 될 뿐이다. 깨달음의 길로 들어가는 제일 좋은 방법이 정을 끊는 것이다.

금생의 일은 이미 정해졌으며 더 이상 바랄 것이 없다. 오늘 이후가 내생來生이므로 오늘부터라도 선업을 좀 더 짓기 위해 노력해야 한다. 그리하여 내 삶에 플러스 하나를 더 얹어야 하지 않겠는가. 그러기 위하여 우선 나 자신을 알아야 한다. 나 자신을 알기 위하여 정을 베풀지 말라. 섣불리 정을 베풀면 반드시 발목 잡힐 일이 생긴다. 일단 발목을 잡히면 내가 가고자 하는 곳으로 가지 못한다. 이것이 인정의 피해이다. 성품으로 살면 나 자신을 잃을 일이 없다. 행주좌와行住座臥가 그대로 성품이다. 그런데 인정으로 살면 나의 본성을 지킬 수가 없다. 성품으로 살면 본성대로 살 수 있으나 인정에 얽매이면 결국 자신을 망치게 된다. 지금 이 순간부터는 대가를 바라지 않는 선업을 행하도록 한다. 염송을 하더라도 대가 없이 하며, 오로지 본성을 찾기 위하여 진언염송할 뿐이다. 대가를 바라고 진언염송을 한다면 이것은 진언수행을 잘못 가르친 결과이다. 성품을 찾는 공부로 정의 윤회를 끝내야 한다. 정으로 뭉쳤으면 우리 삶이 금생으로 끝나지 않는다. 속히 성품 찾는 수행의 길로 나가야 윤회의 업을 끝내고 해탈을 얻을 것이다. 그것으로 지난날의 악업이 있다면 사라지기를 바랄뿐이다.

밀교수행은 나의 허물을 찾아 참회하는 것

밀교수행으로 나의 허물을 알게 되면 지금 하고자 하는 일이 잘되지 않는 이유를 알게 될 것이며, 그 허물을 고치고 참회하면 해탈은 자연히 이루어질 것이다. 어떤 사람이 많은 금고를 발견했다. 그 사람이 많은 금고 중에 하나의 문을 열고자 하였다. 그러나 열지 못하였다. 이유는 번호도 모르고 열쇠도 없기 때문이다. 그 사람은 시간이 지나면서 어찌하다 금고문을 열었다. 그런데 구하고자하는 것은 얻지 못했다. 그것은 금고 속이 비어 있었기 때문이다. 금고를 열고도 구하는 것을 갖지 못한 허물은 금고를 연 사람의 허물이다. 그 많은 금고 중에 하필 빈 금고문을 연 것이다. 왜 가득 찬 금고를 택하지 못했을까? 이 모든 것이 그 사람의 업이다. 평소에 행하던 인因으로 말미암아 빈 금고와 연緣을 맺은 것이다. 이것은 지금까지 알맹이 없는 쭉정이 삶을 살고 있다는 것을 알려주는 법문이다.

이제부터 금고를 찾을 생각을 하지 말고 공덕을 쌓는 인을 지어야 한다. 복 없는 사람이 여의주나 도깨비 방망이를 가진다는 것은 놀부가 박을 타는 것과 같다. 박을 탈수록 놀부의 재산은 강남으로 사라지는 것이다. 진리법계는 흥부의 박에 금은보화를 가득 채워주었기 때문이다. 흥부에게 준 강남의 빈 금고는 놀부의 재산으로 채우게 된다. 흥부는 부자가 되었고 놀부는 가난뱅이가 되었다. 그러나 이들의 아버지 입장에서 보면 놀부에게 가든 흥부에게 가든 아무 상관없다. 정은 한쪽만 잘살게 한다. 나만이 잘되고 잘 살기를 바라는 것이 아니라 일체중생들이 모두 이익과 안락을 얻어 고통 없는 삶을 살기를 원한다면 이것이 성품으로 살고 있는 수행이다. 흥부는 가진 것을 나누면서 너도 나도 잘살기를 바란다. 그것이 성품이다. 물정物情은 사람을 돈의 노예로 만들고, 인정人情은 사람의 노예로 만든다. 사람은 정과 성품을 분별하는 지혜가 없다. 이제 그 지혜를 얻기 위하여 진언수행을 하는 것이다.

의식주를 구비하여 사람으로 태어났다. 그 의식주는 금생에만 해당된다. 죽을 때는 아무것도 가져갈 수 없다. 그동안 의식주를 사용하면서 쌓아온 선업과 악업의 보따리, 형체도 없는 무형의 보따리만을 가져갈 뿐이다. 의식주를 받으면서 좋은 업이든 나쁜 업이든 금생의 의식주는 모두 소모된다. 이왕 소모되는 것, 좋은 인으로 소모되면 얼마나 좋겠는가? 부처님은 우리와 다르다. 부처님은 100년 동안 사용할 의식주 중에 20년간 받을 복의 의식주를 자비한 마음으로 후손들에게 남겼다. 이 인연으로 부처님을 믿는 모든 수행자는 부처님이 받아야 할 최고의 복 20년을 함께 누리게 되었다. 가난한 시절에도 부처님을 믿는 사람들은 기와집에서 반질반질한 기름 먹인 장판을 깔고 살았다. 그것은 중생의 복이 아니라 부처님이 남기신 20년의 복을 누린 것이다. 진각성존도 자비가 많아 37년의 복을 우리에게 남겼다. 원래 100년의 복을 누리실 분인데 중생이 많은 고통을 받고 있음을 알고 보다 많은 복을 남기면서 그 의식주의 복을 37존불보살에게 맡긴 것이다. 부처님이 남기신 20년의 유음遺陰은 출가만 하면 누릴 수 있고, 진각성존이 남긴 37존의 유음은 진언수행만 하면 가질 수 있다. 보은하는 마음으로 출가하고, 자성 찾는 마음으로 진언수행을 하여 해탈과 열반의 경지를 지나 무상정등정각을 얻고 일체중생에게 회향하여야 할 것이다.

성품으로 살아가자

정과 성품은 연민이라는 같은 뿌리에서 나왔다. 생각에 따라 정이 되기도 하고 성품이 되기도 한다. 똑같이 염송 정진하지만 무엇인가를 요구하는 사람과 허물을 고치겠다는 사람과는 차이가 있다. 무엇인가를 요구하는 사람은 기복이므로 정의 삶을 살 것이다. 잘못을 바로잡겠다는 사람은 본성을 찾으므로 성품의 삶으로 살 것이다. 성품의 삶에는 가난하고, 병들고, 화합하지 못하는 이유를 알 수 있다. 그것을 아는 순간, 더 이상 원망하는 마음이 생기지 않을 것이다. 지금의 모습에 만족할 것이며, 앞으로 상황이 어떻게 바뀌든 그때그때 처한 입장에서 만족할 것이다. 어떤 상황이 생겨도 만족스럽게 생각하며, 지금의 나를 있게 한 모든 것이 고맙고 스스로가 대견하다 할 것이다. 세상의 중심은 나로부터 시작된다는 것을 알게 된다. 세상에서 하나뿐인 나의 절대적 가치를 존중함으로써 번뇌에서 벗어나 마음의 평안을 찾는 삶 자체에서 행복을 느낄 것이다.

눈에 보이지도 않는 성품을 찾기 위하여 얼마나 오랫동안 달려왔는가? 몇 번이나 윤회했는지? 혹시 지옥에 가면 찾을까 싶어 지옥에도 갔을 것이며, 아귀로 태어나면 성품이란 것을 만날까 싶어 몇 생을 아귀로도 태어났을 것이다. 또한 천상에 가면 찾을까 싶어 스스로 천신이 되어 태어나기도 했을 것이며, 몇 종의 축생으로도 태어나 성품을 찾아 헤맸을 것이다. 물론 인간세계에도 여러 생을 다녀갔을 것이다. 어쩌면 세종대왕으로 태어났을 수도 있고, 오리 정승이었을 수도 있다. 전우치로 태어나 도술을 부리며 살았을 수도 있고, 장길산으로 태어나 의적으로 전국을 떠돌아다녔을 수도 있다. 성품 하나 찾기 위하여 윤회를 거듭하며 얼마나 많은 삶을 살았을지 모른다. 부처님의 성품을 찾아 헤매다가 어쩌면 가섭불시대에도 태어났을지도 모른다. 그런데 깜빡 조는 사이에 나도 몰래 수천 길 나락으로 떨어져 비로자나불의 성품을 잃어버렸던 것이 이렇게 윤회하여 여기까지 흘러왔다. 나는 태어나자마자 곧바로 비로자나불의 성품을 찾으려 하지는 않았을 것이다. 윤회를 거듭하다보니 사람으로 태어났고, 오랜 방황을 거쳐 불법을 만났으며, 좋은 인연의 가르침에 따르다보니 자성을 찾게 되었고, 그러는 중에 비로자나불의 성품을 찾아 여기까지 오게 된 것이다. 처음 부처님의 법을 만났을 때는 결혼 못한 사람에게 인연 찾아주고, 자식 못 낳은 사람에게 아들 낳게 하며, 가난한 자를 부자로, 병든 자를 건강하게 하는 것이 다인 줄 알았다. 그런데 좀 더 깊이 공부하다보니 그런 일은 극히 소소한 것임을 깨달았다. 가장 중요하고 필요한 것은 자기 자성自性 찾는 일이다.

    육자진언을 부르면서 자성 찾는 길에서 오랫동안 수행하다보면, 나 자신의 과거를 약간 알게 되었다. 내 모습이 이렇게 만들어진 데는 다 그만한 이유가 있었다. 무시광대겁을 통하여 지은 업 때문에 지금의 내 모습이 생겨났다. 선업을 지었다면 좋았을 텐데 그렇지 못한 것은 허물이 나에게 있었다. 그러므로 실망하거나 좌절할 필요가 없다. 이미 받은 몸은 어쩔 수 없고 지금부터라도 선업을 지으면 된다. 선업을 쌓고 쌓아 다음 생에는 32상 80종호, 3천위, 8만세행을 하나하나 갖추면 된다. 물론 그렇게 하는 일이 쉽지만은 않을 것이다. 32상을 갖추려면 그것에 맞는 대복大福을 32번 지어야 하고, 80종호를 갖추려면 그것에 맞는 대복 또한 80번을 지어야 한다. 또한 3천위를 갖추려면 그것에 맞는 대복을 3천 번 지어야 하고, 팔만세행 갖추기 위해 8만 번의 대복을 지어야 한다. 설법으로 선업을 한 번 짓고, 염송으로 또 한 번 선업을 짓고, 어려운 사람을 도와 또 한 번 선업을 짓다보면 선업이 쌓이고 쌓여 언젠가는 갖추게 될 것이다. 금생에 선업을 다 짓지 못하면 다음 생에 또 지으면 될 일이다. 때로는 선업이 아닌 악업도 지을 것이다. 악업을 지으면 그동안 쌓아둔 선업을 그만큼 사라지게 된다. 선업을 지어 악업을 바꾸려고 한다면 선업을 그만큼 더 많이 지어야 한다. 그렇게 하여 선업을 지어 악업을 대체하는 일이 반복된다면 그것도 해볼 만한 일이다. 금생에 선업을 8만 가지 지었다 하여도 그것을 까먹는 악업 또한 8만 가지 이상 짓게 된다. 그러다보니 죽을 때 선업과 악업을 플러스 마이너스하면 결국 원점으로 돌아가게 된다. 그러면 다음 생에 또 태어나 같은 업을 반복할 것이다. 그렇다고 무의미한 일만은 아니다. 똑같은 일이 반복된다 하여도 언젠가는 악업보다 선업을 한 번 더 지을 것이고, 원점에서 플러스 쪽으로 한 발 더 나아가게 될 것이다. 다만 사람으로 태어날 수 있고, 부처님 법을 만나면 된다. 그때 다시 성품 찾는 공부로 해탈과 열반과 성불의 수행을 할 것이다.

삼밀행으로 성품을 보는 의미

부처님과 진각성존의 유음은 갈수록 많아지는 복이고 갈수록 깊어지는 음덕이다. 우리는 그 덕이 어디 있는지 알지 못한다. 보물지도 어딘가에 숨어 있는 듯하다. 눈에 보이는 것이 있으면 석가모니불이요, 팔만사천 경전이다. 눈에 보이지 않는 것이면 비로자나불이요, 진언을 부르는 가운데 얻을 수 있으므로 비밀이다. 보물지도는 원래 비밀스러운 것이다. 복이 숨어 있으므로 밀교라 하는 것이다. 그렇다고 영원한 비밀은 아니다. 눈 밝은 중생은 충분히 찾을 수 있는 비밀 아닌 비밀이다. 마음을 모아 수행에 힘쓰는 사람, 대가를 바라지 않고 베푸는 사람, 정이 아닌 성품으로 사는 사람, 스스로 마음을 닦아 자성을 찾은 사람이 음덕을 찾아 길을 나설 것이다. 그리하여 마침내 찾았을 때 광대원만하여 혼자 쓸 수 없음을 알게 될 것이다. 한 곳에만 있는 것이 아님을 알게 될 것이다. 비밀스러운 곳이 세 곳 있다. 몸속에 있고 말 속에 있으며 마음속에 있다. 이와 같이 우리들에게 숨어 있으므로 비밀지도와 같다. 몸에 숨어 있는 것이 신밀身密이요, 말에 숨어 있는 것이 어밀語密이며, 마음에 숨어 있는 것이 의밀意密이다. 그 속에 법신의 가지관정 공덕과 석가모니불의 20년 유음의 공덕과 진각성존 37년의 유음이 감추어져 있다. 부처님의 본심이자 보살의 본심 그리고 우리의 본심진언 옴마니반메훔을 아무런 대가 없이, 아무런 바람 없이 자성을 찾는 마음으로 염송만하면 얻게 된다. 금생에 이 가운데 하나만 얻어도 뛰어난 삶을 살았다 할 것이다. 이로 인하여 윤회의 굴레에서 ⅓은 벗어난 것이다. 각자 생각하여 가장 쉬운 것부터 하면 된다. 몸이 쉽다고 생각되면 몸으로 행하고, 말이 쉽다고 생각되면 말로 복을 짓고, 생각이 쉽다고 생각되면 생각을 바꾸면 된다. 근본은 정이 아닌 성품으로 수행하면서 아무런 대가도 바라지 않고 수행하기를 바란다. 이 복을 누가 가져갈지 아직은 모른다. 누군가 열심히 진언수행한 사람이 가져갈 것이다.

정이 아닌 성품으로 살기 위하여 많은 사람에게 베풀어야 한다. 베풀되 아무런 대가 없이 베풀어야 한다. 아무것도 요구하지 말고 순수하게 베풀어야 한다. 오늘 설법을 듣고 환희심이 일어나면 공양하도록 한다. 공양을 하되 나중에 기억해달라는 기대는 접어야 할 것이다. 그런 기대는 또 다른 집착과 원망을 낳기 때문이다. 순수한 마음으로 공양하되 나한테 직접 할 필요는 없다. 모든 대중과 부처님에게 공양하면 된다. 세상의 주인공은 바로 자신이므로 부처님에게 하는 것 또한 자신에게 하는 것과 같다. 공양뿐 아니라 가난한 이웃을 위하여, 다리가 불편한 사람의 다리가 되어주고, 배고픈 사람을 위하여 따뜻한 밥 한 그릇을 제공하고, 치매 걸린 어르신의 다정한 말벗이 되어주는 것이다. 이러한 봉사활동은 남을 위한 것이 아닌, 나 자신을 위한 것이다. 나의 다리를 편케 하는 일이고, 나의 배고픔을 채워주는 일이며, 나의 마음을 치료하는 일이다. 이러한 마음가짐으로 봉사할 경우 기복으로 흐르는 불교의 방향을 바로잡고 자성을 찾아 정진하게 된다. 지금 이 순간부터 대가 없는 봉사활동을 하고 대가 없는 베풂을 하도록 한다. 진심으로 아낌없이 베풀면 다음 생에는 극락세계에 살게 될 것이다.

열반에 든다는 것은 몸을 옮겨가는 것이다. 사람으로 태어났으나 또 다른 사람으로 태어날 수도 있고 축생으로 태어날 수도 있다. 금생에는 대한민국에 태어났으나 다음 생에는 다른 나라로 옮겨갈 것이다. 그러고는 지금과 같은 삶을 이어갈 것이다. 내가 이 세상을 떠난 뒤 약간의 아쉬움이라도 남는다면 비석 하나 세우면 된다. 비석에는 이름을 쓸 필요도 없다. 그냥 멋지게 살다 간 사람, 재미있게 살다 간 사람으로 쓰면 된다. 혹시라도 나의 삶이 마음에 들지 않으면 제멋대로 살다 간 사람 이렇게 써도 무방하다. 지금까지 내 삶을 내 마음대로 살았다. 그것도 틀린 말은 아니다. 이 땅에서 생을 마치는 그날까지 자유롭게 담백하게 살다 가면 될 것이다. 성품으로 사는 길을 알았을 때 이것이 해탈의 맛을 본 것이요, 해탈의 맛을 본 연후에 열반의 즐거움을 누릴 것이다. 열반의 즐거움을 누린 연후에 무상정등정각을 이루어서 여래, 응공, 정변지, 명행족, 선서, 세간해, 무상사, 조어장부, 천인사, 불세존이 될 것이다.

제21강

삼라만상이 삶의 선지식

선지식과 악지식은 따로 있는 것이 아니다. 마음가짐에 따라 선지식도 악지식도 만들 수 있다. 선지식善知識은 정도正道로 이끌어주는 모든 것을 말하며, 악지식惡知識은 정도를 가고자 하는 사람의 선한 마음을 파괴하는 모든 것을 말한다. 이 장에서는 선지식의 인연에 대하여 알아보기로 한다.

선지식과 악지식 또한 부처의 진리

"선지식을 인연하면 현재 미래가 다 이익하니라."

선지식善知識이란 알음알이를 좋은 방향으로 알게 한다는 뜻이다. 알음알이라는 것은 살아가는 슬기로움이다. 정도로 흐르지 못한 슬기로움을 정도의 길로 방향을 제시하는 것이다. 《화엄경》〈입법계품〉에 선재동자가 54선지식을 찾아 깨달음의 법을 배워 수행하는 장면이 서술되어 있다. 보살, 비구, 비구니, 대사, 장자, 선인, 거사, 천신, 지신, 주야신, 왕, 바라문, 부인, 여인, 뱃사공, 우바이, 외도, 동자, 동녀 등으로 선지식은 수행을 높이 쌓은 선각자들로 되어 있다. 초기의 경전에서는 부처와 보살들만이 깨달음의 법을 주는 것으로 되어 있었으나 《화엄경》에는 모든 선각자들을 모두 선지식이라 하였다. 밀교는 불보살과 선각자만이 선지식이 아니다. 생명 있는 것이나 생명 없는 것이나 일체만물이 모두 선지식이며, 시간과 공간에서 일어나는 현상들, 변천하는 과정까지 선지식이라 한다. 이것은 비로자나불의 빛이 어디인들 비추지 않는 곳이 없기 때문에 그 빛이 비치는 모든 것은 선지식이 되는 것이다. 그러므로 밀교는 일상생활에서 언제나 선지식을 만나 법을 배우고 수행하면 해탈과 열반과 구경에는 성불할 수 있다고 설하는 것이다.

다시 말하면, 밀교의 선지식은 특별한 것이 아니다. 일체의 모든 만물, 생명 있는 모든 것, 자연의 모든 환경, 끝없이 흐르는 시간, 이 모든 것이 중생 삶의 도구들이다. 이 속이 선지식이 있다. 그리고 선지식과 악지식이 따로 있는 것이 아니다. 싯다르타에게 데바닷타는 선지식인가? 악지식인가? 중생의 생각으로 보면 악지식이요, 불보살이 보면 선지식이다. 싯다르타가 깨달음을 얻기 전에 일어나는 모든 상황들은 모두 선지식으로 받아들여 그 속에서 깨달음의 기틀을 마련한 것이다. 궁중생활에서 학문과 무예를 익힐 때 가르침을 준 모든 스승들이 선지식이며, 사문유관 시에 노인과 병자와 상여꾼과 수행자가 모두 선지식이며, 출가 시에 마부와 말과 사냥꾼이 모두 선지식이다. 정글속의 수행자들, 5비구, 목우녀, 니련자강, 필발라수, 원숭이, 마왕파순, 그리고 권속들 모두 선지식이다. 어디 이것뿐이겠는가? 바람 불고, 비오고, 새소리, 독충들까지도 하나같이 깨달음의 길로 인도하는 선지식들이다. 중생은 이와 반대로 수행하는데 방해꾼으로서 악지식으로 생각할 것이다. 이것이 부처와 중생의 다른 점이다. 용맹정진 중에 마장이 생기면 그것을 선지식으로 보아야 한다. 선지식과 악지식이 따로 있지 않으므로 마음가짐에 따라 선으로 만들 수도, 악으로 만들 수도 있다. 이 점을 깨달으면 세상의 주인공이 자신이라는 것을 인정할 수 있다. 세상의 주인공이 자신이라는 것을 인정한다면, 세상을 운영하는 것도 자신이라는 것을 깨닫게 된다. 이 이치를 가르치신 분이 부처이다. 선지식을 인연하여 불성을 깨닫게 한다. 세상을 편안하게 만들려면 우선 선지식을 만나야 한다. 선지식은 나와 가장 가까운 일상생활 속에 있음을 알아야 한다.

　　　　우리가 아직 터득하지 못한 진리세계가 있다. 그 세계는 빛의 세계에서 삼라만상을 운행시키는 에너지의 세계이다. 그 세계는 진리의 옳고 그름이나 표현 방법에 관련한 정답을 모두 가지고 있다. 진리세계 빛의 세계에 정답을 깨달은 분이 성자이며 부처이다. 나라를 잘 다스리는 분은 성군이요, 많은 사람들의 귀감이 되면 군자라 할 것이다. 그렇지만 부처는 성인이나 군자와 다르다. 수많은 성인이 태어났으나 부처처럼 오신 분은 아무도 없다. 부처가 깨달은 진리는 우리의 상상을 초월한다. 오로지 무색無色이요, 무형無形이요, 무명無名일 뿐이다. 아무 것도 없으면서 또한 없는 것이 아니다. 그 깨달음 속에 무궁무진한 선악의 지식이 들어 있다. 그것을 어떻게 활용해야 하는지 우리는 모른다. 우리들에게 진리의 참모습으로 보여주기 위하여 싯다르타와 진각성존이 이 땅에 오셨다. 이 두 성인은 진리의 문을 열어 중생으로 하여금 근본을 깨닫게 하였다. 그런데 근본의 깨달음이 너무도 어렵기 때문에 방편으로 알아듣기 쉽게 법을 설하였다. 깨달음의 문에 들어가기 전에 중생으로서 갖추어야할 것이 있다. 그것이 중생으로서의 원만한 삶이다. 중생의 삶도 완전하게 깨닫지 못하였는데 어떻게 성불하겠는가? 중생이 성불하기 전에 갖추어야할 것이 복과 지혜이다. 복과 지혜를 갖추는데 선지식이 필요하다.

지위가 높을수록 머무는 시간이 짧다

사람은 혼자서 세상을 살아갈 수 없다. 그래서 대부분 가족과 함께 살면서 이웃과 인연을 맺으며 지낸다. 동물과 식물은 물론 삼라만상과도 자연스럽게 어우러져 살아간다. 만물은 나를 위해 존재하며, 항상 내 주변에 모여 있다. 자연의 모든 것이 나를 위해 존재하지만 나를 도와주기도 하고 나를 해치기도 한다. 나를 도와준다는 생각을 가질 때 자연은 선지식이 되고 나를 해친다는 생각을 가질 때 자연은 악지식이 되는 것이다. 이는 봄·여름·가을·겨울의 사계절이 존재하는 것과 같은 이치이다. 계절이 바뀌지 않고 봄만 계속되면 우리는 숲속에 파묻혀 제대로 살아갈 수 없다. 여름철 우거진 녹음도 가을이 있기에 낙엽으로 떨어지고 숲이 한산해진다. 그렇게 겨울을 나고 봄이 되면 또 새로운 싹이 돋아난다.

이와 같이 생과 사가 동시에 있어야 중생이 생존할 복을 얻는다. 우리 인생에 생生만 있어 사람들이 1,000만 년을 산다면 세상은 넘쳐나는 생명들로 매우 혼잡할 것이다. 사람의 수명이 조금 늘어났다 해도 100년 안에 죽음을 맞음으로써 새로운 생명체가 태어나 빈자리를 채우는 것이다. 사람뿐 아니라 동식물 또한 마찬가지다. 사람보다 개체수가 많은 생물일수록 수명은 짧다. 사람보다 많은 개체수의 생물이 장수한다면 지구는 그 생명체로 가득하여 자연에 어떤 위협을 가할지도 모를 일이다. 그래서 지구상에는 개체수가 많은 생물일수록 목숨의 길이가 짧고, 개체수가 적은 생명일수록 삶의 길이가 길다. 그래야 개체수가 많아도 표가 안 나고 개체수가 적어도 드러나는 법이다. 개체수가 많은 개미나 하루살이가 100년을 산다고 생각해보라. 세상은 개미 천지이고 하루살이 천지라서 다른 생명체가 더불어 살 수 없다. 따라서 그 수가 많은 생물은 일찍 죽고, 그 수가 적은 생물은 좀 더 오래 사는 것이다. 이는 자연 속 생물의 세계이고, 인간세계는 또 다른 방향으로 흘러간다. 사람은 직위가 높을수록 그 자리에 머무는 시간이 짧지만 낮은 직위에 있는 사람은 비교적 오랫동안 그 자리를 지킨다. 직위가 높은 사람이 그 자리에 오래 머문다면 낮은 직위에 있는 사람이 언제 한 번 그 자리에 올라가보겠는가. 직위가 높으면 높을수록, 자리가 귀하면 귀할수록 그곳에서 빨리 내려와야 한다. 그래야 보다 많은 사람에게 기회가 주어진다. 자연세계에서는 개체수가 많을수록 생명이 짧지만, 인간세계에서는 명예가 높을수록 그 자리에 있는 시간이 짧다. 이 점이 자연세계와 인간세계의 차이점이다. 이 점을 잘 터득하여 살아간다면 사람의 삶은 탐진치에 물들지 않는 지혜로운 삶을 살아갈 것이며 해탈과 성불의 길이 속히 열릴 것이다.

무엇이 선지식이고 무엇이 악지식인가

삼라만상이 중생에게는 불보살이 보는 세계와는 다르다. 영원한 것은 아무것도 없다. 봄이 있으면 가을이 있듯이 삶이 있으면 죽음이 있다. 선이 있으면 악 또한 존재하며, 옳은 것이 있으면 그른 것도 있다. 동쪽이 있으면 서쪽이 있듯이 밝음이 있으면 어둠도 있기 마련이다. 삼라만상이나 이 땅의 모든 생명체는 나를 돕기 위해 존재한다. 모든 것이 나를 도와주기 위해 태어난 생명체이다. 이와 같은 자연의 도움은 사람에게 이익을 가져다주기도 하지만 손해를 끼치기도 한다. 무조건 이익되게 도와주는 것은 참으로 도와주는 것이 아니다. 때로는 손해되는 것도 있어야 한다. 예를 들어 높은 자리에서 스스로 물러나지 못할 때 누군가 좀 말려주면 못 이기는 척 뒤로 물러설텐데 하는 때가 있을 것이다. 이때 누군가 나서서 말려주는 것이 아니라 오히려 그 자리에 있기를 부추긴다면 어떻게 되겠는가? 결국 그 사람이 나를 고난의 구렁텅이로 빠지게 하는 것이다. 무슨 일이든 지나치면 문제가 되는 법이다.

선지식과 악지식을 구분하는 것은 좋고 나쁨을 이야기하는 것이 아니다. 길고 짧은 것을 말하는 것도 아니다. 아름답고 추한 것을 의미하는 것 또한 아니다. 나쁘거나 짧은 것, 추한 것도 때로는 선지식이 될 수 있다. 좋고 긴 것, 아름다운 것이 때로는 악지식이 될 수도 있다. 예를 들어 잠을 많이 자서 좋을 때도 있지만 조금 자서 좋을 때도 있다. 오랫동안 잠을 잔다하여 선지식이고 짧게 자고 일어난다하여 악지식은 아닌 것이다. 밥상 앞에 앉았는데 입맛이 없어 밥을 못 먹었다. 좋은 음식을 눈앞에 두고 먹지 못하는 상황이지만 이를 두고 나쁘게만 생각할 필요는 없다. 지금은 음식을 먹지 않는 것이 내 몸에 좋을 수도 있기 때문이다. 그렇다면 음식을 먹지 못하는 상황 자체가 내게는 선지식이다. 맛있는 음식을 먹지 못한다하여 반드시 악지식은 아니라는 말이다.

어떤 사람이 내게 높은 직위를 줌으로써 명예를 얻고 물질도 얻었다. 얼핏 생각하면 내게 높은 직위를 준 그 사람이 선지식일 수 있다. 그런데 높은 자리에 올라 명성을 얻고 부자가 되었으나 그로 인해 부정한 일에 휩싸여 법의 심판을 받게 되었다면 나를 그 자리에 오르게 한 사람이 오히려 악지식이 될 수 있다. 높은 직위를 얻고 명예와 부富를 쌓은 자체가 악지식일 수도 있다는 말이다. 그럴 때는 차라리 높은 자리에 오르지 않고 명예도, 부도 없는 편이 더 나았을 수 있다. 나를 그 자리에 이끈 사람과 인연을 맺지 않았더라면 좀 더 행복하고 편안한 삶을 살았을지도 모른다. 그래서 몸도 마음도 해치지 않아 건강하게 장수할 수 있다면 훨씬 더 행복한 일 아닌가. 그러므로 선지식과 악지식은 선악의 개념과 다르다. 옳고 그름의 문제도 아니며, 잘나고 못남을 가리는 문제도 아님을 명심해야 할 것이다. 배가 고프다는 것은 무엇인가 나를 허기지게 만든 것이 있었다. 내가 먹을 음식을 누군가 빼앗아 먹었기에 내 배가 고픈 것이다. 그렇다면 나를 허기지게 만든 것은 선지식인지 악지식인지 한 번 생각해보자. 물론 내가 먹을 음식을 빼앗아 허기지게 만들었다면 그는 참으로 나쁜 사람이므로 악지식이다. 그런데 배고픔을 겪은 뒤 내 삶을 뒤돌아보면서 지난 잘못을 꾸짖어 반성하고 조심하게 되었다. 그 일을 계기로 삼아 끊임없이 노력하여 위대한 사람이 되었다면 당시 내게서 밥을 빼앗아간 사람은 선지식이 될 것이다.

　　이와 같이 선지식과 악지식을 구분하는 일은 선악의 문제와 별개이다. 삼라만상을 잘 활용하면 선지식이 될 것이며, 잘못 활용하면 악지식이 될 것이다. 때로는 배불리 먹는 것도, 편안하게 사는 삶도 악지식이 될 수 있음을 명심해야 한다. 자녀 문제를 생각해보자. 부모 된 입장에서 내 자녀는 아무것도 할 줄 모르므로 한평생 재산을 모아 공부시키고 죽을 때 재산도 많이 물려주어야 한다고 생각한다. 그러면 자녀들은 '우리 부모님이 나를 이렇게 많이 가르치고 재산까지 물려주신다니, 정말 훌륭한 분들이야!' 하고 생각할 것이다. 주변에서도 능력 있는 부모라고 칭찬할지 모른다. 그런데 부모만 믿고 자식이 성인이 되어서도 아무 일도 하지 않은 채 돈만 쓰고 돌아다닌다면 그 부모는 자식에게 악지식일 뿐이다. 때때로 지금 나 자신을 부모로서 자식들에게 악지식이 되어 있는지 선지식이 되어 있는지, 어느 자리를 지키고 있는지 수시로 점검해야 할 것이다.

부모 입장에서 자녀에게 잘한다고 한 일이 과연 자녀를 옳은 방향으로 이끌었는지 살펴봐야 한다. 부부 또는 형제간도 마찬가지다. 남편이 부인에게 또는 부인이 남편에게 잘한다고 한 일이 과연 옳았는지, 형이 아우에게 또는 아우가 형에게 한 일이 도리에 어긋나지 않는지 때때로 점검해야 할 것이다. 자신의 행동이 일시적으로 잘한 일인지 영원히 잘한 일인지 살펴보는 통찰력을 키워야 할 것이다. 흔히들 입에 쓴 약이 몸에는 좋다고 한다. 지나치게 입에 단 음식은 몸에 해로울 수 있다. 이 경우 입에 쓴 약은 악지식처럼 보이지만 오히려 선지식이 된다. 물론 내 입에 단 것이, 내 귀에 달콤한 말이, 내 눈에 보이는 아름다운 세계가 선지식으로 보일 수 있다. 그러나 내가 올바른 길을 찾지 못했을 경우 내 입에 달거나 내 귀에 달콤한 말, 내 눈에 보이는 아름다운 것들은 악지식으로 남을 수밖에 없다. 그러므로 삼라만상은 본래부터 선지식과 악지식으로 정해지지 않았다. 다만, 내가 세상의 주인공으로서 그것을 선지식으로 만드느냐 악지식으로 만드느냐 하는 과제가 남았을 뿐이다.

선지식으로 보는 것이 곧 당체법문

　　　　진각성존은 염송으로 당체법문을 보라고 권한다. 만상萬象이 나타나 내게 주는 가르침을 선지식으로 알아차리는 것이 당체법문을 보라는 이유이다. 그러므로 마장은 곧 공덕되는 근본이며, 마장을 악지식으로만 돌린다면 공덕이 될 리 없다. 또한 좋은 쪽으로만 간다면 공덕이 일어날 수 없다. 난행고행難行苦行이란 몹시 괴로운 수행을 일컫는 말이다. 용맹정진을 하다보면 추운 날씨에 허기진 배를 움켜쥔 채 고달픈 수행을 감수해야 할 때도 있다. 이때 자연환경이 나를 전혀 도와주지 않는다면서 원망심이 일어나면 그것은 곧 자연환경을 악지식으로 만든 것이다. 반면, 이 모든 것을 내 복이라 여기며 내가 지은 업을 달게 받아들여 더욱더 수행에 힘쓰라는 가르침으로 받아들이면 선지식이 될 것이다. 어느 누구의 도움도 받지 않고 내 스스로 용맹정진했기에 깨달음을 얻은 것이고, 깨달음을 얻었기에 해탈의 경지에 올랐다고 생각하면 난행고행과 용맹정진은 선지식이다. 이런 생각을 하지 않으면 해탈은 어림도 없는 일이다. 선지식이나 악지식은 남이 만들어주는 것이 아니라 스스로 만드는 것이다. 그렇게 생각할 때 세상은 매우 아름답다 할 것이다. 부처님께서도 나날이 좋은 날이고 다달이 좋은 달이라 하셨다.

개울가에 흐르는 물이 맑을 경우 마시면 되고, 더러울 경우 발을 씻으면 된다. 비록 목이 말라 개울가로 갔으나 물이 탁하면 그 물을 비방하지 말고 발을 씻으면 그만이다. 언젠가는 맑은 물이 흘러올 것이고, 그때 갈증을 가시면 될 일이다. 발을 씻게 해주고 갈증을 해결해주었으므로 맑은 물이든 탁한 물이든 내게는 이로운 물이다. 물을 마시러 갔는데 탁한 물이 흘러올 경우 법문으로 보면 물을 먹지 않아도 된다는 의미이다. 그래도 목이 말라 그 물을 억지로 마시면 병에 걸린다. 법문은 어려운 것이 아니다. 나타난 현상을 있는 그대로 보고 수긍하면 된다. 그러고 나서 평소보다 조심스럽게 행동하면 된다. 하지만 이렇게 단순한 일도 제대로 알지도 못하는 경우가 있다. 어리석은 중생이기 때문이다. 어리석은 중생들은 모든 잘못을 남에게 돌린다. 개울의 탁한 물을 보고 누가 물을 이렇게 만들었냐면서 화를 내는 사람들이 있다. 묵묵히 흐르는 개울물을 향해 화를 낸다면 이것이 얼마나 경솔한 생각인가. 누군지도 모를 제삼자의 허물을 탓하며 원망하는 마음을 없애야 한다. 이는 자연이 주는 당체법문을 제대로 이해하지 못한 어리석은 행동일 뿐이다.

밥을 먹다가 돌을 씹었을 경우 오늘은 입조심을 해야겠다고 생각한다면 당체법문을 제대로 본 것이다. 그런데 숟가락을 손에 든 채 밥 지은 사람을 노려본다면 상대가 얼마나 괴롭겠는가? 밥 지은 사람은 미안한 마음에 쥐구멍에라도 숨고 싶을 심정일 것이다. 그렇게 미안함을 가진 사람이라면 굳이 사과하지 않아도 이심전심으로 통하는 법이다. 굳이 돌을 씹었다고 강조하지 않아도 된다. 다만 스스로 입조심하라는 당체법문으로 받아들여 말을 삼가고 행동을 삼가면 된다. 말을 조심스럽게 하고 난 다음 이틀을 지내도 아무 문제가 일어나지 않았으면 다행이라는 생각이 들 것이다. 이렇게 생각하면 돌을 씹은 것에 고마운 마음이 생길 것이다. 이것이 밀교를 생활화한 당체법문을 보는 법이다.

악지식을 선지식으로 만드는 지혜

전자산업이 발달한 탓인지 요즘 젊은이들은 컴퓨터 게임을 즐기는 것뿐 아니라 프로그램 개발에도 관심이 많다고 한다. 그래서 다들 머리를 싸매고 게임을 만들어낸다. 젊은이가 새로운 게임을 개발하여 성공할 경우 개인적으로 돈을 버는 것은 물론 기업도 흥하고 국가도 이름을 떨치므로 매우 좋은 일이다. 굳이 가슴 아파하는 사람이 있다면 젊은이의 부모일 것이다. 게임 그만하고 공부나 했으면 좋겠는데, 자식이 말을 듣지 않으니 속상하리라. 장차 기업가가 되어 국위선양을 한다 해도 하루 종일 컴퓨터 앞에 앉아 게임하는 현재의 자식을 보고 기뻐할 부모는 없다. 그러면서도 '게임을 만들지 말자!' 플래카드 들고 광장에서 시위를 할만도 한데 그러지 않는다. 게임 개발에 피와 땀을 흘린 대가로 국가경제의 일부가 돌아가기 때문인지도 모른다. 젊은이들이 좋은 싹으로 자라나 나라의 경제를 윤택하게 하는데 일조를 하고 있는 자녀들을 보았을 때, 부모로서는 가슴 아프지만 아이들에게 뭐라 할 수 없다. 정규교육이야 제대로 받지 못할지라도 컴퓨터를 잘 다루어 다양한 콘텐츠를 만들어냄으로써 국가경제의 한 부분을 책임진다면 제 아무리 부모라도 반대할 말이 없다. 사람들이 싫증낼 무렵 새로운 게임을 개발해낸다면 그것 자체로 애국하는 일인데 어른들이 뭐라 하겠는가. 이러한 상황에서 그렇다고 아이들에게 게임만 열심히 하라는 말도 할 수 없다. 똑같은 여건이라도 어떻게 하면 선지식을 만드는지, 어떻게 하면 악지식을 만드는지 깊이 생각해서 처신해야 할 것이다. 선악 자체가 중요한 것이 아니라 선과 악을 어떤 식으로 다루는가가 훨씬 더 중요하다. 선악이 범람하는 가운데 어떻게 살면 너도 이롭고 나도 이로울 것인지, 어떻게 하면 사회 질서에도 이롭고 국가 미래에도 이로운지 고민해야 한다. 어떠한 일이 선지식인지 악지식인지는 내가 어떻게 만드느냐에 달렸다. 정답은 없다. 어느 누구도 정답을 손에 쥐고 있지 않다. 그렇지만 정답은 있다. 사람 손에 쥐어진 것은 아니지만 정답은 있다. 진리 속에 그 정답이 들어 있는 것이다. 그 정답을 얻기 위하여 밀교 수행으로 자성을 밝혀야 한다.

큰 복일수록 천천히 온다

염송을 통해 아주 작은 원이 이루어졌다 하여 큰 공덕을 받았다고 환희심을 일으킬지 모르나, 그 정도는 분진粉塵, 즉 날아다니는 티끌에 지나지 않는다. 작은 원이 이루어진 것을 기뻐한다고 뭐라 할 말은 아니다. 물론 티끌만한 원도 잘 이루어지지 않을 때가 있다. 이런 상황에서 티끌이 아닌 한 덩어리의 원이 이루어진다면 말로 표현할 수 없을 만큼 좋을 것이다. 보살은 아니지만, 수십 년의 수행을 통해 얻은 공력을 중생을 위해 쓰고 싶은 마음이 왜 없겠는가? 힘없는 사람의 등에 큰 짐을 지우면 일어서지 못한다. 오히려 짐의 무게에 짓눌려 무릎을 꿇고 주저앉을 수 있다. 그래서 그 사람이 스스로 일어설 힘을 기를 때까지 기다리는 것이다. 하지만 언제인지 모르는 그때를 마냥 기다릴 수 없으니까 자꾸 채찍의 법을 준다. 오늘은 이만큼, 내일은 또 이만큼 하면서 매일매일 조금씩 법문을 베풀어주는 것이다.

예를 들면, 어린아이에게 무예를 가르치고자 한다. 먼저 높이 뛰는 방법을 알려주고자 마당에 작은 나무를 심는다. 그러고는 아이에게 아침저녁으로 나무 위를 건너뛰라고 일러준다. 아이는 걸어서도 나무를 넘을 수 있다. 무예는 가르쳐주지 않으면서 매일 나무만 뛰어넘어라 하니 아이는 불만이 많다. 하지만 꾸준히 하다 보니 습관이 되어 어쩌다 연습을 못하면 몸이 근질거릴 정도가 된다. 나무의 키가 자라는 만큼 아이의 높이뛰기 실력이 늘어나는 것이다. 처음에는 10㎝의 나무였으므로 아무 생각 없이 폴짝폴짝 건너뛰었다. 그 뒤 1년이 지나고 10년이 지나면서 10㎝의 나무는 1m가 되고 1m의 나무는 2m 3m 4m 계속 자라 10m가 되었다. 그 아이는 10m 높이뛰기를 하다 보니 어느새 아이는 나무 위를 씽씽 날아다니게 되었다. 오랜 시간을 놀이 삼아 연습한 결과, 높이뛰기가 습이 되고 결국 무예에 통달하게 되었다는 이야기다. 이와 마찬가지로 장구長久한 복을 원하고 큰 복을 원할 때는 마음이 흔들리지 않도록 중심을 잡고 오랜 시간을 두고 꾸준히 그 길을 가면 된다. 방법은 이렇게 간단하지만 변덕이 심한 중생이라 아침저녁으로 마음이 변하니까 정한 법을 어기면서 제대로 실천할 수 없을 뿐이다. 안 되는 그 마음을 바로잡기 위해 부처는 믿음은 도의 으뜸이다 가르쳤다. 믿고 따르면 이룩하지 못할 것이 없다는 것을 강조한 말이다. 확실히 믿으면 나무 높이가 10m든 20m든 자유자재로 뛰어넘을 수 있을 것이다. 다시 생각해보자. 자라는 나무도 한계가 있다. 나무라 해서 마냥 자라는 것은 아니다. 어느 정도 자라면 수목에 따라, 수목의 성질에 따라 더 이상 자라지 않는다. 우리 같은 중생도 마찬가지라 계속하다 보면 한계가 있다. 어느 누구든 한계까지는 다다른다. 제자의 높이뛰기가 한계에 달했을 때 스승은 나무를 잘라버린다. 나무를 잘라도 이미 그만큼의 높이뛰기가 가능하고 무예 실력도 향상되어 있다.

무색투명한 삼라만상

삼라만상은 선지식이 될 수도, 악지식이 될 수도 있다. 사람이 어떻게 하느냐에 따라 자연의 이치가 선지식 또는 악지식으로 만들어진다. 예를 들어 색상을 이야기해보자. 어떤 사람은 빨간색이 좋다 하고 어떤 사람은 노란색이 좋다 한다. 흰색이 좋다고 하는 사람이 있는가 하면 갈색이 좋다는 사람도 있다. 이처럼 사람마다 좋아하는 색이 있듯이 싫어하는 색도 저마다 다르다. 노란색이 싫다는 사람이 있는가 하면 검은색이 싫다는 사람도 있다. 또한 갈색이 싫다는 사람도 있다. 그러나 이런 것은 그저 자신의 생각일 뿐이다. 좋아하는 색이나 싫어하는 색이 있을지 모르나 결국 모든 색은 모두 아름다운 색상들이다.

좋은 색상이 어디 있고 싫은 색상이 어디 있겠는가? 내 입장에서 보니 좋은 색이고 내 눈으로 보니 싫은 색이다. 삼라만상의 색을 굳이 찾는다면 무색이라 할 수 있다. 색이 없다는 말이다. 비로자나불의 빛도 진리의 빛이기 때문에 무색인 것이다. 무색투명하므로 이름도, 색상도, 모양도 없다. 진리이신 비로자나불이 무색이므로 삼라만상 또한 무색이라 할 수 있다. 무색이지만 우리가 가진 눈의 작용에 의해서 색상을 만들어낸 것이다. 물에 비유하면, 물은 무색이지만 나무가 물을 머금으면 녹색의 잎과 각종 색의 꽃을 피운다. 무색투명한 물이 만 가지의 색상을 나툰다. 이것이 법신의 빛이다. 진리나 삼라만상이 무색이기에 진각성존은 10세 때 '질백화단청質白畵丹靑'이라 표현하였다. 질백質白이란 본래대로 돌아간다는 뜻이며, 화畵란 내가 지은 업을 의미하며, 단청丹靑이란 조화를 표현한 것이다. 그러므로 질백화단청이란 마음 하나를 깨끗이 하면 그 깨끗한 마음의 근본바탕 그 위에 그림을 그릴 수 있는데, 조화로운 색상의 그림을 그리되 자신이 지은 업에 따라 하늘의 빛인 붉음을 만들 수도 있고 땅의 색인 푸르름을 만들 수도 있다. 우리들은 스스로 옳다는 색상으로 그림을 그리지만 그 그림이 선지식이 될지 악지식이 될지는 보편성을 띤 이웃의 평에 따라 다를 수 있다. 결국 삼라만상은 무색이라 할 것이다. 사람들은 하늘은 푸르고 땅은 누른 것으로 말하지만 실상 하늘이 붉은 것이요 땅은 푸른 것이다. 하늘은 땅의 푸르름을 받아 푸르게 반사되고 땅은 하늘의 붉음을 받아 붉게 반사하는 것이다. 이 이치를 깨달으려면 밀교수행을 해야 한다.

긍정의 힘

　　　　삼라만상은 나를 위해 존재한다. 만물이 나를 위해 존재하지만 악한 쪽으로 위할 수도 있고 선한 쪽으로 위할 수도 있다. 이왕이면 만물이 선한 쪽으로 위하도록 만들어야 할 것이다. 그렇게 하려면 마음가짐을 바로잡아야 한다. 무슨 일이든 긍정하는 방향으로 나아가도록 한다. 아니다, 안 된다 하고 부정하면 할수록 상황은 틀어지게 마련이다. 상대가 무슨 말을 하더라도 고개를 끄덕이며 긍정하는 마음가짐이 필요하다. "여러분이 염송하면 큰 소가 저 문틈을 통해 들어올 거예요." 하면 "네." 하고 진심으로 믿으면 된다. 어떻게 소가 저 작은 문으로 들어와요?' 하고 반박하면 소는 절대 들어오지 않는다. "소가 문틈으로 들어온다." 했을 때 "네." 대답한다하여 소가 나타나는 것은 아니다. 그렇게 쉽게 이루어진다면 진리라 할 수 없다. 처음에 "네." 했을 때 소의 털 하나 보일 것이고, 두 번째 "네." 했을 때 소의 귀 하나 보일 것이다. 세 번째 "네." 했을 때 소의 발톱 하나 보이고 이렇게 열 번째 "네." 했을 때 소의 몸 전체가 보일 것이다. 그리하여 소 한 마리가 완전하게 보일 때까지 순수한 마음으로 "네." 대답한다면 제대로 된 소를 볼 것이다. 한 마리의 믿음으로 "네." 했으면 소 전체를 고스란히 얻을 수 있는데, 꼬리 정도의 믿음을 보임으로써 꼬리정도만 보게 될 것이다. 이것이 부처님이 보여주는 당체법문이다.

　　　　사명스님이 제자를 가르칠 때 "단검을 던지면 그 단검은 다시 회전하여 던진 자의 손에 들어온다." 제자들은 스승의 말을 믿지 않은 가운데 단검을 수없이 던졌다. 그러나 되돌아오지 않았다. 제자들은 "물건은 던지면 모두 땅에 떨어지는 것이 원칙인데, 어찌 되돌아오 겠는가?"하는 고정관념이 있었다. 이 고정관념이 있는 한 단검은 되돌 아오지 않는 것이다. 고정관념이 사라질 때 부메랑처럼 되돌아올 것이 다. 불가사의 한 것 같지만 사실은 불가사의 한 것이 아니다. 중생의 생 각이 불가능하게 만들고 있다. 부정적인 생각을 가지고 수행하여서는 아무것도 얻을 수 없다. 삼라만상을 선지식으로 삼고 싶거든 무슨 일이 든 긍정하는 마음을 가져야 한다. 뒤돌아서서 "아니요" 하고 부정한다 면 그 무엇도 이룰 수 없을 것이다. 진심으로 부처의 가르침을 믿는다 면 스승이 법을 있는 그대로 순순히 받아들여야 할 것이다.

중생에게는 번뇌를 일으키는 팔풍八風이 있다. 선·악·시·비 ·선·후·본·말을 말한다. 이는 선악·시비·선후·본말로 나누기도 하지 만 중생세계에서는 쉽게 구분할 수 없다. 누가 선악을 판단하겠는가. 무 엇이 선이고 무엇이 악이란 말인가? 세상에서 일어나는 일들은 대부분 내게 좋은 쪽으로 만들 수 있다. 굳이 나쁘게 만들 필요가 없다. 마음이 한편에 치우쳐서 옳다거나 그르다고 분별할 필요 없다.

예를 들면, 국가 간에 전쟁을 치를 경우, 국가를 위하여 총칼 을 들고 나선다면 상대방 국가 입장에서 나는 죽일 사람이 될 것이다. 자국 입장에서는 훈장을 받을 일이지만 상대국 입장에서는 절대 살려 두어서는 안 될 사람이다. 이런 경우 대체 누가 옳고 누가 그르다 하겠 는가? 옳다고 말하면 다 옳은 것이고, 그르다고 말하면 다 그른 것이다. 그러므로 옳고 그름을 구분할 수 없다. 대체 무엇을 기준으로 옳고 그 름을 나누겠는가? 일시적으로 옳고 그름을 가릴 수 있을지 모르나 하 룻밤 자고 나면 바뀌고 한 달이 지나면 또 바뀐다. 음지가 양지되고 양지가 음지 되듯이 늘 바뀌는 것이 선과 악, 시是와 비非라 할 것이다. 선악과 시비를 가르다보면 결국 남는 것은 악업의 인囚뿐이다. 해탈하지 못한 채 지옥에 들어갈 인, 고통 받을 인, 내 몸에 병들 인, 내 가정이 파탄될 인만 늘어날 뿐 내 삶에 좋을 일은 하나도 없다.

　　　　　선악과 시비를 분별하지 않는다고 세상이 질책하지도 않는다. 아무도 뭐라 하지 않는데, 분별하는 자신만 병들고 괴로울 뿐이다. 선악과 시비란 그런 것이다. 죽을 때까지 싸워도 선악과 시비를 가릴 수 없다. 선후 또한 마찬가지다. 선과 후를 가린다는 것은 동東과 서西라는 고정관념을 생성할 뿐이다. 원래 동쪽과 서쪽은 없다. 다만, 내가 있는 곳에서 장소를 구분하기 위해 동쪽과 서쪽으로 나눈 것일 뿐이다. 내가 동쪽이라 하는 곳이 상대 입장에서는 서쪽이 될 수 있다. 또한 상대가 동쪽이라 하는 곳이 내 입장에서는 서쪽이 될 수 있다. 이처럼 동과 서는 정해져 있지 않다. 지구 전체를 볼 때 여기가 동쪽이라 밝힌 적 없고, 저기가 서쪽이라 못 박은 적 없다. 어느 누구도 그것을 정하지 않았다. 편의상 동서양으로 나눈 것에 불과하다. 본本과 말末은 또한 어떠한가? 닭이 먼저인지 달걀이 먼저인지 누가 가릴 것인가. 사람은 또 언제 태어났단 말인가. 사람이 먼저 생겼는지, 지구가 먼저 생겼는지도 알 수 없다. 태양이 먼저 생겼는지, 지구가 먼저 생겼는지 어떻게 알겠는가. 별들이 뭉쳐서 태양이 되었는지, 커다란 태양이 부서져 토성·목성·금성이 되었는지 누가 안단 말인가. 따라서 선과 후, 시작과 끝이 없다 할 것이다. 부처님은 팔풍의 원리를 인과로 가르치기 위하여 법륜法輪을 만들었다. 법륜은 법륜이되 돌릴 수가 없다. 바퀴처럼 생겼으나 바퀴의 끝부분에 8개의 뾰족한 것이 튀어나와 바닥에서 돌릴 수 없다. 법륜은 허공에서 진리의 힘으로만 돌릴 뿐이다. 선악시비선후본말의 상대성 8가지를 풍風으로 표현했겠는가? 풍이란 움직이는 것이며 바퀴는 윤회를 의미한다. 팔풍은 일정성이 없기 때문에 정도正道가 아니라는 의미이다. 다만, 부처님의 가르침에 따라 수행함으로써 그 원리를 깨달을 뿐이다. 중생은 이 진리를 깨닫지 못하는 한 영원히 윤회할 수밖에 없는 존재이다. 선악과 시비, 선후와 본말에는 정답이 없다. 무엇이 선이고 무엇이 악인지 알 수 없으며, 무엇이 옳고 무엇이 그른지 판단할 수 없다. 무엇이 먼저고 무엇이 나중인지 어찌 알 것이며, 무엇이 근본이고 무엇이 말단인지 어느 누가 쉽게 이야기할 수 있겠는가? 그러므로 인간 세상에는 선악과 시비, 선후와 본말의 팔풍에는 정답이 없다고 말하는 것이다. 다만, 확실히 이야기할 수 있는 것은 상대성의 잣대로 분별하지 말고 단 한 사람이라도 불편하게 느끼면 그 말을 하거나 행동을 해서는 안 된다는 점이다. 보다 많은 사람에게 이익이 되는 일을 해야 하며, 보다 많은 사람에게 편안함을 주어야 한다는 것이 정답이라면 정답일 것이다. 모두 선지식으로 생각하기를 바란다.

제 22 장

고생과 고행 그리고 수행

고생과 고행은 서로 다르다. 인띠 지은 대로 받는 것이 고생이라면, 고행은 스스로 행하는 것을 말한다. 고행을 통해 악업장이 소멸되고 공덕이 쌓인다. 난행고행으로 깨달음을 얻을 때 성불成佛이 가능하다. 이 장에서는 고생과 고행 수행의 3단계 관문을 통과하여 해탈, 열반, 성불의 길에 들어서는 방법을 살펴보기로 한다.

고생과 고행, 같은 듯 서로 다른 말

고생하고 고행하는 두 고통이 다른지라
외도들은 잠깐 좋고 숙명적인 고생하되
행자 자진 고행하여 세간 고생 막고 있다.
관행자觀行者는 고행함을 싫어하지 말지니라.
방일放逸하면 뭇 고통이 틈을 타고 들어온다.

일상생활 속에서 우리는 고생과 고행이라는 단어를 자연스럽게 섞어 쓴다. 고생과 고행은 같은 몸으로 받기에 같은 듯하나 서로 다른 말이다. 생生이란 살아간다는 의미이다. 피하지도 못한 채 지은 인因대로 살아갈 수밖에 없다. 피하려 해도 피할 수 없어 고통스럽게 받아야 하는 것이 고생이다. 악업을 지었으면 그에 따른 인과를 받아야 하므로 마음대로 죽을 수도 없다. 죽지도 못한 채 그동안 지은 업을 고스란히 받으며 힘들게 사는 것이 바로 고생이다. 고행은 고생과는 아무런 관계가 없다. 자진해서 행하는 것이 곧 고행이다. 고생이 지난 악업을 받는 것이라면 고행은 스스로 선택하여 복 짓는 행위를 일컫는다. 그러므로 싯다르타가 태자의 몸으로 견디기 어려운 삶을 스스로 선택한 것이 고행이다. 고행하는 동안 피골이 상접할 정도로 몸이 야위고 아무것도 먹지 못하지만 그것은 피할 수 없는 업보가 아니다. 스스로 선택했으므로 복 짓는 길이며, 공덕을 얻는 길이다. 내가 하고 싶어 하는 일이므로 고행을 하면 전혀 힘들지 않고 즐거울 따름이다. 그래서 무궁무진한 공덕을 얻게 되는 것이다. 고생하기도 싫고 받기도 싫은데 피할 수 없으므로 도망도 못가고 게으름을 피울 수도 없다. 그에 비해 고행은 용맹정진을 하다가도 하기 싫으면 잠시 멈추어도 무관하다. 스스로 행하는 것이므로 아무런 장애가 없다. 잠을 잘 수도 없고 마음대로 먹을 수도 없으며 돌아다니지도 못하는 것이 고생이라면 고행은 이 모든 것을 자유자재로 할 수 있다. 이것이 고생과 고행의 차이인 것이다.

  이처럼 고생하고 고행하는 두 고통이 서로 다르므로 악의 업을 많이 지으면 고생스러운 삶을 살 수밖에 없다. 흔히 "젊어 고생은 사서도 한다." 하는데, 이는 잘못된 표현이다. 고생과 고행을 섞어 쓰다 보니 이런 표현이 나온 것이다. 고생은 사고파는 것이 아니다. 인因 지은 대로 당연히 받는 것이 고생이다. 반면, 고행은 당연히 받는 것이 아니다. 스스로 행하는 것을 말한다. 그러므로 "젊어 고행은 사서도 한다." 해야 바른 표현이다. 이와 비슷한 격언이 있다. "식자우환識者憂患"과 "아는 것이 힘이다"는 말이 있다. 이것 역시 사람을 혼란스럽게 한다. 똑같이 아는 것인데, 어느 것은 병이 되고 어느 것은 힘이 되는가? 같은 내용이면서도 실상은 다른 것이다. 식識이란 마음으로 아는 것이 아닌 지식으로만 아는 것을 말하며, 아는 것은 생활 속에서 터득한 슬기로움을 의미한다. 고생과 고행이 이와 같다. 당연하게 받는 것과 스스로 행하는 것은 큰 차이가 있다.

고행의 다양한 유형

싯다르타는 수행자의 스승이라 불리는 53명의 선지식善知識을 차례로 방문한다. 첫 번째 공덕은 선지식을 만나 고행의 법을 물었다. 스승은 부처님의 경계를 생각하여 지혜광명의 수행법을 가르쳐주었다. 스승의 가르침대로 수행한 싯다르타는 석 달 만에 그 이치를 터득했다. 스승이 평생 걸려 이룩한 학문의 경지를 석 달 만에 끝낸 것이다. 스승은 더 이상 가르칠 것이 없다면서 다른 스승을 소개해주었다. 싯다르타는 스승의 소개를 받은 선지식에게서도 같은 일이 되풀이 되었다. 이렇게 차례로 53명의 선지식을 만나 많은 것을 배웠다. 스승들이 평생을 몰두하여 얻은 지식을 짧은 시간에 모두 터득하게 되었다. 싯다르타는 더 이상 배울 것이 없었다. 선지식이 준 가르침으로는 윤회의 틀을 벗어날 수는 없었다. 싯다르타가 바라는 법은 윤회법이 아니다. 윤회를 벗어나 4성四聖의 세계가 들어가기 위하여 새로운 법이 필요하였다. 싯다르타는 현실적인 모든 무예와 학문을 완벽하게 터득하였고 출가 후 선지식을 찾아 고행방법을 지도받고 그 경지에 모두 올랐다. 이것이 제1단계의 고행이다. 이제 몸에 대한 애착을 끊기로 작정하고 고행림으로 들어간 것이다. 육체를 유지하는 데 필요한 의복이나 음식을 제때에 공양 받지 못하였다. 피골이 상접한 지경까지 이르렀다. 싯다르타는 몸을 학대하는 고행으로는 부처를 이루지 못한다는 것을 알았다. 이것이 제2단계의 고행이다. 고행림을 나와 목욕한 후 홀로 니련선하강을 건너 귀신이 나온다는 원숭이의 낙원에서 제3단계의 고행으로 마침내 깨달음을 얻게 된다.

고생과 고행의 길을 지나 깨달음에 이르는 것이 3단계이다. 중생은 과거에 지은 인으로 말미암아 선과 악의 과보를 받는 것이다. 과거의 선업과 악업에 따른 과보를 받는 것은 아무리 피하려 해도 피할 수 없는 사실이다. 물론 선업에 따른 과果는 얼마든지 받아도 상관없지만 악업에 따른 과보는 곧 고통이기에 누구나 다 피하고 싶은 것이다. 중생은 어쩔 수 없이 악업을 짓게 마련이므로 고생의 문은 반드시 열린다. 이것이 피할 수 있는 첫 번째 관문이다. 인과법칙을 벗어날 수 없으므로 반드시 인 지은 대로 과보는 받아야 하는 고생의 문에서 다행스러운 점은 고행을 통해 선과善果 또는 악과惡果를 골라서 받을 수 있다는 점이다. 이것이 두 번째 관문이다. 고행의 문을 지나 세 번째 관문인 깨달음의 세계에 이를 수 있는 것이다. 우리는 인간세계에 있으면서 부귀영화를 누리고 죽어서 천상세계에 태어나지만 윤회의 틀에서 벗어날 수는 없다. 우리가 지은 업에 따라 선과를 누리고 또한 악과를 선과로 바꿀 수는 있지만 윤회를 벗어나지 못한다. 그래서 결국 윤회를 벗어날 수 있는 세 번째 문 앞에 서게 된다.

첫 번째 고생의 문을 통과하면서 우리는 인 지은 대로 업을 받아야 함을 알게 되었다. 두 번째 관문을 통과하면서는 고행이 공덕을 쌓을 뿐 깨달음이 아니라는 것을 알게 되었다. 깨달음의 길은 고행 다음 단계에 찾아온다. 고생과 고행의 수행을 통해 깨달음의 관문에 들어선다. 싯다르타는 과거에 지은 업 때문에 왕자로 태어난다. 그러고 인간고人間苦의 극치와 또 다른 해탈의 출발점을 보는 사문유관四門遊觀을 통해 출가를 결심한다. 싯다르타는 야소다라 공주를 부인으로 맞이하여 아들 라훌라를 얻으므로 부모님에 대한 은혜를 만분의 일이라도 갚았다고 생각하고 출가를 결심하게 된다. 과거에 지은 업으로 인해 어쩔 수 없이 인간세계에 태어나지만 싯다르타는 태어난지 일주일 만에 어머니를 여읜다. 또한 과거에 지은 업 때문에 이모를 어머니로 맞이하고, 성 안에 살면서도 마음이 괴로워 동서남북의 사문 밖으로 나가게 된다. 그러고는 중생이 생로병사의 괴로움에 신음하는 광경을 자기 눈으로 직접 지켜봐야 하는 고통을 겪는다. 이러한 과정이 모두 고생에 해당된다. 이것은 인과를 받는 기간이기 때문이다. 출가함으로써 고생의 길을 벗어나 고행의 길로 들어선 것이다. 싯다르타가 그 자리에 가만히 있었다면 자신이 지은 업에 따라 좋든 싫든 왕이 되었을 것이다. 아버지인 정반왕이 죽으면 카필라 성은 싯다르타의 것이 될 터이고, 왕으로서 무슨 일이든 마음대로 할 수 있게 된다. 이러한 모든 일들은 모두 첫 번째 관문인 고행의 문이다. 그러나 싯다르타는 궁중생활에서 아무런 재미를 느낄 수 없었다. 오로지 생로병사의 고통만을 느꼈을 뿐이다. 그래서 두 번째 관문인 자진고행自進苦行의 길로 가기 위하여 출가한 것이다. 싯다르타의 출가란 한 생을 마감하고[죽음] 새로운 한 생[출생]을 살아가는 것이다. 출가한 싯다르타는 고행하는 방법을 알기 위해 선지식을 찾아 나선 것이다. 6년이란 세월을 설산으로 다닌다. 설산이란 히 말라야를 말하는 것이 아니다. 삶의 차디찬 모습을 의미하는 것이다. 따뜻한 인간의 정이라고는 전혀 느낄 수 없는 차디찬 나만의 생활로 혹독한 고행의 모습을 눈의 산에 비유한 말이다.

고행은 공덕을 쌓는 것이지만 그 자체가 깨달음은 아니다. 자칫 잘못하면 고행을 깨달음을 얻는 길이라 여길 수 있으나 그것은 착각일 뿐이다. 싯다르타는 설산의 6년과 정글 속에서 6년 동안 탐욕과 배고픔, 목마름, 쾌락에서 벗어남으로 피골이 상접하도록 고행의 공덕을 쌓았지만 깨달음을 얻을 수는 없었다. 고행으로 자기 몸을 학대해도 깨달음을 얻지 못한 싯다르타는 고행림苦行林을 벗어나 강을 건너게 된다. 강을 건넌다는 것은 고행을 그만둔다는 의미이기도 하다. 고행을 끝낸 싯다르타는 현실생활에서 삶의 문제를 해결하려고 애썼다. 우미죽을 먹고 목욕을 했으며 새 옷으로 갈아입고 깨달음의 장소로 향했다. 그곳은 고행의 집착에서 벗어나기 위해 저쪽 언덕으로 건너간 것이다. 강을 건넌다는 것은 실제의 강을 건너지만 의미는 다르다. 고생이 난무하고 고행이 있는 이쪽 언덕[此岸]에서 강 건너 니르바나, 즉 해탈의 저쪽 언덕[彼岸]으로 옮겨가는 것을 뜻한다. 고행은 이쪽 언덕에서 저쪽 언덕으로 건너가는 것을 말한다. 우리는 악업의 고통을 받으면서 고생하고 스스로 고행을 하면서 공덕을 쌓아가지만 여전히 오욕칠정의 집착에서 벗어날 수 없다. 고생과 고행의 틀을 벗어나 새로운 세상에 눈을 떠야한다. 이것이 고행하는 의미이다. 싯다르타가 깨달음을 얻은 뒤 제자들에게 가르침을 전할 때 수행의 중요성을 역설한 것도 고행만으로는 삶의 문제를 해결할 수 없었기 때문이다.

그 후 많은 고행자들이 싯다르타의 고행모습을 본받아 하루 한 끼만 먹으면서 수행하는 일종식一種食, 오후에는 음식을 전혀 먹지 않는 오후불식午後不食, 오신채五辛菜를 금하기도 하며, 익은 것을 피해 생식, 간을 전혀 하지 않은 담식, 장좌불와長坐不臥 등의 고행을 하기도 한다. 이 모든 것이 몸의 애착을 끊기 위한 고행이라 할 수 있다. 이와 같은 고행은 고행일 뿐 깨달음을 얻는 것은 아니다. 물론 공덕은 쌓일 뿐이다. 쌓은 공덕으로 받아야할 고통을 상쇄하게 된다. 그러므로 고행은 업장소멸의 최고수행이다. 업장이 사라질 때 깨달음의 길은 가까워지는 것이다.

고행을 통해 고생을 줄일 수 있다

고생은 피할 수 없지만 고행을 통해 대처할 수 있다. 예를 들어 내가 지금 아무런 걱정 없이 잘살고 몸도 마음도 건강하다면 미리미리 고행을 하여 복과 지혜와 덕을 쌓아두는 것이다. 그렇게 쌓아놓으면 나중에 고생의 문이 열리더라도 이것으로써 막을 수 있다. 그러므로 젊어 고행은 사서도 한다는 것이다. 훌륭한 부모는 자녀들에게 고행의 길을 가르친다. 어린 시절에 부모가 지혜를 발휘하여 미리 고행을 시키면 앞으로 받아야 할 고생의 문을 차단하는 결과를 가져 온다. 세상에 이러한 부모가 얼마나 되겠는가? 스스로를 돌아보고 훌륭한 부모가 되도록 노력해야할 것이다. 사회법은 죄를 지었으면 벌을 받아야 한다. 죄의 대가는 몸으로 치를 수도 있으며 물질로 대신할 수도 있다. 즉 죄를 지었을 경우 교도소에 갇힐 수도 있으나 벌금만 내고 풀려날 수도 있고 사회봉사활동으로 죄값을 치르기도 한다. 그렇다고 누구나 원한다 해서 봉사활동으로 벌을 대신하는 것은 아니다. 덕망이 높은 사람이 죄를 지었을 경우 어쩔 수 없이 벌을 주긴 주어야 하므로 봉사활동을 통해 죄의 대가를 치르게 하는 경우도 있다. 그러므로 최소한 지은 죄보다 쌓아둔 공덕이 많아야 교도소 가는 대신 봉사활동이 가능하다 할 것이다.

세속에서 교도소 가는 대신 사회봉사활동을 하듯이 평소에 고행을 통해 공덕을 많이 쌓으면 고생을 적게 할 수 있다. 무시광대겁으로 살아오면서 악업을 지었을 경우 반드시 고생을 하게 되어 있다. 이때 미리 자진고행을 함으로써 덕망을 쌓아두면 여유가 생겨 고통 받을 때 고통을 덜 받게 된다. 법계의 진리가 고행을 통해 쌓아둔 공덕으로 고생을 막아주는 것이다. 자성일마다 심인당에서 불사佛事를 보는 것도 일종의 고행이다. 불사를 지킴으로써 스승은 스승으로서의 덕을 쌓고 중생은 중생으로서의 덕을 쌓는 것이다. 불사를 보는 것은 고행이므로 즐거운 마음으로 임해야 한다. 불사를 보기 위해 집을 나설 때도 행복한 마음이어야 한다. 심인당에 가려 하는데 집안 식구 누군가 귀찮게 한다 해서 인상을 쓰거나 화를 내서는 안 될 것이다. 고행하러 가는 길에 화난 얼굴로 한다면 무슨 공덕이 쌓이겠는가? 심인당에 와서는 밝은 표정으로 인사도 나누고 자리도 양보하면서 불사를 보아야 한다. 염송소리가 조금 크다 하여 상대방에게 비난을 쏟아낸다면 불사 시간이 어찌 즐거울 수 있겠는가? 법문을 듣는 사람도 법문을 설하는 사람도 자유로워야 한다. 그 속에서 수행의 법도와 규범을 따르면서 모범

적 자세를 보이면서 즐거운 마음으로 고행한다면 고생의 업은 사라지게 될 것이다.

유위법과 무위법 그리고 깨달음

인과가 궁금하다면 아침에 잠자리에서 일어난 모습 그대로 거울을 보라. 거울 속 모습에서 지금까지의 인과가 고스란히 드러날 것이다. 세수를 하거나 화장을 하면 인과가 가려지므로 순수한 모습에서 살피도록 하자. 그렇지 않으면 목욕을 한 뒤 있는 그대로의 모습을 보라. 그때 자신의 인과를 가장 잘 알 수 있다. 이것도 저것도 여의치 않으면 육자진언 염송을 하라. 염송을 통해 인과의 이치를 깨닫게 될 것이다. 학교에서 1+1=2로 가르치듯이 인과의 이치는 매우 정확하여 1+1=2 외에는 답이 없다. 그런데 종교에서는 1+1=플러스알파임을 역설한다. 학교에서의 교육과 종교의 가르침은 이 점에서 다르다. 물론 학교에서도 플러스알파가 있음을 알려주지만 처음부터 가르쳐서는 안 된다. 나중에 스스로 알게 할 뿐이며, 종교는 처음부터 1+1=100이 되고 1,000이 될 수 있음을 알려준다.

종교에서의 플러스알파에 차별이 있는 것은 정성과 장소, 스승의 법력法力에 의하여 생겨난다. 《실행론》 "학교에서는 유위법有爲法을 의무로써 가르치고 종교에서는 무위법無爲法을 자심自心으로 증득하게 한다" 하였다. 유위법은 인연으로 생겨서 생멸하고 변화하는 물심物

心의 현상으로, 인과 연에 따라 이루어지고 소멸하는 것을 가리킨다. 무위법은 생멸의 변화 없이 언제나 변하지 않는 참된 법으로, 성불의 깨달음이나 열반 상태에서 드러난 법을 일컫는다. 유위법은 한계가 있으나 무위법 한계가 없다. 유위법은 교육으로써 시종始終을 알 수 있지만 무위법은 깨달음을 통해 스스로 느껴야 한다. 유위법은 정답이 있지만 무위법은 정답은 없다. 한 송이의 장미꽃을 보고 얼마나 아름답냐고 묻는다면 무어라 대답할 것인가? 어떠한 미사여구美辭麗句로도 표현할 수 없는 것이 장미꽃의 아름다움일 것이다. 그 아름다움의 완전한 표현으로 단 한마디의 정답이 있다면 "아-!" 감탄사일 것이다. 이 말 이외에 그 무엇으로도 장미꽃의 아름다움을 표현할 수는 없다. "아-!" 감탄사 속에 무량무수한 플러스알파가 숨어 있듯이 종교의 가르침 또한 무한한 알파를 내재하고 있다. 그렇지 않으면 누가 종교의 힘을 빌려 수행을 하겠는가? 과학이 아무리 발달하고 세상이 발전해도 여러분의 마음은 분석할 수 없고 DNA가 지닌 세포의 비밀 또한 완전히 밝혀내지는 못한다. 캐고 또 캐도 늘 물음표가 뒤따른다. 그러나 종교는 이 모든 것을 밝혀낼 수 있다. 오늘날처럼 과학과 물질문명이 발달하면 할수록 종교가 더욱 필요할 것이다. 과학을 초월하고 인과를 초월하면서 그것을 다스리고 운영하는 최종 목적지가 종교가운데 불교이며, 특히 밀교가 모두를 포용하고 있다. 그 근원이 몸과 마음이 합일로 시작된다. 사람은 누구나 편안해지기를 원하기 때문에 몸이 그렇게 변해가면 마음도 자연스럽게 편안하게 변해갈 것이다. 불안한 것은 몸과 마음이 따로따로 놀기 때문이다. 몸과 마음이 합일할 때 즉신성불이며, 자수법락自受法樂을 누릴 수 있을 것이다.

고행이든 수행이든 자진해서 하라

　　　　진언수행자는 스승의 가르침에 따라 특별한 고행을 한 번쯤 해보았을 것이다. 아픈 다리를 이끌고 한자리에서 결인을 풀지 않고 7시간 동안 염송도 해보았으며, 소금반찬 하나로 새해불공도 해보았고, 칼을 전혀 사용하지 않는 음식으로 49일불공을 하였으며, 7일간 묵언불공, 외부의 어떠한 경계도 보지 않는 정진도 해보았을 것이다. 이러한 불공계율은 누가 권해서 하는 것이 아니다. 스스로 정하여 고행하는 것이다. 이러한 불공은 성취도 빠르고 공덕도 크게 일어난다. 진언수행법은 스승님이 한 사람, 한 사람 손잡고 다니면서 일일이 가르쳐주지는 않는다. 다만 큰 법만 일러줄 뿐이다. 그러면 각자 알아서 자신이 지킬 수 있는 법을 설정하여 실행에 옮기는 것이다. 스승이 정해주는 법에 의하여 불공한다면 받을 공덕은 절반으로 줄어들 것이다. 스승이 대중법을 설할 때 스스로 발심하여 정하는 것이 최상 수행으로 최상의 공덕을 얻을 것이다.

　　　　사람들은 남이 시켜서 하는 일은 신명이 나지 않는다. 성취감도 적을 것이다. 비유하면 하인이 아침에 일어나 마당을 쓸고자 빗자루를 들고 나오는데 주인이 "마당 쓸어라!" 한다면, 그 하인은 마당 쓸고자 하는 마음이 사라져 기쁜 마음이 아닌 의무적인 마음으로 마당을 쓸 것이다. 무슨 재미가 있겠는가? 주인된 위치는 시키는 것보다 지켜보는 마음이 필요하다. 스스로 밭갈 때가 되면 밭 갈고, 씨 뿌릴 때가 되면 씨 뿌리고, 잡풀을 제거할 때가 되면 잡풀을 제거하고, 추수할 때가 되면 추수할 것이다. 주인은 올해의 농사는 무엇이 좋겠는가? 결정만

하면 되는 것인데, 그때그때마다 이래라 저래라 한다면 하인은 의뢰심이 생겨 스스로 밭 갈고 스스로 씨 뿌리고 스스로 잡초를 제거하고 거름을 주면서 추수하지 않을 것이다. 이것은 세상 사람들의 마음은 모두 같을 것이다. 주인의 거느리고자하는 마음 때문에 어쩔 수 없어 시킴에 따라 일하지만 하인에게도 스스로 할 수 있는 기회를 준다면 하인은 일을 하면서도 거느림을 당했다는 생각이 조금은 덜 들 것이다. 자주성을 길러 언젠가는 같은 위치에 설 수 있도록 도와야할 것이다.

　　　　　스승은 수행자에게 수행법의 종류만을 가르쳐주면 된다. 즉 방법만 설명하면 된다. 무슨 수행을 어떻게 할 것인가는 수행자의 몫이다. 경전이나 교전 어디를 보아도 강요하는 구절은 없다. 3시간 정진, 7시간정진, 7일정진, 49일정진, 100일정진, 1,000일정진법과 정진의 부족함을 채워주는 희사법은 이런 것이라고 알려줄 뿐 불공정진을 강요하지 않는다. 정진 중에 일어나는 마장되는 법을 상세하게 가르쳐서 마장에 떨어져서 불공정진을 중단하거나 공덕을 허비하는 일이 없게 하면 된다. 중생은 마장이 좋은 방향으로 이끌어주는 법문임을 몰라서 중단할 수가 있기 때문에 수시로 좋은 정진법을 가르쳐주어야 한다. 말없이 잠자코 있으면 중생은 고생의 길로 갈 것이다. 많은 사람들이 선지식의 설법을 듣고 그 법을 따라 실천하면 좋으련만 그러하지 못하는 것이 안타깝다. 고행법을 듣고 100명 중에 1명만이라도 법을 실천하여 고생을 버리고 고행의 길로 가기만한다면 그들을 위하여 전법활동을 할 것이다. 대부분의 사람은 고생의 단계와 고행의 단계에 머물고, 수행단계에 다다르지 못했다. 여전히 고생 단계에서 고苦와 낙樂을 겪으며 살아간다. 물론 고행의 문턱에 발을 들여놓은 사람들도 있다. 그러나 많은 사람이 아직은 고생의 문에서 서성거리는 듯하다. 하루빨리 고생의 문에서 벗어나 자진고행의 길로 들어서기를 바란다. 악업의 고통을 속히 씻어내고 공덕을 쌓는 고행의 문으로 발걸음을 옮겨야 할 것이다. 이처럼 옮겨가는 것을 열반이라 한다. 고생의 관문에서 고행의 관문으로 옮겨가는 것이 해탈이며, 고행의 문에서 수행문으로 들어가는 것이 열반이다. 열반의 낙을 즐기며 수행하여 깨달음을 얻었을 때 비로소 성불이 가능하다. 고생 단계에서는 해탈만 할뿐 열반은 못한다. 계절이 바뀔 때마다 옷을 갈아입듯이 해탈이란 그때그때 바꿔 입는 옷과 같은 것이다. 옷을 입고 벗거나 끈을 묶었다 풀었다 하는 것이 곧 해탈이다. 삶에는 이러한 3단계가 있는데, 대부분의 사람은 아직 고생의 문에서 벗어나지 못하고 있다. 이런 사람에게 수행단계까지 바라는 것은 욕심일 수 있다. 그저 고행의 문에서 자진고행을 통해 수행의 길로 들어설 수 있도록 노력하기를 바랄 뿐이다.

법의 실천을 위한 마음가짐

어느 순간 불법에 입문하는 인연을 지어 법을 들을 기회가 있어 법을 듣고 발심하기도 한다. 법을 듣고 발심하는 이 자리는 법이 성숙한 자리이다. 이 자리를 벗어나면 법은 바뀌게 되어 있다. 마음의 변화로 분위기가 바뀌기 때문이다. 분위기가 바뀌고 환경이 바뀐다는 것은 법을 설하고 듣는 발심의 분위기와 완전히 달라진다는 의미이다. 발심의 분위기가 바뀌면 법을 실천하고자 하는 의지력도 많이 줄어든다. 그러므로 부처님은 자비의 마음으로 중생의 발심을 오래도록 지속시키고자 가피력加被力을 내려 발심한 마음을 보호하는 것이다. 진언수행을 하면 법계로부터 관정의식을 받게 된다. 밀교의 관정灌頂의식은 곧 발심자에게 그 발심을 영원히 가져갈 수 있도록 정화의식을 하는 것이다. 내면의 악을 제거하고 새로운 마음으로 부처님의 힘을 불러 넣는 의식이다.

관정의식을 바로 받으려면 먼저 청정한 분위기가 조성되어야 한다. 분위기를 형성하기 위해서는 마음의 준비가 필요하다. 수계를 받을 때도 먼저 의식을 치르면서 마음을 고요히 가라앉힌 뒤 비로소 옴마니반메훔을 관정한다. 청정한 분위기를 형성하는 것은 법에 힘을 싣는 행위이므로 매우 중요하다. 법을 받는 도량이 청정해야 되고, 법을 내리는 아사리가 청정해야 되며, 법을 받는 자가 청정한 마음을 가져야 한다. 이것이 가지관정의 3청정이다. 관정을 받지 않고 법문만을 듣는다 하여도 청정하여야 하며 법대로 실천하고자하는 발심이 있어야 한다. "집에 가서 실천하자. 나중에 실천하자." 하면 발심의 분위기가 깨지므로 법의 효력도 그만큼 떨어진다. 특히 희사법에 있어서 미루지 말고 법을 듣는 순간 실천해야 하고, 그렇지 못할 경우 나만 알 수 있게 표시를 해두는 것이 좋다. 그래야 다음에라도 표시해 둔 것을 보고 기억하여 실천에 옮길 수 있기 때문이다. 법문을 들을 때는 참 좋은 말씀이라면서 감동하고 그대로 실천하겠다고 다짐하지만, 돌아서는 순간 어느새 잊어버리고 속세의 사람들과 별다를 것 없이 살아간다. 심청전의 심봉사와 같다. 개울에 빠진 봉사에게 화주승의 공양미 3백석이면 눈을 뜬다는 공덕담에 앞도 뒤도 돌아보지 않고 3백석 공양할 것을 약속하였다. 그 뒤 집으로 돌아온 심봉사는 자신이 한 행동에 대하여 후회하고 후회하였지만, 이미 권선문에 '심학규 공양미 300석 공양'이라고 기록하였다. 효녀 심청에 의하여 공양미 300석을 실천할 수 있어 심봉사는 눈을 뜨게 된 것이다. 법문을 들을 때의 분위기에서는 한없이 착해지지만 분위기가 바뀌면 법문의 내용조차 잘 떠오르지 않는다. 그러므로 늘 표시해두었다가 나중에라도 기억을 되살려 실천해야 할 것이다. 심봉사가 기록한 법을 실천하여 불가사의한 공덕으로 눈을 뜬 것이다. 남들보다 뒤처지지 않으려면 좀 더 부지런하고 좀 더 성실해야 한다. 그래야 법문을 듣고 누군가 먼저 주워간다 해도 나머지를 챙길 수 있다. 이것은 먼저 주워간다 해서 다 가져갈 수 있는 것은 아니기 때문이다. 물론 분위기가 형성된 상황에서 법을 듣고 곧바로 실천하는 것이 가장 바람직하다는 사실을 명심해야 할 것이다.

도깨비에게 빼앗기지 않은 나만의 것

도깨비와 관련된 이야기를 하나 소개하기로 한다. 옛날에 도깨비가 심심하던 차에 나무꾼을 만나 친구로 지내게 되었다. 나무꾼은 도깨비의 외모 때문에 조금 무섭기도 했지만 어영부영하다보니 그냥 친구가 되어버렸다.

도깨비를 친구로 두니 좋은 점도 많았다. "도깨비야, 너랑 나랑 친구가 되었으니 내 어머니가 네 어머니이기도 하다." 나무꾼의 말에 도깨비는 어머니가 생겼다면서 매우 좋아했다. "혹시 어머니가 드시고 싶은 것이 무엇이냐?" 도깨비의 말에 나무꾼은 잠시 뜸을 들이다가 입을 열었다. "흐음, 어머니는 돼지고기를 좋아하신다." 나무꾼의 말을 듣자 도깨비는 휑하니 사라졌다가 산돼지 한 마리를 짊어지고 나타났다. 돼지고기가 조금 먹고 싶다는 말에 산돼지 한 마리를 통째로 가져왔으니, 나무꾼이 얼마나 놀랐겠는가. 이때부터 나무꾼은 조금씩 꾀를 부리기 시작했다. "요즘 어머님이 몸이 허한 것 같아, 삼이라도 먹어야 힘을 내실 것 같다." 나무꾼의 말을 들은 도깨비는 산삼을 손에 쥐고 나타났다. 이후로도 도깨비는 나무꾼이 원하는 것은 무엇이든 가져다주었다.

그러다 보니 나무꾼은 점점 부자가 되었다. 나무꾼은 생각에 잠겼다. 사람과 도깨비가 영원히 친구로 지낼 수는 없었다. 동네사람들이 알면 말들이 많을 것이다. 소문나기 전에 얼른 도깨비를 떼어내야 한다고 생각하였다. 그런데 도깨비에게 직접 헤어지자고 말할 수가 없다. 곰곰히 생각한 나무꾼은 "도깨비야, 너도 좋아하는 것이 있고 싫어하는 것이 있느냐?" "나는 백말의 피가 제일 싫어. 그런데 너는 뭐가 제일 싫고 무섭냐?" 도깨비의 물음에 나무꾼은 회심의 미소를 지으며 이렇게 대답했다. "응, 나는 돈이 제일 싫고 무섭더라." 도깨비와 헤어진 나무꾼은 며칠 뒤 시장에서 백말의 피를 구해다가 대문과 담벼락에 칠했다. 깜깜한 밤에 마을로 내려온 도깨비는 나무꾼의 집이 백말의 피가 뿌려져 있고, 피 냄새가 진동하는 것을 발견하고는 벌컥 화를 냈다. "아니, 나랑 친구하기 싫으면 말을 하면 되지, 이런 식으로 친구 관계를 끊겠다는 거야? 괘씸한 나무꾼 같으니라고!" 백마의 피 때문에 나무꾼 집을 드나들 수 없게 된 도깨비는 어떻게든 복수하고 싶었다. 그때 돈을 세상에서 제일 무섭고 싫어한다던 나무꾼의 말이 떠올랐다. 도깨비는 수많은 돈 자루를 짊어지고 와서 나무꾼의 담벼락 너머로 집어던지고는 산으로 올라갔다. 벼락부자가 된 나무꾼은 마을에서 가장 큰 집을 짓고 논밭도 많이 사들여 호화롭게 살았다. 시간이 흐르자, 도깨비는 나무꾼의 안부가 궁금했다. 돈 자루에서 풍기는 돈의 악취를 맡고 나무꾼이 병들거나 죽었을 거라는 생각을 하고 마을로 내려온 도깨비는 잘 먹고 잘사는 나무꾼을 보고서야 자신이 속았음을 알았다. 돈은 나무꾼이 제일 무섭고 싫어하는 것이 아니라 제일 좋아하는 것임을 그제야 알게 된 것이다. 이때부터 분노에 찬 도깨비의 복수가 시작되었다. 도깨비가 자신의 돈으로 산 집의 대들보를 뽑아버리자 나무꾼의 집이 와르르 무너졌다. 자신의 돈으로 산 장롱이나 그릇들도 산산조각이 난 채 무너진 집 속에 파묻히고 말았다. 도깨비는 홀가분해진 마음으로 산으로 올라갔다. 그러고는 얼마 뒤 나무꾼의 안부가 궁금하여 다시 마을로 내려왔다. 나무꾼은 생각보다 멀쩡한 얼굴로 잘 살고 있었다. 왜 그런가 하고 살펴보니 집은 사라졌으나 논밭은 그대로 있어 먹고 살 만했던 것이다. 논밭도 자기가 준 돈으로 구입한 것이므로 도깨비는 땅을 뽑으러 갔다. 그러나 의쌰, 의쌰 하고 아무리 힘을 주어도 논밭은 도깨비의 손에 들리지 않았다. 게다가 논밭에 심은 곡식은 도깨비의 돈을 주고 산 것이 아니므로 함부로 다치게 할 수도 없었다. 결국 도깨비는 논밭을 나무꾼에게 맡긴 채 마을을 떠났다. 이렇게 해서 나무꾼은 비록 집을 빼앗겼으나 땅만은 지킬 수 있었다. 도깨비도 집을 부숨으로써 가져갈 것은 가져갔으나 땅을 남김으로써 모조리 빼앗은 것은 아니다. 나무꾼은 돈을 그냥 두지 않고 땅을 사서 찜해두었으므로 지킨 것이다. 부처님으로부터 가지관정을 받는 것은 나무꾼처럼 땅을 영원히 나의 것으로 만든 것과 같은 것이다.

부처님으로부터 가지관정을 받은 공덕功德은 불가사의하다. 그렇다고 불가사의한 가지공덕을 다 가져올 수는 없다. 도깨비의 화를 돋우지 않는 선에서 가져올 수 있는 것만 가져오듯이 실천한 법만큼 가져올 수 있다. 심인전당에서 법문을 들으면서 도깨비 눈치 보듯이 법을 들어서는 아무런 공덕이 없다. 법을 듣고 법대로 실천하여 자신이 원하는 것을 가져야 할 것이다. 예를 들어 훌륭한 법문을 들으면 "이것만은 내가 실천할 법이다. 아무도 손대지 못한다." 결의와 함께 희사하고 반드시 실천하는 의지가 필요하다. 예전에는 형제자매들이 많은 집에서는 먹을 것이 생기면 하나라도 더 먹기 위해 누룽지에 침을 뱉으면서 "이것은 내 것!"이라고 찜하였다. 그러면 다른 형제들은 먹지 못하고 바라만 보고 있었다. 이와 마찬가지로 고행의 말씀이나 수행의 말씀을 듣고 "이것은 나의 법이다." 하는 강한 의지력을 가지고 희사법으로써 누가 침범하여 가져갈 기회를 주지 않도록 실천한다면, 그 사람은 누구보다도 빠르게 해탈법을 성취할 것이다. 스승의 법문은 부처님의 말씀을 그대로 보여주기만 할 뿐 중생에게 무엇을 하라고 강요하지 않는다. 그 법문 속에서 수행의 길을 찾아야 한다. 누군가 시켜서 하는 것이 아니라 자진해서 실천에 옮겨야 한다. 누군가의 강요에 의해 실천한다면 절반의 복을 받을 것이고, 자진해서 희사하고 실천한다면 온전한 복을 받을 것이다. 같은 시간을 염송하더라도 스스로 염송하는 것과 스승의 권유로 염송하는 것과는 공덕의 차이가 있다.

"보살님, 오늘부터 백일불공에 들어가세요." 이 말을 듣고 불공을 시작하는 사람은 절반의 공덕만 받게 된다.

"스승님, 오늘부터 49일 불공하렵니다. 법을 어떻게 하면 실천할 수 있을까요? 좋은 법문 주십시오."

이렇게 불공을 시작하는 사람은 온전한 복을 가져갈 수 있다. 고행의 단계에서는 계행을 철저하게 지켜야 한다. 깨달음을 얻고자 하는 수행단계에서는 먹거나 입는 데 아무런 제약이 없어야 한다. 깨달음을 얻은 선지식들은 수행하는 데 어떤 장애도 없다. 지금 나는 어떤 단계에 와 있는지 한 번쯤 검토해보고, 계율을 지켜야할 단계라면 철저하게 지켜야하고 자유로운 단계라면 계율에 연연할 필요가 없다.

제 23 장
네팔의 밀교와 육자진언

스와얌부나트 사원의 대불탑이 우주 자연법계의 깨달음을 입체로 표현했다면 육자관념도는 인간본성의 깨달은 경지를 평면으로 표현한 것이다. 이 장에서는 2009년 11월 네팔의 트리부번 대학교에서 열린 '한국 네팔 국제학술세미나'에서 발표한 〈네팔의 밀교와 육자진언〉을 통해 스와얌부나트 사원의 대불탑과 육자관념도에 담긴 의미를 살펴보기로 한다.

네팔의 밀교와 진각종의 육자관념도

"법신불은 태양 같고 화신불은 만월滿月 같다.
그러므로 법신명호 비로자나 불일佛日이라."

현재 네팔의 불교는 힌두교, 티베트 불교와 접목되면서 밀교 색채가 강한 불교로 되살아났다. 밀교경전의 결집은 7세기경 남인도 나가르주나 지역이지만 밀교의 성립은 2세기경 집사자국이다. 집사자국은 승가라국이라고도 한다. 이 나라가 육자진언이 전래한 배경이다. 승가라국의 이웃 섬 식인종들이 사는 나찰국에서 잡힌 상인들이 그곳을 벗어나고자 할 때, 성마왕이 나찰들의 유혹의 소리를 듣지 못하게 육자진언을 외우게 한 것이 시초이다. 이후에 진언수행은 북인도 티베트 네팔에 전래되어 오늘에 이르게 된 것이다.

육자진언 수행이 구체화한 것은 밀교성립 후 나란다대학의 설립을 거쳐 7세기 중엽부터 구체화된 밀교가 1,000년을 전해지면서 많은 변화를 가져왔다. 한국에는 고려에 전해졌으나 수행까지는 하지 않았다. 근래에 불교의 생활화 생활의 불교화를 주창한 진각밀교가 육자진언을 수행본존으로 하면서 끊어진 한국밀교의 수행의 맥을 이어가고 있다. 육자진언의 묘리를 육자관념도로 나타내어 비로자나불의 만다라세계와 하나임을 증명하였다. 육자관념도는 37존금강계만다라로의 진각밀교 수행의 최고의 관상도이다. 이것은 우주 자연의 진리이자 법계진리, 불보살의 세계 및 중생과 일치되는 삶을 보이었다. 그런데 네팔에는 이미 1,000여 년 전에 금강지권을 결한 채 수행하는 모습들이 있었다. 그것이 스와얌부나트의 대탑이다.

　　　　네팔에서 가장 오래된 불교사원은 스와얌부나트이다. 경내를 원숭이들이 제멋대로 돌아다닌다 하여 원숭이 사원으로도 불린다. 1979년 유네스코에서 네팔의 수도 카트만두 계곡에 있는 7개의 주요 문화재를 세계문화유산으로 등록하였다. 이곳 사원도 그중 하나이다. 스와얌부나트는 네팔의 힌두교도에게도 가장 성스러운 사원으로 숭배받고 있다. 네팔의 힌두교도는 석가모니불 역시 자신들의 신이 사람의 몸을 받아 이 땅에 온 화신으로 생각한다. 그래서 네팔에는 오랫동안 불교와 힌두교가 공존하면서도 아무런 분쟁을 일으키지 않았다. 스와얌부나트 대탑은 네팔에서 가장 유명한 불탑이다. 그런데 대불탑의 구조도가 공교롭게도 진각성존의 육자관념도와 닮았다. 진각성존은 네팔에 단 한 번도 다녀가신 적이 없으며, 이 탑을 본적도 없다. 그러나 일찍이 육자진언의 묘리를 깨달은 진각성존에 의하면 진리는 하나이며, 부처의 말씀은 언제 어디서나 같다는 것을 보인 것이다. 민족에 따라 교화 방법이나 응용방법이 다를 뿐이다. 진언의 중심사상은 모두 같다는 것을 알 수 있다. 스와얌부나트 사원 한가운데 있는 대불탑은 금강계37존을 그대로 표현한 탑이며, 육자관념도 역시 금강계37존의 모습을 그대로 축소한 수행도이다. 탑은 입체형이고, 관념도는 평면도로 되었다는 것만 다르다. 중앙에 법신비로자나불이 있으며, 동쪽으로 아축불, 남쪽으로 보생불, 서쪽으로 아미타불, 북쪽으로 불공성취불이 있어, 이를 오불이라 한다. 그리고 동서남북의 간방間方에는 금강의 제보살을 배치함으로써 비로소 금강계만다라가 성립된다. 물론 그림으로 볼 때 간방이라 하여 가장 위쪽에 금강보살이 위치하지만 실제의 자리는 한쪽 간방이 아니라 네 간방에 속하며, 금강보살은 오불을 제외한 나머지 32존의 보살을 말한다. 각 간방마다 일일이 쓸 수가 없어 위쪽에 두고 대표적 용어로 금강보살이라 하였다.

오불은 저마다 다른 형태의 지혜를 발휘한다. 비로자나불은 법계체성지, 아축불은 대원경지, 보생불은 평등성지, 아미타불은 묘관찰지, 불공성취불은 성소작지의 지혜를 지녔다. 그리고 32존의 보살들은 일체지지이다. 일체지지는 어느 하나에 속한 지혜가 아니라 일체의 지혜를 가지고 있다는 뜻이다. 이처럼 다섯 지혜 외에도 32존이 지닌 일체지지를 지녔음을 자연스럽게 표현하였다. 부처님의 세계와 보살의 세계를 자연스럽게 구분하였으니, 육자관념도에 대원경지는 금강바라밀, 평등성지는 보바라밀, 묘관찰지는 법바라밀, 성소작지는 업바라밀로 표현한 것이다. 육자관념도는 평면으로 제작했으므로 부처 주위에 다섯 지혜를 표시했으나 네팔의 스와얌부나트 사원은 이를 입체적으로 표현되어 있다. 특히 대불탑 한가운데 중심봉을 제작했는데, 이는 하늘과 자연 그리고 법계에서 비추는 빛의 상징인 비로자나불을 형상화한 것이다. 법계에 두루한 비로자나불을 탑의 중앙에 있어야 하는데 그것을 표현할 수 없어 동쪽의 아축불 바로 옆에 별도의 감실에 비로자나불을 모셨다. 이것은 중생에게 보이는 방편적 비로자나불이다. 그리고 동서남북 간방에 감실을 두고 네 분의 보살을 모셨다. 금강바라밀, 보바라밀, 법바라밀, 업바라밀을 상징하는 로차나佛眼佛母, 마나키我母, 파다라바시니白衣觀自在母, 타라救度佛母보살을 모셨다.

정방향에 부처님을 모시고 간방에 바라밀보살이 모셔져 있는 스와얌부나트 사원의 대불탑을 일본의 어느 학자는 부처님과 부처님사이의 감실에 모셔진 보살들을 모두 부처님의 비妃로 주장한다. 즉 아축불의 비, 보생불의 비, 아미타불의 비, 불공성취불의 비로 표현하고 있다. 물론 만다라상에는 비가 등장하지만 그것은 비가 아닌 사바라밀보살이라는 것을 알아야 한다. 따라서 부처들 사이에 있는 감실에 모신 분들은 지혜의 상징인 바라밀보살이다. 4간방의 바라밀보살들은 모두 전법륜신의 모습이다. 부처님을 대신하여 교화하는 보살상을 뜻하는 것이며, 제불의 불모佛母이다. 스와얌부나트 대불탑에서 탑의 북서쪽 별도로 떨어진 곳에 귀자모鬼子母상이 있다. 대탑 가까운 곳에 귀자모상을 모신 것은 불모佛母의 공능을 나타내기 위하여 모신 것이다. 귀자모란 힌두신화에 나오는 하리티를 가리키는데, 하리티는 어린아이를 납치하거나 잡아먹는 귀녀鬼女였으나 불교에 귀의한 뒤에는 안산安産과 육아의 수호신이 되었다. 귀자모는 5백명의 자녀를 출산했으므로 생명의 탄생을 의미한다. 그러므로 대불탑에 5불과 4바라밀의 제외한 37존 중에 28존상의 감실이 없는 대신 귀자모 사당을 따로 건립함으로써 32존 출생의 의의를 되새긴다는 의미도 포함되어 있다. 즉 보살 출생의 의미를 담아 귀자모 사당을 조성했음을 알 수 있다. 이 탑을 보면 1,000년 전의 밀교가 어떠한 형태였는지를 알 수 있다. 1,000년 뒤에 나타난 육자관념도의 구성도 또한 어떠한 의미를 지녔다는 것을 새삼스럽게 알게 될 것이다.

카트만두 전설과 신라 전설

　　　　　네팔의 서북쪽에 자리잡고 있는 스와얌부나트는 매우 의미심장한 장소에 있다. 나는 여행할 때마다 불탑이 서 있는 곳을 유심히 살피는 습성이 있다. 이곳 스와얌부나트는 카트만두 시가 내려다보이고, 저 멀리 동북쪽 방향에는 큰 산들이 자리잡고 있다. 사원 뒤에는 히말라야가 웅장하게 서 있다. 사원 동남편에는 금강보살상이 별도로 명왕의 모습으로 조성되어 있다. 금강명왕상은 금강명왕이 아니라 문수보살일 수도 있고, 보현보살일 수도 있다. 즉 보현금강일 수도 있으며, 문수금강일 수도 있다는 것이다. 네팔사람들은 스와얌부나트 사원에 오면 대불탑에 공양을 올리기도 전에 먼저 금강명왕상에 공양을 올린다. 여기에는 오래 전부터 내려오는 전설이 있다. 현재의 사원 터는 작은 동산이었다. 옛날 용이 한 마리 살았다. 이 용이 장난을 치는 바람에 카드만두 시가 물에 잠겨버렸다. 그래서 네팔의 수도인 카트만두가 물에 잠긴 도시가 되고 말았다. 이때 보현금강이 금강봉을 빼내어 카트만두 동북쪽의 산허리를 내리쳤다. 그러자 도시의 물이 다 빠져나가 카트만두는 다시 분지로 변했다. 이곳에 사람들이 살면서 지금과 같은 형태의 카트만두 시가 형성되었다. 사람들은 보현금강이 도시를 구한데 고마움을 표하기 위해 보현금강이 자비를 베풀던 자리에 금강상을 만들어 공양을 올리게 되었다. 이 금강상을 중심으로 불탑을 조성하여 오늘날 스와얌부나트와 같은 대가람이 조성되었다고 한다.

그런데 신기하게도 카트만두의 이와 같은 전설이 경주에도 똑같이 전해지고 있다. 경주의 양동 앞 미금뜰도 역시 물이 가득 찬 곳이었다. 그곳에는 용이 되어 승천하기를 기다리는 커다란 구렁이가 살고 있었다. 1,000년을 사는 중에 누군가 용이라 불러주어야 승천할 수 있었다. 1,000년을 사는 중에 어느 누구도 구렁이를 용이라 불러주지 않았다. 그러던 어느 날 어머니의 등에 엎힌 유금이라는 어린아이가 구렁이를 발견하고는 용이라 불렀다. 드디어 구렁이는 용이 되어 승천하게 되었다. 용은 하늘로 올라가기 전 유금이에게 보은을 하고 싶었다. 당시는 대부분의 백성이 농사를 지었으므로 유금이네 집에서도 무엇보다 필요한 것이 농토였다. 용은 물에 잠긴 미금뜰의 물을 빼내어 유금이네 가족에게 농토를 선물하기로 했다. 그래서 동쪽과 남쪽 사이의 산을 갈라서 동해로 물이 빠져나가도록 했다. 이렇게 하여 한 줄기의 산이 형산兄山과 제산弟山으로 나뉘었고, 물이 빠져나간 땅은 옥토로 변했다고 한다. 이 땅이 현재의 미금뜰이라는 곳이다.

카트만두의 전설에서는 못된 용이 마을을 물에 잠기게 했으나 보현금강이 용을 제압한 뒤 물을 빼내어 마을을 형성했다. 반면, 경주 유금리의 전설에서는 구렁이가 용이 되어 승천할 때 보은의 의미로 물을 빼내어 마을을 형성했다는 점이 약간 다를 뿐이다. 그래도 네팔

카트만두의 전설과 경주 양동 유금리의 전설에서 모두 용이 등장한다는 공통점은 수만리 떨어진 두 곳의 거리를 생각할 때 매우 신기한 일이 아닐 수 없다. 더욱이 네팔에서는 용의 짓궂은 장난을 해결하는 보현금강이란 명왕이 등장한다. 경주 유금리에서 볼 때 육자진언을 수행본존으로 창종의 기틀이 된 초전법륜지가 위치한 곳과 카트만두에서 스와얌부나트 대불탑이 위치한 곳의 방향이 또한 금강이 카트만두에서 동남쪽 방향의 산허리를 내리쳤고 용이 경주 유금리에서 동쪽과 남쪽 사이의 산줄기를 갈라놓았는데, 이 두 곳의 방향도 같다. 이것을 보면 1,000년의 세월이나 수천만리 떨어진 장소나, 부처님 진리는 같다는 것을 알 수 있다.

북인도에 빛으로 드러난 비로자나불

1,000년을 오가는 세월 가운데 장소도 다르고 모든 것이 다른데 왜 이 같은 일들이 똑같이 일어날까? 스리랑카에서 성립된 육자진언과 밀교, 육자진언염송으로 깨달음을 얻은 진각성존의 가르침은 비로자나불과 우주 자연법계와 동일체를 가졌다는 것을 말하고 있다. 비로자나불을 교주로 하는 진각밀교가 법당에 무상불을 주장하고 오직 육자진언만을 수행본존으로 모시는 비로자나불의 가르침을 확인할 수 있는 곳이 북인도 타보사의 대일당이다. 불상 없이 진언만을 모신 심인당이나 36존상을 조성하고 비로자나불만 빛으로 표현하고자 한 대일

당을 생각하면 육자진언이 얼마나 위대한 것인지 새삼 알게 되었다. 북인도의 타보사, 모든 불당이 창문이 없이 흙으로만 조성되어 있다. 대불당 대일당이라 불리는 법당도 마찬가지이다. 촛불을 들고 들어가야 안을 볼 수 있는 어두운 법당이다. 중생들의 마음처럼 어둡다. 이것이 무명중생의 마음을 표현했을 것이다. 그러나 그 속에는 불보살이 모셔져 있다. 우리들의 마음에도 불보살이 모셔져 있음을 법문으로 보이고 있다. 1m 높이의 출입문 하나, 문으로 들어가 제1당, 제2당 통로, 제3당 중앙법당 천정 한 가운데 가로 세로 1m 20cm정도 넓이의 흙창이 있을 뿐이다. 외부에서 빛이 들어올 수 있는 유일한 천정이다. 법당 안의 벽에는 금강계 36존상과 제3당 뒤편에 아미타세계의 9존상 등 45존상이 조각되어 있다.

그런데 비로자나불의 존상이 없다. 어떤 학자는 제4당 아미타세계 앞에 중앙에 모셔져 있는 네 분이 비로자나불이며, 법당의 좌우에 아축불 보생불 아미타불 불공성취불이 안치된 사이에 상징적으로 그려진 소형만다라가 사바라밀 보살이라고 주장하고 있다. 이 논리는 형상에만 집착하고 빛이 비로자나불이라는 이치를 모르기 때문에 그림이 비로자나불이라 주장하게 된 것이다. 나는 그렇게 생각하지 않는다. 중앙의 4불상은 사바라밀 보살상이며 비로자나불은 처음부터 조성하지 않았다. 1,000년 전에 법당을 조성하면서 굳이 사바라밀 보살상만 조각하지 않고 벽화로 남겨 두지는 않았을 것이다. 그러므로 이러한 주장은 잘못된 주장이다. 가운데 있는 네 분의 전법륜신의 인결을 하고 등을 맞댄 듯이 동서남북을 향하여 좌정한 모습은 비로자나불이 아니라 사바라밀 보살상이다. 그러면 비로자나불은 과연 어디 있는가? 비로자나불은 형상으로는 있을 수가 없다. 법당 천정에 유일하게 들어오는 빛에서 비로자나불을 만날 수 있을 것이다. 오로지 빛으로만 2,600여 년 전의 석가모니불, 1,000년 전에 건립자 쟝루베스님과 송첸캄포, 육자진언의 수행을 창시한 진각성존, 모두 비로자나불은 형체가 없음을 깨달았기에 가능한 전법상이다. 하지만 눈에 보이지 않는다 하여 중생이 그 법을 믿지 않을까봐 중앙의 빛의 창문을 내기도 하고 육자관념도를 작성하여 보인 것이다.

다시 살피면, 비로자나불상은 어디 있는가? 네 분의 사바라밀보살상은 모두 전법륜신의 모습으로 나타나며, 상징하는 서수瑞獸들도 각각 달리한다. 그걸 어떻게 표현하려고 상징하는 서수들이 코끼리가 되었든 호랑이가 되었든 모두 사바라밀보살들의 수호신들을 상징하는 것이다. 스와얌부나트 대불탑 역시 마찬가지다. 감실에 부처님의 비가 있다고 하였는데 이것 역시 네 분 부처의 비가 아니라 사바라밀보살이라는 것이다. 비로자나불은 형체가 없으므로 조각할 수 없는데 아축불 옆에 감실을 둔 이유는 중생은 눈으로 봐야 믿기 때문에 모양을 만든 것뿐이다. 실상은 탑의 정봉에 비치는 빛 자체가 곧 비로자나불이다. 북인도의 타보사 대법당 천장에 있는 창, 그 창의 불빛이 한가운데 자리잡은 사바라밀보살의 앞좌석을 비추게 되어 있다. 그 빛은 태양의 움직임에 따라 사바라밀보살 자체를 차례로 돌아가면서 비추기도 한다. 그 빛 자체가 비로자나불이다. 1,000년 전 타보사의 법당을 조성할 때 사람들이 어리석어서 네 분의 보살을 만들어 그것을 비로자나불이라 하였겠는가? 네 분의 사바라밀보살과 비로자나불은 동체이다. 비로자나불상은 형태가 있을 수 없기 때문에 사바라밀로 나타나는 것이다.

이러한 자연의 이치와 진언의 묘리는 1,000년의 세월이 흐르는 동안 과거와 지금 그리고 앞으로의 모습을 살펴볼 때 별다른 차이가 없음을 알 수 있다. 비로자나불은 빛으로 이미 이곳에, 이 자리에 내려와 있음을 아는 것이 진언수행인 것이다.

진리는 하나일 뿐 둘이 될 수 없다

2,600여 년 전 이 땅에 오신 싯다르타는 비로자나불의 화신이다. 우리 역시 마찬가지이다. 이미 비로자나불과 같은 행동을 하고 비로자나불과 같은 말을 하며, 비로자나불과 같은 생각을 하고 있다. 신어의身語意 삼밀을 함께 하므로 지금도 여전히 비로자나불과 동행하는 셈이다. 비로자나불과 행동이 같고 말이 같고 생각이 같은데도 내 행동과 말과 생각이 비로자나불과 같음을 모르므로 그것을 알기 위하여 진각성존은 육자진언의 수행문을 열었다. 깨달고 보면, 나라는 존재가 따로 있는 것이 아니다. 이 몸 이대로가 곧 비로자나불이다. 육신 속 깊숙이 숨어 있는 우리의 본심 곧 자성自性이 비로자나불임을 깨달아야 할 것이다. 비로자나불은 금생에 이 몸속에 자성으로만 있는 것이 아니다. 우리가 이 세상에 어떤 모습으로 태어나든 항상 비로자나불이 함께 했을 것이다. 어떤 불탑을 조성하고 어떤 사원을 세우더라도, 비로자나불의 마음으로, 비로자나불의 행동으로 조각하고 조성하고 건립했을 것이다. 수행 또한 비로자나불의 마음으로 했을 것이다. 비로자나불의 마

음으로 할 때 비로소 아뇩다라삼먁삼보리를 얻을 수 있다. 중생의 마음으로 수행하고 정진하여 무언가를 얻는다면 그것은 기복祈福일 뿐이다. 부처님의 마음으로 수행할 때 비로소 자성을 찾는 수행이 되는 것이다. 진리는 하나이다. 결코 둘이 될 수 없다. 진리가 하나이므로 그 옛날 북인도의 타보사를 건립한 고승이나 네팔의 스와얌부나트 대탑이나 이 땅의 육자관념도는 하나의 공동체라 할 수 있다. 수천 년의 터울로 이어지면서 불상으로 불탑으로 관념도로 표현될 뿐이다. 다만, 인도에 살고 네팔에 살고 대한민국에 살 뿐이다. 인도에서든 네팔에서든 대한민국에서든 비로자나불의 회상에서는 늘 함께 존재하고 더불어 살아가며 생로병사를 이어갈 것이다.

　　　　육자관념도는 자연과 진리와 비로법신의 마음을 담은 매우 뛰어난 구조로 짜여있다. 보다 많은 사람이 관념도의 깊은 뜻을 깨우치기를 서원한다. 네팔은 석가모니불의 탄생지이다. 석가모니 탄생 시기에는 네팔이 인도에 속한 나라였으므로 석가모니불의 출생과 깨달음과 설법의 장소는 네팔이 아닌 인도이다. 스와얌부나트 사원의 대불탑과 육자관념도의 관련성을 증명하였다. 싯다르타가 룸비니 동산에서 태어나 붓다가야에서 깨달음을 얻고 쿠시나가라에서 열반하신지 약 2,500여 년이 흘렀다. 부처의 가르침을 기록한 팔만경전의 서두를 보면 '1,250 인구' 하는 구절이 있다. 2,500의 절반은 1,250인데, 이는 매우 의미 있는 숫자라 할 수 있다. 이것은 사람을 의미하기도 하지만 시간을 뜻하기도 한다. 부처님은 동행제자들의 모임수를 전하면서 새로운 물결이 흘러온다는 것을 예언한 말씀이다. 문자적이고 언어적인 가르침에서 마음의 가르침 시대가 1,250년 뒤라는 것을 암시한 것이다.

이 예언대로 부처님 열반 후 1,250여 년 뒤에 태어난 분은 중국의 육조 혜능이다. 동아시아 선불교禪佛敎 역사에서 개창조開創祖의 지위를 가진 분이다. 본래무일물本來無一物로 깨달음의 관정을 받고 바람에 날리는 깃발은 바람이 깃대를 흔드는 것도, 깃발이 바람에 흔들리는 것도 아닌 내 마음이 깃발을 흔드는 것이라는 전법을 시작으로 가사와 발우를 태우고 심인心印을 전한 분이다. 문자와 언어의 법을 지나 심인心印의 법으로 이어진 부처님의 법이 1,250년이 지나면 심인을 찾는 자성의 불교로 바뀌었다. 그 길은 문자의 이치를 거쳐 화두話頭의 선불교로 거듭난 것이다. 선종의 흥왕과 육조의 열반 이후 다시 또 1,250여 년이 흐른 뒤 또 한 분의 성인이 출생했다. 화두의 선불교에서 진언의 밀교로 바꾼 것이다. 2,500여 년 전 석가모니불이 활동했다. 1,250여 년이 흘렀을 때 의발을 태우고 심인心印을 주장한 육조스님이 활동했으며, 또 1,250여 년이 흐른 뒤 진각성존이 "옛날에는 의발이요, 이제는 심인이다."라고 결론을 짓고, 다시 약불藥不과 서남법西南法의 생활불교를 주장하여 부처님의 법이 끊임없이 이어지는 인과가 있음을 확인하신 것이다. 이 것이 심인心印이 불심인佛心印으로 승화시켜 진언수행을 제창하게 된 것이다.

    싯다르타와 혜능과 진각성존의 사이에 엮인 인연의 수수께끼를 풀기 위해서는 먼저 깨달음을 얻어야 한다. 깨달음을 얻은 사람만이 이 분들의 관계를 풀어낼 수 있기 때문이다. 학자들에 의해 학문적으로도 이미 많은 것이 밝혀진 상태이나 보다 체계적인 연구가 필요할 것이다. 인과를 살피려면 자신의 잘못을 참회함으로써 인과의 길을 확인할 수 있다. 그러므로 참회문으로 진각종문을 연 것이다. 네팔 스와얌부나트의 대불탑과 육자관념도는 1,000년의 세월을 흐르면서 사상의 흐름까지도 엿볼 수 있다. 우리의 서원은 육자진언 수행으로 삼세를 관통하는 깨달음의 길에 들어서기를 서원한다.

제 24 강

항송법, 일상생활 속의 진언수행

육자진언 수행법 가운데 항송법恒誦法이 있다. 항송법이란 어떤 의식이나 절차를 밟지 않고 일상생활 속에서 늘 옴마니반메훔을 염송하는 것이다. 이 장에서는 옴마니반메훔을 항송함으로써 행동과 말과 생각이 육자진언과 하나되는 방법을 알아보기로 한다.

행주좌와어묵동정行住坐臥語默動靜 속의 항송

"행주좌와 어묵동정에 입속으로 간단間斷없이
육자진언을 외우되 이 여섯 글자를 역력분명히 외워서
오래오래 외우면 저절로 습관이 되어 자연히
자나깨나 스스로 염념불망念念不忘하게 되느니라."

누구든 진실법을 설한다 말하면 그를 마구니[魔軍]라 부를 것이다. 진실한 법은 말로 설할 수 없다 했거늘, 굳이 설한다면 그는 마구니임에 틀림없다. 화가가 아무리 빼어난 솜씨로 꽃을 그려내도 자연 속의 꽃보다 아름다울 수 없다. 시인이 아무리 아름다운 시로 표현해도 자연 속의 꽃보다 훌륭할 수는 없다. 자연 속의 꽃을 보고 그것을 표현할 수 있는 유일한 말은 "아-!"라는 감탄사뿐이다. 이와 같은 감탄의 진실한 소리는 번역도 해설도 할 수 없다. 마음에서 우러나는 소리가 곧 마음을 표현하는 자성自性의 소리이다. 이와 같은 자성의 소리로 설할 수 있는 유일한 법이 진언이다. 역시 번역할 수도 해설할 수도 없다. 진언의 소리에 특별한 의미를 부여하면 하늘도 되고, 땅도 되고, 물도 되고, 돌도 된다. 이렇게 부여하는 것은 모두 방편이다. 우리의 일상생활 자체가 밀교이고 진실법이지만 그 이치를 깨닫기 전에는 모른다. 중생은 있는 그대로를 보고 그것이 지니고 있는 진리를 알아야 하는데 자기의 자성自性이 처음부터 깨달아지지 않으므로 진언수행은 심인법心印法을 공부하는 것이다.

진언수행이란 개인의 필요에 따라 인위적으로 만들어진 것이 아니다. 그보다는 예로부터 내려오는 전통적인 밀교수행과 관련이 많다. 진언수행하는 과정에서 항송을 중요시했다. 다시 말해 염송은 많이 할수록 좋다 하여 행주좌와어묵동정行住坐臥語默動靜에 다독多讀을 권장해왔다. 길을 걷거나 머물거나 자리에 앉거나 눕거나 말하거나 침묵하거나 움직이거나 조용히 있거나 늘 염송을 하라는 의미이다. 진언수행의 과정에서 항송법은 일반인으로서 가장 하기 쉬운 단계이다. 어떤 의식이나 절차를 밟지 않고 그냥 말하듯이 옴마니반메훔을 염송하면 된다. 물론 염송하는 과정에서 소리를 내어 독송할 수도 있고, 입 안에서 외우며 마음으로 하는 염송도 있다. 사람들은 종종 어느 정도 염송을 해야 올바른 항송법이 되냐고 물을 때가 있다. 그러면 나는 다음과 같이 말한다. 당신이 길을 걷는데 누군가 등 뒤에서 당신 이름을 부를 때가 있을 것이다. 그때 "네" 하고 대답하지 않고 "옴마니반메훔"이라고 했다면 항송을 잘하고 있다고 볼 것이다. 오랜 시간에 걸쳐 항송을 했을 때 가능한 경지가 바로 이 경지이다. 길을 걷다가 돌부리에 차여 넘어졌을 때도 첫소리가 옴마니반메훔으로 나와야 항송이 잘된 것이다. "아야-!" 하는 비명의 말이 먼저 한다면 항송이 덜된 것으로 판단하면 된다. 항송이 몸에 배면 내 입에서 나오는 첫 말이나 마지막 말이 항상 옴마니반메훔일 것이다. 고맙다는 말이나 미안하다는 말 대신 저도 모르게 옴마니반메훔이 튀어나오는 단계일 때 비로소 항송이 완성되었다고 할 것이다. 일상생활 속에서는 대부분의 사람이 필요한 말을 먼저 한다. 옴마니반메훔을 무의식적으로 내뱉지는 않는다. 두려움이나 놀랐을 때도 "엄마야!" 하는 말이 먼저 나오지, 옴마니반메훔이 먼저 나오지는 않을 것이다. 그래서 항송은 가장 단순하면서도 가장 지키기 어려운 수행법이다.

진언, 삼라만상이 들려주는 지혜의 소리

진각밀교가 창종하기 이전만 해도 이 땅의 불교는 대부분 현교 위주로 발전해왔다. 밀교의 명맥이 거의 끊어진 상황에서 불교의 생활화 생활의 불교화를 주창하면서 밀교의 싹을 새롭게 틔우기 위하여 진언염송을 중심으로 밀교진언문을 개창한 것이다. 중생도 부처님이나 보살처럼 현세에서 극락세계를 경험할 수 있도록 모든 복잡한 교리부분을 접고 오로지 육자진언 하나만을 내세워 수행본존으로 주창한 것이다. 수많은 진언 가운데 육자진언으로 창종한 것은 난행고행으로 육자진언의 묘리를 깨달았기 때문이다. 중생들의 현실생활에서 받는 가난과 병고와 불화의 고통에서 벗어날 수 있음을 확신하셨기 때문이다. 육자진언 속에는 많은 묘리와 공덕이 있고 불가사의함 또한 깃들여 있으나 이를 한마디로 설명할 수는 없다. 육자진언은 진리의 말씀이며, 깨달음의 말씀이요, 마음의 소리며, 참 깨달음[眞覺]의 소리이다. 우주 삼라만상에 존재하는 모든 소리를 말한다. 바람소리, 물소리, 새소리, 가랑잎 떨어지는 소리조차 진리의 말씀인 진언이다. 그러면서 우주만물에서 일어나는 상황을 알리는 소리로서, 지난 일과 현재의 일과 미래에 일어나는 일들을 알려주는 진언이다. 구체적으로 말하면, 바람소리나 물소리가 그냥 생긴 것은 아니다. 어떤 상황을 표현하는 소리이다. 바람이 부는 소리를 증득證得함으로써 생활의 지혜를 얻을 수 있다. 예를 들어 추운 날씨를 예고하는 바람소리를 감지했다면 몸을 따뜻하게 데워줄 무엇인가를 준비하면 된다. 반면, 무더움을 품은 바람소리를 예측했다면 몸을 시원하게 식혀줄 뭔가를 준비해야 할 것이고, 비를 머금은 바람소리라면 열어둔 장독 뚜껑을 닫고 빨래를 걷어와 쏟아지는 비에 대비하도록 하면 된다. 이렇듯 바람소리 하나에도 우주자연의 섭리, 원리, 운행 따위가 들어 있으므로 귀 기울여 잘 들으면 일상생활 하는데 도움이 된다. 육자진언 수행의 공덕을 보면, 배를 타고 나아갈 때 때로는 바람을 등질 수도 있고 바람을 안을 수도 있다. 바람을 등지고 배를 탔을 경우 예상보다 수월하게 목적지에 도착할 것이며, 바람을 안고 배를 타면 배가 좀 흔들리고 시간도 지연될 것이다. 이는 누군가 굳이 가르쳐주지 않아도 바람소리와 바람이 부는 방향을 보고 충분히 감지하고 예상할 수 있다. 육자진언이 마음의 소리라는 것은 수행자의 마음으로 법문을 한다는 것이며, 자연의 소리라는 것은 자연을 통하여 현상세계에서 일어나는 모든 것을 전한다는 의미이다.

진언수행의 구경목적은 무상정등정각無上正等正覺이다. 무상정등정각이란 산스크리트어 아뇩다라삼먁삼보리이다. '아뇩다라'는 위 없는 깨달음을 뜻하는 무상無上이며, '삼먁'은 두루 일체를 알아 깨달음을 얻는 정등正等이요, '삼보리'는 바른 깨달음을 의미하는 정각正覺을 가리킨다. 일반적으로 중생은 성불에 이르는 길보다 잘 먹고 잘사는 일에 더 관심이 많다. 육자진언을 염송하면 구경에는 자성自性을 찾아 아뇩다라삼먁삼보리를 얻게 되지만 깨달음을 얻기 전에 중생이 먼저 갖추어야할 것이 있다. 해탈과 열반이다. 해탈은 가난에서 벗어나고 병고에서 벗어나서 일체와 하나가 되어 대자유인이 되는 것이다. 중생계에서 해탈은 복이 많아지고 건강하고 화목하여 삶이 풍요로워지는 것을 말한다. 중생은 대부분 가난하게 사는 것을 싫어하고 아픈 것을 싫어하며 다툼 또한 싫어한다. 육자진언을 염송하면 중생이 싫어하는 일들이 생기지 않는다. 육자진언을 부르는 그 속에 내가 바라는 모든 원이 들어있기 때문이다. 중생의 마음은 부자로 사는 것이며, 건강하게 사는 것이며, 평화롭고 화목하게 사는 것이다. 이러한 바람이 중생의 마음이다. 건강한 행동, 건강한 말, 건강한 생각을 오매불망 바라다보면 일상생활에도 자연스레 녹아들어 실제로 그렇게 된다. 진언을 염송하면 길을 가다가 넘어졌을 때도 아픔이 사라진다. 일이 제대로 풀리지 않아 고민스러울 때 그 일이 잘 풀려나갈 것이다. 서로 마음이 맞지 않아 다툼이 생겼을 때 진언을 염송하면 다투는 마음이 사라지고 두 사람의 사이가 좋아진다. 가난한 청년이 쥐에게 발을 물렸을 때 "천석!" 하니까 실제로 천석꾼이 되었듯이 말이다. 진언수행이 오매불망되려면 아침 잠자리에서 일어날 때 첫소리가 옴마니반메훔이 되고 저녁에 잠자리에 들 때 마지막 소리가 옴마니반메훔이면 된다. 새벽에 첫 염송은 오늘 하루를 편히 살게 해달라는 의미가 담겨있으며, 저녁의 마지막 염송은 오늘을 무사히 보낸 감사의 염송이다. 감사의 염송 속에는 또한 참회의 의미도 담겨있다. 하루 동안 지은 악업이 있다면 소멸되기를 바라는 마음이다.

5분 이상 염송하면 소원함을 성취 한다

"소원이 있을 때 단시檀施하고 오른손으로 주먹 쥐고(금강권) 5분 이상 시간을 정하여 마칠 때까지 남과 말을 하지 않고 진언을 외우면 소원을 성취하느니라."

진언수행의 두 번째 단계는 일정시간을 정해 염송하는 것을 말한다. 어떤 문제가 생겼을 때 특별한 서원을 담아 염송하는 것이다. 물론 이러한 염송은 항송을 많이 해둔 상태에서 하는 것이므로 단 한 번의 옴마니반메훔으로도 묘득을 볼 수 있고, 일곱 번만 불러도 공덕을 얻을 수 있다. 5분 염송으로 소원이 성취되며, 5분 염송으로 모든 업장이 소멸되고 죽음에 다다랐을 때 5분 염송으로 극락갈 수 있다. 이 5분 염송의 의미는 진언염송 제1단계인 평소에 항송을 많이 한 사람이 필요할 때 내어 쓰는 것을 말한다. 비유하면, 은행에 저축해두었다가 필요할 때 찾아 쓰는 것과 같다. 하루도 빠짐없이 매일 염송해서 차근차근

공덕을 쌓아가야 한다. 공덕을 쌓는 중에는 묘득을 볼 수 없다. 그러므로 필요할 때 한 번만 불러도 공덕의 문이 열려 지금까지 쌓아놓은 공덕으로 소원성취가 되는 것이다. 그런데 평소에 항송도 하지 않다가 무언가 일이 생겼을 때만 원願을 세워 염송하면 그것은 종교의 믿음도 아니고 진언수행도 아니다. 그것이야말로 흔히 말하는 사이비에 해당하며 기복이 되는 것으로 종교를 팔아먹는 매종賣宗 행위일 뿐이다.

   옛날 어느 마을에 가난한 청년이 있었다. 청년의 소원은 부자가 되는 것이었다. 적어도 한 마을에서 부자가 되려면 천석꾼이나 만석꾼이 되어야 했다. 가난한 청년은 오매불망寤寐不忘 천석꾼과 만석지기를 꿈꾸었다. 그래서 밥을 먹을 때도 길을 걸을 때도 "천석꾼, 만석지기" 일할 때도 잠잘 때도 "천석꾼, 만석지기"라는 말을 입에서 떠나지 않았으며, "나는 반드시 천석꾼, 만석지기가 되고 말 테야!" 다짐을 늘 마음속에 지니고 다녔다. 청년의 집은 가난하여 안방이든 부엌이든 쥐들이 돌아다니지 않는 곳이 없었다. 어느 날 청년이 곤히 자고 있는데, 쥐가 청년의 발을 물었다. 깜짝 놀란 청년이 "천석!" 외쳤다. 오매불망 천석꾼, 만석지기만을 외웠으니 쥐한테 물렸을 때 천석! 이라는 말은 자연스럽게 나오게 된 것이다. 그 후 신기한 일이 생긴 것이다. 가난하던 청년이 훗날 천석꾼이 된 것이다. 마을사람들의 입소문으로 쥐한테 물렸을 때 천석이라 하면 천석꾼이 되고 만석이라 하면 만석지기가 된다는 말들이 퍼져나갔다. 많은 사람들이 가난한 청년처럼 쥐에게 물렸을 때 천석이나 만석지기라고 외치고자 하였으나 "아야-!" 소리를 먼저 하게 되고 천석이라고 외쳐지지 않는 것이다. 평소에 습관이 되지 않았는데 쉽게 천석 만석지기란 말이 나오겠는가? 쥐에 물렸을 때 '천석!'이라 했다 하여 천석꾼이 되고 '만석!'이라 했다 하여 만석지기가 되는 것은 절대 아니다. 오매불망 천석꾼이 되기를 바라고 만석지기가 되기를 바라는 원력願力 때문에 그렇게 된 것이다. 앉으나 서나 자나 깨나 천석꾼, 만석지기가 될 원을 세워 열심히 일했으므로 어느 시기가 되자 천석꾼이 되고 만석지기가 된 것이다. 오매불망 바라는 것이 있으면 반드시 이루어진다. 육자진언 수행도 마찬가지이다. 간곡한 생각으로 부를 경우 무슨 원이든 이루어진다. 육자진언이 지니고 있는 공능이 삼라만상을 모두 품고 있다. 그러므로 진언을 부르는 것은 곧 삼라만상의 공능을 부르는 것과 같기 때문에 공덕이 일어나는 것이다.

육자진언은 중도中道로서 보편타당한 진언이다. 가장 좋다는 것과 가장 싫다는 것을 세속적으로 이야기해보자. 귀하게 생각하는 것과 싫어하는 것은 세상에 많지 않다. 일반적으로 사람들이 보석을 좋아한다. 그 중에 가장 좋아하는 것은 다이아몬드이고, 사람들이 가장 싫어하는 것은 악취가 나는 물건일 것이다. 좋은 것과 싫어하는 것은 귀하다는 의미이다. 극락세계는 칠보로 된 궁전과 칠보로 된 도로와 칠보로 된 연못 등 모두 칠보로 이루어졌다. 그 곳 보배는 인간 세상에 가장 많은 흙, 돌이 보배일 것이다. 진리적으로는 세상에서 가장 많은 것이 가장 좋은 것이다. 우주를 구성하는 5가지 요소, 땅·물·불·바람·허공空의 오대五大라 할 수 있다. 공은 공기이다. 이 오대가 가장 좋은 것이다. 뛰어난 하나는 좋지 못하다. 좋지 못하다는 것은 열악하다는 의미이다. 다이아몬드형의 도표 모양으로 나타낼 때 위쪽과 아래쪽은 뾰족하여 적고 가운데 부분은 볼록하여 가장 많은 자리를 차지한다. 상중하로 구분하여 최고의 수행자가 1인이 있으면 그것에 반하여 게으른 자도

1인이 있고, 가장 높은 자가 1인이 있으면 가장 낮은 자도 1인이 있을 것이며, 세상에서 제일 부자가 1인 있으면 가장 가난한 사람도 1인이 있을 것이다. 항상 상대성이기 때문에 빈부의 격차도 가장 높은 하늘과 가장 낮은 땅 만큼 벌어져 있다. 다이아몬드 형에 비유하면 사람들은 대부분 가장 높은 뾰족한 자리에서 살고 싶어 한다. 원하지는 않지만 어쩔 수 없이 아래쪽의 뾰족한 자리에 머무는 사람들도 있다. 그러나 가장 좋은 자리는 뾰족한 위아래가 아닌 볼록한 중간 부분이다. 가장 많은 자리를 차지하는 중간 부분이 가장 좋은 자리이다. 그래서 부처가 강조하는 것도 중도中道의 길이다. 중도란 뛰어나지 않으면서 귀하지도 않고 비천하지도 않은 가장 많으면서 보편타당한 것을 의미한다.

　　　　　육자진언은 가장 크고 밝고 귀한 것이지만 보편타당한 것이기도 하다. 다이아몬드의 가치는 위와 아래의 뾰족한 부분에 있는 것이 아니라, 가운데 넓은 부분에 있다. 육자진언도 뛰어난 사람이나 낮은 사람을 위하는 것이 아니라, 보통사람들을 위하여 수행하게 하는 것이다. 빛을 보면 외부는 태울 수 있지만 빛의 중심은 태우는 것이 아니다. 그냥 그대로 간직하는 것이다. 이것이 중도의 가르침이며, 부처님 가르침 또한 중도이다. 어느 한 곳에 치우치지 않는 크지도 작지도 않은 모든 것의 중심에 있다. 태풍의 눈과 같은 것이다. 외부의 소용돌이가 강할수록 중앙은 더욱 고요하다. 다시 예를 들면, 등잔 밑이 어둡다는 말이 있듯이 등잔과 가까이 있어도 어둡고 등잔과 멀리 떨어져 있어도 희미하다. 불빛이 가장 밝은 곳은 가까운 곳도 먼 곳도 아닌 중앙이다. 그래서 가운데 부분을 명明이라 한다. 명은 빛의 태양과 어둠의 달을 합친 중간이 가장 밝기 때문에 명[日+月]이 된 것이다. 이것이 대명왕의 명이다. 왕이란 가장 으뜸가는 것이다. 그리고 가장 수승한 것을 말한다. 가장 수승한 것은 높다는 것도 아니요 좋다는 것도 아니다. 일반적으로 으뜸이라 하면 권력으로는 대통령이나 임금 또는 회장을 먼저 떠올릴 것이다. 하지만 그들은 하나일 뿐이다. 나라를 이끌어가는 사람이 대통령이나 임금 같지만 실은 국민이요, 백성이다. 회사의 발전을 위해 애쓰는 사람이 회장 같지만 실은 직원들이다. 그러므로 중간에 있는 대다수의 사람이 가장 뛰어나고 으뜸이라 할 것이다. 가장 많은 것이 가장 훌륭하다는 의미이다. 그러므로 육자진언이 지닌 가장 크고[大] 가장 밝고[明] 가장 으뜸가는[王] 것을 내 것으로 만들려면 염송을 많이 해야 한다. 어쩌다 한 번씩 암송해도 안 되고, 소중하다 하여 깊숙이 감추어서도 안 된다. 언제 어디서든 가리지 않고 항송함으로써 나의 몸에, 나의 언어에, 나의 생활에 배어 있어야 한다. 그렇게 하여 완벽히 내 것이 되었을 때 비로소 나의 삶이 대大가 되고 명明이 되며 왕王이 되는 것이다.

항송은 미래를 준비하는 것

지금까지 사람들은 육자진언을 지나치게 존경하는 경향이 있었다. 그래서 함부로 내놓지도 않고 깊은 곳에 숨겨둔 채 고이 모셔두기만 했다. 이와 같이 아무나 쉽게 접할 수 있는 진언이 아니었다. 아무 곳에서 글로 써도 괜찮고 누구나 만져도 괜찮다. 진언을 가장 평범하게 생각하면서 내 마음으로 모실 뿐이다. 진언을 고귀하게 모시지 않는다 해서 진언 쓴 종이를 제멋대로 구기거나 짓밟아서도 안 된다. 진언과 친하게 지내되 의식적이든 의도적이든 함부로 다루어서는 안 된다. 항상 가까이 하여 일상생활의 일부분이 되어야 한다. 물론 부처님의 형상 대신 육자진언을 불단의 중앙에 모셨으나 그것은 마음을 모으기 위해서이다. 촛불을 켜거나 향을 피우거나 정화수를 올리기 위한 것이 아니다. 수첩에 넣을 수 있는 호신용을 배부한다. 중생심을 경계하여 언제 어디서나 진언을 잊지 말라는 의미로 배부하는 것이다. 호신용 진언을 부적처럼 생각한다면 기복불교에 지나지 않는다. 호신용 진언 뒷면에 복 짓는 일이라고 써놓은 이유는 누구나 복 짓기를 바라므로 방편상 쓴 것이다. 호신용 진언을 몸에 지니면 재액이나 병고, 우환질병이 모두 사라진다고 믿는 사람들이 있다. 또한 호신용 진언만 몸에 지니면 복이 되어 부자가 된다고 믿는 사람들도 있다. 그러나 호신용 진언을 몸에 지니는 것이 복 짓는 일도 아니며, 재액이 사라지는 것도 아니다. 호신용 진언은 항송을 잊지 않도록 가르침을 주는 법문지로 생각해야 한다. 법문지를 보지 않고도 항송을 잘하게 된다면 호신용 진언이 필요 없다. 진언을 항송함으로 복이 되고 재앙이 사라지는 것이다. 언제 어디서나 항송법을 실천하여 법문을 보는 것이 호신용 진언을 배부하는 원래의 목적이다. 밥 먹듯이, 숨 쉬듯이, 잠자듯이, 눈을 깜빡이듯이 육자진언을 온전히 내 것으로 만들어야 한다. 이처럼 항송을 하다가 특별한 일이 있으면 10분 이상 시간을 정해서 하면 된다.

특별한 염송정진은 적을수록 좋다. 생활 속에서 모든 것이 원만하게 갖추어진 사람은 특별한 서원이 없기 때문이다. 서원이 없으면 따로 시간을 정하거나 날을 정해 염송할 필요가 없다. 그저 일상생활 속에서 항송만 꾸준히 하면 될 것이다. 생일날 맛있는 음식을 먹기 위해 며칠 전부터 배를 곯다보면 막상 생일이 되어도 음식을 제대로 먹을 수 없다. 배고프다고 허겁지겁 먹었다가 탈날 것이 뻔하다. 음식도 먹어본 사람이 먹는다고 한다. 생일에 잘 먹으려면 평소처럼 먹다가 자연스럽게 생일상을 받으면 된다. 평소에 진언수행을 꾸준히 하던 사람은 특별한 서원이 있을 때 계획을 세워 염송하면 곧바로 소원성취할 수 있다. 평소에 진언염송을 게을리하던 사람이 어느 날 갑자기 염송을 한다 해서 서원이 이루어진다면 사이비와 다를 바가 없다. 엉뚱한 장난을 치는 종교인이 아니고서는 기도만 하면 모든 일이 이루어진다는 허황된 말을 할 수 없다. 그런 사람이 있다면 자기 생을 유지하기 위해 종교를 팔아먹는 매종자賣宗者에 지나지 않는다. 일상생활 속에서 행동과 함께 하고, 일상생활 속에서 언어와 함께 하고, 일상생활 속에서 생각과 함께 하는 것이 진언수행이다.

평생을 통해 네 번의 용꿈을 꾸다

예로부터 용꿈을 꾸면 좋은 일이 있고 길한 일이 있다고 한다. 평범한 사람은 평생 동안 한 번도 꾸지 못하는 것이 용꿈으로 자신만 생각하는 소인은 절대로 꿀 수 없는 꿈이 용꿈이다. 용은 소인에게는 쉽게 나타나는 동물이 아니기 때문이다. 어떤 아이가 10세가 되어 서당에 들어갔다. 《천자문》을 마치고 《동몽선습》을 익히는 과정인데,

스승에게서 용꿈을 꾸어야 과거에 급제할 수 있다는 이야기를 들었다. 10세 소년은 스승의 이야기를 듣고 난 뒤부터 매일 잠자리에 들 때마다 용꿈을 꾸도록 간절히 바랐다. "나는 언제쯤 용꿈을 꿀까?" 그러나 한 달이 지나고 1년이 지나도록 꿈에 용을 보지 못했다. 11세 소년이 스승을 찾아가 물었다.

"스승님, 용꿈은 어떻게 해야 꿀 수 있나요?" 그러자 스승이 다음과 같이 반문했다.

"너는 왜 용꿈을 꾸려 하느냐?"

"1년 전 스승님께서 용꿈을 꿔야 과거에 급제한다고 하셨잖아요. 부모님이 저를 서당에 보내시면서 반드시 과거에 급제해야 한다고 말씀하셨거든요. 그러니까 하루라도 빨리 용꿈을 꿔서 과거에 급제하고 싶어요." 소년의 말을 들은 스승은 빙그레 미소 지으며 다음과 같이 이야기했다.

"꿈에 용을 아무나 볼 수 있는 것이 아니란다. 용을 보려면 먼저 용을 맞이할 준비가 되어 있어야 한단다. 용을 맞이할 준비가 되어 있지 않은데, 어찌 용이 들어오겠느냐. 네 머릿속에, 네 마음속에, 너의 집 속에 용이 들어오려면 먼저 용이 살 수 있는 용소를 만들어야 하느니라." 그러자 소년은 다급한 목소리로 물었다.

"스승님, 용소는 어떻게 만드나요?"

"지금 무엇을 배우고 있느냐?"

"《동몽선습》을 익히는 중이에요."

"그렇다면 그 책을 열심히 봐라. 그 속에 용소 만드는 길이 나와 있다."

스승의 말은 결국 공부를 열심히 하라는 가르침이었다. 그 말을 듣고 자기 방으로 돌아온 소년은 고민에 빠졌다. 공부는 하기 싫은데, 책 속에 용소를 만드는 길이 있다니 난감할 따름이었다.

"너의 집이 용이 깃들 수 있는 용소가 되어야 하느니라. 너의 마음과 너의 몸 너의 지혜가 준비되어야만 용소가 만들어지고, 용이 나타날 것이다." 스승의 말씀을 떠올리던 소년은 용소는 현실적 물건으로 있는 것이 아니다. 내 마음에 있다. 이 공부방을 용소로 만들어 용을 불러들이기로 결심했다. 소년은 용을 그리기로 했다. 그런데 용이 어떻게 생겼는지 알 수 없었다. 용은 상상의 동물로, 세상에서는 절대 볼 수 없었던 것이다. 소년은 온갖 동물을 머릿속에 떠올렸다. 코끼리나 뱀, 소나 말까지 세상에 있는 동물들을 모두 생각해보았다. 과거에 급제시킬 정도의 용이라면 어느 동물보다 뛰어난 모습을 가졌을 것이라는 생각으로 뱀의 몸통, 잉어의 비늘 81개, 낙타의 머리, 토끼의 눈, 소의 귀, 큰 조개의 배, 매의 발톱, 호랑이의 발, 사슴의 뿔, 소년은 세상의 동물들이 지닌 것 중에서 아홉 종류의 동물이 가지고 있는 가장 뛰어난 부분만을 결합시켜 상상 속의 용을 그려냈다. 완성된 용을 보니 스스로 봐도 흡족할 만큼 완벽한 모습이었다. 소년은 자신의 동서남북 사방벽 상단에 용을 그린 종이를 붙였다. 동쪽에는 푸른 빛을 띤 청룡, 서쪽에는 누런 빛을 띤 황룡, 남쪽에는 붉은 빛을 띤 적룡, 북쪽에는 흰 빛을 띤 백룡의 그림을 붙여두니, 고개를 어느 쪽에 돌려도 자신이 상상으로 그린 용이 한 눈에 들어왔다. 평소에 마음먹은 것이 꿈에 나타난다 하였으니, 언젠가는 꿈속에서 용을 만날 것으로 믿었다. 세월이 흘러 소년이 15세 되던 어느 날 마침내 꿈속에서 용을 보았다. 동쪽의 청룡이 소년의 몸속으로 들어오는 꿈을 꾼 것이다. 소년은 뛸 듯이 기뻐하며 스승을 찾아갔다.

"스승님, 간밤에 청룡이 제 몸속으로 들어오는 꿈을 꾸었어요."

"드디어 때가 된 듯하구나. 몇 개월 뒤에 과거가 있을 예정이다. 그때 시험을 치르면 장원급제할 것이다." 스승의 말을 듣는 순간, 소년은 용꿈만 꾼다 해서 곧바로 장원급제하는 것이 아님을 깨달았다. 그때부터 몇 개월 남지 않은 기간 동안 열심히 공부했다. 용꿈을 꾸었는데도 과거에 급제하지 못하면 스승에게 꿈에 용을 보았다는 것이 거짓말한 것밖에 되지 않으므로 반드시 장원급제해야 한다는 생각으로 열심히 공부한 결과, 소년은 어린나이에 장원급제했다. 청룡 꿈을 꾸고 정말로 과거에 급제한 것이다. 이로써 소년은 스승 앞에서 용꿈을 꾸었다고 말한 것이 진실이었음을 입증하게 되었다. 소년은 어느덧 청년이 되었다. 과거에 급제하여 관직을 얻었다. 20세가 되었을 때 청년은 남쪽의 적룡이 꿈틀거리며 자기 몸을 휘감는 꿈을 꾸었다. 잠에서 깨어난 청년은 장가들 꿈이라는 것을 직감했다. 바로 그날 이웃마을에서 좋은 처녀가 있다며 혼사婚事가 들어왔다. 청년은 신붓감을 알아보기도 전에 무조건 그 처녀에게 장가를 가겠다고 했다. 용꿈을 얻은 날 들어온 신붓감이므로 천생연분이라는 확신이 있었던 것이다. 결혼을 한 청년은 순탄한 삶을 살았다. 어느덧 40세 불혹의 나이가 된 해에 서쪽 벽에 황룡이 불을 뿜으면서 천지를 뒤흔드는 소리를 내는 용을 꿈속에서 보았다. 장년이 된 소년은 아침 일찍 서둘러 등청하였다. 그날 임금으로부터 영의정에 오르라는 명을 받았다. 소년시절부터 사방 벽에 용을 그려놓고 끊임없이 노력한 결과, 과거에 급제하고 성품 좋은 처녀와 결혼하여 마침내 영의정 자리에 오른 것이다. 자신이 꾼 용꿈이 거짓이 아님을 입증하기 위해 소년은 평생을 열심히 살아왔다. 그리하여 관직 가운데 최고의 관직이라 할 수 있는 영의정에까지 올랐으니 더 이상 바랄 것이 없었다. 영의정에 올라서도 공명정대하게 일을 처리하여 사람들에게서 많은 존경을 받았다. 세월이 흘러 80세가 노인은 관직에서 물러나 편안하게 살고 있었다. 81세가 되는 해, 어느 날 노인은 북쪽의 백룡이 하늘로 올라가는 꿈을 꾸었다. 소년은 자신이 그린 마지막용을 꿈속에서 본 것이다. 노인은 죽음이 멀지 않았음을 직감하고 가족을 한 자리에 불러 모았다. 아들딸은 장성하여 제 몫을 다하며 살고, 나랏일도 별탈 없이 무사히 마쳤으므로 이만하면 여한이 없는 삶이라는 생각이 들었다. 자손들을 하나하나 바라보며 빙그레 미소를 띠던 노인이 조용히 입을 열었다.

"잘 살아라. 나는 내일 간다." 다음날 자신이 말한 대로 노인은 조용히 숨을 거두었다. 백룡처럼 색깔 하나 남겨두지 않고 하얗게 살다 간 것이다.

용꿈을 꾸려면 용소를 마련하여 용을 맞을 준비를 해야 하듯이, 해탈을 얻기 위하여 준비가 필요하다. 아무런 준비 없이 해탈을 이루지 못한다. 그리고 나만의 이익을 위해 준비해서는 안 된다. 단 한 사람이라도 남에게 이익이 될 준비를 해야 한다. 남을 불편하게 하는 해탈은 옳은 해탈이 아니다. 다시 자신을 돌아보자. 지금까지 용꿈을 꾼 적이 없다면 오늘부터라도 용을 볼 준비를 해야 할 것이다. 네 마리의 용은 분명 여러분을 기다리고 있다. 언제 용꿈을 꿀지 알 수 없으나 미리미리 준비하는 자세를 가져야 한다. 눈을 뜨고 있을 때나 눈을 감고 있을 때나 오매불망寤寐不忘 준비하고 있어야 한다. 이것이 항송하는 법이다. 용을 맞이하기 위하여 용소를 만들고 용소에는 물이 가득하기를 기다려야 한다. 물은 아무리 많아도 수평을 이룬다. 수평은 절대평등을 말한다. 사람은 상대성으로 수평이 되지 못한다. 진리는 물의 평등으로 가지만 사람들의 삶은 수평이 아닌 지평이다. 물의 평등함은 절대평등이므로 법이요 진리이다. 사람의 삶은 지평이므로 절대평등이 아니다. 굴곡이 있으므로 중생의 삶에는 고락이 있다. 그래서 진리보다 중생삶이 오히려 재미가 있다. 사람들의 삶이 절대평등이라면 아무런 재미가 없을 것이다. 사람의 삶은 지평이어서 높은 곳에 있으면 태양을 먼저 볼 뿐 아니라 가장 늦게까지 본다. 반면, 깊은 계곡에 있으면 태양을 가장 늦게 보되 가장 먼저 잃게 된다. 이것이 지평의 불평등이 주는 교훈이다. 우리 같은 중생은 어쩔 수 없이 지평의 세계에 살 수밖에 없다. 그러므로 빈부귀천이 생긴다. 이것을 평정하기 위하여 자성 찾는 진언수행을 하는 것이다.

진정한 의미의 진언수행

옴마니반메훔을 부르는 사람들 가운데 합장을 하지 않는 이들이 많다. 불상 앞에서도 웬만해서는 절을 하지 않는다. 그 이유를 물으면 이미 법을 알고 몸속에 부처님을 모시고 있으며 진언을 항송하므로 굳이 절을 하거나 합장하지 않는다고 한다. 이 말씀이 틀린 것은 아니다. 일상생활에서 항송을 잘하는 사람은 그렇게 하면 된다. 그리하지 못할 때는 불상과 보살상에 반드시 예경을 올려야 한다. 다시 말하면, 잠자는 시간 외에 늘 옴마니반메훔을 항송한다면 불상이나 탑이나 탱화에 굳이 합장할 필요가 없다. 그렇지 않을 경우 반드시 합장하며 공경을 표해야 할 것이다. 부처님 앞에서 예도 올리고 오체투지五體投止도 해야 할 것이다. 평소에 항송도 하지 않는 사람이 부처님 앞에서 합장도 하지 않고 절도 하지 않고 공양도 하지 않으면 결국 교만심이 높은 것으로 밖에 이해할 수 없다. 이런 사람은 영원히 해탈할 수 없다. 내가 늘 항송한다면 굳이 진언 앞에 향이나 초를 피울 필요가 없다. 그렇지 않다면 참회하는 마음으로 향이나 초를 올려야 한다. 항송을 생활화하는 것, 그것이야말로 참된 생활불교를 실천하는 진언행자라 할 수 있다. 특정한 곳에서 예를 올리는 것이 아니라 말하고 생각하고 행동하는 일상생활 속에서 진언염송을 하는 것이 생활불교의 첫 걸음이라 할 것이다. 불佛·법法·승僧의 삼보三寶를 존경하고 참된 마음으로 진언염송하는 사람은 어느 곳에 가더라도 자신을 낮추는 하심下心의 자세로 예를 올린다. 항송을 하지 않는 사람이 자신의 교만심 때문에 삼보에 예도 올리지 않고 공양도 하지 않고 보시도 하지 않으면서 제멋대로 생활할 뿐이다.

  진언염송의 자세가 몸에 배도록 항송하고 잘못한 일이 있으면 진심으로 참회하며, 누구에게나 하심의 자세로 예를 갖출 것을 권했다. 진언염송을 행하는 자가 과연 올바른 자세로 수행에 임했는지 한 번쯤 점검해야 할 것이다. 30년을 믿었든 40년을 믿었든 기간이 중요한 것은 아니다. 한 순간의 염송에도 오매불망이 되도록 하였는지 돌이켜 살펴보고 그렇게 하지 않았으면 참회해야 할 것이다. 믿음의 문은 걸음마 단계이며, 수행의 문이 곧 해탈문이다. 대부분의 사람은 아직 믿음 단계에 머물 뿐이다. 이제는 해탈의 단계인 수행단계에 올라서야 할 것이다. 그리하여 몸과 입과 생각이 육자진언과 하나 될 수 있도록 해야 할 것이다. 그렇게 함으로써 비로소 서원이 원만하게 이루어진다. 중생들은 부족함이 없이 모든 서원을 이루고 살아가기를 바란다.

제 25 강
사대은혜, 그 지중함을 알다

세상은 혼자 살아갈 수 없다. 이 땅에 태어나 숨쉬며 살아가는 자체가 이미 많은 사람의 도움을 받는 것이다. 도움을 받는다는 것은 은혜를 입는다는 말과 같다. 부모와 일체중생, 국가 및 스승으로부터 은혜를 받고 살아간다. 이 장에서는 사대은혜를 갚으면서 깨달음을 얻는 방법을 알아보기로 한다.

늘 은혜 속에서 살아가는 중생

"은혜는 평생으로 잊지 말고
수원愁怨은 일시라도 두지 말라."

'자성법신自性法身', '심인진리心印眞理'와 더불어 진각성존의 3대 말씀 중에 하나이다. 은혜의 소중함을 강조하신 부분이다. 중생은 혼자 살아갈 수 없다. 도시 한가운데 아무도 없이 홀로 서 있을 경우를 상상해 보라. 외롭다 못해 두려움마저 느낄 것이다. 그러다가 옆에 함께 하는 사람이 생길 경우 비로소 안정을 되찾고 보호받는 동시에 보호해주려는 마음도 일어난다. 이런 마음 자체가 알게 모르게 많은 사람의 도움을 받으며 살아왔기 때문이다. 즉 사람은 태어나는 순간부터 누군가의 은혜를 입으면서 살아간다. 내가 태어나기 이전에 이미 이 땅에 많은 사람이 존재하고, 그러면서 내가 태어났고, 또 살아가면서 주변의 많은 사람이 나의 삶을 도와주기도 하고 지켜보기도 하고 같이 가기도 하면서 살고 있다. 그렇게 살아가는 자체가 은혜롭다. 별도의 어떤 은혜를 직접 받는 것이 아니라 산다는 그 자체, 근본이 곧 은혜 속에서 살아가는 것이다. 또한 사람의 도움만을 받는 것은 아니다. 시간과 공간 등 모든 것에서 도움을 받으며 살아간다. 이렇게 보면 삶 자체가 은혜로운 것이다. 우리들은 세상을 살면서 자신의 힘으로만 살아가는 것처럼 교만심을 갖는다면 이 얼마나 어리석은 생각인가? 독불장군은 없다. 대화합과 조화의 세계에서 부귀영화를 누리는 것이다.

생활 속에서 깨달음을 얻을 수 있다. 농사처럼 내 뜻대로 되지 않는 것도 없다. 어느 해는 지나치게 많아서 탈이고 어느 해는 지나치게 적어서 탈이다. 고추와 마늘은 잘 안 되고 배추와 무는 풍년일 경우, 배추 농사를 지은 사람이나 무 농사를 지은 사람은 추수를 하지 않고 아예 밭을 갈아버린다. 평등에 어긋났기 때문이다. 농사를 짓는 사람은 하늘의 이치를 지혜롭게 알아야 한다. 올해는 무엇이 부족하고 무엇이 넉넉한지 미리 알면 밭을 갈아엎는 가슴 아픈 일이 벌어지지 않을 것이다. 피땀 흘려가며 지은 농사를 갈아엎는 농부의 심정이 어떠하겠는가. 마늘과 고추가 부족하고 배추와 무가 넉넉할 줄 미리 알았으면 배추와 무를 적당히 심고 마늘과 고추를 좀 더 넉넉히 심었을 것이다. 어느 한쪽에 치우쳐 지나치게 많이 심고 지나치게 적게 심는 것이 문제이다. 그런 것을 아무나 가르치지는 못한다. 인과법칙에 의해 윤회하는 진리의 세계에서만이 그것을 알 수 있다. 이것을 알려면 자기 내면세계에 있는 불성佛性을 깨달아야 한다. "생활 중에 각覺하라."라는 말씀은 일상생활 속에서 깨달음을 얻으라는 의미이다. 우리들의 일상생활은 그 중심이 부모의 은혜와 중생의 은혜, 국가의 은혜를 바탕으로 한다. 여기에 평등성을 가르치는 스승으로부터 극락세계에 들어갈 수 있는 방법을 깨치는 것, 그것이 바로 '생활 중의 각'이다.

사대 큰 은혜

"어버이에 효순하면 자식도 또한 효순한다.
내가 부모 큰 은혜를 배반하고 모르는데
내가 낳은 자녀들이 어찌 효순하겠느냐?"

첫 번째 부모은혜이다. 중생은 많은 도움을 받으며 살아가는데, 이를 살펴보면, 대략 4가지로 나눌 수 있다. 부모가 있으므로 내가 있다. 그러므로 4대은혜 중에 첫 번째가 부모님의 은혜이다. 우리가 하나의 생명체로서 이 땅에 태어난 것은 부모님 덕분이다. 자부비모慈父悲母 은덕으로 몸을 물려받아 태어났으므로 내가 존재하는 근본은 바로 부모님이라 할 수 있다. 불교에서는 태어나는 과정에 9류생九類生이 있다. 9류생이란 태胎·란卵·습濕·화化의 4생과 유색有色 무색無色 유상有想 무상無想 비유상비무상非有想非無想이다. 부모 없이 태어나는 생을 접어두고 부모에 의하여 태어나는 태와 난생을 중심으로 살펴보기로 한다. 태생胎生은 사람이나 동물처럼 모체의 탯줄을 받아 태어나며, 난생卵生은 조류처럼 알에서 태어난다. 사람은 태로 태어난 것들 중에도 가장 뛰어나므로 만물의 영장이라 할 수 있다.

부처님의 가르침에는 이 세상을 십법계로 구분하였다. 위의 4법계는 4성四聖이라 하고 아래의 6법계를 6범六凡이라 한다. 4성의 세계는 윤회하지 않고 6범의 세계는 윤회하기 때문에 육도六道라 한다. 육도는 천상·수라·인간·축생·아귀·지옥의 세계가 있으며, 중생은 수레바퀴가 돌듯이 이 여섯 세계를 끊임없이 윤회한다. 육도중생은 태어나면 반드시 죽게 되어 있다. 중생은 윤회를 하므로 한 번 태어나면 영원히 사는 것이 아니라 일정시간이 흐른 뒤 죽게 되어 있다. 일정시간이란 시간적 한도를 가리킨다. 죽음을 나쁘게만 생각할 것이 아니다. 새로운 모습으로 바꾸어갈 수 있는 것이 죽음이다. 오늘 여기에서 죽어서 내일 저곳에 새롭게 태어난다는 것은 희망적이다. 오늘의 삶이 좋지 못하면 내일은 보다 나은 삶을 살겠다는 목적을 가질 수 있다. 인간세계와 축생계는 금생을 살면서 다음 생을 얼마든지 좋게 바꿀 수도 있다. 그러므로 육도 중에 부모가 있는 인간·축생 세계에 태어나는 것이 가장 좋다.

부처님은 인생난득人生難得이라 하였다. 이 말씀은 사람으로 태어나는 것이 가장 어렵다는 말씀이다. 또한 이 말씀 속에는 사람으로 태어나기가 어려우나 사람으로 태어나기를 정말 잘했다는 의미가 함축되어 있다. 인간세계만이 모든 것을 바꿀수 있는 세계이다. 잘못되면 바꿀 수 있으므로 얼마나 다행스러운 일인가? 그 다행스러운 몸을 주신 분이 부모님이다. 자신의 업의 생각이 인因이 되어 다음 생의 부모님을 찾아 과果의 몸을 받는 것이다. 저마다의 업에 따라, 인因 지음에 따라 부모님을 찾아간다. 그 과정에서 좋은 생각을 하면 좋은 부모님을 찾아가고 나쁜 생각을 하면 나쁜 부모님을 찾아간다. 그러므로 어떤 몸을 받아 이 세상에 태어나더라도 그것은 부모님의 잘못이 아니다. 몸을 바꾸는 과정에서 내가 어떤 인을 지었느냐에 따라 부모님을 찾아가기 때문이다. 부모와 자식은 유유상종類類相從이라 만난 것이다. 지금 나의 부모님이 훌륭하다 하면 그것은 내가 과거생에 훌륭하게 산 결과이다. 지금 나의 부모님이 훌륭하지 못하다면 역시 과거생에 훌륭하게 살지 못한 나의 과인 것이다. 이와 같이 모든 생을 내가 만든 것이다. 그러므로 어떤 이유에서든 부모님을 원망할 수는 없다.

우리 부모님은 나를 왜 이렇게밖에 못 만들었을까, 왜 이렇게밖에 못 가르쳤을까, 왜 이렇게밖에 못 키웠을까? 하고 종종 원망할 때가 있다. 하지만 그것은 과거생에 내가 지은 인대로 금생에 부모를 찾아간 것이므로 부모 탓이 아니다. 부모의 업이라면 나를 잉태하여 열 달 동안 품을 때 지은 선악업이 보탬이 되었다. 그때 설혹 나쁜 태교로 악의 업을 나에게 주었다 하더라도 걷지도 못하고 듣지도 못하고 보지도 못하는 핏덩이를 품에 안고 젖을 먹여 키워준 그것으로 충분하게 갚음이 되었을 것이다. 지금 내가 어떤 상황이든 부모는 아무런 잘못도 없다. 모든 것이 나의 업일 뿐이다. 과거생에 태어나 죽을 때까지 저지른 악업이 많으므로 금생에 나를 태어나게 한 부모는 악업덩어리를 맡았을 뿐이다. 악업덩어리인 나를 먹여주고 재워주고 공부까지 가르쳐 주느라 등골이 휜 부모의 은혜를 어찌 말로 표현하겠는가? 내가 없었더라면 부모는 오히려 더 편안한 삶을 살았을 것이다. 지금 젊은 세대는 아이를 낳는 일이 불행의 늪에 빠지는 것 같다면서 결혼을 늦게 하든지 결혼하더라도 아이를 늦게 낳거나 아예 낳지 않는다고들 한다. 그만큼 아이 키우는 일이 어렵다는 것이다. 그런데도 우리 부모는 악업덩

어리인 자식을 무조건 포용하고 키워주었으니, 부모의 은혜를 하늘보다 높고 바다보다 깊은 것이라 하였다.

"은혜중생 내가 먼저 요익하게 할 것이니
중생들의 큰 은혜를 저버리고 모르는데
어찌하여 사회에서 나를 도와주겠는가?"

두 번째 큰 은혜는 중생의 은혜이다. 부모에게서 몸을 물려받았다 하여 그대로 살 수 있는 것은 아니다. 부모가 모든 것을 해줄 수 없기 때문이다. 옷을 만들거나 밥을 먹기 위해 농사를 짓는다거나 편안하게 쉴 곳인 집을 짓는 것은 누군가의 도움을 받아야 한다. 내가 살아가도록 주변 환경과 여건을 만들어준 들의 은혜라 할 수 있다. 직녀가 베를 짜고 농부가 농사를 지으며, 어부가 바다에 그물을 던지는 자체가 의 은혜이다. 부모의 은혜가 하늘보다 높고 바다보다 깊듯이 내가 살아가기에 좋은 환경을 만들어주는 의 은혜 또한 부모의 은혜 못지않게 지중至重하다. 그래서 을 만나면 늘 고맙고 존경스러운 법이다. 나이가 비슷한 남녀가 만나 서로 사랑하고 결혼하는 것도 의 인연 때문이다. 세상에 남성만 있다면 평생 혼자 살아야 할 것이며, 여성만 있다면 역시 평생 혼자 살아야 할 것이다. 남성과 여성이 있으므로 결혼도 하는 것이다. 은 사람뿐 아니라 하늘과 땅과 허공, 유정有情과 무정無情을 모두 포함한다. 유정과 무정은 생의 요소로, 없어지지 아니하고 다만 그 형상만 변해갈 따름이다. 사람이 죽어 땅에서 썩으면 그 땅이 비옥하여 풀이 무성할 것이며, 그 풀을 베어다 거름을 하면 곡식이 잘될 것이며,

그 곡식을 사람이 먹으면 생명을 유지하여 왕성하게 활동하므로 에는 세상의 유정과 무정도 포함한다 할 것이다. 나 하나를 맞이하기 위하여 수천만 년의 시간 동안 지구가 형성되고 태양계가 운행되었다. 이렇게 생각하면 한 포기의 풀, 한 방울의 물, 한 점의 흙이 그렇게 고마울 수 없다. 이와 같이 모든 만물은 다시 뭉쳤다가 헤쳐지고 뒤섞였다가 비바람을 피해 또 자라나서 밥을 만들어주고 옷을 만들어주니 더없이 고마울 따름이다.

　　　　인류역사에서 가장 위대한 발견은 불이다. 구석기시대 사람들이 마찰에 의해 불을 일으킨 것은 인류가 집단적으로 기술의 위력을 경험한 최초의 사건에 해당한다. 불을 사용함으로써 사람들은 화로를 중심으로 일정한 장소에 모이게 되었고, 이에 따라 원시 공동사회의 형성이 더욱 촉진되었다. 게다가 불을 사용함으로써 추위를 피할 수 있고 날고기를 먹지 않아도 되었다. 불은 5원소 중에 하나이다. 지수화풍공은 원래 있던 것이다. 그렇다 해도 이를 누군가 처음으로 조합함이 있어야 한다. 5원소가 조합하여 삼라만상이 만들어지고 그곳에 알음알이의 식이 들어가 운행되고 있다.

　　　　최초로 불을 발견한 사람이 누구인지는 모르지만 매우 고마운 사람임에는 틀림없다. 먼 옛날 이름도 얼굴도 모르는 사람이 발견한 불을 오늘날 우리가 이처럼 유용하게 쓰고 있으니 얼마나 고마운가? 수만 년 뒤에 이 땅에 태어날 나를 위하여 불을 발견하였던 것이다. 어찌 불 뿐이겠는가? 모든 만물도 마찬가지이다. 모두 수만 년 뒤에 태어날 나를 위하여 그때그때마다 하나씩 만들어진 것이다. 이것이 의 은혜이다.

"국민이 된 의무로써 나라 일을 도울지니
내가 사는 이 나라의 큰 은혜를 모르는데
어찌 모든 천왕들이 나를 도와주겠는가?"

세 번째 큰 은혜는 국가다. 중생이 모여 사는 곳에서 너도나도 유아독존을 외치다보면 이런저런 일들이 생길 수 있다. 타인을 배려하는 마음보다 내가 최고라는 생각이 먼저 들면 욕심이 생기고 시기와 질투가 난무할 것이다. 나만 생각하는 이기심에 자연까지 파괴되어 함께 성장하는 것이 아니라 함께 무너지고 말 것이다. 그러기 전에 누군가 질서를 바르게 잡아야 한다. 이때 질서를 잡아주는 근본 틀이 국가이다. 한 집안을 다스리는데도 규범이 있고, 한 마을을 다스리더라도 어떤 규칙이 있다. 이렇게 사회에는 사회를 다스리는 규칙이 있고 국가는 그 국가를 다스리는 법칙이 있다. 이와 같이 국가마다 법이 있으므로 지구촌의 질서가 이루어질 수 있다. 국가는 모든 사람이 평등하게 누릴 수 있는 법이나 규율을 정해야 한다. 사람은 저마다 유아독존이므로 한 사람 한 사람이 모두 뛰어난 존재이다. 옆 사람이나 이웃에 피해를 주지 않으면서 저마다 유아독존의 기쁨을 누리게 해 준다면 이 사람이야말로 가장 훌륭한 통치자라 할 것이다.

예를 들면, 10,000명의 백성이 있다 할 때 국가법으로 1만 명의 백성을 모두 편안하게 해준다면 그는 성군聖君이라 할 만하다. 1만 명의 백성 가운데 1천 명을 편안하게 해준다면 그는 군자君子 정도밖에 될 수 없다. 그리고 1만 명의 백성 가운데 100명만 편안하고 나머지 백성이 모두 불편하다면 그는 폭군이다. 이것이 성군과 군자 그리고 폭군의 다른 점이다. 예로부터 훌륭한 임금이 다스리는 나라는 백성이 편안하게 지내면서 임금이 있는지 없는지조차 모른다고 했다. 중국 역사에 그런 시절이 있었다. 요堯임금과 순舜임금이 다스리던 시대였다. 천하를 다스리던 태평한 시대로 오늘날까지 치세治世의 모범으로 삼고 있다. 이 시대에 저 유명한 7년의 홍수와 7년의 가뭄이 있었으나 백성은 물의 부족이나 물난리를 느끼지 못하고 살았던 시절이었다. 이 시절에는 임금이 권위로 다스리지 않으므로 백성은 임금이 있어도 있는 줄 모른다. 범죄자가 없으므로 감옥은 항상 비어 있다. 임금이나 백성은 효와 충을 근본으로 하여 서로가 서로를 위하면서 사이좋게 생활한 시절이었다.

요임금과 순임금의 치세를 보면, 중국 역사 속에 뛰어난 효자가 있었다. 그들을 24대효大孝라 하였다. 그중 한 분이 순임금이다. 요임금은 왕위를 물려줄 후계자를 찾다가 순舜이 지극한 효자임을 알고는 사위로 삼은 뒤 왕위를 계승하게 한다. 요임금은 부모를 섬기듯이 백성을 섬기는 것이 왕의 임무라 생각했으므로 효자인 순에게 왕위를 물려준 것이다. 오늘날에도 우리는 국가로부터 많은 도움을 받고 있다. 사람이 살아가려면 개인의 능력도 중요하고 부모의 보살핌도 필요하다. 이것을 할 수 있는 바탕을 제공하는 것이 국가이다. 국가는 질서를 바로잡기 위해서 법과 규율이 필요하다. 국가는 개인에게 많은 은혜를 베풀기도 하지만, 주변 사람들에게 피해를 주거나 방해가 될 경우 이를 제지하며 형벌을 주면서 평화를 유지한다. 이것이 국가의 은혜이다.

"다섯 지혜 항상 밝혀 육행 실천할 것이니
내가 우치 사견으로 삼보은혜 모르는데

어찌 범왕 제석들과 법계호법 성중들이
나를 도와주겠는가?"

　　네 번째 큰 은혜는 삼보와 스승이다. 우리는 부모로부터 물려받은 몸, 의 도움과 국가의 보호를 받는 은혜 속에서 생활한다. 그러면서도 은혜에 대한 고마움을 잘 모른다. 이 고마움을 가르쳐 주는 분이 스승이다. 은혜를 알고 살아가는 생활은 장원한 행복을 누릴 수 있는 길이기에 그 길을 인도하는 스승이 필요한 것이다. 우리는 평생을 배우면서 살아가야 하므로 학생일 수밖에 없다. 다양한 인종이 다양한 곳에서 다양한 생각으로 다양하게 살아가기 때문에 배움 또한 다양하다. 산속에 사는 사람이 있는가 하면 섬에 사는 사람도 있고, 강 아래 사는 사람도 있다. 사람마다 성품은 또 얼마나 다양한지 모른다. 이렇게 다양한 곳에서 다양한 사람들과 더불어 살아가려면 그것에 맞는 가르침이 필요하다. 그렇다고 모든 것을 다 알 수는 없으므로 저마다 자신이 가진 능력을 계발해야 한다. 이러한 차별적인 것에서 가장 훌륭한 스승은 평등을 가르치는 분이다. 평등은 곧 중도中道를 의미하며, 중도를 가르치는 스승 가운데 제일 훌륭한 분이 부처님이시다.

　　중도의 터전을 허공이라 한다. 허공은 만물이 그 속에서 자라도 아무 걸림이 없고 막힘이 없다. 지금도 우리는 허공에 몸을 맡기고 있다. 허공은 우리의 몸을 방해하지 않으므로 이것이 평등성이다. 우선 업의 평등성을 이야기하면, 삶의 기술이 곧 업이다. 업은 불교에서 말하는 인과업과 같다. 우리들 일상생활에는 각각의 활동이 있다. 활동이 곧 업이며 그것을 분야별로 나눌 때 직업이라 한다. 농업이든 상업이든 공업이든 모두 소중하다. 그러기에 직업에는 귀천이 없는 것이라 한다. 어느 한 업만을 숭상한다면 그 사회는 존재하지 못한다. 모든 업이 공존하는 것이 그것이 평등사상이다. 농사도 짓고 물건도 만들어 물물교환이 잘 이루어져야 한다. 그런데 상업만이 좋다 하여 모든 사람이 상업만 하겠다고 나서면 팔 물건이 없게 된다. 또한 모든 사람이 농업만을 하겠다고 하면 공산품 만드는 자가 없을 것이다. 그렇다고 모든 사람이 공업만 한다면 먹을거리가 없어 난리가 날 것이다. 이러한 업을 잘 분배하고 배정할 수 있는 업이 교육업이다. 교육업은 먼저 심성을 다스려야 한다. 심성을 다스리지 않는 교육은 어느 하나에 치우치게 되어 패망하게 될 것이다. 화합과 평등의 병행으로 승화시켜야 한다. 이것이 학문이 아닌 마음을 다스리는 스승의 가르침이다.

　　　　　교육은 지식을 가르치기도 하지만 분배의 조건이나 그 의미를 가르치기도 한다. 그러므로 100명의 사람이 있다면 몇몇은 농업에 종사해야 한다. 몇몇은 상업, 몇몇은 공업을 해야 할 것이다. 공평하게 일을 나누는 것, 그것이 바로 평등사상이다. 상업이나 공업, 농업 가운데 무엇이 더 좋다거나 나쁘다고 평가내릴 수는 없다. 직업에는 귀천이 없기 때문이다. 이러한 것을 알게하는 것이 스승의 역할이 중요하다. 스승의 한 마디가 학생의 전 인생을 바꿔놓을 수도 있기 때문이다. 사람의 숨은 재능을 발견하여 적절한 직업과 연결해주는 일도 훌륭한 스승이 해야 할 일들 가운데 하나이다. 이러한 일을 할 때 스승이 주의해야 할 점은 어느 한 곳에 치우치면 안 된다. 항상 중도의 입장을 취해야 한다. 말 잘 듣고 착한 학생만 예뻐한다면 그것은 자기 편을 만드는 사람이다. 문제 학생이라고 외면한다면 스승의 자격이 없다. 자비란 치우침이 없음을 의미한다. 학생이 사랑스럽다 하여 사랑만 하는 것이 아니고, 학생이 가엾다 하여 슬퍼만 하는 것이 아니다. 평소에 아낌없는 사랑을 주다가도 잘못한 일이 있을 때 호되게 꾸짖을 줄 아는 사람이야 말로 훌륭한 스승이라 할 것이다. 사람의 얼굴이 저마다 다르듯이 다들 개성이 있고 소질 또한 개인마다 다르다. 대학에 진학할때 전공을 정하려면 자신이 잘하는 것이 무엇인지, 무슨 과가 적성에 맞는지 심사숙고하여 정해야 한다. 사람의 특성에 따라 원만하게 배분하고 적당하게 배치했을 때 좋은 세상이 만들어지는 것이다. 그런 세계가 바로 극락세계이다. 인류의 스승인 부처님은 사생자부라 하여 아버지와 같은 자비를 갖추고 있다. 부모님의 은혜를 알고 의 은혜를 알고 국가의 은혜를 안다 하여 극락세계가 되는 것은 아니다. 불·법·승 삼보의 가르침에 따라 평등한 사회가 이루어졌을 때 비로소 극락세계를 맛볼 수 있다. 극락세계란 가장 평등하게 조화를 잘 이룬 세계이며, 넘치지도 않고 모자라지도 않은 그런 세계라 할 수 있다.

음덕·인덕·일덕·불덕

네 가지 은혜에서 가장 얻기 쉬운 것은 조상이나 부모의 음덕이다. 팔은 안으로 굽는다는 말처럼 조상이나 부모의 음덕은 별다른 노력 없이 얻을 수 있다. 나의 능력이 $1/5$이고 조상이나 부모의 음덕이 $1/5$이므로 $2/5$는 거저 얻는 은혜라 할 수 있다. 반면, 나머지 $3/5$은 내가 노력해야 얻을 수 있는 은혜이다. 에게 베풀어야 인덕이 생기고 국가에 충성을 해야 일덕이 생기며 정법을 수행해야 불덕이 생기는 것이다. 이것이 ⅗ 자신의 능력만으로 모든 것을 이룰 수 없고, 부모의 음덕만으로 평생을 살 수는 없다. 이렇게 볼 때 인덕과 일덕 그리고 불덕이 한 사람의 일생을 좌지우지함을 알 수 있다. 물론 부모의 음덕이라 하여 독차지할 수 있는 것도 아니다. 부모가 사랑하는 자식에게 더 많은 재산을 물려주듯이 음덕 또한 특정한 자식에게 상속되기 때문이다. 예를 들어 쌍둥이를 낳는 집안이 있다. 그 집안에 다섯 아들이 있다 할 때 다섯 며느리가 모두 쌍둥이를 낳는 것은 아니다. 어느 한 며느리가 쌍둥이를 낳을 수도 있다. 아니면 다른 가문으로 시집간 딸이 쌍둥이를 낳을 수도 있다. 조상의 음덕이란 그런 것이다. 후손이라 하여 똑같이 나눠주는 것은 아니란 말이다. 많은 후손 가운데 조상을 잊지 않고 섬기는 후손, 추선불사追善佛事나 추복불사追福佛事를 정성껏 드리는 후손, 조상의 은혜에 감사할 줄 아는 후손에게 좀 더 많은 음덕을 베푸는 것은 지극히 당연한 일이다. 그러므로 평소에 부모 은혜를 생각하고 감사하는 마음을 갖는 자세가 필요하다. 어떤 음식을 먹다가 아버지를 생각하면 이는 아버지의 은혜를 생각하는 것이다. 굳이 그 음식을 챙겨 아버지에게 가져다드리지 않아도 된다. 음식을 통해 아버지를 떠올리고 그 은혜에 감사하는 마음을 갖는 것만으로도 조상이나 부모의 음덕을 받게 된다. 이와 마찬가지로 물질이 풍족해야 회향을 하는 것은 아니다. 머릿속의 생각만으로도, 감사하는 마음만으로도, 따뜻한 말 한마디로도 얼마든지 회향할 수 있다.

세상살이에서 본래의 마음을 모두 사용하다

"덕력德力 없는 소인小人으로
남의 이양利養 받게 되면
분에 넘는 이양으로
도로 손감損減 되느니라.

대인과 소인이란 키가 크다거나 작다는 구분이 아니라 마음이 넓고 좁음을 의미하며 은혜를 알고 모르는데 따라 구분된다. 불교는 마음이 넓고 좁음을 구분하지 않는다. 중생의 마음은 모두 똑같기 때문에 넓다 좁다는 구분할 수 없다. 다만, 은혜 속에 살면서 보답하는 마음의 크고 작음을 말하는 것이다. 사람의 마음이란 본래의 크기만큼 다 쓰지 못한다. 마음의 일부분만 일상생활에 사용할 뿐이다. 본래 가진 마음을 다 사용하는 분은 부처님이다. 중생인 우리는 죽을 때까지 본래의 마음을 다 쓰지 못한다. 마음을 100%라 할 때 부처님은 본래의 마음을 100% 모두 사용하는 분이다. 십법계의 마음 사용하는 능력을 인간세상을 기준으로 살펴보면, 부처님세계는 100%, 보살세계는 90%, 연각세계와 성문세계는 70~80%, 천상과 수라계는 50~60%, 인간계와 축생계는 30~40%, 아귀계와 지옥계는 10~20%의 마음만을 사용하고 있다. 인간계가 30~40%를 사용한다고는 하지만 현실에서는 그것조차 다 사용하지 못한다. 중생이 일생 동안 생활하면서 실제 사용할 수 있는 마음의 양보다 적게 사용할 경우 다음 생에는 그보다 더 적은 마음을 쓰는 곳으로 몸을 바꾸어 태어나게 된다. 그것이 바로 윤회輪廻이다. 본래 마음의 70퍼센트 정도 쓴다면 영원히 윤회하지 않는 세계에 들어갈 수 있다. 오늘은 본래의 마음에서 우리가 사용할 수 있는 마음은 어느 정도인지 알아보기로 한다.

　　　　흔히들 아무개는 복이 있다, 아무개는 복이 없다면서 쉽게 평하곤 한다. 그러나 어떤 것이 복이고 어떤 것이 복이 아닌지 아무도 판가름할 수 없다. 어떤 이의 삶이 넉넉하고 평안하면 복 있는 사람이라 한다. 반면, 어떤 이의 삶이 고달프고 부족함이 많으면 복 없는 사람이라 한다. 이것은 복으로 소인과 대인을 가리키는 것이다. 겉모습만으로는 소인과 대인을 구별할 수 없다. 사람이 은혜로운 마음을 드러내어 행동하고 말할 때 비로소 소인과 대인을 판가름할 수 있다. 소인은 불편한 삶을 사는 사람이다. 어리석은 사람, 지혜롭지 못한 사람이다. 나에게 이익을 줄 뿐 아니라 모든 사람에게 보은의 의미로 이익을 나누어 주는 행동과 말과 생각을 했다면 지혜로운 사람으로 대인이라 하는 것이다.

　　　　소인은 자기만을 생각하는 사람, 대인은 자기 생각보다 남을 먼저 이해하고 배려하는 사람이다. 남을 먼저 생각하는 사람이 윗사람이 되고 대인이 되는 것이다. 불편한 사람이 이웃에 살면 왠지 나도 불편하다. 내가 아무런 잘못을 저지르지 않았어도 이웃 때문에 불편해진다. 이렇게 느낀 불편함이 인因이 되어 이웃의 업을 같이 짊어져야 한다. 이와 같이 자신도 모르는 행동이나 말이 다른 이에게 이익이 되지 못하는 경우가 있다. 다른 이를 배려하지 못하고 자신만 생각해서 말하고 행동하였기 때문이다. 내가 한 사람을 생각하면 한 사람의 위에 있게 되고, 열 사람을 생각하면 열 사람의 위에 있게 되며, 백 사람을 생각하면 백 사람의 위에 있게 된다. 내가 만 사람에게 도움을 주고 이익을 주겠다고 생각하면 나는 만 사람의 위에 있게 된다. 사람 위에 사람 없고 사람 밑에 사람 없다고 한다. 하지만 나의 생각이나 말 또는 행동이 다른 사람에게 얼마나 이익을 주고 얼마나 해를 끼치느냐에 따라 나는 그 사람 위에 있을 수도 있고 그 사람들 아래에 놓일 수도 있다. 그러므로 사람 위에 사람 있고 사람 밑에 사람이 있는 셈이다. 내가 한 사람을 비방하면 나는 그 한 사람 밑에 놓이게 된다. 내가 열 사람에게 손해를 보이고 비방하면 나는 열 사람 아래 놓이게 되며, 내가 백 사람에게 손해를 보이고 위압적인 행동을 하면 나는 백 사람 아래에 놓이게 된다. 이런 사람을 소인이라 한다. 내가 어떤 물건을 가졌을 때 그 물건에 따라 소인이 되기도 하고 대인이 되기도 한다. 내가 가진 물건이 나만을 위한 것이라면 천하의 좋은 물건이라 해도 나는 소인의 물건을 가진 것이다. 내가 가진 물건이 만인에게 필요하고 쓰임새가 있다면 나는 만인의 존경을 받는 대인이 되는 것이다.

　　　　소인의 행보와 대인의 행보 또한 다르다. 소인이 걸어가야 할 길이 있고 대인이 걸어가야 할 길이 있다. 나만을 생각하며 세상을 살아서는 제대로 된 삶을 살 수 없다. 대인의 생각을 가진 사람은 나만의 이익을 버리고 남의 이익을 우선 챙긴다. 나를 희생하여 사회에 공헌하려는 생각을 가진 사람이 진정한 대인이다. 오로지 나의 명예와 이익, 내 것만을 생각한다면 소인 중의 소인일 수밖에 없다. 사회와 국가가 원한다면 한 걸음 뒤로 물러서서 양보할 줄도 알아야 한다. 그것이 바로 대인의 삶이다. 대인의 삶을 살 때 비로소 많은 사람을 거느릴 수 있으며, 많은 사람들 윗자리에 오를 수 있다. 그렇지 못할 경우 많은 사람들 아래에 놓이게 된다. 어느 누구든지 남의 아랫자리에 놓이기를 바라지는 않는다. 모든 것은 마음가짐이 문제이다. 소인의 마음을 가진 사람은 어쩌다 큰 물건이 손에 들어와도 수용하지 못한다. 오히려 큰 물건 아래 깔려 목숨을 잃을 수가 있다. 간혹 복 없는 사람이 높은 자리에 앉게 될 때도 있다. 그 사람은 그 자리에 오래 머물지 못한다. 굳이 내가 깎아 내리거나 벌하지 않아도 자연스럽게 무너지는 것이 세상의 진리이다. 가르친다는 의미에서 사회교육과 종교는 같지만 무엇을 가르치느냐에 따라 사회교육과 종교는 서로 다르다. 그리고 학교교육은 정보차원에서 많은 것을 나열하여 알려준다. 그 가운데 무엇을 선택할지 판단은 개인의 의지에 달려 있다. 가치관에 따라 무엇을 선택할지 달라지는데, 이때 가치관을 심어주는 것이 종교의 역할이다. 불교는 대승심을 갖도록 가르친다. 대승大乘은 큰 수레를 의미이다. 대인은 큰 수레를 끌수 있어야 한다. 한 사람이 타는 말은 소승이다. 그러므로 대승적 마음이란 많은 사람을 품안에 품고, 많은 사람에게 이익을 제공하는 마음자세가 대승적 마음이다.

　　　　소인의 생각으로 개인의 이익을 추구해서는 아무것도 이룰 수 없다. 나보다는 남을 먼저 생각하고 이웃을 먼저 생각해야 한다. 나보다는 전체를 생각하고 국가를 생각해야 대인이 될 수 있다. 가정에서 한 식탁 앞에 앉아 밥을 먹을 때 내가 수저를 드는 순간, 상대의 수저를 한 번 바라보라. 내가 젓가락을 들 때 상대는 어느 곳에 젓가락이 가는지 주의 깊게 지켜보라. 상대의 젓가락이 가는 곳에 내 젓가락이 가려 하면 멈추어야 한다. 상대가 좋아하는 반찬이므로 내가 멈추는 것이다. 이러한 배려심이 없을 경우 내 입에 맞으면 먼저 먹게 된다. 상대를 미처 생각하지 못하면 소인의 삶을 살 뿐이다. 소인의 삶을 살면 백 사람 위에 앉을 수 없고 천 사람, 만 사람 위에 앉지 못한다. 그런 사람은 영원히 백 사람 아래 살게 되며 천 사람, 만 사람 아래 기거할 수밖에 없다. 그런 사람일수록 불평불만이 많다. 천 사람, 만 사람 아래 눌려 있으려니 얼마나 무겁겠는가? 낮게 있는 사람은 다른 사람들에게서 질곡과 멸시를 당하므로 남는 것이 불평불만밖에 없다. 그러므로 매사에 불평인 사람은 참회하고 다른 삶을 살아야 할 것이다. 만 사람 위에 있게 되면 불평이 나올 리 없다. 천지가 훤히 내다보이는데 무엇을 불평하겠는가. 이런 상황에서 불평불만을 표현한다면 이기적인 사람이다. 따라서 불평불만은 나만 생각한다는 증거가 될 것이다. 지금 이 순간, 스스로를 돌아보도록 하라. 학교에서는 자신의 삶을 돌아보는 따위는 가르치지 않는다. 종교에서만 이런 것을 가르친다. 학교는 의무교육기관이지만 종교는 자유롭기 때문에 이런 가르침이 가능하다. 따라서 스승의 길을 걷는 종교인만이 사람들에게 자신의 삶을 돌아보라는 가르침을 설할 수 있다. 이 점을 깊이 생각할 때 덕이 없고 그릇이 작은 소인은 남에게서 이양利養을 받는 순간 무너지고 만다. 대인은 천하를 손에 쥐어도 눈 하나 까딱하지 않는다. 가장 높이 오른 사람은 천하를 쥐었으므로 매사에 자유로울 뿐이다.

은혜 속에 살아가는 우리들은 용맹심을 가지고 자기만의 삶이 아닌 을 위한 삶을 살기를 바란다. 행동할 수 있을 때 좋은 행동하며, 말을 할 수 있을 때 좋은 말만 하도록 한다. 베풀고 공양하는 마음으로 진언염송을 하면서 생각을 할 수 있을 때 광대하고 원만한 생각을 하도록 한다. 남을 해치려는 생각, 물질만 모으려는 생각, 이쪽과 저

쪽으로 편을 나누는 생각, 다른 사람을 시기하거나 질투하는 생각 따위는 절대 하지 않아야 한다. 삼라만상으로부터 은혜로 받은 공양의 빚을 다 갚으려면 얼마나 많은 일을 해야 할지 모른다. 나는 과거생에 지수화풍에게서 빚을 많이 졌기 때문에 금생에 부족하고 모자라는 몸으로 태어났다. 땅도 적게 주고 물도 적게 주었기에 부족하고 모자라는 몸이 된 것이다. 금생에 진언을 부르는 문중에 들어온 것이 천만다행이다. 지수화풍에 빚은 졌지만 그나마 식識 공양은 게을리 하지 않은 탓으로 부처님의 법을 만났다. 죽을 때까지 가져갈 수 있는 것이 참된 재산이다. 이 재산은 봉사하고 희생하고 상처받은 마음을 다독거려주고 안아주어야 더 이상 빚을 지지 않는 삶이 될 것이다. 지금까지 악업을 지어왔다고 생각되면 깊이 참회해야 한다. 생각을 할 수 있을 때 참회하고 몸을 움직일 수 있을 때 참회하며, 말을 할 수 있을 때 참회하도록 한다. 생각도 제대로 돌아가지 않고 몸도 제대로 움직일 수 없고 말도 제대로 할 수 없을 때는 참회할 기회조차 잃게 된다. 참회 다음이 공양이다. 자신의 말이 부족하고 생각이 부족하고 몸이 부족하다고 느낀다면 다른 것으로 공양하도록 한다. 몸 대신 물질로 공양하고, 말이나 생각 대신 자신이 지닌 물건으로 공양해야 할 것이다. 기쁜 마음으로 희사하는 것이 옳다. 부처님은 나를 굶기지 아니하고 아프게 하지 아니하고 외롭게 하지 않는다는 확신이 서면 희사를 하는 데 아무런 망설임이 없을 것이다. 무엇을 두려워하겠는가? 중생들이 가진 물질은 부처님의 세계에서 보면 서푼어치의 가치도 없다. 그것을 아껴 어디에 쓰겠는가. 부질없는 욕심일 뿐이다.

제 26장

안을 닦지 아니하고
어찌 밖을 보호하랴

참회란 잘못한 일을 뉘우치는 것뿐 아니라 본래 자기를 찾는 것이다. 본래의 자기를 찾음이 곧 심인이며, 심인을 밝히는 공부가 진각밀교의 핵심 수행이다. 이 장에서는 육자진언 수행으로 마음을 닦음으로써 불가사의한 공덕을 쌓는 길을 알아보기로 한다.

원래 마음을 되찾는 것이 곧 부처의 가르침

"안을 닦지 아니하고 밖을 보호하려함은
원래 그릇된 것이라. 복이 안에 솟아남을
깨쳐 알지 못하고서 동쪽이나 서쪽에서
옴과 같이 생각함은 어리석은 것이니라."

심인진리는 안을 닦는 공부이지 밖을 꾸미는 치장이 아니다. 부처님의 가르침 또한 마음을 닦는 말씀이지, 외관상 꾸미는 말씀이 아니다. 마음을 닦는 가운데 화禍와 복福은 저절로 평정된다. 부처님은 복을 서원하지 말고 오로지 마음을 닦으라는 가르침을 중생에게 전하고 있다. 그렇다면 우리가 바라는 복과 지혜, 공덕은 언제 닦느냐고 반문할 수도 있다. 복과 지혜, 공덕은 닦는다고 이루어지는 것이 아니다. 마음의 문을 열고 수행을 잘하면 복과 지혜는 그림자처럼 따라올 뿐이다. 복과 지혜, 공덕은 인위적으로 만들어지는 것이 아니고 인위적으로 만들 수도 없다. 흔히들 부처님의 가르침을 잘못 알아듣고 염송만 하면 복이 닦아지고 지혜의 문이 열려 공덕이 일어난다고 믿는다. 그러나 이는 잘못된 믿음이다. 마음을 닦아 편안해지면 복과 공덕은 저절로 일어나는 것이다. 우리가 듣기 좋은 말로 마음을 닦는다고 표현하지만 실제로는 닦을 마음이 없다. 본래의 불성인 마음은 닦아지는 것도 아니다. 원래 사람의 마음은 부처님의 마음과 똑같다. 부처님 마음이란 팔만사천의 모든 공덕을 지닌 마음이며, 우리의 마음도 팔만사천 공덕을 지닌 마음이다. 그러므로 부처님의 마음이나 보살의 마음 그리고 중생의 마음은 그 넓이와 깊이가 똑같은 것이다. 다만 실제로 쓰는 마음 씀씀이가 탐진치에 가리어서 다를 뿐이다. 이것을 제거하는 것이 수행이다.

　　　　중생과 부처는 같은 마음을 지녔다. 삶을 비교해볼 때 고통의 차이가 있다. 부처님은 한결같은 마음을 사용하지만 중생은 차별이 있다. 부처와 중생간에 차이만 있는 것은 아니다. 중생들 사이에도 차별이 있다. 그리고 부족함도 많고 모자람도 많다. 마음 씀씀이도 넓게 쓰는 사람이 있는가 하면 바늘구멍만큼 좁게 쓰는 사람도 있다. 마음을 바늘구멍만 하게 쓴다 해서 사람의 마음이 바늘구멍만 한 것은 아니다. 본래는 같았는데 사용하는 방법을 모르다보니 바늘구멍만 하게 사용할 뿐이다. 부처와 같은 마음을 지니고 있어도 마음이 넓다 좁다 깊다 얕다 한다. 이러한 차별심이 생기는 것은 저마다 사용하는 마음이 다르기 때문이다. 중생 마음과 부처 마음은 구별되는 것이 아니다. 다만, 어떤 마음으로 세상을 살고 어떤 마음으로 사람을 대하며, 어떤 마음으로 생활하느냐에 따라 구분된다. 이왕이면 본래 마음대로 생활하면 좋을텐데, 그렇지 못한 것은 중생이다. 자신의 마음속에 있는 불성의 마음을 닦지 않고 밖에서 서성이는 중생의 마음으로 산다면 희로애락喜怒哀樂 과 오욕칠정五慾七情에 쉽게 빠져든다. 부처님의 대자대비大慈大悲한 마음으로 살아가면 희로애락이나 오욕칠정의 구분이 없다. 부처의 대자대비한 마음으로 하루하루를 영위해갈 때 중생의 모든 번뇌는 사라지게 되는 것이다.

진각성존 최초의 설법지, 계전의 이송정

진각성존은 성서 농림촌(지금의 최정심인당)에서 육자진언의 묘리妙理를 깨달았다. 49일 동안 그곳에서 보림保林을 하고 계전 이송정으로 오셨다. 깨달음은 자신만을 위한 것이 아니다. 을 생각하지 않는 깨달음은 반쪽 깨달음으로 완전한 성불의 경지가 아니다. 반드시 보림을 통해서 중생에게 이익을 주고자 할 때 완전한 깨달음을 이루었다 할 것이다. 예를 들면, 어린 새가 막 세상에 나온 것과 같다. 마음대로 날 수도 없으며, 먹이를 구하지도 못한다. 어린아이도 이와 같다. 자신을 위해서는 아무것도 못하면서 어찌 남을 위할 수 있겠는가? 어린아이는 다만 부모에게 기쁨만 제공했을 뿐이다. 모든 것은 부모에게 맡겨야 한다. 어느 정도 시간이 흐른 뒤에 보고 듣고 말하면서 태어난 보람을 느낄 것이다. 깨달음을 얻은 자도 지금까지 중생으로 익힌 모든 습을 내려놓고 마음이 철저히 무심無心에 들어가 한 점의 물건도 남지 않도록 보림수행을 해야 하는 것이다. 보림을 통해서 깨달음의 진리를 다시 한

번 다지면서 스스로의 몸과 마음을 돌아보고 인연 있는 주변 사람들을 살피면서 깨달음의 본분종사인 중생을 해탈시키는 대도의 길로 나아가는 방법을 찾아야할 것이다. 싯다르타가 보드가야동산에서 보림을 하고 난 다음 바라나시로 향하듯이 농림촌에서 보림을 하고 난 다음 이송정으로 향하였다. 깨달음을 얻은 후 보림에 들어가는 것은 무엇을 가르칠 것인가? 어떻게 가르칠 것인가? 고민하고 설계하는 시간이다. 싯다르타는 보드가야에서의 보림으로 45년을 고통 받고 헤매는 중생을 찾아 길에서 보낸 분이다. 진각성존 역시 보림에서 얻은 법이 중생을 제도하는 방법이다. 그 중에 하나가 가정방문법을 실천하신 것인데, 곧 부처님의 법을 실천하는 것이 된다. 불교는 실천종교이다.

        이송정 재실齋室 오른쪽 벽에 십악참회문을 붙여놓고 참회의 법을 설하였다. 다시 양동 관가정에서 육자진언의 묘리와 과거, 현재의 인과와 관련한 설법을 하였으며, 포항 상원동 생활하는 집으로 돌아와 사랑채에 참회문을 붙이고 주위 사람들에게 육자진언수행법을 전하였다. 이것이 보림에서 찾은 중생제도의 길에서 안을 먼저 닦는다는 의미에서 인연이 깊은 집안들을 제도한 것이다. 부처님이 인연이 깊은 5비구에게 가장 먼저 법륜을 굴린 것과 같은 이치이다. 진각성존이 택한 안을 닦는 법은 먼저 조상의 업을 소멸하고 새로운 업을 짓도록 했다. 깨달은 자의 주변정화를 우선으로 하는 것은, 중생으로서의 업장이 소멸되고 새로운 공덕이 일어나며 미래의 인연관계를 불보살의 회상에서 재회하는 인연으로 만들기 위한 것이다.

안을 닦는 방법 중에 제일 좋은 방법은 참회

　　　　　진언수행으로 참회하는 도량을 개설한 것은 중생심의 업을 소멸하지 않은 이상 본성은 볼 수 없으며, 본성을 보지 못하는 한 깨달음을 얻지 못한다. 습관은 밖에 있는 것이 아니다. 자신의 내면 깊숙한 곳에 자리하고 있다. 언제 돌출할지 모르는 그것을 재거하기 위하여 참회하는 것이다. 과거에 익힌 악업장을 소멸하여 병고로부터 해탈하여 삼세인과를 말끔히 제거해야 한다. 서원을 가지고 육자진언을 염송한다 해도 그 서원이 먼저 이루어지지는 않는다. 육자진언 염송을 하면 숙세로부터 지어온 악업장 때문에 생긴 병고病苦가 소멸되고, 다음으로 가난에서 벗어나는 공덕이 일어난다. 그러고 난 다음에 서원이 이루어지는 것이다. 병에는 두 가지가 있다. 하나는 육체적 병이고 또 하나는 정신적 병이다. 육체적 병은 세상 사람들이 다 아는 질병이며, 마음의 병은 본인만이 알 수 있는 병이다. 마음의 병은 악업을 짓기에 좋은 환경이 만들어지는 병이다. 즉 악업을 멈추지 못하는 것이 마음의 병이다. 남을 비방하거나 모질게 대하는 마음, 남이 잘못되기를 바라는 마음과 시기, 질투가 곧 마음의 병이다. 남이 잘되는 것은 무조건 싫으므로 마음의 병이라 아니할 수 없다. 이때의 남이란 나를 제외한 모든 사람을 가리킨다. 나 이외의 부모나 형제자매일 수 있고 부부간일 수도 있다. 예로부터 "사촌이 논을 사면 배가 아프다."는 속담이 있다. 이러한 심보가 곧 마음병이다. 사촌이 논을 사서 잘살면 모르는 남이 잘사는 것보다 좋을 것이다. 이를 배 아파하니 마음병이 아닐 수 없다. 지금 시대는 마음병이 더욱 깊어져서 사촌뿐 아니라 내 형제가 논을 사도 배가 아픈 상황이다. 사람들은 나 이외 어떤 사람도 잘되는 것을 원치 않는 특수성을 가지고 있다. 특히 요즘은 잘못된 교육 탓인지 아이들이 부모를 공경하지 않는다. 나 이외에 부모나 형제자매조차 관심이 없는 요즘 아이들 또한 마음병에 걸린 환자라 할 것이다.

    남이 잘되는 것은 싫으면서 자신이 하고 싶은 말은 한 마디도 참지 않고 다 내뱉어야 후련하다는 사람들이 대부분이다. 자신이 하고 싶은 대로 다 하고, 자신이 갖고 싶은 것은 다 가져야 직성이 풀리는 시절, 이러한 마음병을 다스릴 수 있는 것은 본심을 찾는 육자진언 수행뿐이다. 자성을 찾아 남을 생각하고 이웃을 돌아보는 여유를 갖는 것이 진언염송의 참 의미라 할 것이다. 진언염송으로 마음병이 소멸되는 순간 물질이 일어나기 시작한다. 그 전에는 물질이 일어나지 않는다. 병고해탈 다음으로 오는 것이 물질해탈이다. 그리고 물질해탈이 된 이후에 화목한 세상이 찾아온다. 사회에서 가장 중시하는 것 중에 하나가 소통이다. 병고해탈하고 가난해탈하면 소통의 문이 열린다. 지금까지 물질만을 위해 살다보니 뒤를 돌아보거나 옆을 둘러볼 여유도 없었다. 나의 이익만을 위해 살다보니 가족이나 이웃과도 등을 돌리게 되었다. 물질적으로는 풍요로워졌는지 모르지만 날이 갈수록 외로움은 커졌다. 형편이 어려울 때는 나밖에 몰랐지만 살림살이가 넉넉해지면 남을 생각할 시기가 찾아온다. 자연스럽게 화합의 문이 열리게 된다. 마음의 병이 나을수록 넉넉하고 여유로운 삶이 될 것이며, 마음의 병이 낫지 못해 남을 원망하고 헐뜯을수록 점점 더 가난해질 수밖에 없다. 그러므로 이 모든 것의 원인이 되는 마음병을 치유하도록 권한 것이다. 육자진언 수행으로 얻어진 묘리를 무엇으로도 표현할 수 없다. 복을 구하는 것도 아니요, 명을 구하는 것도 아니다. 오로지 참회하는 마음으로 내 몸을 돌아보면 금생에 만들어진 몸이 아니라 숙세宿世를 통해 만들어졌음을 알 수 있다. 숙세에 지은 업은 지금의 나로서도 어쩔 수 없는 일이다. 한 자리에 앉아 같은 법문을 듣는데도 지은 업이 다르기 때문에 저마다 생각이 다를 것이다. 중생의 생각이 다른 것이다. 중생의 마음 씀씀이는 불심이 아니므로 저마다 다르다. 마음 씀씀이가 다르기 때문에 모습 또한 천차만별이다. 지구상에 존재하는 사람들은 같은 모습을 지닌 사람이 태어난 적은 한 번도 없다. 쌍둥이조차 똑같이 생긴 사람은 없다. 각각의 지은 인과 때문에 한 사람도 같은 사람이 없는 것이다.

제27강

우리 삶의 모습이
곧 밀교수행

족상足相은 과거의 발자취이며, 수상手相은 미래에 나아갈 모습이며, 관상觀相은 지금 현재의 모습이다. 일상생활 자체가 곧 밀교수행이므로 과거 잘못을 참회하고 미래 행복을 위해 현재의 습관習慣을 좋은 쪽으로 바꾸면 누구나 부처님과 같은 삶을 살 수 있다. 이 장에서는 진실한 말과 행동, 생각의 삼밀로써 밀교수행 방법을 알아보기로 한다.

모양에 따라 저마다 다른 작용

"무릇 육대六大를 체體로 하여 연기하는 만상들은
그 상에서 당연하게 모든 작용 있으므로
이 작용을 신구의身口意의 삼밀이라 이름이라."

밀교라 하면 그리 어려운 법이 아니고 어려운 종교가 아니다. 많은 사람들은 밀교라는 용어를 매우 어렵게 생각하고 쉽게 다가오려 하지 않는다. 현교와 달리 밀교는 우주의 내밀한 이치를 온 몸으로 깨달아 육신 자체가 곧바로 부처가 되는 즉신성불卽身成佛을 목표로 한다. 특히 진각밀교는 생활불교와 실천불교를 주창하면서 기존의 불교와 차별화함으로써 불교의 대중화에 심혈을 기울인다. 법당은 예경처가 아닌 수행처로 법신비로자나불 본심다라니인 육자진언이 모셔져 있다. 그 모습이 의아스럽게 생각하여 처음 대하는 분들은 접근하기 어렵다고 느낄 것이다. 그러나 이곳은 의아한 모습과는 달리 언제나 밀교의 수행교리를 설하면서 일요일마다 법회를 열어 생활속의 가르침을 찾게 하고 있다.

법문의 내용은 특별한 것이 아니라 우리의 모양, 모습 자체, 일상적인 삶 자체가 밀교수행임을 알게 한다. 모양이 곧 우리 삶의 모습이고 평범한 일상생활 자체가 밀교수행이다. 그러므로 모양따라 작용이 있음을 깨달아야 할 것이다. 지수화풍공식의 육대본체에서 만들어지는 모습이 눈으로 볼 수 있는 만상萬像이다. 삼라만상은 어떤 작용을 위해 모양이 생긴 것이다. 그러므로 모양만 보면 무엇이 되려는지, 무엇을 하려는지 알 수 있다. 예를 들면, 구명 뚫린 그릇에는 물을 담지 못한다. 따라서 물을 담지 않는 또 다른 쓰임새가 있을 것이다. 네모 모양의 그릇은 두부나 메주를 만들 때 요긴하게 쓰인다. 즉 어떤 모양의 물건이든지 그 물건을 자세히 들여다보면 거기에 맞는 쓰임새가 있다는 말이다. 우리가 이 세상에 태어나고자 할 때 과거생의 업주머니를 부모가 될 분에게 맡겼다. 이제 부모님으로부터 몸만 받아 이 세상에 살게 된다. 그 과정을 보면, 땅地은 단단한 것이 본성이며, 물水은 습기가 본성이다. 불火은 따뜻함이 본성이며, 바람風은 움직임이 본성이며, 허공空은 비어있는 것이 본성이다. 식識은 아는 것으로 생명의 활동이다. 이 여섯 가지의 보이지 않는 체體를 받아서 모양을 만들어 몸이 된 것이다. 모두 내가 준 업주머니만큼 나의 몸을 만들어준 것이다. 혹 잘못된 부분이 있다 하여도 그것은 나의 잘못이지 부모의 잘못은 아니다. 부족한 업주머니를 최선을 다하여 편리한 생활을 할 수 있도록 10달 동안 만들어 준 은혜에 감사해야할 것이다. 내가 준 단단함의 성품 재료로 단단함으로 몸이 만들어진 것이며, 따뜻함 역시 나의 업주머니 속에 들어있는 재료로 지금의 체온이 36.5도가 된 것이다. 좀 더 따뜻함을 드렸다면 체온 역시 더 올랐을 것이다. 습기 역시 마찬가지다. 지금의 모습을 형성할 만큼만 드렸으므로 피부 속 수분을 이 정도만 머금은 것이다. 보다 넓은 허공을 드렸다면 키도 지금보다는 컸을 것이다. 내가 두 말 분량의 물을 갖고 싶다 해도 그릇이 한 말 크기라면 한 말의 물밖에 담을 수 없다. 물을 부어도 한 말이상 물은 담기지 않는다. 알음알이의 식도 내가 제공한 것이다. 자신의 생각이 이 정도밖에 안 되나 하고 실망스러울 때가 있을 것이다. 그것은 부모를 탓할 일은 아니다. 좀 더 나은 생각, 좀 더 훌륭한 생각을 할 수 있는데 이 정도밖에 되지 않는 것은 내가 그만큼의 식識만 부모님에게 제공했기 때문이다. 이것을 불교에서는 업業이라 한다. 숙세의 업으로 이러한 모양을 가졌으나 이제 그 모양을 바꿀 수 있는 길이 있다. 그것이 밀교의 삼밀수행이다.

　　　　우리는 금생의 모습은 이대로 만족할 수밖에 없다. 누군가 진작 알려주었더라면 부모를 원망하기 전에 좀 더 훌륭한 재료를 드렸을 것이다. 이미 몸을 받아 태어났으니 금생에는 이 모습으로 살아야 할 것이다. 그렇다고 후회할 필요는 없다. 다음 생에는 또 다른 부모를 찾아가 새로운 모습으로 태어나기 때문이다. 끊임없이 거듭되는 것이 윤회이므로 금생에 이 몸을 버리면 다음 생에는 새로운 부모에게서 새로운 모습으로 태어날 것이다. 그런데 금생에 다시 인을 잘못지어 다음 생에 돼지나 소, 뱀의 몸으로 태어나지 않을까 심히 걱정스럽다. 세상을 살면서 부모 원망만 하다가 죽으면 다음 생에는 부모가 없는 세상에 태어난다. 부모가 필요 없는 세상이라면 지옥과 아귀세계이다. 그나마 부모가 있는 곳은 인간세계와 축생세계뿐이다. 지옥세계는 업풍으로 태어나므로 현재 모습 그대로 가지고 간다. 그러므로 어느 한 순간도 부모를 원망해서는 안 된다. 부모를 원망하는 그 순간, 부모를 만드는 업이 사라진다. 이와 같은 이치를 마음속 깊이 새겨 현재의 악업까지도 바꿀 수 있는 삼밀수행하기 바란다.

신비로운 만다라 세상

모든 만다라는 육대로 이루어진다. 육대조화의 근원이 인과법칙이다. 인과법이란 우리가 순간순간 지은 업에 의해 드러난 자취라 할 수 있다. 발자취라 하면 지나온 과거의 역정歷程을 일컫는 말이다. 지금까지 살아온 모습이 얼굴에 고스란히 남는다. 눈가에 잡힌 주름살 하나조차 그동안 살아온 모습의 기록이므로 사람마다 다를 수밖에 없다. 고생한 사람의 눈가에 잡힌 주름살이나 이마에 팬 주름살은 고행하지 않은 사람과 다른 모양을 갖추고 있다. 이마에 잡힌 선 하나만 보더라도 그 사람이 살아온 과정을 알 수 있다. 얼굴모양따라 부귀장수와 희노애락이 결정된다. 우스갯소리로 옛날부터 전해오는 "인중이 길면 오래 산다."는 말이 있다. 이것은 인중 모양을 보고 장수를 염원하는 말이다. 둥근 속에서 태어난 것은 둥글 수밖에 없고 네모난 속에서 태어난 것은 네모날 수밖에 없다. 빨간 물이 들어 있는 통 속에 흰 천을 넣었다면 빨갛게 물들 것이요, 노란 물이 들어 있는 통 속에 흰 천을 넣었다면 노랗게 물들 것이다. 노란 물 속에서 나온 천이 빨갛거나 파랗게 바뀔 수는 없다. 나의 2세, 3세는 나를 닮을 수밖에 없는 이치가 바로 그것이다. 몇 생의 인연을 거쳐 이렇게 만났는지 모르지만 전생부터 많은 준비하여 만난 것이다. 옷깃만 스쳐도 인연이라 했으니 과거생의 어떤 법에 의해 만났을 것이다. 사람이 살아온 자취는 그만큼 섬세하다. 이렇게 생각하면 진리라는 것 또한 미묘하고 섬세하다는 것을 깨닫게 될 것이다. 주름 하나 제멋대로 그려지지 않고 점 하나 함부로 찍히지 않는다. 모두 인과법에 따라 하나둘 생긴 점을 연결하면 선이 되고 만다라가 된다. 이것이 만다라의 기본이다. 만다라는 점과 선으로 이어지는데, 이때 점은 한 점을 가리키고 선은 두 점 이상을 의미한다. 이렇게 볼 때 세상은 모두 만다라세계라 할 수 있다. 그중에서도 가장 뛰어난 만다라는 사람의 몸인 육체만다라이다. 우리들의 몸은 얼마나 아름답고 신비로운 만다라인지 모른다. 자연 역시 말할 것도 없는 매우 신비로운 만다라이다.

　　　　육체만다라의 작용을 보면, 바람이 불면 눈이 저절로 깜빡거린다. 먼지가 들어올까봐 시키지도 않았는데 스스로 눈을 깜빡거린다. 바람이 불 때마다 눈을 깜빡거리면 피곤할 만도 한데, 지치지도 않고 잘도 깜빡거린다. 잠이 오면 눈을 감은 채 잠을 청한다. 눈은 제가 알아서 저절로 감고 잠이 든다. 숨을 쉴 때도 마찬가지다. 지금부터 숨을 쉬어야지 하고 숨쉬는 사람은 없을 것이다. 의도적으로 숨을 쉴 수도 있으나 그럴 때는 숨이 가빠진다. 자연스럽게 맡겨두면 숨은 저절로 쉬게 되어 있다. 자연만다라도 이와 같다. 봄 여름 가을 겨울과 열대 온대 한대를 알고 비올 때가 되면 비오고, 눈 올때가 되면 눈이 오고, 바람 불때가 되면 바람이 분다. 자연만다라와 육체만다라는 알게 모르게 서로 닮아간다.

　　　우리가 사는 이 땅, 금수강산의 산천초목을 보면 한결같이 오밀조밀하고 정겹게 느껴진다. 이 땅에 태어나고 자란 우리 국민도 마찬가지다. 대부분의 사람이 키가 크지도 작지도 않으며, 코도 오뚝하지 않고 그냥 아기자기하게 생겼다. 서양 사람들처럼 키가 큰 것도 아니고 근육이 울룩불룩 나온 것도 아니다. 자연만다라를 육체만다라가 닮은 탓이다. 이와 같이 육체만다라는 자연만다라를 닮을 뿐 아니라, 육체만다라를 닮게 내가 지내는 방이나 책상, 입는 옷에도 영향을 미치며, 그리고 함께 사는 가족도 나를 닮아간다. 집안에 모든 물건의 배치도 육체만다라를 닮게 배치한다. 설법을 듣는 여러분이 들고 다니는 가방만 열어봐도 여러분의 성격을 한 눈에 알 수 있다. 가방 안이 여러분을 닮은 만다라로 가득 채워져 있기 때문이다. 가방 안에 불필요한 것이 많이 들어 있다면 여러분 마음에 불필요한 것이 많은 탓이다.

　　　이와 같이 육체만다라가 모든 것을 드러내므로 바깥을 보면서 고칠 것은 고치고 바꿀 것은 버꾸고 장려할 것은 장려하면 된다. 남을 보면서 이러쿵저러쿵 간섭할 시간이 없다. 자신을 찾기에도 바쁜 세상에 남을 향해 뭐라 하겠는가? 나의 몸이나 생김새를 원망할 필요도 없다. 외모에 치중하는 세상을 살다보니 때로는 나의 생김새를 두고 부모를 원망할 수도 있다. 그래서는 안 된다. 나의 생김새는 곧 내 마음을 닮았기 때문이다. 내 마음이 기쁘면 내 얼굴 또한 기쁘고 내 마음이 슬프면 내 얼굴도 슬프다. 마음이 밝으면 반지와 목걸이도 빛을 발하면서 반짝거릴 것이다. 중생은 본래 청정한 부처님의 마음을 지녔으나 안이비설신의眼耳鼻舌身意라는 여섯 기관을 바르게 쓰지 못한 탓에 거친 말과 거친 행동을 하는 습관習慣에 사로잡혀 있다. 이는 여섯 가지를 화합하여 하나된 진리의 모습으로 그려내지 못하기 때문이다. 이것을 바로하고자 참회의 가르침으로 스스로 잘못을 경책하게 하였다. 참회가 될 경우 안이비설신의는 조화를 이루어 화합의 아름다운 만다라를 이룰 것이다.

족상足相·수상手相·관상觀相

한 사람의 모습을 보면, 그 사람의 과거와 현재와 미래를 알 수 있다. 족상足相이나 수상手相, 관상觀相에 나타나기 때문이다. 족상은 그 사람이 살아온 과거의 모습이 나타나고, 수상은 미래의 모습을 알 수 있다. 족상은 변화가 없지만 수상은 변천하는 선이 있다. 수상은 변화무쌍하다. 지금부터 살아가야 할 내일의 모습이지만 바꿀 수 있다는 증거이다. 이처럼 수상은 미래를 예측하므로 부처님은 수인手印으로 표현하고 있다. 현재의 모습을 알 수 있는 것은 관상이다. 얼굴을 보면 이 사람이 지금 기쁨의 삶을 사는지, 슬픔의 삶을 사는지 알 수 있다. 마음이 기쁠 때 괴로울 때 가장 먼저 나타나는 것이 얼굴이다. 제 아무리 감추려 해도 감출 수 없는 것이 얼굴표정이다. 그러므로 얼굴은 현재의 모습을 드러내는 통로라 할 수 있다. 우리의 과거 현재 미래가 오목五目 밖에 모두 나타난다. 발은 발목 밖에 있고 손은 손목 밖에 있으며, 얼굴은 목 밖에 있다. 목은 또한 몫이다. 각자의 주어진 몫으로 살아가야 할 것이다. 사람으로 태어나 주어진 몫으로 살아간다는 것은 좀 억울하다. 만물의 영장이며 이 우주의 주인공인 사람이 과거에 주어진 것으로만 산다면 인생이 너무 아깝지 않은가? 현재와 미래를 바꿀 수 있는 법이 있다면 바꾸어 사는 것이 사람의 특권이 아니겠는가?

진리의 비밀스런 활동은 법신비로자나불의 몸의 활동과 말의 활동과 뜻의 활동이 법신비로자나불의 비밀 활동을 가져오는 작업이 삼밀이다. 비로자나불의 몸의 활동은 우주 전체 생명의 활동 그 자체이며, 법신비로자나불의 말의 활동은 만유일체의 표현체며, 법신비로자나불의 뜻의 활동은 법계의 형색과 음성의 2가지 활동을 가능하게 하는 이치를 말한다. 자연속에 나타나는 법신비로자나불의 세 가지 활동을 굳이 비밀이라 부를 이유가 없지만, 중생의 입장에서 비밀스럽게 보이므로 삼밀이라 한다. 수행모습으로는 중생이 법신비로자나불의 신밀身密인 인印을 결하고 법신비로자나불의 어밀語密인 진언眞言을 염송하며 법신비로자나불의 의밀意密인 삼마지三摩地에 주住하는 삼밀행三密行이다. 이 삼밀행을 실천수행하면 범불일체凡佛一體의 경계에 이르게 되어 즉신성불卽身成佛할 수 있다. 우주 법계의 활동 자체가 중생의 의식 속에 그대로 투영되지 않으므로 법신비로자나불의 활동 또한 누구나 의식할 수 없는 신비한 활동임에 틀림없다. 삼밀을 통해야만이 투영되므로 현재와 미래를 바꿀 수 있는 공능功能이 생기는 것이다. 삼밀은 어렵지 않다. 우리의 일상생활 자체가 그대로 삼밀활동이다. 신밀은 몸의 움직임을 의미한다. 금강지권을 결하고 수행하는 것만 의미하는 것이 아니라 몸으로 하는 모든 행동이 신밀이다. 어밀은 일체 만물의 소리를 의미한다. 바람 불면 바람소리가 있고 호루라기를 불면 호루라기 소리가 있으며, 피아노는 피아노의 소리가 있다. 귀뚜라미나 개미는 그들만의 고유한 소리가 있다. 크게는 지구가 돌아가는 소리도 있다. 지구가 태양 주위를 도는 원리가 신구의 삼밀작용에 의하여 스스로 돌아가는 것이다. 시간을 맞추어 공전과 자전을 한다. 무슨 힘일까? 누구의 지시인가? 신비롭다. 이것이 자연이 가진 비밀이다. 이 얼마나 과학적이고 합리적인 몸놀림인가? 의밀은 생각이다. 나의 바람이 부처님의 길을 가는 것이었기에 인도에서 석가모니불이 2,600년 전에 태어나 내가 배우고 따라야할 법을 만들어두고 열반하였다. 이 모든 것을 나 자신이 업으로 만든 것이지만 참으로 신비롭다.

진리란 이름도 없고 모양도 없이 빛으로 존재한다. 빛은 곧 비로자나불이다. 그러므로 진리와 빛은 비로자나불이다. 빛을 가졌다면 역시 비로자나불이다. 그 빛을 사용할 수 있는 주인공이 곧 우리자신이다. 비로자나불이 이 모든 것을 만들 때는 가장 깨끗하고 순수한 마음으로 만드므로 이를 청정성이라 한다. 비로자나불의 청정성의 사용권을 나에게 빛으로 주었다. 사용권을 가진 우리들이 번뇌 때문에 청정성을 잃고 변화를 시켰다. 변화시킨 지금의 내 모습이 좋으면 그냥 있어도 되지만 무엇인가 부족한 것이 있으면 빨리 고쳐야 한다. 사용권을 지닌 우리는 매 시간마다 바꿀 수 있는 능력을 가졌기 때문에 얼마든지 좋은 방향으로 변화시킬 수 있다. 미래를 알 수 있는 손금을 보고 바꾸기를 바란다. 바꾸고 바꾸고 바꾸는 마지막 귀결처가 청정성이며 무상정등정각의 자리이다. 그곳으로 가는 길에 몸과 입과 뜻을 실어야하는데 그것이 삼밀행이다. 우리가 삼베옷보다 비단옷을 좋아하듯이 손금 또한 비단결 같은 손금을 선호한다. 인정이 없으면 손도 메마르고 차갑고 딱딱하고 갈라진다. 인정이 있으면 손이 부드러우면서도 따뜻하고 두툼하다. 손이 왜 따뜻하고 차가운지 진리적으로 알아야 한다. 사물의 본질을 파악하기 전에는 그 무엇도 쉽게 판단해서는 아니 된다. 쓸데없는 분별심이란 선입견도 포함된다는 것을 명심해야 할 것이다. 마음의 문을 열고 스스로 깨달아야 한다. 자성自性을 깨닫는 것은 나 자신뿐 아니라, 상대의 본질까지 꿰뚫어 보게 된다. 삼밀수행으로 본다면 확실한 답을 얻을 것이다.

손금은 살아갈 일의 기록
발바닥 문양은 살아온 지난날의 기록

손금에는 앞으로 살아갈 일들이 기록되지만 발바닥에는 지금까지 살아온 날의 발자취가 기록되어 있다. 8만4천 인계印契는 몸동작이나 발동작이 아닌 손동작으로만 나타낸다. 물론 부처님을 좌상坐像·입상立像·와상臥像으로 표현하기도 한다. 좌상은 가장 흔히 볼 수 있는 몸동작으로, 명상에 잠긴 모습을 하고 있다. 입상은 부처님이 걸어다니는 모습을 표현했으므로 한쪽 발이 앞으로 나아가야 하는데, 중국이나 일본 그리고 우리나라에서 볼 수 있는 입상은 대부분 두 발을 가지런하게 서 있는 모습이다. 반면에 밀교의 발상지인 스리랑카, 인도, 방글라데시에는 한쪽 발이 앞으로 나아간 부처님의 모습을 볼 수 있다. 와상은 부처가 누워 있는 모습을 표현한 것인데, 주로 쉬거나 열반에 드는 모습을 말한다. 이와 같은 몸동작을 제외하면 대부분 손동작으로 하고자하는 설법의 내용을 표현하고 있다. 말씀으로 설법하면서 부족한 부분을 손동작으로 보충하여 표현하는 것이다. 무언설법하는《화엄경》의 비로자나불의 금강지권과 마음의 작용을 설하는《대일경》과 다양한 결인과 진언으로 설법을 하는《금강정경》으로써 하나의 삼밀관행을 전하고 있다. 이 세 경전이 법신비로자나불이 중생에게 보이고자 하는 성불법이다. 서원이 다르면 몸과 발의 움직임도 다르다. 사람의 손과 발은 같은 몸에 있지만 서로 다른 의미를 가지고 있다. 족적足跡이란 지나온 발자취를 의미하는데, 이는 그동안 살아온 일들이 발바닥에 모두 드러나기 때문이다. 부처님의 발바닥을 유심히 들여다보면 한쪽 발바닥에 54가지씩, 양쪽 발바닥을 합하여 108가지의 문양이 있다. 한 문양은 부처님이 지난 과거생에 성취했던 일들을 기록한 문양이다. 중생은 발바닥의 문양이 중요한 것이 아니다. 앞으로 살아갈 부분이 나타나는 손바닥이 중요하다. 이것은 곧 수인으로 손동작을 어찌할 것인가를 말하는 것이다.

　　싯다르타가 세상에 태어났을 때의 일이다. 아지타선인이 태자는 32상이 갖추어져 있음을 보았다. 이는 보통사람과는 다른 32종류의 길상吉像이었다. 몸의 생김새에 따라 다른 행동이 나오는데, 그 행동은 곧 습관을 의미한다. 32상이란 부처님의 행동과 습관을 표현한 모습이다. 아지타선인은 싯다르타의 길상을 보고 정반왕에게 다음과 같이 말했다.

　　"태자는 전 세계를 통치하는 전륜성왕이나 중생을 제도하는 부처가 될 상입니다. 그런데 아마도 부처님이 될 것 같습니다." 부처나 전륜성왕은 모두 32상을 갖춘 인물이다. 그런데 부처는 출가하여 중생을 교화하여 마음의 안락과 이익을 얻게 하는 분이며, 전륜성왕은 속세에서 전쟁 없이 백성을 평화롭게 다스리는 일을 하는 왕을 가리킨다. 중생을 생각하는 과정은 똑같은데, 부처님이 진리 면에서 중생을 평안하게 하여준다면 전륜성왕은 현실세계에서 백성의 마음을 평안하게 하여 주는 것이다. 한 분은 법왕法王이고 한 분은 인왕人王을 말하는 것이다. 정반왕이 왜 그렇게 생각하느냐고 묻자, 아지타선인은 다음과 같이 말하고 있다.

"태자의 양쪽 발바닥에는 108가지 문양이 있습니다. 그 문양 하나하나에는 지난 과거에 했던 일들이 기록되어 있지요. 그런데 싯다르타의 오른쪽 발바닥 앞줄 두 번째에 있는 문양은 전륜성왕의 문양이에요. 이는 싯다르타가 과거에 전륜성왕을 지낸 적이 있었다는 표시입니다. 따라서 전륜성왕을 이미 성취하였기에 금생에는 부처가 될 것입니다." 이 말을 들은 정반왕은 고민에 빠졌다. 싯다르타가 부처가 된다면 출가해야 한다. 그러면 가정을 버려야 하고 임금도 될 수 없으니 큰일이다. 당시 인도의 크고 작은 나라 가운데 정반왕이 다스리는 나라는 아주 작은 나라였다. 따라서 정반왕은 싯다르타가 인도 전역을 통일하는 전륜성왕이 되기를 바라는 마음이 간절하였다. 그러므로 정반왕은 자신의 아들이 부처가 되는 것을 바라지 않았다. 왕궁에 삼시전을 짓고 궁궐을 호화롭게 만들어 싯다르타가 다른 곳으로 눈을 돌리지 않도록 애썼다. 그러나 싯다르타는 한밤중에 궁궐을 나와 출가하였다. 전생에 전륜성왕을 지내고 이번에는 부처가 되기 위하여 이 세상에 출현하신 분이므로 아무리 아버지가 만류한다 하여도 어쩔 수 없는 일이었다. 이것은 아지타선인의 예언처럼 싯다르타의 발바닥에 나타난 족적에서 충분히 예측할 수 있는 행동이었다. 발바닥 문양으로 과거의 일을 알 수 있을 것이며, 손금을 통하여 앞날을 예측할 수 있다. 그리하여 부처님은 8만4천 가지의 손동작으로 우리 중생의 미래를 보여준다. 부처님의 다양한 손동작은 중생의 행동 하나하나를 그대로 나타내고 있다. 따라서 우리가 바람직한 행동을 하면 원하는 일이 모두 이루어지지만 잘못된 행동을 하면 그에 따른 죗값을 치러야 한다.

제 28 강
인과법칙설

불교는 마음의 종교이다. 불법佛法의 바다는 그 광대함이 무량무변하여 법문을 여러 형태로 나눈다. 크게 두 가지가 있다. 곧 진실법과 방편법이다. 진실법은 비로자나불의 가르침이요, 방편법은 석가모니불의 가르침이다. 진실법이 궁극의 법이라면 방편법은 진실한 법으로 유도하고 이끄는 법이다. 이 장에서는 진실법과 방편법 대하여 알아보기로 한다.

인 지은 대로 받으니, 보다 나은 인因을 지을 것

"인 지어서 과 받음은 우주자연 법칙이라.
좋은 인을 지은 이는 좋은 과를 받게 되고
나쁜 인을 지은 이는 나쁜 과를 받게 된다."

우리들이 이 세상에 태어나는 것은 본래 가지고 있는 자성을 중심으로 지은 업을 가미하여 태어나는 것이다. 지은 업이 선하면 선하게 태어나고 지은 업이 악하면 악하게 태어나며, 복을 짓고 태어나면 복되게 살고 악을 짓고 태어나면 재앙 속에서 살아야 한다. 사람은 누구나 다 행복하고 지혜롭게 살아가는 것을 원하고 있지만 뜻과 같이 살아갈 수 없는 것은 모두 인과법칙에 의하여 선과 복과 지혜를 닦지 않고 태어났기 때문이다. 이제 이러한 것을 알게 하고 잘못을 참회하고 잘한 것을 장려하면서 수행을 하도록 법신비로자나불이 방편으로 화신불을 출생시켜 수행의 법을 말씀을 하였으니, 이것이 2,500여 년 전에 석가모니불이 탄생하여 5천축을 돌면서 45년간 말씀하신 8만4천의 법문인 것이다.

밀교는 법신비로자나불의 자성自性을 찾게 하는 가르침이다. 중생은 본래부터 자성을 가지고 있는데 오욕칠정五慾七情의 번뇌 때문이 중생심이 된 것이다. 중생심을 버리고 자성을 찾는 것이 부처의 가르침이자 수행의 법이다. 그중 하나가 육자진언 수행법이다. 진언수행은 부처와 내가 하나 되고, 우주와 내가 하나 되고, 자연과 내가 하나 되는 원리를 깨닫는 수행이다. 자성을 가진 중생이 불보살의 흉내를 내지만 아무리 생각해도 오욕칠정이 가득한 중생이지, 불보살은 아니다. 오욕칠정에 탐닉하는 중생의 마음을 지녔으므로 고통이 뒤따를 수밖에 없다. 오욕 가운데 하나를 욕심내면 하나의 고통이 따를 것이며, 둘을 욕심내면 둘의 고통이 따를 것이며, 백을 욕심내면 백의 고통이 따를 것이다. 고통이 따르지만 원하는 것을 얻는 순간에는 약간의 즐거움이 있으므로 그 고통을 감수하게 된다. 고통을 감수하고 사는 세상이라 사바세계라 한다.

사바세계에 태어난 이상 우리는 오욕칠정을 버릴 수가 없다. 인과법에 따라 여러 겁을 통해 윤회하는 동안 몸과 마음속에 오욕칠정에 물드는 습習을 익혔기 때문이다. 중생의 안이비설신의 속에 과거생의 습관이 고스란히 남아 있다. 어린아이로 태어났다 해도 그 아이는 이미 많은 습관성을 지니고 있다. 과거생의 인과법에 따라 기어다니는 습관, 일어나는 습관, 말하는 습관, 생각하는 습관 등을 모두 갖고 태어났다. 습관은 곧 업이므로 사람은 업으로 태어났다 할 수 있다. 업은 일정한 때가 되면 발산을 한다. 환경이 갖춰지면 싹이 나게 되어 있다. 우리들 업의 씨앗은 무엇이든지 만들어 낼 수 있는 능력을 가지고 있다. 그런데 살아가는 동안 업만 받는 것이 아니라, 새로운 업을 짓게 된다. 전생의 업을 받기만 하고 새로운 업을 짓지 않는다면 윤회하지 않을 것이다. 비로자나불은 윤회하지 않는 법을 가르치는 것이다. 새로운 업을 짓는 능력을 가지면 자연이 지닌 힘과 진리가 지닌 힘을 가지 받게 된다. 부처님의 가지력加持力은 과거의 업을 바꿀 수 있는 힘을 지니고 있다. 자연과 우주법계와 하나가 되었다는 것은 가지관정을 받았다는 의미이다. 가지관정에 의하여 마음을 모으면 불가능한 일이 없다. 가지관정의 능력은 중생으로 하여금 부처가 지닌 청정한 자리로 돌아가게 하는 것이다. 이 경지에서 불가사의한 힘이 나타나기도 한다. 예를 들면, 전쟁이 일어났을 때 어느 마을에 어머니와 어린 아기가 미처 피난을 가지 못하고 남아있었다. 그 집에 적군이 쳐들어온 것이다. 어머니는 집에 들어오는 적군을 피하여 아기를 안고 뒷마당으로 뛰어갔다. 적들의 손에 붙잡히기 전에 달아나기 위해서였다. 서둘러 뒷마당으로 가니 높은 담이 가로막고 있어 더 이상 피할 길이 없었다. 다급하게 아기를 안은채 담을 뛰어넘어 몸을 피했다. 적군이 물러난 뒤 어머니는 집에 돌아와 그 담을 바라보았다. 여자 혼자 뛰어넘기에도 힘든 담을 아기까지 안은 채 뛰어넘었다는 사실이 믿어지지 않았다. 아기와 자신을 지켜야 한다는 절박한 마음이 없었다면 도저히 이룰 수 없는 일을 해낸 것이다. 모성애는 상상을 초월한 힘을 불러일으키기도 한다. 이것이 사람의 내면에 잠재되어 있는 힘이다. 그 힘은 가장 위급한 순간에 밖으로 나와 위력을 발휘한다. 여기 두 아이를 키우는 어머니가 있다. 한 아이는 침대에 누운 채 잠들어 있고, 한 아이는 자꾸 칭얼거리는 바람에 등에 업었다. 그런데 집안이 어질러져 있어 청소기를 돌리는 중이다. 청소기 돌리는 소리가 컸는지, 침대에 누워 잠자던 아이가 깨어나서 칭얼거린다. 그러자 어머니는 오른손으로 아이를 안은 채 왼손으로 청소기를 돌리며 청소를 한다. 바로 이때 휴대전화가 울린다. 여인은 한 아이를 등에 업고 한 아이를 오른손에 안고는 한쪽 귀에 휴대전화를 대고 통화하면서 왼손으로 청소기를 돌린다. 불가능할 것만 같은 이 일이 가능한 것은 어머니이기 때문에 가능하다.

　　　　이와 같이 사람은 어떤 상황에 몰리면 초인적인 힘을 발휘한다. 이 초인적 힘이 비로자나불의 청정성이며, 중생의 가지관정을 받으면 얻을 수 있는 힘이다. 사람으로 태어난 이상 누구나 똑같은 능력을 지니고 있다. 하지만 부모에 따라, 가정형편에 따라, 주변의 법과 자연현상에 따라 그 능력을 발휘할 기회가 다르게 주어진다. 많은 능력을 가지고도 필요한 능력만 사용하게 된다. 욕하는 부모를 만난 자식은 욕을 잘하고, 매질하기 좋아하는 부모를 만나면 저도 모르게 폭력성을 띠게 된다. 많은 능력을 갖고 태어나지만 그 능력을 발휘할 인연을 만나지 못했기에 잠재된 채 드러나지 않는 것이다. 수십 년 동안 땅속 깊이 숨어 있는 씨앗이라 해도 물만 주면 언제든 싹을 틔울 준비가 되어 있듯이 사람의 능력도 이와 같아서 인연을 만나면 나타나는 것이다. 그러기에 좋은 인연 만나기를 서원하는 것이다. 나쁜 인연을 만나 나쁜 습관이 나타나더라도 수행으로 바꿀 수 있다. 이왕이면 이 능력을 흘러가는 대로 맡기지 말고 수행으로써 자성自性을 찾는데 힘을 쏟아야할 것이다. 물론 자성을 찾지 않고도 여러분은 얼마든지 80 평생을 살 수 있고 100년 장수를 누릴 수 있다. 자성을 찾지 않는다 해서 사는 데 지장이 있을리 없다. 무슨 업을 짓든 누가 뭐라 하겠는가. 말할 때 되면 말할 것이며, 배고프다 싶으면 음식을 먹을 것이며, 추우면 옷을 덧입을 것이며, 더우면 시원한 곳을 찾아갈 것이다. 그 정도는 누구든 알아서 할 수 있다. 자연스럽게 이룰 수 있는 일들이다. 그러는 동안 금생에서 새로운 업을 짓게 되어 윤회의 굴레에서 빠져나올 수 없다.

달라이라마의 환생과 도연명의 윤회

사람이 죽으면 그 업에 따라 다시 태어난다는 사실을 우리에게 알려주는 법문이 티베트의 달라이라마 법왕이다. 달라이라마란 바다와 같은 지혜를 가진 스승이라는 의미이며, 관세음보살의 화신으로 알려져 있다. 지금의 달라이라마는 제14대 달라이라마로 텐진가쵸이며, 티베트의 정신적 지도자인 동시에 실질적 통치자이다. 1959년 중국 공산당이 티베트지역을 점령한 이후 인도로 망명했다. 지금은 전 세계를 돌아다니면서 불교의 가르침을 알리는 한편, 국제사회에 티베트의 독립을 호소하고 있다. 제14대 달라이라마는 초대 달라이라마로부터 티베트에 14번째 환생한 분이다.

관세음보살의 화신인 초대 달라이라마는 열 명의 제자에게 각각의 밀교법을 전해주었다. 83세가 되었을 때 열반에 든다. 열반에 들면서 다시 이 세상에 환생할 것을 예언하였다. 이때 40대가 된 열 명의 제자는 환생한 스승의 나이가 5세가 되었을 때, 환생한 스승을 찾아 1천여 가지의 시험을 통해 스승임을 증명하여 모셨다. 이 분이 제2대 달라이라마이다. 과거생의 제자들이 스승이 되어 5세밖에 되지 않은 제2대 달라이라마에게 각각 전수받은 밀법을 가르쳤다. 즉 법을 되돌려 드린 셈이다. 30년이 흐르면서 제1대 달라이라마의 제자(스승)들이 열반하고 2대 달라이라마 홀로 남는다. 다시 열반한 스승들이 달라이라마처럼 환생을 하여 제2대 달라이라마의 제자가 된다. 모두 제1대 달라이라마의 제자들이다. 티베트에는 환생한 분들을 린포체, 또는 툴코라 한다. 세월이 흘러 제2대 달라이라마가 열반하면 제자에서 스승이 된 사람들이 5세의 아이들 중에서 제3대 달라이라마를 찾아낸다. 이렇게 스승과 제자가 번갈아 환생하면서 14번 이 땅에 찾아온 분이 현재 제14대 달라이라마 텐진가쵸이다. 텐진가쵸는 얼마 전에 "더 이상 환생하지 않겠다. 나는 이것으로 끝을 내겠다."고 천명했다. 그러나 열 명의 스승은 이미 이 세상에 와 있으며, 이들 가운데 몇 분은 우리나라에 온 적도 있다. 제14대 달라이라마는 15대 환생을 거부하며 새로운 사람들에게 기회를 주고자 하지만 10명의 제자들의 생각은 어떠할지? 미래가 주목된다.

중국 불교사를 보면, 당송8대가 중에 한 사람인 도연명은 과거에 스님이었는데 금생에 시인으로 다시 왔다는 설이 있다. 중국 어느 사찰의 스님이 열반에 들고자 전각에 들어가면서 다음과 같이 말했다.

"내가 지금 전각 안으로 들어가면 문을 잠가라. 열반에 들고자 한다. 그리고 어느 누구도 전각의 문을 열지 마라. 내가 와서 문을 열 것이다." 유언을 남기고 전각에 들어갔다. 그 뒤 자물쇠로 잠근 전각문은 아무리 열고자 하여도 열지 못했다. 도연명이 친구들과 함께 산천구경을 하면서 우연히 그 사찰을 지나게 되었다. 사찰에 관련된 옛이야기를 들으면서 안내를 받던 도연명은 스님이 열반한 전각의 자물쇠를 만졌다. 그러자 자물쇠가 스르르 열렸다. 후세 사람들이 자물쇠를 열려고 했으나 아무도 열 수 없었던 단단하던 자물쇠가 열린 것이다. 안내하던 스님이 놀라고 산중의 대중들도 놀랐다. 안으로 들어간 도연명은 다음과 같은 글귀를 발견했다.

"80년 뒤 내가 와서 이 문을 열 것이다." 스님의 유언대로 죽은 지 80년 만에 시인으로 환생한 도연명이 직접 그 문을 연 것이다. 산중의 스님들은 오늘로서 큰 스님 열반한지 80년이 되었다는 것이다. 이것이 윤회의 증거들이다. 우리는 이 세상에 몇 번이나 왔을까? 할아버지가 손자가 되어 올 수도 있고, 증조할아버지가 나의 손자가 되어 올 수도 있다. 이씨 집안에 태어났던 사람이 박씨 집안에도 태어날 수 있다. 성불하기 이전까지는 수 없는 많은 생을 나고 죽고 하면서 태어나야 한다. 태어날 때 마다 부모도 되고 부부도 되고 형제도 되고 친구도 되면서 윤회하는 것이다.

인과법에 따라 움직이는 우주 자연의 질서

인과법칙이 없다면 한 날 한 시에 태어난 쌍둥이의 사주팔자는 역학으로만 본다면 똑같아야 한다. 아무리 쌍둥이라 해도 과거생에 지은 업에 따라 그 삶이 달라진다. 금생에는 어떤 인연이 되어 한 탯줄에 태어나 쌍둥이가 되었으나 과거생이 다르므로 각각 다른 삶을 살아간다. 이것만 보더라도 우주 자연 법계는 인과법칙으로 존재하는 것이 틀림없다. 인과법칙의 틀 속에서 사물이 움직이는 것이다. 그러한 틀이 없다면 사회질서가 깨져 엉망진창이 되고 말 것이다. 이 좁은 땅에 자동차는 1천만 대도 넘는다. 그 많은 차가 도로를 주행하는 것은 법칙이 있기 때문이다. 교통규칙을 무시한 채 차들이 제멋대로 달리고 아무 곳에서나 주정차를 한다면 도로는 금세 마비되어 사람이든 차든 오도 가도 못하는 상황이 되어버릴 것이다. 이와 같이 사람 사는 세상에는 운행의 규칙이 있고, 우주 자연에도 나름의 규칙이 있다. 이 법칙으로 인간, 자연이 질서정연하게 움직인다. 그러면서 서로가 상대에게 법을 배운다. 우리는 자연을 통해 그 질서를 배워나간다. 이것이 자연과 동일체인 비로자나불의 가르침이다. 부처님의 가르침은 현실적인 일상생활을 해나가는 데는 아무런 장애가 없도록 하는 것이다. 똑같은 길을 가더라도 이왕이면 부처의 가르침인 자연의 섭리를 알고 가자는 의미에서 밀교수행을 권하는 것이다. 내 능력이 어느 정도인지? 이 땅에서는 어느 정도 꽃피울 수 있는지 알지 못해 혼자 끙끙 앓는 것은 어리석은 일이다. 고통에서 벗어나는 길이 있는데도 왜 굳이 고통을 겪으려 하는가? 이러한 고민은 스승이나 선지식을 통해 얼마든지 해결할 수 있다.

    이 세상 모든 이치는 대부분 이원二元으로 되어 있다. 물론 연구하는 사람에 따라 삼원이나 사원으로도 분류할 수 있다. 보편적 진리로 볼 때 우주의 이치는 상대성 원리에 따른 이원으로 구분하는 것이 대부분이다. 우선 밝은 것과 어두운 것으로 나뉘며, 밤과 낮으로 구분하기도 한다. 배부름과 배고픔으로 나뉘는 것도 이원의 원리 때문이다. 물론 배부르지도 않고 배고프지도 않은 중도의 상태도 있을 수 있다.

하지만 중도는 진리차원에서 말하는 것이고 일반적으로 세상 이치는 양면성이 있다고 보면 된다. 동전의 양면과 같이 한 쪽이 밝으면 다른 한 쪽은 어둡다. 이와 같은 이원성 가운데 진실법과 방편법이 있다. 밀교에서 볼 때 중생세계에서 사람들의 움직임은 모두 진실법으로 활동하는 것이다. 아침에 일어나 잠자리에 들 때까지 그리고 세상에 태어나 죽을 때까지 일어나는 모든 일이 진실법이다. 인과법 자체가 진실법이기 때문이다. 인과란 인因을 지어서 결과로 나타나는 것을 말한다. 사람들은 대부분 우리의 삶이 방편이고 응화應化이며, 진리를 추구하는 진실법은 따로 있다고 생각한다. 이는 매우 잘못된 생각이다. 사실 진리라는 것이 따로 있지 않고 우리의 삶 자체가 바로 진리이다. 진리라 해서 우리 손에 잡히지도 않고 우리 눈에 띄지도 않는 허공이나 별도의 세상에 있는 것이 아니다. 흔히들 현실은 가까이 있고 진리는 멀리 있다 생각하여 현실생활과 진리생활이 서로 다르다고 구분한다. 추울 때는 따뜻한 곳을 찾고 더울 때는 시원한 곳을 찾는 것, 그것이 바로 진리이다. 진리생활과 현실생활 모두 인과법에 따라 움직이는, 한 치의 빈틈도 없는 진실법에 속한다. 콩 심은데 콩 나고 팥 심은데 팥 나듯이 원인이 있는 곳에 결과가 있기 마련이다. 우리의 삶 역시 마찬가지다. 오늘 이전에 우리가 행한 대로, 우리가 지은 업 그대로 현실에서 받는 것이므로 거짓이 있을 수 없다. 우리는 진실한 법대로 살면서도 그것이 진실법임을 알지 못한다. "지금 이 삶은 꿈에 불과하다. 이렇게 힘든 삶은 거짓임이 틀림없다." 이렇게 생각하다보니 실제 진실법인데도 중생이 모르는 것이다. 그래서 석가모니불이 중생에게 진실법을 가르치려고 세상에 출현하였다. 아무리 진실한 법을 이야기해도 중생은 지금의 현실을 방편이라 생각하므로 부처님도 방편의 삶처럼 생각하고 제도의 길로 나셨던 것이다.

부처님이 보여준 팔만사천 경전은 중생에게는 진실법이지만 불의 경지에서는 방편법이다. 부처의 마음과 중생의 마음이 다르기 때문에 진실과 방편의 두 가지 의미를 지니고 있다. 이 의미를 알도록 가르치는 것이 밀교이다. 지금까지는 우리의 삶이 거짓이요 방편이며, 부처의 말씀이 진실한 법이다 생각했다면 이것은 중생의 경지에서 본 것이니 이제부터는 생각을 바꾸어야 할 것이다. 실상은 우리의 삶이 진실이요, 부처의 법이 방편이기 때문이다. 우리생활은 인因 지은 대로 한 치의 오차도 없이 그대로 받으니까 진실한 법이다. 부처님은 중생이 한 치의 오차도 없이 받는 그것이 무엇 때문인지 알려주기 위하여 말씀으로, 모습으로 보여주기 때문에 방편설이라 한다. 그러므로 교화하는 부처님의 삶은 곧 방편의 삶이라 할 수 있다. 영화나 드라마 속의 배우들의 삶과 같은 것이다. 영화나 드라마 속에서 풀어내는 방편의 삶을 통해 우리는 삶의 지혜를 얻어 현실생활을 고쳐나가는 것과 같은 것이다.

1960년대 텔레비전이 처음 나왔을 때, 어르신들은 드라마의 재미에 푹 빠져들었다. 예쁜 여자가 시부모와 남편을 공경하고 아이들을 키우면서 집안의 여러 가지 문제들을 해결하면서 살아가는 모습을 보면서 예쁜 여자가 살림도 잘하고 아주 참하다는 인상이 오래오래 남았다. 그런데 얼마 지나지 않아 또 다른 드라마를 보게 되었다. 시부모와 남편을 공경하고 살림 잘 살던 요조숙녀가 며칠사이에 남편도 바뀌고 성격도 표독스런 여자로 나타났다. 어르신들은 "세상에 저런 못된 여자가 있나? 몹쓸 사람이군." 화가 난 어르신들은 그 여자를 두 번 다시 보지 않으려 했다. 그렇게 참하다고 생각한 여자가 지조 없는 사람이 되어버렸으니 누가 보려 하겠는가? 세월이 한참 흐른 뒤에야 그것이 모두 연극이라는 것을 알게 되었을 때, 다시 어르신들은 그 배우를 좋아하게 되었다. 이것은 드라마 속 방편의 법과 현실 속 진실한 법을 착각한 데서 온 에피소드이다. 부처님이 팔만사천 방편의 법을 설한 이유는 중생의 이해를 돕기 위해서이다. 중생이 쉽게 알아듣도록 진실법을 드라마 식으로, 영화 식으로 설명해준 것이다. 법신불이 석가모니불로 이 땅에서 화현化現하여 드라마의 주인공 노릇을 하다가 가신 것이다.

종교가 사람에게 주는 지혜

현실 속에서 벌어지는 우리의 이야기는 생생히 살아 있는 진실법이다. 지금 이 순간 이 자리에 앉아 귀 문을 열고 듣는 자체가 진실한 법이다. 우리는 긴 세월 동안 일상생활을 하면서 습관이 생겼다. 좋은 습관을 익혔으면 그대로 살아가도 되지만, 나쁜 습관을 익혔다면 고쳐야 할 것이다. 하지만 이미 습習이 되어버려 어떻게 고쳐야 할지 방법을 모른다. 그러다보니 타고난 생김새대로 살고 업대로 살다가 죽을 수밖에 없다고 체념하게 된다. 부처님이 출현하기 전까지만 해도 중생은 그냥 그렇게 살아왔다. 그러던 어느 날 부처님이 태어나는 모습부터 출가하는 모습, 고행하는 모습, 깨닫고 전법하는 모습, 열반모습, 마지막으로 사리를 남기는 모습까지 중생에게 고스란히 보여주었다. 그 모습을 지켜본 중생은 그제야 중생들이 습관 버리는 방법을 익혀 부처님의 말씀대로 부처님처럼 사는 법을 깨닫게 된 것이다.

사실 사람들이 세상을 살아갈 때 종교 없이 제멋대로 살아도 그다지 부족함을 느끼지 않는다. 무슨 일을 한들 세 끼 밥을 굶지는 않을 것이며, 두 다리가 멀쩡하니 가고 싶은 곳을 못 갈 곳도 없다. 또한 멀쩡한 입이 있는데 할 말을 못할 일도 없을 것이다. 게다가 집 있고 방 있으면 아무리 어두워진들 잠잘 곳 때문에 걱정하지 않아도 된다. 또한 굳이 잠들려 하지 않아도 눈이 스스로 알아서 감길 것이다. 고민할 일도 없다. 사람으로 태어난다는 것은 부족함이 없고 불행도 없이 모든 것을 갖추었음을 의미한다. 모든 것을 갖추었기에 그 업으로 금생에 사람으로 태어난 것이다. 그런데 왜 불행을 느끼고 부족함을 느끼는 것일까 의아해하는 사람들이 있을 것이다. 그 이유는 모든 것을 갖추어 사람으로 태어났으나 젊은 시절을 남용을 했기 때문에 노후가 부족하게 살기도 한다. 즉 80 평생을 두고 사용해야 할 것을 어느 순간 지나치게 많이 썼기에 부족하게 되는 것이다.

비유하면, 방문의 손잡이와 같다. 손잡이를 만들때 몇 번 정도 돌리면 망가지도록 만든다. 이 세상에는 영원히 가는 것은 없기 때문이다. 만일 10만 번의 횟수면 고장이 난다면 1년간 10,000번씩 돌린다면 10년이면 교체해야할 것이다. 사용하지 않고 방치해 두면 3년 뒤에 녹이 쓴다면 역시 교체해야 한다. 우리가 세상에 태어날 때도 마찬가지다. 숙세의 업에 따라 금생에서 살아가는 의식주의 형편이나 살림살이의 정도는 이미 정해져 있다. 정해진 삶을 어떻게 살아갈 것인지는 우리의 의지에 달려 있다. 부처가 우리에게 주는 교훈은 중도中道의 지혜를 깨치게 하는 것이다. 손잡이를 아끼지도 말고 지나치게 사용하지 않는다면 정한만큼 사용 후 교체하는 것이 중도의 지혜이다. 지금 가진 손잡이가 좋지 못하다고 생각되거든 부지런히 써서 교체하고, 좋다고 생각되거든 하루라도 더 연장하는 것이 바로 중도의 묘미이다. 사용기간을 연장하는 욕심을 내서도 안 될 것이다. 어차피 녹이 슬 손잡이니까 새로 구입할 돈을 마련할 때까지만 연장하도록 지혜를 발휘한다. 지나치게 욕심을 내면 정한 횟수를 채우지도 못한 채 망가질 수 있기 때문이다. 또한 화가 나서 문을 쾅쾅 닫아버리면 한 번 닫는 힘이 두 번이상의 횟수가 되므로 정해진 횟수만큼 사용하기도 전에 망가질 수 있다. 결국 사용횟수나 사용기간보다 중요한 것은 문을 여닫을 때 손의 힘이나 마음가짐이다. 문을 얼마나 사용했느냐보다 문을 어떻게 사용했느냐에 따라 손잡이의 수명이 결정된다 할 수 있다. 어차피 망가질 물건이라고 방치하거나 남용할 것이 아니라 새로운 물건을 미리 장만하는 지혜가 필요하다. 그것이 중생이 가져야 할 덕목이다. 중생의 삶은 삼라만상 모든 것을 잘 사용한 뒤에는 적당한 때 교체하고, 새롭게 교체한 뒤에는 고마운 마음이 있어야 삶의 안락이 찾아 올 것이다.

   기쁜 마음으로 내 보내는 것이 희사喜捨이다. 삼라만상이 나를 위해 만들어졌지만 그렇다고 다 필요한 것은 아니다. 어떤 물건이든 필요할 때 있어야지, 필요할 때 없으면 아무 소용이 없다. 99칸의 집이 있다 해도 잠잘 때는 서까래 세 개만 내 몸을 덮을 뿐이다. 진수성찬 또한 마찬가지이다. 주먹만한 위만 채우고 나면 진수성찬은 필요 없다. 배고픔이 반찬이라는 말이 있다. 배고플 때는 찬물에 밥 말아서 된장만 먹어도 꿀맛이다. 배고플 때 먹는 음식이 곧 진수성찬이다. 세상살이의 원리가 그렇다. 필요할 때 있으면 고맙게 쓰고, 필요 없는 것은 갖지 않으면 그만이다. 공연히 탐심을 내어 필요 없는 것을 가져도 관리하느라 바쁠 뿐이다. 버릴 것은 버리는 지혜가 필요하다. 중생은 욕심이 많아서 아무리 많아도 버리고자 하는 마음이 없다. 부처님은 방편으로 버리라는 말 대신 복을 지으라고 가르쳤다. 이것이 보시법이다. 지금 필요 없는 것으로 복을 지어놓으면 나중에 필요할 때 열 배, 백 배, 천 배로 돌아온다고 하였다. 부처님의 보시법은 지금 좋은 인因을 지으면, 내일과 다음 생에 좋은 과果가 있음을 알게 하신 것이다. 보시를 기쁜 마음으로 베풀어라는 의미로 희사喜捨라 한다. 보시는 나에게 없는 것 그리고 모자라는 것을 내놓으라는 것이 아니다. 상대방에게 필요한 것이 있다면 기쁜 마음으로 나누어 주는 것이다.

생활 중에 각覺하라

우리의 삶 자체가 진실하므로 거짓 없이 살되 사는 그것을 깨달으면서 살아야 할 것이다. 깨달아야 지금의 삶이 좋은지 나쁜지 알 수 있다. 이 삶이 좋다면 좋은 습관을 받아서 살기 때문이며, 지금의 삶이 나쁘다면 과거생에 익힌 나쁜 습관 때문이다. 이것이 만일 내게 나쁜 습관習慣이 있었다면 무엇인지 찾아 좋은 습관으로 바꾸어야 좋은 삶을 살 수 있다. 습관은 생활 중에 익히게 된다. 이러한 이치를 깨달았으면 실천으로 옮겨야 한다. 진리의 세계가 따로 있고, 현실의 세계가 따로 있는 것이 아니라 일상생활이 곧 진리며 현실이다. 우리는 최선을 다하여 진실법대로 살아가고자 한다. 그러나 어떤 상황에서는 방편법을 쓸 때가 있다.

"엄마는 학교 다닐때 백 점만 맞았단다." 어머니는 학교 다닐때의 사실과 다른 말을 할 것이다. 그렇지만 솔직히 말하면 아이가 공부를 열심히 하지 않을까봐 방편을 쓴 것이다.

"너는 아빠 머리를 닮은 모양이야." 어머니는 아이가 백 점 맞지 못한 책임을 은근슬쩍 아버지에게 미룬다. 그러면 아이는 아버지에게 가서 묻는다.

"아빠는 학교 다닐때 공부 잘했어요?"

"나는 백 점 맞은 시험지가 아니면 집에 가져오지도 않았어. 늘 백 점만 맞았지." 아이는 어머니와 아버지 가운데 누구의 말이 맞는지 알 수 없어 의아해한다. 이것이 바로 방편법이다. 자녀를 키울 때는 이러한 방편법 정도는 쓸 필요가 있다. 하지만 이와 같은 양 극단의 방편법을 써서는 안 된다. 옛 속담에 "흉년에 자식은 배불러 죽고 부모는 굶주려서 죽는다."는 말이 있다. 흉년이 들면 두 사람이 곤란재앙을 겪는다는 것이다. 부모는 자식을 생각하여 주린 배를 움켜쥔 채 자식에게 부모 몫까지 먹을 것을 주게 된다. 자식은 과식하여 소화를 시키지 못할 것이요, 부모는 먹지 못하여 쓰러질 것이다. 방편을 쓰더라도 이런 방편을 써서는 안 된다. 중도의 방편을 써야 한다.

중도의 방편이란 서로에게 이익이 되고 안락이 되도록 하는 것이다. 진실법과 방편법을 적절하게 잘 사용하면서 중도의 이치를 알아야 한다. 밀교라 하여 무조건 진실법만 설한다 생각하면 안 된다. 진실한 법은 말로 설할 수가 없고 설해지는 것도 아니다. 어느 누구도 진실법을 설하지 못한다. 진실법은 이심전심以心傳心으로 감지할 뿐이다. 우리는 생활에서 고통과 즐거움을 받지만 그 무게가 어느 정도인지는 스스로 감지하고 느낄 뿐 어떻게도 표현할 수 없다. 내가 느끼는 고락의 무게를 남들도 꼭 같이 느끼는 것은 아니다. 물이 어느 정도 뜨거운지 차가운지 마셔본 사람만 알 수 있다. 우리는 수행을 통해 진실법을 깨닫는 것이며, 방편법을 깨닫는 것이 아니다. 진실법은 말로 전할 수 없으므로 방편법에 의존해야 한다. 다만, 수많은 방편법이 있으니 옳은 방편법에 의존하도록 지혜의 눈을 가져야 할 것이다. 중생세계에는 지금까지는 부처님이 설하신 팔만사천 방편법이 가장 옳다고 본다. 화신불의 방편법이 법신불의 진실법을 근본으로 하여 설하여졌다는 것을 가르치는 법이 심인법이다. 현교의 방편법과 밀교의 심인법을 차례로 배워 의뢰만하는 불교를 마음 닦는 길로 이끌기 위하여 진언수행의 진실법으로 자성을 깨닫게 한 것이다.

   진실법은 즉신성불의 길에 있다. 한순간에 모든 것을 깨닫는 것, 이를 돈오頓悟라 한다. 돈오는 깨달음에 높고 낮음의 질을 인정하지 않는다. 굳이 수행단계를 거치지 않고 깨달음에 도달할 수도 있다. 수행의 순서를 밟아 점차로 깨달음에 이른다는 점오漸悟와는 반대되는 개념이다. 밀교는 점수니 돈오니 하는 차제를 말하지 않는다. 그러나 이것만은 확실하다. 해탈 없이는 열반을 얻지 못하며, 열반 없이 성불하지 못한다는 것이다. 옴마니반메훔을 단순히 염송하는 것으로 그치지 말고 인과를 깨닫도록 노력해야 할 것이다. 인과를 깨닫지 않으면 아무것도 증득하지 못한다. 삶의 진실이 곧 인과법에 따른 한 치의 오차도 없는 사실임을 깨닫는 것이다. 이것이 가장 빠른 길이고 해탈의 즉신성불卽身成佛하는 길이다. 방편법에 의해 인과의 진실을 아는 데는 삼아승지겁三阿僧祗劫이라는 오랜 시간이 필요하다. 일상생활에 행동과 말과 생각을 종요롭게 해나갈 때 구경성불이 가능한 것이다. 진언수행으로 인과를 깨달으면, 잘못된 행동을 참회하고 잘못된 말을 반성하고 잘못된 생각을 고쳐나갈 때 제대로 된 행동과 말과 생각을 할 수 있다. 다른 사람과 똑같은 입을 가졌고, 다른 사람과 똑같은 손을 가졌으며, 같은 불성을 지니고도 윤회의 악업을 짓고 있다면 참회해야 할 것이다. 좋고 바른 행동, 좋은 말, 넓은 마음은 어느 구석에 팽개치고 좁고 못된 행동과 마음만으로 자기에게도 이익이 없고 일체중생에게도 이익이 없는 삼업을 짓고 있다는 것을 알아야 한다.

제29강
밀교의 상호공양과 수행

밀교수행은 상호공양이다. 비로자나불의 진실한 법과 진각성존의 육자진언의 법을 만나 좋은 공양을 받았으니, 그 은혜에 중생도 빚이 되지 않도록 상호공양으로 답해야 한다. 이 장에서는 이웃을 위해 기쁜 마음으로 내어주고 받아들여 서로가 서로에게 기쁨이 되는 상호공양법을 알아보기로 한다.

밀교에서는 출생 자체가 상호공양

"화신불은 무상無常하여 속히 열반 들게 되고
공덕법신功德法身 담연하여 상주불변常住不變하심이니
이런고로 법신불에 일심귀명할 지니라."

　　　불교에서 공양을 밀교에서는 상호공양相互供養으로 삼밀수행 三密修行 중의 하나이다. 일상생활을 잘하면 밀교수행 또한 잘하는 것이 된다. 일상생활 가운데 자신을 위하고 남을 위하는 모든 행위를 공양이라 한다. 나를 위하고 상대를 위하는 것이기 때문에 상호공양이라 하는 것이다. 상호공양은 나로부터 시작하여 이쪽과 저쪽이 서로 좋게 공양한다는 의미가 담겨 있다. 공양이라 하면 물질을 중심으로 생각한다. 이는 진정한 의미의 공양이 아니다. 일상생활 속에서 내게 소중한 것을 상대에게 주고, 상대 또한 자신의 소중한 것을 기꺼이 내게 줄 때 진심 어린 공양이 되며 균형 잡힌 상호공양이 이루어진다. 서로가 서로에게 소중한 것은 본심이다. 부처님은 진정한 의미의 공양을 모르는 중생에게 알려주기 위한 방편으로 물질공양을 설하였다. 보시법은 진실법이 아닌 방편법이다.

밀교의 상호공양이라는 것은 삶의 시작부터 마칠 때까지 모두 상호공양이라는 뜻이다. 먼저 출생하는 자체가 상호공양이다. 우리는 어머니 태중에서 나올 때 큰 공양을 하였다. 태아의 첫 울음소리가 공양인 것이다. 어머니는 물론 주위에 모인 모든 사람들의 마음을 기쁘게 한 울음이었다. 태아 역시 답답함에서 시원하고 밝은 곳으로 나왔으니 어찌 기쁘지 않겠는가? 세상의 공양 중에 가장 큰 공양을 한 것이다. 어린아이의 첫 울음소리는 아이의 본심이며, 비로자나의 본심이며, 법계와 하나 되는 본심의 소리이니 이것이 진리의 소리이다. 이 소리가 진언이다. 이와 같은 소리는 삼라만상에 가득하다. 물이 흐르는 소리, 바람이 부는 소리, 돌이 떨어지는 소리, 땅이 갈라지는 소리, 파도가 치는 소리 등 무정물의 모든 본심소리의 통합한 소리가 육자진언이다. 이 많은 것의 소리를 무엇이라 표현할 수 없으므로 옴마니반메훔이라 하는 것이다. 그러므로 법신비로자나불에서 삼라만상이 출생했다 할 것이다. 은혜를 받았을 때 답례하는 것은 부처님이나 중생이나 똑같다. 우리 같은 중생도 부모님에게서 출생의 은혜를 받았으므로 그에 상응하는 보답을 해야 한다. 건강하게 자라서 행복하게 살아가는 것, 그것이 첫 번째 상호공양으로 보답이 이루어진다. 부모님이 나를 낳아주었으면 건강하게 자라면 부모님 입장에서는 매우 고마운 일이다.

비로자나불과 4불의 상호공양

　　　　　　법신비로자나불은 형상도 없고 이름도 없고 아무것도 없다. 오로지 빛으로만, 에너지로만, 힘으로만 표현할 수 있다. 비로자나불은 삼라만상 속에 빛으로 출현하였다. 중생을 위해 이 세상에 출생하였다. 출생한 법신불에게 답하기 위하여 우리들이 이 세상에 태어났다. 그리고 그 빛을 이용하여 생활한다. 이것이 빛의 상호공양이다. 법신비로자나불은 빛으로 출현하였으나 알지 못하는 중생들이 많아서 다시 형상을 나타내기 위하여 중생의 원에 따라 보리심을 일으키는 아축불, 공덕취를 갖게 하는 보생불, 지혜문을 열어주는 아미타불, 대정진의 힘을 실어주는 불공성취불을 출생시켜 중생들의 해탈을 돕게 하였다. 4불은 비로자나불에게 보답하기 위하여 각각 4바라밀보살 중에 한 분을 출생시켜 4방에서 각각 보필하게 하였다. 비로자나불은 4불로부터 4바라밀을 공양 받고 다시 16대보살을 출생시켜 4불에게 각각 네 보살을 공양하였다. 4불은 16대보살을 공양 받고 다시 답례로 각각 내외의 공양보살 두 분씩 8공양보살을 출생하여 비로자나불의 동서남북과 간방에 공양을 올렸다. 이렇게 하여 비로자나불은 4불의 공양을 또다시 받게 되었다. 비로자나불은 그 답례로 4불이 중생을 교화하는데 도움을 주기 위하여 4섭 보살을 출생시켜 각각 공양한다. 비로자나불과 4불에 의하여 출생한 32존 보살이 각각의 32존상을 출생하여 1,024존을 5불에게 공양하였다. 비로자나불과 4불이 상호공양으로 37존의 기본만다라세계가 형성되고 다시 1,061존의 윤원구족한 법계만다라가 형성되어 일체 모든 중생들의 각각의 본존을 두고 수행할 수 있도록 하신 것이다.

이로써 중생들은 비로자나불로부터 삼라만상 모든 것을 공양 받은 세상에서 살아가고 있다. 비로자나불과 4불의 상호공양은 중생에게 보이는 하나의 빛의 작용이다. 비로자나불과 4불의 상호공양으로 출생시킨 팔만사천의 삼라만상 가운데 좋지 않은 것은 하나도 없다. 이것이 밀교의 상호공양이다.

자연 속에서의 상호공양

자연도 상호공양을 한다. 어디서 왔는지, 어떤 종류인지 모르지만 씨앗 하나가 땅에 떨어졌다. 땅의 입장에서는 심심하던 차에 친구가 하나 생겼다. 잘 보호해주고 싶은 마음도 생겼다. 물도 오갈 데가 없었는데, 씨앗을 보고는 할 일이 생겼다 싶어 자신을 주기로 결심한다. 이렇게 하여 작은 씨앗은 땅의 보호를 받고 풍성한 물을 머금게 되었다. 땅과 물의 도움을 받은 씨앗은 고마운 마음에 무엇을 공양을 할 것인가를 생각하게 된다. 그러고는 물을 머금은 씨눈을 통해 촉을 틔우고 새싹으로 자라게 된다. 작은 씨앗은 뿌리를 드리워 땅에 보답하고, 새싹으로 자람으로써 물에 보답한다. 그러자 이번에는 뿌리 입장에서 볼 때 새싹에게 고마움이 생겼다. 땅에 뿌리를 내리게 해주었으니 뿌리 입장에서는 생명의 공양을 받은 셈이다. 새싹에게 고마움을 느낀 뿌리는 줄기를 키워서 새싹의 잎을 일으켜 세워준다. 작은 잎이 좀 더 높은 곳을 볼 수 있도록 줄기가 잎사귀에게 공양을 한 것이다. 줄기의 공양을 받은 잎사귀 입장에서는 이보다 더 고마운 일이 없다. 이에 보답을 하기 위하여 잎사귀 위에 꽃을 피워 출생의 공양을 한다. 활짝 핀 꽃은 좋은 향을 뿜어냄으로써 잎의 고마움에 보답을 한다. 그러자 이번에는 잎사귀가 뿌리를 통해 물을 끌어올려 꽃에게 보답을 한다. 물을 머금은 꽃은 열매를 맺음으로써 공양을 한다. 이와 같이 자연 속의 풀과 나무는 작은 씨앗에서 싹을 틔워 뿌리를 내리고 줄기가 자라면서 잎을 만들어낸다. 그리고 꽃을 피워 열매를 맺기까지 서로에게 공양을 주고받는다. 이것을 허용한 것이 허공이다. 초목이 자랄 수 있도록 공양하였다. 이 모습을 본 바람이 허공에서 춤을 추도록 공양하였다. 이것은 만물이 보여주는 상호공양이다. 서로가 공양을 주고받는 과정에서 독기, 즉 악한 기운을 품었을 경우 공양의 결과로 만들어진 꽃이나 열매에도 독성이 배어든다. 아름다운 향기 대신 독기를 뿜어내는 꽃이나 열매를 먹으면 사람이 죽을 수도 있다. 그러므로 서로가 서로에게 좋은 기운을 전하는 상호공양을 해야 할 것이다.

이와 같이 지수화풍공식의 육대六大는 상호공양을 한다. 흙과 물, 불과 바람과 허공 그리고 지혜의 모든 원소가 만물을 생성하여 우리 중생에게 공양을 한 것이다. 흙은 사람들에게 땅을 내주어 머무를 장소를 공양하였다. 땅은 갈라지는 것을 싫어하고 기름진 것을 좋아한다. 물은 생명을 연장시키고 자라남을 공양한다. 이 땅에 사는 모든 생명체들을 비롯하여 만물은 물로써 성장한다. 그래서 물이 생명의 주가 되는 것이다. 물을 공양 받은 대가로 청정성을 돌려주어야 한다. 불은 따뜻함이 생명이다. 차가운 기운이 사라지도록 공양한다. 땅과 물이 힘을 합쳐 수증기를 만들어 하늘 위로 올려 보낸다. 하늘로 올라간 물은 구름을 만들어 비로 공양한다. 비가 내리는 것은 하늘로부터 물의 공양을 받은 것이다. 물 없이는 만상萬象이 살아갈 수 없기 때문이다. 물의 성장으로 자연이 자람이 넘치면 바람이 나타나 정화한다. 서로 마찰하여 불을 일으켜 넘치는 초목을 태우기도 한다. 이때 바람도 힘을 보탠다. 땅과 물과 불과 바람이 서로서로 공양하면서 갈라지고, 메마르고, 넘치고, 더러운 것 등, 부자유스러운 것들을 정화하는 공양을 베풀고 있다. 허공은 4대원소가 머무를 장소를 제공하면서 상호공양할 수 있는 터전을 마련한다. 이와 같이 자연의 5대가 상호공양으로 이루어지지 않는 것이 없다. 서로가 서로의 성격을 협박하지 아니하고 장애하지 않고 존중하면서 조화로 균형을 이루어 자전과 공전을 원활하게 하고 있다. 중생은 5대원소의 고마움을 알고 함부로 남용하지 않도록 조심해야 하며, 자연이 내리는 재앙도 법문으로 받아 우리의 잘못을 참회해야 한다. 숭례문을 불태우듯이 함부로 남용해서는 안 될 일이다. 불은 추운 몸을 따뜻하게 데워주고 불완전한 생명을 품어 만물을 생성하게 해주며 에너지를 충전하여 활동할 수 있도록 스스로를 공양했다. 그러므로 태우려면 차라리 번뇌를 태울 일이다. 숭례문처럼 소중한 문화재를 태워버리라고 불이 자신에게 공양한 것은 아니다. 악한 데 사용하려거든 차라리 그 불을 물로 소멸시키는 것이 옳다. 지옥불이 있다 하여도 자비의 물로 지옥불을 꺼뜨려야 할 것이다. 좋은 행동과 좋은 말과 좋은 생각으로 생산한 좋은 물은 사나운 불을 끄는 데 사용한다. 때때로 나쁜 물을 생산했을 경우 열을 가해 수증기로 증발시키고 찌꺼기는 와해시켜 땅으로 돌려보낸다. 물은 증발하면 순수한 물로 돌아갈 수 있다. 고인 물은 탁한 성질을 버리지 못하지만 불의 도움을 받아 가열하면 수

소와 산소로 분리되어 본래의 청정성을 되찾을 수 있다. 물의 청정성이 어느 순간 허공에서 다시 모이면 본래의 맑은 비가 되어 지상에 떨어진다. 이처럼 흙과 물, 불과 바람과 허공 그리고 지혜가 어우러진 육대의 모든 것이 서로에게 좋도록 연을 맺어 작용하는 것이 곧 상호공양이다. 땅은 땅대로, 물은 물대로, 불은 불대로, 바람은 바람대로 제각각 움직인다면 아무것도 생산할 수 없다. 출생은 서로가 서로에게 도움을 주는 상호공양의 과정에서 일어나는 것이다. 육대가 활발하게 작용할 때, 뭇 생명이 그 곳에서 편안한 삶을 살 수 있다. 이것이 5대원소와 식의 생명체가 상호공양하여 만들어낸 법계이다.

석가모니불과 중생의 상호공양

싯다르타는 출가를 하기 위해 자신이 가진 모든 것을 버렸다. 왕위를 버렸고 아버지를 버렸으며, 아름다운 부인과 사랑스런 아들 라훌라도 버렸다. 그리고는 12년 동안 홀로 고행을 하면서 꾸준히 정진했다. 이윽고 깨달음을 얻어 부처가 된 것이다. 일시적으로 가질 수 있는 것을 잠시 버렸으나 성불함으로써 영원히 가질 수 있게 된 것이다. 부처님처럼 일시적으로 가질 수 있는 오욕칠정에 집착하지 말고, 그것을 버리고 영원히 내 것인 자성을 찾도록 45년간의 가르침이 2,500여 년을 내려오는 동안 많은 중생들이 잃었던 본성을 되찾게 하였다. 오늘날까지 세상의 모든 남자는 부처님에게 아버지와 같은 믿음직한 사랑을 주고 있으며, 어린 아이들은 아들 라훌라처럼 부처님을 믿고 따른다. 또한 세상의 모든 여자는 어머니 마야부인의 사랑을 부처님에게 쏟고 있다. 어디 그뿐이랴! 세계 곳곳에 절을 세우고 석가모니불의 형상을 본뜬 불상을 조성하여 그 앞에서 무릎 꿇고 절을 하면서 예를 표하고 있다. 이보다 더한 영광이 어디 있겠는가.

싯다르타는 일찍이 어머니를 여의고 국왕인 아버지 곁을 떠났다. 아름다운 부인과 아들을 뒤로하고 출가하였다. 난행고행으로 성불하여 지구촌 많은 사람들의 부모가 되었고 자식이 되었고 백성이 되었다. 왕의 자리를 버렸음에도 불구하고 아직도 석가모니불을 전륜성왕처럼 모시고 있다. 이것은 석가모니불이 공양의 공덕을 받은 것이다. 2,500여 년 전 활동한 석가모니불의 삶이 오늘날까지 많은 영향을 미치듯이 중생의 삶 또한 과거·현재·미래의 삼세三世를 따로 떼어 생각할 수 없다. 한 순간의 말 한마디와 한 순간의 얼굴 표정 그리고 한순간의 생각이 삼세를 관통하는 화와 복이 된다. 그것은 금생에서 끝나는 것이 아니라 과거·현재·미래의 화와 복에 모두 영향을 미친다. 과거에 지은 업은 참회로 소멸할 수 있다. 업이 소멸한 미래에는 고통 없는 장엄세계가 기다리고 있다. 현재까지 지은 업을 다 씻어내면 밀엄정토에서 아무런 고통 없이 살아갈 수 있을 것이다.

우리는 진실한 비로자나불의 법과 진각성존의 육자진언의 법을 만났다. 좋은 법을 만나 수행하면서 좋은 공양을 받고 있다. 내가 받은 공양이 빚으로 남지 않으려면 상호공양을 해야 할 것이다. 부모가 베푼 출생공양의 답례는 자식이 세상을 행복하게 잘 살아가는 것이다. 진각성존으로부터 법 받은 답례는 가난하지 말고 병들지 말고 화합을 깨지 말고 정법正法을 수행하는 것이 보답하는 길이다. 상호공양이 완전하게 성취될 때가 윤회를 벗어나고 해탈과 열반의 경지를 벗어나 구경究竟에 성불成佛하는 것이다. 공양을 하거나 받을 때는 마음으로, 생각으로, 행동으로 하되 언어를 순화시켜 예를 갖추어야 할 것이다. 이 점을 마음속 깊이 새겨 사소한 행동 하나하나가 모두 밀교수행임을 깨달아야 할 것이다. 일상생활 그 자체가 밀교수행임을 알고 실천하는 길은 새벽에 일어나면 일정시간을 정해 육자진언을 염송한 뒤 일상생활을 시작하는 것이다. 이것이 부처님에게 정송공양하면 상호공양이 되어 나날이 복 받는 삶을 살게 되는 길이다.

사람과 사람의 상호공양

사람과 사람 사이의 상호공양은 어떻게 이루어지는 것일까? "웃는 낯에 침 못 뱉는다."는 속담이 있다. 아무리 화가 나는 상황이라도 상대가 웃으면 화냄을 멈추고 같이 웃을 수밖에 없다. 서로가 서로에게 웃는 모습을 보여주는 것, 이것이 사람과 사람 사이의 상호공양의 시작이다. 음식을 굶주린 사람이 간절한 눈빛으로 바라본다면 웃으면서 나눠주도록 한다. 아까워하면서 마지못해 나눠준다면 상호공양이 될 수 없다. 어쩔 수 없는 상황에서 주기 싫은 데도 음식을 내놓았는데 상대가 좋아하면서 먹는다면, 한 쪽은 기분이 나쁘고 다른 한쪽만 기분이 좋으므로 이것은 상호공양이 아니다. 음식을 나누어줄 때 부모가 자식에게 음식을 주는 심정으로 베풀어야 한다. 우리는 손님으로서 음식 공양을 받았을 때가 있다. 인사로 "잘 얻어먹고 갑니다." 인사했다면 상호공양이 아니다. 얻어먹는 사람은 걸인이지 손님이 아니다. "잘 대접받고 갑니다." 하였을 때, 상호공양이 되는 것이다. 진심으로 베풀고 기분 좋게 대접받았을 때 진정한 의미의 상호공양이 이루어진다. 상호공양은 좋은 마음으로 받아야 하고 좋은 마음으로 인사해야 한다. 복이 되고 덕이 되는 것이 상호공양이다. 어느 한 쪽이 복이 되면서 어느 한 쪽이 빚이 된다면 옳은 공양이 이루어진 것이 아니다.

부처님과 부처님 사이의 상호공양을 본 받아 부모와 자녀들, 형제, 부부, 친구, 일체중생도 상호공양으로 불국토를 만들어야할 것이다. 이 가운데 부부 상호공양을 말하면, 인간계의 형성은 부부로부터 시작된다. 부부사이가 어떤가에 따라 세상은 행복한 세상, 불행한 세상이 건설되는 것이다. 그러므로 부부는 동등한 자리에서 서로를 위하는 관계로 맺어야 한다. 일방적인 주장이나 강제성을 갖는다면 훌륭한 자식이 태어나지 않을 것이다. 부부관계가 원만하지 않은 가정에서 품성을 제대로 갖춘 아이가 태어날리 없다. 부부는 곧 부모다. 수행을 제대로 했다면 아들딸이 건강하게 잘 자라서 좋은 모습으로 공양을 할 것이다. 부부는 일심동체인데 상대를 멸시하고 비난하는 것만큼 어리석은 일도 없다. 남편은 아내에게 공양하고 아내는 남편에게 공양함으로써 가정의 화목이 이루어진다. 산고에 시달리던 어머니는 아이의 울음소리를 듣는 순간 360 뼈마디가 다시 제자리를 찾게 되며, 고통이 사라지는 것이다. 이것이 사회의 구성요소와 같아서 훌륭한 한 사람이 세상에 태어나면 사회가 윤원구족한 극락세계로 바뀌는 것이다. 악의 습관이 많은 아이가 태어나는 순간, 세상은 고통의 울음소리가 천지에 퍼져나갈 것이다. 태어나는 아이의 울음소리 속에 부부의 상호공양이 되었는지 아니 되었는지를 알 수 있다. 부부의 상호공양이 부모와 자식의 상호공양으로 이어지는 것이다. 이 공양이 이어지면서 형제가 태어나 상호공양 할 것이며, 이웃을 형성하여 상호공양 할 것이요, 사회가 구성되어 상호공양 할 것이며, 국가가 상호공양이 이루어질 것이다. 이것은 부부의 시작으로 인간세계가 형성되는 상호공양인 것이다.

지금 우리들이 가진 것은 나의 육신과 언어 그리고 생각이다. 이 세상에 사는 날까지 상호공양 한다면 얼마나 좋을까? 진리생활 하는 수행자들은 행동이나 말, 생각으로 다른 이들에게 공양해야 한다. 내가 가진 육체를 보기 좋은 모습으로 가꾸어 남들에게 보여주고, 내가 가진 생각으로 방황하는 이들을 설득하여 정도正道를 걷게 하고, 나의 한마디 말로 상대방이 기꺼이 죄를 짓지 않는 방향으로 나아갈 수 있게 한다. 이것이 공양을 받은 자연과 뭇 생명에게 해줄 수 있는 나의 역할이다. 나의 몸과 마음 그리고 언어는 죽을 때까지 나의 곁에 있을 것이다. 내가 가진 것이라곤 이것뿐이므로 나의 생각과 말 그리고 행동을 통해 내가 할 일을 해나갈 것이다. 이것이 육대를 물려받은 몸의 빚을 갚고 은혜로움으로 만들어야하는 내 몫의 공양이다. 이 땅에 빚을 남기지 않기 위해서라도 내게 주어진 역할에 최선을 다해야 할 것이다.

제 30 강

선과 악, 무엇이 다른가

부처의 가르침은 중도이다. 중생세계는 육도윤회六道輪廻를 반복하는 곳이라 상대성을 중시하므로 선과 악을 나누려 한다. 변화무쌍한 중생세계에서는 영원한 선도 영원한 악도 없다. 선과 악을 언제든지 버릴 수 있어야 한다. 이 장에서는 밀교에서 말하는 진정한 의미의 선과 악을 알아보기로 한다.

신身·어語·의意 삼밀이 곧 마음

"신구의身口意의 삼밀로써 수행하여 가는 것은
몸과 마음 양면으로 전인격全人格적 활동이라.
그 진리를 지성知性이나 평면으로 사유 않고
전인적과 입체立體로써 긍정함이 삼밀이라."

세상 사람들은 착하다는 말과 악하다는 말을 모르는 사람은 없다. 어떤 것이 착한 행동이며 어떤 것이 악한 행동인지 모르는 사람 또한 없다. 마찬가지로 어떤 생각이 선한 것이고 어떤 생각이 악한 것인지 모두 알고 있다. 악을 행하면 고통이 따르고 선을 행하면 즐거움이 따른다는 것도 모두 알고 있다. 그렇지만 고통이 따르는 것을 알면서도 악을 행하고, 즐거움이 따르는 것을 알면서도 선을 행하지 못하는 것이 중생마음이기 때문이다. 중생은 자기 마음을 잘 모른다. 아는 것 같지만 모른다. 육체적인 몸에는 애착을 느끼고 집착한다. 그리고 밖의 경계에 현혹된다. 그러면서 미래는 꼭 무엇인가를 이루어질 것 같고 될 것 같은 희망을 가지고 준비한다. 준비하는 과정에서 선과 악에 무관하다는 경향이 있다. 그러는 중에 선과 악은 이미 몸으로, 언어로, 마음으로 유혹되고 있다. 몸과 마음을 다르게 생각하게 된다. 하지만 몸의 생김새가 곧 마음의 생김새이므로 마음이 몸과 따로 있지 않다. 몸과 마음이 다르다고 생각하면 어리석은 것이다.

우리의 몸은 마음 생김새에 따라 만들어졌다. 그러나 사람들에게 지금 마음이 어떠하냐고 물으면 내 마음을 내가 어떻게 아냐고 반문한다. 자기 몸과 똑같이 생긴 마음 상태가 어떤지 모른다고 대답한다. 거울을 통해 자신의 눈을 들여다보았을 때 눈 속 깊은 곳에 무엇이 있으면 그것이 곧 마음의 깊이라 할 수 있다. 상대의 이야기를 들을 때 그 이야기 속에 깊이가 있다면 그것이 곧 상대 마음의 깊이다. 어떤 말을 들었을 때 그 말이 경박하고 깊이가 없으면 그 말을 한 사람의 마음이 경박하고 깊이가 없는 것이다. 또한 어떤 일을 할 때 건성으로 했다면 정성 없는 마음으로 그 일을 한 것이다. 이처럼 모든 행동 하나하나, 모든 말씀 하나하나, 모든 모습 하나하나, 곧 그 사람의 마음이라 할 수 있다. 그런데 막상 자신의 마음을 그림으로 표현하라면 대부분의 사람이 선뜻 그리지 못한다. 눈을 그려놓자니 코가 마음 같다. 코를 그려놓자니 이번에는 귀가 마음 같다. 그래서 얼굴을 그려놓으면 손발이 마음 같고 손발을 다 그려놓으면 몸 자체가 마음 같다. 몸 전체를 적나라하게 그려놓으면 투명성이 없으므로 마음이 지나치게 얇은 듯하다. 원을 그려놓고 이렇게 망설이다보면 결국 자신의 마음조차 그릴 수 없게 된다. 원의 크기에 따라 마음이 나타나는 것인데, 눈 밝은 사람은 무엇을 어떻게 그리던 그린 사람의 마음을 알게 된다. 보이는 그대로의 겉모습이 곧 우리들의 마음이다. 어리석은 중생이라 그것을 알지 못 하지만 선지식은 알고 있다. 네모를 그리던 원을 그리던 크게 그리던 작게 그리던 그리는 자의 마음을 그림에서 읽을 수 있다.

지금 여러분 앞에서 법을 설하는 스승의 마음이 어떻게 생겼는지 알려면 듣는 여러분의 생각이 어떤지를 보면 된다. 설법자나 청법자의 마음은 같기 때문이다. 들은 법이 마음을 안정시키면 설법자가 안정된 마음으로 법을 설하였고, 듣는 자가 마음이 불안하면 설법자도 불안한 상태에서 법을 설하였던 것이다. 여러분의 눈을 가만히 들여다 보면 마음이 사악한지 선량한지 성급한지 게으른지도 알게 될 것이다. 만약 잠이 온다면 눈에서 졸음이 묻어날 것이다. 눈의 모습으로도 성품을 알 수 있다. 칼날같이 날카로운 눈매, 부드러운 눈매, 웃음 띤 눈매가 그 사람의 평소의 마음이다. 선지식이 아니라도 마음 상태를 그림으로 그리라면 쉽게 그릴 수 없지만 그냥 모습을 보고 느낄 수는 있다. 사실 느끼는 것 외에 마음을 뭐라 표현할 수 없을 것이다.

중생세계는 상대성, 부처의 가르침은 중도성

중생세계에 존재하는 모든 것은 상대성이요, 부처세계는 중도성이다. 아침이 있으면 저녁이 있다. 낮이 있으면 밤이 있고 밝음이 있으면 어둠 또한 있으며, 해가 뜨면 반드시 지게 되어 있다. 이처럼 중생세계는 상대성으로 계속 나열할 수 있다. 은혜를 진정으로 생각한다면 세상에는 미워할 사람이 아무도 없다. 지금 누군가를 미워한다면 미워하는 그 속에 또 다른 누군가를 예뻐하는 마음이 숨어 있는 것이다. 서로 비교하기 때문에 누군가가 미울뿐 비교하지 않으면 미워할 수가 없다. 밉다는 것은 누구보다 밉다는 말이요, 예쁘다는 것은 누구보다 예쁘다는 말이다. 막연히 밉다든가 막연히 예쁘다는 말은 없다. 잘한다든가 못한다든가 평가할 때도 상대가 되는 기준이 있다. 그러한 기준이 있을 때 더 잘한다, 더 못한다는 평가가 가능하다. 중생을 위해 설해진 팔만사천 경전은 상대성을 중도성으로 바꾸는 내용으로 되어 있다. 부처의 중도성은 수평의 진리이며 수직의 진리이다.

사람으로 태어났으므로 윤회를 벗어나기 전까지는 수평의 진리를 끝끝내 일으켜 세우기 위하여 정진해야할 것이다. 상대성으로 있는 한 고락苦樂이 상반하고 희노喜怒가 상반하며, 행불행幸不幸이 동반되고 화복禍福이 번갈아 들 것이며, 선악에 의한 상벌賞罰이 따라 다닐 것이다. 이 인연으로 결국 천상과 지옥을 오가는 윤회를 받게 된다. 진리란 수평이다. 사람들은 평등을 상징하는 수평의 일一을 상하를 상징하는 수직의 일(l)로 만들려고 한다. 이것은 영원히 만들어지지 않고 만들 수도 없다. 예를 들면, 바다는 수평선이요, 육지는 높낮이가 있다. 바다의 수평선은 변함이 없지만 땅의 지평선은 성장과 조락의 변화가 있다. 평등의 중도가 아닌 수직의 상하는 상대성이 될 수밖에 없다.

중생들은 무한의 변화를 벗어날 수 없다. 많은 변화 중에 가장 심한 것이 선과 악을 분별하는 것이다. 금생에 사람으로 태어나 살았다면 다음 생에도 또다시 사람으로 태어날 가능성이 높다. 중생은 결국 육도를 벗어날 수 없다는 말이다. 그 이유는 인간세계에 존재하는 상대성 때문이다. 두 눈과 두 귀를 가졌지만 왼쪽 눈과 오른쪽 눈이 보는 것이 다르고, 왼쪽 귀와 오른쪽 귀가 듣는 것이 다르다. 두 눈과 두 귀가 보고 듣는 것이 똑같을 때 비로소 제3의 수평의 중도의 눈이 생겨 육도를 벗어날 수 있다. 오른손으로 물건을 들어보고 왼손으로 물건을 들었을 때 그 힘이 똑같아야 육도를 벗어날 수 있다. 오른쪽 발을 디뎌 보고 왼쪽 발을 디뎠을 때 디딘 장소가 똑같아야 육도를 벗어나는 계기가 된다. 그런데 인간세상에서는 어느 누구도 똑같은 사람이 없다. 오른쪽 팔의 힘과 왼쪽 팔의 힘이 다르다. 두 개의 힘과 작용이 같을 때 비로소 제3의 몸이 만들어져 중생의 업의 몸이 아닌 진리의 몸이 생겨 육도를 벗어날 수 있다. 32상 80종호는 상대성이 아닌 평등성의 모습을 말한다. 만약 선과 악을 지나치게 집착할수록 수평의 몸을 가지지 못하며, 더욱 어긋난 모습을 가지게 될 것이다. 짝눈, 짝귀는 보통이며 아예 한 쪽이 없는 외눈, 외귀, 외손, 외발로 태어날 수도 있다. 윤회의 수레바퀴에서 벗어날 수 없다면, 그냥 사람으로서 멋지게 사는 수밖에 없다. 사람으로서 멋지게 산다는 것은 그래도 악을 짓지 아니하고 선을 지으려 노력하는 삶을 의미한다. 선과 악은 동시에 존재하지만 그래도 악을 버리고 선을 향해 나아가야 고통 없는 즐거운 삶을 살 수 있는 중도성의 몸으로 바뀌는 것이다. 선의 원만한 삶에서 해탈을 얻고 다시 선도 악도 없는 평등한 열반의 경지를 증득해야 구경성불의 길로 향할 수 있는 것이다.

오늘의 선은 내일의 악이 될 수 있고 오늘의 악은 내일의 선이 될 수 있다. 인간세계는 변화무쌍한 세상이라 어느 것이 선이고 어느 것이 악인지 분별할 수 없다. 오늘 옳다고 생각한 일이 내일이면 틀린 일이 될 수도 있다. 오늘 착한 일을 했는데, 내일에는 악한 일이 되기도 한다. 오늘은 잘했다는 일이 하룻밤 자고 나면 그릇된 일이 되기도 한다. 참으로 중생세계는 변화무쌍한 세상이다. 이처럼 중생세계가 변화무쌍한 이유는 자신의 입장에서만 생각하기 때문이다. 자신의 입장에서는 잘한 일이고 착한 행동이지만 상대 입장에서는 그렇지 않은 경우가 대부분이다. 예를 들면, 내가 어떤 물건을 파는 입장에 있다고 해 보자. 나야 물건을 파는 사람이니까 하나라도 더 팔면 이익이 생겨 좋을 수 있다. 하지만 그 물건을 사가는 사람 역시 똑같은 이익이 생기는 것은 아니다. 때로는 물건을 파는 내게 이익이 더 오고, 때로는 물건을 사는 사람에게 이익이 더 갈 수도 있다. 그러니까 물건을 파는 사람과 물건을 사는 사람의 입장은 결코 같을 수 없다. 서로의 입장이 같지 않은 한 선과 악을 결정지을 수 없는 것이다. 테이블 위에 아름다운 꽃을 올려놓았다. 이 꽃은 테이블 위에 있을 때 가장 아름다우므로 이곳에 가만히 두는 것이 옳은 일이다. 이 꽃을 쓰레기통에 버리는 일은 아름다움을 없애는 것이므로 옳지 않기 때문이다. 그런데 며칠이 지나 이 꽃이 시들었다면 쓰레기통에 버리는 것이 옳은 일이다. 시든 꽃을 테이블 위에 그대로 두는 것은 옳지 않은 일이다. 그러니까 꽃이 테이블 위에 있느냐, 쓰레기통 속에 있느냐 하는 것은 옳고 그름의 문제가 아니다. 언제 테이블 위에 있고, 언제 쓰레기통에 있느냐가 중요한 것이다. 활짝 핀 꽃은 테이블 위에 두어야 하고 시든 꽃은 쓰레기통에 들어가야 한다. 아름다운 꽃도 순간일 뿐 오래 가지 못한다. 그러므로 꽃은 영원히 아름다운 것이라고 고집하여서는 안 된다. 오늘 아름다운 꽃이 내일도 아름답다고 고집하는 것은 어리석은 일이다. 어떤 경우에도 자기주장만 지나치게 고집하면 안 된다. 어떤 일이 옳다고 생각한다면, 오늘은 옳을지 모르지만 내일은 그릇될 수 있기 때문이다. 오늘 옳은 것이요, 지금 옳은 것이다라고 한정짓는다. 이 한정된 생각을 벗어나는 것이 깨달음의 세계이며, 부처가 되는 경지이다.

하나를 쥐고 다른 하나를 버리다

밀교수행은 자신만의 명예를 지키기 위해 구하면 악이요, 언제든 버릴 수 있다는 마음으로 명예를 얻으면 선이 된다. 어떤 물건을 소유할 때도 마찬가지다. 물건을 가져봐야 버릴 수 있으므로 버리기 위해 갖는다면 선이요, 물건을 영원히 내 것으로 만들기 위해 갖는다면 악이라 할 수 있다. 세상 모든 일은 잠시 스쳐 지나갈 뿐 어느 한 곳에 머무는 법이 없다. 지금 이 상황도 거쳐 지나가는 과정일 뿐이다. 세상에 태어나 누워만 있다가 뒤집는 것으로 거쳐 왔고, 몸을 뒤집다가 기는 것으로 거쳐 왔으며, 엉금엉금 기어다니다가 일어서서 걷는 형태로 거쳐온 것이다. 좀 더 자라서는 어린아이에서 학생으로, 학생에서 청년으로, 청년에서 젊은 부부로, 젊은 부부에서 부모로 그러고는 할아버지 할머니가 되는 과정으로 거쳐갈 뿐이다. 중생은 어린 시절에서 영원히 머물 수도 없고, 청년 시절에서 영원히 머물 수도 없으며, 노년의 삶을 영원히 살 수도 없다. 어느 시절에도 머물지 못하고 그냥 거쳐갈 뿐이므로 어느 것에 집착하면 어리석음이라 할 것이다. 지금의 몸이 있기까지 우리는 이미 여러 단계를 거쳐 왔다. 수많은 단계를 거쳐 여기까지 왔지만, 지금 우리가 손에 쥔 것은 아무것도 없다. 그냥 현재의 모습만 있을 뿐이다.

어린 시절에 가졌던 것이나 학창시절에 가졌던 것, 젊은 시절에 가졌던 모든 것은 지금 어디에 있는가? 젊음도 없는데 명예와 물질인들 오래 가겠는가? 어차피 사라질 것이라면, 아까워하고 움켜쥐면 마음만 아플 뿐이다. 이왕 사라질 것이라면 남들에게 기쁨이나 행복을 주고 사라지게 할 일이다. 그것을 잃었을 때 아쉬워하고 후회하는 것보다 베풀면 훨씬 보람 있기 때문이다. 아기가 누워만 있다가 뒤집기를 하면 부모는 박수를 치며 기뻐할 것이다. 몸을 뒤집다가 기어다니고, 다시 아장아장 걸으면 부모는 다시 환호한다. 이와 같이 자식들은 부모에게 기쁨을 주면서 자란다. 부모는 항상 새로운 것을 좋아한다. 그다음 날 다시 뒤집어도 박수는 없다. 어릴 때는 기다가 걷는 것만으로도 부모에게 기쁨을 줄 수 있으나 좀 더 자라 학교에 들어가면 노력이 뒤따라야 한다. 남들보다 열심히 공부하여 만점을 맞는다면 부모가 얼마나 기뻐하겠는가? 그것이 자식으로서 부모에게 선을 행하는 방법이다. 물론 그것만이 온전한 선은 아니다. 집착을 원하지는 않는다. 하나를 쥐었을 때 또 다른 하나를 버릴 줄 아는 지혜가 생겼으면 하는 바람이다. 직장에서 과장으로 승진했다면 계장을 버린 것이고, 부장이 되었다면 과장의 직위를 버린 것이다. 지금 부장 자리에 있다면 언젠가 그 직위를 버릴 마음을 가져야 한다. 하나를 쥐었을 때 다른 하나를 버려야 과거에 집착하거나 연연하지 않을 수 있다. 한 번 가지는 것으로 만족함을 느껴야 한다. 두 번 가질 생각은 하지 말아야 한다. 부장에서 이사로 진급했다면 다시 부장 자리로 돌아갈 생각을 해서는 안 될 것이다. 그것은 부장 직위를 한쪽에 치워두었다가 다시 챙기려는 탐욕에 지나지 않는다. 세상에는 이러한 사람은 없다. 그러나 명예는 없지만 재물에 있어서는 다르다.

옛날에 도둑질한 물건을 어깨에 메고 산속으로 숨어든 남자가 있었다. 산속 깊은 곳에 사찰이 있어 들어가니 대웅전이 눈에 띄었다. 남자는 대웅전 문을 열고 부처님 상을 바라보았다. 근엄한 표정으로 앉아 있는 부처님을 뵙고는 겁이 덜컥 났다. 남자는 어깨에 멘 보따리를 대웅전 문밖에 내려놓고 법당 안으로 들어섰다. "부처님, 제가 큰 잘못을 저질렀습니다!" 남자는 부처님 앞에 참회를 하며 절을 올렸다. "다시는 이러한 잘못을 행하지 않겠습니다." 명세를 하고 법당밖으로 나왔다. 남자는 대웅전을 나서며 한쪽에 놓아둔 보따리를 다시 짊어지고 집으로 돌아왔다. 아무리 도둑질을 했다하더라도 부처님 앞에 참회를 했다면 훔친 물건을 돌아보아서는 안 될 일이다. 보따리를 그냥 두고 뒤도 돌아보지 않고 집으로 왔다면 남자의 죄는 용서를 받을 수도 있었을 것이다. 그리고 그 사람은 선한 사람으로서 공덕을 보았을 것이다. 사람이 무언가를 갖는다는 것은 버리기 위해서인데, 남자는 이를 움켜쥔 채 버리지 않았으므로 악업을 짓고 만 것이다.

석가모니불의 족상足相을 보면 한쪽 발에 54가지씩 양쪽 발에 108개의 문양이 있다. 이를 백팔문양이라 한다. 백팔문양은 석가모니불이 금생에 모습을 나타내기 이전 과거생에 성취했던 부분들을 버렸던 모든 것들이 고스란히 기록으로 나타난 것이다. 백팔문양의 내용을 보면 석가모니불이 예전에 짐승의 왕도 되었고 전륜성왕도 되었다. 이 모든 것이 말끔히 버리고 버리고 또 버리다가 마지막으로 인간세계에 복지구족한 원만상으로 태어나서 사람으로서 모든 영화를 누릴 수 있게 되었다. 부처님은 다시 또 모든 것을 버리고 출가한 것이다. 모든 것을 버리고 또 버린 뒤 위도 없고 아래도 없는 평등하며, 바르고 바른 깨달음을 얻었다. 이것이 무상정등정각이다. 버림의 공덕이 영원히 존경받는 부처가 된 것이다.

가진 것이 있어야 버릴 것도 있다

선종禪宗의 수행차제 가운데 사교입선捨敎入禪이라는 말이 있다. 이는 문자를 멀리하고 선禪에 들어가라는 의미로, 수행을 위해서는 경전에 있는 교리를 익히는 것보다 참선을 해야 한다고 강조하는 말이다. 어떤 출가 수행자가 그렇잖아도 공부하기 싫은데 잘됐다 싶어, 교리공부를 하지 않고 참선만 하면 된다 생각하고 선방을 찾았다. 스승이 물었다.

"선방에는 어인 일로 찾아왔나?"
"스승님, 참선을 하고 싶어 이렇게 찾아왔습니다."
"그래, 공부를 좀 하고 왔나?"
"전혀 하지 않았습니다."
"그럼 공부를 하고 다시 오게나."

"사교입선이라 하였으니 참선만 하면 되지 않습니까?"

"응 그렇군, 교를 버리고 선에 들어라 하였으니, 자네는 배우지 않았으니 교는 당연히 없으니 버릴 것이 없네, 대체 자네는 무엇을 버릴 수 있는가?"

"어차피 버릴 것인데 무슨 공부를 하겠습니까? 저는 버리기 싫어서 아무 공부도 하지 않고 곧바로 온 것입니다."

"이곳은 버리기 위해 공부를 하는 곳이네. 버릴 것이 없는 자네는 선禪에 들어 올수가 없겠구먼." 스승은 이렇게 말한 뒤 참선을 위해 찾아온 사람을 돌려보냈다. 버리기 위해서는 우선 가져야 하므로 공부를 한 뒤 다시 찾아오라고 한 것이다.

"술을 먹지 마라. 담배를 피우지 마라."라는 계율은 술을 먹거나 담배를 피우는 사람에게 필요한 계율이다. 원래 술을 마시지 않고 원래 담배를 피우지 않는 사람에게는 이런 계율이 필요 없다. 술을 마시던 사람이 술을 끊어야 계율을 지키는 것이고, 담배를 피우던 사람이 담배를 끊어야 공덕이 일어날 것이다. 가진 것을 버려야 묘득이 생긴다. 아무것도 하지 않았는데 묘득이 생길 이유가 없다. 보시하는 것도 마찬가지다. 보시를 하려면 우선 열심히 일해서 재물을 모아야 한다. 재물을 모아 생활하고 생활속에서 남에게 베푸는 것이 보시이고, 이러한 보시를 하였을 때 공덕이 일어나는 것이다. 아무 일도 하지 않은 채 보시할 재물이 없다고 핑계만 대서는 안 될 일이다. 즉 가지고 난 다음 그것에 집착하지 말고 사회를 위하여 베푸는 것이 옳게 버리는 법이다. 팔만장경을 다 본 연후에 장경에 집착하지 않고 마음을 닦는 것이 사교입선의 의미이다.

진정한 의미의 선과 악

버리기 위해서는 가진 것이 있어야 한다. 삼독심이 깊은 중생은 먼저 가지는 법을 배우고 뒤에 버리는 법을 배워야 한다. 먼저 건강한 몸도 가져보고 높은 지위에도 올라봐야 한다. 아름다운 여인을 아내로 맞이하고, 멋진 남자를 남편으로 맞아보아야 할 것이다. 이처럼 갖는 것이 우선이다. 그러고 난 다음에는 미련없이 그것에 집착하지 않고 언제든지 버릴 줄 알아야 한다. 부富와 명예名譽를 버리고, 아름다운 아내와 멋진 남편을 버리고, 고귀한 신분을 버릴 수 있다면 이것이 진정한 행복을 가져오고 모든 번뇌가 사라져 해탈할 것이다.

부처님 법이 3국에 전해오는 중에 3대의 재가제자가 있다. 인도의 유마힐거사와 중국 당나라의 방거사와 신라의 부설거사이다. 이들은 재가인으로서 출중하게 수행하여 깨달음을 얻었기에 후대까지 3대거사로 추앙받는 인물이다. 중국의 방거사는 부유한 집안에서 자랐으나 "재물은 허망하여 도 닦는데 도움이 되지 않는다."면서 집안의 재산을 모두 정리하여 가족과 함께 고향을 떠나 동정호를 지나면서 동정호에 전 재산을 버렸다. 이 소식을 들은 한 친구가 방거사에게 물었다.

"재산을 가난한 사람들에게 나눠주지 않고 호수에 버린 이유가 무엇인가?" 방거사가 다음과 같이 대답했다.

"재물은 탐욕을 부를 뿐이네. 진정한 보시는 탐욕이 생기지 않게 하는 것이라네." 부인과 아들딸이 아버지가 동정호에 전 재산을 버리는 것을 보고 아무도 이를 탓하지 않았다. 전 재산을 동정호에 버린 뒤 방거사 가족은 대나무 바구니를 짜서 팔아 생활했다. 이들은 필요한 만큼만 생산 활동을 하며 그날그날을 자유롭게 살았다. 방거사는 수많은 선승과 교류하면서도 수행에 있어 독특한 면을 보여 다음과 같은 말을 즐겨했다고 한다.

"세상 사람들은 돈을 좋아하지만 나는 순간의 고요를 즐긴다. 돈은 사람의 마음을 어지럽힐 뿐이요, 고요 속에 본래의 내 모습이 드러난다. 탐욕이 없는 것이 진정한 보시요, 어리석음이 없는 것이 진정한 좌선이다. 성내지 않음이 진정한 지계持戒요, 잡념이 없음이 진정한 구도求道이다. 악을 두려워하지 않고 선을 추구하지도 않는다. 인연 따라 거리낌 없이 사는 것이 모두가 반야般若의 배를 탄것과 같도다."

방거사와 그의 가족은 무엇에도 얽매이지 않고 평생을 유유자적悠悠自適하며 살았다. 이들의 마지막 열반 모습은 이들이 평소 어떻게 살았는지 짐작하게 한다. 어느 날 방거사는 딸 영조에게 해탈의 시간을 알고 정오가 되면 알려 달라하고 좌선에 들었다. 영조는 "일식日蝕이에요!"하며 방거사를 집 밖으로 불러낸 뒤 아버지의 좌선처에 앉아 스스로 해탈의 열반을 보이었다. 방거사는 딸의 장례를 치르고 7일 만에 해탈의 열반을 하였다. 밭에서 일을 하던 아들이 아버지의 좌탈입망의 소식을 듣고 괭이에 기대어 서서 해탈열반하였다. 방거사부인은 아들을 화장하면서 "나는 절대로 다른 사람들을 귀찮게 하지 않으리라." 하면서 7일이 지난 뒤에 뒷산으로 올라갔다. 마을 사람들이 부인의 약속을 들은지라 부인을 따라 뒷산으로 향하였다. 부인은 어느 큰 바위 앞에 서니 바위가 둘로 갈라졌다. 부인이 바위 속으로 들어가자 바위는 본래의 모습으로 되었다. 많은 사람들이 이 바위를 무봉탑無縫塔이라 하였다.

중생도 가진 것을 버릴 줄 알아야 한다. 방거사처럼 가족과 함께 동정호 한가운데로 나아가 전 재산을 다 호수에 빠뜨릴 수 있어야 한다. 그러고 나서 동정호를 건너면 돌아올 길이 없다. 모든 것에서 미련을 털어버리고 끝끝내 마지막 길까지 왔으니 남은 일은 오로지 수행뿐이다. 맹서하면서 용맹정진하여 모두 깨달음을 얻었다. 우리도 그렇게 해야 할 것이다. 다만, 빈손으로 동정호를 찾아서는 안 된다. 버릴 것 없는 몸으로 동정호를 찾아서는 안 될 것이다. 동정호를 찾기 전에 먼저 보다 더 많이, 보다 더 넉넉히, 보다 더 고귀하고, 보다 더 좋은 것을 가지려 노력해야 한다. 우리도 방거사와 같은 눈을 지니고 같은 손발을 지니고 같은 두뇌를 지녔다. 그러므로 안 될 일이 없다. 먼저 중생도 최고가 되도록 노력해야 한다. 그리고 마침내 최고가 되었을 때 연연해하지 않고 집착하지 않고 놓아버리는 것, 그것이 바로 선이다. 가졌으되 버리지 아니하고 인색한 것, 누렸으되 절대 놓지 않는 것이 악이다. 밀교에서 갖거나 갖지 않는 것은 중요하지 않다. 가졌으되 버릴 줄 알아야 한다. 버릴 기회가 있으면 언제든 버리고 일어서야 한다. 버리되 그에 앞서 가져야 하므로 공덕을 쌓고 계율을 지키며, 수행정진에 힘써야 할 것이다. 이 시간 이후부터 사람으로서 지닐 수 있는 것은 모두 다 지니고 누리도록 한다. 그러다가 상대에게 필요하다 싶으면 언제든 베풀고 미련없이 털고 일어서야 할 것이다. 이것이 선과 악을 제대로 아는 사람이 나아갈 길이다. 밀교수행은 먼저 갖도록 하고 다음으로 미련없이 버리는 수행이다.

제31강
밀교에서 보는 탐·진·치

현교에서는 탐·진·치를 삼독三毒이라 하여 버리라고 가르치지만 밀교에서의 탐·진·치를 삼밀三密로 다스리는 법을 가르친다. 인간세계에서 살아가는 한 욕심을 버릴 수 없고 성냄을 버릴 수 없으며 어리석은 생각 또한 버릴 수 없다. 탐·진·치는 인간세계가 발전하는 데 오히려 큰 힘이 될 수 있다. 이 장에서는 사회발전의 원동력이 되는 탐·진·치가 어떤 경우에 죄가 되고 악업이 되는지 알아보기로 한다.

육도윤회의 업이 곧 탐·진·치

"지혜로써 인因을 하고 대비大悲로써 행行을 하고
용예勇銳로써 혹或을 끊어 탐진치를 단제斷除 하고
자성중생 제도하여 공덕 널리 회향한다."

탐심貪心은 욕심이요, 진심嗔心은 성냄이요, 치심癡心은 어리석음이어서 깨달음에 이르는 길을 방해하므로 현교에서는 탐·진·치를 삼독三毒이자 삼업三業이라 하여 버리라고 한다. 밀교에서는 탐·진·치를 굳이 버리라고 강요하지 않는다. 중생세계를 살아가려면 욕심도 있어야 하고, 화도 내야하며, 어리석음도 있어야 한다. 이 세 가지를 다스리도록 가르치는 것이다. 이처럼 현교와 밀교의 가르침에 차이가 있는 이유를 알려면 왜 중생이 되었는지 먼저 알아야 한다. 우리가 아직 부처가 되지 못했다. 그리고 보살도 되지 못하고, 아라한阿羅漢도 성문연각聲聞緣覺도 되지 못한 채 육도윤회六道輪廻를 거듭하는 중생이다. 숙세에 익힌 습으로 인하여 사람으로 태어났다. 미련하고 어리석으면 다음 생은 축생으로 태어날 수도 있다. 아귀처럼 욕심만 부리다가 죽으면 아귀로 태어날 것이요, 남을 해치거나 나쁜 짓을 지나치게 많이 하면 지옥에 갈 것이다. 다투기를 좋아하면 수라도에 태어나며, 좋은 일을 많이 하면 천상에서 무진복락無盡福樂을 누릴 것이다. 육도 중에 인간세계를 제외한 천상, 수라, 축생, 아귀, 지옥세계에서는 지은 업대로 과보를 받기만 하는 세계이다. 그곳에 영원히 머무는 것은 아니다. 그곳에서의 업이 다하면 또 다른 업에 의하여 다른 세상에 태어나 과보를 받게 될 뿐 새로운 업을 지을 수 없다. 인간세계만이 새로운 업을 지을 수 있는 곳이다. 인간세계는 육도를 오가는 관문으로 어느 세계든 갈 수 있지만 천상, 수라, 축생, 아귀, 지옥은 어느 세계로 곧바로 갈 수 없다. 그 곳에서 업이 다하면 이곳에서 다시 선악의 업을 지어 다른 세계로 배정받게 된다. 이러한 까닭으로 인간세계가 육도의 관문 역할을 한다고 말한 것이다. 사람으로서 가장 쉽게 몸을 받을 수 있는 것은 축생이다. 인간과 축생은 동업이 많기 때문에 축생의 몸으로도 선행을 행하거나 악행을 행하면 인간세상을 거치지 않고 곧바로 천상에 태어나기도 하지만 이러한 일은 드물다. 우리는 지은 업에 의하여 육도를 수천만 번 오고갔을 것이다. 그러는 중에 다시 업을 재충전하기 위하여 인간 세상에 몇 번이나 왔었는지 알지 못한다. 인간세계는 윤회를 벗어나는 기회가 있다. 많은 기회를 가졌는데도 아직 우리는 육도를 윤회하고 있다. 그 윤회업의 근본인 탐·진·치를 다스리지 못하고 그것에 집착하여 놀아났기 때문에 벗어날 기회를 놓친 것이다. 인간세계에 태어난 이상 탐·진·치의 부림을 받게 되어 있다. 이 탐진치에 끌려가는 삶이 삼업이며, 그 부림을 내 마음대로 하는 것이 삼밀이다.

　　　　　탐·진·치를 가졌기 때문에 중생이라 한다. 중생 가운데 특히 사람은 욕심과 성내는 마음, 어리석은 생각을 모두 가지고 있다. 천상은 탐진치가 없다. 수라도는 진심만 있고, 축생은 욕심과 어리석음이 있고, 아귀는 욕심만 있고, 지옥은 어리석음만 있다. 윤회를 이루는 원인을 완벽하게 가지고 있는 곳이 인간계이다. 악업이든 선업이든 짓기 좋도록 환경까지 구비되어 있다. 육도 중생은 누구나 다 불성佛性도 가지고 있다. 불성만 가졌다면 불보살의 세계에 태어났을 것이다. 견물생심見物生心의 중생심 때문에 욕심을 버릴 수도 없고, 성냄을 버릴 수도 없으며, 어리석은 생각을 버릴 수도 없다. 버릴 수 없는 것을 버리려면 얼마나 괴롭겠는가? 밀교는 욕심과 성냄, 어리석음을 버리지 말고 그것을 스승삼아 몸과 말과 마음을 다스려 깨달음으로 나아가라고 설한다. 사람으로 태어났다는 자체가 탐·진·치를 지녔다는 의미이므로 욕심을 부리고 성도 내고 어리석은 짓을 잘 할 수 있어야 한다. 일상생활에서 그것은 버릴 수가 없으므로 욕심은 베품으로, 성내는 마음은 자비로운 웃음으로, 어리석은 것은 지혜롭게, 교만심은 하심으로, 의심은 믿음으로 바꾸도록 가르친다. 이러한 탐진치를 선업으로 바꾸어서 그로 인하여 불보살이 될 수 있는 32상과 80종호를 갖추면 된다. 만일 탐진치가 없다면 32상과 80종호도 갖출 수 없다. 번뇌 즉 보리며, 마장이 곧 법문이요 방편이 곧 진실법이 되는 것과 같은 것이다.

　　　　　《실행론》에 "욕망에서 건설된다." 하였다. 인간세계의 경제와 정치, 문화는 사람의 욕심으로 발달해왔다. 그러므로 인간세계에서 살아가려면 욕심이 있어야 한다. 이왕 가지고 태어난 탐·진·치를 굳이 숨길 이유가 뭐 있겠는가? 탐·진·치 자체는 죄도 아니고 악업도 아니다. 자연스럽게 받아들여 그것을 좋은 방향으로 승화시키면 된다. 지옥의 염라대왕도 어찌하지 못할 것이다. 인간계는 욕심이 곧 발전의 원동력이다. 사람으로 태어나 욕심을 부리지 않고 어찌 살겠는가. 또한 도리에 맞지 않은 일을 보고 화를 낸 것이 죄가 되겠는가? 어리석음 또한 마찬가지이다. 어리석기 때문에 다른 이에게 고개 숙일 수 있고 어리석기 때문에 실수한 뒤 참회도 하는 것이다. 그것이 어찌 지옥세계에 갈 일이겠는가? 다만 탐진치를 자기만을 위하여 사용하지 않고 남을 위하여 사용하였다면 오히려 상을 줄 것이다. 염라대왕이 중생세계의 업을 밝힐 때 탐진치를 논하는 것이 아니다. 선악을 논하는 것이다. 사람으로 태어난 이상 탐·진·치는 절대 죄가 되거나 악업이 되지 않는다. 탐진치만의가 고통을 받는 윤회의 근본이 되기도 하지만 성불의 디딤돌이 되기도 하는 것이다.

과정이 아름다우면 죄도 악업도 아니다

중생세계에서 욕심을 내거나 성을 내는 일, 어리석은 생각을 하는 자체는 죄가 되지 않지만, 이를 어떤 방법으로 하느냐에 따라 죄가 되기도 하고 복이 되기도 한다. 예를 들면, 내가 잘살기 위해 욕심을 부리면 죄가 되지 않는다. 잘살고 싶은 마음은 사람의 욕망이기 때문이다. 그런데 인간세계는 상대성이므로 나뿐 아니라 남도 존재하는 세상이다. 나 혼자 잘살겠다고 남을 괴롭히거나 남을 해치거나 남에게 손해를 끼치면서 욕심을 부린다면 그 욕심은 죄가 되는 것이다. 불보살이 아닌 사람으로 태어난 이상 잘살아보겠다는 마음이 어찌 죄가 되겠는가? 내가 잘살기 위해 남을 해쳐서는 안 된다. 내가 잘되기 위해 남을 짓밟아서는 안 된다. 내 일을 잘하기 위해 남의 일을 방해해서는 안 된다. 그러한 행위들은 아무리 티끌만한 것도 죄가 되고 악업이 되는 것이다.

이와 같이 인간세계에서는 자신을 위해 탐·진·치를 행할 경우 악업도 되지 않는다. 하지만 그 과정에서 이웃을 괴롭히거나 가족의 가슴에 못을 박거나 자연을 파괴할 경우 티끌만한 탐·진·치라도 죄가 되고 악업이 된다. 밀교는 탐·진·치를 버리라고 가르치는 것이 아니라 그것을 발판으로 욕심의 본능, 진심의 본능, 어리석음의 본능을 깨달아 해탈의 탐진치로 만드는 것이다. 사람으로 태어난 이상 구족具足한 삶을 살아야 한다. 사업가가 되었다면 최고의 부자가 되어야 할 것이다. 정치가가 되었다면 최고의 자리에 오를 때까지 욕심을 부리도록 한다. 교육자가 되었다면 최고의 교육자가 될 때까지 노력해야 할 것이다. 최고가 되기 위한 욕심을 버리라고 할 사람은 아무도 없다. 남을 해치지 아니하고 선의의 경쟁을 한다면 욕심을 부려도 죄가 되지 않는다. 아주 사소한 욕심을 부려도 죄가 되고 악업이 되는 경우가 있다. 그러므로 욕심을 부리는 과정에서 상대에게, 어떤 업을 지었는지 살펴볼 일이다. 남에게 불이익을 주었을 경우 아무리 티끌만한 잘못이라도 이는 참회할 일이다. 자신의 능력에 한계를 느껴 화를 낸다면 어느 누구도 뭐라 하지 않을 것이다. 능력이 없어 이것밖에 할 수 없지만 내일은 누구보다 뛰어난 일을 하여 성공할 것이다. 울분을 터뜨리는데 무슨 죄가 되겠는가. 참선하는 과정에도 대분심大憤心을 일으키라고 가르친다. 아무리 오랜 기간 참선을 해도 깨달음이 없다면 스스로 어리석음을 탓하면서 자신을 향하여 분심을 일으켜야 할 것이다. 자신의 그릇이 왜 이렇게 작은가 하고 화를 내는 것은 죄가 되거나 악업이 되지 않는다. 내가 성냄으로써 나의 이웃에게, 나의 가족에게 가슴 아픈 일이 생기면 안 된다. 나를 향해 성을 내면 그뿐, 왜 상대에게 전달하여 세상을 악하게 물들이려 하는가? 무엇이 죄가 되고 악업이 되는지 확실하게 알고 그 사실을 명심해야 할 것이다.

많이 알고 많이 가진 사람일수록 자랑하지 않는다

예로부터 혹독한 시집살이를 견디는 방법으로 '벙어리 3년, 귀머거리 3년, 장님 3년'으로 살라는 말이 있다. 요즘 사람들이 생각하기에 그렇게 어리석은 삶이 어디 있냐고 비웃을지 모르지만 참고 견딘다는 면에서 매우 현명한 삶일 수도 있다. 어리석어서 벙어리로, 귀머거리로, 장님으로 살라는 말이 아니다. 그 집안의 풍습을 익히기 위해 참는 것이다. 그 집안 식구의 성격을 익히기 위해 참는 것이다. 그 집안을 편안하게 꾸려가기 위해 참는 것이다. 앞으로 그 집안의 훌륭한 며느리가 되고 현모양처가 되기 위해 참는 것이다. 말하지 않고 듣지 않고 보지 않고 묵묵히 견뎌내는 것을 보고 남들이 어리석다고 손가락질

할 사람은 아무도 없다. 우리의 어머니들이 어딘가 모자라서 그 혹독한 세월을 견뎌낸 것은 아니다. 가진 것이 많고 넉넉한 사람은 이를 자랑하지 않는다. 아는 것이 많은 사람은 이를 드러내어 자랑하지 않는다. 하나를 가진 사람이나 하나를 아는 사람이 그것을 떠벌이며 자랑하는 것이다.

예를 들면, 아기가 태어난 지 몇 개월 뒤 뒤집기를 했다. 이를 본 부모는 '우리 애가 뒤집었어!' 여기저기 자랑을 한다. 아무것도 할 줄 모르는 아기가 몸을 뒤집었으니 얼마나 대단한 일이겠는가. 우리가 보기에 대수롭지 않은 일이지만 부모의 입장에서는 대단한 발전이며 자랑스러운 것이다. 간신히 몸을 뒤집던 아기가 얼마 뒤에는 엉금엉금 기기 시작한다. 그러면 부모는 또 기뻐 어쩔 줄 모른다. 지극히 평범한 일이지만 아기 입장에서는 처음 배웠으므로 대단한 발전이다. 얼마 뒤에 몸을 일으켜 걸음마를 한다. 이를 본 부모는 대견스러워 한다. 기어만 다니던 아이가 아장아장 걷게 되었으니 온 집안의 경사가 아닐 수 없다. 이와 같이 아기의 작은 동작이 부모는 기뻐하며 자랑한다. 성장하고 나면 어릴때의 행동들이 대수롭지 않은 일이 되어버린다. 사람은 아기의 성장에서 기뻐하듯이 적게 가지고 적게 아는 사람이 자랑을 많이 한다. 어리석음이 오히려 복을 짓는 행위가 될 때도 있다. 상대를 편안하게 해주기 위해, 상대를 배려해서 나서지 않고 고개를 숙인다면 이는 어리석은 것이 아니라 복을 짓는 일이다. 스스로 할 수 있는 일이고 잘하는 일이지만 상대를 존중하여 아는 척하지 않고 뒤로 물러서는 것이다. 사람으로서 무슨 일이든 잘하고 싶은 마음이 왜 없겠는가? 그런 마음도 없이 세상을 산다면 다음 생에는 축생이나 지옥, 또는 아귀세계에 떨어져 게으름의 업이 다할 때까지 고통 받게 될 것이다. 사람으로 태어났으니 최선을 다해 많은 것을 이룬 공헌의 덕을 쌓는 성취의 삶을 살아야 한다. 이것이 인간으로 태어난 보람이며, 해탈과 열반과 성불에 가까워지는 삶이다.

《금강경》을 "파상경破相經"이라고 한다. 이는 상相을 깨뜨리는 경전이라는 의미이다. 상에는 네 가지가 있는데 아상我相·인상人相·중생상衆生相·수자상壽者相이 사상四相이다. 사상이 서로 뒤얽혀 팔만사천 번뇌를 일으킴으로써 깨달음을 얻지 못하게 하는 최대의 걸림돌이 된다. 아상이란 '나'라는 실체가 없음에도 '이것이 나다' 하고 강렬한 집착을 가짐으로써 오는 번뇌를 의미한다. 인상이란 경계에 사로잡혀 나와 남을 구분하는 데서 오는 번뇌라 할 수 있다. 중생상이란 중생계가 윤회한다거나 윤회하지 않는다고 고집을 부리는 것, 그리고 중생계만의 법을 만들어 집착하는 이기적인 경향을 의미한다. 수자상이란 삶과 죽음에 집착하는 데서 오는 번뇌를 가리킨다. 이처럼 사상이란 실체가 아닌 것을 실체로 잘못 보는 것을 통틀어 가리키며, 이 4가지 인식이 서로 얽히고설켜 각양각색의 마음을 잉태하고 팔만사천 종류의 번뇌를 연출한다. 사상四相의 번뇌에서 벗어나려면 재물을 취하고 난 뒤 겸손해야 하며, 높은 지위에 올라서도 고개를 숙여야 한다. 교만한 마음에 잘난 척해서는 절대 안 될 것이다. 누구나 수행해서 얻은 공덕을 남들에게 자랑하고 싶은 마음이 있다. 하지만 그것을 자랑하는 순간, 교만심이 생기므로 자랑하는 것을 금하였다. 자랑하면 상대에게 죄를 짓는 기회가 될 수도 있기 때문에 삼가라는 말이다. 굳이 자랑하고 싶다면 법문으로 대신하여야 한다. 법문으로 대신한다는 것은 나를 자랑하지 말고 어느 누구의 비유법으로써 상대에게 보시하고자 하는 마음을 일으켜주라는 의미이다.

　　　　여기 수십 년만에 만난 두 친구가 있다. 서로의 안부를 챙기며 반갑게 포옹한 두 사람은 분위기 좋은 곳에서 차를 마시며 그동안 살아온 이야기를 도란도란 나눈다. 그런데 두 사람의 대화 내용을 가만히 듣다보면 나도 모르게 슬며시 웃음이 나온다. 대화의 절반은 남편 자랑이요, 아들딸 자랑이다. 내 남편은 어떤 지위에 올랐으며, 내 아들은 이렇게하여 좋은 학교에 들어갔고, 내 딸은 이러저러하며 예쁘게 자랐다는 말이 대화의 절반이다. 두 사람 모두 서로의 자랑거리를 하나라도 더 내놓기 위해 바쁘다. 그러고 난 뒤 나머지 절반의 시간은 남편 흉이나 자식들 흉보는 데 사용한다. 남편이란 말은 남의 편만 들기에 붙인 이름이라는 둥 자식도 품안의 자식일 뿐 크면 아무 소용없다는 둥 푸념을 쏟아놓는다. 두 사람은 서로 이야기가 잘 통하는지 끊임없이 수다가 늘어지는데, 옆에서 이를 지켜보면서 의아한 생각이 든다. 처음에는 입에 침이 마를세라 남편과 자식 자랑을 하더니 이제는 침을 튀어가며 남편과 자식을 흉보는 두 사람을 보면 고개를 갸웃거리게 된다. 똑같은 대상을 향해 자랑을 하고 흉을 보는 저 심리는 대체 무엇이란 말인가? 곰곰 생각해보니 남편과 자식을 믿지 못하고 의심하기 때문인 듯싶다. 남편을 믿지 못하고 자식을 믿지 못하므로 자랑스러운 마음 한편에 허물이 묻어나는 것이다. 남편을 믿고 자식을 믿는다면 함부로 자랑하지도 않을 뿐 아니라 함부로 흉보는 일도 없을 것이다.

　　　　이것은 또한 인과이치를 깨닫지 못해 범하는 어리석음일 수도 있다. 하나를 심으면 하나가 나오고, 둘을 심으면 둘이 나오는 법이다. 콩을 심으면 콩이 나올 것이요, 팥을 심으면 팥이 나올 것이다. 인과의 이치는 이처럼 한 치의 어긋남도 없이 정확하다. 금생에 이러한 몸을 가지고 태어난 것은 전생에 이와 같은 몸을 받도록 인因을 지은 탓이다. 이 몸이 되도록 욕심을 부렸고, 이 몸이 되도록 성을 냈으며, 이 몸이 되도록 어리석음을 저지른 것이다. 또한 이 몸이 되도록 교만심을 가져 잘난척 할 것이다. 이 몸이 되도록 의심도 많이 했을 터이다. 어쩌면 그 습관習慣이 아직도 남아 금생에서도 여전히 욕심을 부리고 여전히 성을 내고 여전히 어리석은 행동을 행하는지도 모른다. 그 습관 때문에 하나 가진 것을 자랑하며, 부처님의 말씀인 정법正法을 의심하고 세상을 의심하는지도 모른다. 금생의 삶을 곰곰 되새기면서 지금의 자신을 돌아볼 일이다. 원인 없는 과보가 있을리 없다.

죄 되는 욕심과 죄 되지 않는 욕심

탐심과 진심, 치심의 근본이 자신을 향해 있을 때는 아무런 죄가 되지 않고 악업이 되지 않는다. 자신을 위해서 사회와 경제, 문화 발전을 위해서는 한껏 욕심을 내자. 사람으로 태어나 한 생을 욕심내어 잘살았다 하면 참으로 좋은 일이다. 이는 죄짓고 악업을 지으면서 살라는 말은 아니다. 똑같은 욕심을 내어 어떤 사람에게는 욕심이지만 또 다른 사람에게는 욕심이 아닐 수 있다. 비유하면, 한 가마니의 쌀을 구하는데, 어떤 사람에게는 그 일이 욕심이 되지만 어떤 사람에게는 욕심이 되지 않는다. 어떤 이에게는 그 일이 악업이 되고 죄가 되는데, 어떤 이에게는 악업도 죄도 되지 않을 수 있다. 과거생에 선업을 많이 지어서 금생에 천석꾼으로 살아갈 복을 타고 난 사람이 있다. 지금 그 사람의 창고에는 990섬의 쌀이 있어 1,000섬이 되려면 10섬이 모자란다. 그러면 10섬을 얻기 위해 1섬을 욕심낼 것이다. 그럴 경우 10섬을 채워 1,000섬의 쌀이 만들어질 때까지 그 사람의 욕심은 죄가 되지 않는다. 반면, 과거에 지은 선업이 적은 사람이 있다 하자. 그 사람은 창고에 쌀을 10섬만 놓고 살 복을 타고 났다. 그럴 경우 10섬이 채워져 있는 상태에서는 1되만 탐을 내도 욕심이 되는 것이다.

이와 같이 어떤 사람은 쌀 1,000섬을 창고에 쌓아놓고 살아도 죄가 되지 않고 악업이 되지 않는데, 어떤 사람은 쌀 1되만 짊어지고 들어와도 죄가 되고 악업이 된다. 그래서 선업을 쌓아 복그릇을 넓히라고 설하는 것이다. 복그릇이 좁은데 자꾸 채우려는 것은 욕심일 뿐이다. 그릇보다도 재물이 넘치면 그때부터 집안에 우환이 생기고 질병이 생긴다.

중생은 그 원리를 알지 못한다. 자기본분을 모르고 자기분수를 모른다. 밀교의 자성自性 찾는 공부는 자기분수를 알게 하는 것이다. 사람으로 태어난 이상 자성은 이미 있고 불성佛性 또한 원래 있으므로 굳이 찾을 필요가 없다. 다만, 자기본분을 찾고 자기분수를 알아야 할 것이다. 내가 지닌 복그릇은 어느 정도인지 알아야 한다. 그리고 어느 정도 채워졌는지를 알아야 한다. 만약 내가 지닌 복그릇이 넘친다면 더 이상 채우려 하지 말고 베푸는 것이 옳다. 단돈 1만 원만 있어도 제 손에 움켜쥐지 못한 채 베풀어야 할 사람이 있다. 복그릇의 크기가 그 이상을 채울 수 없기 때문이다. 반면, 억만금을 손에 쥐었지만 베풀지 않고 구두쇠 노릇을 해도 괜찮은 사람이 있다. 복그릇이 여전히 덜 채워졌기 때문이다. 그런 사람은 복그릇을 다 채울 때까지 인색하게 살아도 죄가 되지 않는다. 중생으로서는 부처님이 되기 위하여 보살이 되기 위하여 수행을 하는 것은 차후의 문제이다. 인간으로서의 업을 다 버리려면 먼저 그 업에 만족함을 느끼고 미련이 없어야 한다. 만족을 느껴 보지 못한 것은 미련을 버릴 수 없다. 그 업을 어느 정도 지었는지, 그래서 어느 정도의 복그릇을 가지고 인간세계에 태어났는지 알기 위해 밀교수행을 하는 것이다. 배고픈 사람이 밥을 먹으려고 밥을 찾아다니는 것은 죄가 되지 않는다. 밥을 먹고 배부르면 더 이상 먹지 않을 것이다. 진수성찬이 눈 앞에 있어도 침을 삼키지 않을 것이다. 복과 지혜가 원만하면 더 이상의 탐심, 더 이상의 진심, 더 이상의 어리석음을 행하지 않을 것이다. 사람으로 태어나서 최고의 행복을 누린 자만이 그것을 쉽게 끊을 수 있다. 그때까지 탐진치를 부려도 된다. 이 원리를 가르치는 것이 밀교이다.

밀교의 즉신성불卽身成佛은 육도윤회를 벗어난 불보살을 의미하는 것이 아니다. 중생세계에서 자기본분을 익혀 안락을 구하는 것을 말한다. 인간세계에서는 아무것도 갖지 않은 사람이 행복지수가 높고 수천만금을 가진 사람이 오히려 불행의 지수가 높을 수 있다. 그 이유는 자기본분을 찾았냐, 찾지 못했냐의 문제이다. 본분을 찾지 못한 사람은 앞길을 모른다. 가는 길도 막혀 저도 모르는 새에 시궁창에 빠져들 수도 있다. 그러면 고통과 죄악이 점점 더 깊어질 수밖에 없다. 육자진언 수행으로 복그릇 크기는 얼마인지, 탐·진·치는 어느 정도인지 깨달아야 한다. 욕심과 성냄과 어리석음을 어디까지 사용하여 죄가 되지 않고 악업이 되지 않는지 알아야 한다. 물론 과거생에 지은 업에 따라 이웃의 평화를 방해하지 않고 옆 사람에게 손해를 끼치지 않으면서도 내가 원하는 것을 만족스럽게 취하면서 살 수 있다. 타고난 복그릇이 커서 아무리 욕심을 내고 성을 내고 어리석은 생각을 해도 일체중생이나 일체만물에게 방해를 주지 않으면서 행복한 삶을 살 수 있다. 그런데 이런 경우에도 가진 사람으로서 지나치게 자랑하거나, 가진 것을 남용한다면 죄가 되고 악업이 된다. 원하는 것을 가질 때까지, 어떤 지위에 오를 때까지 어느 누구도 해치지 않았으나 원하는 것을 이룬 뒤 아랫사람을 부리려 한다거나 군림하면서 멸시할 경우 그때부터 죄가 된다. 원하는 것을 갖고자 욕심내는 것이 죄가 아니라 원하는 것을 가진 뒤 행동을 잘못하면 죄가 되고 악업이 될 수 있다. 부처님의 설법의 대부분이 탐·진·치를 버리라는 것이다. 욕심내지 아니하고 성내지 아니하고 어리석음을 범하지 않음으로써 상대에게 이익과 안락을 주는 동시에 나 역시 잘살아야 한다는 말씀이 설법의 절반을 차지한다.

부모 말 잘 듣는 사람치고 훌륭한 사람 없다. 이 말은 깊이 생각하면서 들어야 오해를 일으키지 않을 것이다. 예전에는 부모님에게 효순孝順하면 충신이 된다 하여 충과 효를 자녀에게 가르쳤다. 하지만 요즘은 부모님 말씀을 잘 듣는 사람치고 훌륭한 사람이 별로 없다. 그 이유는 부모가 자식을 양육하는 면으로는 훌륭하지만 정신적으로는 그다지 훌륭하지 못하기 때문이다. 정서적, 사상적으로 올바르고 훌륭하지 못한 부모가 가르치니 자식도 그만큼밖에 되지 못한다. 그러므로 부모로서 훌륭하다 생각하지 않을 때는 자식을 가르치지 말아야 한다.

가르쳐봤자 부모님 이상의 자식이 되지 못한다. 모래땅에 심어놓은 곡식이 잘될리 없다. 모래땅에서 벼가 나오겠는가, 보리 또는 감자가 나오겠는가. 기껏해야 땅콩이나 수확하면 다행이라 할 것이다.

물론 요즘 세상에도 부모님 말씀을 잘 들어서 훌륭하게 된 사람이 있다. 하지만 그것은 부모님이 훌륭한 사람이기 때문이다. 스스로 훌륭하다 생각하지 않으면 자식에게 아무것도 강요해서는 안 된다. 부모의 생각이 좁으면서 자식을 뛰어난 인물로 만들고 싶다면 차라리 사회에 맡기는 편이 좋을 것이다. 맡길 데가 없으면 종교에 맡기도록 한다. 세상에서 가장 뛰어난 성인은 부처님이다. 부처님을 따르면 중생 또한 삼계의 대도사가 될 것이요, 사생의 자부가 될 것이다. 만일 삼계의 대도사나 사생四生의 자부慈父는 되지 못해도 육도윤회를 하는 가운데 축생에 태어나면 축생의 왕이 될 것이요, 지옥에 태어나면 염라대왕이 될 것이다. 또한 아귀로 태어나면 아귀의 왕이 될 것이요, 천상에 태어나면 천왕이 될 것이다. 다시 말하면, 100섬지기 농사를 짓는 부모님의 말씀을 들으면 아무리 노력해도 100섬지기 밖에 될 수 없다. 10섬 농사를 짓는 부모님의 말에 수순하면 10섬지기밖에 되지 못한다. 그것을 뛰어넘어야 한다. 그것을 뛰어넘기 위해 중생이 찾는 것이 선지식이다. 아이들이 일정 나이가 되면 부모님이 학교에 보낸다. 부모가 가르치지 못하는 것을 가르치기 때문이다. 스승 역시 훌륭해야 한다. 선생님이 모든 문제의 정답을 자신 있게 쓸 때 시험 보는 학생들도 정답을 쓸 수 있을 것이다. 그러므로 훌륭한 스승 밑에 훌륭한 제자가 나오는 것이다. 물론 청출어람靑出於藍이란 말도 있다. 이것은 그리 흔한 일이 아니다. 싯다르타는 6년간 훌륭한 스승을 찾아 수행하였지만 육도윤회를 벗어나는 법을 얻지는 못하였다. 싯다르타는 다시 보리수하에 이르러 모든 가르침을 뛰어 넘는 새로운 수행을 하여 마원을 항복시키고 무상정등정각을 얻었다. 이것이 청출어람이다. 이제 부모님의 업보다도 뛰어난 복덕을 누리려면 법계진리를 깨달은 부처님의 가르침을 따라서 수행하면 될 것이다. 특히 삼세를 관통하는 밀교 진언수행을 해야 할 것이다.

제32강

서원, 몸과 마음이 합일을 이루다

서원誓願이란 자신이 바라는 바를 부처님에게 맹세하고 그것이 이루어지기를 기원하는 것이다. 밀교의 서원은 일상생활 가운데 인과의 법칙을 깨달아 몸이 마음을 따라 움직이고 마음이 몸을 따라 움직일 때 서원 또한 자연스럽게 이루어진다. 이 장에서는 진언염송으로 몸과 마음이 합일하는 방법을 알아보고자 한다.

일상생활 속에서의 바람이 곧 서원

"기도는 곧 서원이라 큰 것은 곧 천재지변天災地變
작은 것은 개인 병고病苦 화재火災 등에 모든 재해
소멸하는 법이니라."

서원이라 하면 특별한 장소에 가서 무릎 꿇고 비는 거라고 생각하는 사람들이 많다. 중생은 서원으로 살고 서원으로 죽는다 해도 틀린 말이 아닐 것이다. 이 말은 중생은 원願을 성취하기 위해 살아간다고 할 수 있다. 이렇게 볼 때 중생은 태어나면서부터 죽을 때까지 원을 갖고 있다. 서원을 세운다 할 때 서원이란 곧 바람을 의미한다. 그러니까 서원은 불교용어이고 일반적 의미로는 그냥 바람이다. 바람은 일상생활 속에 녹아 있다. 사람으로 태어난 이상 일상생활을 하는 중에 바람이 없을 수는 없다. 아무리 사소한 바람이라도 그것 없이 생활하는 사람은 없다. 아침에 잠자리에서 일어나 세수를 하는 것은 밤새 잠자느라 흐트러진 몸을 가다듬기 위해서이다. 그 속에는 상대에게 추한 모습을 보이기 싫다는 바람이 숨어 있다. 밥을 먹는 이유도 마찬가지다. 흔히들 살기 위해서, 건강을 유지하기 위해서, 배고픔을 채우기 위해서 밥을 먹는다 하지만 그것이 모두 서원이다. 살기 위해서든 건강을 유지하기 위해서든 배고픔을 채우기 위해서든 뭔가를 위해서 하는 일, 뭔가를 바라기 때문에 하는 일이 곧 서원이다. 밥 자체에 목적이 있는 것이 아니라 오늘의 어떤 일을 위해, 미래의 내 몸을 지탱하기 위해 밥을 먹는 것이다. 옷가게에서 옷을 사더라도 그저 몸을 가리기 위해 아무 옷이나 구입하는 사람은 없다. 내 몸에 좀 더 잘 어울리는 옷을 고르기 위해 이 옷 저 옷 입어보고 거울 속에 비친 자신의 모습을 유심히 본다. 이것이 자신의 스타일에 잘 맞는 옷을 고르고 싶다는 바람이다. 이와 같이 사람은 태어나서 죽을 때까지 서원을 쥔 채 잠시도 놓지 않는다. 하다못해 죽음 앞에서도 서원을 움켜쥐고 있다. 이왕이면 고통 없이 죽었으면 하는 바람, 극락세계가 있다면 그곳에서 편히 지내고 싶다는 바람을 세울 것이다. 사람의 일생 중에 가장 큰 바람은 태어나는 것과 죽는 것이다. 싯다르타의 "천상천하 유아독존" 고고성은 곧 우리들의 고고성이다. 울음으로 바람을 표하였다. 그리고 죽음에 대하여 또 하나의 바람이 있다. 자신이 죽으면 매장을 하라거나 화장을 하라는 유언을 후손에게 남기는 것도 서원이라 할 것이다. 우리들은 죽은 뒤에야 화장을 하든 매장을 하든 알지도 못할 텐데, 그래도 자녀에게 이러저러한 방법으로 처리해달라는 것 자체가 바람이고 서원이다.

    이와 같은 바람은 사람에게만 있는 것은 아니다. 일체 모든 만물이 저마다의 서원을 지닌 채 존재한다. 사람의 눈에 하찮아 보이는 풀 한 포기에도 절대 포기할 수 없는 바람이 있고 서원이 있다. 소목의 바람은 종족을 남기는 것이다. 그러기 위해 안간힘을 써서 뿌리를 내리고 꽃을 피운다. 주변의 풀보다 아름다운 꽃을 피우는 것은 나비와 벌을 불러들이기 위함이다. 나비와 벌들에 의하여 열매를 맺고 생명을 이어나갈 수 있기 때문이다. 소나무를 보면, 종류에 따라 솔방울이 많이 열리기도 하고 적게 열리기도 한다. 그런데 유심히 보면 평소 솔방울이 별로 달려 있지 않던 소나무에 유독 솔방울이 많이 달린 것을 종종 발견한다. 그러면 그 소나무에 이상이 생긴 것이다. 소나무는 뿌리에 이상이 있다거나 생명의 위협을 느끼면 솔방울을 많이 맺는다. 이 현상은 죽음을 의미하며 종족을 널리 퍼뜨리려는 본능이 있다. 대나무 역시 마찬가지다. 대나무는 하늘을 향해 쭉쭉 솟아오르는 속성을 지녔다. 그런데 땅이 별로 좋지 않다거나 거름이 나쁠 경우 꽃을 피우고 열매를 맺는다. 이것 역시 죽음을 예고하는 것이다. 그래서 옛 어른들은 대나무에 꽃이 피고 열매가 맺히면 멀지 않아 대나무가 말라 죽는다고 했다. 대나무는 종족을 남기기 위한 최후 수단으로 꽃을 피우고 열매를 맺는 것이다. 이처럼 자연 속의 풀 한 포기, 꽃 한 송이, 나무 한 그루조차 죽을 때까지 저마다의 서원을 놓지 않고 있다.

서원, 말로 이루어지다

보통 사람들이 "누구보다 잘살게 해주세요. 누구보다 행복하게 해주세요." 하는 서원은 좋은 서원이 아니다. 서원은 모든 사람을 위해서 하는 것이다. 모든 사람을 위해 줄 수만 있다면, 모든 사람에게 보여줄 수만 있다면, 모든 사람을 위해 할 수만 있다면 하도록 한다. 이것이 큰 서원이다. 비교하는 마음은 갖지 말아야 할 것이다. 그래서 될 수 있으면 말을 조심해야 한다. 진언은 말을 조심하라는 의미이기도 하다. 인간세계는 대부분 말로 이루어지는 세상이다. 서원 또한 말로 이루어지는 경우가 대부분이다. 옛날 어른들이 시골에서 농사를 지으면서 자식들에게 당부를 했다.

"너는 시골에서 흙이나 만지면서 살지 마라. 너만은 도시에 가서 양복 입고 넥타이 매고 사무실에서 일하면서 살아라." 그 뒤 30여 년이 흐르자 시골은 텅 비어버렸다. 부모의 바람대로 된 것이다. 이제 시골 어른들은 다시 한 번 원을 세워야 한다.

"이제 넥타이 그만 매고 시골로 돌아오너라. 우리 아들 보고 싶구나." 부모의 간곡한 원이 통한다면 도시에 나갔던 자식들이 30년 뒤에 호미 쥐러 오고 괭이 쥐러 오고 삽질하러 올 것이다. 물론 그런 날이 하루아침에 오지는 않을 것이다. 10년, 20년이 지난 뒤에 올지도 모를 일이다. 연세 많은 어른이 지금부터 서원하면 늦을 수도 있다. 돌아가신 뒤에 자식들이 찾아와 농사를 지을 수도 있다. 언젠가는 그리 될 것이다. 농사짓지 말고 도시 가서 살라던 부모의 원이 워낙 지중하여 지금은 농촌이 텅 비었지만 머지않아 자식들이 하나둘 찾아올 것이다. 이러한 것이 말로 이루어지는 원이다. 말만 잘하면 천냥 빚도 갚는다는 말이 있다. 이 말 속에는 다른 뜻도 있다. 말을 잘못하면 천냥 빚진다는 의미이다. 말의 힘이 얼마나 무서운지 모른다. 사바세계에서는 말로 얼고 말로 이루고 말로 성취하면 윤회에서 벗어날 수 있다.

만물이 모두 서원이 있는데 만물의 영장이라는 사람이 일상 생활 하는 가운데 어찌 서원이 없겠는가. 머리에 손을 올리는 사소한 행동 하나에도 다 이유가 있다. 머리카락이 헝클어져 남들 눈에 예쁘게 보이지 않으니 좀 다듬어야겠다는 바람 때문에 손이 올라가는 것이다. 이와 같이 우리의 삶은 크든 작든 서원으로 뭉쳐 있다. 서원 없이는 일상생활을 꾸려 나갈 수 없다. 사람은 나는 아무런 서원도 없어요. 항변할지도 모른다. 하지만 단언컨대 그 사람은 거짓말하는 것이다. 사람으로 태어난 이상 때때로 느끼지 못할 뿐, 서원은 누구나 간직하고 있다. 보이지 않는 가운데 말을 안 하고 표현을 안 할 뿐이다. 몸속의 세포 하나하나가 다 서원을 간직하고 있다. 느끼지 못하는 것은 세포 하나하나의 마음을 읽지 못하기 때문이다. 중생은 뇌세포의 바람도 무엇인지 읽지 못하는데 하물며 손끝이나 발끝의 세포가 무엇을 바라는지 어찌 알 수 있겠는가? 이러한 세포들의 원을 온전히 읽어내는 분이 부처님이다. 부처님은 내 몸 구석구석이 무엇을 바라는지 확실히 알고 있다. 내 몸 어디에 병이 들겠고 어디가 건강하겠다는 것을 모두 꿰고 있다. 자연은 스스로 서원을 이루어간다. 예를 들어 숲에 나무가 우거지면 나무들끼리 회의를 한다.

"나무 가지의 수가 지나치게 많으면 온 천지가 숲으로 변하게 된다. 우리 힘으로 나무의 수를 줄여야 한다." 회의를 마친 나무들은 서로의 몸을 비벼 마찰을 일으킴으로써 불을 일으켜 숲을 태우기도 한다. 스스로의 힘으로 그 수를 적절하게 조절하는 것이 자연의 능력이다. 부증불감不增不減의 진리를 실천하는 것이 자연이다. 생명체도 마찬가지다. 먹이사슬의 원리에 따라 어느 하나가 지나치게 많아지면 천적이 나타나 그 수가 늘어나는 것을 막아준다. 어느 것이 많아지거나 지나치게 줄어들면 이를 정화시킬 무엇인가 반드시 생긴다. 이것이 자연의 법칙이다. 수천만 년 동안 더함도 덜함도 없이 고정적으로 지구가 운행하는 것은 자정自淨으로 부증불감을, 자연과 생명체가 스스로의 치유능력이 있기 때문이다. 지구가 조금이라도 무거워지거나 가벼워지면 자전과 공전에 문제가 생길 것이다. 지구의 무게가 변함없기 때문에 자전과 공전이 원만하게 이루어지는 것이다.

나무와 돌, 서원에 따라 작용하다

사람의 몸은 신비로워서 무언가 부족하면 또 다른 무언가로 반드시 채워준다. 몸속 세포가 서로를 원하므로 없어지는 일은 없다. 다만, 세포의 원에 따라 인因을 짓고 과果를 받으면서 서서히 늙어갈 뿐이다. 그러다가 자연스럽게 죽음에 이를 것이다. 따라서 억지로 원하지도 말고, 원하는 것을 굳이 숨길 이유도 없다. 다만 마음을 종요롭게 가지면서 모든 일들이 자연스럽게 이루어지도록 맡겨두면 된다. 세포가 원하는 대로 몸이 자연스럽게 움직여줄 것이다. 예를 들면, 정상적인 어린아이 가운데 유독 콩으로 만든 음식을 싫어하는 아이가 있다. 그런데 부모는 아이의 건강을 해칠까 걱정하여 굳이 콩 음식을 먹도록 권한다. 이때에 아이가 싫다면 억지로 먹일 필요는 없다. 아이의 입에서 당기지 않는 음식이라면 아직은 그 음식을 먹지 않아도 건강상 아무런 이상이 없다는 것이다. 아이의 몸에서는 콩으로 인하여 만들어지는 영양소를 필요로 하지 않기 때문에 먹지 않으려 하는 것이다. 콩을 먹지 않은 것이 편식은 아니다. 지금 아이에게 필요한 것은 콩 음식이 아닌데 잘못 알고 그것만 강요하는 것은 아닌지 다시 한번 짚어볼 일이다. 아이 몸에 필요한 영양소라면 언제든 입에 당길 것이다. 그것을 파악하여 채워주는 것이 현명한 부모의 역할이다.

　　　　　우리 몸은 신기하게도 사계절의 변화에 민감하게 반응한다. 특히 온대와 냉대의 중간지점에 사는 사람들은 봄·여름·가을·겨울이 바뀔 때마다 잘 적응하는 체질을 타고났다. 봄은 봄대로, 가을은 가을대로 몸이 적절히 작용하여 알아서 반응한다. 그런 사람을 닮은 탓인지 이 땅의 돌이나 나무도 계절의 변화에 따라 알아서 움직인다. 가을이 되면 돌은 머금은 물을 다 내놓고, 나무 또한 머금은 물을 뿌리 쪽으로 내려 보낸다. 겨울에 얼지 않기 위해 돌이나 나무가 스스로 반응하는 것이다. 물을 토해낸 돌이나 나무는 바짝 마른 채 얼지 않고 겨울을 견뎌낸다. 물은 액체 상태지만 스스로 얼어서 고체가 되기도 하고 수증기로 기체 상태가 되기도 한다. 그러나 돌 또는 나무는 그렇게 변하지 못하므로 해마다 가을이면 머금은 물을 스스로 뿜어낸다. 어쩌다 돌이 물을 머금은 채 겨울을 맞으면 그 돌은 얼어서 터질 것이다. 마찬가지로 나무도 가을에 물을 뿌리 쪽에 내려 보내지 못한 채 품고 있으면 겨우내 썩어버린다. 가을에 물을 다 비워낸 돌이나 나무는 봄이 돌아오면 움츠렸던 활동을 시작한다. 돌은 새로운 물을 머금고 나무도 뿌리를 통해 새로운 물을 빨아들임으로써 여름을 맞이할 채비를 한다. 한여름 돌위에 앉았을 때 차가운 기운을 느끼는 것은 그 돌이 4℃ 물을 머금고 있기 때문이다.

마음이 몸을 읽고, 몸이 마음을 읽는다

　　　　　돌이나 나무 같은 자연도 스스로의 바람에 따라 작용할 줄 아는데, 어찌하여 사람은 그 작용을 자연에 맡기지 아니하고 자기 고집대로 하려 하는지 알 수가 없다. 사람의 눈·귀·코·입이나 오장육부는 그 나름의 바람에 따라, 서원에 따라 활동한다. 우리가 만약 80세까지 산다면 그때까지 지탱할 수 있도록 자연스럽게 몸이 만들어 태어나게 된다. 우리가 할 일은 그 몸을 지니고 80년 동안 살 때 편안한 마음으로 살 것인가, 고통 속에서 살 것인가 선택하는 것뿐이다. 물론 사람으로 태어나 행복하게 살고 싶은 바람은 누구나 있을 것이다. 하지만 지나치게 욕심을 낸다거나 상대를 해치는 악업을 쌓을 경우 즐겁고 행복하게 살고 싶다는 바람과 달리 고통 받는 삶을 살아야 한다. 따라서 취할 것은 취하고 금할 것은 금하는 지혜가 필요하다. 몸이 하는 대로 맡겨두고 어느 순간 부족함이 있을 경우 그것을 깨닫는 법을 익혀야 할 것이다. 우리 몸은 과거생에 지은 인因에 따라 형성되었다. 선업을 행했든 악업을 행했든 과거생에 지은 인에 의해 만들어진 몸이므로 그것에 맞추어 몸이 서원하는 것이다. 금생을 사는 동안 '나는 이렇게 살아야겠다.' 서원을 하는데, 때때로 몸과 마음의 바람이 맞지 않아 어긋난 길을 갈 경우 몸이 다치게 되고 마음이 상하게 되는 것이다. 그러므로 몸은 마음을 읽을 줄 알고 마음은 몸을 읽을 줄 알아야 한다. 안이비설신의 眼耳鼻舌身意 곧 몸의 움직임을 잘 읽고 마음으로 판단할 수 있어야 한다. 그것을 잘하기 위해 우리는 수행을 한다. 먼저 몸과 마음이 합일하는지 알아야 할 것이다. 몸이 원하는 대로 마음이 가는지, 마음이 원하는 대로 몸이 움직이는지 살펴야 할 것이다. 마음은 원하는데 몸이 움직이지 않고, 몸은 원하는데 마음이 제대로 움직이지 않는지 살펴봐야 할 것이다. 만일 몸과 마음이 서로 다른 방향으로 움직이는 것을 일치시키는 수행이 밀교수행이다.

사람의 서원이 건강하고 행복하게 사는 것만을 생각하는 것이 대부분이다. 이것은 제2의 서원에 지나지 않는다. 가장 큰 서원은 자신의 몸과 마음이 서로 합일하도록 하는 것이다. 이러한 서원을 이루기 위하여 전생에 지은 인을 수순하는 마음으로 받아들여 성실히 닦아나가는지 살펴보아야 할 것이다. 과거에 악업의 인을 지었다면 금생에 악업의 과보를 받아야 한다. 과보를 받되 수순해야 한다. 악업의 과보를 받고서 이를 역행할 경우 또 다른 악업을 짓는 것이 되므로 겸허히 받아들여야 할 것이다. 그런데 어리석은 중생이라 선업을 받을 때는 수순하지만 악업을 받을 때는 반항하며 이에 맞서려는 경향이 있다. 전생에 악업을 지어 고통이 오면 이것이 나도 모르는 사이 지은 업 때문에 받는 과보라는 것을 깨닫고 순순히 받아들여야 할 것이다. 하지만 고통의 과보에 대하여는 수순은커녕 부모와 형제를 원망하고 아내와 남편 그리고 자식 탓을 하는 경우가 대부분이다. 때로는 세상을 원망하기도 한다. 하는 일이 제대로 풀리지 않으면 이 나라의 정치를 탓하고 경제정책을 비난한다. 하필이면 이런 세상에 태어난 것도 숙세에 내가 지은 업 때문이므로 남을 탓할 이유가 없다. 남을 탓하고 원망하는 일보다 어리석은 것도 없다.

내가 지은 업 가운데 전쟁의 업이 있으면 평화로운 세상이었다가도 전쟁이 일어나게 된다. 나의 전쟁의 업이 없으면 전쟁 중이었다가도 세상이 평화로워진다. 내 몸은 과거생에 지은 업에 따라 만들어졌고, 내 몸이 살아가기에 적당하도록 주변 환경 또한 만들어지는 것이다. 부모와 형제를 탓하고 세상을 탓하고 정치인이나 경제인을 비난할 이유가 하나도 없다. 모든 것이 내 업에 의해 만들어졌기 때문이다. 예를 들어 어떤 사람이 지금 10평 크기의 아파트에 산다 하자. 그 사람은 10평 크기의 아파트에 살기 적당한 몸을 가지고 태어난 것이다. 그런 사람을 100평 크기의 아파트에 생활한다면 마음 편히 살지 못할 것이다. 반면, 지금 100평 크기의 아파트에 살아야 할 사람이 10평 크기의 아파트에서 생활하라면 옹색해서 못 살 것이다. 100평 크기의 아파트에 살 수 있는 몸을 가지고 왔으므로 10평 크기의 아파트에서는 단 하루도 살 수 없다. 단칸방에 살면서 편안함을 느끼는 사람은 오히려 넓은 집에서 불안함을 느끼며 제대로 살아가지 못한다. 널찍한 집에서만 살아온 사람은 좁은 아파트를 견디지 못한다. 물론 저마다의 욕심은 다 있겠지만 숙세의 업에 따라 각기 다르게 만들어진 몸은 넓은 아파트에 만족할 수도 있고, 작은 아파트에 더 끌릴 수도 있다. 이런 경우 몸과 마음의 합일에 따라 원하는 집에서 살면 될 것이다. 중생은 욕심 때문에 너도나도 큰 것을 선호하고 그것을 갖기를 원한다. 간혹 보면 새로운 집에 이사온지 얼마 되지 않아 죽음을 맞는 사람이 있다. 이것은 자기 몸과 맞지 않은 집이기 때문이다. 그런데도 어리석은 중생은 욕심 때문에 잘못되는 것을 생각하지 않는다. 무조건 얻고 보고, 무조건 가지고 보자는 식이다. 그래서는 안 된다. 욕심을 부리더라도 내 몸이 감당할 만큼 적당해야 탈이 생기지 않을 것이다.

우리는 무엇보다 분수를 아는 공부를 먼저 해야 한다. 자신의 몸과 마음이 합일하는, 심신이 일치하는 공부를 먼저 해야 한다. 자신의 몸과 마음이 합일이 되면 다음으로 자연과의 합일할 수 있고 사회와의 합일할 수 있을 것이다. 그러므로 무엇보다 우선해야 할 일은 내면의 마음과 안이비설신의를 가진 세포가 합일하는 것이다. 그러므로 밀교수행에서 가장 먼저 해야 할 일은 몸과 마음을 하나로 만드는 작업이다. 몸과 마음을 하나로 만드는 과정에서 인과의 이치를 깨닫게 된다. 내가 지금 왜 왼손잡이인지? 내 키가 왜 크고 작은지? 나의 외모가 왜 이렇게 생겼는지? 아는 것이 바로 인과의 이치를 깨닫는 것이다. 깨닫고 보면 이 모든 것에 수순하게 된다. 안위安危, 즉 편안함과 위태로움을 모두 알면 여유가 생겨 마음이 넉넉해진다. 인과의 이치를 깨달아야 하는 이유가 바로 여기에 있다. 우리가 조바심을 내는 것은 앞날을 알 수 없기 때문이다. 미래의 내가 어떻게 될지 모르기 때문에 조바심을 내면서 안절부절 한다. 새해의 정초가 되면 점집을 찾는 사람들의 발길이 잦은 것도 이런 심리 때문이다. 남녀가 만나 결혼하기 전에 궁합을 보러 다니는 것도 앞날이 궁금하기 때문이다. 그냥 사랑을 나누면서 살면 될 것인데, 무엇이 그리도 궁금한지 알 수 없는 일이다. 업 지은 대로 가는 것이 세상 이치이므로 과거에 선업을 지었으면 잘살 것이요, 악업을 지었으면 못살 것이다. 과거에 원수되는 일을 많이 했으면 원수인 남편과 원수인 아내를 만날 것이요, 과거에 복 되는 일을 많이 했으면 복을 주는 남편과 복을 주는 아내를 만날 것이다. 자식 또한 마찬가지다. 과거생에 선업을 지었다면 나와 인연을 맺어 이 땅에 오는 자식이 나쁜 마음을 가질리 없다. 과거생에 선업을 짓지도 않았으면서 착하고 훌륭한 자식이 태어나기를 바란다면 이것이 도둑과 같은 심보를 가진 것이다.

간절한 정성에서 생겨나는 공력

옛날 어른들은 어떠한 바람이 있으면 산에 가서 빌고 바다에 가서 빌었다. 나무를 보고도 고개 숙여 빌고 돌을 향해서도 간절한 마음을 담아 빌었다. 이때도 물론 공력功力은 있다. 공력 없는 곳이 어디 있겠는가? 그렇다고 산이나 바다가 공력을 주는 것은 아니며, 나무나 돌이 공력을 주는 것도 아니다. 그런 것들이 공력을 준다고 생각한다면 그것이 바로 미신迷信이다. 나무를 향해 빌고 돌을 향해 비는 것이 미신인 이유는 그 나무와 돌에서 공력이 나온다고 믿지만 실제로는 빈 사람의 간절한 정성에서 공력이 나온다. 이른 새벽 정화수淨化水를 뜨는 그 정성에서 이미 공력은 나타난다. 자리를 깔고 그 위에 상을 놓은 뒤 무릎을 꿇음으로써 공력이 생기는 것이며, 달이나 해가 공력을 가져다주는 것은 아니다. 그러면 불상과 불탑과 사리와 팔만장경은 어떠한가? 그곳에도 공력이 있는가? 불상과 불탑을 조성하는 사람의 정성이 곧 공력이라 할 수 있다. 그 사람이 재물을 생각하면서 나무와 돌을 깎고 다듬었다면 공력은 없을 것이다. "이 불상과 불탑은 사람들이 인과를 깨닫는 마음의 눈을 뜨게 해주었으면 좋겠다."는 간곡한 바람을 담아 조성하였다면 공력이 있을 것이다. 그리고 수행하여 덕이 높은 분이 부처님의 공능을 조성된 불상과 불탑에 점안點眼을 행하고 가지관정加持灌頂을 하면 큰 공덕이 생기게 된다. 가지관정을 하는 삼사칠증三師七證의 공력과 힘을 본존에 불어넣은 불상과 불탑은 그대로가 부처의 공능을 지니게 되어 그때부터 공능을 발하게 되기 때문이다.

　　　　가지관정한 큰 스승님들이 열반하면 그 공력도 없어지므로 본존의 공덕 또한 사라지지만 완전히 없어지는 것은 아니다. 지금까지 불상과 본존 앞에서 수행한 주교나 수행자의 공력이 입력되어 있기 때문에 불상과 본존의 공덕이 되살아나게 된다. 만일 정진이 끊기면 불상은 하나의 나무토막과 돌덩어리에 불과하고, 옴마니반메훔의 본존 또한 길가에 구르는 돌과 다를 바 없을 것이다. 경주박물관 뜰에 목이 없는 불상, 팔이 떨어져나간 석상을 볼 수 있다. 한때는 불가사의한 묘득을 보여주던 불상이요 불탑들이었으나 지금은 공덕이 사라져 박물관 뜰에 나뒹구는 한 점 문화재일 뿐이다. 그러한 불상이나 석상은 한낱 돌덩어리요, 나무토막에 불과하므로 함부로 다룬다 해서 과보를 받지는 않는다. 반면, 여전히 공덕을 발휘하는 불상에는 손가락질만 해도 불경不敬의 죄를 범한 것이므로 악의 과보를 받는다.

　　　　미신적으로 나무나 돌을 향해 절을 한다 하여도 절하는 사람의 정성에 따른 공력이 일어난다. 공력이 없는 나무나 돌을 어떻게 하든 죄가 되지 않는다. 그러나 나무나 돌로 만든 부처님은 이미 나무나 돌이 아닌 부처님으로 가지관정을 받았기 때문에 그 자체에 공덕이 있다. 따라서 부처님에게 불경의 죄를 범할 경우 악의 과보를 받는다. 수행자는 불상 또는 육자진언의 본존에 늘 정성을 불어넣는다. 정성을 불어넣는 그곳에서 법을 설하고 말씀을 듣는 동안 불상이나 본존이 지닌 공덕을 가져갈 수 있다. 이러한 공덕은 1+1=2의 법칙과는 다르다. 불상이나 육자진언본존의 공이 10이라면 1+1=10이 될 수도 있고, 100이라면 1+1은 100이 될 수도 있으며, 공력이 1,000이라면 1+1은 1,000이 될 수도 있으며, 무량이라면 1+1은 무량의 공덕이 된다. 그러므로 불상 앞에서 원을 하고, 육자진언에게 서원하면 정성을 드린 것에 가지관정의 공덕이 더하여 쉽게 서원이 성취되는 것이다. 인과법의 이치를 따를 경우 콩 심은데는 콩밖에 날 수 없다. 그러나 종교의 세계로 넘어오면 콩을 심고도 팥을 얻을 만큼 불가사의한 일들이 일어난다. 이것은 개인의 재물과 명예만을 위하여 설법하고 법을 전하는 혹세무민惑世誣民하는 사람과는 다르다.

진언 염송을 통한 심신의 합일이 곧 밀교 서원

인간세계는 서원이 이루어지는 세계이다. 그 서원은 몸과 마음의 합일이 될 때 쉽게 이루어진다. 현실적 삶에서도 몸과 마음이 따로따로 움직인다면 어떤 것도 성공할 수 없다. 생각은 있지만 몸이 말을 듣지 않아 성공하지 못하고, 몸은 움직이는데 마음이 따라주지 않아 성공을 못하는 경우가 있다. 자기 몸과 마음 하나 맞추지 못하면서 사람들과 어찌 함께할 것이며, 만물이 어찌 나와 합일이 되어 주인공 노릇을 하겠는가? 이런 경우에는 종교의 힘을 빌려 먼저 몸과 마음의 합일할 수 있는 자성을 찾아야 한다. 밀교는 법신비로자나불의 가지관정의 힘을 빌려 몸과 마음이 합일하게 함으로써 자신의 인과를 깨닫게 되어 몸과 마음의 합일을 이루게 될 것이다. 몸과 마음이 따로따로 노는 것은 숙세에 익힌 습習에 젖어 있기 때문이다. 숙세의 업은 무서운 힘을 지니고 있다. 몸과 마음이 얼마나 합일이 되지 않으면 작심삼일作心三日이란 말이 생겼겠는가? 마음을 정하면 몸이 따라줄 것 같지만 사흘만 지나면 몸과 마음이 어긋나게 된다. 마음속 결심에 몸이 사흘을 못 참는다면 사흘이 되기 전에 또 마음으로 발심하면 되는 일이다. 오늘 마음으로 스스로 결정한 일이 이틀 뒤에 무너지면 그때 또 결심하고, 내일 마음으로 약속한 일이 이틀 뒤에 무너지면 또 그때 결심하면 된다. 계속 그렇게 하면 마음먹은 대로 몸도 따라줄 것이다. 오랜기간 몸과 마음의 합일이 되지 않는 습관이 한 번만 하고 포기하니까 몸과 마음의 합일이 어렵게 느껴지는 것이다. 이것이 밀교의 다섯 가지 전법 중에 첫 번째 발심이다. 발심은 한번 하는 것이 아니다. 매일 매시간 마음을 일으키는 것이 밀교의 발심이다.

옛 이야기에 '삼년고개'가 있다. 이 고개에서 넘어지면 3년 밖에 살지 못한다 하여 붙인 이름이다. 한 노인이 고개를 넘어오다가 넘어져서 슬픔에 잠겼다. "아! 이제 3년만 살고 나는 죽는구나!" 넘어진 사람은 삶의 의욕을 잃고 전전긍긍하였다. 이 소식을 들은 마을의 영리한 꼬마가 노인을 찾아와 위로하였다.

"할아버지! 아무 걱정하지 마세요. 삼년고개에서 한 번 구르면 3년을 살고 또 두 번 구르면 또 3년을 살고, 세 번 구르면 또 3년을 살 수 있잖아요." 그 말을 듣고 노인은 안심하고 본래의 삶을 살았다는 것이다. 미리 여러 번 구르는 것도 현명한 방법은 아니다. 고통스러운 삶을 길게 살 필요는 없지 않은가? 작심3일도 마찬가지이다. 마음이 나태하기나 잘못된 방향으로 향할때마다 다시 발심하면 되는 것이다. 새벽에 일어나 마음 다스리는 옴마니반메훔을 염송하면서 매일 새롭게 발심을 한다면 언제나 용기있는 나날을 보낼 수 있을 것이다. 매일 하는 염송도 마음가짐을 바로하면 늘 새롭게 느껴질 것이다. 그것이 밀교 서원이다. 진언염송으로 작심삼일을 다스리면서 몸과 마음이 합일하는 길을 찾아야 할 것이다. 서두르지 말고, 급하게 하지도 말고, 절망하지도 말고 항상 새로운 발심의 마음으로 오늘의 새로움이 내일의 새로움으로 이어지면서 염송한다면 좋은 습관이 생기게 될 것이다. 날마다 좋은 것만을 생각하고 업을 짓는다면 구족하고 평화로운 삶을 살 수 있을 것이다.

제33강
자비행, 일체중생을 위한 베풂

자비행慈悲行은 베풂이 근본이다. 상대가 나를 악하게 대할 때 자신의 잘못은 없나 돌이켜보고 반성하는 마음도 자비행이다. 삼라만상에 고마움을 느껴 보은의 의미로 행하는 베풂 또한 자비행이다. 베풀되 대가를 바라지 않는 베풂음이 밀교의 자비행이다. 이 장에서는 밀교자비행을 알아보고자 한다.

석가모니불의 자비행

"석가모니불이 출세하신 것은 인간제도 위함이라."

최고 자비 실천자는 석가모니불이다. 석가모니불이 태어나면서 죽을 때까지 보여준 모습 또한 부처님의 자비로운 행동이었다. 남부러울 것 없는 왕자의 신분으로 태어났으나 중생이 받는 고통을 모른 척할 수 없어 출가를 결심한 뒤 고행하여 마군의 항복을 받아내고 마침내 도를 깨쳐 중생을 위해 법을 설한 일, 열반의 모습을 보여준 뒤 사바세계에 올 때 가져온 육신의 일부 곧 사리를 남겨 우리 중생이 경배의 대상으로 삼을 수 있게 한 일은 모두 부처님의 자비행이라 할 수 있다. 이처럼 석가모니불이 태어나면서 죽을 때까지 오로지 중생만을 위해 행한 행동과 위대한 발자취는 중생의 가슴속에서 영원히 지워지지 않을 자비행인 것이다.

이 세상에 태어나 지금까지 우리는 수많은 자비의 수행을 해왔다. 자비의 근본은 베풂이다. 그러니까 나만의 이익을 위해 베푸는 것을 제외하고 일체중생을 위해 베푸는 것이 곧 자비의 근본행이다. 중생의 생활이 자비행이 되지 못하는 이유는 남에게 베풀기보다 자기 것으로 만드는 삶을 우선으로 살았기 때문이다. 중생은 탐나는 것이 있으면 어떻게든 내 것으로 만들기 위해 애쓰고, 어떻게든 욕망을 충족하기 위해 혈안이 되어 있다. 가능하면 좀 더 넉넉하게, 좀 더 여유 있게 살려고 안간힘을 쓴다. 여기서 자비한 마음으로 한 걸음 앞서 나아간다고 하는 사람도 결국 자신의 가족에게 베푸는 자비이다. 어떻게 하면 내 가족이 안정된 삶을 유지하며 건강하고 행복하게 살 수 있는지 고민하지만, 이는 가족이기주의에서 벗어나지 못한다. 부처님의 자비는 가족에게 베푸는 자비가 아니다. 생명이 있든 생명이 없든 삼라만상 모든 것에 고마움을 느끼고, 이에 대한 보답 차원에서 베푸는 자비이다.

자연의 고마움을 모르는 것이 가장 큰 빚

나이가 들면 주름살이 생기기 마련이다. 그렇다고 주름살을 펴기 위해 성형을 한다거나 고민하지 말고 그냥 생긴 대로 살 일이다. 그것이 그동안 살아온 자신의 삶에 고마워하는 마음일 것이다. 거울을 볼 때마다 늘어나는 주름살은 지금까지 살아온 나의 공이요, 나의 업이라고 생각하면 된다. 얼굴 주름살이 왜 생겼겠는가? 자식으로 인하여 하나 더 생겼을 수도 있고 살림살이 때문에 생겼을 수도 있다. 그것이 업의 훈장이다. 친구와 비교할 때 주름살이 많이 생긴 것은 삶의 훈장을 많이 받은 것으로 생각하면 된다. 내가 어릴 적에 부모님 속을 많이 썩이다보니 지금 내 속을 썩게 하는 자식이 태어났다. 친구는 어릴 적에도 부모님 속을 썩이지 않더니 자식도 착한 품성을 타고나 친구의 속을 썩이지 않는다. 그 또한 친구의 업이라 할 수 있다. 주름살을 보면서 자신의 잘못을 참회한다면 이것이 밀교수행이다. 그런 생각을 하지 않고 친구와 비교해 주름살이 많은 자신을 탓하며, 그것을 없애려 고민한다면 욕심이고 어리석음이 될 뿐이다. 내가 지은 업을 씻어낼 노력은커녕 분에 넘치는 욕심을 부린다면 이 얼마나 어리석은 일인가. 사실 나는 유별나게 못 먹는 음식이 많다. 매운 음식도 못 먹고 보리밥도 못 먹고 닭고기도 못 먹는다. 된장도 못 먹고 과일 중에 가장 달다는 참외도 먹지 못한다. 그래도 밥상 앞에 앉으면 "고맙습니다." 하고 밥을 먹는다. 스스로의 삶을 돌아본다. 부족함이 많은 사람이지만 그래도 지난 삶을 돌이켜보면 아무 이상 없이 잘살아왔으므로 늘 고맙게 생각한다.

     부처님은 대가성 없이 무한대로 베풀어주신 분이다. 자연 역시 마찬가지이다. 죽을 때가 되면 정화해서 고스란히 돌려주어야 한다. 진언수행으로 부처님의 은혜나 자연의 섭리를 깨달으면 깨달을수록 삶이 점점 더 즐겁고, 하는 일마다 좋게만 보인다. 그리고 하루하루 생활하는 것이 행복하다. 은혜를 갚고 이생에서 빚을 덜지고 가야 다음 생에 좀 더 넉넉한 삶을 살 것이다. 어떻게 하면 빚을 덜 지고 갈지 고민하면서 진정한 자비행을 실천에 옮기겠다고 결심하는 것이다. 불교의 자비는 보답 차원으로 베푸는 것이 대부분이다. 남의 도움을 받으면서 어영부영 살다보면 이 세상에 왔다가 빚만 잔뜩 진 채 다음 생으로 가게 된다. 하지만 이승에서의 빚은 엄청 무거우므로 다음 생까지 가져가지 말고 이승에서 다 갚아야 한다. 빚에도 많은 유형이 있으나 그중에서도 가장 큰 빚은 은혜를 입고 갚지 않는 것이다. 자연 속에 살면서 자연의 고마움을 모르고 그늘 속에 살면서 그늘의 고마움을 몰랐다면 은혜를 갚지 않은 것이 된다. 불을 이용하면서 불의 고마움을 모르고 물을 마시면서 물의 고마움을 몰랐다면 이 또한 은혜를 갚지 않은 것이다. 의식하든 의식하지 못하든 자연이 사람에게 주는 대부분 우리의 생존과 관련된 것이므로 매우 고마운 일이다.

어느 마을에 한평생 고맙다는 말을 입에 달고 사는 사람이 있었다. 그는 길 가다가 아는 사람을 만나면 먼저 악수를 청하며 "고맙습니다." 하고 고개를 숙였다. 사람에게만 고마움을 표하는 것이 아니라 자연현상을 보고도 인사를 잊지 않았다. 바람이 불면 "바람님, 고맙습니다." 하고 비가 오면 "비님, 고맙습니다." 인사한다. 꽃이 피면 "이렇게 예쁜 꽃을 피워줘서 고맙습니다." 낙엽을 보아도 "곱게 물든 낙엽을 볼 수 있게 해줘서 고맙습니다." 예를 표한다. 잎사귀가 떨어져 앙상한 가지만 남은 나무를 올려다보면서도 "한겨울을 무사히 보낼 준비를 해주니 정말 고맙습니다." 인사한다. 그 모습을 지켜보던 주변 사람들은 의아심을 갖게 되었다. "뭐가 그리도 고맙다는 것인지, 위선적인 행동일 것이다. 어떻게 매사를 고마워할 수 있단 말인가?" 사람들은 언제쯤 그의 입에서 불평불만이 터져나올지 궁금해졌다. 그의 진심을 알고 싶었다. 마침내 장마철이 돌아왔다. 그가 사는 마을에 10일간 내내 비가 쏟아졌다. 10일 동안 비가 내리니 곡식이 제대로 여물지 못할 뿐 아니라 과일은 떨어지고 빨래도 제대로 말릴 수 없어 마을 전체가 열악한 상황에 처하게 되었다. 사람들은 그를 찾아가 물었다. "비가 이렇게 한 달 내내 내리니 자네 기분이 어떠한가?" 그러자 그는 평온한 얼굴로 이렇게 답했다. "하늘이 고맙고 비가 고맙죠. 정말 고맙습니다." 덤덤한 그의 말에 사람들은 답답하다는 듯이 소리쳤다. "세상에, 10일간 내내 비가 오는 바람에 농작물도 다 쓰러지고 집안에는 곰팡이가 피고 빨래도 말리지 못해 눅눅하지 않은가? 이러한 상황에서 대체 무엇이 고맙다는 말인가?" 그는 빙그레 미소를 띤 채 다음과 같이 대답했다. "10일 동안 비가 왔으니 고맙지요. 10일씩 내릴 비가 하루 만에 다 퍼부었다면 우리 마을이 어찌 되었겠어요? 저 많은 비가 그래도 10일 동안 골고루 내려주니 고마울 수밖에요."

　　　　세상일을 이렇게만 생각한다면 하늘 아래 고맙지 않은 일이 없을 것이다. 욕심을 버리고 세상을 보면 진심으로 고마워할 일들 뿐이다. 그런데 어리석은 중생은 눈앞의 이익만 생각하여 남을 탓하고 원망하고 욕하고 등지는 일이 대부분이다. 비가 하루 동안 쏟아지지 않고 한 달로 나눠 내려서 고맙다는 마음, 이런 마음가짐으로 세상을 살아갈 때 지혜롭다 할 것이다.

일상생활에서 베푸는 자비행

　　　　매일 아침 일어났을 때 누군가 나에게 욕설을 하면서 매로 한번씩 때린다고 하자. 눈을 뜨자마자 이유도 모른 채, 한 대씩 맞고 욕을 듣는다면 얼마나 화가 나겠는가? 나를 때리고 욕하는 그 사람이 얼마나 밉고 원망스럽겠는가? 그러나 좀 더 지혜롭게 생각한다면 오히려 고마운 일이다. 매일 한 대만 때리고 욕설도 한 번만 들으니 정말 다행스럽다. 매일 한 대씩 때리지 않고 한 달 동안 때릴 것을 한꺼번에 때린다면 매를 맞아죽을 수도 있는데, 그러지 않으니 얼마나 고마운 일인지 모른다. 욕도 아침에 한 번만 하지 않고 하루 종일 또는 한 달 내내, 1년 365일 졸졸 따라다니면서 끊임없이 욕설을 퍼붓는다면 제대로 숨을 쉬면서 살 수나 있겠는가? 그러지 않고 아침에 딱 한 번만 욕을 하니 정말 고마운 일이다. 물론 지금까지 이런 생각은 단 한 번도 해보지 않았을 것이다. 그저 매일 한 대씩 맞는 것이 억울하고 이유 없이 욕을 듣는 것이 분해서 마음속 깊이 원망을 쌓아가며 미워했을 것이다. 나를 때린 사람이 그동안 잘해주던 것은 다 잊은 채 원수 보듯이 대했을 것이다. 이런 행위는 자비행이 아니다. 자비란 원래 베푸는 것이 근본인데, 그 베풂이 남에게 무언가를 주는 것만 의미하지는 않는다. 상대가 나를 악으로 대하더라도 고맙게 생각하는 자체가 자비행이다. 상대가 어떤 악업을 행하든 고마운 마음을 갖는다면 그것이 곧 상대에게 베푸는 자비행이다. 상대가 나를 한 대 때렸을 때 왜 때리느냐면서 대들면 오히려 두 대를 맞을 수도 있다. 상대가 한 대 때렸을 때 대수롭지 않게 받아들이면 싱거워서 멈출 것이다. 대응하면 한 대가 두 대 되고 두 대가 넉 대 되어 매를 버는 일이 될 수도 있다.

욕설 또한 마찬가지다. 상대가 한 번 욕할 때 못 들은 척하면 그만일 것이다. 이에 맞서 똑같이 욕을 하면 한 마디가 두 마디 되고 두 마디가 네 마디 되어 서로의 욕설이 멈추지 않을 것이다. 어떤 일로 원수가 되더라도 그 원수를 갚지 말라는 말이 있다. 당장은 원수를 갚았다 하여도 그 일 때문에 부모의 원수가 자식의 원수로 이어질 수도 있다. 그리고 자식의 원수는 손자의 원수가 되고 손자의 원수는 또 증손자의 원수가 되어 결국 원수를 갚다가 인생이 끝나버릴 것이다. 반면, 원수 갚는 일을 접어두고 고마움을 가지면 새로운 삶을 경험할 수 있다. 부모님에게 잘해준 사람을 자식들이 고마워하면 자식들이 고맙게 여기던 일을 손자들이 고맙게 생각한다. 손자들이 고마워하던 일을 증손자들이 또 고마워하면 문중이 각각 다른 두 집안 사람 모두 극락세계를 경험할 것이다. 자비행을 실천한다하여 거창하게 생각할 필요는 없다. 그냥 소소한 일상을 살아가면서 접하는 일들을 자비롭게 행하면 그뿐이다. 자비행이 무엇인지 잘 모르겠거든 베풀면서 살면 된다. 베푼다 하여 물질적인 베풂만 생각해서는 안 된다. 누군가 악업을 행했을 때 대응하지 않고 참는 것, 여기서 한 걸음 더 나아가 고마워하는 것이 베풂이다. 상대를 미워하지 않고 품안에 받아들이는 것 또한 참된 자비의 베풀음이다.

업, 과거 숙세를 통해 익힌 습관

예전에 어떤 사람은 아이를 키울 때는 아이가 울어도 실컷 울게 놓아두었다. 우는 아이를 달래면 의뢰심이 생겨 다음에 또 울기 때문에 그냥 지켜본 것이다. 어느 집 어머니는 손님이 왔을 경우 아이가 울기도 전에 먼저 달래려고 애쓴다. 이것을 알고 있는 아이는 손님이 왔을 때 기회다 생각하고 울거나 뭘 달라고 떼를 쓴다. 어머니는 손님 보기가 창피해서 요구조건을 다 들어준다. 아이가 어머니의 심리를 잘 아는 것은 누가 가르쳐서가 아니다. 중생은 과거 숙세에 익혀온 습관이라는 업이 잠재되어 있어 굳이 가르쳐주지 않아도 할 줄 아는 것들이 있다. 우선 아이가 태어나면 저절로 입을 오물거린다. 젖을 빨기 위한 습관 탓이다. 갓 태어난 아이는 손으로 음식을 먹을 수 없다는 것을 잘 알기 때문에 입에 무언가를 넣어주면 자연스럽게 빨아댄다. 그것을 가르쳐준 사람이 아무도 없다.

숙세로부터 내려온 습관 때문에 아이는 살기 위하여 젖을 빨게끔 되어 있다. 그런데 용하게 배가 부르면 더 이상 젖을 빨지 않는다. 자기 배를 채우면 혀끝으로 젖꼭지를 밀어낸다. 아무리 배가 고팠던 아이도 똑같은 행동을 보인다. 어른들은 그렇지 않은 분들이 있다. 배가 불러도 입에 맞는 음식을 보면 한 수저라도 더 먹으려 한다. 아이에게는 또 다른 습관이 있다. 가르쳐주지 않아도 때가 되면 몸을 뒤집는다. 수영을 처음 배울 때는 코치가 옆에서 팔 흔드는 법, 물장구치는 법, 발 사용하는 법 따위를 가르쳐준다. 그러나 아이는 일정 시기가 되면 저 혼자서 몸을 뒤집는다. 제아무리 훌륭한 부모라도 몸 뒤집는 법을 가르치지는 않는다. 또 때가 되면 스스로 몸을 일으켜 아장아장 걷기 시작한다. 부모가 아이 손을 잡고 걸음마 연습을 시키기도 한다. 급한 마음 때문에 손을 잡고 걸음마 연습을 시키는 것이다. 아이의 성장과정에서 일어난 모든 일들은 수천만 번의 윤회를 거듭하는 동안 아이가 짊어지고 온 업에 의해서 스스로 그렇게 하는 것이다. 아이가 성장해 어른이 되면 남자는 더욱 남자다워지고 여자는 더욱 여자다워진다. 그러면 남자와 여자가 만나 사랑을 하고 결혼을 하여 자식을 갖게 된다. 옆에서 누군가 가르치지 않아도, 아무런 연습 없이도 다 알아서 사랑도 하고 결혼도 하고 아이도 낳고 잘 살아간다. 어디 그뿐이랴. 어른이 된 우리는 영원히 살지 못하고 언젠가는 죽는다는 사실도 잘 안다. 욕심 같아서는 1,000만 년쯤 살고 싶지만 과거 숙세로부터 지어온 업만큼 살다가 죽는 것을 사람들은 잘 알고 받아들인다. 살만큼 살다가 때가 되면 죽는다는 사실을 모르는 사람은 아무도 없다.

100년 동안 살 수 있는 업을 타고났으면 100년을 살다갈 것이며, 50년을 살 수 있는 업으로 태어났으면 50년을 살다갈 것이다. 50년을 살다갈 업이라면 신체가 아무리 건강해도 쉰 살이 되면 죽는다. 100년을 살다갈 명을 타고났으면 일흔 살, 여든 살이 되어 팔다리를 움직이지 못하고 아무 일도 할 수 없어도 누운 채 100살을 채우고서야 죽음을 맞는다. 멀쩡하게 잘살다가 갑자기 죽는 것이 인생이고, 시랑고랑 앓으면서 100살을 채우는 것 또한 인생이다. 젊든 늙든 숙세로부터 타고난 업이 다해야 제대로 죽을 수도 있다. 삶이란 그런 습관성을 타고난 것이다. 습관성으로 이승에 왔으나 아이는 태어나면서부터 베풂을 시작한다. 태어남으로써 부모님에게 베푸는 것이다. 아이가 태어나지 않았다면 남녀가 결혼을 해도 아버지 어머니가 되지 못한다. 결혼한 남녀에게 태어난 아이는 아버지 어머니라는 말을 듣게 해주었으니 아이의 태어남 자체가 곧 베풂이다. 부모 입장에서는 자식을 낳아준 것이라 생각할 수도 있다. 결혼한 남녀에게 부모라는 이름보다 더 좋은 기쁨이 있겠는가? 세상에서 가장 큰 기쁨을 안겨주었는데, 어찌 아이가 부모님에게 베풀지 않았다 하겠는가. 그뿐이 아니다. 아이가 태어나 젖을 먹지 않으면 남아도는 젖 때문에 어머니는 큰 고통을 느끼게 될 것이다. 아이가 젖을 잘 빨아들여 어머니의 몸속에 남은 젖이 없어야 그 고통 또한 없어진다. 그러니 아이가 젖을 잘 먹는 것도 어머니에게는 큰 행복일 것이다. 요즈음은 다르다. 모유를 대신하여 소젖을 먹고 자란다. 그러기에 은혜를 알지 못한다. 또한 서로의 고마움도 알지 못한다. 처음부터 부모와 자식사이의 정이 타의에 의하여 갈라지게 되었다. 안타까운 일이지만 어찌하겠는가? 모든 것은 베푼만큼 돌아오는 것이 정도인 것을 ……. 정서교육에서는 좋지 않은 현실에서 장차 그 아이가 부모에게 효순하고자 하는 마음이 생기지 않고 물질적으로만 부모를 대하게 되는 원인이기도 하다. 또한 아이가 자라 밥을 먹으면 부모가 매우 기뻐한다. 예로부터 자식 입에 밥 들어가는 모습만큼 부모를 행복하게 하는 일도 없다고 하였다. 아이가 밥을 잘 먹어주는 것도 부모에게 베푸는 일이다. 잠을 잘 자는 것도 베푸는 일이요, 건강하게 잘 자라는 것도 베푸는 일이다. 그러므로 아이가 살아 숨쉬는 그 자체가 베풀음이 되어 이것을 밀교에서는 자비행이라 한다.

밀교란 삼라만상의 비밀스런 가르침

밀교는 일상생활과 분리해서 생각해서는 안 된다. 다만 삼라만상의 운행 자체가 중생의 눈으로 보면, 비밀스러우므로 확실한 답을 알 수 없어 비밀스러운 가르침이 된 것이다. 꽃이 피는 모습을 보고 신기하다하여 나뭇가지를 잘라보고 나무껍질을 벗겨 봐도 그 속에 꽃은 없다. 중생은 그 비밀을 절대 찾아낼 수 없다. 이와 같이 삼라만상의 운행은 비밀스러운 법이다. 불교에만 밀교가 있는 것이 아니다. 비밀스러움을 간직한 자연현상 자체가 밀교인 것이다. 지금 이 순간도 자연은 우리에게 무언가를 가르치고 있다. 그것이 무언지는 모르지만 비밀스러운 가운데 여전히 가르침을 전하고 있다. 자연현상, 자연섭리에 잘살고 싶다는 바람 따위는 맡겨두고 스스로 할 일을 찾아 성실히 행하면서 주어진 일에 최선을 다하고 정성을 쏟으면 된다.

예를 들면, 정성스럽게 풀먹인 모시옷을 잘 다려 입고 길을 나서다가 장대비를 만났다. 갑작스레 쏟아진 비에 맵시 있게 차려입은 모시옷이 비에 흠뻑 젖고 말았다. 미처 피할 여유도 없이 비를 맞았으니 기분이 좋을리 없지만, 그래도 고마운 마음을 가져야 할 것이다.

'모시옷을 입고 비를 맞으니 이런 느낌이구나!' 새로운 경험을 하게 해주었으니 고마운 일이다. 다음부터는 바람소리와 습도 따위를 잘 익혀 비가 올 듯 한 날에는 모시옷을 입고 나오지 않을 것이다. 이처럼 비를 피하는 지혜까지 갖게 해주었으니, 비에 젖은 모시옷이 어찌 고맙지 않겠는가? 자연의 이치를 미처 깨닫지 못하고 원망부터 한다면 사람답지 못한 일이다. 사람이 제 아무리 잘난척하여도 자연을 이길 수는 없다. 따라서 자연과 싸워 이기려 할 것이 아니라 자연의 이치를 파악하여 대처하는 것이 현명한 자세이다. 자연현상을 제대로 읽지 못한 어리석음 때문에 맥없이 당하는 것이다. 자연이 사람을 속이는 일은 없다. 여러분 생각에 물은 직선으로 흐를 것 같지만 실제로는 그렇지 않다. 물이란 굽이굽이 흘러야 땅속 깊이 정갈한 우물도 만들어내고 오염되지 않은 심층수도 생성할 여유가 생긴다. 산골짜기에서 흘러내리는 물을 보면 길따라 굽이굽이 흐를 뿐이다. 산골짜기의 물이 직선으로 쏟아진다면 그 물은 순식간에 바다로 모이므로 산천초목을 키울 수 없다. 직선으로 내려오는 물은 땅에 스며들 시간조차 없어 생명을 제대로 키워내지 못한다. 물은 또한 땅으로만 스며드는 것이 아니다. 증발하여 비가 되어 내린다. 비를 준비하는 동안에도 구름이 되어 강한 태양의 빛을 순화시키기도 한다. 구름은 땅이 비를 필요로 할 때, 좋은 시기에 인연을 맺어 내린다. 더운 여름 땅을 식히기 위하여 물을 뿌려보지만 내리는 비보다는 못하다. 단 한 방울의 비라도 필요할 때 내려주는 것이 좋다.

우리가 넉넉한 삶을 산다는 것은, 재물을 많이 쌓아놓은 것을 의미하지는 않는다. 재물을 제 아무리 많이 쌓아놓은들 필요할 때 쓸 수 없다면 그런 삶은 넉넉한 삶이 아니다. 무엇이든 필요할 때 있어야 요긴하게 쓰이는 법이다. 배고플 때는 반찬 없이 물에 말아먹는 밥도 얼마나 고마운지 모른다. 그러나 배가 부르면 진수성찬도 전혀 반갑지 않다. 세상에서 가장 맛있는 밥은 배고플 때 먹는 밥이다. 시장할 때 먹는 반찬이 최고의 반찬이다. 젊은 시절에도 머리숱이 많았다. 부처님이 보시기에 나 같은 사람은 머리카락이 좀 없어도 괜찮다고 생각한 모양이다. 중년 이후에는 그 많던 머리카락이 빠지기 시작하며 새로운 머리카락은 아예 나지 않았다. 그래도 지금까지 살아오면서 별다른 불편을 느끼지 않는다. 머리숱이 적다하여 고민할 필요가 없다. 머리숱이 적은 사람이나 많은 사람은 그렇게 되어야할 이유가 있을 것이다. 머리카락이 많으면 많은 대로, 머리카락이 적으면 적은 대로 살면 그뿐이다. 모양에 연연하지 말고 각자에게 주어진 삶을 성실히 살면 될 것이다.

세 번의 출생에 이은 세 번의 출가

출가를 하는 것도 같은 이치이다. 출가란 삶의 리듬이 달라지는 것을 말한다. 평범한 사람도 누구나 한 번은 출가를 한다. 남자든 여자든 때가 되면 결혼하여 가정을 이루게 된다. 이를 출가라 한다. 혼자 살다가 두 사람이 살면 그동안의 삶과 다른 삶을 살아야하기 때문이다. 수행자가 현실생활을 버리고 진리적 생활을 위하여 출가한다. 결혼을 통해 출가를 하던 수행의 문으로 들어가는 출가를 하던지 누구나 한 번은 출가를 한다. 출가를 평범한 사람들은 한 번밖에 하지 못하는데, 성인은 세 번의 출가를 경험하게 된다.

첫 번째 출가는 불교에 입문하는 것이다. 수행자로서의 계를 받기 위해 행자생활로 부처님의 법을 익히는 것이다. 부처님의 법을 알고 모르고와는 관계없이 세속의 삶을 떠나 부처님 품으로 들어가는 단계이다. 행자의 기간을 지나 승려로서 수계를 받는 것이 두 번째 출가이다. 태국 등 남방불교에서는 남자로 태어나면 의무적으로 출가한다. 6개월 이상 출가하여 사원에서 생활한 후 다시 환속한다. 물론 계속하여 머물고 싶으면 끝까지 승려생활을 해도 되고 아니면 사회생활 하다가 다시 출가할 수 있다. 이것이 두 번째 출가이다. 사미와 사미니계를 받고 일정한 기간이 지난 20세 이상의 출가자가 교리와 수행법을 익힌 후 비구계를 받는 것이 세 번째 출가이다. 세 번째 출가에서는 오로지 수행의 길로만 가야한다. 해탈의 경지와 열반의 경지와 성불의 경지에 오를 때까지 어떠한 유혹에도 되돌아보지 않는 길을 가야한다.

제 34 강
니르바나행, 열반으로 나아가다

부처님의 가르침에 따라 수행을 하면 단계적으로 공덕이 일어난다. 일상생활 속의 고통에서 벗어나는 해탈공덕, 참회를 통해 일체의 번뇌에서 벗어나 열반공덕, 어느 누구의 도움도 받지 않고 스스로 도를 깨우쳐 부처가 되는 성불공덕이다. 니르바나 행行을 통해 열반의 경지에 오르면 나의 잘못 뿐 아니라 상대의 잘못까지 참회하는 마음이 생기고 삼라만상에 고마움을 느끼게 된다. 이 장에서는 밀교에서 말하는 니르바나 수행이란 무엇인지 알아보기로 한다.

해탈·열반·성불의 공덕

"일체 망상妄想 모두 끊고 다만 오직 관하기를
일체중생 무시이래 생사해중 윤회함을
원하건대 이제 모두 보리심을 발케하고
보살행을 행하여서 벗어남을 얻어지다."

열반은 부처가 되기 직전의 경지이자 해탈의 경지를 넘어선 상태를 열반이라 한다. 팔만사천 가지의 방편법 중에 밀교의 니르바나 수행을 알아보려 한다. 일반적으로 부처님의 가르침에 따라 수행하고 실천하면 공덕이 일어난다. 첫 번째 단계에서 일어나는 공덕이 해탈공덕이다. 해탈공덕을 얻은 뒤 열반공덕이 일어나며, 열반공덕이 성취된 연후에 성불공덕을 얻어 비로소 부처가 되는 것이다. 이처럼 중생은 수행을 통해 해탈·열반·성불의 3단계의 길로 나아간다. 인간은 곧바로 성불하지 못한다. 싯다르타도 인간세계에서 곧바로 성불한 것 같지만, 인간세계에 오기 전에 이미 해탈과 열반의 경지를 얻은 다음 도솔천을 거쳐 마지막으로 32상과 80종호의 수행공덕과 보시공덕을 갖춘 연후에 인간계에 싯다르타로 환생한 것이다. 그리고 성불한 후 남기신 45년의 발자취와 8만장경은 모두 열반을 위한 발자취일 뿐이다. 석가모니불 이후에 남긴 8만장경과 각종의 수행방법은 무엇을 닦는다 하여도 해탈 아니면 열반의 경지에만 오를 수 있을 뿐이다. 모든 경전에서 성불경지를 말할 때 여래10호를 나열하면서 무상정등정각을 이루었다는 수기와 함께 표현을 하고 있다. 여래10호의 공능을 모두 가진 자가 성불이다. 해탈과 열반의 경지에서는 그 중에 몇 가지의 공능만을 얻었을 뿐이다. 해탈과 열반의 경지에 오를 때는 반드시 스승이 필요하지만 성불의 경지에는 스승이 필요없다. 부처님의 법에 따라 수행하는 모든 수행자는 아직도 팔만장경의 스승과 화두수행의 스승의 그늘을 벗어나지 못하고 있다. 그러므로 성불의 경지는 얻을 수 없는 것이다. 이것만 보아도 모든 불자나 수행자는 해탈과 열반의 경지를 구하는 위치에 머물고 있다는 것을 알아야할 것이다. 석가모니불이 당시의 제자들에게 보여준 마지막 모습이 무엇인가? 부처의 모습이 아닌 열반의 모습이다. 부처의 모습은 몸으로 보여줄 수 없는 경지이다. 마음으로만 보여주고 마음으로만 볼 수 있는 비로자나불의 합일체로만 알 수 있는 경지를 중생이 어찌 나아갈 수 있겠는가? 중생의 몸은 업투성이로 32상과 80종호도 갖추지 못하였는데 무슨 힘으로 성불의 경지에 오를 수 있겠는가?

　　　　　선종禪宗에서 말하는 견성見性은 번뇌를 떨쳐버리고 본래의 천성을 깨우쳐 안다는 의미로, 해탈이나 열반일 뿐이다. 그것을 견성성불이라 한다. 견성이라는 용어 그 속을 보면, 많은 단계가 있다.

본불성本佛性을 보았는가?
무일물無一物의 불성을 보았는가?
불심인佛心印의 불성을 보았는가?
바람에 나부끼는 깃발을 보고 마음이 흔들리니 깃발도 흔들린다 하였을 때 그 마음은 오욕칠정을 버린 해탈의 마음을 보았는가?
육도를 벗어나는 니르바나의 열반묘심涅槃妙心을 보았는가?
만다라세계의 본심인 일체지지의 마음을 보았는가?
일체중생을 제도해 마친 성불의 마음을 보았는가?
그것을 무엇으로 표현할 것인가?

　이처럼 견성에는 단계가 있음을 알 수 있다. 현실 속에서 고통을 겪는 사람이 수행을 통해 고통에서 벗어날 때 해탈이라 한다. 해탈은 불교 수행에 있어 지극히 초보 단계의 공덕이다. 해탈 가운데 가장 큰 해탈은 지옥고地獄苦에서 벗어나는 것이다. 지옥에서 벗어났다 해서 성불하는 것은 아니다. 고통에서 벗어났을 뿐이다. 오늘의 해탈은 복과 지혜가 원만함을 뜻하는 것이다. 진정 깨달음을 얻었다면 지옥이 어디에 있고, 천상은 무엇인지 연연할 필요가 없다. 지옥과 천상도 연연하지 않는데 이 몸에 애착을 가지는 것은 무엇이며, 오욕칠정은 또한 무엇이겠는가? 진언수행의 길에서 잘 생각하고 생각해 보아야 할 것이다.

성불, 무사득도無師得道의 경지

성불은 열반 이후의 단계를 일컫는다. 불기佛紀 1년은 석가모니불이 열반에 든 해를 가리키므로 2018년은 불기 2562년에 해당한다. 이것은 석가모니불의 기원이 비로자나불 기원의 시작이다. 석가모니불의 기원은 45년으로 회향되었다. 여기서 우리는 한 가지 의문을 갖지 않을 수 없다. 싯다르타가 보리수 아래서 깨달음을 얻고 난 뒤 부처가 되었다면 불기는 열반한 뒤가 아니라 깨달음을 얻은 그때부터 시작되어야 하기 때문이다. 그런데 싯다르타가 깨달음을 얻어 부처의 경지에 올라보니 중생에게 뭐라 설명할 길이 없었다. 중생의 경지가 워낙 낮아서 부처의 법을 알아들을 수 없었던 것이다. 고민 끝에 석가모니는 단계를 낮추어 설법을 시작했다. 부처로서 법을 설하는 것이 아니라 보살로서 법을 설하게 된 것이다. 이것이 석가모니불의 45년 기원이다. 불기를 제정할 때 어떻게 하였던 보이지 않는 가운데 모두 법신비로자나불의 가르침이 근원이 되었다는 것을 증명하고 있었다. 자연스럽게 열반일을 불기의 원년으로 정한 것이 비로법신의 마음의 힘이 작용했기 때문이다. 제정자들은 자신도 모르는 사이에 그렇게 하게 되었던 것이다. 밀교정신이 무관한 것이 아니라는 법문이다. 석가모니는 열반에 든 뒤 비로자나불의 본신本身으로 환원할 수 있었다. 그리고 이때 비로소 부처가 되었다. 이것이 비로자나불의 기원 시작인 것이다. 우리도 부처가 되려면 스승의 도움 없이 도를 깨우쳐야 한다. 이것이 자연이 주는 법이며, 진리며, 비로법신의 법으로 당체법문이 되는 것이다. 그러기 위해서는 우선 속세의 고통에서 벗어나는 해탈공덕을 쌓아야 할 것이다.

이때 32상이 갖추어진다. 해탈한 뒤 다음 단계인 열반공덕에 오르도록 수행을 해야 한다. 이때에 80종호가 갖추어진다.

일반적으로 열반이라 하면 죽음을 생각한다. 그래서 육신을 버리고 돌아가신 분을 "열반에 드셨다." 표현한다. 이것은 작은 열반이다. 큰 열반은 중생의 업에서 죽어 보살의 행으로 들어가는 것이다. 행은 죽는다는 의미가 아닌 이곳에서 저곳으로 옮겨갔다는 뜻이다. 니르바나는 일체의 번뇌에서 벗어나 최고의 경지로 나아간다는 의미이며, 바라밀다는 태어나고 죽는 현실의 괴로움에서 벗어나 피안의 세계로 나아가는 것을 말한다. 이처럼 니르바나와 바라밀다는 옮겨간다는 의미이다. 니르바나 바라밀다는 영원히 윤회하지 않는 열반과 성불로 향하는 길이다. 중생세계에서 해탈의 길로 나아가는 니르바나와 바라밀다의 법이 있다. 지금 중생의 니르바나와 바라밀다를 말하는 것이다. 석가모니불이 화신에서 법신으로 옮겨갔으므로 열반이라 할 수 있다. 중생도 지금까지 수없이 많은 생을 옮겨왔다. 과거생에서 금생으로 왔고, 금생에서 내생으로 옮겨갈 것이다. 깨달음을 얻기 전까지는 과거생을 알지 못하고 내생 또한 어떻게 전개될지 알 수 없다. 수생을 옮기고 옮겨 금생까지 왔는데 그 가운데 몇 번이나 죽음이 아닌 니르바나와 바라밀다를 했는지 알 수 없다. 나쁜 방향으로 옮겨가는 것은 니르바나 행이 아니다. 해탈하지 못해 고통을 받는 세상에 머문다면 좋은 방향으로 옮겨가는 것이 아니다. 나쁜 길에서 좋은 길로 옮겨가는 지혜는 남이 가르쳐주는 것이 아니다. 중생은 스스로 좋은 방향을 찾아가는 능력을 타고난 존재이다. 아직 드러나지 않았다 해도 이미 잠재되어 있으므로 수행을 통해 그 힘을 끄집어내야 한다. 그래서 다음에는 지금보다 좋은 쪽으로, 내일은 오늘보다 좋은 쪽으로, 다음 달에는 이 달보다 좋은 쪽으로, 내년에는 올해보다 좋은 쪽으로 옮겨가야 할 것이다.

비유하면 물과 같다. 기온이 낮아지면 물이 얼음으로 옮겨가고 기온이 올라가면 얼음이 물로 옮겨간다. 여기에 열을 가하면 물이 수증기로 옮겨가고 허공을 떠돌던 수증기가 어떤 인연을 만나면 또다시 물로 옮겨간다. 자연에서는 이러한 일들이 끊임없이 반복된다. 사람도 그렇게 몇 번을 옮겨왔는지 모른다. 어머니의 몸속에서 작은 세포로 존재하던 아기는 뼈마디를 만들어 세상 밖으로 나온다. 깜깜한 자궁 속에서 밝은 태양이 비치는 곳으로 옮겨온 것이다. 이때 잘 옮겨오면 사대육신 멀쩡하고 이목구비가 뚜렷하며 오장육부와 안이비설신의가 원만한 상태로 이 땅에 태어날 것이다. 반면, 잘못 옮겨오면 안이비설신의 가운데 어느 하나가 모자라거나 이목구비에 탈이 날 수 있다. 그러므로 아이가 어떤 장애도 없이 세상에 태어났다면 잘 옮겨온 것이다. 그것은 부모가 첫 단계의 니르바나 행을 잘한 덕이다. 아이를 태중에 품은 열 달 동안 어머니가 음식을 가려먹고 위험한 곳에 가지 않고 행동을 조심스럽게 움직이는 태교胎敎의 공덕이다. 아이가 부모의 니르바나 행으로 무사히 태어났다면 다음 단계는 스스로 헤쳐 나가야 한다. 부모는 옆에서 도와주는 역할만 한다. 아이는 배가 고프면 울음으로써 표현을 해야 한다. 아이 입장에서는 우는 것이 행이다. 제때 잘 우는 것이야말로 아이의 니르바나 행이다. 아이가 아무 때나 울면 어머니는 오히려 귀찮아 한다. 그러므로 아이는 자기표현을 정확히 해야 한다. 배가 고프다거나 대소변을 보았다거나 잠이 올 때만 울어야 한다. 적재적소에 우는 것 또한 아이의 올바른 니르바나 행이다.

세상에 태어난 아이는 한동안 누워 있다가 어느 순간 몸을 뒤집는다. 그러고는 이리저리 기어다니다가 몸을 일으켜 뒤뚱뒤뚱 걷기 시작한다. 아이는 옮겨갈 때마다 힘을 축적해야 한다. 몸에 이상 현상이 나타나 몸살을 앓기도 한다. 이 현상은 자기 힘이 모자라기 때문에 잠시 쉬는 시간이 필요하여 아픈 것이다. 부모나 주위 사람들은 놀랄 일이 아닌데도 어린아이이기 때문에 놀라고 두려워하는 것이다. 힘이 부족하고 기가 모자랄 수도 있다. 이때에는 외부의 도움이 필요하다. 부모는 어린아이가 니르바나행으로 잘 옮겨가기를 서원해야 한다. 그러므로 태어난지 7일, 3.7일, 7.7일, 100일, 100일이 되면 아이를 알고 있는 모든 사람들에게 베풀고 1년이 되면 돌잔치를 열어 이웃과 친척에게 베풀어 그 분들의 힘을 어린아이에게 가지하는 것이다. 부모의 이러한 베풂의 결과로 아이는 힘을 얻어 크게 성장하게 되는 것이다. 때로는 이때 그 아이의 미래를 점치는 것으로 돌잡이도 해보는 것이다. 아이가 자라면 학교에 가야 하는 단계가 온다. 학생의 니르바나 행은 공부를 열심히 하는 것이다. 학생 때 제대로 공부하지 않으면 나중에 아무리 하고 싶어도 할 수가 없다. 예를 들면, 초등학교 다니는 6년 내내 50점만 받다가 졸업한 아이가 있다. 이 아이가 뒤늦게 후회하고 교장을 찾아간다. 그러고는 초등학교에 다시 들어가 1학년부터 시작하면 늘 백 점만 맞겠다고 약속하며, 한 번 더 공부할 기회를 달라고 사정한다. 하지만 아무리 사정한들 교장이 그 말을 들어줄리 없다. 6년 동안 50점만 맞다가 졸업한 아이의 학적부는 50점에서 영원히 지워지지 않는다. 중학교나 고등학교 시절도 마찬가지다. 아무리 후회한들 그 시절로 되돌아갈 수 없다. 한 번 지나간 시간은 두 번 다시 돌아오지 않는다.

사람에게 특별한 능력이 있어 마음만 먹으면 언제든 과거로 돌아가 새롭게 시작할 수 있다면 얼마나 좋겠는가? 그럴 수 없기에 어리석은 중생은 늘 후회하면서 살아간다. 우리들은 세상을 살아가는 가운데 크고 작은 일들을 겪으면서 수많은 후회꺼리를 장만하고 있다.

좀 더 잘할 수 있었는데…, 그때 그렇게 행동하지 말 것을…, 지금이라면 이런 식으로 일을 처리했을 거야…, 그런 말은 하지 않았어야 해…, 하면서 지난날을 후회하며 살아가는 것이 평범한 사람들의 일상이다. 밀교에서는 후회를 가르치지 않는다. 후회에는 한탄이 따르고 참회에는 반성이 따른다. 후회는 과거를 떠올리며 뉘우치지만, 참회는 현재 잘못된 점을 고치려는 의지가 담겨 있다.

밀교의 니르바나 행 중에 참회행이 있다. 참회에는 두 가지가 있다. 과거의 잘못을 참회하면서 두 번 다시 반복하지 않겠다는 결연한 의지가 드러날 때 진정한 참회가 완성된다. 땅을 치고 후회한다 해서 지난 잘못이 사라지지는 않는다. 땅을 칠 힘이 남아 있거든 후회하는데 쓰지 말고 바람직한 방향으로 나아가는데 최선을 다하도록 해야 할 것이다. 참회가 아닌 후회를 하다보면 내 잘못 뿐 아니라 상대의 잘못도 살피게 된다. 내 잘못을 후회하고 한탄하면서도 주변 사람들은 어떻게 사는지 지켜보게 된다. 그러다가 사람들이 자기와 같은 잘못을 저지르면 안심한다. 상대의 잘못이 자신에게는 위로가 된 셈이다. 완벽해 보이는 저 친구도 실수를 하는데, 나의 실수는 별것 아니라고 생각하는 것이다. 때로는 나보다 더한 잘못을 저지른 사람을 보면 어깨까지 으쓱해 한다. 그래도 내가 낫다는 생각이 들기 때문이다. 그러다 보면 내 잘못을 반성하기는커녕 나보다 큰 잘못을 저지른 상대를 비웃게 된다. 이런 일이 반복되면 죄를 지어도 죄지은 줄 모르는 사람이 되어버린다. 예를 들어 100원을 훔친 남자가 있다. 처음에는 가슴을 치고 후회했는데, 옆 사람을 보니 1천 원을 훔치고도 뻔뻔스럽게 잘살고 있다. 그 모습을 보고 100원을 훔친 남자는 왠지 억울한 생각이 든다. 나는 100원을 훔쳐도 가슴 조여든 것이 오히려 후회스럽게 생각하기도 한다. 만약 이 사람에게 벌을 주면 "누군 1천 원을 훔쳐도 잘사는데 나는 고작 100 원 훔쳤다고 감옥살이를 해야 하나? 나보다 더 큰 죄를 지은 사람은 좋은 집에서 살고 있는데 왜 나 같은 피라미만 잡아들이느냐!" 한다. 자신을 피라미에 비유한 이 사람은 감옥 안에서도 지은 죄를 반성하지 않는다. 정말 어리석은 사람이다.

백 개의 서까래보다 한 개의 대들보가 되라

국가의 안위를 기원하는 불교 법회에 백고좌회百高座會가 있다. 신라시대에 《인왕경》을 강독하는 백고좌회가 자주 열리었다. 당시 원효대사는 무애사상을 바탕으로 민중 속에서 활동하였다. 높은 학식에도 불구하고 파격적인 행동을 일삼아 많은 사람들로부터 배척을 받았다. 그래서 백고좌회에 한 번도 초청받지 못했다.

어느 날 신라 왕비가 병이 나자 약을 구하기 위해 사신들을 당나라에 보냈다. 그때 동해 용왕을 만났는데, 황룡사에서 《금강삼매경》을 강론하면 왕비의 병이 낫는다고 알려주었다. 그런데 원효대사 외에는 어느 누구도 《금강삼매경》을 해석할 수 없으므로 어쩔 수 없이 그를 황룡사로 청했다. 원효스님은 시간이 없어 소를 타고 황룡사로 가면서 소의 뿔에 작은 책상을 올려 《금강삼매경》의 해설문을 썼다. 아무도 해석할 수 없는 《금강삼매경》을 너무도 쉽게 풀어나간 것이다. 황룡사에서 강론을 마친 원효대사는 다음과 같은 말을 했다고 한다.

"지난날 100개의 서까래를 구할 때는 나를 부르지 않더니, 오늘 대들보를 구할 때는 나를 찾는 구나." 하면서, 당시에 백고좌회에 참석한다고 거들먹이든 승려들을 보이지 않게 꾸짖는 말이었다. 이 말은 백고좌회 때 참석한 100명의 고승을 서까래로, 《금강삼매경》을 해석한 자신을 대들보에 비유함으로써 넘치는 자신감을 표현한 것이다. 원효대사는 스스로 용이 되었다. 아무리 하찮은 말이라도 자기 자신을 낮추어서는 안 된다. 내가 나를 낮추어 말하면 다른 이들은 더욱더 얕잡아보기 마련이다. 그것은 옳지 못한 행이므로 니르바나 행이라 할 수 없다. 오늘 이 시간 이후부터는 자기를 높이도록 행동하기를 바란다. 그렇다고 어깨를 으쓱하며 상相을 부리라는 말은 아니다. 상대가 나보다 더 큰 잘못을 저질렀을 때 위안을 삼을 것이 아니라 상대를 위해 참회하는 마음을 가져야 한다. 내 잘못 뿐 아니라 상대의 잘못까지 참회하는 것, 그것이야말로 자기를 낮추면서도 높이는 방법이다. 나보다 큰 허물을 가진 상대를 불쌍히 여기며, 나는 그와 같은 허물을 절대 짓지 않겠다고 맹세하고 참회하는 것이 보살의 참회이다. 잘못을 저질렀을 경우 상대와 비교하지 말고 자신의 잘못을 참회하도록 한다.

특정한 날을 정해 부처님에게 향과 초로써 예를 올리는 일도 물론 필요하다. 하지만 그런 날은 별로 많지 않다. 1년에 몇 번뿐이다. 그보다는 아침에 일어나 저녁에 잠들 때까지 일상생활 속에서 니르바나 행을 하는 것이 훨씬 중요하다. 몸을 움직이거나 말을 할 때, 숨을 쉬거나 눈을 깜빡거릴 때의 행동을 모두 니르바나 행으로 바꾸려는 노력이 필요하다. 사람들은 평소에 아무런 노력도 하지 않다가 어느 날 시간이 나면 법당 앞에 향과 초를 올리고 절을 몇 번 한 뒤 집으로 돌아간다. 그러고는 정성을 다 쏟았다면서 해탈하기를 바라고 열반하기를 바라고 성불하기를 바란다. 하지만 그 정도 정성으로는 해탈하기도 어렵다.

중생은 부처님을 찾아 참회하는 일보다 일상생활 속에서 잘못을 저지르는 일이 훨씬 많다. 참회가 적고 잘못이 많다는 것은 수입이 적고 지출이 많다는 말과 같다. 벌어들이는 돈보다 쓰는 돈이 많으면 창고는 차츰차츰 비어갈 것이다. 그렇게 해서는 잘살 수가 없다. 그것이야말로 가난으로 향하는 지름길이다. 그런데 이런 가난한 사람일수록 바라는 꿈은 태산같이 높다. 언제든 하늘을 향해 날아갈 것처럼 없는 날개를 활짝 펴고 있다. 이상은 또 얼마나 높은지 모른다. 하지만 그런 사람은 헛된 꿈을 꾸는 것이다. 그런 사람의 꿈은 절대 이루어지지 않는다.

행을 잘하는 방법은 매일 새로운 날이 시작된다고 생각하는 사람이다. 매일 변하는 날, 나도 매일 변한다. 그렇게 변하는데 좋은 방향으로 좋은 일로 변하도록 하는 것이 니르바나행이다. 이러한 변화를 알고 준비하는 것이 곧 자성을 찾는 길이다. 자신의 내면에 있는 자성을 아침 일찍 일어나 찾는 것이 일상생활화 되어야 한다. 버릴 것은 중생심과 오욕칠정이요, 찾을 것은 자성심과 불성이다. 마음속 깊은 곳까지 찾아들어가면 니르바나 행 또한 좋은 쪽으로만 옮겨갈 것이다. 그 방법을 잘 모르겠으면 선지식을 찾아 도움을 받도록 한다.

부자가 도둑이 된 이유

옛날 어느 마을에 부자와 가난한 사람이 살았다. 가난한 사람은 어떻게 하면 부자가 되는지 늘 궁금했다. 그래서 어느 날 부자를 찾아갔다. "저는 지금 매우 가난합니다. 어떻게 하면 부자가 될 수 있는지 가르쳐주십시오." 부자는 그런 것쯤이야 얼마든지 말해줄 수 있다면서 자신의 경험담을 술술 풀어놓았다. "3년 동안 도둑질을 하니까 먹고 살 만하더군. 그리고 3년을 더 도둑질하니까 창고에 재산이 모이기 시작했지. 그 뒤로 다시 3년 동안 더 도둑질을 했네. 그랬더니 남들에게 나눠줄 만한 재산이 생기더군." "도둑질을 해서 부자가 되었다는 말씀입니까?" "그렇다니까!"

부자의 말을 듣고 나니 가난한 사람은 마음이 급해졌다. 자기도 얼른 가서 도둑질을 하여 부자가 되고 싶었다. 가난한 사람은 인사도 하는 둥 마는 둥 부자의 집을 나왔다. "아니, 내 말을 마저 듣고 가야지. 내가 무엇을 도둑질했는지 말하지도 않았는데, 뭐가 급해서 저리 빨리 가버리나!" 부자는 가난한 사람의 뒷모습을 바라보며 혼잣말로 중얼거렸다. 그날 밤 가난한 사람은 날이 어두워지기를 기다렸다가 남의 집 담을 뛰어넘었다. 그러고는 물건들을 훔쳐 들고 나오다가 그만 주인에게 발각되고 말았다. 가난한 사람은 포도청에 잡혀갔지만 첫 번째 도둑질이므로 형량이 그리 높지는 않아 두어 달 옥살이를 했다. 가난한 사람은 옥살이를 하는 내내 생각하고 또 생각했으나 그럴수록 점점 더 화가 났다. 부자 되는 방법을 알려달라고 했더니 도둑질하는 이야기만 하는 바람에 결국 자신도 도둑질을 하다가 잡혀왔다고 생각하니 부자가 원망스럽기만 했다.

가난한 사람은 옥살이를 마치자마자 부자를 찾아갔다. "저는 방금 옥에서 나왔습니다. 가르쳐주신 대로 도둑질을 하다가 붙잡혀 옥살이를 하였습니다." 이 말을 들은 부자는 기가 막힌다는 표정으로 가난한 사람을 쳐다보았다. "내 말을 듣고 도둑질을 했다는 말인가?" "네, 날이 어두워지기를 기다렸다가 부잣집에 들어가 물건을 훔쳤습니다. 하지만 나오는 길에 발각되어 옥살이를 하였습니다." "그러니 내 말을 좀 더 듣고 갔어야지. 내가 어떤 도둑질을 했는지 설명하려는데, 자네가 내 말을 끝까지 듣지도 않고 나가지 않았나." "대체 어떤 도둑질을 했다는 말씀입니까?" 가난한 사람은 아직도 분이 풀리지 않아 뚱한 표정으로 물었다. "나는 자연을 도둑질했고, 땅을 도둑질했고, 사람의 힘을 도둑질했다네. 자연을 도둑질했다는 말은 내가 논밭에 씨를 뿌려놓았더니 햇살이 보살피고 비와 바람이 어루만져서 곡식을 키워줬는데 그런 자연의 은혜에 보답을 하지 못했다는 말이네. 그리고 땅을 도둑질했다는 말은 땅에서 자란 곡식을 수확하고 과일을 땄는데, 그 땅에 아무런 보상도 하지 못했다는 말이야." 부자는 지난날을 떠올리며 긴 한숨을 내쉬더니 다음 말을 이어갔다. "또한 사람의 힘을 도둑질했다는 말은 곡식과 과일을 수확할 때 내 일을 도와준 사람들에게 값싼 품삯을 지불했다는 의미일세. 힘든 일을 한 사람들에게 넉넉한 돈을 주지 않았으니 그들의 노동력을 도둑질한 셈이지. 이처럼 자연과 땅과 사람들이 베푼 은혜에 제대로 보답하지 않았으니 내가 그들의 것을 도둑질한 것이나 마찬가지 아닌가. 그래서 요즘은 이들에게 은혜를 베풀면서 살고 있다네. 내 말뜻을 제대로 알아듣지 못하고 무작정 가서 남의 담벼락을 뛰어넘으면 어떡하나?" 그제야 가난한 사람은 부자에 대한 원망을 접고 주어진 일을 열심히 하며 살아갔다고 한다.

앞의 부자 이야기는 우리 모두에 해당하는 것이기도 하다. 우선 우리는 부모로부터 몸을 받아 태어났다. 훈육하고 가르쳐서 훌륭하게 성장하였다. 이러한 은혜를 갚지 못하면 부모의 사랑을 훔친 도둑이 될 것이다. 오늘날 우리나라는 살기 좋은 나라가 되었다. 아직도 굶주림에 시달리는 가난한 나라에 태어나지 않고 풍요로운 이 땅에 태어난 것도 고마운 일이다. 환경이 오염되었다고는 하나, 여전히 사계절의 아름다움을 우리에게 나누어주는 자연에게도 고마운 마음을 가져야 할 것이다. 컴퓨터나 스마트폰처럼 문명의 혜택을 받게 해준 과학의 발달에도 고마워해야 한다. 공부할 수 있는 기회를 준 이들에게도, 맛있는 음식을 해주는 사람에게도, 직장에서 일할 수 있는 기회를 준 상사에게도 고마움을 표해야 한다. 알게 모르게 은혜를 베풀어준 사람들에게 고마운 마음을 가져야 한다. 늘 좋은 환경을 제공해주는 자연에게, 늘 도움을 주는 사람에게, 늘 몸과 마음을 편하게 해주는 물건에게 고마움을 갖고 그 은혜를 생각하면서 도둑이 되지 않아야 한다. 그리고 잘못한 일이 있으면 언제든지 참회하는 마음을 가져야 한다. 이런 마음이 밀교의 니르바나 행이다. 그래서 니르바나 행을 일반 행과 다르다고 하는 것이다. 이 시간 이후부터는 제대로 된 행동身, 제대로 된 언어語, 제대로 된 생각意을 갖고 제대로 움직이기를 바란다. 남에게 피해를 주지 않는 은혜로운 상태에서 신·어·의 삼밀三密을 행하는 것이야말로 진정한 밀교수행이자 니르바나 행이 될 것이다.

제 35 강

부처의 법은
어디쯤 왔는가

중생의 근기에 따라 부처의 법을 받아들이는 능력 또한 다르다. 과거칠불過去七佛이 전하는 환화공신幻化空身의 법을 시작으로 28대에 이르는 인도 선종의 법맥은 달마에 의해 중국에까지 전승되었다. 달마를 초조初祖로 하는 중국 선종은 6조 혜능에 의해 열매를 맺었다. 이것이 그동안 중생의 근기가 무르익자 환화공신에서 심인법이 나타났다. 심인법은 다시 불심인법으로 이어졌다. 이 장에서는 진언수행으로 얻게 되는 밀교의 불심인법을 알아보기로 한다.

밀교수행, 진언염송과 명호염송을 아우르다

"대저 나라나 사람은 성쇠盛衰가 있는 것이며,
그 성쇠는 정신문화精神文化가 좌우하는 것이다."

해탈이나 깨달음이 밀교에만 있는 것은 아니다. 모든 종교가 해탈의 공덕을 얻기 위해 존재하는지도 모른다. 불교는 해탈의 경지에 오르는 것을 최선의 지향점으로 삼는 것은 아니다. 궁극에는 깨달음의 경지에 오르도록 하는 것이 불교의 가르침이다. 해탈과 성불 그 사이에 열반이라는 중간 단계가 있다. 그런데 중생으로서 부처가 되는 길은 멀고 아득하다. 평범한 중생이 그나마 꿈꿀 수 있는 것이 해탈이다.

팔만사천 종의 진언에 공덕도 팔만사천이다. 부처의 명호나 보살의 명호도 모두 진언이다. 명호수행과 일체 진언수행과 육자진언 수행의 공덕은 서로 다르다. 불보살의 명호와 일체 진언을 부르는 공덕은 현세 이익과 안락을 구할 수 있다. 육자진언을 염송은 현세 뿐 아니라 과거와 미래의 삼세를 관통하는 지혜를 얻을 수 있다. 이것이 일체진언과 육자진언 수행의 차이점이다. 비로자나불의 본심이며, 제불보살의 본심진언이요, 일체중생의 본심진언인 옴마니반메훔이 지닌 공덕은 다른 어떤 진언의 공덕과도 비교할 수 없다. 진각성존은 경전독송과 참선공부를 거쳐 제1차로 관세음보살의 명호염송을 하여 금생의 고통에서 벗어났다. 해탈의 경지에 오를 수 있었다. 가난과 병고와 불화에서 벗어나는 해탈로 병고 해탈을 증득하였다. 그러나 이에 만족할 수 없었기에 깨달음을 얻기 위한 제2차 정진으로 육자진언을 염송하여 삼세를 관통하는 법을 증득하였다. 이 깨달음으로 중생은 성불의 경지가 아닌, 해탈과 열반의 경지만 오를 수 있다는 것을 알았다. 이것은 중생들의 근기가 얕다는 것으로 매우 안타깝게 생각했다. 2,500여 년 전 보리수 아래에서 깨달음을 얻은 싯다르타 또한 같은 고민에 빠졌다. 아뇩다라삼먁삼보리를 얻은 상태에서 중생을 바라보니 그들은 아직 성불할 수 있는 근기根機를 갖추지 못한 상황이었다. 부처님과 성존은 근기가 낮은 중생을 교화하기 위해 어쩔 수 없이 방편법을 써야 했다. 그래서 성불이 아닌 해탈과 열반에 이르는 길을 먼저 알려주게 된 것이다.

희망은 고통을 견딜 수 있는 힘

윤회하는 중생이 오욕칠정의 습을 여의고 모든 집착에서 벗어나 자유인이 되어 성불한 자리의 첫 관문이 성문聲聞이다. 이 경지는 부처님의 정법의 말씀을 소리로 듣고 그 뜻을 깨달은 것을 말하는 것으로 아라한이라고도 한다. 다음으로 인과법칙을 깨달아 윤회하지 않는 경지에 오른 자를 연각緣覺이라 한다. 성문과 연각은 깨달음을 얻었으나 중생을 위해 교화하지는 않기 때문에 소승이라 한다. 윤회를 벗어나 중생을 교화하는 첫 자리는 보살이다. 보살은 위로는 보리를 구하고[上求菩薩] 아래로는 중생을 제도[下化衆生]하는 것이다. 보살은 중생을 제도하기 위하여 육행실천법을 보이고 있다. 이 경지를 대승이라 한다. 성문과 연각과 보살이 삼승이다. 이것이 윤회를 벗어난 성불의 3단계이다. 성문의 단계는 해탈을 넘어 열반에 들어선 경지일 뿐 부처가 되는 것은 아니다. 성문은 어디까지나 열반의 경지일 뿐이다. 중생은 오욕칠정 속에서 생활하는 존재로, 즐거움보다는 고통을 더 많이 겪으면서 살아간다. 하루에 열 가지 일이 벌어진다면 즐거운 일은 한두 가지 뿐이고 고통스러운 일이 여덟아홉 가지를 차지한다. 그런데 한두 가지의 즐거운 일 때문에 여덟아홉 가지의 고통을 참아내는 이들이 중생이다.

불보살의 경지에 오르면 여덟아홉 가지의 즐거움보다 한두 가지 고통을 가슴 아파하며, 고통에서 벗어나기 위해 최선을 다한다. 반면, 중생은 여덟아홉 가지 고통을 겪으면서도 한 가지 즐거움 때문에 희희낙락 한다. 그나마 한두 가지 즐거움이라도 영원하면 좋을 것인데, 그것조차 잠시 잠깐 뿐, 고통의 길로 접어든다. 그러면서도 중생이 고통을 고통이라 느끼지 않는 이유는 희망을 쥐고 있기 때문이다. 지금은 고통스럽더라도 조금만 노력하면 즐거운 일이 생기리라는 희망이 있어 하루하루를 감내할 수 있다. 그래서 중생이 사는 세계를 사바세계라 하는 것이다. 괴로움과 고통, 어려움을 참고 견디는 감인堪忍의 세계가 사바세계이다. 이렇게 볼 때 환경에 가장 잘 적응하는 존재는 사람인 듯 싶다. 사람은 아무리 어려운 환경에 처하더라도 적응하여 잘살아가며, 그 속에서 티끌 같은 즐거움을 찾아내어 웃고 있는 것이다.

해탈의 경지를 구체적으로 이야기하면 우선 병고病苦에서 벗어나야 한다. 안이비설신의가 원만하고 오장육부가 건재하여 자유롭게 움직일 수 있다면 내 몸이 건강하므로 병고에서 벗어났다 할 수 있다. 우리 속담에 '금강산도 식후경'이라는 말이 있는데, 이는 배가 고프거나 몸이 불편하면 구경도 뒷전이라는 의미이다. 몸에 좋은 음식을 먹음으로써 우리는 건강하게 살아갈 수 있다. 그런데 금생 뿐 아니라 내생에도 건강하게 살려면 밥이 아닌 법을 먹어야 한다. 몸을 지탱하려면 좋은 음식을 잘 먹어야 하듯이 마음이 건강해지려면 부처님의 가르침대로 깨달음을 얻어야 한다. 마음이 건강하면 몸의 건강은 저절로 따라오게 되어 있다. 내가 즐거운 마음으로 음식을 먹으면 그 음식은 보약이 되어 내 몸을 지탱해준다. 불편하거나 악한 마음으로 음식을 먹으면 그 음식은 독약이 되어 내 몸을 해칠 뿐이다. 독약이 될 바에는 차라리 그 음식을 먹지 않는 편이 낫다. 그러므로 오래오래 건강해지려면 좋은 음식을 먹는 일보다 마음 다스리는 수행을 먼저 해야 할 것이다.

중생의 근기에 따라 달라지는 설법

중생의 마음을 다스리는 법이 부처님의 법이다. 부처님의 법은 중생의 마음을 다스리는 법이기 때문에 중생의 근기만큼 여러 단계가 있다. 중생들이 받아들일 수 있는 능력만큼 설법해야 한다. 중생의 능력이 어느 정도냐에 따라 법의 척도가 깊어지기도 하고 얕아지기도 하며, 좁아지기도 하고 넓어지기도 한다. 그렇다면 부처님의 법은 어디쯤 와있는지 궁금하지 않을 수 없다. 불교가 이 땅에 처음 들어온 것은 AD 372년으로, 고구려 소수림왕 2년 때이다. 인도에서 발흥한 불교는 티베트·중국·한국·일본과 같은 아시아 북방으로 전해졌다. 신라와 백제, 고구려에 불법이 전해지면서 통불교가 화엄밀교로 바뀌었다. 《화엄경》의 주불은 비로자나불이다. 비로자나불은 밀교의 교주이다. 신라는 화엄사상 중심으로 불교가 전파된 것이다. 그러다가 신라 말에 선종이 도입되면서 달마의 선법을 이어받은 구산선문九山禪門이 형성되었다. 그 뒤 고려의 건국과 함께 한동안 선종이 세를 펼치다가 고려 중엽 밀교가 다시 흥성하게 되었다. 나라가 위급할 때 불단을 설치해 진언을 외움으로써 재난을 물리친다는 문두루비법이나 토속신에게 제사를 지내는 팔관회 등은 밀교의 영향을 받아 생긴 의식들이다. 이처럼 불교는 통불교의 성격을 띠고 우리나라에 들어왔으나 통일신라에 화엄밀교로 바뀌었다가 잠시 선종이 유행하였으나 밀교가 그 세를 이어받았다. 그러다가 조선시대로 넘어오면서 통합적인 불교로 바뀌었다. 그러는 와중에 불교는 선종禪宗과 교종敎宗으로 나누어지는데, 이때 밀교는 경전 연구에 힘쓰는 교종 속에 포함되었다. 밀교라 하면 참선을 중시하는 선종과 더 밀접한 관련이 있는데, 당시 무슨 이유로 교종 속에 포함되었는지 좀 더 연구해볼 일이다.

　　　　시간이 흐르면서 불교는 선종과 교종이 통합하였다. 중생을 교화하는 방법이라든가 수행하는 방법 그리고 형평성을 놓고 볼 때 거의 통불교 성격을 가지고 있지만 중국의 영향으로 선禪을 중심으로 불교가 발전하였다. 이와 같은 경향은 오늘날까지 이어지고 있다. 해방 이후 진각종의 새로운 밀교가 창종되었다. 그렇다고 면면히 이어져온 석가모니불의 법에 맞서는 종교를 새롭게 만들어낸 것은 아니다. 중생의 근기가 어디쯤 와있는지 살펴 오늘날 필요한 것이 심인법心印法임을 깨닫고 이를 바탕으로 밀교가 창종되었다. 이것은 중생의 수준도 심인법을 받아들일 단계에 올라 있다는 증거이다.

과거칠불의 전법은 환화공신의 법

선종은 마음으로써 마음을 전하는 이심전심以心傳心의 법통을 중시한다. 이와 같은 법통의 전승을 법맥法脈이라 한다. 인도에서 석가모니불에서 법맥이 시작되었다. 석가모니불은 누구의 법맥을 이어받았는지 의아할 것이다. 그래서 생겨난 것이 과거칠불설過去七佛說이다. 여기서 과거칠불이란 지난 세상에 출현한 일곱 부처를 가리킨다. 비바시불·시기불·비사부불은 과거 장엄겁에 나타난 3불, 구류손불·구나함모니불·가섭불·석가모니불은 현겁에 나타난 4불이다. 이들을 가리켜 과거칠불이라 하는데, 이들이 전하는 법은 환화공신幻化空身의 법이다. 환화공신은 허깨비 같은 빈 몸을 뜻하면서 화신을 뜻하는 것으로 과거 7불이 모두 법신비로자나불의 화현신이라는 뜻이다.

과거 7불부터 현재까지 전법의 중심사상이 무엇이었는지 알아본다. 물론 이것은 선종에서 주장하는 부분일 수도 있다. 과거칠불의 첫 번째 부처인 비바시불은 다음 부처인 시기불에게

몸은 상이 없는 가운데서 태어났으니 身從無相中受生
마치 환술로 모든 형상을 낸 것 같네. 猶如幻出諸形象
환술로 낸 사람의 심식은 본래 없는 것이라 幻人心識本來無
죄와 복이 모두 비어 머물 곳이 없도다. 罪福皆空無所住

우리 몸은 환화공신과 같아 허깨비이므로 의지하거나 집착할 것이 못 된다는 내용의 법을 전했다. 시기불이 비사부불에게 법을 전할 때도 똑같은 내용을 문자만 바꾸어서 전했다. 비사부불의 법은 구류손불에게 구류손불의 법은 구나함모니불에게 구나함모니불의 법은 가섭불에게 가섭불의 법은 석가모니불에게 전해졌다. 이렇게 하여 비바시불부터 석가모니불에 이르기까지 과거칠불은 환화공신의 법으로서 우리 몸은 허깨비와 같고 물거품과 같으므로 진실한 것은 위로 보리菩提를 구하고 아래로 중생을 교화하여 해탈하게 하는 불승佛乘뿐이라는 게송을 전한 것이다. 이후 석가모니불의 법통을 이어받은 제1대 조사祖師는 가섭존자이다. 그는 석가모니불의 10대 제자 가운데 한 사람으로, 욕심이 적고 매사에 족할 줄 알았다. 그리고 항상 엄격한 계율로 두타頭陀를 행하여 교단의 우두머리로서 존경을 받았다. 여기서 두타란 속세의 번뇌를 끊고 청정하게 불도를 닦는 수행을 의미한다. 가섭존자가 석가모니불에게서 전해 받은 "법은 법이라 할 것도 없다."는 무법의 원리였다. 전

법게傳法偈를 보면,

　　　　법이라 하는 법의 본래의 법은 法法本來法
　　　　법도 없고 법 아님도 없음이라. 無法無非法
　　　　어찌 하나의 법 가운데 何於一法中
　　　　법과 법 아닌 것이 있을 것인가. 有法有非法

　　　　석가모니불은 과거7불의 법인 환화공신의 법을 승화시켜 팔만사천을 설했으나, 이 모든 것이 결국 법 아닌 법이라면서 무법의 원리를 가섭존자에게 전했다. 이때 중생의 근기는 환화공신의 법에서 벗어날 정도까지 와 있었다. 석가모니불의 법을 받은 제자들은 우리의 몸은 허깨비일 뿐이고 진짜 주인공은 마음이라는 것을 알았다. 그래서 환화공신의 법을 굳이 할 필요가 없었다. 이미 그 경지는 넘어섰기 때문이다. 열반에 즈음하여 석가모니불은 45년 동안의 설법에 집착할까 염려하여 "나는 한 법도 설한일이 없노라." 하면서 지금까지 설한 법은 무법일 뿐 옳은 법이 아니다. 진법眞法은 따로 있으니 다시 찾아보라. 말을 남겼다. 부처님 열반상이 중생근기가 환화공신에서 무법無法의 경지까지 온 것이다.

　　　　석가모니불의 무법의 전법은 제1대 가섭존자와 제2대 아난존자를 거쳐 제3대 상나화수에게 넘어간다. 제3대 상나화수는 제4대 우바국다에게 법을 전할 때 무법이 아닌 심법心法을 전한다. 일체유심조一切唯心造의 심법은 제7대 바수밀까지 이어진다. 제7대 조사는 마음의 법은 허공에 있다면서 허공법을 제8대 불타난제에게 전해진다. 제8

대 조사는 이제 진리를 이야기해도 중생이 이해할 만한 근기에 이르렀음을 알고 진리 속에 진체眞體가 있다는 비로자나불의 법을 제9대 복다밀다에게 전한다. 진리진체의 법은 제10대를 거쳐 제11대 부나야사에게 이어진다. 제11대 조사는 진리 속의 진체가 때로는 드러나기도 하고 때로는 숨기도 한다는 음현蔭現의 법을 제12대 마명에게 전한다. 진체가 끊임없이 나타났다 사라진다는 음현蔭現의 법은 제13대를 이어 제14대 용수에게 전해진다. 제14대 용수는 법이라는 것은 굳이 증득證得할 필요가 없다는 무증無證의 법을 제15대 가나제바에게 전한다. 불성佛性은 모든 것을 이미 갖추었고 더 이상 깨달을 무엇이 없다. 진리와 지혜를 깨달아 얻을 사람은 중생뿐이라는 것이다. 무증의 법은 제16대, 제17대 승가난제에게로 이어진다. 환화공신에서 시작한 법이 제17대 조사는 인연법 받을 가능성이 생겼음을 알고 제18대 가야사다에게 인연법을 전하였다. 인연법은 제19대까지 전수되었다. 제19대 구마라다는 인연은 육체적인 인연이 아니므로 정으로 쓰지 말고 본마음인 성품으로 써야 한다는 성품을 제20조 사야다에게 전해진다. 성품법은 제21대, 제22대, 제23대를 지나 제24대 사자에게 전해진다. 제24대 조사는 이제야 뭔가 조금 알 것 같다는 생각을 한다. 이것이 지견법智見法이다. 제25대 바사사다에게 전한다. 지견법은 제26대 제27대까지 전해진다. 제27대 반야다라는 이제부터 본 대로 말하자는 결심을 하고 제28대 달마에게 꽃을 보여주게 되었다. 이 꽃은 모든 법계를 만든 꽃으로서 특히 인간세계를 존재케 하는 꽃으로 그 뿌리는 법신비로자나불의 빛이다. 꽃을 이어받은 달마는 새로운 세상, 새로운 문화, 새로운 불교를 전하기 위해 중국으로 들어온다. 달마는 AD 6세기 무렵 인도에서 태어난 승려로, 중국으로 건너가 선종을 창시한 인물이다. 인도 불교의 꽃이 중국으로 전래된 것이다. 석가모니불 열반 이후 인도 불교는 1,100년 가까이 이어졌다.

수행자들이 현실세계의 아름다움에 마음을 빼앗길 시기였다. 다른 무엇을 말하는 것보다 꽃을 이야기하는 것이 깨달음을 속히 얻을 수 있는 시대라는 것이다. 무미건조한 불교가 아름답고 화려한 불교로 바뀐다는 법문이기도 하다. 달마의 선종화禪宗華는 6조 혜능에 이르러 활짝 피웠다. 부처님이 인도에서 하루를 보낸 후 중국으로 건너와 제2일을 맞이한 것이다. 달마와 다섯으로 이어 받은 제자는 게송으로 깨달음의 과정을 전했다.

내가 이 땅에 온 것은 吾本來玆土
법을 전하여 어리석은 중생을 제도하기 위함이라. 傳法救迷情
한 송이 꽃에 다섯 잎이 생겨나니 一花開五葉
열매는 자연스럽게 열리리라. 結果自然成

달마스님의 전법송이다. 여기서 한 송이 꽃은 달마 자신이고 다섯 잎은 제2조에서 제6조에 해당하는 제자를 의미한다. 꽃의 전법차제는 혜가에게 5엽의 꽃으로, 승찬에게 종자種子로, 도신에게 종자의 성품으로, 홍인에게 유정有情의 종자로, 혜능에게 보리과로 전해졌다.

사랑情으로 씨를 뿌리니 有情來下種
그 사랑을 받을 땅이 있어 열매를 맺는다. 因地果還生

사랑이 없으면 씨 또한 없으니 無情亦無種
불성도 태어남도 없으리라. 無性也無生

홍인의 전법송이다. 보리의 열매는 스스로 이루어진다. 게송을 남김으로써 보리과菩提果 곧 깨달음의 열매가 마침내 결실을 맺었음을 이야기한다.

마음의 땅이 뜻의 씨앗을 머금으며 心地含情種
법의 비에 젖어 모두 꽃을 피운다. 法雨卽花生
스스로 꽃이 뜻과 씨앗임을 깨달으니 自悟花情種
보리의 열매가 스스로 이루어 열림이로다. 菩提果自成

이것은 혜능의 게송이다. 이로써 과거칠불 이후 제33조 혜능까지 내려오면서 깨달음의 열매를 맺었다. 환화공신에서 시작한 부처님의 법은 제6조 혜능이 꽃의 열매를 맺음으로써 일단락된 것이다. 면면히 이어온 부처의 법이 꽃을 피우고 열매를 맺음으로써 마침내 한 생을 마쳤다. 하나의 씨앗이 싹을 내려 꽃이 피고 잎이 나고 열매를 맺어서 다시 만들어진 씨앗은 성분이야 같겠지만 앞의 것과는 이미 다른 씨앗이기 때문이다. 당시 선종에서는 정법안장正法眼藏의 상징으로 부처의 가사와 발우를 당대 최고의 조사에게 물려주었는데, 제6조 혜능은 이를 모두 불태웠다. 한 생이 끝났으니 그동안 불법의 증표로 내려오던 가사와 발우도 더 이상 필요 없게 된 것이다.

무르익은 중생의 근기

　　　　부처님의 사자상승법은 제33조사에 의하여 전법의 표상인 가사와 발우를 태우고 새로운 심인법心印法이 성립된 것이다. 말이나 글에 의지하지 않고 마음으로 전하는 부처의 내적 깨달음이 심인이다. 1,200여 년 전 중생의 근기는 심인을 받아들일 만큼 충분히 무르익은 단계였다. 혜능의 심인법은 1,200여 년을 면면히 이어왔다. 오늘에 이르러 현교적 심인법은 비로자나불의 밀교적 심인법으로 다시 충전되었으니, 이것이 진각성존의 불심인佛心印법으로 삼라만상을 통하여 볼 수 있는 당체법문當體法門의 단계에 이른 것이다. 삼라만상이 곧 법신의 몸이므로 중생은 당체법문을 통해 예지력을 발휘할 수 있다. 그만큼 중생의 근기도 성숙했다 할 것이다.

　　　　석가모니불이 가섭존자에게 보인 꽃송이는 염화미소拈花微笑의 법문으로 인도불교의 꽃이요, 달마가 보여준 다섯 꽃잎의 꽃은 중국선종의 꽃이다. 석가모니불이 가섭존자에게 꽃을 보여준 것은 가섭으로 부터 선禪이 시작되었고, 달마의 5엽 꽃은 변화의 시간을 지나 제6조 혜능에 이르러 회향되었다. 이후부터는 눈에 보이는 꽃이 아닌 자성自性의 꽃을 보아야 한다. 그것이 심인心印의 꽃이며 그 꽃잎은 한 송이에 6잎을 가진 진언의 꽃이 뒤를 이을 것이다. 이 여섯 꽃잎에 피기를 기다린 세월이 1,200여 년이다. 이는 중생의 근기가 그만큼 무르익었기에 가능한 일이다. 사람은 이처럼 수승殊勝하지만 물질은 오히려 정반대로 흐른다. 환화공신幻化空身이 즉법신即法身이라 하여 우리 몸이 곧 법신이라 주장할 때는 물질도 순수한 상태였다. 산속에서 흘러내리는 샘물을 움켜 마셔도 질병에 걸리지 않을 만큼 자연 속에서 무슨 일을 해도 상관없었다. 그런데 지견의 단계를 넘어 꽃의 원리를 깨닫고 불교의 한 생을 끝맺을 무렵에는 물질이 황폐해지고 오욕칠정의 폐해 또한 더욱 심해졌다. 끝없는 욕망과 감정의 혼란을 다스리기 위해 종교에 의지하였다. 그럴수록 사람들의 내면세계는 점점 더 오염되었다. 중생의 근기가 무르익어 심인의 법을 깨닫는 단계에 이르렀으나 이에 비례하여 물질을 향한 욕심도 더 강해졌다. 부처님의 법이 여러 단계를 거쳐 성숙해왔듯이 물질이나 명예를 추구하는 사람들의 욕망 또한 걷잡을 수 없이 커갈 뿐이다. 더 이상의 법은 나오지 않은 채 1,200여 년이 흐르는 동안 여전히 심인의 법에 머물러 있었다. 그러는 중에 불교는 모진 풍파를 겪고 억압의 세월을 보내면서 세상을 등지게 되었다. 수행하는 사람이나 중생 모두 오욕칠정을 좇아 지옥고地獄苦를 만들어낼 뿐이었다.

　　　　중생의 근기가 지견의 경지에 올랐으므로 한 송이 꽃을 볼 때도 부처님 보듯이 보아야 하고, 한 방울 물을 마실 때도 부처님의 공양으로 알고 마셔야 한다. 사람들이 등한시하고 학문추구에만 전념한 부처님의 법을 현세정화現世淨化를 이야기하고 생활불교를 주창한 것으로 방향을 돌려야할 것이다. 산속으로 들어간 불교가 다시 생활 속 불교로 전환해야할 것이다. 그리고 기복이 아닌 자성을 찾는 불교로 수행해야할 것이다.

　　　　인도에서 불교는 2,000여 년을 넘기지 못하고 이슬람교가 들어오면서 파괴와 수난을 겪게 되었다. 최초의 불교대학인 나란타대학이 파괴되면서 2만여 명의 승려가 학살되고, 수많은 장서가 불탔으며, 성도지 보드가야의 보리수와 대탑은 땅에 묻히는 대참사를 당하였다. 중국에 전래된 불교도 찬란하게 빛나는 중에 파불破佛되었으니, 대표적인 것이 삼무일종三武一宗의 법란이다. 북위의 태무제太武帝, 북주의 무제武帝, 당의 무종武宗과 후주의 세종世宗이 불교를 박해한 사건이다. 태무제는 본래 불교를 옹호했으나 나중에 도교 신자가 된 뒤 446년 불교배척령을 내려 많은 승려를 죽이고 사원과 불상, 경전을 불살랐다. 북주의 무제(560~578년 재위)는 유교 신봉자로 불교와 도교를 폐지하고 많은 승려를 환속시켰다. 도교 신봉자인 당나라의 무종(840~846년 재위)은 중국의 4대 법란 중 가장 심한 '회창會昌의 폐불'을 일으켜 4,600여 곳의 사찰을 폐찰하고 26만 5백 명의 승려를 환속시켰으며 사원에 소속된 논밭을 몰수함으로써 불교를 쇠락의 길로 들어서게 했다. 후주의 세종(954~956년 재위)은 국가의 재정난을 막고 승려들의 풍기문란을 바로잡는다는 이유로 불교 교단을 숙청했다.

우리나라도 조선왕조 500여 년 동안 숭유억불崇儒抑佛 정책을 펼쳤다. 아직도 그 흔적이 남아 있다. 불교에서는 제사 대신 추복불사를 드리고 강도불사를 올리는데, 오늘날까지 유교식으로 제사를 지내는 사람들이 많다. 이것이 유교儒敎의 영향이다. 이와 같이 각 곳에서 수많은 핍박을 받았으나 2,500여 년 동안 불법佛法은 여전히 우리 곁을 지키고 있다. 부처의 법을 통해 우리는 오욕칠정의 유혹을 떨쳐내는 힘을 얻게 되었다. 불교를 핍박하던 조선시대에도 뛰어난 사람들만 출가를 하여 승려가 되었다. 중생세계는 어느 것도 영원성이 없지만 윤회법칙에 의하여 대물림을 하면서 모든 만물이 존재하게 되고 이어지게 되는 것이다. 이처럼 부처의 법이 2,500여 년을 이어온 것은 불법佛法 속에 일당백一當百의 힘이 있고 변치 않는 진리가 숨어 있기 때문이다. 이것이 비로자나불의 청정성을 지닌 불가사의한 힘과 인과법칙을 믿는 믿음이 없었다면 불교가 오늘날까지 이어질 수 없었을 것이다.

부처님의 경지와 같은 연잎의 지혜

일상생활 속에서 참회를 하며 자신의 부처를 찾아야 한다. 지금까지 부처님 모습을 잊어버릴까봐 불상을 만들고 나무나 돌에 새겨 넣기도 했다. 하지만 그것은 근기가 낮을 때의 일이다. 지금 수준은 심인법을 받을 단계까지 왔기 때문에 자신 속에서 부처를 찾아야 하는 것이다. 석가모니불이 꽃을 들었을 때 가섭존자가 웃음으로 보인 것은 한 송이 꽃이 부처이기 때문이다. 이 전법이 곧 일체만물은 비로자나불의 당체법문임을 알게 하는 것이다. 연꽃을 보라. 연잎이 클수록 새벽에 내리는 이슬을 받아먹기가 수월하다. 새벽이슬이 연꽃 줄기를 또르르 굴러내려 마디 쪽으로 내려와 뿌리에 도달한다. 땅의 물이 더러우면 먹지 못할 수도 있으므로 이슬이 뿌리에 잘 스며들도록 연잎을 크게 만들어둔 것이다. 연꽃은 자연의 물을 먹고 살아간다. 어쩔 수 없는 상황에서야 더러운 물을 먹을 수도 있으나 가능하면 깨끗하고 맑은 물을 먹고 싶을 것이다. 밤새 내린 이슬보다 더 맑은 물이 어디 있겠는가? 연잎을 매끄럽게 하여 물이 스며들지 못하게 하고, 물이 모일 수 있는 가장자리에 보이지 않는 홈을 만들어 이슬이 뿌리에 직접 내리도록 한 것은 연꽃만의 지혜라 할 것이다. 이쯤 되면 연꽃의 지혜가 부처님의 경지에 다다르지 않았나 싶다. 가장 많은 이슬을 얻기 위해 자신의 잎을 최대한 둥글게 펼쳐놓은 연꽃을 보면 근기가 무르익은 중생을 보는 듯하다. 수행하는 사람들이 일종식一種食을 하거나 담식淡食을 하는 것도 연꽃의 지혜와 흡사하다. 심인을 찾아 수행하는 중생과 이슬을 받기 위해 연잎을 활짝 펼친 연꽃이 서로 많이 닮아 있다. 깨달음에 이른 아라한의 경지, 더 이상 윤회하지 않는 해탈의 경지에 오르려면 무엇보다 심인법心印法을 터득해야 한다. 심인법이라 하여 따로 있는 것은 아니다. 삼라만상 자체가 부처님의 설법이고, 그 설법을 받아들이기 위해서는 내 마음을 밝혀야 하고, 내 마음을 밝히기 위해서는 내 마음의 문을 열어야 한다. 그 문을 열 때 이심전심의 법을 들을 수 있다. 나의 본심만으로는 부족하므로 부처의 본심, 그리고 불보살의 본심을 불러내어 감응을 받아야 한다. 부처님의 감응을 불러내는 진언이 육자진언이다.

제 36 강

밀교 시선으로 본 회향의 의미

회향廻向은 내가 쌓은 공덕을 다른 이들에게 되돌리는 것을 말한다. 나 아닌 남을 위해 서원하는 것도 회향이다. 부모와 중생과 국가 그리고 불·법·승 삼보가 내게 베푸는 은혜를 아는 것 또한 회향이다. 밀교에서의 회향이란 궁극적으로 자리이타自利利他를 말한다. 이 장에서는 밀교 회향이 담고 있는 다양한 의미를 구체적으로 살펴보기로 한다.

회향이란 공덕을 베풀고 남을 위해 서원하는 것

"원하건대 이 공덕이 널리 일체 미쳐져서
나와 모든 중생들이 함께 불도 이뤄지다.
願以此功德 普及於一切 我等與衆生 皆共成佛道"

수행자가 가진 것은 법의 공덕뿐이다. 이 법의 공덕은 나만을 위해서 사용하지 말고 남을 위해서 사용한다면 좋은 회향이 될 것이다. 회향이란 결국 내가 얻은 모든 것을 남을 위해 되돌려주는 것이다. 정진만이 회향이 아니다. 서원誓願도 회향이다. 자신을 위한 서원보다는 남을 위한 서원의 공덕이 자신에게 크게 돌아올 것이다. 부모는 자식을 위한 서원을 세우고, 부인은 남편을 위하여 서원한다. 형은 아우를 위해, 아우는 형을 위해 서원을 세운다. 대부분의 서원이 남을 위한 것이다. 이때 남이라는 것은 나를 제외한 모든 인연 있는 중생들을 의미한다. 부모형제도 남이요, 사랑하는 연인도 남이다. 얽히고설킨 인연 때문에 한 울타리에서 지내고 한 동네에서 살고 한 나라에서 살다보니 식구요, 이웃이요, 국민으로 불릴 뿐이다. 회향을 하면 반드시 나 자신에게 먼저 공덕이 따르므로 서원이 이루어지지 않을 것을 걱정할 필요는 없다. 보다 많은 사람을 위하여 큰 서원을 세우면 큰 회향이 될 것이므로 작은 데 연연하지 않도록 해야 할 것이다. 한 사람에게 회향하면 한 사람으로부터 묘덕이 들어오지만, 국가를 위하여 회향하면 전 국민으로부터 묘덕이 들어올 것이다.

언제든지 마음이 일어나면 그때 불공하는 것이나 정진하는 것보다 평소에 불공과 정진기간을 정하는 것이 좋다. 시간을 어영부영 흘려보낼 때도 불공기간을 정해 있으면 게으른 마음이 사라지고 새로운 발심을 하게 된다. 시간을 쪼개어 일주일 불공, 49일 불공, 백일 불공, 천일 불공, 십년 불공을 정해두면 헛된 생각을 하거나 헛된 일을 저지를 걱정은 없다. 누구를 위한 불공이든 상관없고 굳이 불공을 잘하려고 애쓰지 않아도 된다. 물론 잘하면 좋지만, 불공을 定하는 그 자체만으로 회향이 되므로 공덕이 일어난다. 불공을 정할 때는 누구나 원이 있을 것이다. 일주일 불공일 경우 일주일에 맞는 원이 있을 것이요, 49일불공일 경우 49일에 맞는 원이 있을 것이다. 백일 불공, 천일 불공도 또한 마찬가지다. 어떤 직책을 맡으면 그날부터 희사와 염송을 정하여 100일불공을 한다. 여러 불공이 겹칠 때는 물질도 시간도 부족하다. 그래도 불공을 계속한다. 이것이 수행자의 본분이라고 생각했기 때문이다. 나만을 위한 서원을 세우면 회향의 공덕 또한 한 사람의 것만 돌아온다. 하지만 남들을 위해 큰 서원을 세워두면 그들이 가진 공덕과 음덕이 내게로 와서 큰 공덕으로 바뀐다. 나로서는 한 걸음만 움직였을 뿐인데, 수백 미터를 앞서가는 효과가 나타나는 것이다. 불공과 정진을 정해 서원하면 회향으로써 무한한 공덕을 베풀고 또 받을 수 있음을 명심해야 할 것이다.

부모와 중생, 국가와 삼보의 은혜를 아는 것이 또 하나의 회향이다. 부모님으로부터 태어났으므로 부모님의 은혜를 알아야 할 것이다. 함께 살아가는 중생의 은혜를 알아야 한다. 먹을거리를 제공하고 입을 옷을 제공하는 농부와 직녀의 은혜를 알아야 한다. 그리고 국가의 은혜를 알아야 한다. 자연의 은혜를 알아야 한다. 땅을 밟을 때는 땅의 은혜, 물을 마실 때는 물의 은혜, 더울 때는 찬바람의 은혜, 추울 때는 불의 은혜를 알아야 한다. 돌, 나무, 티끌조차도 은혜를 베풀고 있음을 알아야 한다. 삶의 지혜를 깨우쳐주는 분이 곧 스승이다. 그 법을 활용하고 복 되게 쓰도록 가르쳐주는 삼보三寶의 은혜를 알아야 한다.

우리는 무엇인가 믿어야 세상을 살아갈 수 있다. 종교적 믿음이 아니라도 상관없다. 자연과 부모를 믿고 중생을 믿고 국가를 믿고 스승의 가르침을 믿어야 세상 살맛이 난다. 어부라면 바다를 믿는다. 바다를 믿으므로 어부는 바다를 향해 그물을 던진다. 바다를 믿지 못하면 그물을 던지지 못한다. 하루 종일 그물을 던져서 고기를 한 마리도 잡지 못해도 어부는 내일 또 바다로 나간다. 몇 날 며칠을 빈 배로 돌아와도 바다를 의심하지 않는다. 다만, 자신이 고기 있는 장소를 몰랐음을 탓할 뿐이다. 농부 또한 땅을 의심하지 않는다. 땅에 씨앗을 뿌리면 땅속에 사는 벌레가 파먹을지도 모른다는 의심을 하지 않는다. 먹을만큼 먹으라면서 오히려 넉넉하게 씨앗을 뿌린다. 그렇게 씨앗을 뿌려놓으면 촉을 내어 줄기가 나고 잎과 꽃을 피워 열매를 맺는다는 사실을 믿는다. 땅을 믿기에 지난 가을 농사지은 것 중에서 가장 훌륭한 씨앗을 남겨두었다. 봄이 되면 아낌없이 뿌리는 것이다. 뿌린다는 것은 곧 버린다는 것을 의미한다. 진정한 농부는 땅을 믿기 때문에 그러한 행동이 가능하다. 봄에 훌륭한 씨앗을 뿌렸다 해도 가을철 수확이 신통치 않을 때가 있다. 그래도 농부는 땅을 원망하지 않는다. 제때에 물을 주고 비료를 주었는지, 정성으로 가꾸었는지 스스로를 허물할 뿐 땅을 핑계 삼지 않는다.

그런데 우리는 어떠한가. 사람으로 태어났다는 것만으로도 우리는 큰 은혜를 입었다. 온전한 몸을 갖게 해준 부모의 은혜에 고마워할 줄 모르는 사람도 있다. 부모의 은혜를 알고 갚는 길은 바르게 살고 착하게 사는 것이다. 특출한 자식은 특출한 자식대로, 못난 자식은 못난 자식대로 아프지 않고 배곯지 않고 오순도순 사랑하면서 살기를 바라는 것이 부모님 마음이다. 더 이상 무엇을 바라겠는가? 수행자가 육식을 하였다 하여 죄의식을 가진 분들을 종종 본다. 부모님을 해친 것도 아니고 선지식을 욕보인 것도 아니고 기껏해야 육식을 한 것뿐이다. 고기를 먹고 힘을 내어 열심히 일함으로써 더 많은 생명에게 도움을 주고 희망과 용기를 줄 수 있다면, 죄가 되는 그것보다 공이 더 클 것이다. 이럴 경우 살점을 제공한 짐승은 자기희생을 통해 좋은 회향이 되었다고 기뻐할 것이다. 육식하는 습관을 짐승의 회향으로 받아들인다면 굳이 참회할 일도 없지 않은가. 우리가 정작 참회할 일은 은혜를 모르는 것이다. 남에게 입은 은혜를 잊고 살아가는 어르석음을 참회해야 한다. 자연이 우리에게 많은 은혜를 베풀었는데도 그 고마움을 잊고 오히려 자연을 훼손한 일을 참회해야 할 것이다.

국가의 은혜를 모르고 통치권자를 향해 비방하는 사람들도 참회해야 한다. 통치권자 입장에서는 반대파를 물리치고 정책을 펼쳐 나가는 일이 얼마나 힘든지 모른다. 어떤 정책에 찬성하는 사람이 다섯 명이라면 반대하는 사람 또한 다섯 명이다. 이는 동전의 양면과 같아서 동전 한쪽이 빛을 받으면 다른 한쪽은 그늘에 머물러야 한다. 빛을 받는 사람과 그늘에 있는 사람의 조화를 이루어내는 것이 통치자의 역할인데, 쉽지 않은 그 일을 해나가는 사람에게 비방을 쏟아낸다는 것은 그다지 현명한 일이 아니다. 오히려 격려와 찬성의 박수로 정해진 기간 안에 더 잘하기를 바래야할 것이다. 일상에서의 작은 일에도 늘 반대와 찬성이 공존한다. 반대와 찬성이 없다면 자유가 아니다. 내가 선한 쪽에 서느냐 악한 쪽에 서느냐에 따라 내 삶은 선한 쪽으로 바뀌기도 하고 악한 쪽으로 바뀌기도 한다. 내 삶이 바뀌는 것은 다른 사람의 선택이 아닌 바로 나의 선택이다. 성공과 실패 역시 반반이다. 성공하는 사람은 자신이 성공하는 쪽에 발을 디딘 것이요, 실패하는 사람 역시 자신이 실패하는 쪽에 발을 디딘 것이다. 성공과 실패의 확률은 반반인데, 스스로 실패하는 쪽에 섰기에 실패한 것이다. 문제는 사람의 평소 마음 가짐이다.

어떤 일에 성공했을 때 100명의 사람이 도와줘서 성공한 듯해도 다른 한 편에는 100명의 반대하는 사람이 있었기에 성공한 것이다. 이는 지금까지 살아오면서 여러 번의 경험을 통해 얻은 결론이다. 그래서 찬성하는 사람이든 반대하는 사람이든 모두 좋아한다. 반대하는 사람도 법이요, 내게 찬성하는 사람도 법문을 준 것이다. 찬성으로 갈 길을 선택하였을 때도 반대쪽 사람들에게 고마움을 느껴야 하는데 사람은 그러하지 못한다. 올바른 회향은 이 이치를 알고 모두에게 박수를 보내면서 그 마음을 느끼는 것이다.

회향의 다양한 의미

세상의 인심은 인과법칙에 따라 흘러가기 마련이다. 악한 마음을 가지면 악덕을 받고 선한 마음을 가지면 선덕을 받는다. 한 번이라도 칭찬하면 칭찬한 만큼 공덕을 짓고, 한 번이라도 비방하면 비방한 만큼 화禍가 쌓인다. 이러한 이치를 알텐데도 중생은 칭찬하는 쪽보다 비방하는 쪽을 택한다. 그 점이 안타까울 뿐이다. 칭찬과 비방이 반반만 되어도 세상은 살만하다 할 것이다. 아무 행동도 하지 않고 남들이 베풀어준 은혜에 감사하는 마음만 가져도 회향이다.

달마와 중국 양나라 무제와의 일화를 하나 소개하기로 한다. 인도에서 중국으로 건너온 달마에게 무제가 자랑스런 얼굴로 이렇게 물었다. "내가 왕이 된 뒤로 많은 절을 짓고 스님들을 득도케 하고 탑을 쌓았는데, 그 공덕이 얼마나 될 것 같소?" 달마가 다음과 같이 대답했다. "그런 것은 공덕이 되지 않습니다." 그러자 무제의 심기가 조금 불편해졌다. 그래서 또 다른 질문을 던졌다. "진실한 공덕이란 무엇이라 생각하오?" 달마는 의연한 표정으로 이렇게 대답했다. "만법은 공空하므로 진실한 공덕 또한 없습니다." 이에 무제의 분노가 폭발했다. "내 앞에 서 있는 당신은 대체 어떤 사람이오?" "모르겠습니다."

더 이상 무제와 대화할 것이 없다고 생각한 달마는 숭산으로 들어가 소림사 뒤편의 토굴 속에서 면벽참선을 했다. 토굴에서 만난 사람이라고는 밥을 가져다주는 소림사 스님 정도였다. 특별히 법을 전한 일도 없다. 그런데도 중국에는 달마가 발흥한 선종이 대중의 마음속에 자리잡고 있다. 또한 달마권법, 달마장풍이라 하여 수많은 무술이 전해 내려온다. 달마는 오로지 토굴 속에 앉아 9년 동안 밖으로 나온 적도 없는데, 사람들에게는 어떻게 알려졌는지 궁금할 뿐이다. 짐작컨대 달마는 애써 법을 전하려 하지 않았으며, 토굴 속에서 서원을 세우고 은혜에 감사했을 것이다. 양나라 무제가 마음을 고쳐먹고 넓은 마음으로 백성을 다스리기를 서원하고 중생들이 부처님의 법을 제대로 깨닫기를 바랐을 것이다. 무제 때문에 토굴 속으로 들어온 것이니 그 은혜에 감사하며, 9년 동안 천일 불공을 세 번이나 하였으니 3,000위의를 갖추는 마음을 닦을 기회가 되었으며, 모든 것을 은혜로 생각하는 참다운 회향이 되었던 것이다. 누구와도 수원讐怨진 일은 없었다. 불공을 정해 서원하고 자신에게 일어난 모든 일에 감사하는 마음이 회향이 되어 달마는 마침내 중국 선종의 창시자로 우뚝 서게 된 것이다. 항상 불공을 정해 서원을 세우면 현실적으로 특별한 일을 하지 않아도 회향이 가능하다. 또한 매사를 긍정적으로 생각하고 감사하는 마음도 회향이다.

제 37 강
삼밀수행의 법

밀교의 진언수행 이야기가 36강을 총론總論으로 하고, 다시 제37강을 첨부하여 진각종 진언수행의 방법을 논하면서 이를 대강大綱이라 한다. 일상생활 속에서 행할 수 있는 삼밀이지만 먼저 확실한 수행법을 익힌 연후에 행해야 한다. 이 장에서는 삼밀수행의 방법과 기본자세에 대하여 알아보기로 한다.

 삼밀수행의 법도

① 둥근 방석(기존 방석도 무방함)에 길상좌로 앉는다. ⇨ 얼마 동안 정진하는지 시간을 정한다.
② 금강합장 한다. ⇨ 허리를 반듯하게 한 자세에서 행한다.
③ 교리참회문을 외운다. ⇨ 참회문을 다른 사람에게 방해되지 않게 마음속으로 외운다.
④ 육자진언과 오불을 자기 몸에 포자한다. ⇨ 경건한 마음으로 오른손으로 자기 몸의 중앙인 배꼽을 시작으로 시계 반대방향으로 육자진언의 종자자와 오불의 명호를 한 분 한 분 맞추어 부르면서 자기 몸에 포자한다.
⑤ 금강지권인을 결한다. ⇨ 오른손을 위로 하고 왼손을 아래로 하며, 두 엄지를 주먹 속에 넣는 비로자나불의 결인인 금강지권을 바르게 결한다.

⑥ 육자진언을 염송한다. ⇨ 옴마니반메훔을 한 자 한 자 분명하게 자기 귀에 들리도록 염송한다. 정한 시간 동안에는 다른 어떠한 말을 해도 안 되며, 금강지권인을 풀어도 안 된다. 만일 다른 말을 했거나 금강지권을 풀어졌으면 처음부터 다시 해야 한다.

⑦ 삼밀관행의 삼매에 들어간다. ⇨ 비로자나불과 본심 육자진언과 수행자의 자성이 하나가 되는 경지에 들어가고자 일체의 망상을 여읜다.

⑧ 삼매에서 나온다. ⇨ 정한 시간이 지나면 삼매에서 나온다. 이때 금강결인을 약간 올려 이마부위에서 푼다.

⑨ 회향참회문(또는 실천참회문)을 외운다. ⇨ 마음을 모아 조용하게 회향참회문을 외운다.

⑩ 일상생활로 돌아간다. ⇨ 행주좌와어묵동정에 항송한다.

진각종의 수행을 이루고 있는 기본적인 요소는 인계印契, 진언眞言, 관상觀想 셋으로 크게 나눌 수 있다. 인계는 결인으로 신밀이요, 진언은 육자진언을 염송하는 것으로 구밀이며, 관상은 법신불과 중생이 삼업을 하나로 하면서 동일체임을 관하는 것으로 의밀이 된다.

1. 몸으로 행하는 신밀

1) 둥근방석(기존방석도 무방함)에 길상좌로 앉는다

어떠한 장소라도 조용하게 앉아 몸이 불편하지 않도록 하면서 마음을 엄숙하게 가지며, 가장 편안하게 정좌한다. 앉는 방석은 둥글고 두터운 것이 좋다. 앉는 자세는 반가부좌가 좋다. 이때 왼발을 오른쪽 무릎에 올리는 항마좌降魔坐가 아닌, 오른발을 왼 무릎 위에 두는 길상좌吉祥坐의 바른 자세를 취한다. 이때 아랫배를 조금 앞으로 내어 밀고 귀와 어깨가 평행平行되게 바르게 하며, 어깨를 낮추고, 턱은 앞으로 나가지 않게 자세를 바르게 한다. 코와 배꼽은 일직선이 되도록 하며, 두 눈은 반만 뜨고 코끝을 보는 듯이 하며, 허리를 너무 뒤로 젖히지 말고 편안하게 앉을 것이며, 몸을 전후좌우로 흔들어 보고 고통이 없을 만하게 하며, 크게 호흡을 세 번하여 몸에 맺혀있는 악기를 없앤다.

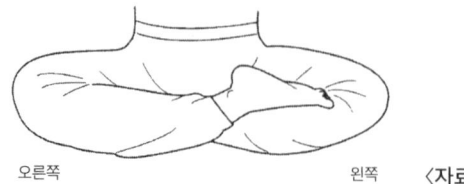

오른쪽   왼쪽   〈자료 1. 길상좌〉

2) 금강합장을 한다

다음으로 마음과 몸을 하나로 하는 금강합장金剛合掌을 한다. 금강합장은 마음의 빈틈을 없애는 모습으로 허리를 반듯하게 한 자세에서 마음을 모아 두 손으로 금강합장을 가슴부위 높이로 한다. 합장도 하나의 인결이다. 금강합장金剛合掌은 12합장 중에 하나이다. 두 손바닥을 마주 보게 하여 연꽃봉우리와 같은 모양을 하는 연화합장蓮花合掌이 있다. 금강합장은 그림과 같이 오른손 엄지손가락이 왼손 엄지손가락 밖으로 나오고, 왼손 새끼손가락이 오른손 새끼손가락 밖으로 나오게 하는 부채살 모양으로 하는 합장을 말한다. 이때 손바닥과 손바닥 사이에는 공간이 전혀 없게 하여야 한다. 연화합장을 할 때에는 손바닥과 손바닥 사이에 공간이 생길 수가 있다. 그러나 금강합장은 손바닥 사이에 공간이 없도록 하는 것으로써 이것은 견고한 신심信心과 공경, 그리고 상호공양相互供養을 표하는 의미가 있다. 연화합장이 서원誓願 성취의 합장이라면 금강합장은 자성참회自性懺悔를 하는 합장이다. 자성참회에는 교리참회教理懺悔, 회향참회廻向懺悔, 실천참회實踐懺悔 등 세 가지가 있다.

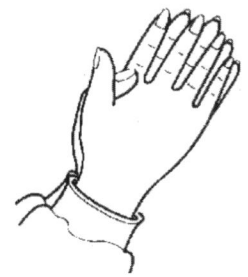

〈자료 2. 금강합장〉

3) 교리참회문을 외운다

금강합장 한 상태에서 자성참회自性懺悔 중에 교리참회문을 외운다. 교리참회문은 삼밀수행을 시작할 때 하는 참회문이다. 참회문을 외울 때는 다른 사람에게 방해되지 않게 마음속으로 외운다. 참회문을 외워 마치면 금강합장을 이마부위에 올려 품다.

(1) 교리참회

"육대 사만 삼밀. 우주 본체인 지수화풍공식地水火風空識 육대六大를 체體로 하고, 대만다라大曼茶羅 삼매야만다라三昧耶曼茶羅 법만다라法曼茶羅 갈마만다라羯磨曼茶羅 사만四曼을 상相으로 하고, 신어의身語意 삼밀三密을 용用으로 하여, 유위有爲 무위無爲 일체 일과 이치理致에 지혜가 밝고, 대비 결정코 용예勇銳하여 육행六行으로 내 종지를 굳게 세워 마군魔軍을 항복 받고 외도外道를 제어制御하여 구경성불究竟成佛 하겠나이다."

법계의 성립과 중생들의 구성 요소에 대하여 논하는 것이 교리참회문이다. 참회를 한다는 것은 법신비로자나불의 세계를 의미하는 것이다. 그리고 밀교의 수행의 기본인 마음 자세는 자연법이自然法爾에 밝아야 하며, 자신의 종지를 굳게 세우고 마음속에 일어나는 자심마自心魔를 항복시키고 외부로부터 들어오는 번뇌마까지도 조복을 하여 변함없는 불심을 갖기를 서원하며 용맹정진으로 구경에 즉신성불 하여 불은佛恩에 보답한다는 맹세의 참회문이다. 참懺이란, 종신토록 잘못을 저지르지 않는 것이요, 회悔란, 과거의 잘못을 아는 것이다. 업식종자業

識種子가 전부 소멸되어야 진실한 참회가 이루어진다.

4) 육자진언과 오불을 자기 몸에 포자한다.

다음은 경건한 마음으로 오른손으로 자기 몸의 중앙(배꼽)을 시작으로 시계반대방향으로 육자진언의 종자자와 오불의 명호를 한 분 한 분 맞추어 부르면서 자기 몸에 포자布字한다. 방법[그림3과 같이]은 오른손 엄지손가락을 무명지 아래에 붙이고 몸의 중앙(배꼽)으로부터 시작한다. 몸[그림4와 같이]의 중앙부분(배꼽)에 포자하면서 "옴Aum 비로자나불"을 송한다. 다음으로 왼편 갈비뼈 아래 옆구리부분에 포자하면서 "마Ma 아축불"을 송한다. 다음으로 명문에 포자하면서 "니Ni 보생불"을 송한다. 다음으로 오른편 갈비뼈 아래 옆구리부분에 포자하면서 "반Bhan 아미타불"을 송한다. 다음으로 단전에 포자하면서 "메Me 불공성취불"을 송한다. 다음으로 인후咽喉에 포자하면서 "훔Hūṃ 금강보살"을 송한다. 이 행위는 엄숙한 가운데 하여야 한다. 만물에는 각각의 자리가 있다. 부처님과 보살도 모두 자리가 있다. 수행자의 몸에 오불과 육자진언을 정확하게 포자한다. 이것은 법신비로자나불로부터 화현하신 다섯 부처님과 제집금강보살이 수행자와 하나가 되게 하는 신밀身密의 가지加持작법이다.

〈자료 3. 포자의 자세〉

이 가지작법은 수행자의 자성부처님과 법계의 제불보살과 동일체임을 표현하는 것이다.

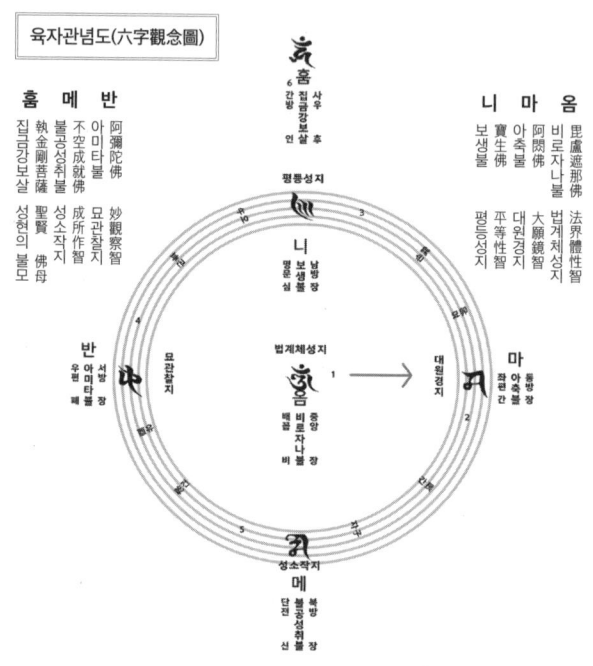

〈자료 4. 우리들의 몸에 계시는 부처님의 위치〉

중생은 영원永遠하기를 바라고, 가치성價値性 있기를 바라며, 자애自愛롭고 슬기롭기를 바라며, 창조성創造性으로 모든 것을 통합되기를 바라는 마음이다. 이 다섯 가지를 가진 부처님과 수행자와 동체가 되게 하는 가지관정이 5불 포자법이다. 아축불이 가진 영원성永遠性의 공능, 보생불이 가진 가치성價値性의 공능, 아미타불이 가진 자애성慈愛

性과 슬기로움의 공능, 불공성취불이 가진 창조성創造性의 공능, 이것을 통합시키는 힘을 가진 비로자나불의 일여성一如性의 공능을 수행자의 삶과 하나로 하는 것이다. 비로자나불의 청정본성에 통합하는 것이 곧 질백화단청質白畵丹靑이며, 수행자가 일생 삶이 심일당천만心一當千萬 하는 것이다. 이 존엄한 진리와 자신의 융합으로 현재의 일순간을 충실히 하여 살아가게 되면, 자연히 생사生死를 초월할 수가 있고 철저히 '살아가는 힘'을 얻으며, 즉신성불위에 오르게 되는 것이다.

이와 같이 아축불, 보살불, 아미타불, 불공성취불의 세계, 즉 영원과 가치와 자애와 창조의 네 가지 특성을 종합통일하여 전적全的세계로서, 이것이 그대로 본래의 우리 모습이고 영원을 살 수 있는 불타가 되고자 하는 것이다.

(1) 육자관념도

육자진언 수행으로 깨달음을 얻은 뒤 비로법신과 법계와 중생이 일심동체임을 알고 그것을 37존 만다라에 의하여 표현한 것이 육자관념도이다. 깨달음의 무형無形의 세계를 중생의 몸과 삼라만상의 현상의 법칙을 빌려 방편方便으로 표현한 것이다. 진언문의 진리관眞理觀으로 행위와 위치를 금강계만다라를 근본으로 한 진언도眞言道이다.

5) 금강지권인을 결한다.

오불포자五佛布字가 끝나면, 금강권金剛拳이나 금강지권金剛智拳을 결한다. 여기서는 금강지권인을 결한다. 비로자나불과 수행자가 한 몸이 되는 것으로 삼밀 중에 신밀성취身密成就이다. 방법은 오른 손을 위로 하고 왼손을 아래로 하며, 두 엄지를 주먹 속에 넣는 비로자나불의 결인인 금강지권을 결한다. 금강지권을 결하는 순서는 먼저 두 손의 엄지손가락을 손바닥의 약지 밑부분에 자연스럽게 두고(그림 1), 그리고 왼손의 나머지 손가락으로 엄지손가락을 감아 싼다(그림 2). 다음 왼손 검지손가락을 오른손 약지 밑부분에 놓아둔 엄지손가락과 연결을 지어서 두고(그림 3), 역시 오른손 손가락 세 개로 그것을 감싼다(그림 4). 다음 오른손 검지손가락을 엄지손가락을 위에 자연스럽게 구부려서 놓는다(그림 5). 이러한 상태에서 이제 왼쪽 팔꿈치를 거의 'ㄴ'자가 되듯이, 즉 90°가 되듯이 몸에 붙이고, 오른쪽 팔은 자연스럽게 한다(그림 6).

이렇게 한 금강지권은 전체가 몸에 붙은 것이 아니라 금강지권과 내 가슴 사이에 주먹 하나가 들어갈 정도로 공간이 있게 한다. 이때에 눈은 코끝을 바라보듯 금강지권의 제일 상단을 바라보듯 한다. 이때 가장 주의하여야 할 점은 허리를 반듯하게 펴서 앉는 것이다. 허리를 반듯하게 세우는 것은 곧 우리가 살고 있는 집이나 우리의 몸의 자세나 같기 때문이다. 허리가 반듯하지 못하면 집의 기둥도 반듯하지 못한 것이요, 집안의 가장家長도 자기의 위치를 제대로 찾지 못하여 위엄이 서지 아니하기 때문에 가정을 잘 다스릴 수 없는 것이다. 집과 집안의 최고 어른과 올바른 금강지권의 몸자세와는 같은 의미를 지니고 있다. 금강지권이 바르지 못하면 청결함과 밝음의 지혜는 얻을 수 없다.

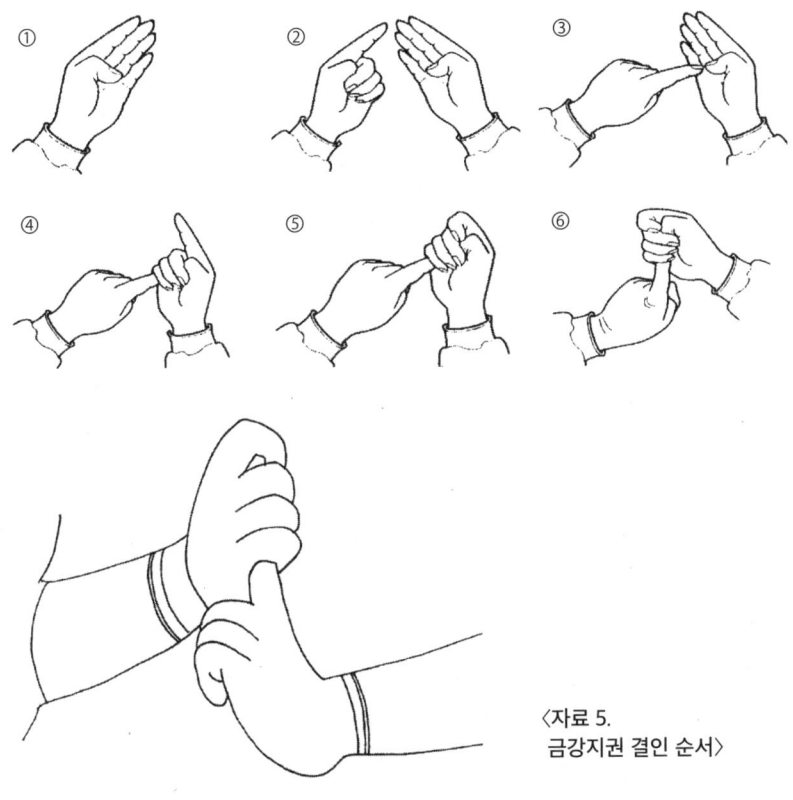

<자료 5.
금강지권 결인 순서>

　　결인은 크게 법신불의 인계印契와 화신불의 인계印契, 둘로 나누어진다. 법신불의 인계는 두 손이 합하여진 결인이요, 보신불이나 화신불의 인계는 두 손을 따로따로 움직이는 것을 말한다. 여원인與願印, 시무외인施無畏印, 항마촉지인降魔觸地印 등은 오른손과 왼손이 별도로 움직여서 맺는 인결이기 때문에 모두 화신불과 보신불의 결인이 된다. 처음 진언수행문 입문자는 금강권을 결하고 해도 된다.

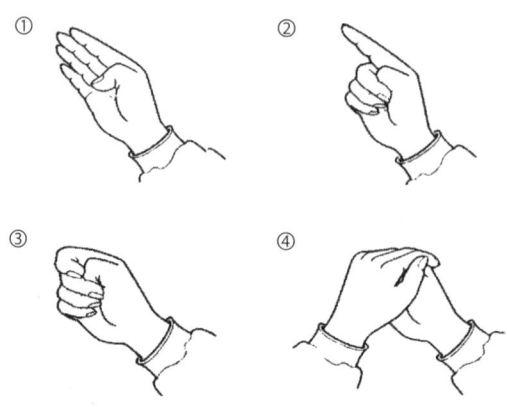

〈자료 6. 금강권 결인의 순서〉

　　　　　금강권은 오른손 주먹을 쥐는 것인데 오른손 엄지손가락을 앞에서와 마찬가지로 약지 밑 손바닥에 놓고(그림 1), 세 손가락으로 엄지손가락을 감싸고(그림 2), 검지손가락을 엄지손가락 위에 자연스럽게 구부려서 올려놓는 상태이다(그림 3). 그리고 왼손으로 금강권을 결인한 오른손을 감싼다(그림 4). 금강권을 결한 상태에서도 4종염송 수법을 행할 수 있다. 이 수법은 수행자가 몸이 불편할 때나 혹은 왼손을 사용해야 할 부득이한 사정이 있을 때 하는 염송법이다. 될 수 있으면 금강지권을 결인하는 것이 옳은 삼밀관행법이다. 금강지권을 결하고 염송에 들어간다. 이때 가장 주의하여야 할 점은 허리를 반듯하게 펴서 눈은 코끝과 금강지권의 상단을 바라보듯이 한다. 결인의 자세는 중요하다. 결인結印이라는 것은 곧 부처님과 중생과의 약속이기 때문이다. 이 금강지권은 이제 법신불과 수행자가 하나가 된다는 약속이다. 오른손이 법신이라면 왼손은 수행자가 되는 것이다.

2. 입으로 행하는 어밀語蜜

6) 육자진언을 염송한다.

다음에 육자진언을 염송한다. 옴마니반메훔을 한 자 한 자 분명하게 자기 귀에 들리도록 염송한다. 정한 시간 동안에는 다른 사람과 말을 해도 안 되며, 금강지권인을 풀어도 안 된다. 만일 다른 말을 했거나 금강지권을 풀어졌으면 처음부터 다시 해야 한다. 진언을 염송할 때 혀는 위턱에 붙이고, 입술과 이는 가볍게 붙이고, 코와 배꼽은 일직선이 되도록 한다. 두 눈은 반만 뜨고 코끝을 보는 것 같이 할 것이며, 허리를 너무 뒤로 젖히지 말고 편안하게 앉는다. 몸을 전후좌우前後左右로 흔들어 보고 고통이 없게 한다. 크게 호흡을 세 번 하여서 몸에 맺혀 있는 악기惡氣를 없앤다. 다음 "옴마니반메훔" 여섯 글자를 분명하게 소리내어 염송한다. 이때 소리의 크기는 수행자의 귀에 들리도록 한다. 귀를 통하여 "옴마니반메훔"이 심층 깊숙한 곳에 전하여질 때, 수행자의 잠자던 자성이 깨어나 법신비로자나불의 설법을 듣게 되는 것이다. 진언을 염송하는 중에 목구멍소리로 염송을 하면 진리를 증득하지 못한다. 이것이 비로자나불과 하나가 되는 구밀성취口密成就가 되는 것이다.

육자진언 염송법에는 음성염송법과 금강염송법과 삼마지염송법과 진실염송법 등 4종염송법이 있다. 그중에 중생계에 제일 좋은 염송법은 삼마지도 금강염송법도 아닌 음성염송법이다. 그것은 육도윤회를 벗어나 불보살의 반열에 오를 때 제일 먼저 오르는 아라한의 경지가 곧 성문승聲聞乘이다. 성문승은 소리를 듣고 깨달음을 얻은 경지를 뜻하는 것이다. 대승불교권역에서는 소승의 깨달은 경지라 하여 멸시를 하지만, 그러나 육도윤회를 벗어난 제일 관문이 곧 성문승임을 알아야 한다. 이것은 중생세계는 소리를 듣고 깨달음을 얻기가 가장 쉽기 때문이다. 금강염송법이나 삼마지염송법은 보살의 경지에 오른 상근기 중생들의 염송법이다. 탐진치貪嗔癡가 가득한 중생세계는 자기 소리를 자기 귀로 듣고 그 소리가 몸 안의 모든 세포를 깨워야 한다. 잠자는 수십억 뇌세포를 항상 깨어있게 하려면 소리의 울림이 제일 좋은 방법이다. Aum Ma Ni Bhan Me Hūṁ 여섯 글자 자체가 모두 근본오음으로 이루어졌기 때문에 입안에 소리가 울려나온다. 이때 주의해야 할 것은 목구멍소리는 내지 말아야 한다. 단전에서 나오는 소리만이 울림의 소리가 된다. 염송정진의 5단계 성취가 있다.

(1) 염송의 종류

《실행론》에 "중생들이 구경해탈究竟解脫하기 위하여 육자진언을 관행하는 자는 몸과 입만 깨끗하게 가작으로 하는 것이 아니라 어느 때나 그 마음이 이 진언에 전일專一하여 중앙의 비로자나불과 동방의 아축불과 남방에 보생불과 서방의 아미타불과 북방의 불공성취불에 귀명하며(1) 지극한 마음으로 과거 현재 미래의 지은 바 모든 번뇌와 허물을 참회하고(2) 반가부좌로써 그 마음이 편안하게 정좌定座하여 현재에 일어나는 오욕五慾 칠정七情 등 일체 망상을 모두 끊고(3) 다만 오직 관하기를 육도중생六道衆生 무시이래無始以來 생사의 윤회바다에서 벗어나는 대보리심을 일으켜서(4) 모두 보살행을 수행하여 일체의 고통에서 벗어남을 얻기를 원하는 뜻으로 염송을 하되(5) 급하게도 하지 말고, 더디게도 하지 말고, 높은 소리로 하지 말며, 염송하는 글자마다 분명하게 소리 내어 그 소리가 자기 귀에 들리도록 하며(6) 관념觀念하는 그 본존本尊과 자기 몸의 진언자와 합일이 되도록 염송해야 할 것이다(7)."고 하였다.

이와 같은 삼밀관행 중에 진언의 소리에 따라 4종염송법이 있다. 음성염송법音聲念誦法, 금강염송법金剛念誦法, 삼마지염송법三摩地念誦法, 진실염송법眞實念誦法 등이 그것이다.

끝으로 한 가지 더 밝혀둘 것은 이 육자진언을 분명하게 염송해야 한다는 것이다. 그리고 염송할 때는 '옴'을 약간 길게 하고, '마·니·반·메'을 보통으로 같이하며, 끝에 '훔'자를 '옴'자와 같이 약간 길게 하여야 한다. 글자상으로는 여섯 글자이지만 실지로는 '옴'과 '훔'은 두 글자를 합한 합성어이기 때문에 여덟 글자이다.

(2) 시간정진법

이렇게 육자진언 염송을 10분이나 1시간이나 또는 3시간이나 7시간을 정하여 남과 말하지 않고 오로지 육자진언만을 입속으로 외우면서 법계를 관한다. 정진시간을 정하여 삼밀관행하는 것은 진각성존의 특이한 수행방법이다. 이것은 첫째 부처님과의 약속으로 신심信心을 다지는 것이며, 둘째 틈만 있으면 번뇌에 빠지는 중생심을 수시로 일깨우는 것이다. 정한 시간이 끝나면 잠시 자리에서 일어나 행념行念을 한다. 행주좌와 어묵동정에 삼밀관행이 되어야 한다.

《보리심론》에 무릇 유가관행을 수습하는 사람은 마땅히 먼저 구족한 삼밀행을 닦아서 오상성신의 뜻을 밝게 깨칠 것이니라. 이른바 삼밀은, 일에 신밀이라 함은 계인을 결하여 성중을 불러 청함과 같은 것이요. 이에 어밀이라 함은 고요하게 진언을 송하여 문구가 요로분명하게 하여 그릇됨이 없게 함과 같음이요. 삼에 의밀이라 함은 유가瑜伽에 주하여서 백정월의 원만에 상응하여 보리심을 관함과 같은 것이니라."고 하였다.

3. 뜻으로 행하는 의밀

7) 삼밀관행의 삼매에 들어간다

의밀意密은 부처님의 마음을 관하는 것이다.

삼매에 들어가는 방법에는 여러 가지가 있다. 삼매는 마음을 단순하게 가지는 것을 말한다. 독경하여 들기도 하고 사경하여 들기도 하고 절을 하면서 들기도 하고 염불하면서 들기도 하고 참선하면서 들기도 하고 염송하면서 들기도 한다. 삼매에 드는 것은 중생의 복잡한 마음을 버리고 부처님의 단순한 마음으로 돌아가는 것이다. 단순한 마음으로 돌아갈 때 삼세를 보는 혜안이 열리게 된다. 비유하면 맑은 물에 티끌이나 먼지가 가득하면 물밑을 볼수가 없다. 물이 맑으면 물밑을 환하게 볼 수 있는 것과 같이 복잡한 중생심은 곧 티끌과 먼지와 같은 것이다. 옴마니반메훔을 염송하면서 그때그때마다 일어나는 생각들과 번뇌들을 모두 진언으로 생각하는 것이다.

부모님이 생각나면 부모님을 생각하지 말고 옴마니반메훔을 부모님으로 생각하고 염송하는 것이다. 배가 고프면 고픈 자체가 곧 육자진언이며, 배가 부르면 부른 자체가 육자진언이며, 잠이 오면 잠 자체가 육자진언이며, 재물이 생각나면 재물이 육자진언이며, 명예가 생각나면 명예가 육자진언이며, 몸이 아프면 몸 아픈 자체가 육자진언이며, 사업하면 사업 자체가 육자진언이며, 누구를 만난다는 생각이 나면 그것이 육자진언으로 생각해야 한다. 이와 같이 그 어떠한 망상이든 모두가 다 육자진언으로 합일시켜 오로지 육자진언만을 생각한다면 이것이 삼매에 들 수 있는 마음을 단순하게 가지는 방법이다. 단순은 맑음을 출생시킨다. 어린아이들은 단순한 마음과 청정하고 맑은 마음을 가지고 있기 때문에 마루에서 떨어져도 다치지 않는다. 그러면서 어른들이 보지 못하는 위험함을 미리 몸을 피하기 위하여 가누지 못하는 말을 울음으로 알리기도 한다. 또한 하늘을 나는 잠자리나 날파리도 비가 올 것을 알고 낮게낮게 사람들이 기거하는 집 처마 밑으로 모여든다. 이것은 마음이 단순하기 때문에 자연의 섭리를 읽을 수 있는 혜안을 몸소 느낄 수 있다. 중생들은 그 섭리를 알지 못하여 외출하면서 비 단속을 취하지 않으며 장독의 두껑을 닫지 않으며 빨래를 거두지 않고 비를 맞는 실수를 범하게 된다. 그리고 또 하나의 비유를 들면, 집이 허물어지려면 집안에 살고 있는 소나 돼지나 개나 닭들 그리고 심지어 쥐와 거미조차도 그것을 알고 미리 몸을 피신한다. 다만 사람들만이 피신하지 못하고 잠을 자면서 몸을 다치게 되는 것은 복잡한 마음으로 본성을 가렸기 때문이다. 밥 먹을 때는 밥만 먹고 잠잘 때는 잠만 자면 된다. 단순한 마음으로 일을 하면 하는 일이 무엇이든지 정성을 다할 수 있다. 복잡다단한 마음은 일을 하더라도 일에 몰두하는 것이 아니라 복잡다단한 것에 마음을 빼앗기기 때문에 온 정성을 쏟을 수가 없게 된다.

　　　　비로자나불과 본심 육자진언과 수행자의 자성이 하나가 되는 경지에 들어가고자 일체의 망상을 여읜다. 수행자가 마음속으로 '옴마니반메훔'을 염송하면서 다섯 부처님을 한 분 한 분 차례로 관하여 가는 것이다. 다섯 부처님은 응화한 부처님으로 오로지 중생만을 위하는 자성청정부처님이다. 자신이 일체중생을 위하는 마음이라면 부처와 같은 삶을 살게 될 것이다.

(1) 육자진언 염송법

　　　　　제1단계는 반가부좌에서 정상頂上의 혜력慧力을 아래로 내려야 한다. 진언염송으로 정상頂上의 혜력慧力을 이마로 내리면서 이마 부위에 있는 혜력慧力과 합한다. 다시 미간으로 내리면서 미간 부위의 혜력慧力과 합한다. 다시 눈 위로 내리면서 눈위의 혜력慧力과 합한다. 다시 코로 내리면서 그곳의 혜력慧力과 합한다. 다시 입으로 내리면서 그곳의 혜력慧力과 합한다. 다시 턱으로 내리면서 그곳의 혜력慧力과 합한다. 다시 목으로 내리면서 그곳의 혜력慧力과 합한다. 다시 인후로 내리면서 그곳의 혜력慧力과 합한다. 처음에는 정상頂上의 혜력慧力이 잘 움직이려 하지 않을 것이다. 이때는 의식적으로라도 내려온다고 생각하면서 마음을 일경에 두고 내린다. 그렇다고 하여 강제성을 띄우고 내릴 수는 없을 것이다. 정상頂上의 혜력慧力은 본래 단전丹田에 있던 것이다. 곁 생각을 하다 보니 그 혜력慧力이 정상頂上으로 향했던 것이다. 향하면서 몸 전체에 혜력을 심었다.

　　　　　정상頂上의 혜력慧力을 내리는 것이 1시간에 안 되면, 2시간, 3시간, 7시간, 1일, 3일, 7일, 49일, 100일을 하다보면 자연스런 가운데 이루어지게 될 것이다. 첫날은 이마까지, 다음날은 목까지, 다음날은 인후咽喉까지 내려 보는 것이다. 정진 중에 첫째 진언염송이 끊어지지 않게 하여야 한다. 염송소리가 끊어지면 정상頂上의 혜력慧力은 다시 제자리로 돌아가게 된다. 이렇게 하여 가슴부위를 지나고 배꼽을 지나 단전에 이르면 이것이 제1단계 염송정진 성취가 된다. 37종만다라에 비유하면 중생 자신의 결집작용이다. 곧 중생심을 떠난 자성을 밝힌 경지이다.

제1단계의 염송법이 성취되면 다음 단계는 쉽다. 이때부터 금강지권인金剛智拳印을 행해도 무방하다. 모든 수행자가 제1단계를 통과하지 못한 채 허송세월을 보내는 경우가 많다. 다시 단전丹田에 머무는 혜력慧力을 단전 깊숙이 지하의 세계를 설정하여 아래로 계속하여 내린다. 내려가면 갈수록 분별심이 없는 무아無我의 경지에 이르게 된다. 그러면서 단전의 모든 혜력慧力이 깊은 잠에서 깨어나게 된다. 뇌의 세포는 하나만을 기억하는 혜력을 지녔다. 하나씩을 기억하는 능력을 지닌 혜력이 둘이 모이면 응용이 이루어진다. 이것이 제삼의 혜력이 되는데 이를 염혜력이라 한다. 단전에서 깊숙이 내려간다는 것은 단전 전체를 진언의 소리로 울려 제3의 염혜력을 만들어 내는 것을 말한다. 이렇게 만들어진 염혜력은 기하급수로 불어난다. 이것이 제2단계 염송정진 성취이다. 37종만다라에 비유하면 오불출생의 결집작용이다.

　　　　　다시 단전 전체에 가득한 염혜력은 그 곳에서 어디론가 뚫고 들어가야 한다. 부딪힌 자리가 끝이 아니다. 혜력의 강한 힘이 검고 두꺼운 막을 부술 것이다. 막을 부수는 그 힘이 대단하다. 이때 조심해야 할 것은 앞배로 밀려나오는 것이다. 정가부좌 자세로 양 발꿈치를 양단전을 누르는 것이나, 법계정인法界定印으로 단전을 누르는 것도 이것을 막기 위한 자세들이다. 이렇게 앞배로 밀려 나오는 혜력을 우리 몸의 24절의 한 부분을 뚫게 되는 것이다. 우리 몸을 지탱하는 중심축에 24절이 있다. 그 중에 제24절과 제23절 사이로 청정혜력이 들어가도록 하여야 한다. 청정혜력은 물과 빛과 공기의 본성만을 합하여 발생하는 혜력원이다. 청정혜력원이 23절사이로 진입하면 뜨거운 힘을 느끼게 된다. 물론 약간의 고통이 따른다. 이것이 제3단계 염송정진 성취가 된다.

37종만다라에 비유하면 사바라밀보살 출생의 결집작용이다. 물질적 혜력원慧力元과 수행정진에서 얻은 정신적 본성本性 에너지원이 합일이 되어 제24절에서 제23절속으로 진입한 염혜력念慧力은 다시 제22절속을 지나 제1절까지 오르게 된다. 제1절에 오른 청정혜력원은 정상頂上의 뇌세포로 연결이 되어 하나가 된다. 이것이 제4단계 염송정진 성취가 된다. 37종만다라에 비유하면 십육대보살과 8공양보살 출생의 결집작용이다.

이 단계에 이르면 합일의 염혜력원은 다시 아래로 5관에 전달되고 오장 육부를 향하게 된다. 이때의 느낌은 입안에는 박하사탕을 머금은 듯 상쾌하며, 몸은 허공에 뜬 깃털처럼 가볍게 느껴진다. 염송은 부르지 않아도 저절로 육자진언과 내가 하나가 되어 진실염송의 경지가 된다. 염송이 중단되지 않고 깊은 삼매에 머물게 된다. 이러한 경지를 한번이라도 머물다가 나오면 다음에는 보다 빠르고 쉽게 그 경지에 들어갈 수가 있다. 여기서 주의할 것은 진언염송이 중단되면 어디까지 이르렀다 하더라도 곧바로 원래의 정상으로 되돌아가게 된다는 것을 명심하여야 한다. 이것이 제5단계 염송법 성취이다. 37종만다라에 비유하면 사섭보살 출생의 결집작용이다.

처음 정상頂上의 혜력慧力을 이마까지만 와도 생각의 느낌이 달라지고 인후咽喉까지 오면 더욱 달라지는 느낌을 맛볼 수 있다. 인후咽喉를 지나 심장 부위에 닿으면 행동의 느낌이 달라진다. 단전까지 간다면 그 사이에 일체 병마의 침범을 받지 않는다. 단전에서 제24와 제23절을 뚫고 들어가면 새로운 청정혜력이 생겨 몸은 금강과 같이 된다. 이것이 비로자나의 빛의 에너지원이다. 이 빛의 에너지원이 제1절과 제

2절사이로 유출되어 뇌의 정상頂上으로 들어가고 그 정상頂上에 들어간 에너지원이 다시 하강下降하여 몸 안에 가득하게 된다는 것은 중생 몸의 일체의 잡기와 어떠한 것으로도 침범 당하지 않는 불신佛身이 되는 것이다. 이 공덕력功德力으로 자신이 있는 색깔의 빛이 반사되어 빛의 무리가 몸 주위에 생기게 된다. 제일 먼저 나타나는 것이 정상頂上을 중심으로 하여 생겨나는 후광後光이며, 다음으로 몸을 중심으로 하여 나타나는 후광後光이다. 후광後光에는 오색의 빛이 각각 다르다. 제일 좋은 색깔의 염혜력원의 빛은 황금색이다. 싯다르타의 깨달은 몸을 황금색으로 표현하는 것도 이러한 원리인 것이다. 멀리서 보아도 알 수 있는 우리 몸의 자연의 빛들, 그 빛은 오색의 빛을 발산하게 된다.

(2) 삼밀관행의 시간적 정진법

이와 같이 하여 이제 신밀, 구밀, 의밀이 성취되어서 원만한 삼밀관행을 하는데 한 가지 더 알아야 할 것이 있다. 그것은 자유롭게 하는 것과, 시간을 정하여 하는 것이다. 만약 10분, 20분, 30분, 1시간, 3시간, 7시간 등 시간을 정하여 할 때는 고요한 곳에 앉아서 금강지권을 결하고 절대로 다른 사람과 말을 해서는 안 된다. 정근精勤할 때나 독경할 때는 말을 하기도 하지만, 삼밀관행은 그렇지 않다. 이것은 수행자가 부처님과 시간을 정하여 부처님의 마음을 읽으려고 약속을 했기 때문이다. 이때는 절대로 부처님의 진실한 말씀인 '옴마니반메훔'만을 생각하고 염송하여야 한다. 다른 말을 한다는 것은 벌써 번뇌에 사로 잡혀서 부처님과 약속을 깨는 것과 같은 것이다. 그러면서도 어찌 부처님과 하나가 되는 경지에 오르기를 바라겠는가? 이 조그마한 약속하나

지키지 못하면서 원願이 성취되기를 바란다는 것은 언어도단이다.

하루 가운데 염송할 시간을 정하여 그것을 7일간, 3주일, 49일, 100일, 1000일 동안 하기도 한다. 이렇게 정했을 때는 중간에 중단해서는 안 된다. 중단할 경우 서원은 이루어지지 않는다. 싯다르타가 성도후 보림할 때 무칠린다의 보호를 받음을 생각하면 그 이유를 알게 될 것이다.

8) 삼매에서 나온다

염송을 마치고 삼매에서 나온다. 삼밀관법을 마칠 때는 금강권이나 금강지권인을 약간 높여 이마부위 높이에서 결인을 푼다.

4. 회향참회

9) 회향참회문(또는 실천참회문)을 외운다

다음으로 마음을 모아 조용하게 회향참회문을 외운다. 이때도 합장은 금강합장이다. 심인당에서 낮 불사를 할 경우 두 번째 시간 마칠 때만 실천참회를 외운다.

"오불五佛 사바라밀四波羅密 십육대보살十六大菩薩 팔공양八供養 사섭四攝에 귀명하나이다. 탐하고 성내고 어리석은 마음 없애고 부모에게 복업 짓고 삼보에게 단시하여 가정 안에 진에塵埃 없고 빈곤 없게 하겠으며, 항상 삼밀을 행하여 뜻으로 악한 마음과 입으로 악한 말과 몸으로 악한 행동은 결정코 끊어 없애겠으며, 상대자의 저 허물은 내 허물의 그림자로 알겠습니다. 널리 범석梵釋 사왕四王과 천룡팔부天龍八部와 제왕帝王과 인왕人王과 사승師僧과 부모父母와 선지식善知識 도량중道場衆 등 법계法界 유정有情을 위해 서원誓願하고 회향廻向하여 모든 장애障碍를 단제斷除하겠나이다. 귀명歸命하여 참회懺悔하며 지심至心으로 참회懺悔하나이다. 육대사만삼밀"

첫째 금강계만다라를 이루는 모든 권속들에게 귀명을 하고, 둘째 현실적인 도덕적 생활을 충실하게 하겠다는 약속을 하며, 셋째 일상생활에서도 삼밀수행자로 삼업을 짓지 않겠다는 것이며, 넷째 일체중생들을 부처님 보듯 하여 허물을 보지 아니하는 생활을 하겠다는 맹세와 다섯째 부처님 법을 옹호하고 받드는 모든 분들에게 증득한 공덕을 회향하겠다는 약속이다.

실천참회는 과거와 현재에 지은 업을 참회하며, 내생에 두 번 다시 잘못을 짓지 않겠다는 참회이다. 밀교는 현재의 생활에 안락함을 얻지 아니하고는 내생의 안락함은 없다는 것으로 말하여 현실생활을 더욱 중요하게 생각하여 도덕적 삶을 살게 하는 것이 실천참회의 주된 내용이다. 이와 같이 자성참회는 중생의 탐진치의 근원을 뽑고 영원히 행하지 않기로 약속하는 참회이다. 즉 과거의 잘못을 일시적으로 용서받기 위하여 하는 참회가 아닌 일상생활 속에서 부처님의 법대로 실천하기 위하여 하는 참회가 곧 자성참회인 것이다.

5. 항송법으로 돌아간다

10) 일상생활로 돌아간다

자리에서 일어나 일상생활로 돌아가 비로자나부처님처럼 자연과 하나인 동체대비로 살아간다. 일상생활로 돌아간다 하여 삼밀수행을 안하는 것이 아니라 항송으로 돌아간다는 뜻이다. 항송법恒誦法은 오불 포자의식이나 금강지권을 결하지 않은 상태에서 하는 염송법이다. 행주좌와 어묵동정에 옴마니반메훔을 부르는 법이다. 그래서 될 수 있으면 항송을 많이 해야 한다.

이러한 수행법이 법으로만 남아 있으면 본래의 의의가 없게 된다. 이 수행법이 우리들 일상생활 속에 실천되고 살아 있어야 한다. 일상생활에서 부처님의 가르침을 실천하여 생활화하며, 생활 속에 부처님의 정신을 실현하며 진실한 마음으로 육자진언을 수행하면 현세에 행복을 누리고 내생에 정토淨土에 갈 것이다. 삼밀수행에 의해서 진언을 성심으로 외기만 하여도 고苦를 여의고 낙樂을 얻을 수 있고 깊은 신심으로 수행이 철저하게 되면 깨달음에 이른다. 아무리 좋은 밥상이라도 먹지 않으면 소용이 없다. 그리고 아무리 밥을 먹어도 입맛이 없고 소화가 불량하면 오히려 해가 된다. 수행법은 법에 맞게 신심을 가지고 행하면 현실적인 이익과 기쁨을 얻고 구경성불의 대안락을 성취한다.

최종웅(혜정·惠淨)

1975년 대한불교진각종에 입문하여 스승의 길에 들어 유가·탑주·밀각·행원심인당 등에서 교화하였다. 교육원장을 거쳐 유지재단 대표이사, 학교법인 회당학원 대표이사, 사회복지법인 대표이사, 회당학회장 등 주요 보직을 거치고 제28대 통리원장을 역임했다. 2011년 방글라데시 승원으로부터 '아띠샤 디빵가라 평화황금대상Atisa Dipankar Peace Gold Award'을 수상하였으며, 스리랑카 정부로부터 '사사나 마마까Sasana Mamaka 존자' 칭호를 수득하였다. 저서로는 《대일경 주심품 이야기》, 《밀교강좌》, 《마음의등불》, 《밀교보리심론》 등이 있다.

밀교 진언수행 이야기

초판 1쇄 2018년 10월 17일
지은이 최종웅(혜정·惠淨)
펴낸이 오종욱
펴낸곳 올리브그린
 경기도 과천시 별양상가1로 18, 910호
 olivegreen_p@naver.com
 전화 070-6238-8991 / 팩스 0505-116-8991

가격 18,000원
ISBN 978-89-98938-24-6 03220

이 도서의 국립중앙도서관 출판도서목록(CIP)은 서지정보유통지원시스템 홈페이지(http://seoji.nl.go.kr)와 국가자료공동목록시스템(http://www.nl.go.kr/kolisnet)에서 이용하실 수 있습니다. (CIP제어번호: CIP2018032418)

- 이 책은 올리브그린이 저작권자와의 계약에 따라 발행한 것이므로, 이 책 내용의 일부 또는 전부를 사용하려면 반드시 올리브그린의 동의를 받아야합니다.

- 잘못된 책은 바꿔드립니다.